적대적 머신러닝

머신러닝 알고리즘으로 하는
시스템 보안 공격과 방어

적대적 머신러닝

머신러닝 알고리즘으로 하는
시스템 보안 공격과 방어

앤서니 조셉 · 블레인 넬슨 · 벤자민 루빈슈타인 · J. D. 타이가 지음

김우석 · 장기식 · 김대엽 옮김

i!i
에이콘

에이콘출판의 기틀을 마련하신 故 정완재 선생님 (1935-2004)

| 추천의 글 |

"데이터 과학 실무자는 공격자가 얼마나 쉽게 적응형 머신러닝 시스템adaptive machine learning system을 조작하고 오용하는지 잘 알지 못한다. 이 책은 공격을 분류하고 적대적 학습 연구 결과로 이 문제의 심각성을 보여준다. 또한 이 책은 오래된 공격뿐만 아니라 최신 딥러닝 시스템deep learning system의 약점도 분석한다. 여러 학습 시스템과 공격 유형에 관한 다양한 방어법은 공격에 더 강건한 시스템을 설계하는 연구자와 개발자에게 도움이 될 것이다."

— 리차드 리프만Richard Lippmann, MIT 링컨 연구소MIT Lincoln Laboratory

"시의적절한 이 책은 권위 있으면서도 포괄적인 주제를 다루는 올바른 책이다. 머신러닝이 보편화되고 있다. 그러나 사람들이 머신러닝을 신뢰하려면 먼저 머신러닝을 얼마나 신뢰할 수 있는지 알아야 한다."

— 파비오 롤리Fabio Roli, 칼리아리대학교University of Cagliari

| 지은이 소개 |

앤서니 조셉Anthony D. Joseph

버클리 캘리포니아대학교 전기공학 및 컴퓨터과학부 특임 교수다. 인텔 버클리 연구소 책임자를 역임했다.

블레인 넬슨Blaine Nelson

구글의 오용-대응기술팀CAT, Counter-Abuse Technology Team의 소프트웨어 기술자다. 포츠담대학교와 튀빙겐대학교에서 일했다.

벤자민 루빈슈타인Benjamin I. P. Rubinstein

멜버른대학교 컴퓨팅 및 정보 시스템 부교수다. 마이크로소프트 연구소와 구글 연구소, 야후 연구소, 인텔 버클리 연구소, IBM 연구소에서 일했다.

J. D. 타이가J. D. Tygar

버클리 캘리포니아대학교 교수다. 컴퓨터 보안 분야에서 일하고 있다. 버클리에서 전기공학 및 컴퓨터과학부와 정보 대학에서 근무하고 있다.

| 감사의 말 |

이 책을 만들 수 있도록 공헌하고 도움을 준 동료들을 감사하게 생각합니다. Sadia Afroz, Scott Alfeld, Tansu Alpcan, Rekha Bachwani, Marco Barreno, Adam Barth, Peter Bartlett, Battista Biggio, Chris Cai, Fuching Jack Chi, David Fifield, Laurent El Ghaoui, Barbara Goto, Rachel Greenstadt, Yi Han, Ling Huang, Michael Jordan, Alex Kantchelian, Hideaki Kawabata, Marius Kloft, Pavel Laskov, Shing-hon Lau, Chris Leckie, Steven Lee, Justin Ma, Steve Martin, Brad Miller, Satish Rao, Fabio Roli, Udam Saini, Tobias Scheffer, Russell Sears, Anil Sewani, Arunesh Sinha, Dawn Song, Nedim Srndic, Charles Sutton, Nina Taft, Anthony Tran, Michael Tschantz, Kai Xai, Takumi Yamamoto, Qi Zhong입니다. 4장을 신중하게 교정해준 Matthias Bussas와 Marius Kloft 그리고 이 원고를 준비하는 데 도움을 준 Heather Brolly와 Julie Lancashire를 포함한 캠브리지대학교 출판부 직원에게 감사드립니다. 또한 2013년 컴퓨터 보안을 위한 머신러닝 방법론에 대한 Dagstuhl[1]의 전망 워크숍Dagstuhl Perspectives Workshop on Machine Learning Methods for Computer Security(Joseph, Laskov, Roli, Tygar, Nelson 2013)과 인공지능 및 보안AISec, Artificial Intelligence and Security 등 여러 워크숍과 콘퍼런스에서 유익한 토론을 했던 많은 동료에게도 감사드립니다.

우리가 있는 버클리 캘리포니아대학교와 멜버른대학교, 구글에도 감사를 표합니다. 이 책을 쓰는 동안 몇몇 저자들은 튀빙겐대학교와 포츠담대학교, 칼리아리대학교, IBM 연구소와 마이크로소프트 연구소에 있었습니다. 이 기관에도 감사를 전합니다. Angie Abbatecola, Kattt Atchley, Carlyn Chinen, Barbara Goto, Damon

---

1 독일의 컴퓨터 과학 연구센터 – 옮긴이

Hinson, Michaela Iglesia, Shane Knapp, Jey Kottalam, Jon Kuroda, Lena Lau-Stewart, Christian Legg, Boban Zarkovich 등 우리를 지원해준 직원들에게도 특별히 감사드립니다.

이 연구의 재정적 후원자에게도 감사드립니다. 공군과학연구실Air Force Office of Scientific Research과 국토안보부 고등연구계획국Homeland Security Advanced Research Projects Agency, 국립과학재단National Science Foundation, 국무부 민주주의·인권·노동국State Department DRL으로부터 미국 정부 자금을 받았으며, 어떤 경우에는 버클리 캘리포니아대학교 연구소를 통해 미국 정부 자금을 지원받았습니다. 몇몇은 알렉산더 폰 훔볼트 재단Alexander von Humboldt Foundation과 호주 연구위원회Australian Research Council, 장기 사이버보안센터Center for LongTerm Cybersecurity, 생명미래연구소Future of Life Institute, 오크리지 국립연구소Oak Ridge National Laboratory, 개방형 기술 기금Open Technology Fund에서 추가 지원을 받았습니다. 이 책에 표현된 의견은 저자들의 의견일 뿐 어떠한 자금 지원자의 의견도 반영하지 않았음을 밝혀둡니다.

저자들은 친구와 가족의 지원과 격려, 인내가 없었더라면 이 책을 쓸 수 없었을 것입니다.

| 옮긴이 소개 |

김우석(javaone@nate.com)

여러 개발 프로젝트를 수행함과 동시에 광운대학교에서 공학 석사를 취득했다. 정보보안을 체계적으로 배우고자 고려대학교 정보보호대학원 박사 과정을 수료했다. 경찰청 사이버테러대응센터에서 사이버 수사를 지원하는 인터넷 추적 시스템을 개발, 현재 한전KDN에서 정부기관 사이버안전센터에서의 CERT 및 보안관제 업무를 수행하고 있다. 머신러닝 기술을 활용해 해킹에 대응하는 기술을 연구하고, 산업 보안에 머신러닝 기술을 적용하기 위한 설계 및 데이터 분석을 진행하고 있다.

알파고 이후로 한국에도 머신러닝의 시대가 본격적으로 시작돼 여러 분야에서 머신러닝이 사용되고 있다. 특히 보안 분야에서 머신러닝을 사용한 솔루션이 활발하게 개발되고 국가적으로 쓰이고 있다. 이 책은 보안 분야에 중점을 두고 있어 현업 보안 담당자와 보안 관련 머신러닝 종사자들에 적합한 책이다. 예측하지 못한 적대적인 상황에 관해 기술적 개요를 제공하고 공격의 일반적인 방법을 제시한다. 보안 분야에 관심이 있는 머신러닝 종사자와 현업 개발자에게 도움이 되리라 확신한다.

장기식(honors@nate.com)

경찰청 사이버안전국 디지털포렌식센터에서 디지털포렌식 업무를 담당했다. 경찰대학 치안정책연구소에서 데이터 분석을 접한 이후 데이터 분석을 기반으로 한 머신러닝 기술을 연구했으며, 이를 바탕으로 현재 유펜솔루션 기업 부설연구소 연구소장으로 일하며 웹 크롤링 서비스 스파이더킴에 데이터 분석과 머신러닝을 적용하는 연구를 책임지고 있다. 번역서로는 『보안을 위한 효율적인 방법 PKI』(인포북, 2003)와 『EnCase 컴퓨터 포렌식』(에이콘, 2015), 『인텔리전스 기반 사고 대응』(에이콘, 2019)이 있다.

머신러닝을 처음 접했을 때, 머신러닝은 우리에게 도움이 되는 일을 하는 알고리즘이라고 생각했다. 그러나 이 책을 접하고 나서는 생각이 바뀌었다. 우리에게 이로운 일을 하는 머신러닝 알고리즘이 제대로 작동하지 못하도록 다른 머신러닝 알고리즘을 이용해 공격하는 일이 영화가 아닌 현실에서 일어나고 있다. 머신러닝 알고리즘 간에 공격과 방어라는 총성 없는 전쟁이 진행 중인 셈이다. 보안 직업에 종사하고 있거나 관심 있는 사람들은 공격자에게 뒤처지지 않도록 최신의 공격 기법과 그에 대응하는 방어 기법에 익숙해져야 할 것이다. 이 책이 도움이 되리라 확신한다.

이 자리를 빌려 번역하는 동안 내조해준 아내 유원정에게 고맙다는 말을, 주말에도 틈을 내어 놀아주지 못한 딸 현아와 아들 서준에게 미안하다는 말을 전하고 싶다. 이 책이 번역, 출간될 수 있도록 도와준 조유나 편집자님과 정재은 편집자님께도 감사의 마음을 전한다.

김대엽(daeyoub69@naver.com)

고려대학교에서 대수학/암호학으로 박사학위를 받았다. ㈜텔리맨에서 제한수신시스템(CAS)과 스마트카드 COS 개발 업무를, 시큐아이에서 PKI 개발 업무를 담당했다. 이후 삼성전자 종합기술원에서 DRM, Watermarking, 미래 인터넷 보안 연구를 수행했으며 현재 수원대학교 ICT융합대학정보보호학과에 재직 중이다. CISA와 CISM 자격을 보유하고 있다.

처음 한 걸음. 인생에서 방향을 정하고 한 걸음을 내딛는 것은 언제나 설렘이 있다. 연구 주제를 정하고 많은 논문을 검토하고, 새로운 아이디어를 도출해 실험하고, 논문을 작성해서 발표하는 것처럼 오랜 시간을 준비하는 일을 수십 년 동안 해오면서 마음 한 켠에 책을 번역하거나 직접 써 보고 싶다는 생각은 늘 지니고 있었다.

미래 인터넷 연구를 진행하면서 머신러닝과 미래 인터넷 기술을 접목하는 방법을 고민하던 중이라 방대한 연구 결과를 리뷰하고 정리한 이 책은 개인적인 연구에도 많은 도움이 됐다. 데이터 분석에 의존해 상황을 학습하고 판단하고 결정하는 머신러닝의 기본적인 절차에 있어서 학습과 시험에 사용되는 데이터의 무결성과 정확성은 머신러닝의 성능을 좌우하는 가장 중요한 요소일 것이다. 그러므로 머신러닝 시스템을 공격 대상으로 한 공격자에게 이 학습 데이터는 가장 흥미로운 재료일 수밖에 없다. 이 책은 이와 같은 학습 데이터의 신뢰를 떨어뜨릴 수 있는 다양한 공격 가능성에 관해 그동안의 방대한 분량의 연구 결과를 자세히 설명한다. 머신러닝 연구자에겐 새로운 연구 방향을 찾는 데 도움이 될 것이며, 실제 서비스에 머신러닝을 적용하는 개발자에게는 어려운 수식을 전부 이해하지 않더라도 공격 기법을 이해하고 이에 대한 대응책 마련에 활용할 수 있을 것으로 생각된다.

| 기술 감수자 소개 |

이용석(lyskms@korea.ac.kr)

ROTC 27기 정보병과 장교로 정보참모 등 주요 직책을 역임한 뒤 정보본부에서 장관 일일정보담당 등을 수행 후 전역했다. 2012년 11월 국방부 군무원으로 임용돼 합참 작전본부 작전보안담당, 국방부 정보본부에서 암호연구개발을 했으며 현재 국방정보본부 암호정책담당을 맡고 있다. 정보 관련한 다수의 글과 논문을 『합참지』, 『국방일보』, 『군사평론』, 『국방정책연구』, 『한국정보보호학회지』에 발표했으며, 연세대학교에서 한국의 테러리즘 대응 방안에 대한 연구로 정치학석사 학위를, 고려대학교에서 국방 사이버 안보 역량 강화 방안으로 공학박사 학위를 취득했다. 저서로는 『합동 작전 보안 지침서』(2014), 『국방암호체계 중장기 연구개발 계획』(2020), 『사이버 공격 막느냐! 뚫리느냐!』(상상미디어, 2020)가 있고, 미 교범인 『합동/국가 정보지원』(2014) 번역서를 감수했다.

이경호(kevinlee@korea.ac.kr, https://www.rimala.net)

고려대학교 정보보호대학원 정보보호학부 사이버국방학과 교수다. 고려대학교 정보전산처장을 지내기도 했다. 삼성그룹과 네이버에서 일한 뒤 고려대학교에서 위험 관리를 강의하고 있다. 기술과 법을 아우르는 관점에서 사이버 공간의 리스크를 관리해낼 수 있는 사회적 기반에 대한 원리와 체계 수립에 관심을 가지고 연구와 교육에 매진하고 있다. 최근에는 인공지능을 이용한 사기, 돈세탁 등의 사이버범죄 탐지와 사이버전(cyber戰)에서의 지능형 지휘 체계의 설계 분야로 영역을 확대하고 있다.

| 차례 |

1부   적대적 머신러닝의 개요   25

01   소개   27

02   배경 및 표기법   53

$A(\,\cdot\,)$: $\mathcal{X}$를 공격하는 공격자^{adversary}의 비용함수$^{\text{cost function}}$(8.1.1절 참조). $315-325$, 327, 328, 331, 335, $338-343$, 351, 355, $360-361$쪽 참조

$\mathbb{D}$: 데이터 포인트$^{\text{data point}}$의 집합(데이터 집합^{dataset} 참조). $58-63$, 286쪽 참조

$\quad$ N: 학습 알고리즘$^{\text{learning algorithm}}$이 사용하는 훈련 데이터 집합 데이터 포인트 의 개수: 즉, $N \triangleq |\mathbb{D}^{(\text{train})}|$. 54, 57, $61-63$, 78, $81-83$, 93, $96,100$, 106, 109, 286, 287, 391쪽 참조

$\quad$ $\mathbb{D}^{(\text{train})}$: 학습 알고리즘$^{\text{learning algorithm}}$이 분류기 구성이나 선택에 사용하는 데이 터 집합(데이터 집합 참조). 55, 61, 62, 78, 82, 83, 97, 100, 178, 197, 209쪽 참조

$\quad$ $\mathbb{D}^{(\text{eval})}$: 분류기 평가에 사용하는 데이터 집합(데이터 집합 참조). 55, 56, 61, 64, 78, 83, 84, 93, 97, 100, 100, 209쪽 참조

$\triangleq$: 기호를 정의할 때 사용하는 기호. 57, 59, 63, 110, 111, 114, 179, 180, 222, 225, 227, 229, 238, 244, 316, 320, $391-395$, 403, 419, 423, 427, 428쪽 참조

$\epsilon\text{-}IMAC$: MAC의 비용 $1+\epsilon$보다 작은 범위에 있는 $\mathcal{X}_f^-$의 대상 집합 또는 이 집합 의 원소 중 하나($MAC(f, A)$참조). $316-320$, $324-331$, 332, $338-341$, 348, 353, $356-362$, 364, 383쪽 참조

$f(\,\cdot\,)$: 데이터 집합 $\mathbb{D}^{(\text{train})}$과 학습 과정$^{\text{learning process}}$ $H^{(N)}$로 학습한 분류기 함수 또는 가정(분류기^{classifier} 참조). 55, $59-64$, 82, 83, $97-101$, 106, 128, 132, 171, 198, 225, 272, $276-287$, 295, 303, 305, $314-321$, $324-332$, $334-338$, $360-364$, $383-384$쪽 참조

| 들어가며 |

저명한 연구자들이 서술한 이 완벽한 입문서는 적대적(敵對的) 환경^{adversarial} environment에서 강건한 머신러닝^{robust machine learning}을 구축하는 데 필요한 모든 이론과 도구를 제공한다. 공격자가 통계적 추론을 조작하려고 데이터를 적극적으로 중독시킬 때 머신러닝 시스템을 어떻게 적용할 수 있는지 알아본다. 시스템 보안을 조사하고, 강건한 데이터 분석을 수행할 수 있는 최신 실용 기술을 배우며, 최신 사이버 공격의 추세에 효과적인 대책을 설계할 수 있는 새로운 접근 방식에 대한 통찰력도 얻을 수 있을 것이다. 또한 프라이버시 보호 메커니즘^{privacy-preserving} mechanism과 분류기^{classifier}에 대한 근사-최적 회피^{near-optimal evasion}를 자세히 설명하고, 스팸 메일과 네트워크 보안에 관한 심층적인 인스턴스 연구 결과를 통해 전통적인 머신러닝 알고리즘을 성공적으로 공격하는 방법도 소개한다. 이 분야의 현재 기술 수준과 미래 방향의 개요를 빈틈없이 제공하는 이 획기적인 작업은 컴퓨터 보안과 머신러닝 분야의 연구자와 실무자, 학생, 사이버보안 군비 경쟁의 다음 단계를 배우려는 사람에게 꼭 필요한 책이다.

1부

적대적 머신러닝의 개요

01

소개

머신러닝은 많은 컴퓨터 애플리케이션에서 널리 사용하는 도구가 됐다. 그러나 머신러닝 기술의 등장으로 인해 따르는 위험도 있다. 공격자^{adversary}는 머신러닝을 악용해 머신러닝을 오작동시키거나 정보를 추출하거나 오용할 수 있다.

이 책은 시큐어[1] 머신러닝^{secure machine learning}의 문제점을 소개한다. 좀 더 구체적으로 적대적 환경^{adversarial environment}에서 학습 메커니즘을 살펴본다. 이 책에서는 공격자가 기존 학습 알고리즘을 효과적으로 악용하는 방법을 선보이고, 공격에 견딜 수 있는 새로운 학습 알고리즘을 설명한다. 또한 탐색을 통해 특정 종류의 분류기에서 정보를 추출하는 복잡도^{complexity}의 하계^{lower bound}도 제시한다. 이 하계 값은 모든 학습 메커니즘이 반드시 어떤 복잡도를 가진 분류기를 사용해야만 하며, 그렇지 않으면 분류기를 회피하려는 공격자에겐 잠재적으로 취약할 수밖에 없음을 의미한다. 훈련 데이터^{training data}의 프라이버시는 이런 현상의 중요하고 특별한 사례다. 개별 훈련 데이터에 중요한 것이 없는 정확한 통계 모델을 공개할 수 있지만, 근본적인 한계로 인해 강력한 프라이버시와 정확성을 동시에 보장할 수가 없다는 것도 보

---

1 secure란 영어 단어에 일대일로 대응되는 우리말은 딱히 존재하지 않아 '시큐어'라는 외래어 표기를 사용한다. 이와 관련된 보안 뉴스 기사(http://bitly.kr/b8FlZp) 참고 - 옮긴이

인다.

학습 알고리즘에 관한 잠재적 우려 가운데 하나는 학습 알고리즘을 사용하는 시스템에 보안 결함이 생길 수 있다는 것이다. 학습 접근 방식의 핵심적인 강점은 예측과 의사 결정에 사용할 수 있는 패턴을 추론할 수 있는 적응력과 능력이다. 그러나 학습기^{learner}에 제공된 지식과 증거를 적대적으로 조작해 머신러닝의 이러한 이점을 잠재적으로 없앨 수 있다. 이로 인해 머신러닝 기술을 사용하는 애플리케이션은 새로운 종류의 보안 취약점을 갖게 된다. 즉, 학습기는 새로운 종류의 공격에 취약해 학습기로 이점을 얻으려는 시스템을 혼란에 빠뜨릴 수 있다. 이 책에서 보안에 민감한 영역$^{security-sensitive\ domain}$에서 위협을 받는 학습 시스템$^{learning\ system}$의 행동을 조사한다. 우리는 학습 알고리즘이 해당 알고리즘을 사용한 시스템의 책임을 학습기에 전가할 수 있는 많은 공격에 취약하지만, 잠재적 보안 위협을 비평적으로 분석해 이러한 위협의 규모를 평가할 수 있으며, 적절한 학습 방법을 선택해 공격자의 영향을 최소화하고 시스템의 고장을 막을 수 있다는 것을 보여준다.

학습기의 보안 취약점을 확인하고자 분류 체계와 두 가지 새로운 실제 공격과 대응 사례 연구, 증명 가능한 프라이버시 보호 학습, 분류기의 탐지를 회피하는 방법 등을 포함해 다섯 가지 주요 관점에서 머신러닝을 보안 영역에 적용하는 실질적이고 이론적인 측면을 모두 살펴본다. 위협을 식별하고 분석하기 위한 프레임워크를 학습기에 제공하고, 이를 사용해 제안된 여러 학습 시스템의 취약점을 체계적으로 살펴본다. 실제 이런 시스템의 위협을 식별하고, 위협의 잠재적 영향을 분석하며, 잠재적 영향을 크게 줄일 수 있는 학습 기술을 연구한다. 또한 프라이버시 보호 학습과 분류기 회피 모델을 설명하고, 분류기를 취약점으로부터 보호하고 분석하기 위해 이러한 모델을 사용한다. 실무자에게 잠재적 위협을 식별할 수 있는 지침을 제공하고, 공격에도 복원력^{resilience}을 갖도록 개선된 학습 기술을 알려준다. 바이러스와 스팸, 네트워크 이상 탐지 관련 학습 작업에 초점을 맞추지만, 많은 시스템과 보안 영역에 걸쳐 광범위하게 적용할 수 있으며, 학습을 통합한 모든 시스템에 중대한 영향을 미칠 수 있다. 1장의 나머지 부분에서, 머신러닝 알고리즘에 대한 보안 분석$^{security\ analysis}$의 필요성을 설명하고, 이 연구를 하게 된 동기와 관련 연구 그리고 이를 통해 얻은 교훈을 소개한다.

저자들의 연구 결과는 널리 적용될 수 있다. 학습 기술은 자연어 처리[NLP, Natural Language Processing][120]와 얼굴 검출[face detection][267], 필기 인식[handwriting recognition][197]과 같은 작업에 이미 일반적으로 사용하고 있으며, 또한 학습 기술은 데이터 분석과 자율 의사 결정[autonomic decision making]을 위한 필수 도구로 보안과 네트워킹 및 대규모 시스템에서 많은 애플리케이션에서 광범위하게 사용되고 있다. 미첼[Mitchell][174]이 제안한 바처럼 학습 접근 방식은 애플리케이션이 ① 지나치게 복잡해서 수동으로 설계하거나, ② 동적으로 바뀔 필요가 있는 영역에 특히 적합하다. 현대 엔터프라이즈 시스템에서 직면한 많은 도전 과제는 이러한 기준을 만족시키고, 대규모의 복잡한 데이터 집합에서 숨겨진 패턴을 추론하고, 새로운 행위에 적응하고, 의사 결정 과정에 통계적 건전성[statistical soundness]을 제공할 수 있는 애자일 학습 알고리즘[agile learning algorithm]의 이점을 사용한다. 실제로 성능 모델링[performance modeling][30, 31, 262]과 기업 수준의 네트워크 장애 진단[8, 48, 122], 스팸 탐지[spam detection][170, 221]와 같은 작업에서 학습 구성 요소[learning component]로 사용하고 있다.

1.1 동기

두 가지 새로운 추세로 점점 더 많은 시스템과 네트워킹 문제에 머신러닝 기술이 적용되고 있다. 첫째, 학습 기술은 데이터가 풍부한 영역에서 패턴을 찾을 수 있음을 입증했으며, 다양한 환경에 적용할 수 있는 통계적 근거 기술을 제공했다. 빠르게 변화하는 환경에서 머신러닝 기술은 데이터에 숨겨진 패턴을 추론할 수 있고, 새로운 신호와 행위에 신속하게 적응할 수 있으며, 의사 결정 과정에 통계적 건전성을 제공할 수 있으므로 수작업으로 만든 규칙이나 다른 접근 방식보다 상당히 유리하다. 둘째, 시스템과 네트워킹 애플리케이션 전반에 걸쳐 악성 공격자로부터 시스템을 보호해야 할 필요성이 계속 증가하고 있다. 적대적 행위[hostile behavior]의 수준이 높아지면서 이메일과 웹 검색, 클릭당 지불 광고, 파일 공유, 메신저 프로그램, 휴대전화 통신을 포함해 많은 애플리케이션 영역에서 공격을 받고 있다. 이런 악성 활동을 탐지(그리고 그에 따른 방지)하는 작업은 불법 행위 탐지 문제malfeasance detection problem로 널리 알려져 있다. 이러한 예로는 스팸 메일과 사기, 침입 및 바이러스 탐지가 있다. 이런 문제 영역에서 머신러닝 기술은 적대적이거나 정상으로 진화하는 모든 실제 데이터에 더 쉽게 대응할 수 있는 능력을 제공하고 바람직하지 않은 활동을 식별하거나 가능하다면 방지하는 방법을 배우기 때문에 필요한 기술이다.

불법 행위 탐지 문제에서 머신러닝 기술이 시스템 보안 유지에 매우 중요한 도구라는 것이 입증되고 있다. 스팸 필터링부터 악성코드 탐지, 빠른 공격 대응 그리고 다른 애플리케이션에 이르기까지 머신러닝은 빠르게 컴퓨터 보안에 유용한 도구로 사용되고 있다. 예를 들어 네트워크 침입 탐지 시스템NIDS, Network Intrusion Detection System은 네트워크에서 호스트에 침투하거나 호스트를 장악하려는 시도처럼 비정상적 활동을 탐지하기 위해 네트워크 트래픽을 감시한다. 네트워크 침입 탐지 시스템 설계는 정상적인 행동과 침입을 정의하는 규칙을 만드는 전문가가 수행했다[199]. 이런 접근 방식은 종종 새로운 침입을 탐지하지 못하므로, 많은 연구자가 침입 탐지 시스템에 머신러닝 기술을 적용했다[161, 144, 176, 84]. 머신러닝 기술은 (좋은 것으로 알려진) 해가 없는 정상 트래픽 데이터와 (나쁜 것으로 알려진) 악성 트래픽 데이터를 갖고 학습해 공격 트래픽으로 추정되는 새로운 패턴을 탐지하는 방법을 제공한다. 불법 행위 탐지에 관한 학습 접근 방식은 현대의 스팸 필터링[170, 221]에 중요한 역할을 했으며, 바이러스 및 웜 탐지기[190, 235, 236], 호스트 기반 침입 탐지 시스템HIDS, Host-based Intrusion Detection System[89, 108, 177, 230, 257] 그리고 어떤 형태의 부정 탐지fraud detection[32]에서 구성 요소로 제안됐다. 이 시스템은 군집clustering과 베이즈 추론Bayesian inference, 스펙트럼 분석spectral analysis 그리고 최대 한계 분류maximum-margin classification를 포함한 다양한 머신러닝 기술을 활용해 다양한 동적 영역에서 우수한 성능을 보여줬다. 그러나 이렇게 많은 기술은 적대적 환경에서 사용되는 학습 시스템을 위태롭게 만드는 자체 학습 메커니즘을 대상으로 하는 공격에 취약하다.

불법 행위 탐지와 같은 문제를 해결하려는 학습 알고리즘의 필요성이 높아지고 있지만, 학습 구성 요소 자체가 공격의 수단이 되지 않도록 머신러닝을 시스템에 통합해야 한다. 우려되는 점은 보안에 민감한 영역에서 학습 기술이 공격자가 악의적으로 학습의 고유한 취약점^{vulnerability}을 악용할 수 있는 취약점 공격에 노출될 수 있다는 것이다. 학습 기술이 사이버범죄 위협에 대응책으로 그 역할을 할 때 특히 불법 행위 탐지에서 이런 취약점 공격 추적이 특히 장려된다. 더욱 정교한 사이버범죄를 저지르는 공격자에게 더 많은 재정적 보상을 하게 되면서, 학습기를 대상으로 한 공격은 기업 시스템의 운영을 방해하거나 훼손하는 공격이 공격자에게 새로운 수익성을 제공하게 됐다. 이로 인해 학습 시스템의 취약점을 평가하는 것이 보안에 민감한 영역에서 학습 방법을 효과적으로 신뢰할 수 있도록 해결해야 할 필수적인 문제다.

이 위협의 본질은 학습 과정에 적응하는 공격자의 능력에서 비롯된다. 박식한 공격자는 학습기의 단점에 관한 지식을 바탕으로 접근 방식을 변경한다든가 학습 과정을 손상하거나 속이기 위해 데이터를 교묘하게 조작해 학습기를 잘못 유도할 수 있다. 일례로 스팸 발송자는 스팸 탐지기를 방해하거나 회피하기 위해 정기적으로 메시지를 조정한다. 이렇게 악성 사용자는 학습 과정을 와해해 서비스를 중단시키거나 전체 시스템을 침해할 수 있다. 실제로 3장에서 자세히 설명할 논문에 따르면, 자동 서명 생성^{automatic signature generation}[50, 51, 191]과 침입 탐지 시스템[88, 238], 이메일 스팸 필터링[158, 258]을 포함한 다양한 애플리케이션 영역에서 머신러닝 시스템을 성공적으로 공격할 수 있음을 알 수 있다. 이런 공격에도 학습이 성공할 수 있도록 보장하는 것이 필수적이다. 즉, 시큐어 학습^{secure learning}을 해야 한다.

공격자가 악용할 수 있는 학습기의 주요 취약점은 학습기의 데이터에 관한 가정에 있다. 일반적으로 많은 학습 알고리즘은 학습과 평가 데이터가 시간이 지남에 따라 변하지 않거나 최악의 경우 서서히 정상적인 방식으로 이동하는 자연적이거나 얌전한^{well-behaved2} 분포를 따른다고 가정한다. 그러나 이러한 가정은 보안에 민감한 영역, 즉 인내심 있는 공격자가 동기와 학습이나 예측을 위해 학습기가 사용하는 데이터를 변경할 수 있는 능력을 갖추고 있는 환경에서는 위험하다. 이러한 영역에서 지능형 공격자^{intelligent adversary}는 자신의 이익을 위해 학습기의 가정을 교

---

2 (프로그램이) 메모리 조작 등을 운영체제를 통해 하고 하드웨어를 직접 제어하지 않는 것을 의미한다. - 옮긴이

묘하게 위반하고, 학습 및 적응력adaptability을 시스템의 이점이 아니라 시스템의 잠재적 책임으로 돌릴 수 있도록 조작할 수 있다. 우리는 학습기가 이러한 환경에서 어떻게 행동하는지 분석하고, 공격자에 대한 복원력을 강화할 수 있는 대안을 모색한다.

우리는 학습 시스템에 몇 가지 잠재적 위험이 있다고 생각한다. 주된 위협은 공격자가 머신러닝 시스템의 적용 특성을 악용해 머신러닝 시스템을 잘못 학습시켜 실패하게 만들 수 있다는 것이다. 실패의 종류로는 학습 시스템이 분류를 제대로 하지 못하게 하는 것도 포함된다. 악의적 인스턴스를 정상으로 오인하게 만들면 보안 장벽에서 악의적 인스턴스가 잘못 허용된다. 정상 인스턴스를 악성으로 오인하게 만들면 허용 가능한 인스턴스가 잘못 거부돼 정상적인 사용자 활동이 중단된다. 적대적인 공격자는 학습 시스템이 인스턴스를 오인하게 만들어 전체 시스템의 성능을 떨어뜨릴 수 있도록 훈련 데이터를 설계할 수 있는 잠재적 능력을 갖추고 있다. 시스템의 성능이 어느 정도 떨어지게 되면 사용자는 시스템에 확신을 잃어 사용하지 않거나 시스템의 무결성이 크게 손상될 수 있다.

두 번째 위협은 학습기가 훈련 데이터에 대한 비밀을 드러내 데이터 프라이버시를 침해하도록 만드는 것이다. 이 경우에는 학습기가 내리는 결정의 직접적인 결과가 아니라 학습기가 실수로 유출한 정보의 양과 관련이 있다. 학습 알고리즘은 정확한 예측을 위해 훈련 데이터에 관한 정보를 반드시 공개해야 한다. 이는 잠재적으로 프라이버시 위반으로 이어질 수 있으며 다시 사용자의 신뢰를 떨어뜨린다. 이러한 위험은 몇 가지 질문으로 이어진다. 잠재적 공격자가 학습 시스템을 잘못 학습시키거나, 회피하거나, 데이터 프라이버시를 침해하는 데 어떤 기술을 사용할 수 있을까? 시스템 설계자는 신뢰할 수 있는 학습 방법을 신중하게 통합하고, 해당 시스템의 취약점을 어떻게 평가할 수 있을까? 이 책에서는 시스템 설계자가 이러한 위협을 철저히 평가하고 실제 시스템을 평가하는 데 적용할 수 있는 프레임워크를 제공한다.

강건한[3] 학습robust learning 및 의사 결정 절차를 개발하는 것은 그 자체로도 중요하

---

3   통계에서 '강건하다(robust)'는 의미는 특이점이나 오차로부터 영향을 크게 받지 않은 통계량을 의미한다. 대한수학회나 통계학회에서는 '로버스트'로 옮겨 적고 있지만, '강건하다'는 의미를 전달하기 위해 이 단어만 학회 용어를 사용하지 않았다. – 옮긴이

지만, 보안 실무자에게는 특히 중요하다. 컴퓨터 시스템에서 신뢰할 수 있는 의사 결정을 위한 일반적인 도구로서 머신러닝을 효과적으로 적용하려면 공격자의 공격 조건에 노출됐을 때 이러한 학습 기술이 어떻게 수행되는지 살펴봐야 한다. 적대적 인 환경에서 알고리즘의 성능을 자세히 알지 못한다면 시스템을 신뢰할 수 없어 널리 사용되지 못할 것이다. 더 나쁜 상황은 취약한 시스템을 악용해 실무자가 앞으로도 머신러닝을 사용하지 못하도록 만들 수 있다는 것이다. 따라서 보안 실무자는 학습 알고리즘과 관련된 위험을 분석하고 이러한 위험을 적절히 최소화하는 기술을 선택하는 것이 매우 중요하다. 학습 알고리즘을 현실에 맞는 적대적인 환경에서 잘 수행할 수 있다면, 그것이 시큐어 학습을 위한 알고리즘이다. 물론 알고리즘의 성능이 수용 가능한지 아닌지는 공격자의 제약 조건과 알고리즘이 수행하는 작업에 따라 매우 주관적으로 판단해야 한다. 이는 두 가지 근본적인 질문을 제기한다. 특정 적대적 환경에서 학습기의 보안을 평가하는 데 필요한 관련 보안 기준은 무엇인가? 그리고 주어진 문제 영역의 보안 요구 사항을 만족시킬 수 있는 머신러닝 기술이 있다면, 그러한 학습기를 어떻게 설계하거나 선택할 수 있을까? 이 책에서는 학습 시스템을 체계적으로 평가하는 방법과 공격자의 잠재적 영향을 줄이기 위해 학습 기술을 선택하는 방법을 제시한다.

이제 학습 시스템을 다양하게 공격할 수 있는 네 가지 사례(1.1부터 1.4까지)를 제시한다. 5장부터 8장에 이르기까지 종합적으로 분석할 사례 연구의 예고편이다. 각 개요에서 학습 작업과 공격자의 목표에 동기를 부여한다. 그러고 나서 이러한 목표에 맞는 그럴듯한 공격을 간략하게 설명한다.

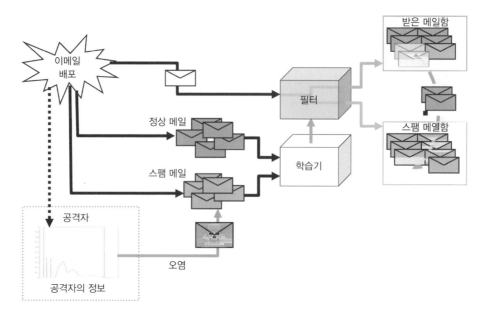

예 1.1 스팸 메일 필터와 데이터 삭제

이메일 스팸 필터링은 머신러닝의 가장 잘 알려진 애플리케이션 가운데 하나다. 이 문제에서 스팸 필터를 학습시키기 위해 좋은 것으로 알려진 정상 메일 ham과 원하지 않는 메일spam 메시지 집합을 사용한다. 학습 알고리즘은 스팸 메일과 정상 메일을 구별하는 관련 특성(예를 들어 '비아그라Viagra', '시알리스Cialis', '롤렉스Rolex'와 같은 토큰이나 봉투 기반 특성envelope-based feature)을 식별해, 새로 받은 메시지가 스팸인지 또는 정상인지를 결정하기 위해 스팸에 관해 관찰한 증거를 결합해 결정하는 분류기를 만든다.

스팸 필터는 사용자의 일반 메시지에서 스팸 메시지를 정확하게 식별하고 제거하는 데 성공했다. 이로 인해 스팸 발송자는 스팸 메시지를 난독화해 일반적인 필터를 혼동하게 만들어 정기적으로 탐지를 피하려고 시도한다. 또한 스팸 발송자 학습 메커니즘에 오류를 일으킬 수 있다. 위 그림처럼 스팸 발송자는 이메일 분포에 관한 정보를 사용해 영악한 공격 스팸 메시지를 작성해, 이 공격 스팸 메시지를 학습한 스팸 필터는 사용자가 원하는 메시지를 스팸으로 잘못 분류할 수 있다. 궁극적으로 이 스팸 발송자의 목표는 필터가 메시지를 정확하게 분류해 스팸은 걸러내고 중요한 메시지는 오류 없이 걸러내지 않는다는 것을 사용자가 더 이상 신뢰하지 못하도록 필터의 신뢰도를 떨어뜨리는 것이다.

5장에서 스팸 발송자에 관한 서로 다른 목표와 사용 가능한 서로 다른 정보의 양을 바탕으로 이 공격의 여러 변형을 제시하며, 이 공격이 매우 효과적일 수 있음도 증명한다. 상대적으로 적은 양의 공격 스팸 메시지를 학습해도 필터의 정확도가 많이 떨어진다. 그러나 해로운 메시지를 탐지하기 위해 고안된 간단한 데이터 삭제 기술data sanitization technique이 공격의 많은 부분을 방지하는 데 효과적인 점도 이야기한다. 이 경우 공격자의 성공은 주로 사용자의 이메일을 방해하려는 목표의 범위에 달려 있다.

예 1.2 네트워크 이상 탐지기

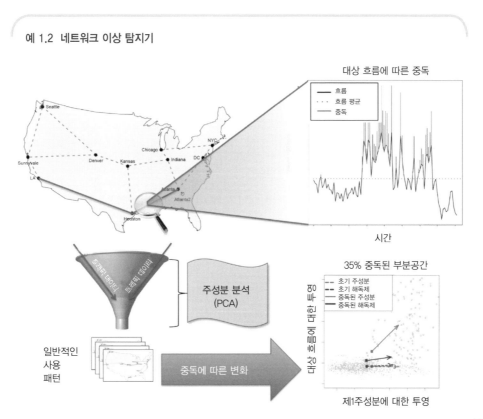

라키나Lakhina와 크로벨라Crovella, 디오트Diot는 서비스 거부DoS 공격과 같은 네트워크 용량의 이상을 탐지하기 위한 머신러닝 기술을 제안했다[139]. 이들의 방법은 네트워크에서 비정상적인 활동을 식별하기 위해 주성분 분석PCA, Principal Component Analysis으로 알려진 학습 기술을 사용해 일반적인 트래픽 패턴을 모델링하는 것이다. 이 기술도 쉽게 오염시킬 수 있다는 것을 보인다.

예 1.2의 그림처럼 주성분 분석은 먼저 백본 통신 네트워크에서 관측한 트래픽에서 패턴을 추출해 일반 모델을 만드는 데 사용한다. 이 모델은 이후 서비스 거부 공격을 탐지하는 데 사용된다. 서비스 거부 공격을 하려는 공격자는 먼저 이 탐지기를 회피해야 한다. 능숙한 공격자는 탐지기를 잘못 학습시켜 탐지를 성공적으로 피할 수 있다. 공격자는 표적 흐름target flow이 일반 모델에 부합하도록 설계된 쭉정이 트래픽chaff traffic을 체계적으로 주입할 수 있다. (예 1.2 오른쪽 위에 표시된) 이 쭉정이는 표적 흐름을 따라 추가돼 분산을 증가시킨다. 그 결과 (예 1.2 오른쪽 아래와 같은) 섭동 모델perturbed model은 표적 흐름을 따라 서비스 거부 공격을 감지할 수 없다.

6장에서 공격자가 PCA(주성분 분석)-기반 탐지기PCA-based detector에 사용할 수 있는 다양한 공격을 살펴본다. 주성분 분석을 대상으로 하는 공격은 효과적이어서, 오탐지율을 8배에서 10배까지 높일 수 있다. 또한 쭉정이에 더 복원력을 갖도록 설계된 해독제라는 대안적인 강건한 통계량 기반 탐지 접근 방식도 살펴본다. 같은 공격에 대한 해독제의 회피 성공률은 PCA-기반 접근 방식에 비해 대략 절반으로 줄어든다. 그러나 중독poisoning에 대한 복원력에는 비용이 들어간다. 중독되지 않은 데이터에 대해서는 PCA-기반 탐지기가 원본 탐지기original detector보다 효과가 좋진 않다.

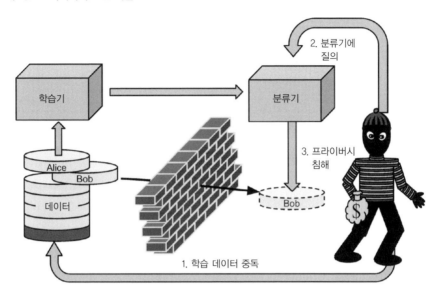

프라이버시는 학습 실무자^{learning practitioner}가 고려해야 할 또 다른 중요한 측면이다. 많은 상황에서 실무자는 기밀 데이터^{privileged data}에 학습 알고리즘을 적용해 데이터 프라이버시를 침해하지 않고 공공재^{public utility}를 제공하고자 노력한다. 예를 들어 병원은 개인 의료 기록을 사용해 H1N1 돼지 독감 환자를 식별할 수 있는 분류기를 만들어 자체 평가 도구의 형태로 일반 대중에게 그 분류기를 공유할 수 있다[171]. 그러나 이 분류기를 제공할 때 보건 의료 제공자^{health care provider}는 해당 기록에서 기밀 정보를 노출해서는 안 된다. 따라서 분류기가 훈련 데이터의 프라이버시를 침해하지 않을 것이라는 강력한 보장이 필요하다.

학습 알고리즘은 학습기의 행동이 데이터를 반영하기 때문에 프라이버시에 대한 위험을 초래할 수 있으므로 그 안에 포함된 근본적인 비밀을 드러낼 수 있다. 근본적으로 학습 알고리즘은 해당 데이터에서 수집한 패턴을 기반으로 학습한 데이터에 관한 요약을 만든다. 이 요약은 데이터 관련 종합 정보를 나타내므로 잠재적으로 공격자가 특정 데이터의 프라이버시를 침해하는 데 악용할 수 있다. 영리한 공격자는 학습기의 데이터를 오염시키거나 학습기에 질의해 결국 개인 데이터를 추론할 수 있다.

프라이버시 보호 학습은 학습 알고리즘의 프라이버시 속성을 연구하고 강력한 프라이버시를 보장하는 학습 알고리즘을 개발하려는 학습과 통계적 데이터베이스 및 이론 분야다. 7장에서 강력한 프라이버시 보호를 보장하는 모델을 살펴보고 해당 모델 내에서 프라이버시 보호 SVM$^{\text{Support Vector Machine}}$을 개발한다. 또한 정확성과 프라이버시 보호 간의 근본적인 절충점^{tradeoff}을 보여주는 프라이버시 보호 학습의 한계도 살펴본다.

예 1.4 근사-최적 회피

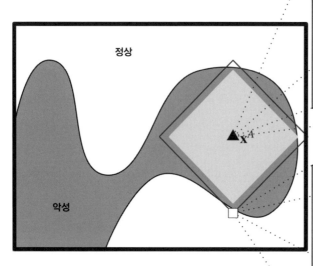

잘못된 학습 알고리즘 외에도 공격자는 탐지기가 악성 활동을 탐지할 수 없도록 탐지기를 회피하는 데도 관심이 있다. 예 1.1에서 언급한 바처럼 이 방법은 스팸 필터링 영역에서 이미 일반적이다. 그 예로 스팸 발송자는 필터를 회피하기 위해 ① 스팸을 나타내는 단어 "Viagra"나 "Cialis"를 각각 사람이 인식할 수 있지만, 맞춤법이 틀린 단어 "V1@gra" 또는 "Gia|is"로 난독화하거나, ② 렌더링되지 않은 메시지unrendered message의 구문 분석parsing이 어렵게 HTML을 사용하거나, ③ 스팸과 관련이 없는 다른 출처의 단어나 텍스트를 추가하거나, ④ 스팸 메시지를 표시하는 이미지를 삽입한다. 스팸 필터를 회피하기 위해 이러한 모든 기술을 사용할 수 있지만, 스팸 발송자에게도 비용이 많이 든다. 스팸을 변경하면 메시지의 가독성이나 접근성이 떨어지므로 이로 인한 수익성이 낮아질 수 있다. 필터를 회피하기 위해 스팸 발송자는 메시지를 최소한으로 수정하고 싶지만, 스팸 발송자는 동적으로 학습된 필터의 학습 필터링 규칙을 알 수 없다. 대신 스팸 발송자는 필터를 살펴보고 어떤 비용 함수cost function에 따라 수정을 개선하기 위한 테스트 스팸test spam을 구성한다. 그렇다면 스팸 발송자가 필터에 질의해 최적으로 회피하는 것이 얼마나 어려울까?

8장에서 살펴볼 근사-최적 회피 문제near-optimal evasion problem는 스팸 발송자가 특정 분류기를 회피하는 데 필요한 질의 복잡도query complexity 측면에서 이 문제를 형식화한다. 이제 광범위한 볼록-유도 분류기convex-inducing classifier를 살펴보고 특정 비용함수 ℓ_p 아래에서 근사-최적 회피를 위한 효율적인 알고리즘이 있음을 보인다.

1.2 원칙에 입각한 시큐어 학습

이 책에서는 머신러닝 시스템의 네 가지 개별 보안 문제를 분석한다. 각각의 문제에서 먼저 위협 모델을 제기하고 위협의 영향을 분석한 다음 적절한 경우 위협에 관한 방어를 제안한다. 컴퓨터 보안에서 잘 정립된 관행은 첫 번째로 시스템을 대상으로 하는 공격 클래스를 결정하기 위해 연속적인 절차를 포함하는 시스템 평가이며, 두 번째는 이런 공격에 대한 시스템 복원력 평가이며, 세 번째로는 이런 공격 클래스에 대비해 시스템을 강화하는 것이다. 우리가 고려하는 각 보안 문제에서 학습 알고리즘의 취약점을 평가하고자 이 모델을 정확하게 따른다.

　학습 시스템의 취약점을 평가하기 위한 접근 방식은 전통적인 컴퓨터 보안에서 잘 정립된 많은 원칙을 따른다. 일반적으로 컴퓨터 보안은 컴퓨터 시스템 및 컴퓨터 사용과 관련된 위험을 수치화하고 관리해 감소시키는 것과 관련이 있다. 보안의 전통적인 주제로는 암호시스템cryptography과 인증authentication, 보안 채널secure channel, 은닉 채널covert channel, 방어 프로그래밍 관행defensive programming practice, 정적 코드 분석static code analysis, 네트워크 보안network security 및 운영체제 보안operating system security 등이 있으며 전통적인 (코드 기반의) 취약점으로는 버퍼 오버플로buffer overflows, 형식 문자열 취약점format string vulnerability, 교차 애플리케이션 스크립팅cross application scripting, 코드 주입 공격code injection attack, 권한 상승privilege escalation 등이 있다. 고전적 보안 설정과는 다르게 학습 시스템을 대상으로 하는 공격은 학습 시스템의 적응 특성adaptive nature을 이용한다. 공격자는 학습기의 기존 결함을 악용할 수 있을 뿐만 아니라 학습기를 오해하게 만들어 새로운 취약점을 만들 수 있다. 그런데도 고전적 보안 원칙을 머신러닝 알고리즘 분석에 여전히 적용할 수 있다. 특히 사전 대책 마련을 위해 연구하는 공격proactively studying attack 원칙과 케르코프스 원칙Kerckhoffs' principal, 보수적 설계conservative design, 형식적 위협 모델링formal threat modeling이 접근 방식의 토대다.

사전 대책 마련을 위한 사전 분석

컴퓨터 보안의 첫 번째 지침은 시스템이 배포되거나 널리 쓰기 전에 잠재적인 공격을 예측해 사전 대책 마련을 위한 연구를 수행하는 것이다. 시스템 보안의 분석과 공개 토론은 시스템에 대한 신뢰를 제공한다. 또한 시스템을 배포하기 전에 취약점을 성공적으로 확인할 수 있다면 시스템 설계를 선제적으로 수정할 수 있으므로, 배포 후에 결함이 있는 시스템의 패치나 코드 재작성 혹은 리콜 비용을 줄일 수 있다. 마지막으로, 배포된 시스템에 보안 결함이 드러나면 사용자의 신뢰를 떨어뜨린다. 이는 시스템을 적절하게 검사했다면 피할 수 있는 값비싼 손해로 이어질 수 있다. 이 책에서는 학습 시스템의 보안에 대한 사전 대책을 마련할 수 있도록 접근하며, 기존 시스템을 악랄한 공격자가 해당 시스템을 손상시키거나 침해하기 전에 해당 시스템의 취약점을 확인한다. 이를 통해 취약점의 인식을 높이고자 한다. 더 나아가 취약점을 밝히고 그 취약점 공격을 막거나 효과를 완화할 수 있는 대안(對案) 시스템alternative system 제안한다. 결론적으로 시스템 설계자에게 제안한 학습 시스템의 취약점을 분석하는 데 도움이 되는 일반적인 지침을 제공해 중요한 시스템에서도 효과적이고 신뢰할 수 있는 구성 요소로 학습을 배포할 수 있다.

케르코프스 원칙

케르코프스 원칙[4]이라고 하는 두 번째 지침은 시스템 보안이 비밀이라는 비현실적인 기대에 의존해서는 안 된다는 것이다. 보안을 제공하기 위해 비밀에 지나치게 의존하는 것은 위험하다. 그 비밀이 노출되면 시스템의 보안이 즉시 침해되기 때문이다. 이상적으로 보안 시스템은 실제로 잠재적 공격자로부터 비밀리에 유지할 수 있는 것에 관해 최소한의 가정을 해야 한다. 암호학 분야는 보안이나 프라이버시를 제공하기 위해 비밀 키secret key가 필요한 개방형 알고리즘을 사용함으로써 이 일반적인 원칙을 채택했다.[5]

우리는 공격자가 학습 알고리즘을 알고 있으며 학습기 학습에 사용한 데이터에 관해 어느 정도 정보를 얻을 수 있다고 가정함으로써 머신러닝 시스템 분석에 이 원칙을 적용한다. 그러나 안전한 머신러닝 시스템에 실행할 수 있는 적절한 비밀의 수준을 결정하는 것은 어려운 질문이며, 9장에서 더 자세히 설명한다. 각 장에서는 공격자가 잠재적으로 얻을 수 있는 다양한 수준의 정보를 고려해 공격자가 학습기에 관한 목표를 달성하기 위해 이 정보를 가장 잘 활용할 수 있는 방법을 평가한다.

---

4 Ke rckhoffs, A. (1883), "La cryptographie militaire," Journal des Sciences Militaires 9, 5-83. https://bit.ly/2DsMXBq
5 암호학에서는 암호화 알고리즘을 공개하되 해당 알고리즘의 안정성은 알고리즘에 사용되는 비밀 키에만 의존해야 함을 의미한다. - 옮긴이

이렇게 함으로써 다양한 수준의 위협에 따른 영향을 살펴보고 공격자가 특정 정보의 출처에서 얻는 가치를 살펴본다.

보수적 설계

세 번째 기본 원칙은 시스템 설계와 분석에서 공격자에 관해 필요 없거나 비합리적인 가정과 제한을 피해야 한다는 것이다. 설계자가 공격자의 능력을 예측하지 못하거나 집요함을 과소평가한다거나, 공격자가 사용할 수 있는 자원과 정보를 제대로 이해하지 못하면 심각한 보안 침해security compromise가 발생할 수 있다. 공격자가 가능한 한 큰 능력을 갖추고 있다고 가정한다면 공격자의 위협에 따른 최악의 상황을 이해할 수 있으며, 사용자는 예기치 못한 공격자의 공격에 놀라는 일은 거의 없을 것이다. 그와 반대로 무한한 능력의 공격자를 분석하면 현실적인 제약을 받는 공격자에 대한 학습 시스템은 거의 동작하지 않게 된다. 이렇게 하면 시스템의 보안에 필요하지 않은 암울한 상황을 초래할 것이다. 최악의 공격자를 고려하는 접근 방식은 다양한 위협 수준에서 공격자의 노력과 공격자가 시스템에 미치는 영향 간의 관계를 수치화하기 위해 적절한 위협 모델을 구축하는 데 중점을 둔다.

위협 모델링

끝으로 머신러닝 시스템의 취약점을 분석하기 위해 일반적인 보안 관행security practice을 따라 학습 시스템의 취약점 분석을 위한 형식적 (공격 중심의) 위협 모델을 구축한다. 도로시 데닝Dorothy E. Denning과 피터 데닝Peter J. Denning이 다음과 같이 언급한 것처럼 말이다.

> 어떤 메커니즘도 완벽하게 안전하지 않다. 좋은 메커니즘은 침해의 위험을 허용 가능한 수준으로 낮춘다.

시스템 분석가는 취약점의 잠재적 위험을 분석하기 위해 우리가 옹호하는 접근 방식을 사용해 학습 시스템의 위협 모델을 구성할 수 있다. 이 위협 모델은 공격자에 관한 보상과 공격자의 목표와 자원, 능력 측면에서 각각의 잠재적 공격자를 구분해 설명한다. 분석가는 각 위협 모델의 보안 수준을 수치화할 수 있는데, 이 값은 공격으로 인한 피해와 그 가능성에 대해 잠재적 공격자에 대해 예상되는 보안 수준을 의미하다. 궁극적으로 위협 모델은 시스템의 보안을 특징 짓고 시스템의 약점을 식별하는 데 도움을 주며 다른 사람이 제안한 보안과 비교할 수 있는 메커니즘을 제공한다.

특정 학습 시스템에 대한 위협 모델을 구성하기 위해 분석가는 먼저 공격의 성공을 측정하고 제공되는 보안 수준을 수치화하고자 해당 시스템의 보안 환경과 목표를 수치화해야 한다. 위험과 목표를 형식화하면 분석가는 시스템의 잠재적 한계와 공격을 식별해 즉각적으로 위협 분석에 집중함으로써, 존재하지 않거나 부수적인 위협으로부터 시스템을 보호하기 위한 노력을 하지 않아도 된다. 다음으로 분석가는 잠재적 공격자에 대한 보상과 공격자의 목표와 자원, 능력, 한계를 확인한다. 예상되는 공격자의 유형과 목표를 조사함으로써 분석가는 특정 목표를 달성하는 데 필요한 공격자의 노력을 수치화할 수 있다. 이 위협 모델을 기반으로 분석가는 시스템의 보안을 분석하고 현실적인 공격 형태에 적절한 방어 수단을 마련할 수 있다. 형식적 분석formal analysis은 보안에 엄격한 접근 방식을 제공한다. 추가로 시스템의 위협과 보안을 형식화함으로써 다른 분석가는 해당 분석가의 가정을 비판하고 시스템 설계의 잠재적 결함을 제안할 수 있다. 이 개방형 절차는 시스템의 보안을 높이는 경향이 있다.

1.3 시큐어 학습과 관련된 연구 동향

시큐어 학습은 지난 20년 동안 발전한 인공지능과 컴퓨터 보안에서 중요한 연구 분야로 떠올랐다. 그러나 시큐어 학습의 형성은 수십 년 전 두 분야의 영향력 있는 연구에서 시작됐다. 이런 연구 중 많은 부분이 서로 다른 커뮤니티에서 별도로 문제를 해결해왔지만, 많은 보안 문제에 적응형 접근 방식adaptive approach이 요구되고, 악성 데이터에 관한 학습 기술의 취약점이 명백해짐에 따라 많은 연구자가 일부 공통 주제를 다루게 됐다. 이로 인해 시큐어 학습 분야의 기초가 형성됐다. 여기서는 시큐어 학습을 위한 전후 사정과 동기를 더 잘 이해할 수 있도록 이 연구에 이바지한 주요 연구 동향을 소개한다. 이는 시큐어 학습의 기초를 형성하는 모든 중요한 연구의 완전한 역사의 보여주진 않지만, 이 간단한 연대표는 컴퓨터 보안 및 인공지능 분야의 몇 가지 흥미로운 부분을 제공해 시큐어 학습이 학문으로 형상되는 과정을 보여준다. 3장에서 시큐어 학습의 프레임워크와 이 분야의 연구 조직에 관한 추가 설명을 한다.

- **1940년대 전시 암호해독**wartime cryptanalysis 컴퓨터를 사용해 추축국Axis Powers[6]의 많은 암호 시스템이 해독됐다. 클라우드 섀넌Claude Shannon은 자신의 논문 「Communication Theory of Secrecy Systems(비밀 시스템의 통신 이론)」에 기밀 해제된 자료를 발표했다. 이 논문은 이론적으로 깨지지 않는 암호 시스템은 일회용 키one-time pad를 사용해야 함을 보여준다[224]. 암호 시스템을 위해 개발된 표준은 훗날 컴퓨터 보안의 표준 모델로 사용되고 있다.

- **1940년대와 1950년대 인공지능의 기초** 초기 컴퓨팅 기계의 출현으로 연구자들은 인공지능을 연구하기 시작했다. 1950년 앨런 튜링Alan Turing은 「Computing Machinery and Intelligence(계산 기계와 지능)」[7]을 발표하면서 기계가 지능을 입증할 수 있는지를 결정하기 위한 유명한 튜링 테스트Turing Test를 소개했다[244].

- **1960년대와 1970년대의 강건한 통계학의 기초** 강건한 통계학의 역사는 통계학의 기원으로 거슬러 올라가지만, 이 분야의 첫 번째 형식적 방법은 1960년대와 1970년대에 생겨났다. 이 연구를 요약한 주요 교재는 후버Huber[114]와 함펠Hampel과 론체티Ronchetti, 루소Rousseeuw, 스타헬Stahel[102]이 저술한 책이다. 두 가지 접근 방식, 최소최대 접근 방식minimax approach과 영향함수influence function를 기반으로 강건한 통계학을 설명한다.

- **1970년대 후반 공개키 암호 출현** 1976년에 휫필드 디피Whitfield Diffie와 마틴 헬만

Martin Hellman이 처음 제안한 공개키 암호는 암호학에 혁명을 일으켰다[66]. 로널드 라이베스트^{Ronald Rivest}와 아디 샤미르^{Adi Shamir}, 레너드 에이들만^{Len Adleman}은 1978년에 RSA 공개키 암호 시스템을 소개했다[205].

- **1979년 도로시 데닝과 피터 데닝의 「Data Security」 논문 발표** 이 논문에서는 데이터 접근 제어^{access control}와 흐름 제어^{flow control}, 추론 제어^{inference control}, 암호화^{encryption}라는 네 가지 다른 형태의 보호 방법을 소개했다[62]. 도로시와 피터는 추론 제어를 사용해 데이터베이스 집계 과정에서 정보 누출 방지의 필요성을 강조했다. 이는 프라이버시 보호 학습보다 앞선 광범위한 개념이다.

- **1984년 PAC 학습 체계 소개** 벨리앙^{Valiant}은 주어진 인스턴스를 예로 들어 특정 개념을 배우는 학습 알고리즘의 능력을 연구하기 위한 프레임워크로서 PAC^{Probably Approximately Correct}[8] 학습을 소개했다[245]. 중요한 것은 PAC 프레임워크가 학습 이론^{learning theory}을 가설 복잡도 이론^{hypothesis complexity theory}으로 연결해, 수학적 통계학의 경험 확률 과정 이론^{empirical process theory} 영역에 속하게 만들었다는 것이다.

- **1990년대 다형성 바이러스 개발** 컴퓨터 바이러스가 탐지를 피하려고 암호화와 코드 난독화^{code obfuscation}, 다형성^{polymorphism}을 사용하기 시작했다[47]. 이러한 스텔스 바이러스는 시그니처 기반의 백신^{signature-based antivirus detector}이 탐지하지 못하도록 설계돼 시그니처를 통해 악성코드를 식별하는 것이 점점 어려워지고 있다.

- **1993년 케아른스와 리의 악성 에러가 있는 상태에서의 학습에 관한 연구** 케아른스^{Kearns}와 리^{Li}는 「Learning in the Presence of Malicious Errors(악성 에러가 있는 상태에서의 학습)」에서 PAC 모델을 사용해 최악의 오류가 있는 훈련 데이터로 학습 타당성을 연구했다[126].

- **1996년 최초로 사용된 베이즈 스팸 필터** 제이슨 레니^{Jason Rennie}가 작성한 iFile 프

---

8 확률적으로 근사하게 정확하다는 뜻으로 관련 내용은 https://bit.ly/2JmzpMP 블로그 참고 - 옮긴이

로그램은 확률 접근 방식probabilistic approach을 베이즈Bayesian 필터링으로 널리 알려진 스팸 필터링에 통합한 최초의 메일 프로그램으로 인정받고 있다. 스팸 필터링을 위한 베이즈 방법론에 관한 최초의 논문은 사하미Sahami와 두마이스Dumais, 해커만Heckerman, 호르비츠Horvitz가 발표했다[215].

- **1999~2004년 빠르게 확산하는 컴퓨터 웜의 출현** 멜리사Melissa와 아이러브유ILOVEYOU, 코드레드Code Red, 님다Nimda, 클레즈Klez, 슬래머Slammer, 블래스터Blaster, 소빅Sobig, 마이둠MyDoom, 넷스카이Netsky를 포함한 컴퓨터 웜computer worm은 인터넷 확산을 이용해 취약한 호스트를 빠르게 감염시켰으며 컴퓨터와 네트워크 자원에 광범위하게 피해를 줬다[47]. 이러한 손상을 입히는 많은 웜은 빠른 적응형 탐지 시스템adaptive detection system의 필요성을 강조한다.

- **2002년 폴 그레이엄의 스팸 필터링에 관한 접근 방식** 폴 그레이엄Paul Graham은 「A Plan for Spam(스팸에 대한 계획)」에서 스팸 필터링을 위한 소위 베이즈 방법론을 개선하고 대중화했다[96]. 폴이 소개한 기본 기술은 스팸베이즈SpamBayes[9]와 보고필터BogoFilter[10] 및 아파치 스팸어쌔신Apache SpamAssassin 필터[11]의 학습 구성 요소를 포함해 오늘날 많은 스팸 필터에서 여전히 사용되고 있다.

- **2006년 8월 AOL 검색 데이터 유출** AOL Research는 3개월 동안 65만 명의 사용자가 검색한 2천만 개의 검색 키워드를 발표했는데, 여기서 사용자 이름을 고유한 키로 바꿔 익명 처리했다. 「뉴욕 타임스」와 다른 기관은 공개 정보를 상호 참조해 AOL 사용자를 식별했다[12]. 이로 인해 AOL을 상대로 한 집단 소송이 일어났다.

- **2006년 차등 프라이버시 제안** 차등 프라이버시differential privacy[78]의 개발로, 프라이버시를 강하게 보호하면서 학습할 수 있는 확고한 토대가 마련됐다.

- **2007년 1월 스톰 웜 발견** 이 악성코드는 트로이 목마를 통해 확산하며, 봇넷botnet이라고 하는 침해당한 컴퓨터의 네트워크를 만든다. 스톰storm은 발견

---

9   공식 웹사이트 https://bit.ly/33zrxwQ – 옮긴이

10 공식 웹사이트 https://www.bogofilter.org/ – 옮긴이

11 공식 웹사이트 https://bit.ly/2Y5kPh5 – 옮긴이

된 최초의 봇넷 가운데 하나였다[110]. 봇넷은 스팸 발송과 분산 서비스 거부[DDos] 공격 및 사이버절도[cybertheft]를 포함해, 다양한 악의적인 목적으로 사용돼 이러한 오용 활동[abusive activity]을 수월하게 만든다.

- **2007년 12월 NIPS Workshop on Machine Learning in Adversarial Environments for Computer Security** 컴퓨터 보안을 위한 도구로서의 머신러닝 역할을 다룬 최초의 공식 워크숍이 신경 정보 처리 시스템[NIPS, Neural Information Processing Systems]의 발전에 관한 콘퍼런스와 함께 개최됐다. 리차드 리프만[Richard Lippmann]과 파벨 라스코프[Pavel Laskov]가 주최한 이 워크숍은 두 분야의 연구자들을 모아 훗날 「Machine Learning(머신러닝)」[143] 저널에 이 주제를 발표했다.

- **2008년 10월~2016년 11월 CCS Workshop on Security and Artificial Intelligence** 컴퓨터 보안에 인공지능을 사용하기 위해 조직돼 가장 오랫동안 운영된 워크숍이 2008년 처음 개최됐다. 더크 발팬즈[Dirk Balfanz]와 제시카 스태돈[Jessica Staddon]이 처음 주최한 이 워크숍은 ACM Conference on Computer and Communications Security[CCS]와 공동으로 개최됐으며 2016년 이 책을 집필하던 시기까지 해마다 이뤄지고 있다[9, 10, 40, 41, 185, 69, 70, 90].

- **2009년 12월 넷플릭스 개인정보 유출** 영화 등급 평가를 위한 머신러닝 공모전에서 약 50만 명의 고객 개인정보를 공개한 넷플릭스[Netflix]가 집단 소송을 당했다. 연구자들은 공개된 사용자의 이름을 IMDB 등급과 상호 참조해 개인을 식별할 수 있었다[179].

- **2019년 9월 Workshop on Privacy and Security issues in Data Mining and Machine Learning** 줄여서 PSDML 워크숍은 ECML/PKDD 콘퍼런스[67]와 연계해 개최됐다. 머신러닝 연구자에게 프라이버시와 보안 애플리케이션을 주제로 논의할 수 있는 포럼을 제공했다.

- **2012년 9월 Dagstuhl Perspectives Workshop: Machine Learning Methods for Computer Security** 독일의 슐로스 닥스툴[Schloss Dagstuhl]에서 컴퓨터 보안과 머신러닝 커뮤니티의 주요 연구자들이 모여 적대적 학습 및 학습 기반 보안 기술에 대한 도전 과제와 향후 연구 방향을 논의하고 공통 커뮤니티를 양

의하기로 했다[119].

- 2014년 6월 Workshop on Learning, Security, and Privacy International Conference on Machine Learning[ICML]과 함께 개최된 이 워크숍은 머신러닝 연구자가 보안과 사생활 보호 문제에 대한 문제를 해결할 수 있는 새로운 장소를 제공했다[68].

- 2016년 2월 Workshop on Artificial Intelligence for Cyber Security[AICS] MIT 링컨 연구소[Lincoln Labs]와 서던캘리포니아대학교[University of Southern California] 그룹이 주최한 AICS 워크숍은 최고의 AI 콘퍼런스인 AAAI[165]와 함께 개최됐다. 이 워크숍은 네트워크 보안과 보안 게임[security game], 학습 커뮤니티의 구성원을 하나로 모았다.

1.4 개요

이 책에서는 머신러닝 시스템에 대한 위협을 식별하고 분석하기 위한 체계적인 접근 방식을 제시한다. 우리는 많은 실제 학습 시스템을 조사해 취약점을 평가하고 해당 학습 메커니즘에 대한 실제 공격을 보인 다음 그 공격의 효과를 성공적으로 완화할 수 있는 방어법을 제안한다. 이렇게 함으로써 우리는 학습기의 취약점을 평가하고, 해당 취약점으로 발생하는 위협에 대응하고자 시스템을 강화하는 방어법을 개발하기 위한 체계적인 방법론을 제공한다. 추가로 우리는 적대적 오염[adversarial contamination]과 프라이버시 보호 학습, 분류기 회피[classifier evasion]의 한계에 관한 이론적 질문을 살펴보고 그 해답을 제시한다.

이 책은 네 부분으로 구성돼 있다. 1부에서는 접근 방식의 기초를 형성하는 배경과 기초 자료를 소개한다. 2장에서는 머신러닝의 개요와 표기법을 설명한다. 그런 다음 3장에서 학습 에이전트[learning agent]의 보안 속성[security property]을 평가하고, 학습기를 대상으로 하는 공격의 분류 체계를 제시하며, 이 프레임워크에서 이전 연구를 분류하고 설명하기 위한 프레임워크를 소개한다. 우리는 머신러닝 시스템에 대한 다양한 종류의 공격을 식별하고, 학습 시스템에 위협을 가할 수 있는 최소 세 가지 흥미로운 차원이 있음을 보일 것이다. 게다가 우리는 공격자와 방어자 간의 게임으로 시큐어 학습을 수행한다. 분류 체계는 이 게임의 구조와 참가자의 비용 모델^{cost} ^{model}을 결정한다. 이 책의 나머지 부분은 이 프레임워크에 기반을 둔 학습 시스템의 다른 취약점에 따라 구성한다.

2부에서는 공격자가 학습기의 훈련 데이터를 악의적으로 조작해 학습을 적극적으로 방해하는 공격을 살펴본다. 4장에서 공격자가 반복 공격$^{iterative\ attack}$을 통해 초구체 기반 이상 탐지기$^{hypersphere-based\ anomaly\ detector}$를 중독시키는 방법을 조사한다. 여러 가지 공격 시나리오에서 공격자가 제어해야 하는 데이터의 양과 필요한 공격의 반복 횟수 측면에서 성공적으로 중독시키는 결과를 얻기 위해 공격자에게 요구되는 노력을 수치화한다. 여러 가지 공격 및 재훈련 시나리오$^{retraining\ scenario}$에서 공격자에게 문제의 난이도에 따른 경계를 제공하고 이러한 결과가 공격 가능성에 어떻게 영향을 미치는지 설명한다.

다음으로 실용적인 학습 시스템$^{practical\ learning\ system}$에 대한 두 가지 실제 사례 연구를 소개하고, 두 시스템의 잠재적 위협을 체계적으로 살펴보기 위한 구조를 사용한다. 마지막으로 공격의 영향을 없애거나 완화하는 대응 방어$^{corresponding\ defense}$를 제안한다. 첫 번째 학습 시스템은 5장에서 설명할 스팸베이즈라고 하는 스팸 필터다. 우리는 이 스팸 필터가 훈련 데이터의 적대적 오염에 매우 취약하다는 것을 보인다. 특히 우리는 공격자가 매우 효과적인 공격 메시지를 구성해 학습기의 학습 집합에 넣으면 스팸베이즈가 많은 정상적인 메시지를 스팸으로 잘못 분류하는 것을 보인다. 그러나 우리는 메시지로 인해 발생할 수 있는 예상 피해를 근거로 공격 메시지를 성공적으로 탐지하고 제거할 수 있는 데이터 삭제 방어법$^{data\ sanitization}$ ^{defense}을 제안한다. 이 방어법은 공격 메시지 대부분을 효과적으로 제거하고 필터의 성능에는 최소한의 영향만 준다. 우리가 분석할 두 번째 학습 시스템은 백본 통신 네트워크에서 네트워크 전체의 서비스 거부 공격을 식별하기 위해 사용하는 PCA-기반 부분공간 추정 기술$^{PCA-based\ subspace\ estimation\ technique}$을 사용하는 네트워크 이상 탐지 시스템이다. 6장에서 이 PCA-기반 이상 탐지기$^{PCA-based\ anomaly\ detector}$에 대한 데이터 중독 전략의 종류를 설명한다. 공격자의 목표는 이 시스템에서 탐지를 회피하는 것으로, 이를 위해 공격자는 탐지기를 학습시키는 데 사용하는 네트워크 트래픽을 조금씩 교란함으로써 학습기의 훈련 데이터를 오염시킨다. 다시 말하지만 이 알고리즘의 클래스가 데이터 중독 방법에 매우 취약하다는 것을 증명한다. 이 탐지기에 대한 우리의 공격을 대처할 수 있도록 대안 탐지기도 제안한다. 이 경우 PCA의 강건한 변형을 기반으로 하는 대안 학습 알고리즘alternative learning algorithm이 데이터 중독의 효과를 실질적으로 완화할 수 있다는 것도 배운다.

3부에서는 데이터를 오염시키지 않고 학습기의 취약점을 수동적으로 악용하는 공격자를 생각하며, 학습기 데이터의 프라이버시를 보호하고 학습기 회피를 방지하는 두 가지 연구를 이론적으로 살펴본다. 7장에서 훈련 데이터의 프라이버시를 보호하는 서포트 벡터 머신SVM, Support Vector Machine 분류기를 살펴본다. 우리는 차등 프라이버시[75]로 알려진 강력하고 의미론적인 프라이버시 정의를 채택했는데, 차등 프라이버시는 공격자가 1개의 데이터를 제외한 나머지 데이터와 배포 매커니즘release mechanism을 전부 알고 있더라도 남아 있는 1개 데이터의 프라이버시를 보장한다. 그리고 SVM과 같은 비공개 배포 분류기의 매커니즘을 제시한다. 이 매커니즘은 보장된 수준의 유용성을 얻으면서 차등 프라이버시를 보장한다. 또한 하계를 통해 SVM을 근사하는 비공개 배포 분류기privately releasing classifier의 한계limit도 살펴본다. 마지막으로 볼록-유도 분류기의 모임에 대해 근사-최적 회피 문제를 살펴보고, 8장에서 분류기 회피의 이론적 모델에 우리의 프레임워크를 적용한다. 분류기의 사각지대를 찾기 위해 공격자는 체계적으로 멤버십 질의를 하고, 분류기의 응답을 사용해 그 경계에 대한 중요한 구조 정보를 수집할 수 있다. 이 문제를 연구하기 위해 우리는 로우드Lowd와 믹Meek의 근사-최적 회피 프레임워크[157]를 일반화하고, 질의 복잡도 측면에서 회피 문제를 수치화한다. 이 모델에서 우리는 볼록-유도 분류기라고 하는 분류기의 다양한 모임에 대한 회피를 연구하고, 이런 분류기를 회피하기 위해 비용 ℓ_p에 기반을 둔 다양한 알고리즘을 제시한다. 볼록-유도 분류기 모임에서 분류기 회피 가능성에 대한 긍정적 결과와 부정적인 결과를 모두 보여주고, 회피 문제를 연구하기 위한 향후 방향을 설명한다.

마지막 4부에서는 적대적 머신러닝의 미래를 살펴본다. 특히 9장에서는 보안에 민감한 영역에서 적대적 학습 분야에 관한 중요한 주제와 미해결 문제를 소개한다.

이 책은 머신러닝 실무자에게 공격자의 존재하에 학습 시스템을 평가할 수 있는 프레임워크를 제공한다. 이 프레임워크에서 실제 학습 시스템의 취약점을 알리고, 제시한 취약점 공격에 탄력적인 대안 기술도 제안한다. 우리의 접근 방식과 기술은 보안에 민감하거나 적대적 환경에서 학습을 지속적으로 개발, 배포하는 데 필수적인 시큐어 학습을 위한 공통된 기반을 제공한다.

02

배경 및 표기법

2장에서는 이 책 전체에 걸쳐 사용하는 수학 표기법을 정의하고, 머신러닝의 기본 토대를 소개한다. 이 분야에 익숙한 독자는 이 책의 표기법이 눈에 익도록 2장을 대강 훑어봐도 된다. 머신러닝을 더 자세히 알아보려면 헤스티[Hastie]와 티브시라니[Tibshirani], 프리드먼[Friedman]의 저서[105]나 밥닉[Vapnik]의 저서[247]를 추천한다.

2.1 기본 표기법

여기서는 이 책 전반에 걸쳐 사용하는 공식 표기법을 간략하게 소개한다. 기본 논리와 집합론, 선형대수학, 수학적 최적화[mathematical optimization], 확률에 관한 기초를 알려준다. 더 자세한 내용은 부록 A를 참조한다.

등식을 =로 표기하며, 정의를 나타내기 위해 ≜를 사용한다. 문자의 서체 스타일은 다음처럼 집합과 집합들 그리고 공간의 원소를 구별하는 데 사용한다. 스칼라와 같은 개별 대상[individual object]은 x와 같은 기울임 글꼴을 사용하고, 다중차원 벡터는 $\mathbf{x}$와 같은 굵은 글꼴을 사용한다. 집합은 $\mathbb{X}$와 같은 굵은 칠판 글꼴을 사용해 표기한다. 그러나 공간과 같은 특정 대상을 생성^{span}하는 전체^{entire} 집합이나 모집단^{universe}을 말할 때, 이 공간에 포함된 부분집합 $\mathcal{X}$와 구별하기 위해 $\mathbb{X}$와 같은 글꼴을 사용한다.

2.2 통계적 머신러닝

머신러닝은 데이터에서 정보를 추출하는 광대한 기술 분야와 알고리즘 관련 이론과 분석을 망라한다. 톰 미첼$^{Tom\ Mitchell}$은 머신러닝 작업^{task}을 다음처럼 정의했다 [173].

> 어떤 컴퓨터 프로그램이 어떤 작업 T를 수행할 때 성능 측도$^{performance\ measure}$ P만큼 개선되는 경험 E를 보인다면, 그 프로그램을 작업 T와 성능 측도 P에 대해 경험 E를 학습^{learn}했다고 말할 수 있다.

이 정의는 다양한 방법을 포함한다. 종종 통계적 머신러닝$^{statistical\ machine\ learning}$으로 언급되는 '학습'의 실제 개념에 대한 용어와 메커니즘을 소개한다. 특히 '경험'의 개념은 데이터를 의미하며, 작업은 행동 또는 의사 결정 공간$^{decision\ space}$에서 어떤 행동을 선택하거나 예측/결정하는 것을 의미하며, 성능 측도는 학습기가 최상 또는 정확한 것과 비교해 특정 예측/행동하는 데 필요한 비용을 측정하는 손실함수^{loss} ^{function}를 의미한다. 그림 2.1은 이 환경에서 학습을 위한 데이터 흐름을 보여준다. 데이터는 입력공간 $\mathcal{X}$와 출력공간 $\mathcal{Y}$로 구성된 곱공간$^{product\ space}$ $\mathcal{Z} = \mathcal{X} \times \mathcal{Y}$에 있으며 나중에 설명한다. 곱공간에서 결합한 N개의 학습 예제로 구성된 훈련 데이터 집합 $\mathbb{D}^{(train)}$는 분포 $P_{\mathcal{Z}}$를 따라 추출된 데이터의 집합으로, 가설 또는 분류기 f를 만들기 위해 학습 과정 $H^{(N)}$에서 사용된다. 이 분류기 f는 새로운 데이터 집합 $\mathbb{D}^{(eval)}$ (이 집합의 데이터도 같은 분포 N에서 추출됐다고 가정한다)에 대해 예측하고 손실함수 ℓ로 평가하는 함수다. 그림 2.1(a)는 2.2.1절에서 설명하는 학습의 데이터 수집 단계를 보여준다. 측정과 초기 특성$^{initial\ feature}$ 추출이 학습 알고리즘의 보안에서 중요한 부분이지만 여기서는 학습 알고리즘의 보안에 중점을 둔다.

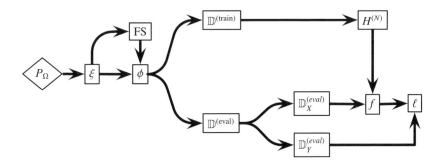

(a) 완벽한 학습 프레임워크

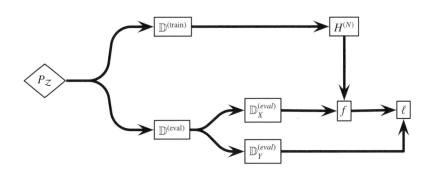

(b) 함축적 데이터 수집을 통한 학습 프레임워크

그림 2.1 학습의 여러 단계를 거치는 정보의 흐름. (a) 모델 선택을 제외한 학습 알고리즘의 모든 주요 단계. 여기서 분포 P_Ω인 공간 Ω에서 추출한 대상을 측정하기 위해 구문 분석(parse)한 대상을 특성 선택기(feature selector) FS를 사용한다. 특성 선택기는 훈련 데이터 집합 $\mathbb{D}^{(train)}$과 평가 데이터 집합 $\mathbb{D}^{(eval)}$을 만드는 데 사용할 특성 사상(feature mapping) ϕ을 선택한다. 학습 알고리즘 $H^{(N)}$은 훈련 데이터를 기반으로 가설 f을 선택하고, 가설에 대한 예측은 손실함수 ℓ에 따라 $\mathbb{D}^{(eval)}$로 평가한다. (b) 함축적 데이터 수집 단계를 가진 학습의 훈련과 예측 단계. 여기서 데이터는 분포 P_Z에서 추출해 측정 절차(measurement process)에 따라 분포 P_Ω으로 대응시키는 것이 아니라 분포 Z에서 직접 추출하는 것으로 가정한다.

이 책에서는 학습이 이전 경험을 일반화하는 형태를 취하는 귀납적 학습 방법만을 다룬다. 유도 방법은 귀납 편향^{inductive bias}, 즉 관측값 집합을 일반화하는 데 사용하는 (함축적인) 가정의 집합이 있어야 한다. 귀납적 편향의 예로는 오컴의 면도날^{Ockham's Razor}이 있다. 이는 어떤 현상을 설명할 때 불필요한 가정을 해서는 안 된다는 것으로, 관측값과 일치하는 가장 단순한 가설을 선택하는 것이다. 나이브 베이즈$^{\text{Naive Bayes}}$ 방법은 귀납적 편향으로 최대 조건부 독립성$^{\text{maximal conditional independence}}$을 사용하는 반면, SVM은 귀납적 편향으로 SVM의 유도 편향$^{\text{inductive bias}}$은 최대 한계$^{\text{maximal margin}}$를 사용한다. 많은 방법에서 귀납적 편향은 학습 절차에 내장된 함축적인 편향이다.

여기서는 경험적 위험 최소화 절차$^{\text{empirical risk minimization procedure}}$로 설명할 수 있는 통계적 머신러닝 기술에 중점을 둔다. 나중에 우리는 이러한 절차의 구성 요소를 요약하고, 구성 요소를 설명하기 위한 표기법을 설명하겠지만 먼저 보이지 않는 평가 데이터$^{\text{unseen evaluation data}}$ $\mathbb{D}^{(eval)}$에 대한 예측에서 발생하는 기대 손실$^{\text{expected loss}}$(위험)을 최소화하는 것이 우리의 전체적인 목표다. 훈련 데이터에 대한 평균 손실$^{\text{average loss}}$(또는 위험)을 최소화하는 것은 종종 보이지 않는 임의의 평가 데이터$^{\text{unseen random evaluation data}}$에 대해 기대 손실을 최소화하기 위한 대용물로 사용되며, 적절한 조건에서 훈련 데이터에 대한 오류를 일반화 오류의 경계 결정에 사용할 수 있다[247, 1장 참고]. 이러한 결과의 근원은 훈련 데이터와 평가 데이터가 모두 그림 2.1처럼 같은 분포 P_z에서 나온다는 정상성(定常性)[1] 가정$^{\text{stationarity assumption}}$이다. 이후, 우리는 이 정상성 가정을 위반하는 시나리오를 검토하고 이 가정 위반이 학습 방법의 성능에 미치는 영향을 평가한다. 그러나 경험적 위험 최소화기$^{\text{empirical risk minimizer}}$의 성능에 미치는 영향을 연구하는 동안 이러한 위반은 일반화를 보장하는 데 필요한 정상성에 기반을 둔 모든 학습기에 유사한 영향을 미친다. 또한 이러한 위반은 분포 편차$^{\text{distributional deviation}}$에 강건하도록 설계된 대안적인 경험적 위험 최소화기에 미치는 영향이 적다는 것을 보인다. 취약점은 경험적 위험 최소화 절차에만 국한되지 않으며 고유하지도 않지만, 이러한 취약점 공격을 보호하려면 가정 위반에 대해 복원력을 갖도록 설계한 학습기가 필요하다. 또한 각 장에서 강조하는 절차의 강건성^{robustness}과 효과^{effectiveness} 사이에는 절충점이 있다.

---

1 통계적 성질이 시간에 따라 변하지 않는 것으로, 모든 시간에서 똑같은 확률변수로 관측한다. 정상성이 아닌 경우를 '비정상성'이라고 하며, 데이터가 정상성을 갖는다는 것은 평균과 분산이 안정돼 있어 분석하기 쉬움을 의미한다. 자세한 내용은 '시계열 분석에서의 정상성(Stationarity in Time Series Analysis) 블로그(https://bit.ly/34zdljC)' 참고 – 옮긴이

2.2.1 데이터

이메일이나 네트워크 패킷과 같은 실제 대상은 이러한 모든 대상의 공간 Ω에 포함된다. 일반적으로 학습기가 대상의 구조를 구문 분석할 수 없거나 대상이 학습기의 작업과 관련이 없는 외부 요소를 가질 수 있으므로 실제 대상에 학습 알고리즘을 직접 적용하는 것이 어렵다. 이러한 대상은 (대상이나 사건^{event}과 같은) 실제 추상적 개념에서 대표적인 관측공간인 측정 과정으로 대응시킴으로써 더 편리한 표현으로 변환할 수 있다. 이 과정에서 각 실제 추상적 개념 $\omega \in \Omega$을 측정해 합성 대상$^{composite\ object}$ $x \in \mathcal{X}$을 학습 알고리즘에 제공한다. 종종 ω의 단순 측정 D가 존재하며, i번째 측정 (또는 특성) x_i는 공간 $\mathcal{X}_i$에서 추출하고, 합성 표현$^{composite\ representation}$ (또는 데이터 포인트$^{data\ point}$) $\mathbf{x} \in \mathcal{X}$를 순서쌍^{tuple} $(x_1, x_2, \ldots, x_D)$으로 표시한다. 이러한 모든 데이터 포인트의 공간은 $\mathcal{X} \triangleq \mathcal{X}_1 \times \mathcal{X}_2 \times \ldots \times \mathcal{X}_D$이다. 각 특성은 일반적으로 실수 $\mathcal{X}_i = \Re$, 정수 $\mathcal{X}_i = \mathfrak{Z}$, 부울 $\mathcal{X}_i = \{\text{true, false}\}$ 또는 범주형 $\mathcal{X}_i = \{A_1, A_2, \ldots, A_k\}$이다. 그림 2.1(a)은 학습기의 관점에서 형식적으로 측정 사상$^{measurement\ map2}$ $\xi : \Omega \mapsto \mathcal{X}$을 사용한 측정 과정을 나타낸다.

데이터 수집$^{data\ collection}$은 측정 사상 ξ을 N개의 대상 $\omega^{(1)}, \omega^{(2)}, \omega^{(N)}$에 적용해 점수를 매긴 N개의 데이터 포인트 집합 $\{x^{(i)}\}_{i=1}^N \subseteq \mathcal{X}^N$을 생성하는 과정으로, 이 N개의 데이터 포인트 집합을 데이터 집합^{dataset}이라 하고 $\mathbb{D}$로 표기한다. 데이터 집합은 환경에서의 관측값 수열로 표현하며, 학습기가 미래의 사건이나 관측에 대한 과거의 경험을 일반화할 수 있는 능력의 기초가 된다. 데이터 집합의 구조에 대해 다양한 가정을 하지만, 가장 일반적으로 학습기는 데이터 포인트가 독립항등분포^{iid,} $^{independent\ and\ identically\ distributed}$라고 가정한다. 우리가 조사한 모든 학습 알고리즘은 이 가정에 다양한 수준으로 종속돼 있지만, 데이터가 알 수는 없으나 정상성 분포에서 독립적으로 추출됐다고 가정한다.

---

2   사상(mapping 또는 map)은 함수(function)를 일반화한 것으로 함수라 생각해도 책과 논문을 읽는 데 큰 문제는 없다. – 옮긴이

레이블

많은 학습 문제에서 학습기는 관측한 상태에 따라 관측되지 않은 세계의 상태를 예측하는 법을 배운다. 관측값은 두 개의 집합으로 나뉜다. 이 두 개의 집합은 관찰되는 설명변수^{explanatory variable}(공변량^{covariate}, 입력^{input}, 예측변수^{predictor variable} 또는 통제변수^{controlled variable}라고도 함)와 예상되지만 실제 관찰되지 않는 반응변수^{response variable}(출력^{output} 또는 결과변수^{outcome variable}라고도 함)를 의미한다. 이 책에서는 분류기에 중점을 둬 관측한 독립적인 양^{observed independent quantity}을 앞에 설명한 것처럼 데이터 포인트라 하고, 종속적인 범주의 양^{dependent categorical quantity}을 데이터 포인트의 레이블이라고 한다. 학습기는 레이블과 결합한 데이터 포인트의 과거 인스턴스를 본 다음 데이터 포인트에 대해 그 레이블을 예측할 수 있을 것으로 기대한다. 이 형식에서 각 데이터는 입력공간 $\mathcal{X}$의 데이터 포인트 x와 응답공간^{response space} $\mathcal{Y}$의 레이블 y와 짝으로 된 구성 요소로 구성된다. 데이터의 구성 요소는 예측(입력) 변수 x와 응답(출력) 변수 y라고도 한다. 이 짝을 이루는 대상을 데카르트 곱^{Cartesian product} $\mathcal{Z} \triangleq \mathcal{X} \times \mathcal{Y}$라고 한다. 또한 이러한 인스턴스는 $P_{\mathcal{X} \times \mathcal{Y}}$로 표시할 수 있는 이 짝공간^{paired space}의 결합 분포^{joint distribution} $P_{\mathcal{Z}}$에서 임의로 뽑는다고 가정한다.

지도학습^{supervised learning}이나 준지도학습^{semi-supervised learning}처럼 레이블을 포함하는 학습 문제에서 학습기는 $\mathcal{Z}$에서 쌍을 이루는 데이터 집합으로 훈련한다. 특히 레이블이 있는 데이터 집합 $\mathcal{Z}:\mathbb{D} \triangleq \{z^{(1)}, z^{(2)}, ..., z(N)\}$은 레이블을 매긴 N개의 인스턴스로 구성된 집합으로, $z^{(i)} \in \mathcal{Z}$는 분포 $P_{\mathcal{Z}}$에서 뽑았다. 데이터 포인트에 첨수를 매긴 집합^{indexed set}은 $\mathbb{D}_X \triangleq \{z^{(1)}, z^{(2)}, ..., z(N)\}$이고 레이블에 첨수를 매긴 집합은 $\mathbb{D}_Y \triangleq \{y^{(1)}, y^{(2)}, ..., y(N)\}$이다. 어떤 숫자 집합^{numeric set} $\mathcal{A}$에 대해 $\mathcal{X} = \mathcal{A}^D$인 경우, i번째 데이터 포인트는 D차원 벡터 $\mathbf{x}^{(i)}$로 표현할 수 있으며, 데이터는 $\mathbf{X}_{i,\bullet} = \mathbf{x}^{(i)}$로 정의한 $N \times D$ 행렬 $\mathbf{X}$로 표현할 수 있다. 마찬가지로 $\mathcal{Y}$가 부울이나 실수와 같은 스칼라 집합^{scalar set}일 때, $y^{(i)}$는 스칼라이며, 레이블은 단순한 N차원 벡터 $\mathbf{y}$로 표현할 수 있다. 이 책의 나머지 부분에서 N은 $\mathbb{D}$의 크기를 나타내며, 이 경우 D는 데이터 포인트의 차원을 나타낸다.

특성 선택

일반적으로 측정은 데이터 추출의 전반적인 과정에서 첫 번째 단계일 뿐이다. 데이터 집합은 수집한 후에 특성 선택 과정을 통해 변경되는 경우가 많다. 특성 선택은 원본 측정^{original measurement}에서 특성공간 $\hat{\mathcal{X}}$로 대응시키는 사상 $\phi_{\mathbb{D}}: \mathcal{X} \rightarrow \hat{\mathcal{X}}$로 표기한다.[3] 데이터-독립 측정사상^{data-independent measurement mapping} ξ과 달리 특성 선택 사상^{feature selection map}은 학습 작업과 가장 관련이 있는 데이터의 측면을 추출하기 위해 전체 데이터 집합 $\mathbb{D}$에서 데이터에 종속된 방식^{data-dependent fashion}으로 선택하는 경우가 많다. 또한 측정은 종종 돌이킬 수 없는 물리적 과정이지만 특성 선택은 일반적으로 원래 측정을 재처리해 다시 수행할 수 있다. 많은 설정에서 특성 선택 사상을 다시 정의하고 측정된 데이터에 다시 적용해 특성 선택 과정을 소급해 변경할 수 있지만, 이 원시 데이터^{raw data}를 재구성하는데 필요한 정보를 사용할 수 없다면 원래 대상에 대해 소급 측정을 할 수 없다. 이 책의 목적상 우리가 연구하는 공격은 학습의 후속 측면을 대상으로 하므로 특성 선택과 측정 단계를 구분하지 않는다. 우리는 이 단계를 하나의 단계로 병합하고 특성 선택을 명시적으로 언급하지 않는 한 $\hat{\mathcal{X}}$를 무시한다. 이후 9.1.1.2절에서 보안에 민감한 영역에서의 특성 선택을 위한 잠재적인 역할을 다시 살펴본다.

2.2.2 가설공간

학습 알고리즘은 데이터를 가장 잘 설명하는 가설을 선택하는 작업을 한다. 우리는 여기서 가설을 데이터공간 $\mathcal{X}$에서 응답공간 $\mathcal{Y}$로 가는 함수 $f: \mathcal{X} \rightarrow \mathcal{Y}$라고 생각한다. 물론 가설공간 모임^{hypothesis space family} $\mathcal{F}$를 형성하는 많은 가설이 있다. 이 공간은 가장 일반적으로 부록 A.1에 설명한 것처럼 $\mathcal{X}$에서 $\mathcal{Y}$로 가는 모든 함수의 집합 $\mathcal{F} \triangleq \{f \mid f: \mathcal{X} \rightarrow \mathcal{Y}\}$으로 표기한다. 가설공간 $\mathcal{F}$는 가설의 형태에 관한 가정에 따라 제약을 받을 수 있다. 예를 들어 $\mathcal{X} = \Re^D$일 때, 모임은 $f_{\mathbf{a},b}^{\beta}(\mathbf{x}) \triangleq \beta(\mathbf{a}^{\top}\mathbf{x} + b)$

---

3 이 책에서 특성 선택은 측정의 부분집합($\hat{\mathcal{X}} \subseteq \mathcal{X}$)을 선택하는 것이며, 특성 추출(feature extraction)은 원본 측정에서 합성 특성(composite feature)을 만드는 것이다. 여기서는 두 과정을 구별하지 않고 모두 특성 선택이라고 한다. – 지은이

의 형식으로 일반화한 선형함수$^{\text{linear function}}$로 제한할 수 있는데, 여기서 $\beta : \Re \rightarrow \mathcal{Y}$ 는 실수에서 응답공간으로의 사상이다. $\mathcal{Y} = \{0, 1\}$인 경우, 함수 $\beta(x) = \mathrm{I}[x > 0]$는 $(\mathbf{a}, b)$로 매개변수화한 모든 반공간^{halfspace} $\Re^D$의 모임을 만든다. $\mathcal{Y} = \Re$인 경우, 항 등함수$^{\text{identity function}}$ $\beta(x) = x$는 $(\mathbf{a}, b)$로 매개변수화된 선형함수 $\Re^D$의 모임을 정의 한다.

2.2.3 학습 모델

우리는 학습기를 모델이나 훈련 절차$^{\text{training procedure}}$로 설명한다. 이 모델은 관측한 데이터에 관한 가정을 만든다. 이 모델은 가설공간을 제한하며, 이러한 가설에 관 해 사용할 수 있는 (베이즈 설정$^{\text{Bayesian setting}}$에서 사전 분포$^{\text{prior distribution}}$나 위험 최소화 설 정에서 정칙화기^{regularizer}처럼) 사전 지식$^{\text{prior knowledge}}$이나 귀납적 편향도 제한한다. 즉, 이 모델은 관측한 데이터와 가설공간 간의 관계에 관한 가정의 집합이지만 이 모델 은 가설을 선택하는 방법을 지정하지 않으며 선택은 뒤에서 설명할 훈련 절차에 따 라 진행된다. 정규분포 데이터$^{\text{normally distributed data}}$의 간단한 위치 추정 절차를 생각 해보자. 데이터 모델은 알려지지 않은 매개변수 θ를 중심으로 한 단위 분산 가우스 분포$^{\text{unit-variance Gaussian distribution}}$에서 독립적으로 뽑힌 데이터 포인트를 $X \sim N(\theta, 1)$ 로 표기한다. 평균과 중간값은 위치 매개변수$^{\text{location parameter}}$를 추정하기 위한 절차 다. 모델과 훈련 절차를 구별함으로써 학습기의 취약점 중 서로 다른 두 가지 측면 을 연구할 수 있다.

2.2.4 지도학습

이 학습의 주된 초점은 지도학습$^{\text{supervised learning}}$ 환경에서 예측 작업을 분석하는 것이 다. 지도학습 프레임워크에서 관측한 데이터는 쌍을 이루는 데이터 집합 $\mathbb{D} = \{(x^{(i)}, y^{(i)})\}$이며, 우리는 이 데이터 집합이 알려지지 않은 분포 $P_{\mathcal{X} \times \mathcal{Y}}$에서 뽑은 것으 로 가정한다. 예측의 목적은 관측한 예측변수를 기반으로 응답변수를 예측하기 위 한 최상의 가설 또는 함수 $\hat{f}$를 선택하는 것이다. 더 정확하게 말하면 입력공간 $\mathcal{X}$

에서 출력공간 $\mathcal{Y}$로 사상하는 함수의 가설공간 $\mathcal{F}$가 주어지면, 예측 작업은 예측 비용이 가장 적을 것으로 기대되는 분류 가설(분류기) $\hat{f} \in \mathcal{F}$을 선택하는 것이다. 여기서, 비용은 예측변수 x만 분류기에 주어졌을 때 새로운 임의의 인스턴스 (x, y)의 레이블 y를 예측할 때 발생하는 비용을 의미한다. 이 작업을 수행하기 위해 학습기에 레이블이 있는 훈련 데이터 집합 $\mathbb{D}$와 비용 또는 손실함수 ℓ이 주어진다. 이 비용함수는 데이터 인스턴스와 실제 레이블 및 분류기 레이블의 각 조합에 수치로 된 비용을 할당한다. 그러나 대부분 모든 데이터 인스턴스에 대해 같은 비용함수를 사용한다.

예측 작업을 수행하기 위해 학습 알고리즘$^{\text{learning algorithm}}$ 또는 훈련 알고리즘$^{\text{training algorithm}}$ $H^{(N)}$를 사용해 훈련 데이터와 비용함수를 기반으로 $\mathcal{F}$에서 최상의 가설을 선택한다. 이 학습기는 데이터 집합 $\mathbb{D} \in \mathcal{Z}^N$에서 가설공간의 가설 f로의 사상 $H^{(N)} : \mathcal{Z}^N \to \mathcal{F}$이다. 즉, $\mathcal{Z}$의 N개 훈련 예$^{\text{training example}}$에서 가설공간 $\mathcal{F}$의 어떤 가설 f로의 사상이다. 알고리즘에 확률적 요소가 있다면, 우리는 가설이 확률적 요소 $R \sim P_\Re$에 종속돼 있음을 표현하기 위해 $H^{(N)} : \mathcal{Z}^N \times \Re \to \mathcal{F}$와 같은 표기법을 사용한다.

훈련

여기서 설명하는 과정은 배치 학습$^{\text{batch learning}}$이다. 학습기는 훈련 집합 $\mathbb{D}^{(\text{train})}$으로 훈련하고, 평가 집합 $\mathbb{D}^{(\text{eval})}$으로 평가한다. 이런 환경은 학습기가 평가 레이블을 얻은 후에 평가 데이터를 지속해서 재훈련하는 반복적인 온라인 학습 과정으로 일반화할 수 있다(3.6절에서 이런 환경을 설명한다). 순수한 온라인 환경에서 새로운 데이터 포인트가 들어올 때마다 예측 및 재훈련이 이뤄진다. 배치 학습 환경 또는 온라인 학습의 단일 세대$^{\text{single epoch}}$에서 학습기 $H^{(N)}$는 수집한 데이터 $\mathbb{D}^{(\text{train})}$를 기반으로 가설 $\hat{f}$를 만든다. 이 과정을 훈련이라고 한다. 다양한 환경에서 (정칙화된) 경험적 위험을 최소화하기 위해 지도학습 환경에 다양한 훈련 절차를 사용해왔다. 이러한 방법을 더 자세히 설명하지 않고 대신 분류^{classification}를 위한 기본 환경을 사용한다.

분류 문제$^{\text{classification problem}}$에서 응답공간은 입력공간의 어떤 부분집합에 해당하는 유한 레이블 집합이다(이 부분집합은 서로소^{disjoint}일 필요는 없다). 학습 작업은 각 클래스에 레이블이 달린 훈련 예를 기반으로 새로운 데이터 포인트에 레이블을 가장 잘 할당할 수 있는 분류기를 만드는 것이다. 이진 분류^{binary classification} 환경에서는 '−'와 '+'라는 두 개의 레이블만 있다. 즉, 응답공간은 $\mathcal{Y} = \{$'−', '+'$\}$이다. 수학적으로 편리한 경우, 우리는 각각 '−'와 '+'라는 레이블 대신에 0과 1을 사용한다. 즉, 우리는 암시적으로 레이블 y가 I$[y = $'+'$]$가 되도록 재정의한다. 이진 분류에서 두 클래스는 음의 클래스 $y = $'−'와 양의 클래스 $y = $'+'를 의미한다. 훈련 집합 $\mathbb{D}^{(train)}$은 두 클래스 모두 레이블이 지정된 인스턴스로 구성된다. 우리는 주로 방어자가 악성 공격자로부터 온 어떤 혹은 모든 인스턴스(데이터 포인트)를 해로운^{harmful} 클래스와 정상^{benign} 클래스로 분리하려고 시도하는 보안 애플리케이션의 이진 분류에 초점을 맞춘다. 이런 환경은 호스트 및 네트워크 침입 탐지와 바이러스 및 웜 탐지 그리고 스팸 필터링처럼 중요한 보안 애플리케이션을 포함한다. 악성 활동을 탐지할 때 '+' 레이블인 양의 클래스는 악성 침입 인스턴스를 나타내고, '−' 레이블인 음의 클래스는 양이거나 해가 없는 정상 인스턴스를 나타낸다. 6장에서 훈련 집합이 음의 클래스에서 정상 인스턴스만 포함하는 이상 탐지 환경을 다룬다.

위험 최소화

학습기의 목표는 알려지지 않은 분포 P_z에서 뽑힌 인스턴스에서 정확도에 대한 몇 가지 측도에 따른 목표 개념^{target concept}을 가장 잘 예측하는 최상의 가설 $f^\star$를 가설공간 $\mathcal{F}$에서 찾는 것이다. 이상적으로 학습기는 P_z에서 뽑힌 데이터 포인트를 관측한 데이터 $\mathbb{D}$를 기반으로 높은 확률로 다른 가설 $f \in \mathcal{F}$와 $f^\star$를 구별할 수 있지만, 이는 거의 현실적이지 않거나 심지어 가능하지도 않다. 대신 학습기는 다른 여러 가설 중에서 선호하는 하나의 가설을 위해 어떤 기준에 따라 공간에서 가장 좋은 가설을 선택해야 하며, 이것이 성능 측도^{performance measure}이다. 이 측도는 가설에 관한 평가가 될 수 있다. 통계적 머신러닝에서 가장 일반적인 목표는 음이 아닌 실수로 대응시키는 손실함수 $\ell : \mathcal{Y} \times \mathcal{Y} \mapsto \mathfrak{R}_{0+}$을 기반으로 하는 위험 최소화^{risk minimization}다. 학습기는 다음과 같은 위험이 있다.

$$R(P_{\mathcal{Z}}, f) \triangleq \int_{(x,y) \in \mathcal{Z}} \ell(y, f(x)) \, dP_{\mathcal{Z}}(x, y)$$

그리고 $P_{\mathcal{Z}}(x, y)$가 분포 $P_{\mathcal{Z}}$에서의 확률 측도$^{\text{probability measure}}$인 모든 가설 $\hat{f} \in$ argmin$_{f \in \mathcal{F}}$ $R(P_{\mathcal{Z}}, f)$에 대해 기대 손실 또는 위험을 최소화하는 가설 $\hat{f} \in \mathcal{F}$을 선택한다. 안타깝게도 이 분포는 알려지지 않았기 때문에 이 최소화를 계산할 수 없다. 대신에 경험적 위험 최소화 프레임워크[247]에서 학습기는 데이터 집합 $\mathbb{D} \sim P_{\mathcal{Z}}$에서 $N = |\mathbb{D}|$일 때 다음과 같이 정의한 경험적 위험을 최소화하기 위해 $\hat{f}$를 선택한다.

$$\tilde{R}_N(f) = \frac{1}{N} \sum_{(x,y) \in \mathbb{D}} \ell(y, f(x))$$

정칙화

가설 $\mathcal{F}$의 공간이 너무 표현력이 있다면 경험적 관측값과 정확하게 일치하는 가설이 있을 수 있지만, 보이지 않는 인스턴스를 정확하게 예측할 수는 없다. 관측한 데이터 포인트에서 그 응답으로 대응시키는 순람표$^{\text{lookup table}}$ 구축을 생각해보자. 이 분류기는 관측한 인스턴스를 완벽하게 예측할 수 있지만 관측되지 않은 인스턴스를 일반화하지는 않는다. 이 현상은 훈련 데이터에 대한 과적합^{overfitting}으로 알려져 있다. 과적합을 피하는 방법의 하나는 가설공간을 선형함수의 공간처럼 작게 만들거나 제한하는 것이다. 또는 가설의 넓은 공간을 허용하지만, 가설의 복잡도를 제한할 수 있는데, 이를 정칙화^{regularization}라고 한다. 학습기는 수정된 목표

$$\tilde{R}_N(f) + \lambda \cdot \rho(f) \tag{2.1}$$

을 최소화하는 가설 $\hat{f}$를 선택한다. 여기서 함수 $\rho : \mathcal{F} \to \mathfrak{R}$는 가설의 복잡도를 나타내는 측도이고, 양의 실수 $\lambda \in \mathfrak{R}_+$가 위험 최소화와 가설 복잡도 간의 균형을 제어하는 정칙화 매개변수$^{\text{regularization parameter}}$이다.

예측 및 평가

데이터 집합으로 훈련한 다음, 학습 가설은 나중에 레이블이 없는 데이터 집합의 응답변수를 예측하는 데 사용한다. 우리는 이 과정을 평가 단계$^{\text{evaluation phase}}$라고 하지만 테스트 단계$^{\text{test phase}}$ 또는 예측 단계$^{\text{prediction phase}}$라고도 한다. 처음에는 새로운 데이터 포인트 x만 예측변수에 제공되거나 데이터 포인트로 예측변수에 질의한다. 학습 가설 $\hat{f}$는 가능한 모든 가능한 응답공간 $\mathcal{Y}$에서 값 $\hat{y} = \hat{f}(x)$를 예측한다.[4] 마지막으로 실제 레이블 y가 공개되고, 에이전트는 이에 대한 성능 평가로 손실 $\ell(\hat{y}, y)$을 받는다. 이진 분류 환경에서는 일반적으로 두 가지 유형의 분류 오류$^{\text{classification mistake}}$가 있다. 오탐지(誤探知)$^{\text{FP, False Positive}}$[5]는 양^{positive}으로 분류되는 일반적인 인스턴스이며, 미탐지(未探知)$^{\text{FN, False Negative}}$[6]는 음으로 분류된 악성 인스턴스$^{\text{malicious instance}}$다. 오탐지와 미탐지 간의 적절한 절충점을 찾는 것은 애플리케이션의 몫이다.

학습기의 성능은 일반적으로 레이블이 지정된 평가 데이터 집합 세트 $\mathbb{D}^{(\text{eval})}$로 평가한다. 예측은 평가 데이터 집합의 각 데이터 포인트 $x^{(i)} \in \mathbb{D}_x^{(\text{eval})}$에 대해 $\hat{f}$로 이뤄지며, 예측에서 발생하는 손실은 다양한 성능 측도로 집계된다. 이진 분류 환경에서 일반적인 성능 측도는 양으로 분류된 음의 인스턴스의 비율인 오탐지율$^{\text{FPR, False Positive Rate}}$과 음으로 분류된 양의 인스턴스의 비율인 미탐지율$^{\text{FNR, False Negative Rate}}$이다. 종종 분류기는 검증 데이터 집합$^{\text{validation dataset}}$으로 남겨진 훈련 데이터를 기반으로 특정한 (경험적) 오탐지율을 갖도록 조정된다. 그 결과 미탐지의 비율은 해당 FP(오탐지) 수준에서 평가한다.

---

4   허용된 예측 또는 행동 $\mathcal{A}$의 공간은 허용된 응답공간인 $\mathcal{Y}$와 같을 필요는 없다. 이를 통해 학습기는 위험 부담을 줄이기 위해 더 넓은 범위의 응답에서 선택하거나 학습기를 원하는 부분집합으로 제한할 수 있다. 그러나 명시적으로 언급하지 않는 한 $\mathcal{A} = \mathcal{Y}$라고 가정한다. – 지은이

5   음을 양으로 잘못 분류하는 것을 의미하며 '오탐지'라고 하지만, 이 책 전반에 걸쳐 정상(음)을 악성(양)으로 탐지하는 의미를 명확하게 전달하기 위해 오탐지로 옮겨 적는다. – 옮긴이

6   양을 음으로 잘못 분류하는 것을 의미하며 '미탐지'라고 하지만, 이 책 전반에 걸쳐 악성(양)을 정상(음)으로 탐지하는 의미를 명확하게 전달하기 위해 미탐지로 옮겨 적는다. – 옮긴이

2.2.5 다른 학습 패러다임

분류기가 두 개 이상의 클래스 또는 실수값을 출력하는 경우를 고려하는 것도 중요하다. 실제로 5장에서 살펴볼 스팸 필터인 스팸베이즈는 최종 사용자가 잠재적 스팸을 더 자세히 조사할 수 있도록 '불확실^{unsure}'이라고 하는 세 번째 레이블을 사용한다. 그러나 오류 분석을 두 개 이상의 클래스로 일반화하기는 쉽지 않다. 게다가 실제로 많은 시스템은 근본적으로 단편적으로 구별한다. 예를 들어 스팸 필터에 적용된 레이블과 관계없이 최종 사용자는 궁극적으로 각 클래스를 스팸 또는 정상으로 처리한다. 이러한 이유와 문헌의 일반적인 관행에 따라 우리는 분석을 이진 분류로 제한하고 다중 클래스 또는 실제 값 예측에 대한 확장을 미래의 연구로 남겨둔다.

6장에서는 이상 탐지 환경을 살펴본다. 이진 분류와 마찬가지로, 이상 탐지는 데이터가 정상('−') 또는 비정상('+')인 두 가지 예측 중 하나를 예측하는 것으로 구성된다. 분류 설정과는 달리 훈련 데이터는 일반적으로 음의 클래스의 예로만 구성된다. 이 때문에 남겨진 훈련 데이터에서 원하는 오탐지율을 얻기 위해 탐지기를 조정하는 것이 일반적이다. 준지도학습이나 비지도학습, 강화 학습처럼 고려해야 할 다른 흥미로운 학습 패러다임도 있다. 그러나 이 책에서 우리의 연구에 직접적인 영향을 미치지 않기 때문에 이러한 프레임워크는 다루지 않는다. 다른 학습 설정에 관한 상세한 설명은 헤스티^{Hastie}와 티브시라니^{Tibshirani}, 프리드먼^{Friedman}의 저서 [105]나 톰 미첼$^{Tom\ Mitchell}$의 저서[173]를 참고한다.

03

시큐어 학습을 위한 프레임워크

3장에서는 보안과 관련된 여러 적대적 학습 환경에 공통된 광범위 보안 특성을 갖는 머신러닝 시스템의 보안을 정량적으로 평가하기 위한 프레임워크를 소개한다. 머신러닝 시스템의 보안에 관한 많은 연구가 진행됐다. 3장에서는 적대적 환경에서의 학습에 관한 선행 연구와 학습 시스템을 대상으로 하는 공격 그리고 공격에 대한 시큐어 시스템^{secure system}을 만들기 위한 제안을 살펴본다. 3.3절에서 머신러닝 시스템에 대한 다양한 공격 클래스를 살펴보고, 위협을 세 가지 중요한 속성으로 분류한다.

또한 시큐어 학습을 공격자와 방어자 간의 게임으로 제시한다. 분류 체계는 게임의 구조와 비용 모델을 결정한다. 또한 이 분류 체계는 방어를 위한 시스템의 위협 분석을 통해 만든 시스템의 복원력 평가를 위한 기초를 제공한다. 방어 학습 기술의 개발이 더 시급하지만, 다양한 공격을 방어할 가능성을 보여주는 다양한 기술에 관해서도 설명한다.

이 책에서 제시하는 방법은 시큐어 학습에 관한 사고와 글쓰기를 위한 공통 언어를 제공할 뿐만 아니라 알고리즘 설계와 실제 시스템의 평가 모두에 프레임워크를 적용하는 방법을 제시한다. 이 프레임워크는 전혀 다른 영역에서 공통적인 주제를 이끌어낼 뿐만 아니라 5장과 6장, 8장에 제시한 것처럼 실용적인 머신러닝 시스템에 관한 우리 연구의 동기가 됐다. 학습 시스템을 대상으로 하는 공격을 특징짓는 이러한 기본 원칙은 시큐어 머신러닝이 보안에 민감한 영역에서 실제 시스템에 사용되기 위한 도구로서의 잠재력을 발휘하기 위한 필수적인 첫 번째 단계다.

3장은 선행 연구[15, 14, 13]를 바탕으로 작성했다.

3.1 학습 단계 분석

공격은 2.2절에서 설명한 학습 과정의 각 단계에서 발생할 수 있다. 그림 2.1(a)은 데이터가 학습의 각 단계를 통해 어떻게 흐르는지 보여준다. 여기서는 이 단계를 대상으로 하는 공격이 어떻게 다른지 간략하게 설명한다.

측정 단계

측정 과정에 대한 지식으로, 공격자는 정상 데이터 측정을 모방하기 위해 악성 인스턴스를 설계할 수 있다. 측정 메커니즘을 대상으로 하는 공격이 성공하면 시스템은 작업 수행을 위해 큰 비용의 재계측 또는 재설계가 필요할 수 있다.

특성 선택 단계

측정 단계와 같은 방식으로 특성 선택 과정을 공격할 수 있지만, 특성 선택이 더 쉽게 적응할 수 있는 동적 절차이므로 대응 및 복구 비용이 적게 든다. 재훈련은 자동화할 수도 있다. 그러나 특성 선택이 오염될 수 있는 훈련 데이터에 기반을 둔 경우 훈련 단계와 같은 방식으로 특성 선택을 공격할 수도 있다.

학습 모델 선택

학습 모델이 알려지면 모델이 내재한 가정을 악용할 수 있다. 훈련 데이터에 대해 잘못되거나 비합리적인 모델링 가정을 공격자가 악용할 수 있다. 예를 들어 모델이 데이터의 선형 분리성$^{linear\ separability}$을 잘못 가정하면, 공격자는 학습기를 속이거나 학습기가 제대로 훈련하지 못하게 하려고 선형적으로 분리할 수 없는 데이터를 사용할 수 있다. 모델을 변경하면 시스템을 다시 설계해야 할 수 있으므로 잠재적 취약점을 식별하기 위해 모델링 가정을 명시하고 비판해야 한다.

훈련 단계

학습기의 훈련 방법을 알게 되면 공격자는 학습기가 엉성한 가설을 선택하도록 속이거나 예측하는 동안 훈련 데이터의 프라이버시를 침해하도록 데이터를 설계할 수 있다. 강건한 학습 방법은 3.5.4.3절에서 설명하는 것처럼 이전 공격에 대응할 수 있는 유망한 기술이다. 이러한 방법에는 강건성과 성능 간에 내재한 절충점을 갖지만 적대적 오염에 대해 복원력이 있다. 차등 프라이버시는 강력한 공격자에 대해 학습기가 보호하는 프라이버시 수준을 강력하게 보장하는 선도적인 접근 방식이다[75]. 우리는 7장에서 서포트 벡터 분류$^{support\ vector\ classification}$의 차등 프라이버시 근사$^{differentially\ private\ approximation}$를 위한 메커니즘을 살펴본다.

예측 단계

학습이 끝나면, 학습기가 만든 예측 오류$^{prediction\ error}$를 발견한 공격자는 불완전한 가설을 악용할 수 있다. 이러한 오류를 발견하는 것이 얼마나 어려운지를 평가하는 것은 중요한 질문이다. 3.4.4절에서 로우드와 믹의 ACRE 학습 프레임워크[157]를 예로 들어 설명한다. 또 공격자는 예측하는 동안 훈련 데이터 프라이버시를 유출하기 위해 불완전한 가설을 이용할 수 있다. 향후 연구에 관심을 가질 부분은 공격자가 이러한 오류를 악용하는 것을 탐지하고 공격에 대응하기 위해 재훈련하는 것이다.

이런 다양한 추상적인 공격을 더 잘 이해하기 위해 ① 첨부 파일 포함^{hasAttachment}과 이메일 제목의 길이^{subjectLength}, 본문의 길이^{bodyLength} 등과 같은 이메일의 간단한 측도 집합$^{measurement\ set}$이 있고 ② 스팸에서 가장 자주 나타나는 상위 10개의 특성을 선택하고 ③ 나이브 베이즈 모델을 사용하며 ④ 클래스의 빈도를 경험 횟수로 훈련하고 ⑤ 모델의 예측 클래스 확률의 한계점을 이용해 이메일을 분류하는 스팸 필터를 생각해보자. 측정 (또는 특성 선택) 단계를 대상으로 하는 공격은 먼저 분류를 위해 사용한 특성을 결정한 다음 그 해당 특성에 대해 일반 이메일과 구별 불가능한 indistinguishable 스팸을 생성하는 것으로 구성된다. 학습 모델을 대상으로 하는 공격은 나이브 베이즈 경계의 선형성linearity으로 인해 정확하게 분류할 수 없는 일련의 스팸과 정상ham을 발견하는 것이 필요하다. 또한 훈련 시스템(또는 특성 선택)에 잘못된 가짜 특성spurious feature을 가진 스팸을 주입해 잘못된 가설을 학습하도록 하거나 조작되지 않았으며 프라이버시에 민감한 훈련 이메일을 공개할 확률을 높이는 가설을 학습하게 만들어 공격할 수 있다. 마지막으로 예측 단계는 정상 메일로 잘못 분류(미탐지)한 스팸을 찾기 위해 필터를 체계적으로 탐색하거나 프라이버시에 민감한 훈련 데이터 집합에 대한 정보를 추론함으로써 공격할 수 있다.

많은 학습 방법이 정상성 가정을 기반으로 한다. 즉, 훈련 데이터와 평가 데이터를 같은 분포에서 선택한다. 이 가정하에서 훈련 집합의 위험을 최소화해야 평가 데이터에 대한 위험을 줄일 수 있다. 그러나 실제 데이터의 출처는 종종 일정하지 않으며, 심지어 공격자는 훈련이나 평가 인스턴스를 어느 정도 통제해 정상성 가정을 쉽게 깨뜨릴 수 있다. 정상성 가정에 대한 침해를 견디거나 완화하기 위해 학습 방법을 분석하고 강화하는 것이 시큐어 학습 문제의 핵심이다.

학습 시스템의 취약한 구성 요소를 검증하는 것은 공격자를 이해하는 첫 번째 단계에 불과하다. 다음 절에서는 공격자의 목표에 부합하도록 설계된 프레임워크에 관해 설명한다.

3.2 보안 분석

보안security은 공격자로부터 자산을 보호하는 것과 관련이 있다. 시스템의 보안을 적절하게 분석하려면 시스템에 대한 보안 목표security goal와 위협 모델threat model을 확인해야 한다. 보안 목표는 위반할 경우 자산의 부분적 또는 전체적 손실로 이어지는 요구 사항이다. 위협 모델은 시스템에 해를 입히고자 하는 공격자의 동기와 능력을 설명하는 프로필profile이다. 우리는 여기서 머신러닝 시스템에 대한 보안 목표와 위협 모델을 설명한다.

보안에 민감한 영역에서 분류기는 시스템의 보안 목표를 높이기 위해 구별하는 데 사용될 수 있다. 예를 들어 바이러스 탐지 시스템은 감염되기 전에 바이러스가 퍼지는 동안 바이러스를 탐지하거나 감염된 바이러스를 탐지하고 삭제해 바이러스 감염에 대한 민감성susceptibility을 줄이는 것을 목표로 한다. 또 다른 예인 침입 탐지 시스템IDS, Intrusion Detection System은 기존의 침입을 확인하고 제거하거나 악성 트래픽을 탐지해 의도한 표적에 도달하지 못하게 만들어 악성 침입으로 인한 침해 방지를 목표로 한다.[1] 3.2.1절에서 머신러닝 시스템에 특화된 보안 목표와 위협 모델을 설명한다.

3.2.1 보안 목표

보안 상황에서 분류기의 목적은 악성 이벤트malicious event를 분류해 시스템 운영을 방해하지 못하도록 방지하는 것이다. 우리는 이 일반적인 학습 목표를 세 가지로 구분한다.

- **무결성 목표** 공격자가 시스템 자산에 접근하지 못하도록 방지
- **가용성 목표** 정상적인 운영을 방해하지 못하도록 방지
- **프라이버시 목표** 분류기 훈련에 사용하는 잠재적으로 프라이버시에 민감한 데이터의 기밀성confidentiality 보호

미탐지와 무결성integrity 목표의 위반 사이에는 명확한 연관성이 있다. 분류기를 통과하는 악성 인스턴스는 혼란을 일으킬 수 있다. 마찬가지로, 오탐지는 학습기 자체가 정상 인스턴스를 거부하기 때문에 가용성availability 목표를 위반하는 경향이 있다. 마지막으로 프라이버시를 유출하려는 공격자가 오탐지 또는 미탐지를 만들어낼 수 있지만, 일반적으로 최종 목표는 아니다.

---

[1] 침입을 방지하는 경우 이 시스템을 침입 방지 시스템(IPS, Intrusion Prevention System)이라고 하는 것이 더 적절하다. 여기서는 두 가지 인스턴스를 구별할 필요가 없으므로 침입 탐지 시스템과 침입 방지 시스템 모두를 언급하기 위해 IDS라고 한다. – 지은이

3.2.2 위협 모델

공격자의 목표와 보상책

일반적으로 공격자는 (일반적으로 미탐지나 프라이버시 위반 훈련 집합의 경우에 학습 과정을 반전시켜) 시스템 자산에 접근하거나 (일반적으로 미탐지로) 시스템 자산이 정상적으로 운영되지 않기를 원한다. 바이러스 제작자는 바이러스가 미탐지로 필터를 통과해 보호된 시스템을 제어하기를 원한다. 반면 부도덕한 기업은 경쟁사 웹 스토어의 매출 트래픽^{sales traffic}을 침입으로, 즉 오탐지해 필터에서 차단되기를 바랄 수 있다. 마지막으로 지나치게 열정적인 건강 보험사는 자동 암 진단기^{automated cancer detector}를 역공학해 탐지기의 훈련 집합에 있는 환자의 개인 의료 기록을 유출할 수 있다.

우리는 공격자와 방어자가 각각 주어진 인스턴스에 대한 각 레이블링 또는 각 훈련 인스턴스 프라이버시 유출에 비용을 할당하는 비용함수를 가지고 있다고 가정한다. 비용은 양의 값이나 음의 값이 될 수 있다. 음의 비용은 이익이다. 일반적으로 공격자의 비용이 낮다면 방어자의 비용은 커지며, 그 반대도 마찬가지다. 공격자와 방어자의 목표가 일치한다면 이 둘은 적이 되지 않는다. 달리 명시하지 않는 한, 설명의 편의를 위해 방어자의 모든 비용은 공격자의 유사한 이익에 해당하며 그 반대도 마찬가지라고 가정한다. 그러나 이러한 가정은 임의의 비용함수로 확장되는 이 프레임워크에 필수적인 것은 아니다. 3장은 방어자의 관점에서 기술됐으며, 높은 비용^{high cost}은 방어자가 지불해야 하는 많은 비용을 의미한다.

3.2.2.1 공격자의 능력

공격자에 대해 약한 가정^{weak assumption}을 한다는 것은, 공격자가 훈련 알고리즘에 관한 지식을 갖고 있으며 많은 경우 훈련 집합의 분포처럼 부분적으로 또는 완전한 정보를 가지고 있는 위협 모델을 채택한다는 것이다. 예를 들어 공격자는 학습기가 훈련 데이터를 수집하는 동안 모든 네트워크 트래픽을 도청할 수 있는 능력을 갖출 수 있다. 우리는 공격자 지식의 다른 수준을 조사하고 잠재적 정보를 다른 출처에서 얼마나 많이 얻을 수 있는지를 평가한다.

일반적으로는 공격자가 임의의 인스턴스를 생성할 수 있다고 가정한다. 그러나 많은 환경은 공격자가 생성한 인스턴스에 상당한 제한을 가한다. 예를 들어, 학습 기가 공격자의 데이터로 훈련할 때, 공격자가 훈련 데이터에 신중하게 손으로 레이 블을 붙인 것처럼 공격자가 훈련용 레이블을 선택할 수 없다고 가정하는 것이 안전 할 수 있다. 다른 예로 공격자는 공격 출처에서 전송되는 데이터 패킷을 완전히 제 어할 수 있지만, 라우터는 전송 중인 패킷에 추가하거나 변경할 수 있을 뿐만 아니 라 패킷의 타이밍과 도착 순서에 영향을 미칠 수 있다. 우리는 훈련에 사용되는 데 이터를 수정하거나 생성할 수 있는 능력을 갖춘 공격자를 고려하고, 이 능력을 갖 춘 경우와 그렇지 않았을 때의 시나리오를 모두 살펴본다. 공격자가 훈련 데이터 를 제어할 때, 공격자가 훈련 데이터의 어떤 부분과 어느 수준까지 제어할 수 있는 가는 반드시 고려해야 할 중요한 제한 사항이다. 공격자가 훈련 데이터 모두를 임 의로 통제할 수 있다면, 학습기가 유용한 것을 어떻게 배울 수 있는지 알기 어렵다. 그러나 그러한 경우에도 공격자의 작업을 더 어렵게 만들 수 있는 학습 전략이 있 다(3.6절 참조). 이제 중간 인스턴스를 조사해 공격자가 학습 절차를 공격하기 위해 얼마나 많은 영향력이 필요한지 살펴본다.

3.2.3 보안에서 머신러닝 애플리케이션에 관한 설명

소머^{Sommer}와 팍슨^{Paxson}은 보안 애플리케이션에서 머신러닝의 일부 용도에 반대 의 견을 제기했다[231]. 이들 논문의 III절에서 저자는 네트워크 이상 탐지를 위해 머 신러닝을 사용하는 5가지 도전 과제를 제시했다. 이들의 첫 번째 도전 과제는 특이 점 탐지$^{outlier\ detection}$로, 저자는 머신러닝이 제공하는 분류 대신 필터링을 사용했을 때 네트워크 이상 탐지가 가장 잘 수행됐다고 주장했다. 아울러 머신러닝이 유사한 사건을 발견하는 데 뛰어나지만 새로운 사건을 찾는 데는 효과가 없다고도 주장했 다. 두 번째 도전 과제는 높은 비용의 오류로, 저자는 네트워크 이상 탐지 시스템이 허용할 수 있는 오탐지와 정탐지(正探知)의 오류 수를 엄격히 제한하고 있으며, 이를 해결하는 데 필요한 분석 시간으로 인해 오탐지의 비용이 많이 든다고 주장했다.

세 번째 도전 과제는 이상 탐지 시스템과 사용자/운영자/분석가 간의 의미론적 차이semantic gap로 인해 머신러닝 기반 시스템의 의사 결정이 불투명하다고 주장했다. 네 번째 도전 과제는 네트워크 트래픽의 다양성이 매우 폭발적인 네트워크를 만들어 의사 결정을 어렵게 만든다는 것이다. 이들은 또한 집계aggregation와 같은 다양성 감소 기술diversity reduction technique이 네트워크 내에 많은 잡음 트래픽을 만들고, 의사 결정을 도전적인 과제로 만든다고 주장했다. 다섯 번째 도전 과제는 평가의 어려움에 관한 것으로 사용 가능한 공개 데이터 집합의 부족, 머신러닝 기반 시스템을 설명하는 의미론적 차이, 사용자/운영자/분석가의 새로운 공격에 관한 결정 그리고 네트워크 이상 탐지의 적대적 환경과 같은 여러 가지 구성 요소를 갖고 있다.

소머와 팍슨은 이 책의 범위를 벗어난 완전한 설명으로 흥미로운 점을 제기했다[231]. 다른 논문[172]에서 우리는 새로운 공격의 발생을 다루고 이 공격에 대응하는 데 필요한 사람의 시간을 지능적으로 할당하기 위해 특별히 설계된 적대적 능동학습adversarial active learning을 기반으로 프레임워크를 설명하고, 소머와 팍슨이 제시한 첫 두 가지 도전 과제와 다섯 번째 도전 과제에 대한 적대적 환경에서의 평가 문제를 설명했다. 시큐어 머신러닝 분야는 특히 강건한 머신러닝을 제시하기 위해 고안됐으며, 이 논문에서 우리는 악의적 입력을 다루는 데 인적 자원을 지능적으로 할당하는 방법을 설명한다. 소머와 팍슨이 제기한 다른 도전 과제는 전통적인 필터링 시스템과 머신러닝 시스템에 대한 도전이라는 점에 주목해야 한다. 그 예로 데이터 집합의 가용성에 관한 질문은 시큐어 머신러닝 및 전통적인 필터링 시스템의 연구원 모두에게 문제가 된다.

인텔의 '카나리아Canary' 알고리즘[44]과 구글의 악성 광고 탐지 시스템[219], UC 버클리의 댓글 스팸 탐지 작업[123]을 포함한 여러 연구 프로젝트에서 연구원은 실제 고품질의 대형 데이터 집합에 접근할 수 있었다.

3.3 프레임워크

여기서 설명하는 프레임워크는 학습 알고리즘을 대상으로 하는 공격의 공통적인 특징에 기초한 분류 체계와 공격자와 방어자(학습기) 사이에서 행해지는 게임의 요소에 대한 높은 수준의 설명, 공격자의 능력에 관한 공통적인 특징 집합의 세 가지 주요 구성 요소를 갖고 있다. 이 요소들은 공격자가 제기하는 위협을 구성하고 평가하는 데 도움이 된다.

3.3.1 분류 체계

시큐어 학습과 관련해 수행된 많은 연구는 특정 학습 애플리케이션을 대상으로 하는 공격 및 방어 시나리오 분석이다. 마르코 바레노[Marco Barreno]와 러셀 시어[Russell Sear]와 함께 다른 사람들의 연구를 분류하고 다른 이질적인 영역 간의 공통점을 찾고 궁극적으로는 우리 연구의 틀로 삼기 위해 사용했던 머신러닝 시스템을 대상으로 하는 공격의 질적 분류 체계[qualitative taxonomy]를 개발했다. 우리는 학습 시스템을 대상으로 하는 공격을 세 축을 따라 분류하는 분류 체계를 제시한다. 이러한 각각의 차원은 독립적으로 작동하므로 머신러닝 시스템을 대상으로 하는 공격으로는 적어도 12가지 종류가 있다.

영향[Influence]

- 인과적 공격[Causative attack]은 훈련 데이터를 통제하면서 학습에 영향을 미친다.
- 탐색적 공격[Exploratory attack]은 예측을 악용하지만, 훈련에는 영향을 미치지 않는다.

보안 위반[Security Violation]

- 무결성 공격[Integrity attack]은 미탐지를 통해 자산을 침해한다.
- 가용성 공격[Availability attack]은 오탐지를 통해 서비스 거부를 유발한다.
- 프라이버시 공격[Privacy attack]은 학습기 훈련 데이터의 프라이버시를 침해해 학습기에서 정보를 얻는다.

특이성^{Specificity}

- 표적 공격^{Targeted attack}은 특정 인스턴스에 초점을 맞춘다.
- 무차별 공격^{Indiscriminate attack}은 다양한 종류의 인스턴스를 포함한다.

첫 번째 축은 ① 공격자가 분류기를 구성하는 데 사용하는 훈련 데이터에 영향을 미치는지(인과적 공격), 또는 ② 공격자가 학습된 분류기에 영향을 주는 것이 아니라 분류기에 새로운 인스턴스를 보내고 이렇게 신중하게 조작된 인스턴스에 관한 결정을 관찰할 수 있는지(탐색적 공격)와 같은 공격자의 능력을 설명한다.

두 번째 축은 ① 악성 인스턴스가 미탐지로 필터를 통과하도록 허용하는지(무결성 공격), ② 정상 인스턴스를 오탐지로 잘못 필터링하는 서비스 거부 사고를 생성하는지(가용성 공격), 또는 ③ 필터 응답을 사용해 학습 과정에 사용된 기밀 정보를 추론하는지(프라이버시 공격)처럼 공격자가 유발하는 보안 위반 유형을 나타낸다.

세 번째 축은 ① 공격이 하나의 특정 인스턴스로 분류기의 성능을 떨어뜨리거나 특정 훈련 인스턴스의 프라이버시를 위반해 고도로 표적을 선정했는지 또는 ② 공격이 무차별적인 방식으로 분류기가 광범위한 인스턴스의 클래스에 대해 실패하도록 유도하는지처럼 공격자의 의도가 얼마나 구체적인지 나타낸다. 각 축, 특히 이 축은 실제로 선택할 수 있는 스펙트럼이 될 수 있지만, 단순성을 위해 우리는 공격과 방어를 그룹으로 분류한다.

이러한 축은 학습기를 대상으로 하는 공격공간을 정의하고 비전통적인 위협을 식별하는 데 도움이 된다. 이 공간에서 공격이 발생하는 곳을 한정해 공격자의 능력을 정량화하고 이 위협으로 인해 유발되는 위험을 평가할 수 있다. 라스코프^{Laskov}와 클로프트^{Kloft}는 이후 이러한 기본 원칙을 확장해 보안 위협을 정량적으로 평가하기 위한 프레임워크를 제안했다[142].

여기서는 표 3.1의 분류 체계를 사용해 무결성 및 가용성 공격으로 오분류(誤分類)^{misclassification}와 관련된 목표를 갖고 적대적 학습에 관한 과거 연구를 분류하기 위해 분류 체계를 사용하지만, 프라이버시 공격은 사용하지 않는다. 3.7절에서 설명하는 것처럼 이 분류 체계는 머신러닝 시스템에 가능한 프라이버시 공격에 대한 유용한 분류를 제공하지만 (몇 가지 예외를 제외한) 과거 연구는 동시에 여러 분류에 속

표 3.1 분류 체계에 따른 오분류 공격에 관한 관련 연구 중 일부

	무결성	가용성
인과적: 　표적 공격	[125, 189]	[125, 189, 51, 181]
무차별 공격	[125, 189]	[125, 189, 51, 181]
탐색적: 　표적 공격	[236, 155, 156, 256]	[173]
무차별 공격	[87, 156, 256]	[173]

하는 경향이 있다.

3.3.2 적대적 학습 게임

여기서는 시큐어 학습 시스템을 공격자와 방어자 간의 게임으로 모델링한다. 이 모델에서 공격자는 공격자의 목표를 저지하기 위해 방어자가 선택한 학습 알고리즘을 잘못 훈련하게 하거나 학습 알고리즘을 회피하거나 혹은 프라이버시를 위반하기 위해 데이터를 조작한다. 분류 체계의 축에 따라 명시된 특징도 이 게임의 일부 측면을 지정한다. 영향력 축은 게임의 구조와 각 참가자가 취할 수 있는 법적 움직임 legal move을 결정한다. 분류 체계의 특이성 및 보안 위반 축은 비용함수의 일반적인 모양을 결정한다. 무결성 공격은 공격자에게 미탐지에 대한 이익을 제공하므로 미탐지에 대해 방어자의 높은 비용에 집중한다. 가용성 공격은 오탐지에 대한 높은 비용에 집중하며, 프라이버시 공격은 훈련 인스턴스에 대한 정보 유출에 대한 높은 비용에 집중한다. 마찬가지로 표적 공격은 소수의 특정 인스턴스에 대한 높은 비용

에 집중하는 반면, 무차별 공격은 광범위한 인스턴스에 대한 높은 비용을 확산시킨다.

우리는 게임을 일련의 조치나 단계로 표현한다. 각 조치는 참가자 중 한 명이 전략적으로 선택하거나 참가자가 제어하지 않는 중립적인 조치다. 조치에서의 선택과 계산은 (게임이 반복될 때, 이전 반복을 포함하는) 이전 조치 때문에 생성된 정보와 선행 연구를 설명할 때 강조하는 영역-의존 제약 조건domain-dependent constraint에 따라 달라진다. 그러나 일반적으로 탐색적 공격에서 공격자가 평가 데이터 $\mathbb{D}^{(eval)}$에 영향을 미치는 절차 $A^{(eval)}$를 선택하고, 인과적 공격에서는 훈련 데이터 $\mathbb{D}^{(eval)}$를 조작하기 위한 절차 $A^{(eval)}$를 선택한다. 어느 환경에서나 방어자는 학습 알고리즘 $H^{(N)}$을 선택한다. 이 형식은 공격자와 방어자 간의 상호작용을 분석하기 위한 이론적 근거를 제공한다.

3.3.3 적대적 능력의 특징

이 절에서는 분류 체계에서 설명한 것처럼 학습기와 공격자 간의 게임을 정교하게 만드는 학습 알고리즘 공격 모델을 구축하기 위한 세 가지 필수 속성을 소개한다. 이러한 속성은 보안 분석가가 공격자의 능력을 공식적으로 설명할 수 있도록 공통 영역-특정 적대적 한계common domain-specific adversarial limitation 집합을 정의한다.

3.3.3.1 손상 모델

분류기를 오도mislead하거나 회피하거나 훈련 데이터에 관한 정보를 공개하려면 어떻게 데이터를 변경할 수 있는지는 공격자에게 있어서 가장 중요한 측면이다. 앞서 언급한 것처럼 무한한 능력을 갖춘 공격자를 상대로 학습하는 것은 쓸데없는 일이다. 대신 여기서 제안하는 보안 분석은 제한된 공격자에게 초점을 맞추지만, 그러기 위해서는 공격자에 대한 제한을 모델링하고 특정 영역에 관한 제한을 정당화해야 한다. 이제 적대적 손상adversarial corruption을 위한 두 가지 일반적인 모델을 개략적으로 설명하고, 공격자를 각 모델에서 어떻게 제한하는지 설명한다.

데이터 삽입 모델

첫 번째 모델은 공격자가 데이터의 작은 부분을 제한 없이 제어할 수 있다고 가정한다. 즉, 공격자는 한정된 양의 데이터만 수정할 수 있는 것으로 제한되지만, 공격자는 이러한 데이터 포인트를 임의로 변경할 수 있다. 이 시나리오에서 공격자는 적은 수의 공격 인스턴스를 만들어 훈련이나 평가를 위한 데이터 집합에 삽입(또는 기존 데이터 포인트를 대체)할 수 있으므로 우리는 이 모델을 삽입 모델insertion model이라고 한다. 예를 들어 스팸 필터의 경우 공격자(스팸 발송자)는 공격을 위해 임의의 메시지를 만들 수 있지만, 스팸 발송자가 삽입할 수 있는 공격 메시지의 수는 제한된다. 스팸 발송자는 제삼자가 보낸 정상 이메일 메시지를 제어할 수 없다. 스팸 발송자의 스팸 필터 공격이 효과적인지 알기 위해 얼마나 많은 메시지가 필요한지 분석할 수 있다. 이러한 이유로 5장에서 스팸베이즈 스팸 필터 공격을 분석하는 데 이 변형 모델을 사용하며, 비교적 적은 수의 공격 메시지만으로도 적대적 스팸 발송자가 필터를 크게 오도하게 만들 수 있음을 보인다.

데이터 변경 모델

두 번째 모델은 공격자가 데이터 집합의 데이터 포인트 중 어느 하나(또는 전부)를 수정할 수 있다고 가정하지만, 데이터를 변경할 수 있는 수준을 제한하는 변경 모델alteration model이다. 그 예로 시간의 흐름에 따라 네트워크 트래픽 양을 감시하는 탐지기를 공격하기 위해 공격자는 네트워크에 트래픽을 추가하거나 제거할 수 있지만 제한된 수준에서만 변경할 수 있다. 이러한 공격자는 각 데이터 포인트가 시분할time slice에 해당하기 때문에 새로운 데이터를 삽입할 수 없으며, 다른 행위자도 네트워크에서 트래픽을 생성하기에 공격자는 임의의 단일 데이터 포인트를 제어할 수도 없다. 여기서 공격자는 데이터를 변경할 수 있는 총량이 제한되므로, 공격자의 목표 달성을 위해 변경할 수 있는 데이터의 양으로 공격의 효과를 분석할 수 있다. 이것은 네트워크 이상 탐지를 위해 PCA-부분공간 탐지기 공격을 분석하기 위해 사용하는 6장의 모델로, 다시 한 번 상대적으로 적은 수준의 제어로 데이터를 변경해 이 탐지기의 효과를 극적으로 낮출 수 있음을 설명한다.

3.3.3.2 클래스 제한

공격자에 관한 두 번째 제한은 양(악의적)의 클래스나 음(정상)의 클래스, 또는 둘 모두의 데이터 일부분을 공격자가 변경할 수 있다는 것이다. 일반적으로 분류기가 오분류하도록 공격자가 영향을 미치는 것을 목표로 하는 환경에서, 시스템 외부의 공격자는 악성 데이터만 만들 수 있으므로 양의 인스턴스만 조작하는 것으로 제한된다. 이것이 우리가 이 책 전반에 걸쳐 사용하는 모델이다. 그러나 내부자^{insider}가 음의 인스턴스를 변경해 학습 시스템을 공격할 수 있는 대안적인 위협도 있다. 이 책에서는 이 위협을 분석하지 않지만 9장에서 이를 다룬다. 프라이버시 공격 환경에서 학습기는 인스턴스를 악의적이거나 정상으로 분류하지 않을 수 있으므로 자연스럽게 공격자의 영향에 대한 클래스 제한이 없을 수도 있다.

3.3.3.3 특성 제한

우리가 고려하는 적대적 제한^{adversarial limitation}의 마지막 유형은 각 특성의 관점에서 공격자가 데이터 포인트를 변경하는 방법에 대한 제한이다. 특성은 데이터 상태의 여러 다른 측면을 나타내며 공격에 대해 다양한 수준의 취약점을 가진다. 일부 특성은 공격자가 임의로 변경할 수 있지만, 다른 특성은 공격자가 완전히 제어할 수 없거나 전혀 변경할 수 없다. 이메일을 보낼 때 공격자는 메시지의 내용을 완전히 제어할 수 있지만, 메시지의 라우팅이나 도착 시각을 완전히 결정할 수는 없다. 또한 이 공격자는 메시지가 가고 있는 동안 메일 릴레이^{mail relay2}에 의해 메시지 헤더에 추가되는 메타 정보^{meta-information}를 제어할 수 없다. 특성을 대상으로 하는 공격자의 제어를 정확하게 설명하는 것이 필수적이다.

---

2   한 메일 서버에서 다른 메일 서버로 메일을 발송하는 것을 의미한다. – 옮긴이

3.3.4 공격

3장의 나머지 부분에서는 선행 연구를 살펴본다. 공격과 방어 전략이 서로 다른 영역에서 어떻게 전개됐는지 설명하며 공통된 주제를 밝히고 이 분류법에서 시큐어 학습 게임의 중요한 측면을 강조한다. 이어서 설명한 관련 연구를 표 3.1의 분류법에 제시한다. 3장 나머지 부분에서는 선행 연구를 검토하고, 공격과 방어 전략이 서로 다른 영역에서 어떻게 전개됐는지 공통된 주제를 밝히고, 시큐어 학습 게임의 중요한 측면을 분류 체계 차원에서 강조한다. 탐색적 공격의 경우, 3.4.2절과 3.4.3절에서 공격자의 비용함수 $A^{(eval)}$을 대상으로 하는 공격자 선택의 실제 인스턴스를 설명한다. 마찬가지로, 3.5.2절과 3.5.3절에서는 인과적 게임^{Causative game}에서 공격자가 선택한 실제 인스턴스를 설명한다.

더불어 3.7절에서 오분류하는 것을 목표로 하는 공격과 프라이버시 공격을 별도로 다룬다.

3.3.5 방어

공격자와 방어자 간의 게임과 분류법은 광범위한 공격에 대해 방어 전략 수립을 위한 토대를 제공한다. 아울러 탐색적 오분류 공격과 인과적 오분류 공격을 별도로 설명한다. 탐색적 공격의 경우, 3.4.4절에서 알고리즘 $H^{(N)}$에 대한 방어자의 선택에 관해 설명하고, 3.5.4절에서는 인과적 환경에서 방어자의 전략에 관해 설명한다. 마지막으로 3.6절에서 반복 게임^{iterated game}의 광범위한 환경에 관해 설명한다.

3.7절에서 탐색적 프라이버시 공격과 인과적 프라이버시 공격에 관한 방어를 함께 다룬다.

모든 경우 방어는 절충점을 제시한다. 알고리즘을 (최악의 경우^{worst-case}) 공격에 대해 더욱 강건하게 만들기 위해 알고리즘을 변경하면 일반적으로 적대적이지 않은 데이터^{non-adversarial data}, 즉 정상 데이터를 제대로 처리하지 못할 것이다. 이 절충점을 분석하는 것이 방어를 개발하는 데 있어 중요한 부분이다.

3.4 탐색적 공격

분류 체계의 영향 축을 기반으로 우리가 설명할 첫 번째 범주는 그림 3.1에 표시한 것처럼 평가 데이터에만 영향을 미치는 탐색적 공격이다. 공격자의 변환^{transformation} $A^{(eval)}$은 P_Z에서 뽑힌 인스턴스를 변경하는 절차를 정의하거나, P_Z를 공격자가 선택한 전혀 다른 분포 $P_Z^{(eval)}$로 변경함으로써 평가 데이터를 변경한다. 공격자는 훈련 데이터 $\mathbb{D}^{(train)}$와 학습 알고리즘 $H^{(N)}$ 그리고 분류기 f에 대해 수집한 (부분) 정보에 기초해 평가 데이터를 변경한다. 또한 공격자가 분류기의 추가 예측으로 인해 분류기에 대해 더 많이 알게 되면 공격자의 변경 작업이 진화할 수 있다.

3.4.1 탐색적 게임

먼저 우리는 탐색적 공격에 대한 게임의 형식적인 버전을 제시한 다음, 더 자세히 설명한다.

1. **방어자** 가설을 선택하기 위해 절차 $H^{(N)}$을 선택한다.
2. **공격자** 평가분포를 선택하기 위해 절차 $A^{(eval)}$를 선택한다.
3. 평가:
   - 분포 $P_Z^{(train)}$를 공개한다.
   - $P_Z^{(train)}$에서 데이터 집합 $\mathbb{D}^{(train)}$를 표본 추출한다.
   - $f \leftarrow H^{(N)}(\mathbb{D}^{(train)})$를 계산한다.

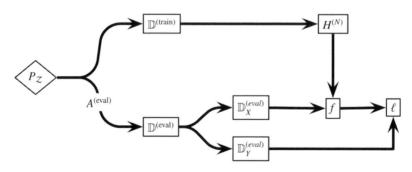

그림 3.1 학습 시스템에 대한 탐색적 공격 도표(그림 2.1 참고)

- $P_z^{(\text{eval})} \leftarrow A^{(\text{eval})}(\mathbb{D}^{(\text{train})}, f)$을 계산한다.
- $P_z^{(\text{eval})}$에서 데이터 집합 $\mathbb{D}^{(\text{eval})}$를 표본 추출 한다.
- 총비용 $\displaystyle\sum_{(x,y)\in\mathbb{D}^{(\text{eval})}} \ell_x\left(f(x),y\right)$을 평가한다.

방어자의 조치는 데이터 집합에서 가설을 만들기 위한 학습 알고리즘(절차) $H^{(N)}$을 선택하는 것이다. 머신러닝에 사용되는 많은 절차는 식 (2.1)의 형태를 보인다. 예를 들어 방어자는 특정 커널^{kernel}과 손실, 정칙화 및 교차 검증$^{\text{cross-validation}}$ 계획을 갖는 SVM을 선택할 수 있다. 따라서 공격자의 조치는 $H^{(N)}$가 생성한 가설을 평가할 분포를 생성하기 위해 절차 $A^{(\text{eval})}$를 선택한다. 공격자가 데이터 집합을 생성할 때 갖는 제어의 수준과 $\mathbb{D}^{(\text{train})}$에 대한 정보의 수준 그리고 $A^{(\text{eval})}$가 접근할 수 있는 f를 구체적으로 설정한다.

방어자와 공격자가 모두 선택한 후에 게임을 평가한다. 훈련 데이터 집합 $\mathbb{D}^{(\text{train})}$는 어떤 고정되고 알려지지 않은 분포 $P_z^{(\text{train})}$에서 만들어지고, 훈련은 $f \leftarrow H^{(N)}(\mathbb{D}^{(\text{train})})$를 생성한다. 공격자의 절차 $A^{(\text{eval})}$는 일반적으로 $\mathbb{D}^{(\text{train})}$와 f를 기반으로 하는 분포 $P_z^{(\text{eval})}$를 생성하고, 평가 데이터 집합 $\mathbb{D}^{(\text{eval})}$는 $P_z^{(\text{eval})}$로 만들어진다. 마지막으로, 손실함수 $\ell_x(\cdot, \cdot)$로 $\mathbb{D}^{(\text{eval})}$를 평가한 f의 성능을 바탕으로 공격자와 방어자의 비용을 계산한다. 2.2절과 달리 손실함수는 데이터 포인트 x에 종속돼 있다. 이런 일반화를 통해 이 게임은 인스턴스 의존 비용$^{\text{instance-dependent cost}}$을 가진 공격자 또는 학습기를 설명할 수 있다[59].

절차 $A^{(\text{eval})}$는 일반적으로 $\mathbb{D}^{(\text{train})}$와 f에 종속돼 있지만, 공격자가 실제로 갖고 있는 정보의 양을 구체적으로 설정한다. 가장 제한적일 때 공격자는 $\mathbb{D}^{(\text{train})}$와 f를 완전히 알고 있다고 설정한다. 공격자는 $\mathbb{D}^{(\text{train})}$의 부분집합 또는 f를 포함하는 모임 $\mathcal{F}$를 알 수 있다. 그러나 절차 $A^{(\text{eval})}$는 동적으로 정보를 획득할 수도 있다. 예를 들어 어떤 경우에는 절차 $A^{(\text{eval})}$가 분류기에 질의할 수 있으며, 질의 인스턴스의 레이블을 제공하는 오라클^{oracle}[3]로 취급할 수 있다. 이것은 $A^{(\text{eval})}$가 f에 대해 가질 수 있는 특

---

3   고대 그리스 종교에서 오라클이란 질문에 대한 신들의 대답(신탁, 神託)을 전하는 사제다. 시스템의 안전성을 공격자와 방어자 간의 게임으로 모델링해 계산하는 것을 튜링 테스트(Turing test)로 볼 수 있다. 즉, 공격자가 어떤 시스템에 질의(분류기나 탐지 기가 오작동하도록 조작된 훈련 데이터 집합을 제공하거나 프라이버시 유출을 위해 조작된 데이터를 제공하고, 해당 시스템의 답을 보고 오동작함을 알거나 프라이버시 정보를 얻을 수 있다면, 해당 시스템이 안전하지 않다고 볼 수 있다. 반대로 어떠한 정보도 얻을 수 없다면 해당 시스템이 안전하다고 할 수 있다. 이런 환경에서 공격자의 어떠한 질의에도 답변하는 시스템을 '오라클'이라고 한다. – 옮긴이

정 수준의 정보다. 이 기술을 사용하는 공격을 탐측 공격probing attack이라고 한다. 탐측은 분류기에 대한 정보를 얻어낼 수 있다. 반면 훈련 데이터와 알고리즘에 대한 충분한 사전 지식을 갖춘 공격자는 탐측하지 않고도 높은 비용의 인스턴스high-cost instance를 찾을 수 있다.

3.4.2 탐색적 무결성 공격

자주 연구되는 공격은 탐색적 무결성 공격exploratory integrity attack으로, 이 공격에서 공격자는 학습기가 악성 활동을 탐지하지 못하도록 사각지대를 악용하기 위해 학습 메커니즘을 수동적으로 우회하려고 시도한다. 탐색적 무결성 공격에서 공격자는 분류기 자체에 직접적인 영향을 미치지 않고 분류기를 회피하기 위해 침입한다. 대신 이런 종류의 공격은 종종 시스템적으로 탐지기가 악성 활동을 정상적인 활동으로 판단하게 하거나 악성 활동을 식별할 수 있는 특징을 모호하게 만들려고 시도한다. 어떤 탐색적 무결성 공격은 위장 침입을 위해 정상적인 트래픽의 통계적 특성을 모방한다. 예를 들어 공격자는 훈련 데이터와 분류기를 검사한 다음 침입 데이터를 생성한다. 탐색적 게임에서 공격자의 조치는 훈련 데이터 $\mathbb{D}^{(train)}$에서 정상 트래픽과 통계적으로 유사한 $\mathbb{D}^{(eval)}$에서 악성 인스턴스를 생성하는 것이다.

예제 3.1(정직하지 못한 침입자)

공격자는 네트워크 헤더를 변경하고 내용의 순서를 바꾸거나 암호화하는 등 침입을 수정하고 난독화한다. 이러한 수정이 성공하면 IDS가 변경된 침입을 악성으로 인식하지 못하므로 공격자는 시스템에 침입할 수 있다. 이 공격의 표적 버전에서 공격자는 필터를 통과하기 위한 특별한 침입을 한다. 무차별 버전에서 공격자는 특별한 선호도가 없으므로, 필터를 회피할 수 있는 변경을 확인하기 위해 다양한 취약점 공격을 수정하는 등 성공한 침입을 검색할 수 있다.

3.4.2.1 다형성 혼합 공격

포글라[Fogla]와 리[Lee]는 암호화 기술을 사용해 침입 탐지 시스템에 따라 공격 트래픽을 정상 트래픽과 통계적으로 구별할 수 없게 만들어 침입 탐지기를 회피하는 다형성 혼합 공격[polymorphic blending attack]을 소개했다[88]. 그들은 침입 탐지 시스템을 회피하기 위해 다형성 혼합 공격 인스턴스에 대한 추론과 생성을 위한 형식주의[formalism]를 제시했다. 이 기술은 상당히 일반적이며 수정한 침입 패킷의 측면에서 무차별적[Indiscriminate]이다.

특성 삭제 공격[feature deletion attack]은 탐지기가 사용하는 높은 비용의 특성 식별 기능을 배제한다. 이 형태의 공격은 DARPA/Linc 연구실 데이터 집합에 대한 침입 탐지 시스템의 행위에 관한 연구에서 마호니[Mahoney]와 찬[Chan]은 경험적으로 입증한 바처럼 적절한 특성 선택의 중요성을 강조했다[162].

3.4.2.2 수열-기반 IDS를 대상으로 하는 공격

탄[Tan] 등[238]은 포레스트[Forrest] 등[89]과 와렌더[Warrender] 등[257]이 제안한 stide[4] 수열[5]-기반 침입 탐지 시스템에 대한 모방 공격[mimicry attack]을 설명했다. 그들은 다른 수열의 시스템 호출[system call]을 사용해 같은 목적을 달성하기 위해 passwd 및 traceroute 프로그램에 대한 취약점 공격을 수정했다. 정상적인 트래픽에서는 드러나지 않는 공격 트래픽의 최단 부분수열[shortest subsequence]은 IDS의 윈도우 사이즈[window size][6]보다 길다. 이 기술은 탐지기의 유한 윈도우 사이즈를 악용함으로써, 탐지기가 공격 트래픽을 정상 트래픽과 구별할 수 없게 만든다. 이 공격은 공격 트래픽을 정상 트래픽처럼 보이도록 특정 침입을 수정하기 때문에 다양의 혼합 공격이라기보다는 표적 공격에 가깝다. 후속 연구에서 탄 등은 그들이 증명하는 더 큰 클

---

4   sequential time dealy embedding(수열 시간 지연 삽입)의 약자 – 옮긴이

5   TCP 프로토콜에서 데이터를 보낼 때마다 각 데이터에 고유한 번호를 부여해서 전송하는데, 이 고유한 번호를 시퀀스 번호라고 한다. 이 일련 번호를 이용해 수신 측에서는 데이터가 중복되거나 순서가 바뀌어도 데이터를 순서대로 재구성할 수 있다. – 옮긴이

6   TCP 프로토콜에서 수신 측에서 설정하는 퍼버의 크기로 자세한 내용은 'TCP의 흐름 제어(Flow Control)와 지연에 따른 스루풋 계산(https://bit.ly/2K2SCCB)' 참조 – 옮긴이

래스의 정보 은닉 기술^{information hiding technique}의 일부로서 그들의 공격은 정상적인 호출 수열^{call sequence} 또는 다른 덜 심각한 취약점 공격의 호출 수열를 모방했다[239].

위 연구와는 독립적으로 웨그너 등은 소마야지^{Somayaji}와 포레스트^{Forrest}가 제안한 pH라는 수열 기반 IDS[230]에 대한 모방 공격을 개발했다[250]. 유한 오토마타^{finite automata}⁷ 머신을 사용해 IDS가 특정 취약점 공격을 모방하기 쉬운지 아닌지를 테스트하기 위한 프레임워크를 만들었다.

이렇게 함으로써, 그들은 특정 공격을 다양하게 변형한 공격에 대한 IDS를 검증하기 위한 도구를 개발했고 IDS의 취약점을 확인하기 위해 유사한 도구를 더 많이 사용해야 한다고 제안했다.

전반적으로 수열-기반 이상 탐지 시스템^{sequence-based anomaly detection system}에 대한 이러한 모방 공격^{mimicry attack}은 공격자가 정상적인 행동을 모방해 탐지되는 것을 회피하기 위해 그들의 취약점 공격에 필요한 요소를 난독화할 수 있는 시스템의 치명적인 약점을 강조한다. 또한 IDS가 알려진 취약점 공격에 대해 잘 작동하는 것처럼 보일 수 있지만, 침입의 필수 요소를 포착하지 못한다면 취약점 공격은 탐지기를 쉽게 우회할 수 있다. 자세한 내용은 3.4.4절에서 설명한다.

3.4.2.3 추천 단어 공격

스팸 메시지에 단어를 추가하거나 스팸 메시지를 변경하면 메시지가 필터를 우회할 수 있다. 앞에서 설명한 IDS를 대상으로 하는 공격과 마찬가지로, 이러한 공격은 모두 필터를 우회하기 위한 인스턴스를 생성하기 위해 분류기에 대한 훈련 데이터와 정보를 모두 사용한다. 그들은 표적/무차별적인 구별과 다소 독립적이지만, 탐색적 게임은 이러한 모든 공격이 사용하는 과정을 포착한다.

이런 기술에 관한 연구는 존 그레이엄-커밍^{John Graham-Cumming}이 처음 제안했다. 2004년 MIT 스팸 콘퍼런스^{Spam Conference}에서 '적응형 스팸 필터를 어떻게 피할 것인가^{How}

---

7 컴퓨터 프로그램과 전자 논리 회로를 설계하는 데에 쓰이는 수학적 모델이다. 간단히 '상태 기계'라고 부르기도 한다. 출처: 위키피디아 https://bit.ly/2wq5NW5 - 옮긴이

to Beat an Adaptive Spam Filter'라는 주제 발표[8]를 통해 그는 공격 중인 필터의 피드백에 근거해 추천 단어good word를 찾기 위해 두 번째 통계적 스팸 필터second statistical spam filter를 사용하는 베이즈 대 베이즈Bayes vs. Bayes 공격을 선보였다. 몇몇 저자는 스팸 발송자가 사용하는 회피 기술을 더 탐구했고 앞에서 설명한 바처럼 IDS에 적용한 것과 유사한 원칙을 사용해 스팸 필터를 대상으로 하는 공격을 시연했다.

로우드 등은 추천 단어 또는 필터가 스팸이 아니라는 것을 나타내는 단어를 스팸 이메일에 추가하는 통계적 스팸 필터를 대상으로 하는 공격을 소개했다[258]. 이 추천 단어 공격은 특히 스팸이 아닌 이메일에 자주 나타나지만, 스팸 이메일에는 거의 나타나지 않는 단어를 선택한다면 필터가 스팸 이메일을 정상이라고 판단하게 만든다. 마지막으로 단어의 문자나 철자를 변경해 필터가 인식하지 못하도록 스팸 단어를 난독화하는 것은 여러 연구자가 만든 스팸 필터를 회피하는 또 다른 인기 있는 기술이다[153, 220].

3.4.2.4 비용-기반 회피

또 다른 연구 분야는 공격자의 회피가 탐지되길 바라지 않을 것이므로 공격자의 회피 행동으로 인해 발생하는 비용에 초점을 맞춘다. 이 연구는 적대적 비용adversarial cost을 직접 모델링해 공격자가 탐지를 회피하려 하지만, 이 절에서 설명하는 다른 연구에 높은 비용의 인스턴스(이 절에서 설명하는 다른 연구에서 내재한 가정)를 사용해 회피하고자 하는 문제로 회피를 명시적으로 설명한다.

게임 이론 접근 방식

달비Dalvi 등은 이런 비용을 사용해 원래 분류기에 대한 최적 회피를 성공적으로 탐지할 수 있는 비용에 민감한 게임 이론 분류cost-sensitive game-theoretic classification 방법을 개발했다[59]. 이 게임 이론 접근 방식을 사용하는 이 기술은 최적으로 수정된 인스턴스를 탐지하도록 설계한 분류기를 만들어 나이브 분류기naïve classifier의 사각지대

---

8   발표 자료는 https://bit.ly/35PYIDw에서 확인할 수 있다. – 옮긴이

를 선제적으로 개선한다. 이후 학습에 대한 게임 이론 접근 방식은 이 환경을 확장하고 게임의 균형을 해결했다[37, 123].

또한 비지오Biggio 등은 이 게임 이론 접근 방식을 확장했고, 이 환경에 대한 추가 방어 메커니즘으로 정보 은닉이나 확률화randomization를 제안했다[22]. 그로스한스Großhans 등은 불완전한 정보와 지속적인 행동 공간을 통해 비제로섬non-zero-sum 인스턴스에서 베이지안 통계학자인 방어자와 공격자 간의 베이지안 게임을 연구했다[98]. 여기서 그들은 공격자에 대한 방어자의 (부분) 지식을 사전에 인코딩된 것으로 모델링했고, (충분히 강한 비용의 정칙화를 통해) 고유한 균형 상태unique equilbrium의 존재성에 관한 충분조건을 제시했으며, 그러한 균형 상태를 계산하기 위한 알고리즘을 제시했다.

멤버십 질의에 의한 회피

공격자의 비용 모델은 로우드와 믹이 처음 제안한 분류기 질의-기반 근사-최적 회피query-based near-optimal evasion 이론[157]으로 이어졌다. 이 이론에서 연구진은 분류기를 추상적인 질의 복잡도 문제abstract query complexity problem로 회피하는 어려움을 제시했다. 또한 공격자가 분류기를 역공학하는 알고리즘을 제시했다. 공격자는 분류기가 음으로 레이블링한 가장 높은 비용(공격자에게는 가장 낮은 비용)의 인스턴스를 찾는다. 볼록-유도 분류기의 근사-최적 회피에 관해 우리는 이 연구를 확장했다. 근사-최적 회피 이론을 다양한 클래스의 분류기로 일반화했고, 그 문제가 역공학 접근 방식보다 더 쉽다는 것을 입증했다. 8장에서 이 연구를 더 자세히 설명한다. 스티브스Stevens와 로우드는 ACRE[9] 프레임워크를 (8장의 볼록 유도 분류기를 연구한 연속 인스턴스와 대비해) 이산 특성discrete feature으로 인해 어려운 경우에서 선형 분류기의 결합이나 교차를 나타내는 볼록 다면체convex polytope 개념의 클래스를 포함하도록 확장했다[234]. 이 비선형 이산 환경에 대한 질의 복잡도의 상계upper bound를 보면 이러한 클래스는 선형 질의와 다르게 멤버십 질의membership query[10]를 회피하기 어렵다.

---

9 Adversarial Classifier Reverse Engineering의 약어 – 옮긴이

10 어떤 원소와 어떤 집합에 대해 그 원소가 그 집합의 원소인지 묻는 것을 의미한다. 출처: https://bit.ly/30HZ6Nd – 옮긴이

배치된 시스템을 대상으로 하는 공격

트라메르Tramèr 등은 주요 클라우드 기반 서비스 형태의 머신러닝cloud-based Machine-Learning-as-a-service 시스템을 역공학했다[242]. 표적 학습 시스템target learning system이 예측 신뢰값prediction confidence value을 산출할 때, 연구자는 모델을 임의로 살펴보고 로지스틱 회귀logistic regression와 신경망neural network의 경우에서 의사 결정 경계decision boundary를 결정하기 위해 시스템 방정식을 풀기 위한 일련의 인스턴스-신뢰 쌍instance-confidence pair을 얻게 된다. 표적 모델이 나무tree일 때, 그들은 잎에서 출력되는 신뢰값을 활용해 나무를 재구성하기 위한 효율적이고 정확한 경로탐색 알고리즘path-finding algorithm을 개발했다. 연구진은 신뢰값에 접근하지 않고 멤버십 질의(8장 참조) 아이디어를 적용했고, 어떤 서포트 벡터 머신 모델에 사용되는 것처럼 모델이 가역 특성 사상invertible feature mapping 아래에서 모델이 선형일 때 로우드와 믹의 기술[157]을 확장했다. 초기 연구에서 PDF 악성코드 탐지를 위해 온라인 서비스로 배치된 시스템인 PDFrate는 스른딕Srndic과 라스코프Laskov가 수행한 회피 공격의 대상이다[233]. 실제 회피 공격에 초점을 맞춘 연구에서 특성 집합과 훈련 데이터, 분류기의 세부 사항 지식을 중심으로 공격자 정보를 구별해 같은 목표를 공유하는 공격의 하위 분류 체계를 제시했다.

경사 하강에 의한 공격 생성

게임 이론 공식에서 가장 좋은 응답을 계산하는 것은 공격자에 관한 지식 없이도 기능을 수행할 수 있는 학습기adversary-agnostic learner에 대한 (근사) 최적 공격을 찾아내는 것과 같다. 이 접근 방식의 분명한 이점은 공격자와 방어자의 행동 모두에 대한 균형을 계산하는 것보다 비선형 모델과 학습기가 효율적으로 대처할 수 있다는 점이다. 인과적 공격을 최적화하는 연구를 기반으로(3.5.2절 참조), 비지오 등은 SVM에 대한 탐색적 공격을 경사 하강gradient descent으로 표현했다. 표현자 정리Representer Theorem[11]에 의해, SVM에 대한 예측함수는 커널 항의 합으로 표현할 수 있

---

11 계산 학습 이론(computational learning theory)(https://bit.ly/2Qm8GRc 참고)에서 사용하는 정리로 힐베르트 공간(Hilbert space)의 재생핵(reproding kernel)은 양수값을 갖는 커널의 합으로 표현할 수 있다는 것이다. 출처: 위키피디아 https://bit.ly/30LgNel – 옮긴이

다. 따라서 커널함수가 테스트점에서 미분 가능하다면 경사가 존재하고 쉽게 계산할 수 있다.

3.4.2.5 딥러닝 방법에 대한 회피

다층multilayer(심층deep) 신경망neural network(DNN) 훈련에 초점을 맞춘 심층 신경망 학습기의 분야에 많은 관심과 성공이 있었다[145]. 이전의 신경망 구성과는 달리 DNN은 특성 추출 및 변환처럼 복잡한 작업을 직접 표현하지 않고 내재해 학습 과정의 일부로 수행하기 위해 은닉 계층hidden layer을 여러 개 연결해 사용한다. 그러나 모델의 크기가 크기 때문에 DNN은 과적합되기 쉬우며, 회피 공격에 취약할 수 있다. 특히 굿펠로우Goodfellow 등은 적대적인 예를 만들기 위한 간단한 FGSMFast Gradient Sign Method, 빠른 경사 부호 방법을 선보였다[93]. 이들은 여러 비선형층multiple nonlinear layer을 가진 모델조차도 테스트 데이터에 선형 섭동linear perturbation12을 적용함으로써 쉽게 오도될 수 있음을 보였다. 이들은 이러한 공격이 다른 모델에 전이 가능transferable하다는 것을 알아냈다. 즉, 같은 학습 작업에 사용되는 다른 구성을 가진 다른 표적 DNN 모델에 적용할 수 있다. 페이퍼놋Papernot 등은 이러한 공격의 전이성transferability을 바탕으로 공격자가 표적 DNNtargeted DNN의 출력에 기반을 둔 대리 DNN 모델surrogate DNN model에게 훈련을 시킬 수 있으며, 또한 표적 모델을 회피할 수 있는 대리 모델을 위한 적대적 예를 만들 수 있는 심층 신경망 시스템에 대한 블랙박스 공격을 시연했다. 리우LIU 등은 산업 시스템에서 사용하는 최첨단 모델을 더 잘 반영한 대용량 데이터 집합과 대규모 구성에 대해 이러한 이전 가능 공격을 대규모로 연구했다[154]. 이들은 무차별 공격을 쉽게 이전시킬 수 있지만, 표적 인스턴스로 이전할 때 공격 예제를 생성하기 위해서는 앙상블 기술ensembling technique이 필요함을 발견했다.

딥러닝의 성공과 DNN 모델의 과적합 위험으로 인해 적대적 학습에 관한 관심이 높아졌다. 정칙화의 한 형태로서 적대적 학습의 적용은 특별한 관심을 끌었다. 이제 3.4.4.1절의 주제로 돌아가자.

---

12 일반적인 상태에 비교적 작은 다른 힘이 작용해 원본 상태를 약간 변화시키는 현상을 섭동이라고 한다. – 옮긴이

3.4.3 탐색적 가용성 공격

탐색적 가용성^{Exploratory Availability} 공격에서 공격자는 훈련에 영향을 미치지 않고 학습 시스템의 정상적인 행동을 방해한다. 비학습 시스템^{non-learning system}에 대한 이러한 유형의 공격은 많은 연구가 진행됐다. 무어^{Moore} 등의 연구 결과처럼 거의 모든 서비스 거부 공격이 이 범주에 속한다[175]. 그러나 시스템의 학습 구성 요소에 대한 탐색적 가용성 공격은 일반적이지 않기에 우리는 그에 관한 어떤 연구도 알지 못한다. 이 다양성을 대상으로 하는 공격의 동기는 학습기에 대한 다른 공격만큼 매력적이지 않은 것 같다. 한 가지 가능한 공격은 다음 예와 같다. 학습 IDS^{learning IDS}가 침입 트래픽에 대해 훈련하고, 침입을 유발하는 호스트를 차단하는 정책을 시행하고 있다면, 공격자는 합법적인 호스트에서 나온 것으로 보이는 침입을 전송해 IDS가 정상 호스트를 차단하게 만들 수 있다. 또 다른 가능성은 계산 비용이 많이 드는 학습 구성 요소를 이용하는 것이다. 예를 들어 그림 첨부 파일에서 광고를 탐지하기 위해 이미지 처리를 사용하는 스팸 필터는 텍스트 기반 필터링보다 훨씬 더 많은 시간이 걸린다.

공격자는 그림이 포함된 많은 이메일을 보내 이러한 총 계산 비용을 악용할 수 있으므로, 시간이 오래 걸리는 처리가 지연돼 메시지가 차단될 수 있다.

예제 3.2(잘못된 신분)

공격자는 합법적인 컴퓨터의 IP 주소에서 오는 것으로 보이는 침입을 전송한다. 침입을 인식하는 법을 배운 IDS는 그 컴퓨터를 차단한다. 표적 버전에서 공격자는 표적이 된 특정 컴퓨터를 가지고 있다. 무차별 버전에서는 공격자가 편리한 컴퓨터를 선택하거나 많은 컴퓨터 간에 IP 주소를 전환해 큰 혼란을 유발할 수 있다.

3.4.4 탐색적 공격에 대한 방어

탐색적 공격은 훈련 데이터를 훼손하지 않고 학습 가설에서 취약점을 찾으려고 시도한다. 공격자는 평가 데이터를 제어해 정상성 가정을 위반할 수 있다. 평가분포를 생성할 때, 공격자는 높은 비용의 인스턴스에 확률 질량$^{probability\ mass}$을 집중시키는 불리한 평가분포를 구성하려고 한다. 다른 말로 표현하면, 공격자의 절차 $A^{(eval)}$는 학습기가 (정상성을 위반해) 예측을 제대로 하지 못하는 평가분포 $P_Z^{(eval)}$를 만든다. 즉, 공격자는 탐색적 게임의 마지막 단계에서 계산된 비용을 극대화하기 위해 $P_Z^{(eval)}$를 선택한다. 이 절에서는 공격자가 그런 분포를 만들기 어렵게 하는 방어자의 전략을 알아본다.

탐색적 게임에서 방어자는 오염된 데이터를 관찰하기 전에 조처한다. 즉, 우리는 여기서 방어자가 공격에 응답할 수 있도록 허락된 시나리오를 고려하지 않는다. 방어자는 훈련 절차와 데이터 정보의 접근을 제한해 분류기를 역공학하는 공격자의 능력을 방해할 수 있다. 정보가 부족하면 $A^{(eval)}$는 분류기에 불리한 평가분포를 만들기 어렵다. 그런데도 공격자는 불완전한 정보를 사용해 사전 지식과 탐측의 조합을 사용해 불리한 평가분포를 만들 수 있다.

방어자의 작업은 공격자가 가설을 역공학하기 어렵게 데이터 수집과 학습 기술을 설계하는 것이다. 탐색적 공격을 분석하는 주요 작업은 공격자가 학습기를 역공학할 수 있는 능력을 정량화하는 것이다.

3.4.4.1 탐측이 없는 공격에 대한 방어

보안 분석의 일부는 비밀로 유지돼야 할 시스템의 측면을 확인하는 것이다. 학습기를 보호하기 위해 방어자는 정보를 제한해 공격자의 공격을 어렵게 만들 수 있다.

훈련 데이터

공격자가 훈련 데이터를 얻지 못한다면, 공격자는 분류기 내부 상태를 재구성할 수 있는 능력을 제한받는다. 실제 인스턴스를 공정하게 표현하는 훈련 데이터 수집과 훈련 데이터의 모든 측면을 비밀로 유지하는 것 사이에는 긴장감이 감돈다. 대부분

상황에서 공격자가 비밀 훈련 데이터의 부분적인 정보만 갖고 있을 수 있지만, 완전한 비밀 훈련 데이터를 사용하는 것은 어렵다. 훈련 데이터의 확보는 프라이버시 보호 학습과 관련이 있다(3.7절 참조).

특성 선택

방어자는 방어자의 가설 선택 절차 $H^{(N)}$의 내부 단계인 특성 선택과 학습 단계의 특성에 대한 주의를 통해 공격에 대한 분류기를 강화할 수 있다. 특성 선택은 원시 측정raw measurement을 학습 알고리즘이 사용하는 특성공간으로 변환하는 특성 사상을 선택하는 과정이다. 학습 단계에서 학습 알고리즘은 사상map의 특성공간에서 특정 특성을 사용하는 모델이나 시그니처를 만든다. 모델이나 시그니처에 대해 이런 특성을 선택하는 것을 특성 선택feature selection이라고 하지만 특성 사상feature map이 만들어진 후 학습 과정의 일부라고 생각한다. 예를 들어 이메일 메시지 본문에 대한 어떤 특성 사상은 각 토큰을 토큰의 존재를 나타내는 부울 특성Boolean feature으로 변환할 수 있다. 다른 사상은 자연어의 단어 빈도수와 비교해 메시지의 각 단어에 대한 상대 빈도수를 나타내는 실수값 특성을 지정할 수 있다. 다른 사상은 n개의 문자열을 세고 각 문자 n-그램[13]이 나타나는 횟수를 나타내는 정수 특성integer feature으로 지정할 수 있다. 이런 각각의 경우에 학습기는 인스턴스가 정상인지 악성인지를 결정하기 위해 토큰의 존재 여부 또는 단어의 상대 빈도수가 있는지, 문자 n-그램의 개수 등 특정 특성을 사용하는 모델이나 시그니처를 만들게 된다.

특성 집합을 대상으로 하는 공격으로 스팸을 나타내는 단어를 난독화하는 것은 일반적인 **표적 탐색적 무결성** 공격이다. 스컬리Sculley 등은 스팸 이메일에서 단어의 난독화를 깨기 위해 특성 선택에서 일치하지 않는 문자열을 사용했다[220]. 연구진은 문자 추가와 삭제, 대치에 강건한 문자 부분수열를 기반으로 특성 사상을 선택한다.

글로버슨Globerson과 로웨이스Roweis는 평가 데이터 $\mathbb{D}^{(eval)}$에 대한 탐색적 공격인 특

---

13 입력된 문자열을 n개의 기준 단위로 나눈 것 – 옮긴이

성 삭제 공격에 대한 특성 기반 학습 방어를 선보였다[91]. 특성 삭제 공격에서 공격자는 훈련 데이터에 있는, 아마도 인스턴스 클래스를 예측할 가능성이 큰 특성을 평가 데이터에서 삭제한다. 예를 들어 훈련 이메일에 있는 단어는 평가 메시지에 나타나지 않을 수 있으며, 훈련 데이터에 있는 네트워크 패킷에는 향후 트래픽에서 빠지는 옵션 필드optional field의 값이 포함돼 있을 수 있다. 글로버슨과 로웨이스는 높은 값의 특성high-value feature 삭제를 위한 특성 선택에 강건하고 수정된 SVM 분류기를 만들었다.

고차원성high dimensionality이 탐색적 공격의 공격 표면attack surface을 증가시키는 역할을 한다는 것이 관찰됐는데[231, 5], 이는 (아마도 임의의) 특성 선택을 방어 전략으로 사용할 수 있음을 시사한다. 인과적 공격의 게임 이론 모델에서도 인과적 공격의 고차원성은 균형 상태의 해를 찾기 위한 계산적 결과를 제공한다. 알프칸Alpcan 등은 임의의 투영random projection을 통해 이러한 설정에 접근해 해의 사영공간projected space에서 원본 활동 공간으로 올리는 조건을 연구했다[4]. 사례 연구로서 그들은 선형 SVM에 대한 인과적 공격에 그들의 아이디어를 적용했다.

그러나 리Li와 보로베이치크Vorobeychik의 연구는 주의를 기울여야 한다[146]. 스팸을 이메일로 보내는 애플리케이션의 특성 축소feature reduction의 전통적인 접근 방식 연구에서, 이들은 스팸에서 특히 동기부여가 잘되는 특성 대치feature substitution를 사용하는 공격자의 취약점을 관찰했다. 다음으로 이들은 특성의 학습 동치 클래스learning equivalence classe를 포함시킨 다음, 특성 대치를 완화하기 위해 학습 동치 클래스를 특성 축소에 사용하는 보호조치counter-measure를 연구했다. 그리고 슈타켈버그 게임Stackelberg game을 2단계 혼합 선형 정수 프로그램bilevel mixed linear integer program으로 표현해, 희소 정칙화 학습sparse regularized learning과 회피 간의 흥미로운 절충점을 산출하는 근사해를 추적할 수 있는 휴리스틱을 만들어 적대적 특성 선택으로 접근했다. 장Zhang 등도 특성 선택과 공격 간의 상호 작용interplay을 연구했다[263]. 이들은 순방향 특성 선택forward feature selection 또는 역방향 특성 제거backward feature elimination와 같은 탐욕 접근 방식greedy approach을 통한 최적화로 분류기의 일반화 능력과 분류기의 보안을 최적화하는 래퍼-기반 적대적 특성 선택기wrapper-based adversarial feature selector를 제안했다.

학습기가 모델이나 시그니처를 만들 때 특히 중요하게 고려해야 할 사항 중 하나는 학습기가 침입 그 자체와 관련된 특성을 사용하도록 하는 것이다. 미 국방고등기술계획국^{DARPA}/MIT 링컨 연구소 침입 데이터 집합에 관한 연구에서, 마호니^{Mahoney}와 찬^{Chan}은 훈련 데이터의 가짜 아티팩트^{artifact}[14]는 IDS가 관련 특성보다는 이러한 아티팩트를 기반으로 침입 트래픽과 정상 트래픽을 구별하도록 학습할 수 있음을 보였다[162]. 학습기가 악성 인스턴스와 정상 인스턴스의 근본적인 차이점을 설명할 수 있는 특성으로 모델을 만들도록 보장해야 모방 공격^{mimicry attack}(3.4.2절)과 연막 술책 공격^{red herring attack}[15](3.5.2절)의 영향을 완화할 수 있다.

모델이나 시그니처를 만들 때 가짜 특성을 사용하는 것은 특정 침입 시도가 확률적으로만 해를 끼치거나 피해자 시스템의 일부 내부 상태에 따라 해를 끼칠 수 있는 경우에 특히 문제가 된다. 침입과 관련된 특성이 일부 인스턴스 집합에 대해 일관되지만 그런 인스턴스의 실제 비용이 크게 달라지는 경우, 학습기는 그 비용의 변동을 다른 필요치 않은 특성 탓으로 돌릴 위험이 있다.

가설공간/학습 절차

복잡한 가설공간은 공격자가 학습 가설에 대해 정확한 정보를 추론하는 것을 어렵게 만들 수 있다. 그러나 가설의 복잡도는 적절한 정칙화를 통해 일반화할 수 있는 능력과 균형을 이뤄야 한다.

왕^{Wnag} 등은 침입을 탐지하기 위해 바이트의 n-그램 모델을 사용하는 이상 탐지 시스템인 Anagram을 제안했다[251]. 연구진은 정상 트래픽을 모방(모방 공격)하는 탐색적 공격을 방어하기 위해 두 가지 기술을 통합했다. ① 트래픽이 단일 바이트 수준에서 정상 트래픽을 모방하도록 조작된 경우에도 고차 n-그램(일반적으로 n은 3에서 7 사이)을 사용해 침입 트래픽의 차이를 포착한다. ② 패킷에서 바이트의 (가능하면 중

---

14 시스템의 동작이나 알고리즘이 만들어내는 로그 등의 정보 – 옮긴이

15 원래 '붉은 청어'라는 단어. 사냥개를 훈련할 때 색깔이 붉은 말린 훈제 청어의 냄새를 이용하는 데서 나온 표현으로, '관심을 딴 데로 돌리는 것'을 의미한다. – 옮긴이

복되는) 여러 부분수열을 선택해 임의로 특성을 선택하므로, 공격자가 전체 패킷뿐만 아니라 모든 부분수열을 정상 트래픽으로 모방할 수 없다면 공격은 실패한다.

달비 등은 탐색적 무결성 공격에 대응하기 위해 비용에 민감한 게임 이론 분류 방어cost-sensitive game-theoretic classification defense를 개발했다[59]. 이 모델에서 공격자는 $A^{(eval)}$의 자연스러운 인스턴스의 특성을 변경할 수 있지만, 각 변경에서 알려진 비용이 발생한다. 방어자는 각 특성을 다른 알려진 비용으로 측정할 수 있다. 각각은 분류/참 레이블 쌍에 대해 알려진 비용함수를 갖는다. 분류기 $H^{(N)}$는 비용에 민감한 나이브 베이즈 학습기Naïve Bayes learner로 기대 비용을 최소화하기 위해 인스턴스를 분류하지만, 공격자는 공격자 자신의 기대 비용을 최소화하기 위해 특성을 수정한다. 방어자는 공격자의 변화를 예측하기 위해 학습기의 가능도[16] 함수likelihood function를 변경해 공격자 인식 분류기adversary-aware classifier를 만든다. 방어자는 관찰한 인스턴스가 공격자가 다른 인스턴스를 최적으로 변환한 결과일 수 있음을 고려해 해당 인스턴스가 악의적일 가능성을 조정한다. 이 방어는 두 가지 가정을 따른다. ① 방어자의 전략은 공격자보다 앞서 있다. 즉, 공격자의 절차 $A^{(eval)}$가 f를 고려할 수 없다는 점에서 그들의 게임은 우리의 전략과는 다르다. ② 공격자는 원본 비용에 민감한 분류기original cost-sensitive classifier에 대해 최적으로 게임을 한다. 접근 방식이 최적 공격을 방어하지만 비최적 공격nonoptimal attack은 고려하지 않는다는 점에 유의할 필요가 있다. 예를 들어 공격자가 어떤 데이터도 수정하지 않는다면, 공격자 인식 분류기는 원본 분류기가 올바르게 분류하는 어떤 인스턴스를 잘못 분류할 것이다.

적대적 환경에서 심층 신경망 학습기를 위한 방어법이 개발됐다. 적대적 예제를 만들어내기 위해 빠른 경사 부호 방법fast gradient sign method을 기초로, 굿펠로우 등은 DNN 모델을 훈련하기 위한 대안적인 적대적 목표 함수alternative adversarial objective function를 개발했다[93]. 이 공식에 정칙화기regularizer가 원본 목표 함수에 추가된다. 이 정칙화기는 각 훈련 인스턴스에 적용되는 적대적 섭동을 갖는 목표 함수다. 즉, 최적화에 대한 반대 방향의 경사 단계다. 이 정칙화기는 목표를 최소최대 문제

---

16 매개변수 각각에 대해 특정 값을 취할 확률을 가지는 함수라는 의미를 가진 '우도(尤度)'라는 한자의 수학 용어 대신 의미를 쉽게 전달할 수 있는 대체 수학 용어인 '가능도'를 사용했다. - 옮긴이

minimax problem로 변환해 일반적으로 훈련 데이터 근처에서 더 평평한 경사를 찾는다. 굿펠로우 등은 심층 학습기 공격의 적용을 한 쌍의 DNN을 훈련하는 적대적 생성 신경망^{GAN} 프레임워크로 제안했다[94]. 한 쌍의 DNN 모델은 훈련 데이터의 분포를 갖는 (적대적) 생성 모델과 훈련 데이터에서 뽑은 표본과 생성 신경망^{generative} ^{network}에서 나온 표본을 구별하는 판별 모델$^{discriminative\ model}$이다. 이 두 개의 모델은 최소최대(제로섬$^{zero\text{-}sum}$) 게임을 통해 함께 훈련된다. 이 접근 방식의 강력한 실험 결과는 여러 영역에 걸쳐 상당한 관심을 끌었다.

3.4.4.2 탐측 공격에 대한 방어

3.4.1절에서 설명한 게임에서, 공격자는 훈련 데이터 $\mathbb{D}^{(train)}$ 혹은 분류기 f에서 얻은 지식을 바탕으로 평가 데이터 $\mathbb{D}^{(eval)}$를 선택하기 위한 평가분포 $P_z^{(eval)}$를 선택한다. 그러나 절차 $A^{(eval)}$는 고정분포 $P_z^{(eval)}$를 선택할 필요가 없다. 사실 공격자는 $P_z^{(eval)}$를 따라 생성된 각 데이터 포인트에 대한 분류기의 관찰된 행동을 바탕으로 분포를 점진적으로 변경할 수 있다. 이를 탐측 또는 질의-기반 적응 공격$^{query\text{-}based}$ $^{adaptive\ attack}$이라고 한다. 분류기에 질의할 수 있는 $A^{(eval)}$의 능력은 공격자에게 강력한 추가 공격 옵션을 제공하며, 이에 관한 많은 연구가 진행됐다.

역공학 분석

로우드와 믹은 공격자가 분류기를 명시적으로 모델링할 필요는 없지만 달비 연구진의 환경[59]에서와 같이 최저 공격자 비용의 인스턴스$^{lowest\text{-}attacker\text{-}cost\ instance}$만 찾을 수 있음을 발견했다[157].

이들은 역공학 개념을 사용해 적대적 분류기 역공학$^{ACRE,\ Adversarial\ Classifier\ Reverse\text{-}}$ ^{Engineering} 문제를 만들었다. 이들은 공격자의 비용함수에 따라 분류기가 음으로 레이블링하는 최저 공격자의 비용 인스턴스를 찾는 복잡도를 분석했다. 또한 공격자는 특성공간을 알고 있으며 하나의 양의 예제와 하나의 음의 예제도 갖고 있어야 하지만, 훈련 데이터에 대한 일반적인 지식이 없다고 가정한다. 최저 공격자 비용의 음의 인스턴스를 찾을 수 있는 다항식 질의 알고리즘$^{polynomial\text{-}query\ algorithm}$이 존재한다면 분류기는 'ACRE 학습 가능하다[ACRE-learnable]'고 한다. 이들은 선형 분류기가 선형 공격자 비용함수[linear attacker cost function]와 기타 사소한 기술적 제한으로 ACRE 학습 가능하다는 것을 보였다.

ACRE 학습 문제[ACRE-learning problem]는 특정 특성공간을 사용해 특정 가설 클래스에서 분류기를 역공학하기 위해 질의를 사용하는 것이 얼마나 어려운지 정량화하는 방법을 제공한다. 이제 학습기에 대한 역공학의 어려움을 증가시킬 수 있는 방어 기술을 제안한다.

확률화

확률화 가설[randomized hypothesis]은 공격자의 피드백 값을 낮출 수 있다. 이제 가설 $f : \mathcal{X} \rightarrow \{0, 1\}$을 선택하는 대신 구간 $[0, 1]$에서의 실제 값을 예측하는 가설로 일반화한다. 이 일반화 가설은 $x \in \mathcal{X}$를 1로 분류할 확률을 반환하는 확률화 분류기[randomized classifier]이다. 확률화해 가설의 기대 성능이 비적대적 분포[nonadversarial distribution]에서 뽑은 정규 데이터에 대해 낮아질 수 있지만, 공격자에 대한 질의 값도 감소시킬 수 있다. 이러한 방식으로 확률화하면 공격자가 원칙적으로 사용할 수 있는 정보를 줄일 수는 없지만, 공격자는 더 많은 작업을 해야 한다. 이 방어는 몇 개 안되는 시나리오에만 적절할 것이다.

제한/오도 피드백

또 다른 잠재적인 방어는 공격자에게 주어진 피드백을 제한하는 것이다. 예를 들어 스팸 영역의 일반적인 기술에는 반송 이메일[bounce email]과 배달 통지[delivery notice], 원격 이미지 로딩[remote image loading]을 제거하고 잠재적 피드백 채널에 다른 제한을 부과하는 것이 포함된다. 대부분 환경에서 모든 피드백 채널을 제거하는 것이 불가능하지만 피드백을 제한하면 공격자의 작업이 늘어난다. 더욱이 일부 환경에서는 조작한 피드백을 보내 공격자를 오도할 수도 있다. 피드백을 조작해 공격자를 적극적으로 오도하는 것은 공격자와 방어자 간의 흥미로운 정보 전쟁을 의미한다. 일부 시나리오에서 방어자는 피드백을 통해 공격자에게 어떠한 정보도 제공하지 않으며, 다른 시나리오에서 방어자는 공격자가 잘못된 결론을 내리게 하는 피드백을 반환할 수도 있다. 물론 잘못된 정보는 정상 데이터를 평가할 때 분류기의 유용성 usefulness을 떨어뜨릴 수 있다.

3.5 인과적 공격

분류법의 영향력 축에 따른 두 번째 광범위한 공격의 범주는 그림 3.2처럼 훈련 데이터에 영향을 미치는 (그뿐만 아니라 잠재적으로 이후의 평가 데이터를 수정할 수 있는) 인과적 공격이다. 다시 말하지만 공격자의 변환 $A^{(eval)}$은 P_Z에서 뽑은 인스턴스를 변경하는 절차를 정의하거나 P_Z를 공격자가 선택한 대안 분포alternative distribution $P_Z^{(eval)}$로 변경해 평가 데이터를 변경한다(3.4절 참조). 그러나 평가 데이터를 변경하는 것 외에도 인과적 공격은 공격자가 P_Z에서 뽑은 인스턴스를 변환하거나 훈련 중에 P_Z를 대안 분포 $P_Z^{(eval)}$로 변경하는 두 번째 변환 $A^{(train)}$로 훈련 데이터를 변경할 수 있도록 한다. 물론 공격자는 원하는 목표를 가장 잘 달성하기 위해 $A^{(train)}$와 $A^{(eval)}$를 동기화할 수 있지만, 일부 인과적 공격에서는 공격자가 훈련 데이터만 제어할 수 있다. 예를 들면 5장에서 설명할 공격자는 평가 중에 전송된 비스팸 메시지를 제어할 수 없다. 또한 여기서 설명한 게임은 배치 학습batch learning에 해당하므로 분포 $P_Z^{(eval)}$가 비정상일 수 있지만, 적응 절차adaptive procedure $A^{(train)}$는 필요하지 않다는 점에 주의한다.

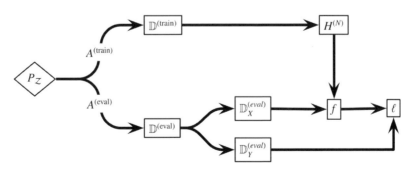

그림 3.2 학습 시스템에 대한 인과적 공격 도표(그림 2.1 참고)

3.5.1 인과적 게임

인과적 공격에 대한 게임은 공격자를 위한 증강 조치^{augmented move}가 된 탐색적 공격과 유사하다.

1. **방어자** 가설을 선택하기 위해 절차 $H^{(N)}$를 선택한다.
2. **공격자** 분포를 선택하기 위해 절차 $A^{(train)}$와 $A^{(eval)}$를 선택한다.
3. 평가:
   - $P_z^{(train)} \leftarrow A^{(train)}(P_z, H)$를 계산한다.
   - $P_z^{(train)}$에서 데이터 집합 $\mathbb{D}^{(train)}$을 표본 추출한다.
   - $f \leftarrow H^{(N)}(\mathbb{D}^{(train)})$를 계산한다.
   - $P_z^{(eval)} \leftarrow A^{(eval)}(\mathbb{D}^{(train)}, f)$를 계산한다.
   - $P_z^{(eval)}$에서 데이터 집합 $\mathbb{D}^{(eval)}$를 표본 추출한다.
   - 총비용 $\sum_{(x,y) \in \mathbb{D}^{(eval)}} \ell_x(f(x), y)$을 평가한다.

이 게임은 탐색적 게임과 매우 유사하지만, 공격자는 훈련 데이터 $\mathbb{D}^{(train)}$에 영향을 주기 위해 $A^{(train)}$를 선택할 수 있다. 공격자는 일부 인스턴스의 임의 제어^{arbitrary control}부터 데이터 생성의 일부 측면에 대한 작은 편향 영향^{biasing influence}에 이르기까지 데이터에 대해 다양한 유형의 영향력을 미칠 수 있다. 세부 사항은 환경에 따라 달라진다. 다시 말하자면 손실함수 $\ell_x(\cdot, \cdot)$는 인스턴스-종속 비용^{instance-dependent cost}을 허용한다.

훈련에 사용하는 데이터 통제는 공격자에게 새로운 전략 기회를 제공한다. 비용은 f와 $\mathbb{D}^{(eval)}$의 상호작용을 따른다. 탐색적 게임에서 방어자가 f를 제어하는 동안 공격자는 $\mathbb{D}^{(eval)}$를 선택하고, 인과적 게임에서는 공격자가 f에 영향을 미친다. 이러한 영향력으로 공격자는 학습기가 잘못된 분류기를 생성하도록 사전에 유도할 수 있다.

PAC 학습에서의 오염

케아른스^{Kearns}와 리^{Li}는 밸리언트^{Valiant}의 대략 근사적으로 정확한$^{PAC, Probably Appro-ximately Correct}$ 학습 프레임워크[245]를 확장해 훈련 데이터에서 악의적으로 선택한 오류에 대한 경계를 증명했다[126]. PAC 학습에서 알고리즘은 확률이 낮아도 $1 - \delta$인 경우 같은 분포에서 뽑은 예제에 대해 잘못된 예측을 할 가장 높은 확률 ϵ을 갖는 가설을 배울 수 있다면 성공한다. 케아른스와 리는 공격자가 훈련 예제의 일부 β를 임의로 제어하는 경우를 조사했다(이것은 인과적 게임에서 $A^{(train)}$가 훈련 예제를 취하는 형태이다). 이들은 일반적으로 $\beta \geq \epsilon/(1+\epsilon)$인 경우 공격자는 학습기가 성공하지 못하도록 할 수 있으며 일부 클래스의 학습기에 대해 이 경계가 엄격하다^{tight}는 것을 보였다.

이 연구는 특정 적대적 설정에서 PAC 학습에 성공할 수 있는 능력에 중요한 제한을 두었다. 분석은 무결성과 가용성 공격뿐만 아니라 표적과 무차별 공격의 변형에 대해서도 광범위하게 고려했다. 그러나 모든 학습 시스템이 PAC 학습 모델에 속하는 것은 아니다.

3.5.2 인과적 무결성 공격

이러한 공격에서 공격자는 학습 메커니즘을 적극적으로 훼손해 다른 방법으로는 허용되지 않는 악성 활동을 하려고 시도한다. 인과적 무결성 공격에서 공격자는 훈련을 제어해 분류기가 침입을 미탐지로 분류하게 만든다.

예제 3.3(침입 예측)

공격자는 방어자의 IDS가 새로운 바이러스에 플래그를 붙이는 것을 원치 않는다. 방어자는 네트워크 트래픽으로 주기적인 훈련을 하므로 공격자는 비침입 트래픽$^{non-intrusiontraffic}$을 바이러스처럼 보이도록 신중하게 선택해 전송하고, 학습기가 잘못 훈련해 이 트래픽을 차단하지 못하게 만든다. 이 예제는 공격자가 전송할 수 있는 특정 바이러스 실행 파일을 갖고 있고, 학습기가 이 특정 인스턴스를 놓치게 해야 하는 경우이므로 표적 공격이 된다. 반면 공격자가 특정 페이로드payload[17]를 갖고 있지만, 페이로드를 전송하기 위해 많은 기존 취약점 공격 메커니즘을 사용할 수 있다면 공격은 악성 실행 파일 중 하나에 대해 학습기를 속이면 되므로 이 경우는 무차별 공격이 된다.

연막 술책 공격

뉴섬Newsome 등은 결합 학습기conjunction learner와 나이브 베이즈와 같은 학습기를 모두 사용해 바이러스의 시그니처를 학습하는 다형성 바이러스 탐지기인 다원기록기 Polygraph[190]에 대한 인과적 무결성과 인과적 가용성 공격을 제안했다[191]. 결합 학습기에 대한 이들의 연막 술책 공격은 일반적으로 다른 학습 알고리즘에 존재하지 않는 특정 약점을 악용한다. 공격은 페이로드와 함께 가짜 특성을 사용한다. 일단 학습기가 시그니처를 만들고 나면, 다원 기록기가 배운 시그니처와 일치하도록 식별된 모든 특성이 필요한 결합 규칙conjunction rule을 피하고자 가짜 특성은 이후의 악성 인스턴스에서 제거된다. 이 공격은 공격자가 많은 가짜 특성을 사용할 수 있을 뿐만 아니라 점진적으로 제거할 수 있으므로 재훈련할 때도 공격자는 높은 미탐지의 비율을 유지하게 된다. 개념적으로, 이 공격은 P_Z를 $P_Z^{(train)}$와 $P_Z^{(eval)}$로 변환하는 것에 해당한다. 이 변환은 방어자가 훈련에 사용하는 모든 악성 인스턴스에 가짜 특성을 사용한다. 그러나 $P_Z^{(eval)}$가 생성한 악성 인스턴스는 일부 가짜 특성이 없으므로 모든 가짜 특성이 악성 행위의 필수 요소라고 잘못 일반화된 필터를 우회하게 된다. 벤카타라만Venkataraman 등도 연막 술책 공격에 기초한 웜 시그니처 학습의 하계lower bound를 제안했다[248].

해독제

또한 버클리와 인텔 연구소의 동료들과 협력해 라키나 연구진이 소개한 주성분 분

---

17 취약점 공격이 발생한 후, 생성되거나 추가로 다운되는 악성코드나 공격자의 의도에 따라 발생하는 추가적인 행위 또는 피해를 말한다. 안랩 전문가 칼럼(https://bit.ly/2RcCsKD) 참조 – 옮긴이

석 즉, PCA를 기반으로 네트워크 전체 트래픽 이상 탐지기의 취약점을 연구했다 [139]. 그리고 공격자가 PCA의 민감도를 악용해 인과적 무결성 공격[210]을 어떻게 형성할 수 있는지 조사했다. 공격자는 서비스 거부 공격을 위해 체계적으로 트래픽을 주입해 표적 흐름$^{target\ flow}$의 링크를 따라 분산을 증가시키고 이상 탐지 시스템을 오도한다. 또한 크록스^{Croux} 등의 사영추적-기반의 강건한 PCA 알고리즘$^{projection\ pursuit-based\ robust\ PCA\ algorithm}$[57]이 중독의 영향을 어떻게 줄일 수 있는지 연구했다. 6장에서 이 연구를 자세히 소개한다.

최적화 공식

비지오 등은 훈련 집합에 주입할 오염점$^{contamination\ point}$을 결정하기 위해 증분 학습$^{incre-mental\ learning}$ 작업[42]을 활용해 최적화로 SVM에 대한 인과적 공격을 공식으로 만들었다[23]. 최적화는 경사 하강을 통해 근사값을 찾는다. 이후의 논문에서 최적화로서의 공격이 여러 차례 등장했다. 시아오^{Xiao} 등은 훈련 강건성에 대한 특성 선택의 효과를 조사했고[260], 리와 보로베이치크는 탐색적 강건성 평가를 보완해, LASSO의 성능은 훈련 집합에 대해 5%의 제어만으로 임의의 선택으로 감소시킬 수 있음을 악성코드 샘플로 시연했다[146]. 리의 연구진은 경사-하강 기반 접근 방식을 사용하는 협력 필터링$^{collaborative\ filtering}$ 방법에 대한 인과적 공격을 연구했지만, 매끄럽지 못한 핵 노름 목표$^{nonsmooth\ nuclear\ normed\ objective}$에 대해서는 대체 최소화$^{alternating\ minimization}$와 핵 노름 최소화$^{nuclear\ norm\ minimization}$를 사용해 협업 필터링을 연구했다[147]. 메이^{Mei}와 주^{Zhu}는 공격자가 상위 수준에서 훈련 데이터를 오염시키는 동안 방어자는 하위 수준 최적화$^{lower-level\ optimization}$에서 학습하는 2단계 최적화$^{bilevel\ optimization}$로 인과적 공격에 대한 적대적 학습 게임의 초기 조치를 공식으로 만들었다[169]. 또한 학습기 목표의 차이성^{differentiability}과 볼록성^{convexity} 아래에서는 최적화가 KKT 방법을 통해 단일 수준의 최적화로 감소시킬 수 있으며, 훈련 집합을 대상으로 하는 공격을 찾기 위해 (사영된) 경사 하강을 사용할 수 있다. 마지막으로 이들은 머신 교육$^{machine\ teaching}$과 교육 차원$^{teaching\ dimension}$과 연결시켜, 학습기를 미리 정해진 가설로 안내하는 교사가 훈련 데이터를 만들었다[92].

메이와 주는 이러한 아이디어를 적용해 주제(에서 나온)에 대한 단어의 승격(강등)을 보여주는 잠재적 디리클레 할당latent Dirichlet allocation[18]의 보안을 연구했다[168]. 알펠드Alfeld 등은 이러한 공격을 가스 가격의 선물 시장 조작이 있는 시계열분석에 자동회귀 모델autoregressive model을 적용했다[2]. 공격자는 표적 예측target forecast을 소유하고 달성한 예측에 대한 2차 손실quadratic loss 아래에서 중독된 데이터를 최적화한다. 공격자는 공격 최적화를 할 때 과거의 공변량을 교란할 수 있으며, 과거의 보고서past reporting를 조작할 수 있는 '분식 회계cooking the books' 시나리오를 모델링할 수 있다. 공격자의 섭동에 대해 경성hard 및 연성soft 제약을 고려한다. 이들의 예제는 (첫 번째 순간과 공분산이 시간에 따라 정상성을 보이는) 약한 정상성 모델weakly stationary model로 계산하지만, 오염된 데이터를 찾기 위한 이들의 접근 방식은 볼록 최적화convex optimization가 일반적이다. 토가마니Torkamani와 로우드는 집단 분류collective classification를 위한 적대적 학습을 생각했다[240]. 관련 대상이 유사한 레이블(연관성)을 가질 가능성이 더 크면 인스턴스의 레이블이 종속성을 경험할 수 있는 학습 작업이다. 그들은 볼록 2차 프로그램 공식convex quadratic program formulation을 제시했다. 이 실험 결과에 따르면 공격에 대한 강건성을 높이는 기술이 더 나은 비공격 성능non-attacked performance을 향상할 수 있다.

3.5.3 인과적 가용성 공격

이러한 일반적이지 않은 (그럼에도 동기부여가 잘 된) 공격은 학습 시스템을 손상해 해가 없는 데이터를 크게 잘못 분류하도록 정상적인 시스템 작동을 방해하려고 시도한다. 인과적 가용성 공격에서 공격자는 합법적인 트래픽을 차단하는 등 시스템의 작동을 방해하기 위해 훈련 인스턴스를 제어한다.

---

18 자연어 처리에서 잠재 디리클레 할당(LDA)은 주어진 문서에 대해 각 문서에 어떤 주제들이 존재하는지 서술하는 확률적 토픽 모델 기술 중 하나다. 미리 알고 있는 주제별 단어 수의 분포를 바탕으로, 주어진 문서에서 발견된 단어 수 분포를 분석함으로써 해당 문서가 어떤 주제들을 함께 다루고 있을지 예측할 수 있다. 출처: 위키피디아 https://bit.ly/2WthSc1 – 옮긴이

공격자는 침입 탐지 시스템을 사용해 방어자 네트워크의 운영을 방해한다. 공격자는 대상[destination]이 트래픽을 수신하지 못하도록 트래픽 차단을 원한다. 공격자는 방어자가 침입 탐지 시스템을 훈련하기 위해 훈련 데이터를 수집할 때 정상 트래픽과 유사한 공격 트래픽을 만든다. 학습기가 공격 데이터를 재훈련하면 침입 탐지 시스템은 정상 인스턴스가 침입인 것처럼 정상 인스턴스를 필터링하기 시작한다. 이 공격은 특정 프로토콜이나 대상이 표적이 될 수 있다. 반면 이 공격은 무차별적이고 모든 정상 트래픽의 상당 부분을 차단하려고 시도할 수 있다.

알레르기 공격

정과 목[50, 51]은 오토그래프[Autograph]의 웜 시그니처 생성 시스템[worm signature generation system][19][129]에 대한 알레르기[allergy] 공격을 제안했다[50, 51]. 오토그래프는 두 단계로 작동한다. 첫째, 행동 패턴[behavioral pattern] 특히 스캐닝 동작[scanning behavior]을 기반으로 감염된 마디점[infected node]를 확인한다. 둘째, 용의 마디점[suspect node]의 트래픽을 관찰하고 관찰한 패턴에 기반을 둔 차단 규칙을 추론한다. 정과 목은 특정 자원으로 가는 트래픽을 목표로 하는 공격을 설명했다. 첫 번째 단계에서 공격 마디점은 네트워크를 스캐닝해 특정 자원이 감염됐음을 오토그래프에 확신시킨다. 두 번째 단계에서 공격 마디점은 표적 트래픽을 모방한 조작된 패킷을 전송해 오토그래프가 정상적인 접근을 차단하고 서비스 거부 이벤트를 생성하는 규칙을 학습하게 한다.

인과적 게임에서 공격자는 $P_{\mathcal{Z}}^{(train)}$에서 트래픽을 선택해 오토그래프 학습의 두 단계에 제공한다. 오토그래프는 공격자가 신중하게 조작한 트래픽에 의존하는 가설 f를 생성하고, 악성 트래픽과 패턴을 공유하는 $P_{\mathcal{Z}}^{(eval)}$에서 뽑힌 정상 트래픽에 대한

---

19 Autograph 홈페이지 참조 https://bit.ly/2W9HZR6 – 옮긴이

접근을 차단하게 된다.

상관 특이점 공격

뉴섬 등은 폴리그래프 바이러스 탐지기[190]를 대상으로 특이점 공격correlated outlier attack을 제안했다[191]. 이 공격은 탐지기의 나이브 베이즈와 같은 구성 요소를 표적으로 삼아 양의 학습 인스턴스에 가짜 특성을 추가해 필터가 가짜 특성에 따라 정상 트래픽을 차단하게 만든다. 연막 술책 공격과 마찬가지로, 이러한 상관 특이점 공격은 인과적 게임에 잘 들어맞는다. 이제 $P_z^{(train)}$는 악성 인스턴스의 가짜 특성을 포함해 $H^{(N)}$가 많은 정상 인스턴스를 악성으로 분류하는 f를 생성한다.

스팸베이즈 공격

스팸 필터링 영역에서 우리는 스팸베이즈 통계 스팸 분류기를 대상으로 인과적 가용성 공격을 연구했다. 이 공격에서, 우리는 토큰 사전 전체가 포함된 이메일을 전송(무차별 공격)해 공격자가 정상 이메일의 상당 부분을 상대적으로 거의 오염되지 않은 스팸으로 잘못 분류할 수 있음을 증명했다. 마찬가지로 공격자가 특정 표적 메시지를 예상할 수 있는 경우, 공격자는 학습기를 중독시켜 표적을 스팸으로 잘못 분류(표적 공격)할 수도 있다. 또한 이러한 사전 공격에 대응하기 위한 원칙적인 방어, 즉 부정적인 영향에 대한 거부RONI 방어Reject On Negative Impact defense도 조사했다. 5장에서 이 연구를 자세히 설명한다.

맬히어 공격

비지도 학습기의 영역에서 오픈소스 행동 악성코드 클러스터링 도구open-source behavioral malware clustering tool[203]인 맬히어Malheur는 매우 낮은 수준의 무차별 인과적 가용성Indiscriminate Causative Availability 공격[24]에 매우 취약하단 점이 발견됐다. 서비스 거부 공격은 클러스터링에 적합하도록 데이터 중독을 통한 악성코드 클러스터링을 공격한다. 연구진은 기본적으로 악성코드 샘플공간에 사전 공격과 유사한 특성만 추가해 특성의 자리바꿈 문제feature inversion problem를 회피한다.

3.5.4 인과적 공격에 대한 방어

시큐어 학습 관련 논문에서 제시된 방어 대부분은 (앞에서 설명한 바처럼) 탐색적 무결성 공격을 방지하지만, 인과적 공격에 대처하기 위해 제시된 방어는 비교적 많지 않다. 인과적 공격에서 공격자는 평가분포뿐만 아니라 훈련분포를 어느 정도 제어할 수 있다. 따라서 우리가 생각하는 학습 절차는 오염된 훈련 데이터에 대해 복원력이 있어야 하며 3.4.4절에서 설명한 평가 고려 사항을 만족해야 한다.

방어를 위한 두 가지 일반적인 전략은 훈련 집합에서 악성 데이터를 제거하고 악성 훈련 데이터에 대한 학습 알고리즘을 강화하는 것이다. 먼저 전자에 대한 한 가지 방법을 제시하고, 논문에 실린 후자에 대한 두 가지 접근 방법을 설명한다. 이러한 접근 방식의 기초는 주로 게임 이론 기술을 적용해 복원력 있는 학습 알고리즘을 분석하고 설계하는 데 있다.

3.5.4.1 부정적인 영향에 대한 거부 방어

음흉한 인과적 공격은 본질에서 학습을 더 어렵게 만든다. 대부분 데이터 삭제는 허용 가능한 성능을 만족하기 위한 유일한 현실적인 메커니즘일 수 있다. 넬슨의 연구진은 각 훈련 인스턴스를 추가하는 경험적 효과를 측정하고 분류 정확도에 상당히 부정적인 영향을 미치는 인스턴스를 버리는 기술인 부정적인 영향에 대한 거부라고 하는 삭제 기술을 소개했다[184]. 후보 훈련 인스턴스$^{candidate\ training\ instance}$의 악성 여부를 결정하기 위해 방어자는 기본 훈련 집합으로 분류기를 훈련한 다음, 후보 인스턴스를 훈련 집합에 추가해 두 번째 분류기를 훈련한다. 방어자는 두 분류기를 레이블이 알려진 문제 집합$^{quiz\ set}$의 인스턴스에 적용하고 두 분류기의 정확성 차이를 측정한다. 훈련 집합에 후보 인스턴스를 추가해 결과 분류기$^{resulting\ classifier}$가 상당히 더 많은 분류 오류$^{classification\ errors}$를 발생하면, 방어자는 인스턴스가 그 효과에 해로운 것으로 여겨 영구적으로 삭제한다. 나중에 5.5.5절에서 부정적인 영향에 대한 거부 방어를 실험적으로 개선하기 위해 살펴본다.

3.5.4.2 오염된 데이터를 이용한 학습

몇 가지 연구 가운데 적대적 오염 데이터를 이용한 학습에 관한 몇 가지 접근 방법이 있다. 학습기의 성능에 대한 적대적 오염의 영향은 기존 몇몇 학습 프레임워크에 통합돼 있다. 앞에서 설명한 것처럼 케아른스와 리는 PAC 학습 모델을 확장해 훈련 데이터 내에서 적대적 소음adversarial noise을 허용하고 학습기가 견딜 수 있는 오염의 양을 제한했다[126]. 이와 별도로, 강건한 통계학 분야[114, 102, 164]는 연구자들이 통계 절차의 강건성을 설계하고 비교하는 기준을 도출해 최악의 오염 모델worst-case contamination model을 적대적 오염으로 표현했다. 이 연구는 이러한 강건성 기준을 전통적인 학습 영역[49, 249]으로 통합했지만, 머신러닝에서 널리 통합되지 않았으며 보안에도 적용되지 않았다. 다음 절에서 이 분야를 더 자세히 설명한다.

시큐어 커널 방법secure kernel method을 도출하기 위해 루수Russu의 연구진은 원래 SVM 문제의 이중 노름dual norm에 의해 경계가 정해지는 적대적 섭동 아래에서 비정칙화 힌지-손실 최소화unregularized hinge-loss minimization를 통해 SVM 학습의 동등성에 대한 슈Xu 등의 연구 결과[261]를 활용했다[214]. 비선형 SVM의 상계 변화는 데이터의 변화와 변화가 측정되는 노름의 관점에서 예측된 값이다. 희박 회피 공격sparse evasion attack의 경우, 연구진은 라플라스 커널Laplace kernel이 방어에 더 적합하다고 주장하지만, 조밀 공격dense attack의 경우 방어자는 방사기저함수RBF, Radial Basis Function 커널을 사용해야 한다고 주장했다. 또한 연구진은 강건성과 정칙화 매개변수 간의 연결을 활용해 정칙화기와 커널 그리고 (잠재적으로 클래스 또는 예제 종속인) 정칙화 매개변수를 선택해야 한다고 주장했다. 앞에서 토르카마니와 로우드는 구조적 SVMstructural SVM의 경우 섭동에 강건한 최적화와 비강건 학습기nonrobust learner의 적절한 정칙화 간의 연결을 활용해 구조화된 예측 모델structured prediction model과 관련된 질문을 연구했다[241]. 그러나 여기서 구조화된 출력의 공간은 기하급수적으로 크다.

알펠드Alfeld와 주Zhu, 바포드Barford는 자기회귀모델을 대상으로 한 인과적 공격의 초기 연구를 지속해서, 방어자의 행동 집합action set이 공격자가 중독 공격을 선택하는 타원을 정의하는 선형사영linear projection을 포함한 2단계 최적화에 기반을 둔 방어 전략을 생각했다[3]. 이들은 제로섬 게임에서 합리적인 공격자를 가정해 방어를 최대최소로 축소하는 2단계 최적화로 표현했다. 좀 더 일반적으로 프레임워크는 이산 행동 집합에서 작동한다. 이 프레임워크에서 이들은 선물 시장 데이터 집합에 대한 실험에서 방어자의 손실을 크게 줄이는 최적의 방어를 계산했다.

적대적 학습의 또 다른 모델은 온라인 전문가 학습 설정online expert learning setting [43]을 기반으로 한다. 학습기가 정상성을 잘 유지하는 확률적 데이터의 적대적 오염에 대해 강건하도록 설계하기보다는, 완전히 적대적인 조건에 적응하는 학습기를 통합하기 위해 후회 최소화regret minimization에 초점을 맞춘다. 후회 최소화 기술의 목적은 과거의 성능을 바탕으로 많은 전문가의 결정을 동적으로 통합해 복합 학습기composite learner가 사후 판단을 통해 최고의 단일 전문가처럼 잘할 수 있도록 만드는 것이다. 3.6절에서 이 기술을 설명한다.

3.5.4.3 강건성

강건한 통계 분야는 비정상(적대적) 훈련 데이터의 극히 일부에 대한 영향을 제한하는 절차를 연구한다. 강건한 통계의 설정에서, 데이터 대부분은 잘 동작하는 것으로 알려진 확률적 모델에서 생성된다고 가정하지만, 데이터 일부는 알려지지 않은 적대적 모델unknown adversarial model에서 나온다. 즉, 여기서 목표는 이 적대적 데이터의 효과를 통계적 추정치로 한정하는 것이다. 절차의 강건성에 관해 여러 가지 측도가 있다. 고장 지점breakdown point은 공격자가 절차를 임의로 조작하는 데 필요한 오염 수준이며, 영향함수influence function는 절차에 대한 오염의 영향을 측정한다. 강건성 측정은 기존 시스템의 민감성을 평가하고 취약점을 줄이거나 제거하는 대안을 제안하는 데 사용할 수 있다. 이상적으로는 높은 고장 지점과 제한된 영향함수 bounded influence function를 사용하는 것이다. 이러한 측정은 후보 절차를 비교하고 훈련 데이터의 적대적인 오염에 대해 최적으로 강건한 절차 $H^{(N)}$를 설계하는 데 사용할 수 있다. 우리는 여기서 이러한 개념을 요약하지만, 이 주제를 완전히 다루기 위해서는 후버Huber[114], 함펠Hampel 등[102] 그리고 마론나Maronna 등[164]의 저서를 참고해야 한다.

적대적 학습을 위한 강건한 통계의 애플리케이션에 동기를 부여하기 위해 2.2절에서 제시했던 전통적인 학습 프레임워크를 생각해보자. 특히 2.2.4절에서 경험적 위험을 최소화하는 가설 선정을 설명했다. 불행하게도 적대적 환경에서는 이러한 경험적 위험 최소화로 이어지는 정상성과 같은 학습 모델이 만든 가정이 위반될 수 있다. 이상적으로 사람은 모델링 가정으로부터의 사소한 편차가 이러한 가정에서 도출된 최적 절차에 큰 영향을 미치지 않기를 바란다. 안타깝지만 항상 그렇지는 않다. 튜키Tukey가 언급했던 것[243]처럼 가정에 따른 편차가 작은 경우에도 많은 실제 학습 절차에 큰 영향을 줄 수 있다.

> 이상적인 모델로부터의 편차를 무시하는 무언의 희망은 편차가 중요하지 않다는 것이다. 엄격한 모델에서 최적이었던 통계적 절차는 여전히 근사 모델에서도 근사적으로 최적일 것이다. 이 희망은 종종 크게 잘못됐다는 것으로 밝혀졌다. 심지어 가벼운 편차조차도 통계학자 대부분이 예상한 것보다 훨씬 더 큰 영향을 미친다.

이러한 결함은 적은 양의 오염으로 제한하더라도 공격자가 학습 알고리즘을 잘못 훈련하기 위해 악용할 수 있다. 이러한 취약점을 피하기 위해서는 모델의 가정에 어떤 형태로든 강건성을 포함하도록 최적성의 개념을 강화해야 한다. 후버가 정의한 바[114]와 같이 "강건성은 가정으로부터의 작은 편차에 대한 둔감성insensitivity을 의미한다." 그러나 절차의 효율성과 절차의 강건성 사이에는 근본적인 절충점이 있다. 이 문제는 강건한 통계 분야에서 다루고 있다.

통계적 추정량statistical estimator H의 분포 강건성distributional robustness을 평가하기 위해 사용된 모델은 총오차 모델gross-error model로 알려져 있는데, 이는 알려진 분포 F_Z와 오염의 일부 G_Z가 매개변수화된 일부 알려지지 않은 분포 ϵ의 혼합으로 정의한다.

$$\mathcal{P}_\epsilon(F_Z) \triangleq \{ (1-\epsilon)F_Z + \epsilon G_Z \mid G_Z \in \mathcal{P}_Z \}$$

여기서 $\mathcal{P}_Z$는 Z에 대한 모든 확률분포의 집합이다. 오염 근방contamination neighborhood 이라는 이 개념은 총오차 모델 내에서 최악의 분포worst-case distribution를 고려해 강건성에 대한 최대최소 접근 방식을 제공한다. 역사적으로 최대최소 접근 방식은 후버 추정량Huber estimators으로 알려진 추정량의 강건성 클래스를 산출했다. 또한 후버 추정량은 직관적으로, 추정량의 최대최소 점근적 편향minimax asymptotic bias이 무한이 되는 오염의 최소 수준인 고장 지점 $\epsilon^\star$의 개념을 도입했다.

대안적인 접근 방식은 무한소 오염infinitesimal contamination으로 인한 추정량 H의 (비례의) 변화를 고려하는 것이다. 다시 말해, 총오차 모델을 고려하고 단일점 z에 국한된 극소 오염 방향으로의 도함수를 정의한다. 오염으로 인한 추정량에서 비례의 변화scaled change를 분석해 점 z의 오염이 추정량에 미치는 영향을 평가할 수 있다. 이는 영향함수influence function로 알려진 함수를 만들어내며, 이 함수는 다음과 같이 정의된다.

$$\mathrm{IF}\,(z; H, F_{\mathcal{Z}}) \triangleq \lim_{\epsilon \to 0} \frac{H\left((1-\epsilon)F_{\mathcal{Z}} + \epsilon \Delta_z\right) - H\left(F_{\mathcal{Z}}\right)}{\epsilon}$$

여기서 Δ_z는 점 z에서 모든 확률 질량probability mass을 갖는 분포다. 이 함수는 다양한 추정량에 대해 유도됐으며 강건성에 대한 몇 가지 (최소) 개념을 만들어낸다. 이러한 측도 중 가장 두드러진 것이 다음 수식으로 정의되는 총오류 민감도gross-error sensitivity다.

$$\gamma^*\,(H, F_{\mathcal{Z}}) \triangleq \sup_z |\mathrm{IF}\,(z; H, F_{\mathcal{Z}})|$$

직관적으로 유한 총오차 민감도는 무한소 점 오염infinitesimal point contamination에 대한 강건성 개념을 제공한다.

연구는 보안과 학습 작업에서 강건한 절차의 중요성을 강조해왔다. 와그너Wagner는 평균 계산과 같은 일반적인 센서망 집계 절차sensor net aggregation procedure가 적대적 점 오염adversarial point contamination에 강건하지 않다는 것을 발견했으며, 강력한 대안으로 악성 센서나 고장 난 센서에 대한 방어를 확인했다[249]. 크리스트만Christmann과 스테인와트Steinwart는 일반적인 학습 방법 패밀리의 강건성을 연구했다[49]. 연구 결과는 적절한 정칙화와 함께 공통으로 사용되는 특정 손실함수가 제한된 영향함수를 갖는 강건한 절차로 이어진다는 것을 보여준다. 이 결과는 이러한 절차가 시큐어 학습을 위해 바람직한 속성을 갖고 있음을 보여준다. 나중에 9.1절에서 다시 설명한다.

3.6 반복 학습 게임

3.4.1절과 3.5.1절에서 살펴봤던 학습 게임은 각 조치를 한 번만 취할 때 방어자와 공격자가 비용을 최소화하는 1회성 게임이다. 우리는 이 게임을 반복 게임으로 일반화한다. 참가자는 K번 반복되는 인과적 게임에서 총 누적 비용을 최소화하는 것을 궁극적인 목표로 한다. 참가자가 게임에서 이전 반복의 모든 정보에 접근할 수 있고, 공격자는 훈련 데이터를 임의로 제어할 수 있다고 가정한다. 각각의 반복에서 방어자는 예측하고, 그 후 진정한 레이블을 학습하고 약간의 손실을 본다.

확률적 또는 PAC 설정에서 위험의 아날로그인 방어자의 절대 누적 게임 비용을 평가하는 것은 데이터의 강력한 적대적 특성으로 인해 불가능하다. 대신 학습기의 총 누적 비용을 M명의 전문가, 즉 서로 다른 보안 속성을 제공하도록 설계된 분류기 집합 중의 한 분류기로 (사후 판단을 통해) 달성할 수 있는 최소 비용과 비교하는 것이 일반적이다. 이 상대적 (추가적) 성능 측도는 학습기가 사후 판단에서 최고 전문가의 조언을 듣지 않은 것에 관해 느끼는 후회regret를 나타내므로 후회로 알려져 있다. 전문가의 최소 총비용에 대한 학습기의 총비용의 유사 곱셈 비율analogous multiplicative ratio이 관련 경쟁 비율related competitive ratio이다.

가장 일반적으로 온라인 학습기는 전문가의 조언에 따라 복합 예측composite prediction을 한다. 이처럼 전문가는 복합 예측을 산출하기 위해 전문가의 조언에 가중값을 두어 방어자에게 조언하는 것으로 볼 수 있다. 예를 들어 집계 예측aggregate prediction은 전문가 예측의 가중 과반수weighted majority가 될 수 있다[152]. 또한 각 반복이 끝날 때 방어자는 새롭게 밝혀진 참 레이블을 사용해 전문가의 예측 성능을 기반으로 각 전문가를 재평가한다. 전문가가 조언을 어떻게 만드는지 그리고 그 성과에 대해서는 가정하지 않는다. 사실, 전문가의 조언은 적대적일 수 있으며 손실을 볼 수도 있다.

심각하지 않은 후회로 판명될 만한 알고리즘을 개발함으로써, 복합 예측기 composite predictor는 어떤 것이 가장 좋은 선험[20]일지 알지 못한 채 최고 전문가와 비교할 수 있도록 수행된다. 후회를 최소화하는 전략을 설계함으로써, 온라인 학습은 보안 문제를 여러 방식으로 해결하기 위해 고안된 여러 예측기를 임의의 적대적 데이터에 직면하게 하면서 구성 요소의 성능과 관련된 단일 예측변수와 결합하는 우아한 메커니즘을 제공한다. 결과적으로, 공격자는 단일 예측기가 아닌 예측기 집합에서 균일하게 성공하는 공격을 설계해야 한다. 복합 학습기 composite learner는 어떤 전문가를 따라야 하는지 미리 알지 못해도 거의 최상의 결과를 얻을 수 있기 때문이다.

이제 온라인 학습 설정에 대해 더 깊이 살펴보겠지만, 전체 설명과 몇 가지 후회 최소화 알고리즘은 세사 비캉키 Cesa-Bianchi와 루고시 Lugosi를 참조한다[43]. 앞에서 설명한 바처럼 학습기는 M명의 전문가로부터 예측을 만들고 K번 반복하는 동안 성능을 기반으로 예측기 $h^{(k)}$를 적응시킨다. 게임의 각 단계 k에서, 방어자는 m번째 전문가[21]로부터 예측 $\hat{y}^{(k,m)}$를 받아 $h^{(k)}$를 통해 복합 예측 $\hat{y}^{(k)} = h^{(k)}(\hat{y}^{(k,1)}, \hat{y}^{(k,2)}, \dots, \hat{y}^{(k,M)})$을 한다. 방어자가 예측한 후, 참 레이블 $y^{(k)}$이 밝혀지고, 방어자는 각 전문가의 순간 후회 instantaneous regret, 즉 복합 예측에 대한 손실의 차이와 m번째 전문가 예측에 대한 손실을 평가한다. 좀 더 형식적으로 전문가 기반 예측 게임의 k번째 라운드는 다음과 같다.[22]

1. **방어자** 함수 $h^{(k)} : \mathcal{Y}^M \to \mathcal{Y}$를 업데이트한다.
2. **공격자** 분포 $P_{\mathcal{Z}}^{(k)}$를 선택한다.

---

20 경험에 앞서서 인식의 주관적 형식이 인간에게 있다고 주장하는 또는 그런 것. 대상에 관계되지 않고 대상에 대한 인식이 선천적으로 가능함을 밝히려는 인식론적 태도를 말한다. 출처: 네이버 국어사전 – 옮긴이

21 전문가의 조언은 데이터를 기반으로 할 수 있지만, 방어자는 전문가가 어떻게 조언을 만드는지 어떠한 가정도 하지 않는다. – 지은이

22 다시 비용이 방어자와 공격자에게 대칭이면서 손실함수로 표현된다고 가정한다. 또한 2.2.4절처럼 0–1 손실 대신 사용되는 대리 손실함수(surrogate loss function)를 사용하기 위해 게임을 단순화한다. 마지막으로, 이 게임은 각 라운드에서 여러 인스턴스/레이블이 생성되는 경우 쉽게 일반화된다. – 지은이

3. 평가:

- 인스턴스 $(x^{(k)}, y^{(k)}) \sim P_Z^{(k)}$를 표본 추출한다.

- 전문가의 조언 $\{\hat{y}^{(k,M)}\}_{m=1}^M$을 계산한다. 예를 들어 $\hat{y}^{(k,M)} = f^{(m)}(x^{(k)})$를 계산한다.

- $\hat{y}^{(k)} = h^{(k)}(\hat{y}^{(k,1)}, \hat{y}^{(k,2)}, ..., \hat{y}^{(k,M)})$를 예측한다.

- 각 전문가 $m = 1 ... M$에 대해 즉각적인 후회 $r^{(k)} = \ell(\hat{y}^{(k)}, y^{(k)}) - \ell(\hat{y}^{(k,M)}, y^{(k)})$를 계산한다.

이 게임은 3.4.1절과 3.5.1절에서 제시한 게임과 약간 다른 구조를 가진다. 여기서 방어자는 게임을 시작할 때 하나의 전략을 선택한 다음 각 반복에서 해당 전략에 따라 함수 $h^{(k)}$를 업데이트한다. 각 전문가의 과거 성능인 이전 $k-1$번 반복에서 관찰된 후회에 근거해, 방어자는 후회를 최소화하기 위해 게임의 k번째 단계에서 $h^{(k)}$를 업데이트하기 위한 온라인 전략을 선택한다[43]. 그러나 공격자는 각 반복에서 새로운 전략을 선택할 수도 있으며, $h^{(k)}$에 대한 방어자의 선택에 따라 각 전문가의 후속 예측을 제어할 수 있다.

마지막으로 게임이 끝나면 방어자는 최악의 경우 후회worst-case regret R^*로 평가된다. 이는 m번째 전문가에 대한 누적 후회cumulative regret $R^{(m)}$의 관점에서 식 (3.1)과 같이 정의된다.

$$R^{(m)} \triangleq \sum_{k=1}^K r^{(k,m)}$$
$$R^* \triangleq \max_m R^{(m)} \tag{3.1}$$

K에 비해 R^*가 작으면, 방어자의 집계 알고리즘은 어떤 전문가가 가장 좋을지 알지 못한 채 거의 최고의 전문가만큼 잘 수행된 것이다. 또한 식 (3.1)과 순간 후회의 정의에서와 같이 평균 후회는 단순히 $h^{(k)}$의 위험과 $f^{(m)}$의 위험의 차이일 뿐이다. K가 무한대로 갈 때 평균 최악의 후회는 0에 가까워지고 최고의 전문가 위험이 적으면, 예측기 $h^{(k)}$도 위험이 적다. 이는 후회 최소화 절차regret minimization procedure에 관한 연구의 동기가 됐다. 이 연구는 여러 환경에서 후회를 최소화하기 위해 $h^{(k)}$를

선택하는 전략을 모색했다.

　온라인 전문가 기반 예측은 우리가 마치 게임이 시작되기 전에 가장 좋은 예측기 $f^{(\star)}$를 알고 게임의 모든 단계에서 단순히 예측을 사용했던 것처럼 위험 최소화를 ① 각 전문가의 위험을 최소화하기 ② 평균 후회 최소화하기 이 두 가지 하위 문제로 나눈다. 앞서 설명했던 방어는 첫 번째 문제에 가깝다. 후회 최소화 기술은 두 번째 문제를 해결한다. 게임의 특정 변형에 대해, 후회의 계산 복잡도가 $o(K)$인 복합 예측기가 존재한다. 즉, 평균 후회는 K가 증가함에 따라 0에 접근한다. 이로써 방어자는 여러 전략을 동시에 사용할 수 있으며, 공격자는 모든 전략을 잘 공격할 수 있는 공격을 설계할 수 있다.

3.6.1 보안에서의 반복 학습 게임

지금까지 앞에서 설명한 게임 이론 형태의 온라인 학습은 보안에 많이 적용되지 않았다. 자연스럽게 최악의 경우 위험 형태를 관리하는 것을 목표로 했지만, 이러한 기술은 전통적으로 보편적 포트폴리오 관리universal portfolio management[55, 107, 121]와 같은 금융 위험을 완화하는 데만 적용됐다.

　그러나 보안 커뮤니티에서 온라인 학습에 관한 관심이 서서히 증가하고 있다. 버클리와 스탠퍼드 연구진과 공동으로 진행하고 있는 우리 연구는 추상적인 최고정보보안책임자CISO를 위한 반응적 위험 관리 전략reactive risk management strategy을 개발하기 위해 온라인 학습을 적용하는 것이다. 이 게임에서 CISO는 다양한 행동 집합(일반적으로 변edge 또는 하이퍼에지hyperedge)[23][16]을 통해 침입의 한 상태에서 다른 상태(공격 그래프의 마디점)로 전달되는 CISO의 조직을 관통할 수 있는 강력한 공격자를 방어해야 한다. 공격자가 특정 마디점에 도달할 때 방어자는 특정 비용이 발생하지만, 방어자는 제한된 방어 예산을 그래프의 변에 적용할 수 있으므로 적용된 예산에 비례해 공격자에게 비용을 부과할 수 있다. 방어자는 공격자의 마디점 보상node payoff에 대해 전혀 알지 못하고 처음 공격당한 후에야 그래프의 구조를 인식하기 때

---

23 하이퍼그래프(hypergraph) 안에서 2개 이상의 마디점(node)을 연결해주는 변. 출처: https://bit.ly/2WhU1g1 – 옮긴이

문에 겉보기에는 고통스러운 싸움에 직면하게 된다. 그러나 우리는 적응적 최고정보보안책임자adaptive CISO가 있는 상태에서 공격자의 투자 수익률ROI, Return on Invest/이익은 항상 사전 예방적 위험 관리proactive risk management에 해당하는 최적(최소최대) 고정 방어 전략optimal(minimax) fixed defensive strategy이 있는 상태에서 공격자의 투자 수익률/이익에 접근함을 보인다. 또한 많은 현실적인 환경에서 적응적 방어자adaptive defender가 훨씬 더 잘 수행한다는 것도 보여준다. 즉, 추상적인 환경에서 반응적 보안reactive security은 최악의 경우 사전 예방적 보안proactive security의 성능에 접근하거나 기껏해야 사전 예방적 보안의 성능보다 우위를 차지한다. 우리 알고리즘과 분석은 온라인 학습 이론의 기존 결과에 크게 종속돼 있다. 현재 우리의 시큐어 학습 분류 체계에서 학습기가 이진 분류를 엄격하게 수행하지 못하더라도 공격자는 본질에서 방어자를 대상으로 인과적 무결성 공격 달성을 목표로 한다.

블록키Blocki 등도 온라인 학습 이론을 보안 연구에 적용했다[27]. 이들은 감사 메커니즘audit mechanism에 관한 학습의 이론적 토대를 제안했는데, 온라인 학습 이론의 후회 개념을 적용해 적응적 감사 메커니즘adaptive audit mechanism의 바람직한 속성을 정의했다. (수행한 거래 검사transaction inspection의 횟수 및 유형과 외부 기관이 탐지한 위반 누락으로 인한 브랜드 저하 비용으로 구성된) 적응적 감사 메커니즘의 비용은 최적의 고정 전략optimal fixed strategy을 채택하는 가상 감사자의 비용에 근접해야 한다. 이들은 빠른 수렴으로 후회를 증명할 수 있으면서 점근적으로 최소화하는 적응적 감사 메커니즘을 개발했다.

클리마Klíma 등이 연구하고 제안한 아이디어는 저조한 성능의 균일 임의 정책 uniformly random policy으로 시작하기보다는 평형 전략equilibrium strategy의 계산 결과로 온라인 학습에 접근하는 것이다[131].

잠재적으로 이러한 하이브리드 접근 방식은 두 커뮤니티의 이점을 살릴 수 있다. 반복 학습 게임은 후회 최소화 알고리즘이 설계상 강력한 공격자와의 대결에 적합하도록 보안에 민감한 환경에서 유용한 적응적 알고리즘을 제안할 수 있는 잠재력을 분명히 갖고 있다. 기존의 연구는 올바른 방향으로 나아가는 단계로 방어는 진짜 능동적인 공격자와 맞서기 위해 설계됐다. 그러나 이러한 아이디어를 보안의 다른 영역에 적용하기 위해서는 더 많은 연구가 필요하며, 이러한 방법을 덜 이상적인 현실적 환경에서 평가하기 위한 실증적 연구가 필요하다.

3.7 프라이버시 보호 학습

프라이버시 보호 학습의 목적은 개별 데이터 요소에 대한 국소 정보$^{local\ information}$를 공개하지 않고 데이터 집합에 관한 집계 통계량$^{aggregate\ statistics}$이나 머신러닝 결과를 공개하는 것이다. 분류 체계에서 프라이버시 보호 학습은 프라이버시 위반을 목표로 하는 탐색적 또는 인과적 공격에 강건해야 한다. 공개된 통계나 모델 또는 분류기에 접근할 수 있는 공격자는 훈련 데이터에 관한 정보를 공개하기 위해 훈련 데이터를 탐측할 수 있으며(탐색적 프라이버시 공격), 또한 훈련 예$^{training\ example}$의 일부에 영향을 미치는 공격자는 메커니즘을 조작해 알려지지 않은 훈련 예에 대한 정보를 공개하려고 시도할 수 있다(인과적 프라이버시 공격). 이러한 방식으로 프라이버시 목표는 바레노^{Barreno} 등이 처음 제안한 분류 체계[15]에 따른 머신러닝 시스템 보안 목표의 중요한 확장이다.

이 절에서는 프라이버시 공격에 대한 방어 기술의 현황을 개략적으로 설명한다. 공개된 프라이버시 위반의 대부분은 적응적 시스템의 프라이버시 목표를 엄격하게 위반한 것이 아니라 시스템의 무결성 위반에 따른 민감한 데이터의 연결 공격$^{linkage\ attack}$이나 유출이다[179, 237, 12, 111]. 앞에서 설명한 것처럼 우리는 여기서 영향력^{influence}과 특이성^{specificity}을 바탕으로 한 오분류 공격(무결성 또는 가용성)에 대해 앞에서 설명한 것과는 별도로 프라이버시 목표를 다룬다. 이러한 축은 프라이버시 공격을 분류하는 데 똑같이 잘 적용되지만, 방어인 프라이버시 보호를 위한 주요 형식화^{formalization}는 이러한 축의 모든 수준에 걸쳐 매우 강력한 이론적 보증을 제공한다.

다음으로 우리는 차등 프라이버시로 알려진 프라이버시 보호의 주요 측도를 개략적으로 설명하고, 그 정의가 어떻게 탐색적 공격과 인과적 공격에 대해 특정 정량적 보호를 제공하는지 설명하며, 학습기의 통계적 유용성과 학습기가 제공하는 훈련 데이터 프라이버시의 수준에 관한 기존의 연구를 설명한다.

3.7.1 차등 프라이버시

역사적으로 데이터 분석이나 데이터 공개를 통해 보호된 프라이버시 수준을 정량화하기 위한 형식적 측도formal measure는 이해하기 어려웠다. 의미론적semantic 특성, 특히 k-익명성anonymity과 그 변형[237, 160]보다는 통사적syntactic 특성의 명제 때문에 많은 정의가 제안됐고 또 배제됐다. 그러나 드워크Dwork의 차등 프라이버시의 개념[78]은 암호학의 영향을 받은 원천 기술로 프라이버시를 강력하게 보장하는 것으로 나타났다. 이 정의는 프라이버시 개념을 보호하는 통계적 학습 방법을 허용하면서[208, 166, 11, 125, 72, 82, 159, 18, 104, 46, 103, 54, 264, 148, 106, 253] 형식적 정의가 의미가 있으며 적절하게 강하다는 공감대를 형성한 이론 커뮤니티에서 많은 관심을 기울여왔다[72, 28, 78, 75, 11, 29, 80, 79, 167, 125, 82, 77, 18, 104, 228, 103, 74, 17].

이제 현재의 적대적 머신러닝 맥락에서 차등 프라이버시의 보편적인 특징을 설명하기 전에 차등 프라이버시의 정의를 다시 살펴본다. 차등 프라이버시에 관한 연구에서 가장 흔하게 나타나는 용어와 통계 데이터베이스 연구의 원천 기술에 영향을 받은 용어를 사용한다. 2장에서 소개한 기존 표기법과 용어와의 유사성은 명확해질 것이다. 드워크와 로스Roth는 차등 프라이버시에 대한 포괄적인 논의를 제공했다[81].

데이터베이스 $\mathbb{D}$는 일반적으로 이진 또는 실수 벡터이지만 임의의 영역 $\mathcal{X}$에 속할 수 있는 행row의 수열 $\mathbf{x}^{(1)}, \ldots, \mathbf{x}^{(N)}$이다. $\mathbb{D}$에 대한 접근이 주어지면 메커니즘 M은 개별 행individual row의 프라이버시를 유지하면서 $\mathbb{D}$에 대한 집계 정보aggregate information를 공개하는 작업을 수행한다. 특히, 우리는 응답 $M(\mathbb{D}) \in \mathcal{T}_M$을 메커니즘에 따라 공개되는 유일한 정보라고 가정한다. 이 응답은 평균이나 중앙값 또는 분산과 같은 $\mathbb{D}$의 스칼라 통계량scalar statistic, 또는 추정 결합 밀도estimated joint density에 대한 매개변수나 학습된 분류기에 대한 가중값 벡터weight vector와 같은 모델일 수도 있다. 한 쌍의 데이터베이스 $\mathbb{D}^{(1)}$과 $\mathbb{D}^{(2)}$가 한 행에서 서로 다를 때 이웃neighbor이라고 한다. 이러한 정의를 바탕으로 드워크의 프라이버시[78]에 대한 형식적인 측도를 다음처럼 정의할 수 있다.

정의 3.1 임의의 $\epsilon > 0$에 대해, 모든 이웃 데이터베이스 쌍 $\mathbb{D}^{(1)}$과 $\mathbb{D}^{(2)}$ 그리고 모든 측정 가능한 응답의 부분집합 $T \subset \mathcal{T}_M$에 대해, 메커니즘이 다음 조건을 만족하면 임의의 메커니즘 M은 ϵ-차등 프라이버시differential privacy를 만족한다고 한다.[24]

$$\Pr\left(M\left(\mathbb{D}^{(1)}\right) \in T\right) \le \exp(\epsilon)\Pr\left(M\left(\mathbb{D}^{(2)}\right) \in T\right)$$

이 정의를 이해하기 위해서는, 일부 원하는 비개인 결정론적 통계량desired nonprivate deterministic statistic $S(\mathbb{D})$의 응답, 즉 N개의 스칼라 $\mathbf{x}^{(i)}$ 수열 평균 $N^{-1}\sum_{i=1}^{N}\mathbf{x}^{(i)}$에 잡음을 추가해 데이터 프라이버시를 보호하는 차등 개인 메커니즘differentially private mechanism M을 고려해야 한다. 이 정의는 데이터베이스의 행인 하나의 스칼라 $\mathbf{x}^{(i)}$가 변경될 때 M의 잡음 평균 응답noisy mean response의 분포를 비교한다. 이 정의가 프라이버시 수준 $\epsilon \ll 1$을 유지한다면, 데이터베이스 $\mathbb{D}^{(1)}$에서 잡음 평균noisy mean t로 응답하는 M의 가능도likelihood는 섭동된 $\mathbf{x}^{(i)}$가 있는 데이터베이스 $\mathbb{D}^{(2)}$에서 같은 t로 응답하는 M의 가능도에 매우 가까워진다. 즉, 두 개의 이웃 데이터베이스에서 메커니즘의 응답분포는 점마다 가깝다pointwise close.

예제 3.5(개인 SVM 학습)

더 실용적인 예로 이전에 버클리와 인텔의 연구진과 함께 SVM 학습을 위한 차등 개인 메커니즘differentially private mechanism을 연구했다[208]. 이 연구의 설정은 추론하려는 개인 데이터베이스private database다. 그러나 데이터베이스는 이제 특성 벡터와 이진 레이블의 행으로 구성돼 지도 이진 분류supervised binary classification를 위한 훈련 집합이 된다. 원하던 추론은 이제 더 정교한 SVM 학습[56]이다. 선형일 때에는 훈련 집합의 한계margin를 최대화하는 초평면 법선벡터hyperplane normal vector를 찾았으며, 비선형일 때에는 사용자 정의 커널함수user-defined kernel function로 유도한 고차원 특성공간high-dimensional feature space에서 이 한계 최대화margin maximization를 수행했다. 여기서 이 메커니즘은 학습

---

24 이 정의에서의 확률은 고정된 데이터베이스가 아니라 임의의 메커니즘 M에 관한 것이다. – 지은이

된 분류기 자체를 나타내는 가중값 벡터로 응답한다. 응답은 함수의 매개변수화parametrization다. 선형 SVM에 대한 우리의 메커니즘은 단순히 라플라스 잡음Laplace noise을 가중값 벡터에 추가해 차등 프라이버시를 달성할 수 있음을 증명했다. 비선형의 경우, 우리는 먼저 해당 솔루션에 잡음을 추가하기 전에 원하는 커널에 근접한 내적을 가진 임의의 특성공간random feature space에서 선형 SVM을 해결했다. 우리는 이 첫 번째 단계에서 무한차원 특성공간infinite-dimensional feature space에서 학습에 해당하는 방사기저함수RBF, Radial Basis Function와 같은 커널에 대해서도 차등 프라이버시를 달성할 수 있었다. 차등 개인 SVM 학습differentially private SVM learning에 대한 또 다른 접근 방법은 차우드후리Chaudhuri 등이 제안한 방법으로 SVM 학습의 솔루션에 잡음을 추가하는 대신 SVM 학습 자체에 사용되는 최적화를 임의로 섭동한다[46]. 7장에서 프라이버시 보호 SVM 학습을 자세히 설명한다.

정칙화된 로지스틱 회귀분석regularized logistic regression[45]과 여러 협업 필터링 알고리즘collaborative filtering algorithm[166], 점 추정point estimation[228], 최근접 이웃nearest neighbor[28], 히스토그램histogram, 퍼셉트론perceptron, KD 나무와 같은 데이터 구조를 가진 데이터베이스에 대한 범위 질의range query[148, 106, 54], 베이즈 확률추론Bayesian probabilistic inference[69, 266, 1], 함수 공개function release[264, 1]를 포함한 여러 실용적인 알고리즘이 차등 개인 알고리즘으로 개발됐다.

3.7.2 탐색적, 인과적 프라이버시 공격

차등 프라이버시의 중요한 시사점은 차등 프라이버시에 관한 정의가 프라이버시에 대해 매우 강력하고 의미론적 보장을 제공한다는 것이다. M의 임의성에 대한 지식과 $\mathbb{D}$의 처음 $N-1$행에 대한 지식으로도, 공격자는 $M(\mathbb{D})$의 N개 미만의 부분 선형sublinear 표본으로부터 N번째 행에 대한 추가 정보를 학습할 수 없다. 공격자는 그러한 보조 정보와 무한한 계산 자원으로 탐색적 전수조사 공격brute-force Exploratory attack

을 시도할 수도 있다.

1. 각각 가능한 $\hat{\mathbf{x}}^{(N)}$에 대해, 데이터베이스 $\mathbb{D}$의 이웃 $\mathbb{D}' = \mathbf{x}^{(1)}, \ldots, \mathbf{x}^{(N-1)}, \hat{\mathbf{x}}^{(N)}$을 생각한다.
    - 오프라인: 시뮬레이션을 통해 $M(\mathbb{D}')$의 응답 분포 $p_{\mathbb{D}'}$를 계산한다.
2. 반복적으로 메커니즘에 대해 질의해 $M(\mathbb{D})$의 분포를 $\hat{p}_{\mathbb{D}}$로 추정한다.
3. $\hat{p}_{\mathbb{D}}$와 가장 유사한 $p_{\mathbb{D}'}$로 $\mathbf{x}^{(N)} = \hat{\mathbf{x}}^{(N)}$를 확인한다.

그러나 높은 수준의 프라이버시(충분히 작은 ϵ)에 대해 $\hat{p}_{\mathbb{D}}$의 표본 추출 오류sampling error는 대안 $p_{\mathbb{D}'}$의 차이보다 클 것이므로 이 강력한 탐색적 전수조사 공격조차도 높은 확률로 실패할 것이다. 공격자가 첫 $N-1$행을 임의로 조작할 수 있는 비슷한 인과적 공격의 환경에서도 같은 강건성이 유지된다.

3.7.3 임의성을 무시한 유용성

표적 비개인 추정량target nonprivate estimator이 확률적일수록 프라이버시는 더 보호되겠지만 유용성에 관한 비용은 더 커진다. 몇몇 연구자는 프라이버시와 유용성utility 간에 내재한 절충점을 생각해왔다.

차등 개인 SVM 학습에 관한 연구(7장)에서 우리는 공개된 프라이버시 보호 분류기와 비개인 SVM 분류기nonprivate SVM classifier의 점마다 차이점pointwise difference이 생기도록 개인 메커니즘의 유용성을 정의한다. 모든 테스트점에 대해 (D로 훈련한) SVM과 높은 확률로 매우 유사하게 분류하는 (D로 훈련한) 개인 분류기는 원하는 비개인 SVM 분류기에 잘 근사하므로 높은 유용성이 있다고 판단한다. 바락Barak 등은 실제 한계에 가까운 한계를 갖는 분할표contingency table[25]가 공개됐을 때 유용성에 관한 유사 개념을 연구했으며[11], 블럼Blum 등은 분석 클래스가 원래 데이터와 유사한 결과를 산출하는 익명화된 데이터anonymized data를 공개하는 메커니즘을 가질 때 유용성에 관한 유사 개념을 연구했다[29]. 그리고 카시비스와나탄Kasiviswanathan

---

25 두 개 이상의 독립변수를 서로 관련지어 한눈에 보이게 범주형으로 요약한 2차원 표를 의미한다. 2차원 분할표를 2차원 평면에 점 그림으로 나타낸 것이 산포도다. 출처: 정보통신기술용어해설 https://bit.ly/2CBEEmQ – 옮긴이

등과 베이멜 등은 유용성이 민감한 데이터를 학습한 응답 및 표적 개념이 기본 측정에 관해 평균화된 PAC 학습에 해당한다고 생각했다[125, 18]. 차우드후리와 같은 연구자들은 표적 비개인 알고리즘 유용성의 근사가 아니라 차등 프라이버시를 달성하는 절대 오차로 차등 개인 메커니즘의 유용성을 측정했다[45, 46]. 이 모든 연구에서, 선택한 유용성을 염두에 두고 차등 개인 메커니즘을 분석해 해당 메커니즘으로 달성할 수 있는 유용성의 상계를 계산한다.

과거 주된 연구는 차등 프라이버시와 유용성 간의 절충점에 대한 근본적인 한계가 메커니즘이 높은 수준의 프라이버시 보호와 유용성을 동시에 달성할 수 없다고 (하계를) 명시하는 부정적인 결과였다. 차등 개인 SVM 학습에 관한 우리의 연구에서, 우리는 선형 및 RBF SVM 학습을 차등 개인 메커니즘으로 근사하고, 함께 달성할 수 없는 차등 프라이버시 및 유용성의 수준을 정량화하기 위한 하계를 설정했다. 디너르^{Dinur}와 니심^{Nissim}은 비트의 데이터베이스 $\mathbb{D}$에서 부분집합 합 질의$^{subset\ sum\ query}$에 $o(\sqrt{N})$의 잡음을 추가하면, 공격자가 $\mathbb{D}$의 $1 - o(1)$만 재구성할 수 있음을 보였다[72]. 정확도가 너무 높으면 프라이버시가 보장될 수 없다. 하르트^{Hardt}와 탈워^{Talwar} 그리고 베이멜 등은 메커니즘이 데이터의 선형 변환과 개인 PAC 학습 설정에서 응답하는 각 설정에서 유용성과 프라이버시 간의 절충점의 상계와 하계를 결정하는 추가 연구를 수행했다[104, 18]. 드^{De}는 예를 들어 체적 패킹 인수$^{volumetric\ packing\ argument}$를 사용하는 차등 프라이버시에서 하계를 계산하는 일반적인 접근 방법을 요약했다[61]. 또한 이론적 차등 프라이버시 연구에서 위와 같은 하계는 임의의 프라이버시 보존 학습기에 관한 보장된 결과를 달성하는 강력한 프라이버시 공격을 구성한다는 점에 주목할 만하다.

차등 프라이버시와 유용성을 달성하고, 차등 프라이버시와 학습 가능성^{learnability} 간의 연결[18]과 알고리즘의 안정성[208, 254], 강건한 통계[77], 심지어 메커니즘 설계를 이해하는 데 상당한 진전이 있었지만, 이러한 연결을 좀 더 완전하게 이해하고 실용적인 학습 알고리즘을 차등 개인$^{differentially\ private}$으로 만들고, 프라이버시와 유용성 간의 절충점을 이해하기 위한 많은 미해결 문제가 남아 있다.

2부

머신러닝에 관한 인과적 공격

04

초구 학습기를 대상으로 하는 공격

2부에서는 공격자가 훈련 데이터에 영향을 줘 학습기를 능동적으로 잘못 훈련하게 만드는 인과적 공격을 자세히 설명한다. 그 가운데 4장에서는 이론적으로 분석할 수 있는 간단한 적대적 학습 게임을 생각한다. 특히 이상 (또는 특이점) 탐지 학습 작업에서 악성 데이터의 영향을 살펴본다. 이상 탐지기는 주로 바이러스가 가득한 이메일을 보내거나 네트워크 기반 자원을 오용하는 것처럼 새로운 악성 활동을 식별하는 데 사용된다. 이상 탐지기는 종종 학습-기반 탐지 시스템의 구성 요소 역할을 하므로 공격의 표적이 될 수 있다. 우리는 여기서 초구-기반 이상 탐지기hypersphere-based anomaly detector를 대상으로 하는 잠재적 공격을 분석하는데, 학습된 초구learned hypersphere는 정상 데이터의 영역을 정의하는 데 사용되며, 이 초구 경계 밖에 있는 모든 데이터는 비정상적인 것으로 간주한다. 초구 탐지기는 정상점의 부분공간을 갈무리하는 직관적인 개념을 제공하므로 이상 탐지에 사용된다. 이러한 탐지기는 훈련이 간단하며, 초구 탐지기에 대한 학습 알고리즘을 커널화할 수 있다. 즉, 커널 함수를 통해 더 높은 차원의 공간으로 확장할 수 있다[89, 201, 202, 252, 251, 257]. 4장의 목표는 다양한 환경에서 발생할 수 있는 공격 유형과 그 공격에 따른 잠재적인 영향을 이해하기 위한 이론적 근거를 제공하는 것이다. 4장에서 제시하는 결과는 인과적 공격의 위협에 대해 흥미로운 통찰력을 제공한다. 이어지는 5장과 6장에서는 머신러닝 알고리즘을 실제로 적용해 발생하는 인과적 공격에 관한 실용적인 연구를 계속 이어 나간다.

초구 중독$^{hypersphere\ poisoning}$의 주제는 비정상 이메일이나 네트워크 패킷을 확인하기 위해 초구 탐지기를 포함한 이상 탐지기를 사용하는 바이러스 및 침입 탐지 시스템을 설계하는 과정에서 처음 나왔다. 이로 인해 공격의 표적이 된다. 이 일련의 연구는 적대적 오염과 관련해 제안된 학습 알고리즘의 취약점을 조사하는 것이다. 체계적으로 특이점 탐지기를 오해하게 만드는 공격자의 위협에 대해 오염의 영향을 분석하기 위한 이론 모델이 만들어졌다. 넬슨 등은 그림 4.1(a)처럼 고정된 반지름의 평균중심화[1] 초구$^{mean-centered\ hypersphere\ of\ fixed\ radius}$ 안의 정상 데이터에 대해 경계를 만들어 이상 탐지를 위한 간단한 알고리즘을 처음으로 분석했다[182, 186]. 4.3절과 4.4절에서 이 연구 결과를 요약한다. 이 분석은 클로프트와 라스코프에 의해 실질적으로 확장됐으며, 이 연구를 4.5절과 4.6절에서 요약한다[133, 134].

4장 전반에 걸쳐 고려하고 있는 새로운 탐지 학습 알고리즘은 고정된 반지름 R의 평균중심화 초구$^{mean-centered\ hypersphere}$이다. 우리는 이러한 새로운 탐지를 위한 기본 모델을 대상으로 공격자가 학습 알고리즘에 나쁜 영향을 줘 공격자가 목표를 달성하기 위해 사용하는 도구에 적응하는 학습기의 능력을 와해시키는 오염 시나리오를 분석한다. 우리가 생각하는 구체적인 시나리오는 공격자가 악성 표적점 $\mathbf{x}^A$를 정상 인스턴스로 잘못 분류하는 새로운 탐지기를 원한다는 것이다. 그러나 초기 탐지기$^{initial\ detector}$는 $\mathbf{x}^A$를 악성으로 올바르게 분류하므로 공격자가 학습기를 조작해 목표를 달성해야 한다. 처음에 공격자의 표적점 $\mathbf{x}^A$는 초구(또는 초기 중심$^{initial\ center}$으로부터 $R(D_R+1)$까지의 거리)의 경계에서 거리 D_R 반지름에 위치한다. 또한 초기 초구는 N개의 초기 정상 데이터 포인트를 사용해 이미 훈련됐고, 공격자는 T번의 초구 모델 재훈련 반복 과정의 공격 중에 배포할 수 있는 총 M개의 공격점을 갖고 있다고 가정한다. 이 간단한 공격 시나리오를 분석하면 데이터 오염이 학습 에

---

1 평균중심화란 각 변수의 값을 평균을 기준으로 표현하는 것을 의미하는 것으로 각 변수의 값에서 평균값을 뺀 값이다. 변수 간의 높은 상관관계가 발생하는 다중공산성 문제를 푸는 방법으로 사용한다. - 옮긴이

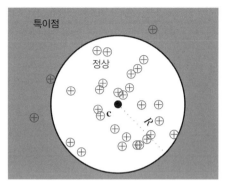

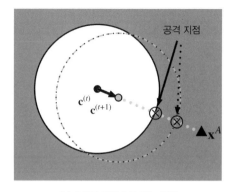

(a) 초구 특이점 탐지   (b) 초구를 대상으로 하는 공격

그림 4.1 초구 특이점 탐지의 개념과 나이브 접근 방식의 취약점에 대한 설명. (a) 중심 c에서 고정된 반지름 R 까지의 경계 초구(bounding hypersphere)를 삼아 이 경계 밖에 있는 특이점을 제외시킴으로써 분포의 경험적 지원(empirical support)을 캡슐화[2]하는 데 사용된다. '정상' 분포에서 뽑은 표본은 초구 외부에 있는 3개의 특이점과 함께 $\oplus$로 표시했다. (b) 탐지기의 "정상" 영역을 공격자의 목표 x^A로 이동시키는 초구 특이점 탐지기를 대상으로 하는 공격. 초구를 충분히 이동시켜 반지름 R인 초구가 x^A를 포함해 x^A를 분류할 때까지는 몇 차례의 공격이 필요하다.

이전트에 미치는 영향을 제대로 이해할 수 있으며, 공격자의 노력(즉, 공격자가 사용하는 공격점의 개수 M)과 공격자의 영향력(즉, 초구의 이동으로 인한 반지름의 개수 D_R) 사이의 관계를 정량화할 수 있다.

4.1 초구 탐지기에 대한 인과적 공격

학습 경계 초구$^{learning\ bounding\ hypersphere}$는 훈련 집합의 경험적 평균$^{empirical\ mean}$을 중심으로 하는 초구를 학습해 얻을 수 있는 또는 (대부분의) 훈련 데이터를 포함하는 이상 탐지를 위한 기본적인 기술이다[227 5장 참조]. 이 새로운 탐지 모델은 경계 초구 내에 있는 모든 데이터를 정상^{normal}('–')으로 분류하고 다른 모든 데이터는 비정상^{abnormal}('+')으로 분류한다. 이 탐지기의 간단한 버전은 그림 4.1(a)처럼 기본적인

---

2 캡슐화(capsule化) 또는 인캡슐레이션(encapsulation)이란 객체 지향 프로그래밍(OOP)에서 객체의 데이터와 기능을 하나로 묶고 외부에 노출되지 않도록 숨김 처리하는 것을 말한다. 캡슐화는 숨김 처리를 통해 높은 응집도와 낮은 결합도를 갖도록 하는데, 숨김 처리란 말 그대로 알 필요가 없는 정보는 외부에서 접근하지 못하도록 제한하는 것이다. – 옮긴이

분포 지원의 한계를 정하기 위해 고정 반지름 R의 평균중심화 초구를 사용한다. 이러한 탐지기는 훈련 데이터 $\{\mathbf{x}^{(\ell)}\}$의 평균을 구해 $\mathbf{c} = \sum_{\ell=1}^{N} \mathbf{x}^{(\ell)}$를 무게 중심으로 추정하도록 훈련하고, 이후 질의 $\mathbf{x}$를 다음과 같이 분류한다.

$$f_{\mathbf{c},R}(\mathbf{x}) = \begin{cases} \text{"+"}, & \|\mathbf{x} - \mathbf{c}\| > R\text{인 경우} \\ \text{"−"}, & \text{그 외의 경우} \end{cases}$$

여기서 $f_{\mathbf{c},R}$는 중심이 $\mathbf{c}$이고 반지름이 R인 초구에 해당하는 분류함수classification function이다. 우리는 고정 반지름이 R이지만 무게 중심이 변하는 일련의 탐지기를 생각하므로 무게 중심이 $\mathbf{c}^{(t)}$인 t번째 탐지기를 f_t로 표기한다.

악성 사용자가 이러한 특이점 탐지 알고리즘을 공격하는 몇몇 상황을 상상할 수 있다. 예를 들어 공격자는 초구 내에 잘못 놓여 있는 악성점을 검색하거나 훈련 데이터를 조작해 초구가 오해하도록 시도할 수 있다. 여기서 앞에서 설명한 단순 평균중심화 초구 특이점 탐지기simple mean-centered hypersphere outlier detector에 대한 표적 인과적 무결성Targeted Causative Integrity 공격을 생각한다. 이 공격은 T번의 재훈련 반복retraining iteration 과정에서 발생한다. 이 공격에서 공격자의 목표는 초구의 중심이 특정 공격점attack point $\mathbf{x}^A$를 정상으로 잘못 분류하도록 최종 중심이 $\mathbf{c}^{(t)}$가 되도록 만드는 것이다. 이것이 표적 무결성Targeted Integrity 공격이다. 우리는 공격 이전에 탐지기는 표적 $\mathbf{x}^A$를 정확하게 분류(즉, $f_0(\mathbf{x}^A) = '+'$)하며, 공격자는 $\mathbf{x}^A$를 수정하는 것이 아니라 오히려 학습기를 잘못 훈련해 T번 재훈련 반복 후에 그 목표를 달성(즉, $f_T(\mathbf{x}^A) = '−'$)하려 한다고 가정한다. 이것이 반복 인과적Repeated Causative 공격이다(3.6절 참조). 이 반복 게임을 분석하기 위해 이제 학습 과정과 공격자에 대한 가정을 만들고, 여러 가지 상황에서 탐지기에 대한 최적의 공격을 분석한다.

4.1.1 학습 가정

4장에서는 반복 보안 게임iterated security game에 초점을 맞춘다. 여기서 설명한 학습 알고리즘은 대부분 정상 데이터를 포함하는 고정 반지름 R인 평균중심화 초구

(4.6.3절에서 설명할 핵공간)로 모델링한 신규 탐지기로 비교적 간단하다. 이 특이점 탐지기는 처음에는 정상이라고 가정하는 데이터의 말뭉치^{corpus}(아마도 초기 훈련 집합은 전문가가 검사한다)로 훈련하는데, (공격을 받지 않은) 초기 중심은 $c^{(0)}$이다. 반지름 R은 일반적으로 오탐지율이 낮으면서 정상적인 훈련 데이터를 제대로 분류할 수 있도록 선택한다. 이러한 제약 조건을 만족하는 반지름의 선택 방법은 쇼위-테일러$^{Shawe-Taylor}$와 크리스티아니니^{Cristianini}가 설명했지만[227 5장 참조], 이 연구를 위해 우리는 반지름을 연역적[3]으로 선택해 공격자의 영향을 받지 않는다고 가정한다.

중요한 것은 새로운 데이터를 사용할 수 있게 되면 탐지기를 주기적으로 재훈련하는 데 사용할 수 있다. 이 새로운 데이터가 레이블이 없으며 적대적 오염에 취약하다고 가정하지만, 이전에 정상으로 분류된 데이터 포인트에 대해서만 재교육함으로써 이 취약점을 제한하기 위해 새로운 데이터를 필터링한다고 가정한다. 특히 새로운 탐지기는 부트스트래핑[4] 재훈련$^{bootstrapping\ retraining}$을 한다고 가정하는데, 이 경우 재훈련을 한 최신 탐지기는 새롭게 수신한 데이터에서 특이점을 제거하기 위해 사용되며 재훈련에 사용하기 전에 데이터를 삭제한다. 이 정책에 따라 정상^{normal}으로 분류된 데이터 포인트는 항상 뒤를 이어 계속되는 재교육에 사용되지만, 특이점^{outlier}으로 분류된 점은 즉시 삭제된다. 끝으로 이 책에서는 처음에 데이터를 치환^{replacement}할 수 없다고 가정한다. 즉, 새로운 점이 훈련 집합에 추가되더라도 이후 모델이 어떻게 변경되는지에 관계없이 점이 삭제되지 않는다. 4.5절에서는 마지막 가정을 완화해 데이터 치환을 위한 다른 정책의 효과를 검토한다. 그런데도 재훈련의 결과에 따라 초구 탐지기는 각 재훈련 반복에서 생성된 중심의 수열 $(c^{(t)})_{t=0}^{T}$로 표현할 수 있다.

---

3 추론 규칙에 따라 결론을 이끌어내는 것을 말한다. – 옮긴이

4 재표집(esampling) 기술의 하나로, N개의 관측값을 가지고 있는 표본집단을 하나의 가상 모집단으로 활용하는 방법이다. 즉 모집단에서 추출한 N개의 표본을 가상의 모집단으로 설정해, 여기서 반복 추출 기술을 활용해 같은 N개의 관측값을 포함하는 표본을 K개 생성하는 것이다. 이와 같은 과정을 매우 많이 반복적으로 시행함으로써, 통계값이 시뮬레이션 분포를 이루게 돼 다양한 추정량을 계산할 수 있다. 이때 부트스트래핑 표본의 크기(K)가 클수록 안정적인 결과를 산출하며, 반복적인 표본 추출 방법을 사용하기에 하나의 부트스트래핑 표본에는 같은 관측값이 포함될 수 있다. 출처: https://bit.ly/2F3DPUQ – 옮긴이

4.1.2 공격 가정

여기서는 공격자의 지식과 능력에 관해서도 구체적으로 가정한다. 4장에서는 일반적으로 공격자가 전능^{omnipotent}하다고 가정한다. 즉, 공격자는 학습기의 특성 표현 feature representation을 알고 있으며 (변종 공격 대부분에서는 상태만 필요로 하지만) 학습 알고리즘의 훈련 데이터와 현재 상태(매개변수), 학습 알고리즘, 재교육 정책도 알고 있을 뿐만 아니라 공격이 탐지기에 미치는 영향도 정확하게 예측할 수 있는 지식을 갖추고 있다. 또한 강력한 능력도 갖추고 있다고 가정한다. 공격자가 특성공간에 임의의 점을 삽입할 수 있다고 가정한다. 즉, 공격자는 2.2.1절에서 설명한 측정 사상^{measurement map} ς이나 특성 사상^{feature map} ϕ의 제한을 받지 않는다. 공격을 시작하면 모든 데이터를 제어할 수 있지만, 초기 훈련 데이터와 표적 데이터 포인트 $\mathbf{x}^A$가 포함된 기존점의 표현을 변경할 수는 없다. 우리는 4.5절과 4.6절에서 공격자가 모든 데이터를 제어할 수 있다는 가정을 수정한다.

마지막으로, 공격자가 재훈련한 분류기가 표적점 $\mathbf{x}^A$를 정상으로 잘못 분류하게 하는 것을 목표로 삼는다고 가정한다. 공격자의 작업을 공격자가 목표를 달성하기 위해 초구를 옮겨야 하는 거리 D_R와 공격자가 공격에 사용할 수 있는 총점 개수 M 그리고 공격이 실행되는 동안의 총 재훈련 반복 횟수 T 세 가지로 정량화한다. 거리 $D_R > 0$은 초구의 반지름 R에 대해 다음과 같이 표현할 수 있다.

$$D_R = \frac{\|\mathbf{x}^A - \mathbf{c}^{(0)}\|}{R} - 1 \qquad (4.1)$$

이 값은 공격자가 목표를 달성하기 위해 (공격 방향으로) 초구를 이동시켜야 하는 전체 반지름이다.[5] 남아 있는 양^{quantity} M과 T는 변수로 4장에서 이 두 값에 대한 경계를 살펴본다. 먼저 4.3절에서는 가능한 적은 공격점만 사용하고자 하는 공격자를 고려하고, 목표 달성에 필요한 최소 공격점 M의 값을 살펴본다. 그런 다음 4.4절에서는 공격에 신속하게 영향을 미치려고 하는 공격자를 생각하고, 고정된 실행 시간 T 동안에 필요한 최소 재훈련 반복 횟수 T와 최소 공격점 M의 개수를 살펴

---

5   이 변위는 공격점 $\mathbf{x}^A$가 처음에 정상으로 분류됐다면 양이 아니므로, 이 경우 공격이 필요 없다. – 지은이

본다.

이러한 가정 아래에서 공격 전략을 직관적으로 스케치할 수 있다. 특이점 탐지기는 이 초구 안에 있는 점에 대해서만 재교육하기 때문에, 이 공격자는 초구 안으로 공격점attack point을 삽입해 중심을 이동해야 한다. 또한 중심은 훈련 데이터의 선형결합linear combination이므로, 공격자는 초구의 경계와 초구의 평균에서 공격 목표 $\mathbf{x}^A$까지의 선분line segment과의 교집합intersection에 공격점을 신중하게 삽입해 초구를 최적으로 이동시킬 수 있다. 이 공격 전략을 그림 4.1(b)에 표현했다. 4.2절에서 살펴본 바처럼, 이 관찰은 공격자가 원하는 방향에 대한 정확한 지식을 갖고 있다고 가정하므로 공격 최적화attack optimization 작업을 1차원 문제로 축소한다. 공격을 최적화하는 데 있어 유일한 복잡도는 공격의 반복마다 바꿀 점의 개수를 선택하는 것과 관련이 있다. 이 작업은 4장 나머지 부분에서 설명한다.

4.1.3 해석적 방법론

공격의 세부 사항을 파헤치기 전에 해석적 방법analytic method의 개요를 설명한다. 즉, 다음 절에서 공격자가 원하는 거리 D_R를 이동하는 데 필요한 공격점의 개수 $M^\star$이나 재훈련 반복 횟수 $T^\star$의 경계를 제공한다. 이를 위해 초구를 $\mathbf{x}^A$쪽으로 이동시키는 공격과 주어진 크기 M과 지속 시간 T 아래에서 공격을 달성하는 데 필요한 변위의 상계를 찾는다. 그런 다음 보조정리lemma를 기반으로 M과 T의 하계를 정하기 위해 이 상계를 반전한다.

보조정리 4.1 임의의 함수 $T^\star$와 $\mathbb{X} \subseteq \mathfrak{R}$에서 $\mathbb{Y} \subseteq \mathfrak{R}$로의 사상 $g : \mathbb{X} \to \mathbb{Y}$가 $\mathbb{X}$에서 순단조 증가strictly monotonically increasing(그래서 가역적invertible)하면서 g의 상계가 모든 곳에서 f일 때(즉, 모든 $\forall x \in \mathbb{X}$에 대해 $f(x) \leq g(x)$이다), 임의의 $y \in \mathbb{Y}$와 $x \in f^{-1}(y) = \{x \in \mathbb{X} \mid f(x) = y\}$에 대해 $z \geq g^{-1}(y)$이다. f가 가역적이라면 $f^{-1}(y) \geq g^{-1}(y)$이다.

증명 [Matthias Bussas에 의해] 귀류법을 사용해 증명한다. 즉, 결론을 부정하기 위해 $z < g^{-1}(y)$라고 가정하자. 그러면 g가 순단조 증가 함수이므로 $f(z) \leq$

$g(z) < g(g^{-1}(y)) = y$와 같은 부등식이 성립한다. 따라서, $z \notin f^{-1}(y)$이다. $\qquad \Box$

4장에서 이 결과를 사용해 $M^\star$이나 $T^\star$의 경계에 대한 최적 공격^{optimal attack}으로 얻을 수 있는 최대 거리의 경계를 반전시킨다. 이제 반복적으로 재훈련한 초구를 대상으로 한 공격을 형식적인 설명으로 진행한다.

4.2 초구 공격 설명

앞에서 설명한 것처럼 공격자의 목표는 재훈련 과정을 조작해 어떤 $T \in \mathfrak{M}_0$에 대해 $f_T(\mathbf{x}^A) = \text{'}-\text{'}$가 되거나 오히려 식 (4.2)처럼 되도록 초구의 중심 수열 $(\mathbf{c}^{(t)})_{t=0}^T$을 유도하는 것이다.

$$\left\| \mathbf{x}^A - \mathbf{c}^{(T)} \right\| \le R \qquad (4.2)$$

이때 T는 이 조건을 만족하는 최초의 반복이라고 가정한다. 또는 이 문제를 초구 반지름의 제곱에 대해 $\mathbf{x}^A$와 $\mathbf{c}^{(t)}$간 거리의 제곱을 최소화하는 공격자의 목표를 식 (4.3)으로 표현할 수 있다.

$$\min_{\mathbf{c}^{(T)}} \frac{\left\| \mathbf{x}^A - \mathbf{c}^{(T)} \right\|^2}{R^2} \qquad (4.3)$$

명확히 이 목표는 $\mathbf{c}^{(T)} = \mathbf{x}^A$로 최소화할 수 있지만 공격자는 $\mathbf{c}^{(T)}$를 직접 선택할 수 없다. 그 대신 공격자는 우리가 다음에 자세히 설명하는 것처럼 궁극적으로 원하는 효과를 얻기 위해 중심 수열을 생성하는 일련의 공격점을 선택해야 한다. 그러나 먼저 공격자의 목표를 더 편리한 형태로 분해한다.

공격의 진행 상황을 정량화하기 위해 t번의 반복 공격으로 얻은 **총상대변위**^{total relative displacement}를 소개한다. 이 벡터는 t번째 재훈련 반복 후 초기 상태의 중심에 대한 상대변위로 정의한다.

$$\mathbf{D}_t = \frac{\mathbf{c}^{(t)} - \mathbf{c}^{(0)}}{R} \qquad (4.4)$$

$\mathbf{D}_t$를 이용해 식 (4.3)에서 공격자의 최적화 목표$^{\text{optimization objective}}$에 사용된 벡터를 $\frac{\mathbf{x}^A - \mathbf{c}^{(t)}}{R} = \frac{\mathbf{x}^A - \mathbf{c}^{(0)}}{R} - \mathbf{D}_t$로 다시 쓸 수 있는데, 이는 다음과 같은 대안 최적화 목표를 제공한다.

$$\frac{\left\| \mathbf{x}^A - \mathbf{c}^{(t)} \right\|^2}{R^2} = \frac{\left\| \mathbf{x}^A - \mathbf{c}^{(0)} \right\|^2}{R^2} + \left\| \mathbf{D}_t \right\|^2 - 2 \frac{\left\| \mathbf{x}^A - \mathbf{c}^{(0)} \right\|}{R} \cdot \left(\mathbf{D}_t^\top \frac{\mathbf{x}^A - \mathbf{c}^{(0)}}{\left\| \mathbf{x}^A - \mathbf{c}^{(0)} \right\|} \right)$$

우변의 첫 번째 항 $\frac{\left\| \mathbf{x}^A - \mathbf{c}^{(0)} \right\|^2}{R^2}$은 공격과 관련해 상수이므로 없앨 수 있다. 나머지 두 항은 변위 $\mathbf{D}_t$가 너무 커지지 않으면서 원하는 변위인 벡터 $\mathbf{x}^A - \mathbf{c}^{(0)}$와 정렬돼야 함을 보여준다. 이 후자의 제약 조건은 변위 벡터가 너무 크면 이동한 초구가 표적점 $\mathbf{x}^A$에 과적합^{overshoot}해 이후에도 $\mathbf{x}^A$를 여전히 특이점으로 분류한다는 사실을 반영한다. 그러나 표적에 대한 과적합은 목표를 달성하면 공격을 중지해 쉽게 피할 수 있는 구현상의 세부 사항이다. 이러한 동작은 실제적인 관심사가 아니므로 최적화 일부로 모델링 과정에서 명시적으로 언급할 필요는 없다. 또한 4장에서는 최소한의 노력으로 목표를 달성하고 표적에 과적합하지 않은 공격을 연구한다.

또한 위의 표현에서 제시한 것처럼 마지막 항은 두 개의 인자^{factor}로 표현된다. 첫 번째 인자 $2 \frac{\left\| \mathbf{x}^A - \mathbf{c}^{(0)} \right\|}{R}$은 $\mathbf{c}^{(t)}$에 대해 상수다. 그러나 두 번째 인자는 특정 기하학적 양을 나타낸다. 이 양은 원하는 공격 방향 $\mathbf{x}^A - \mathbf{c}^{(0)}$으로 $\mathbf{D}_t$를 사영한 길이 $\text{proj}_{\mathbf{x}^A - \mathbf{c}^{(0)}} (\mathbf{D}_t) = \mathbf{D}_t^\top \frac{\mathbf{x}^A - \mathbf{c}^{(0)}}{\left\| \mathbf{x}^A - \mathbf{c}^{(0)} \right\|}$ 이다. 코시-슈바르츠$^{\text{Cauchy-Schwarz}}$ 부등식에 의해 다음과 같은 결과 쌍을 얻을 수 있다.

$$\left\| \mathbf{D}_t \right\| \geq \left| \mathbf{D}_t^\top \frac{\mathbf{x}^A - \mathbf{c}^{(0)}}{\left\| \mathbf{x}^A - \mathbf{c}^{(0)} \right\|} \right|$$

$$\frac{\left\| \mathbf{x}^A - \mathbf{c}^{(t)} \right\|}{R} \geq \frac{\left\| \mathbf{x}^A - \mathbf{c}^{(0)} \right\|}{R} - \mathbf{D}_t^\top \frac{\mathbf{x}^A - \mathbf{c}^{(0)}}{\left\| \mathbf{x}^A - \mathbf{c}^{(0)} \right\|}$$

이는 공격이 식 (4.2)에서 원래 목표를 달성하기 위해 $\text{proj}_{\mathbf{x}^A - \mathbf{c}^{(0)}} (\mathbf{D}_t) \geq D_R$를 만족해야 함을 보여준다. 또한 고정된 공격 예산에 대해 이 투영을 최대로 하면 일반적으로 원하는 공격 방향과 가장 잘 일치하면서 최대 크기를 갖는 공격을 찾을 수 있다. 따라서 4장의 결과를 단순화하기 위해 과적합의 가능성과 상관없이 원하는 변위 벡터에 대해 가능한 가장 큰 정렬^{largest possible alignment}을 찾는 후속 대안 목표를 고려한다. 공격의 진행에 대한 이러한 개념은 원래 클로프트와 라스코프가 도입했지만[134], 상대변위^{relative displacement}라고 한다.

정의 4.2　최적 변위^{Optimal Displacement}: 상대변위 벡터 $\mathbf{D}_t$가 원하는 변위 벡터 $\frac{\mathbf{x}^A - \mathbf{c}^{(0)}}{R}$ 와 가장 크게 정렬한다면, 공격은 t번째 재훈련 반복에서 최적 변위를 갖는다. 공격 목표는 변위 정렬^{displacement alignment}로 주어진다.

$$\rho\left(\mathbf{D}_t\right) = \mathbf{D}_t^\top \frac{\mathbf{x}^A - \mathbf{c}^{(0)}}{\left\|\mathbf{x}^A - \mathbf{c}^{(0)}\right\|} \tag{4.5}$$

공격자는 $\rho(\mathbf{D}_t)$를 최대화하는 $\mathbf{D}_t$를 찾으려고 한다.

이 목표를 최적화하면 표적에 도달할 때까지 식 (4.3)에서와 같은 최적 수열을 얻을 수 있다. 4장의 나머지 부분에서 최대 변위 정렬을 찾는 공격을 살펴본다.

참고 4.3　t번째 변위 벡터가 공격 방향과 완벽하게 정렬하면 즉, 잔차^{residual}가 없으면 변위 벡터는 어떤 $\kappa \in [0, D_R]$와 $\|\mathbf{D}_t\| = \kappa$에 대해 $\mathbf{D}_t = \kappa \frac{\mathbf{x}^A - \mathbf{c}^{(0)}}{\|\mathbf{x}^A - \mathbf{c}^{(0)}\|}$로 표현할 수 있다. 이러한 공격의 진행은 κ를 사용해 다음처럼 정확하게 표현할 수 있다.

$$\frac{\left\|\mathbf{x}^A - \mathbf{c}^{(t)}\right\|}{R} = \frac{\left\|\mathbf{x}^A - \mathbf{c}^{(0)}\right\|}{R} - \kappa$$

원래 목표와 정렬 목표 간의 정확한 연결은 사실상 나중에 설명할 몇 가지 공격 시나리오에서 달성됐다.

4.2.1 중심 이동

여기서 $\mathbf{c}^{(t)}$의 동작과 공격자가 식 (4.3)을 최적화하기 위해 $\mathbf{c}^{(t)}$를 조작하는 방법을 설명한다. 부트스트래핑 재훈련 정책에 따라 공격자가 t번째 훈련 집합에 점 $\mathbf{a}^{(t)}$를

추가할 때, 점이 현재의 중심으로부터 거리 R 이내에 있는 경우, 즉, $\|\mathbf{a}^{(t)} - \mathbf{c}^{(t-1)}\|$ $\le R$이면 t번째 중심이 영향을 받을 것이다. $\|\mathbf{a}^{(t)} - \mathbf{c}^{(t-1)}\| \le R$일 때, 공격자만 새로운 데이터를 추가할 수 있다고 가정하면 공격점은 초구를 다음 반복에서 새로운 중심으로 이동하게 만드는데, 새로운 중심은 다음처럼 표현할 수 있다.

$$\mathbf{c}^{(t)} = \frac{\mu_{t-1}}{\mu_{t-1}+1}\mathbf{c}^{(t-1)} + \frac{1}{\mu_{t-1}+1}\mathbf{a}^{(t)} \tag{4.6}$$

식 (4.6)은 이전 중심 $\mathbf{c}^{(t-1)}$와 새로 추가된 공격점 $\mathbf{a}^{(t)}$의 볼록 결합convex combination이다. 이 결합은 $\mathbf{c}^{(t-1)}$를 훈련하는 데 사용되는 훈련점의 전체 개수인 μ_{t-1}로 계산되는 계수로 정의된다. 이 μ_{t-1}항은 초구의 이동이 얼마나 어려운지 결정하기 때문에 이전의 초구를 지지하는 질량mass과 유사하다. 데이터 포인트는 절대로 제거되지 않으며, 공격 중에 공격자는 공격 이전에 존재했던 정상 데이터 포인트의 개수로 주어진 초기 질량 $\mu_0 = N$을 가진 새로운 데이터 포인트인 $\mu_t = \mu_{t-1} + \alpha_t$에 대해서만 책임진다는 가정 아래에서 공격이 시작된다.

　좀 더 일반적으로, t번째 재훈련 반복 동안 공격자는 현재 중심으로부터 R 이내에 있는 모든 공격점 α_t로 구성된 집합 $\mathbb{A}^{(t)} = \left(\mathbf{a}^{(t,\ell)}\right)_{\ell=1}^{\alpha_t}$으로 초구를 공격한다. 다시 말하지만 공격 중에는 공격자만 새로운 데이터를 추가할 수 있다고 가정한다. 이제 t번째 재교육 반복에서 데이터 포인트의 개수는 $\mu_t = \mu_{t-1} + \alpha_t$이나 더 일반적으로 다음처럼 질량의 누적합cumulative sum of mass으로 표현할 수 있다.

$$\mu_t = N + \sum_{\ell=1}^{t} \alpha_\ell \tag{4.7}$$

또한 새로운 중심은 이제 다음처럼 볼록 결합으로 표현할 수 있다.

$$\mathbf{c}^{(t)} = \frac{\mu_{t-1}}{\mu_{t-1}+\alpha_t}\mathbf{c}^{(t-1)} + \frac{1}{\mu_{t-1}+\alpha_t}\sum_{\ell=1}^{\alpha_t}\mathbf{a}^{(t,\ell)}$$
$$= \mathbf{c}^{(t-1)} + \frac{1}{\mu_t}\sum_{\ell=1}^{\alpha_t}\left(\mathbf{a}^{(t,\ell)} - \mathbf{c}^{(t-1)}\right) \tag{4.8}$$

이는 자연스럽게 t번째 반복에서 상대변위^{relative displacement}에 대한 개념으로 이어진다.

정의 4.4 t번째 재훈련 반복에서의 상대변위는 초구의 고정 반지름 R에 상대적인 $t-1$번째에서 t번째 반복까지 초구의 중심 변위 벡터로 정의하며, 이 벡터는 다음과 같은 식으로 정의한다.

$$\mathbf{r}_t \triangleq \frac{\mathbf{c}^{(t)} - \mathbf{c}^{(t-1)}}{R} = \frac{1}{R \cdot \mu_t} \sum_{\ell=1}^{\alpha_t} \left(\mathbf{a}^{(t,\ell)} - \mathbf{c}^{(t-1)} \right)$$

또한 **총상대변위**^{total relative displacement}는 공격의 상대변위의 합 $\mathbf{D}_T = \sum_{t=1}^{T} \mathbf{r}_t$으로 표현할 수 있다.

참고 4.5 식 (4.8)에서 이 문제의 본질에 관해 더 깊은 통찰력을 얻을 수 있다. 특히 초구의 반지름 R을 대상으로 한 T번의 상대적 공격 후, 평균의 변화는 벌칙으로 누적된 이득^{cumulatively penalized gains}의 합이다. 즉, t번째 반복 공격의 효과는 현재의 반복까지를 포함한 모든 반복에 사용되는 질량의 합만큼 감소한다.

모든 공격점에 대해 $\|\mathbf{a}^{(t,\ell)} - \mathbf{c}^{(t)}\| \leq R$이므로, 일반삼각부등식^{generalized triangle inequality}을 사용하면 첫 번째 경계를 다음처럼 구할 수 있다.

$$\|\mathbf{r}_t\| = \frac{1}{R \cdot \mu_t} \left\| \sum_{\ell=1}^{\alpha_t} \left(\mathbf{a}^{(t,\ell)} - \mathbf{c}^{(t-1)} \right) \right\| \leq \frac{\alpha_t}{\mu_t} \leq 1$$

이 식을 이용해 정리 4.6과 공격자에게 필요한 노력에 관한 (비록 약하지만) 일반적인 경계를 구할 수 있다.

정리 4.6 T번의 재훈련 반복에서 $\mathbf{c}^{(T)}$와 $\mathbf{c}^{(0)}$ 간의 총상대변위는 기껏해야 T의 노름 (즉, $\|\mathbf{D}_T\| \leq T$)와 변위 정렬 $\rho(\mathbf{D}_T) \leq T$를 갖는다. 따라서 원하는 총상대변위 D_R를 얻기 위해서는 성공적인 공격을 최소 $T \geq D_R$번 반복해야 한다.

증명 노름에 대한 경계는 일반삼각부등식과 모든 t에 대해 $\|\mathbf{r}_t\| \leq 1$이므로 계산할 수 있다. 마찬가지로 $\rho(\cdot)$에 대한 경계도 코시-슈바르츠 부등식을 사용해 다음

과 같은 식을 얻을 수 있다.

$$\rho\left(\mathbf{D}_T\right) = \mathbf{D}_T^\top \frac{\mathbf{x}^A - \mathbf{c}^{(0)}}{\left\|\mathbf{x}^A - \mathbf{c}^{(0)}\right\|} = \frac{1}{\left\|\mathbf{x}^A - \mathbf{c}^{(0)}\right\|} \sum_{t=1}^{T} \mathbf{r}_t^\top \left(\mathbf{x}^A - \mathbf{c}^{(0)}\right)$$

$$\leq \frac{1}{\left\|\mathbf{x}^A - \mathbf{c}^{(0)}\right\|} \sum_{t=1}^{T} \left\|\mathbf{r}_t\right\| \left\|\mathbf{x}^A - \mathbf{c}^{(0}\right\|$$

□

궁극적으로 공격자의 목표는 자신의 목표를 달성할 수 있는 공격점의 수열(즉, 각 공격 반복에서 공격점 집합 $\mathbb{A}^{(t)} = (\mathbf{a}^{(t,\ell)})_{\ell=1}^{\alpha_t}$)을 만드는 것이다. 정리 4.7은 공격자가 현재 초구의 경계가 현재의 중심 $\mathbf{c}^{(t-1)}$과 공격 목표점 $\mathbf{x}^A$와의 선분과 교차하는 지점에 모든 점을 배치함으로써 탐욕 방식으로 수열을 만들 수 있음을 말해준다. 또한 이 탐욕 전략greedy strategy을 반복적으로 실행할 때마다, t번째 반복의 결과로 얻어지는 중심은 초기 중심 $\mathbf{c}^{(t-1)}$와 공격자의 목표점 $\mathbf{x}^A$ 사이의 선분을 따라 점차 목표쪽으로 이동함을 보여준다.

정리 4.7 모든 공격 수열 $\boldsymbol{\alpha} = (\alpha_t \in \mathfrak{N}_0)$과 모든 $t \in \mathfrak{N}$에 대해 t번째 반복에서 식 (4.5)에 따라 $\rho(\cdot)$를 최적화하는 공격 벡터의 집합 $\mathbb{A}^{(t)}$은 벡터의 복사본 α_t와 $\mathbf{c}^{(t-1)} + R \cdot \frac{\mathbf{x}^A - \mathbf{c}^{(0)}}{\left\|\mathbf{x}^A - \mathbf{c}^{(0)}\right\|}$ 그리고 다음 식으로 구성돼 있다.

$$\mathbf{c}^{(t)} = \mathbf{c}^{(0)} + R \cdot \frac{\mathbf{x}^A - \mathbf{c}^{(0)}}{\left\|\mathbf{x}^A - \mathbf{c}^{(0)}\right\|} \cdot \sum_{\ell=1}^{t} \frac{\alpha_\ell}{\mu_\ell} \tag{4.9}$$

여기서 μ_t는 식 (4.7)로 주어진 공격에 대한 질량의 누적합이다.

증명 정리에 대한 증명은 부록 B.1에서 다룬다. □

정리 4.7은 t번째 반복에서의 최적 중심은 매개변수 $\mathbf{c}^{(0)}$와 R, $\mathbf{x}^A$ 그리고 α로만 탐욕 방식으로 계산할 수 있음을 보여준다.

모든 공격 수열 $\boldsymbol{\alpha} = (\alpha_t \in \mathfrak{N}_0)$과 $t \in \mathfrak{N}$에 대해, T번 반복 후 공격 수열 α의 최적 공격으로 달성된 총상대변위는 $\mathbf{D}_T = \frac{\mathbf{x}^A - \mathbf{c}^{(0)}}{\|\mathbf{x}^A - \mathbf{c}^{(0)}\|} \cdot \sum_{\ell=1}^{T} \frac{\alpha_\ell}{\mu_\ell}$이며, 식 (4.5)의 변위 정렬은 다음과 같다.

$$\rho\left(\mathbf{D}_T\right) = \sum_{\ell=1}^{T} \frac{\alpha_\ell}{\mu_\ell} \tag{4.10}$$

여기서 μ_t는 식 (4.7)로 주어진 공격에 대한 질량의 누적합이고 D_R은 식 (4.1)로 주어진 공격의 매개변수이다.

증명 $\mathbf{D}_T$에 대한 결과는 식 (4.9)로 주어진 최적 중심을 식 (4.4)에 직접 대입해 얻을 수 있다. 변위 정렬에 관한 결과는 $\left\|\mathbf{x}^A - \mathbf{c}^{(0)}\right\|^2 = \left(\mathbf{x}^A - \mathbf{c}^{(0)}\right)^\top \left(\mathbf{x}^A - \mathbf{c}^{(0)}\right)$와 식 (4.1)로부터 얻을 수 있다.   □

우리의 가정에서 중요한 것은 이 정리가 공격자의 목표가 수열 $\boldsymbol{\alpha} = (\alpha_t)_{t=1}^{T}$에 전적으로 종속돼 있음을 보여준다. 실제 공격 벡터는 공격의 사양^{specification}에서 나온다. 공격자는 각 반복에서 사용할 공격점의 개수 $\boldsymbol{\alpha}$의 요소를 선택할 수 있다. 따라서 다중차원 최적화 문제를 하나의 수열에 대한 최적화로 감소시켰다. 다음 절에서는 공격자가 식 (4.10)에서 주어진 공격 목표를 기반으로 이 수열을 최적화하는 방법을 살펴본다.

그러나 계속하기 전에 식 (4.10)은 시간 t에서의 공격 성공이 이 공격 수열의 함수로 표현할 수 있음을 보여준다. 또한 최적 변위 벡터 $\mathbf{D}_T$는 원하는 공격 방향 $\mathbf{x}^A - \mathbf{c}^{(0)}$의 스칼라 배수$^{\text{scalar multiple}}$이므로, 그 방향으로의 사영은 잔차 성분$^{\text{residual component}}$이 없으며, 참고 4.3은 이 공격의 진행이 다음 식과 같음을 보여준다.

$$\frac{\left\|\mathbf{x}^A - \mathbf{c}^{(t)}\right\|}{R} = \frac{\left\|\mathbf{x}^A - \mathbf{c}^{(0)}\right\|}{R} - \sum_{\ell=1}^{T} \frac{\alpha_\ell}{\mu_\ell}$$

$\frac{\|\mathbf{x}^A - \mathbf{c}^{(t)}\|}{R}$을 최소화하는 데 있어 이 공격의 성공은 공격자가 $\sum_{\ell=1}^{T} \frac{\alpha_\ell}{\mu_\ell}$을 최대화하는 $\boldsymbol{\alpha}$를 선택함으로써 완전히 결정된다. 이제 우리는 공격 수열을 설명함으로써 이 환

경을 형식적으로 표현한다.

참고 4.9 (자명하지 않은 초기 공격) 빈틈없는 독자는 식 (4.8)에서 유도된 모든 식을 포함해 위 결과가 파생을 포함한 $\forall t \in \{1, \ldots, T\}$, $\mu_t > 0$이라는 가정에 의존함을 알아차렸을 것이다. 이와 마찬가지로 이것은 4장의 나머지 부분에서 $\alpha_1 > 0$이라고 가정하는 자명하지 않은 초기 공격 가정nontrivial initial attack assumption이 필요하다. 실제로 k번째 반복(즉, $t < k$와 $\alpha_k > 0$에 대해 $\alpha_1 = 0$)에서 0이 아닌 공격이 처음으로 발생하면, 분류기에 k번 동안 적대적 영향이 없었기 때문에 처음부터 $k - 1$번째까지의 반복은 공격에서 제외할 수 있다. 또한 모두 0인 공격 수열 $\boldsymbol{\alpha} = \mathbf{0}$은 자명한 공격 수열trivial attack sequence이므로 고려할 필요가 없다.

4.2.2 공격의 형식적 표현

문제와 그 문제의 가정에 관해 설명하고, 그 문제를 형식적인 형태로 분석하면 최적의 공격 전략을 수립할 수 있다. 이 형식적 분석은 문제의 환경과 목표를 형식으로 표현하는 것으로 시작한다. t번째 재훈련 반복에서 사용할 공격점의 개수를 α_t로, t번째 재훈련에서 사용할 (규정된 조건에서의) 공격점의 최적 개수를 $\alpha_t^\star$로 표기한다. 자연수 1, 2, 3,…을 $\mathfrak{N}$으로, 음수가 아닌 정수 0, 1, 2, 3,…를 $\mathfrak{N}_0$로, 음이 아닌 실수를 $\mathfrak{N}_{0+}$로 표기한다. 이 책의 뒷부분에서 수열을 음이 아닌 실수로 다루더라도 지금 특별히 언급하지 않는 한 α_t, $\alpha_t^\star \in \mathfrak{N}_0$이며, 음이 아닌 실수는 β_t, $\beta_t^\star \in \mathfrak{N}_0$로 표기해 구별할 수 있게 한다.

α_t 및 β_t와 함께, 우리는 가능한 공격 수열possible attack sequence의 공간을 정의한다. 형식적으로 우리는 $\mathcal{A}$를 모든 합법적인 공격점의 수열공간 $\mathcal{A} = \{(\alpha_t)_{t=1} \mid \forall t\, \alpha_t \in \mathfrak{N}_0\}$으로 정의한다. 이 공간에서 유한 생성finite span 공격은 뒤에 0으로 된 무한수열을 연접해 표현한다. 마찬가지로, 공격 기간이 유한하고 크기가 제한된 공격공간을 $\left\{(\alpha_t)_{t=1}^T \mid \forall t\, \alpha_t \in \mathfrak{N}_0 \wedge \sum_{t=1}^T \alpha_t \leq M\right\}$로 정의하고, 공격 기간 T가 유한하지만 크기가 무한한 공격공간을 $\mathcal{A}^{(\infty, T)}$로, 공격의 전체 크기 M이 제한됐지만, 기간이 무한한 공격공간을 $\mathcal{A}^{(M, \infty)}$로 정의한다. 마지막으로, 이러한 공간의 유사 연속 버전

analogous continuous version은 $\mathcal{B}$, $\mathcal{B}^{(\infty,T)}$, $\mathcal{B}^{(M,\infty)}$ 및 $\mathcal{B}^{(M,T)}$로 표시하며 $\mathcal{A}$에 해당하는 정의에서 α_t를 $\beta_t \in \mathfrak{N}_{0+}$로 치환해 정의한다.

공격 수열의 개념으로 이제 공격자의 목표를 재검토해 최적 전략의 개념을 형식화한다. 공격자는 정의 4.2에서 설명한 것처럼 변위 정렬 $\rho(\cdot)$를 최대화하기를 원하며, 이는 공격 수열에만 종속된다는 것을 따름정리 4.8에서 보였다. 목적함수는 식 (4.10)에 따라 주어진 공격 수열 $\boldsymbol{\alpha} \in \mathcal{A}$에 대해 다음처럼 정의한다.

$$D(\boldsymbol{\alpha}) = \sum_{t=1} \frac{\alpha_t}{\mu_t} = \sum_{t=1} \delta_t(\boldsymbol{\alpha}) \tag{4.11}$$

$$\delta_t(\boldsymbol{\alpha}) = \frac{\alpha_t}{\mu_t} \tag{4.12}$$

여기서 μ_t는 식 (4.7)로부터 $\mu_t = N + \sum_{\ell=1}^{t} \alpha_\ell$이며, 함수 $\delta_t(\cdot)$는 공격 수열의 처음 t개의 요소에만 종속된 t번째 반복 공격으로 인한 기여도contribution를 평가한다.

정의 4.10 최적성: N개의 초기 비공격점initial non-attack point이 있는 초구를 대상으로 하는 공격 수열 $\boldsymbol{\alpha}^\star \in \mathcal{A}^{(M,\infty)}$는 $\forall \boldsymbol{\alpha} \in \mathcal{A}^{(M,\infty)}$에 대해 $D(\boldsymbol{\alpha}) \leq D(\boldsymbol{\alpha}^\star)$인 경우 총 M개의 공격점을 사용하는 최적 전략optimal strategy이다. 이러한 수열로 얻은 최적 거리optimal distance는 $D_N^\star(M, \infty)$으로 표기하며, 여기서 ∞는 공격 기간이 무한하다는 것을 의미한다. 이 최적성optimality은 $\boldsymbol{\alpha}^\star$에 대해 다음 프로그램을 푸는 공격자가 달성할 수 있다.

$$\boldsymbol{\alpha} \in \mathcal{A}^{(M,\infty)} \text{을 만족하는}$$
$$\boldsymbol{\alpha}^\star \in \operatorname{argmax}_{\boldsymbol{\alpha}} D(\boldsymbol{\alpha}) \tag{4.13}$$

따라서 공간 $\mathcal{A}^{(M,\infty)}$의 모든 수열로 얻을 수 있는 최적 거리 $D_N^\star(M, \infty)$는 문제의 매개변수 M과 N으로 표현할 수 있다. 즉, $\boldsymbol{\alpha}^\star$가 $\mathcal{A}^{(M,\infty)}$에서 최적 전략이라면 $D(\boldsymbol{\alpha}^\star) = D_N^\star(M, \infty)$이다. 마찬가지로 수열공간 $\mathcal{A}^{(M,T)}$에서 유한 공격 기간 T로 제한된 공격에 대해, 최적 달성 가능 거리optimal achievable distance를 $D_N^\star(M, T)$로 정의한다.

4.2.3 공격 수열의 특징

우리의 문제를 더 잘 이해하기 위해 우리는 문제의 속성과 (최적) 공격 수열의 속성을 특징짓는다. 이러한 속성은 문제의 추가 분석을 위한 기초를 제공한다.

4.2.3.1 빈 공격 반복에 대한 변형

공격 수열에서 0 원소에 관해 식 (4.11)의 공격 거리 $D(\cdot)$의 행위를 설명한다. 먼저 우리는 공격 거리 $D(\cdot)$는 (참고 4.9에서 $k > 1$인) 수열의 k번째 위치에 0을 삽입하는 것에 대해 불변함을 보인다.

보조정리 4.11 임의의 $k > 1$에 대해, 모든 수열 $\boldsymbol{\alpha} \in \mathcal{A}^{(M,\infty)}$는 다음처럼 정의된 수열 $\boldsymbol{\alpha}'$인 항등거리$^{\text{identical distance}}$를 갖는다.

$$\alpha_t' = \begin{cases} \alpha_t, & t < k \text{ 인 경우} \\ 0, & t = k \text{ 인 경우} \\ \alpha_{t-1}, & t > k \text{ 인 경우} \end{cases}$$

즉, $D(\boldsymbol{\alpha}) = D(\boldsymbol{\alpha}')$이다.

증명 첫 번째, $\delta_t(\cdot)$는 수열의 처음 t개의 요소에만 종속돼 있으므로 $t < k$에 대해 $\delta_t(\boldsymbol{\alpha}') = \delta_t(\boldsymbol{\alpha})$이다(식 (4.12) 참고). 두 번째 식 (4.12)로부터 $\delta_t(\boldsymbol{\alpha}') = 0$이다. 세 번째 k번째 위치에 0을 삽입하는 것은 $\delta_t(\cdot)$의 정의에서 분모 μ_t에 영향을 미치지 않으므로 $t < k$에 대해 $\delta_t(\boldsymbol{\alpha}') = \delta_{t-1}(\boldsymbol{\alpha})$이며(식 (4.7)과 (4.12) 참조), 따라서 분자가 이동한다. 수열 $\boldsymbol{\alpha}'$에 의해 달성된 거리는 다음과 같다.

$$D(\boldsymbol{\alpha}') = \sum_{t=1}^{k-1} \delta_t(\boldsymbol{\alpha}') + \delta_k(\boldsymbol{\alpha}') + \sum_{t=k+1} \delta_t(\boldsymbol{\alpha}')$$

$$= \sum_{t=1}^{k-1} \delta_t(\boldsymbol{\alpha}) + \sum_{t=k+1} \delta_{t-1}(\boldsymbol{\alpha}) = D(\boldsymbol{\alpha})$$

$\square$

이 보조정리로부터 $\alpha_t = 0$인 0 원소의 삽입(또는 삭제)은 수열의 거리와 관련이 없으므로 최적성 개념을 고려하면 모든 0을 제거할 수 있다. 직관적으로 이 시나리오에서 적대적 데이터는 새로운 데이터의 유일한 출처이므로 공격으로 달성한 거리는 적대적 데이터가 사용되지 않은 재훈련 반복에 영향을 받지 않는다. 이는 다음 정리 4.12를 통해 알 수 있다.

정리 4.12   0이 아닌 원소의 항등 부분수열identical subsequence$((\alpha_t \mid \alpha_t > 0) = (\alpha'_t \mid \alpha'_t > 0))$을 가진 모든 수열의 쌍 $\boldsymbol{\alpha}, \boldsymbol{\alpha}' \in \mathcal{A}^{(M, \infty)}$는 같은 거리same distance를 갖는다, 즉 $D(\boldsymbol{\alpha}) = D(\boldsymbol{\alpha}')$이다. 수열로 달성할 수 있는 거리는 수열의 0의 개수와 배치에 독립적이다. $D(\boldsymbol{\alpha})$는 $\boldsymbol{\alpha}$의 0이 아닌 원소의 부분수열에만 종속적이다. 결과적으로 모든 유한수열finite sequence은 양의 부분수열 다음에 모두 0인 부분수열로 재정렬할 수 있으므로, 두 수열은 항등거리를 갖는다.

증명   수열 $\boldsymbol{\alpha}$와 $\boldsymbol{\alpha}'$는 같은 순서로 0이 아닌 같은 원소를 포함하기 때문에, 보조정리 4.11을 반복 적용해 수열의 필요한 위치에 0을 삽입하고 삭제함으로써 $\boldsymbol{\alpha}$를 $\boldsymbol{\alpha}'$로 변형할 수 있다. 따라서 이 변환에 사용된 $\boldsymbol{\alpha}$와 $\boldsymbol{\alpha}'$ 그리고 모든 중간수열intermediate sequence은 항등거리를 갖는다.   □

0 원소가 부분수열 분모에 거리나 "가중값"을 추가하지 않으므로 임의의 최적 공격 수열에 0 원소를 삽입하거나 삭제할 수 있어 같은 거리를 갖는 최적 공격 수열을 만들 수 있다. 정리 4.12는 공격의 효과에 이바지하지 않기 때문에 수열에 있는 모든 0 원소를 무시할 수 있다. 또한 모든 0 원소를 수열의 끝까지 이동시키는 것은 공격자가 공격을 연장하는 데 도움이 되지 않으므로 공격에 필요한 시간을 최소화한다는 것이다. 마지막으로, 0 원소를 무시할 수 있다는 사실은 $\alpha_t \in \mathfrak{M}_0$를 $\alpha_t \in \mathfrak{M}$로 재정의할 수 있음을 보여준다.

4.2.3.2 최적 공격 수열의 특징

0 원소가 분석과 관련이 없다는 것을 보여줬으므로, 이제 최적 공격에서 0이 아닌 원소의 속성을 살펴보자. 우선, 이 공격의 형식에서 초구를 지지하는 초기점initial

point이 없으므로 공격자가 첫 번째 반복에서 아무리 많은 점을 배치하더라도 변위는 같다. 이는 다음 보조정리 4.13을 통해 알 수 있다.

보조정리 4.13 $N = 0$에 대해 최적의 초기 공격 반복은 $\alpha_1^{\star} = 1$이다.

증명 첫 번째 공격 반복의 기여도는 $\delta_1(\boldsymbol{\alpha}) = \frac{\alpha_1}{\mu_1} = \frac{\alpha_1}{\alpha_1} = 1$이다. 따라서 $\alpha_1 \in \mathfrak{N}$(참고 4.9에 따라 $\alpha_1 = 0$인 가능성은 제외)에 대해 $\delta_1(\boldsymbol{\alpha}) = 1$이며, α_1가 $t > 1$에 대해 $\delta_1(\boldsymbol{\alpha}) = \frac{\alpha_t}{\alpha_1 + \sum_{\ell=2}^{t} \alpha_\ell}$가 단조 감소하므로 이 첫 번째 반복에 관한 최적 정수해optimal integer solution는 $\alpha_1^{\star} = 1$이다. □

또한 총공격량total attack capacity이 1개 이상의 공격점보다 많고, 공격자가 2개 이상의 재훈련 반복에 대해 공격을 분산할 수 있는 능력이 있다면, 그렇게 하는 것이 유리하다. 즉, 모든 공격점을 하나의 공격 반복에 집중시키는 공격은 최적이 아니다. 이는 부록 B.3의 보조정리 B.2를 통해 알 수 있다.

게다가 참고 4.5의 벌칙으로 누적된 이득의 개념은 중요하다. 여기에는 두 가지 힘force이 작용한다. 한편 t번의 반복 동안 많은 점(큰 α_t)을 배치하면 전체 거리 $D(\boldsymbol{\alpha})$에 대한 $\delta_t(\boldsymbol{\alpha})$의 기여도가 향상된다. 반면 큰 α_t는 $\tau > t$에 대한 기여도 $\delta_\tau(\boldsymbol{\alpha})$에서 분모 μ_τ의 크기를 증가시킬 것이므로, 수열의 다음 항에 해가 될 것이다. 이러한 효과는 더 많은 점을 활용함에 따라 점의 평균이 더 무거워져 이동하는 것이 어려워지는 것과 비슷하다. 직관적으로, 너무 많은 무게weight가 너무 빨리 늘어나지 않기를 원한다. 공격이 끝날 무렵에 평균이 너무 무거워져서 후자의 노력이 효과적이지 못하게 되기 때문이다. 이것은 최적 공격 수열이 단조 감소하면 안 된다는 것을 보여주며, 다음 정리에서 이를 증명한다.

정리 4.14 공격점의 임의 최적 수열 $\boldsymbol{\alpha}^{\star} \in \mathcal{A}^{(M, \infty)}$에 대해, $\boldsymbol{\alpha}^{\star}$의 0이 아닌 원소의 모든 부분수열은 단조 감소하지 않아야 한다. 즉, $\mathbb{I}^{(nz)} = \left\{ i_1, i_2, \ldots \mid \forall k \quad \alpha_{i_k}^{\star} > 0 \right\}$가 $\boldsymbol{\alpha}^{\star}$의 0이 아닌 원소에 해당하는 첨수의 집합이면 $\forall i, j \in \mathbb{I}^{(nz)} \quad i \leq j \Leftrightarrow \alpha_i^{\star} \leq \alpha_j^{\star}$이다.

증명 증명은 부록 B.2에서 다룬다. □

정리 4.14는 순단조성^{strict monotonicity}을 요구하지 않으므로 정리 4.12와 일치한다.

최적 공격 수열은 크기가 단조 감소하지 않는다는 것을 보였지만, 더 많은 점을 사용할 때 평균이 무거워진다는 직관은 단순한 단조성 이상의 것을 보여준다. 사실 이 개념은 4.3.1절에서 최적해를 제공한다.

4.2.3.3 최적 공격 거리의 움직임

최적 공격을 설명하는 것이 어려울 수 있지만, 일반적으로 모든 가능한 공격에 걸쳐 최적 변위 정렬의 움직임을 M과 T의 함수로 설명할 수 있다. 특히 공격자가 사용할 수 있는 공격점의 개수 M이 증가함에 따라 최적 변위 정렬도 증가할 것으로 기대한다. 마찬가지로 공격 지속 시간 T가 늘어남에 따라 최적 변위 정렬이 증가할 것으로 기대한다. 다음 정리는 함수 $D_N^\star(M, T)$가 실제로 임의의 고정된 $N \geq 0$에 대해 M과 T 모두에 대해 단조 증가함을 보여준다.

정리 4.15 모든 $N \in \mathfrak{N}_0$에 대해, 함수 $D_N^\star(M, \infty)$와 (임의의 고정된 $T > 0$에 대해) $D_N^\star(M, T)$는 모든 $M \in \mathfrak{N}_0$에 대해 $D_0^\star(M, 1) = 1$인 경우에 $N = 0$이 아니고 $T = 1$도 아닌 한 $M \in \mathfrak{N}_0$에 대해 단조 증가한다. 또한 임의의 고정된 $M > 0$에 대해, 함수 $D_N^\star(M, T)$는 $T \leq M$에 대해 순단조 증가하며, $T > M$에 대해서는 상수이다. 즉, 임의의 $T \geq M$에 대해 $D_N^\star(M, T) = D_N^\star(M, \infty)$이다.

증명 증명은 부록 B.3에서 다룬다. □

T와 관련해 공격자는 모든 이득 재훈련 반복^{gainful retraining iteration}에서 적어도 하나의 공격점을 사용해야 하므로 $T \geq M$에 대해 함수 $D_N^\star(M, T)$는 상수다(4.2.3.1절 참조). 공격자는 지속 시간에 M을 초과하는 공격을 하더라도 추가적인 이득을 얻지 못한다.

4.3 최적 무제한 공격

이제 우리는 초구 공격 문제의 다른 변형에 대한 해결책을 제시하고 앞에서 정의한 대로 최적의 공격 전략을 찾아본다. 이 절에서는 공격자에 대해 어떠한 제약 조건도 두지 않는 공격을 살펴보고, 다음 절에서는 공격을 더 현실적으로 만드는 다른 제약 조건을 알아본다. 무제한 능력을 갖춘 공격자의 경우, 정리 4.15에서 증명한 순단조성 속성은 최적 수열이 가능한 모든 M개의 공격점을 사용하고, 0인 원소를 제거한 후 공격 지속 시간 T를 최대로 늘리기 위해 가능한 한 균일하게 그 공격점을 공간화해야 함을 보여준다. 실제로 이것은 정의 4.10의 최적화 문제에 대한 최적 정수 전략optimal integer strategy으로 다음 정리를 통해 증명된다.

정리 4.16 $N \in \mathfrak{N}$에 대해, 임의의 최적 공격 수열 $\boldsymbol{\alpha}^\star \in \mathcal{A}^{(M,\infty)}$는 $\alpha_t^\star \in \{0,\ 1\}$와 $\sum_t \alpha_t^\star = M$을 만족해야 한다. 즉, $\boldsymbol{\alpha}^\star$는 정확히 M개의 1을 가져야 한다. 특히 그러한 최적 수열 중 하나는 $\mathbf{1}_M$으로, 이는 0 다음에 1이 M개인 수열이다. 또한 임의의 $\boldsymbol{\alpha}^\star \in \mathcal{A}^{(M,\infty)}$으로 달성할 수 있는 최적 변위는 $D_N^\star(M,\infty) = h_{M+N} - h_N$이며, 여기서 $h_k = \sum_{\ell=1}^k \frac{1}{\ell}$은 k번째 조화수harmonic number이다.

(**증명**) 증명은 부록 B.4에서 다룬다. □

이 정리의 결과로, M개의 공격점을 사용하는 모든 공격의 효과에 관해 단단한 상계를 얻을 수 있다. 조화수harmonic number를 계산할 수 있지만, 이를 표현하는 닫힌 형식의 공식closed-form formula은 없다. 그러나 $h_{M+N} - h_N = \sum_{k=1}^M \frac{1}{k+N}$가 k에서 감소함수의 급수라는 사실을 이용하면 조화수는 $N > 0$일 때 상계는 $\int_0^M \frac{dx}{x+N} = \ln\left(\frac{M+N}{N}\right)$이다[53 부록 A.2]. 마찬가지로 $N = 0$일 때는 $h_k \leq \ln(k) + 1$이다[53 부록 A.2]. 이와 함께 M개의 점과 시간 제약이 없는 공격으로 달성할 수 있는 최적 변위의 상계는 다음과 같다.

$$D_N^\star(M,\infty) \leq \begin{cases} \ln(M) + 1, & N = 0 \text{인 경우} \\ \ln\left(\frac{M+N}{N}\right), & N > 0 \text{인 경우} \end{cases}$$

이러한 상계는 M에서 순증가 함수이므로, 우리는 보조정리 4.1을 적용해 경계를 반전시키고 원하는 상대변위 D_R에 의해 초구를 이동하는 공격을 실행하는 데 필요한 공격점의 개수에 대해 다음과 같은 하계를 얻을 수 있다. 이 경계는 단순히 다음과 같다.

$$M^{\star} \geq \begin{cases} \exp(D_R - 1), & N = 0 \text{인 경우} \\ N(\exp(D_R) - 1), & N > 0 \text{인 경우} \end{cases}$$

즉, 목표 달성을 위해 공격자에게 필요한 노력은 D_R에서 기하급수적으로 증가한다.

4.3.1 최적 무제한 공격: 블록 쌓기

$\alpha^{\star} = \mathbf{1}_M$로 주어진 최적 전략은 이 문제를 질량 중심 문제^center-of-mass problem로 변환해 유도할 수 있다. 참고 4.5에서는 공격으로 달성한 거리를 벌칙으로 누적된 이득의 합으로 표현했다. 우리는 이것을 공격의 각 반복에서 나온 기여도의 수열로 생각할 수 있다. 즉, 공격의 t번째 반복은 그때까지 사용된 총 무게에 비례해 시간 t에서 사용된 '무게의 양'인 $\delta_t(\boldsymbol{\alpha}) = \frac{\alpha_t}{\sum_{\ell=1}^{t} \alpha_\ell}$만큼 기여한다. 이는 질량 중심 문제와 비슷하다. 특히 공격점 α_t를 현재 질량의 중심 $\mathbf{c}^{(t-1)}$에서 거리 R에 위치한 질량 단위로 모델링한다면, 식 (4.12)의 $\delta_t(\boldsymbol{\alpha})$는 질량 중심 $\mathbf{c}^{(t)}$가 R에 비례해 이동하는 양이다. 실행 가능한 공격점을 거리 R을 넘어 배치할 수 없으므로, 이는 현재의 블록 더미^block stack가 넘어지지 않도록 시간 $t-1$에 생성된 현재의 블록 더미 아래에 같은 블록을 배치하는 것과 유사하다(안정적인 구조는 실행 가능한 공격점이 반지름 R을 넘어설 수 없다는 제약 조건에 해당한다). 공격이 점을 경계에만 배치하도록 제한하므로, 이 비유는 블록 더미가 최적으로 수행되거나 일부 블록이 수직으로 그룹화될 때만 유지된다(한 번의 반복에 여러 공격점을 배치하는 것과 관련된 것으로, 이 개념은 4.4절에서 다시 다룬다). 그림 4.2는 평균 중심의 초구를 대상으로 하는 공격과 테이블 가장자리를 넘어 확장된 블록 더미 간의 대응을 보여준다.

공격 전략을 고전 물리학 문제에 비유해보면, 최적 전략은 후자의 해결책에서 찾

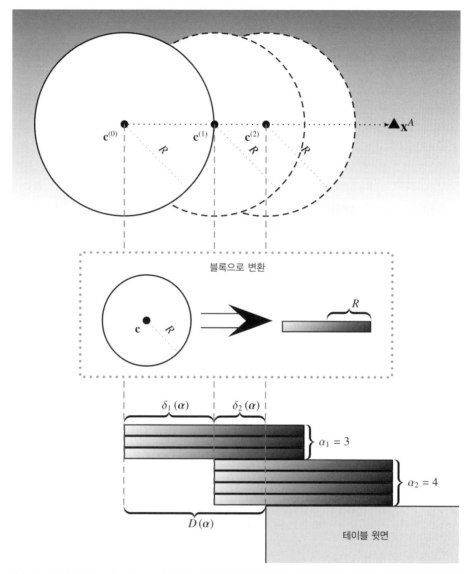

그림 4.2 공격 수열 $\boldsymbol{\alpha}=(\alpha_1=3, \alpha_2=4)$과 테이블 가장자리에 블록을 최적으로 쌓아 테이블 가장자리를 넘어 확장하는 개념을 물리학적으로 표현했다.[6] 위에서 아래로, 나이브 초구 특이점 탐지기(naive hypersphere outlier detector)를 대상으로 하는 공격 $\boldsymbol{\alpha}$의 원래 효과는 동치 균형 문제(equivalent balancing problem)로 변환할 수 있다. 이런 비유에서, $\mathbf{c}^{(t)}$에서 시작 변(starting edge)의 길이가 $2R$(지름)인 블록은 평균 $\mathbf{c}^{(t)}$와 반경 R을 갖는 초구의 t번째 재훈련 반복에 공격점을 배치하는 것과 동치(equivalence)이다. 이 이상한 동치는 단위 질량의 점이 이전 평균으로부터 거리 R에 배치된다는 생각을 캡슐화한다. 수직 더미(Vertical stack)는 시간 t에서 여러 점을 배치하는 것으로 해석할 수 있으며, (이상할 정도로 충분한) 시간은 블록을 따라 테이블로 흐른다. 또한 기여도 $\delta_1(\boldsymbol{\alpha})$과 $\delta_2(\boldsymbol{\alpha})$가 이들의 전반적인 효과 $D(\alpha_1, \alpha_2)$와 함께 표현돼 있다.

---

6 블록 쌓기 문제에 대한 자세한 설명은 https://bit.ly/31B2Y33 참고 – 옮긴이

을 수 있다. 존슨이 설명한 것처럼, 블록은 처음에는 $\frac{1}{2}$, 두 번째는 $\frac{1}{4}$ 그리고 t번째는 $\frac{1}{2t}$로 확장해 블록을 최적으로 쌓을 수 있다[116]. 최적 정수 전략은 반복당 하나의 점만 배치하는 것이다. 또한 그림 4.2에 언급한 바처럼 블록은 길이가 초구의 지름인 $2R$이므로 이 최적 전략은 조화수열 $D_0^\star(M, \infty) = h_M = \sum_{t=1}^{M} \frac{1}{t}$에 의해 결정되는 변위다. 이제 초구 공격에 대한 물리적 표현과 정리 4.16의 대응 최적 전략corresponding optimal strategy에 도달한다. 사실, 단일 블록 더미 전략single-block stacking strategy은 한 층에 여러 블록을 쌓는 다폭 더미 문제multi-wide stacking problem에는 최적이 아니다[100, 109]. 그러나 우리 문제의 제약 조건으로 인해 이러한 쌓기 전략은 초구 외부에 공격점을 추가하는 것을 의미하므로 현실적인 공격에 해당하지는 않는다.

4.4 공격에 시간 제약 조건 추가

앞 절에서 각 재교육 반복에서 최대 하나의 공격점을 사용하는 공격의 최적성을 보였다. 이 전략은 고정된 공격 예산 M에 대해 공격자의 표적을 향해 가능한 최대 이동 거리를 보장하지만, 공격자의 전체 목표를 포착하지는 못한다. 즉, 공격의 목적은 (평균을 원하는 만큼 이동시키는) 목표를 달성하는 것이지만, 최소한의 총공격 지속 시간 T 안에 또는 최소한의 노력(가능한 최소 M개의 점)으로 목표를 달성하는 것이다. 앞의 분석에서 알 수 있듯이, 규정된 공격prescribed attack은 최대 거리가 $\approx \log M$이지만, 시간 $T = M$에서도 최대 거리가 $\approx \log M$이므로, 그 공격은 공격에 필요한 시간에서만 로그 효과logarithmic effect를 얻을 수 있지만, 정리 4.6은 T에서 선형으로 얻은 총 변위를 제한한다. 이 상계와 실제 효과 간의 불일치는 이런 공격이 공격자가 사용 가능한 자원인 공격 예산 M을 제대로 활용하지 않는다는 것을 보여준다. 이처럼 우리는 좀 더 현실적인 가정인 $T \ll M$으로 어떤 $T \in \mathfrak{N}_0$에 대해 T번의 재훈련 반복 내에서 공격을 수행해야 하는 공격자를 고려한다. 즉, 공격은 공격의 총 규모에 비례해 작은 시간대에서 진행돼야 한다. 이는 다음과 같은 제한 최적성constrained optimality의 개념으로 이어진다.

정의 4.17 제한 최적성Constrained Optimality 공격 수열 $\boldsymbol{\alpha}^{\star} \in \mathcal{A}^{(M,\infty)}$이 $\forall \boldsymbol{\alpha} \in \mathcal{A}^{(M,\infty)}$에 대해 $D(\boldsymbol{\alpha}) \leq D(\boldsymbol{\alpha}^{\star})$이고 이 수열로 달성한 최적 거리를 $D_0^{\star}(M, T)$라고 하면, M개의 가능한 총공격점과 주어진 지속 시간 T에 대해 최적이라고 한다. 공격자는 다음 프로그램을 사용해 최적 공격 수열 $\boldsymbol{\alpha}^{\star}$을 찾음으로써 이 최적성을 달성할 수 있다.

$$\boldsymbol{\alpha} \in \mathcal{A}^{(M,T)} \text{을 만족하는}$$
$$\boldsymbol{\alpha}^{\star} \in \operatorname{argmax}_{\boldsymbol{\alpha}} D(\boldsymbol{\alpha}) \tag{4.14}$$

제한 최적성과 동치인 공식은 원하는 상대변위 D_R을 입력으로 받아 총 M개의 공격점으로 원하는 거리를 달성하는 데 필요한 지속 시간 T를 최소화한다. 마찬가지로 또 다른 대안은 고정된 D_R과 T에 대해 M을 최소화한다. 그러나 식 (4.14)는 공격자의 목표 측면에서 이 최적화를 생각하는 자연스러운 방법이다. 이 절의 나머지 부분에서 이 제약 문제를 풀 수 있는 경계를 유도한다.

계속하기 전에 $M \geq T$일 때, 제한 문제는 원본 비제약 문제original unconstrained problem와 동치다. 또한 정리 4.15에 의해 공격 지속 시간 T가 증가하면 최적 변위도 순증가하며, $T = M$을 사용하면 고정된 공격 크기 $M \in \mathfrak{N}_0$에 대해 최대 확장 거리maximum extension distance를 얻을 수 있다. 4.2절의 모든 결과가 이 제한된 영역에서 유효하다는 점에 유의할 필요가 있다. 마지막 절에서 얻은 결과만 다시 연구하면 된다.

4.4.1 가변 질량의 블록 쌓기

4.3.1절에서 보듯 원본 문제original problem는 테이블 가장자리에 같은 블록 더미를 최적으로 확장한 문제로 축소하는 문제와 동치다. 놀랄 것도 없이, 초구를 대상으로 하는 공격 시간을 제한하는 문제는 블록 쌓기 문제를 제한한 문제와 유사하다. 이 버전에서는 블록 M개에 대응되는 M개의 점을 가지고 있다. 이러한 점은 주어진 더미의 모든 점이 같은 (수평) 위치에서 함께 묶이도록 T개의 수직 더미로 바뀌어야 하며, 이는 한 번의 반복에서 점을 배치하는 것에 대응된다. 따라서, t번째 수직 더미는 $\alpha_t \in \mathfrak{N}_0$ 블록을 포함하고 α_t의 결합 질량combined mass을 갖는다. 또한 초기 지지

질량initial supporting mass을 통합하기 위해, 가장 위쪽 블록의 바깥쪽 가장자리에 놓여 있는 초기 이동 불가능한 질량initial unmovable mass $\alpha_0 = N$이 있다. 공격자는 결과 T개의 더미가 테이블 가장자리를 넘어 최대로 확장할 수 있도록 M개의 블록을 그룹으로 만드는 일을 최적화해야 한다. 그림 4.2는 세 개의 더미로 된 이 문제를 보여준다. 그러나 이 제한된 형태의 블록 쌓기 문제는 원본 블록 쌓기 문제에 이 수직 쌓기 제약 조건을 추가하고 각 더미의 크기를 적분해야 하므로 원본 문제보다 더 어렵다.

우리가 아는 한 이 문제에 대해 일반적으로 알려진 (정수) 해는 없다. 그러나 공격자가 달성할 수 있는 최적 진행optimal progress에 대한 경계를 만들려는 우리의 목적을 위해, 증명 가능한 최적의 실현 가능한 전략을 찾을 필요는 없다. 대신 공격자에 대한 제한을 완화함으로써(즉, 문제에서 허용되는 것보다 더 많은 능력을 부여함으로써) 최적의 전략을 끌어낼 수 있다면, 이 최적 완화 전략optimal relaxed strategy으로 달성한 변위는 진정한 (제한된) 공격자의 최적 전략에 경계가 될 수 있다. 직관적인 완화 중 하나는 수직 더미에 정수의 요소가 들어 있다는 제약 조건을 제거하는 것이다. 대신, 우리는 수직 더미에 (여전히 음수가 아닌) 실수값을 허용한다. 이로 인해 새로운 공식을 얻을 수 있다. 공격자는 길이가 같지만 질량이 가변인 T개의 블록을 가지고 있으며, 블록의 총 질량이 M이 되도록 그 블록에 질량을 최적으로 할당하고 테이블을 넘어 최적의 수평 변위 달성을 원한다. 이것은 문제의 연속 변형continuous variant인 가변–질량 블록 쌓기 문제variable-mass block-stacking problem이다.

실수공간과 같은 연속 영역으로 이동해, $\beta_t \in \mathfrak{N}_{0+}$에서의 연속 수열 $\boldsymbol{\beta} \in \mathcal{B}^{(M,T)}$를 생각해보자. 주어진 T와 M에 대해 (완화된) 공격자는 모든 $\boldsymbol{\beta} \in \mathcal{B}^{(M,T)}$에 대해 $D(\boldsymbol{\beta}^\star) \geq D(\boldsymbol{\beta})$를 만족하는 $\boldsymbol{\beta}^\star$를 찾고 싶어 한다. 식 (4.13)과 (4.14)에서 제시한 최적화 문제를 자연스럽게 연속공간으로 확장해, 원본 문제에서의 대부분 관측을 연속 영역까지 가져갈 수 있다. 특히, 정리 4.12에서 증명한 것처럼 0 원소의 위치는 여전히 무관하며, 0 원소는 최적성에 영향을 주지 않고 다시 제거할 수 있다. 또한 정리 4.14의 증명은 α_t가 정수라는 사실을 사용하지 않고, 단지 $\alpha_t \geq 0$인 조건만을 사용했다. 동일 선상의 추론을 $\beta_t \in \mathfrak{N}_{0+}$에 적용할 수 있으므로 최적 연속해optimal

$^{\text{continuous solution}}$는 단조 증가한다. 사실, 이 완화로 무효화된 4.2절의 유일한 결과는 보조정리 4.13이다. 연속 영역에서 $\beta_1 = \epsilon > 0$이 최적 초기 기여도 $\beta_1(\boldsymbol{\beta}) = 1$을 만족하므로 $\beta_1 = 1$이 더는 일반적으로 최적이 아니다.

4.4.2 대안 공식

연속 질량 설정에서 식 (4.14)의 프로그램에 대한 최적의 전략 $\beta_T^{\star} = (\beta_t \in \mathfrak{N}_{0+})$을 찾는 것은 간단하지 않다. 원본 블록 쌓기 문제는 공개된 해를 사용하는 질량 중심 문제로 잘 알려졌지만, 우리는 질량을 블록에 재분배할 수 있는 블록 쌓기 문제를 다룬 연구는 알지 못한다. 다음 절에서 이 문제의 해를 제공하고 유사한 설정에서 목표를 달성하기 위해 공격자가 필요로 하는 노력을 제한한다.

이 문제를 풀기 위해 우리는 공격자가 현재의 이득을 과거의 행동과 견줘봐야 한다는 참조 4.5의 직관을 가지고, t번째 재교육 반복에 축적된 질량의 관점에서 문제를 다시 만든다. 특히 식 (4.7)의 완화된 질량의 누적합이 $\mu_0 = N$과 $\mu_T = M$인 $\mu_t = \sum_{\ell=1}^{t} \beta_\ell$인 것을 고려해, 공격 수열의 각 항은 $\beta_t = \mu_t - \mu_{t-1}$로 다시 쓸 수 있다. 따라서 누적 질량 수열$^{\text{cumulative mass sequence}}$ $\boldsymbol{\mu}$의 관점에서 전체 목적함수를 다시 쓰면, $\mu_0 = N$일 때 다음과 같다.

$$D(\boldsymbol{\mu}) = T - \sum_{t=1}^{T} \frac{\mu_{t-1}}{\mu_t} \tag{4.15}$$

μ_t를 누적 질량$^{\text{cumulative mass}}$으로 정의하면 $\mu_0 \leq \mu_1 \leq \mu_2 \leq \ldots \leq \mu_T = M + N$이다. 마지막으로, 정리 4.15에서 전체 M개 미만의 점을 사용하는 공격은 최적이 아니므로 고려 대상에서 제외할 수 있으므로, T번째 반복에서 질량은 전체 $M + N$이 돼야 한다. 따라서 공격자는 $\boldsymbol{\mu}^{\star} = (\mu_t^{\star})$에 대해 다음 프로그램을 통해 최적성을 달성할 수 있다.

$$\mu_0^{\star} \leq \mu_1^{\star} \leq \cdots \leq \mu_T^{\star}$$
$$\mu_0^{\star} = N, \quad \mu_t^{\star} \in \Re_+, \quad \mu_T^{\star} = M + N \text{ 을 만족하는}$$

$$\mu^{\star} \in \text{argmax}_{\mu} D(\mu) = T - \sum_{t=1}^{T} \frac{\mu_{t-1}}{\mu_t} \tag{4.16}$$

이 재구성에서 총 질량의 제약 조건은 여전히 완화된 문제의 모든 측면을 포착하므로, 이 재구성된 버전의 문제를 최적화하기가 더 쉽다. 이 프로그램은 시간 제약 문제time-constrained problem의 변형에서 공격자의 최적 진행에 대해 우리가 원하는 경계로 이어진다.

4.4.3 최적 완화 해

프로그램 (4.16)의 대안 공식alternative formulation을 이용해 $T < M$에 대해 완화된 최적 전략을 계산할 수 있다. $T \geq M$에 관해서는 정리 4.16을 적용하면 된다. 이 최적화의 결과를 정리하면 다음과 같다.

정리 4.18 임의의 $N > 0$와 $T < M$에 대해, $t \in 1 \ldots T$에 대한 총질량 수열 $\mu_t^{\star} = N \left(\frac{M+N}{N}\right)^{\left(\frac{t}{T}\right)}$로 표현된 질량 수열은 프로그램 (4.16)의 유일한 해다. 또한 이 총질량 수열은 다음처럼 최적 변위에 대한 경계를 제공한다.

$$D_N^{\star}(M, T) \leq D(\mu^{\star}) = T\left(1 - \left(\frac{N}{M+N}\right)^{1/T}\right) \tag{4.17}$$

마지막으로, 질량 변위의 실제 최적 수열 $\boldsymbol{\beta}^{\star}$는 다음과 같다.

$$\beta_t^{\star} = \begin{cases} N, & t = 0 \quad \text{인 경우} \\ N\left(\frac{M+N}{N}\right)^{\frac{t-1}{T}}\left(\left(\frac{M+N}{N}\right)^{\frac{1}{T}} - 1\right), & t \in 1 \ldots T \text{인 경우} \end{cases} \tag{4.18}$$

또한 이 해는 필요에 따라 모든 $t > 0$, $\mu_{t-1} \leq \mu_t$에 대해 조건 $\mu_0 = N$, $\sum_{t=1}^{T} \beta_t^{\star} = \mu_T = M + N$을 만족한다.

증명 증명은 부록 B.5에서 다룬다. □

일반적으로 식 (4.18)의 최적 완화 전략은 $\left(\frac{M+N}{N}\right)^{\frac{1}{T}} \in \mathfrak{N}$인 경우를 제외하고 정수 전략[integer strategy]을 만들지 않는다. 따라서, 이러한 전략은 일반적으로 식 (4.14)의 프로그램에 따라 최적이 아니다. 게다가 최적 완화 전략을 최적 정수값으로 변환하는 것은 중요하지 않다. 실수값을 반올림하는 것이 좋은 전략일 수 있지만, 반드시 최적은 아니다. 그러나 우리는 그 영향을 정량화하기 위해 최적 정수값 전략[optimal integer-valued strategy]을 명시적으로 계산할 필요가 없다.

이 결과의 유용성은 함수 $T\left(1 - \left(\frac{N}{M+N}\right)^{1/T}\right)$가 M과 T 모두에서 단조 증가하므로 최적 정수값 공격 수열로 달성한 최적 변위의 경계를 구하고, 이후 보조정리 4.1을 사용해 이 경계를 반전시킬 수 있다는 것이다. 또한 정리 4.6에 따라 이 함수의 상계는 T이며, $T \to \infty$일 때 $\log\left(\frac{M+N}{N}\right)$의 상극한[upper limit]을 갖는다. 임의의 고정된 T와 M으로 얻은 변위는 기껏해야 $\left[T, \log\left(\frac{M+N}{N}\right)\right]$이다. 결과는 다음과 같다.

$$M^\star \geq \begin{cases} N\left(\frac{T}{T-D_R}\right)^T - N & \geq & N(\exp(D_R) - 1), & D_R < T \text{인 경우} \\ \infty, & & & D_R \geq T \text{인 경우} \end{cases} \quad (4.19)$$

여기서 이 경계의 두 번째 경우는 공격점을 얼마나 많이 사용하는지와 관계없이 총 상대변위가 공격 지속 시간 T를 초과할 수 없다는 제한을 반영한다(정리 4.6 참조). 마찬가지로 주어진 N, $M > 0$에 대해 변위 D_R을 달성하는 데 필요한 최소 재훈련 반복 횟수는 다음 부등식의 해로 결정할 수 있다.

$$\left(\frac{D_R}{T} - 1\right)^T \geq \frac{N}{M+N}$$

이는 람베르트[Lambert]-W 함수(즉, 함수 $f(w) = w\exp(w)$의 역함수)를 사용해 계산할 수 있지만, 기본함수[elementary function]의 관점에서 표현할 수 없으며 경계를 계산할 수 있다고 말하는 것 외에 문제에 대한 우리의 직관에도 이바지하지 못한다(그림 4.3 참조).

우리는 이제 공격자의 목표 달성에 필요한 노력에 강한 경계를 제공했다. 그러나 이 절을 끝내기 전에 식 (4.19)의 결과는 $N \geq 1$일 때만 적용된다는 점에 유의해야 한다. 간략하게 이 특별한 경우를 설명하고, 초구 탐지기를 대상으로 하는 공격에

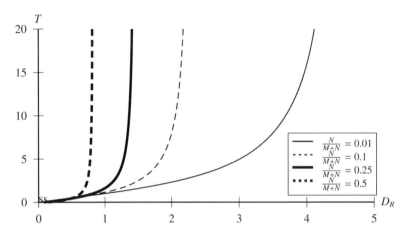

그림 4.3 목표 변위 D_R을 달성하는 데 필요한 재훈련 반복 횟수 T의 하계 그래프. 각 곡선은 특정 고정비 $\frac{N}{M+N}$의 하계를 보여준다. 예상대로 $M \gg N$일 때 요구 사항이 줄어들지만, 각각의 경우에 따른 곡선에는 경계가 급격히 증가하는 전환점이 있다. 예를 들어 $\frac{N}{M+N} = 0.5$일 때 $D_R > 1$이 되도록 하려면 불합리한 공격 지속 시간이 필요하므로 $D_R > 1$을 달성하는 것은 실질적으로 불가능하다. 추가로 $M \gg T$이 되지 않는 한 하계가 느슨해진다는 것에 주목해야 한다.

대한 추가 시나리오를 고려한다.

4.4.3.1 지원하지 않는 초기 초구를 대상으로 하는 공격

앞에서 언급했듯이 정리 4.16과 달리 정리 4.18과 그 결과로 발생하는 후속 경계subsequent bound는 $N = 0$일 때 적용되지 않는다. 이는 이 수열에 대해 초기 제약 조건이 없으면 점점 더 커지는 변위가 항상 감소하는 초기점ever-diminishing initial point $\mu_1 > 0$로 시작해 얻을 수 있기 때문이다. 문제는 $N = 0$에 대해 $\mathbf{c}^{(0)}$를 중심으로 하는 초기 초구는 초기 질량을 갖고 있지 않다고 가정한다는 것이다. 따라서 경계에 있는 공격자가 배치한 첫 번째 질량은 크기와 관계없이 평균을 $\mathbf{c}^{(1)} = R$로 바꾼다. 정수값인 경우, 이 가정은 보조정리 4.13으로 인해 결과에 거의 영향을 미치지 않지만, 연속적인 실수값인 경우, 이것은 공격의 초기 단계에서 매우 적은 (그러나 기하급수적으로 증가하는) 질량을 배치한 다음 최종 단계에서 총질량 대부분을 추가하는 공격으로 이어진다.

연속 영역에서, 우리는 $N \to 0$일 때의 극한에서 정리 4.18에 의해 주어진 최적 공격 수열을 조사할 수 있다. 이 과정에서 우리는 식 (4.17)로 달성할 수 있는 최적 거리가 T라는 것을 유도한다. 즉, $\lim_{N \to 0} D_N^\star(M, T) = T$이다. 정리 4.6에서 보듯이 이것은 사실 지속 시간 T의 수열로 달성할 수 있는 최대 가능 변위 정렬^{maximal} $^{\text{possible displacement alignment}}$이다. 그러나 이러한 공격 수열은 실현 가능한 정수값 공격$^{\text{feasible integer-valued attack}}$에 잘 부합하지 않으며 우리의 경계를 개선하지 못한다.

$N = 0$인 경우에 더 나은 경계를 제공하기 위해 원본 정수값 문제에서 제약 조건 $\mu_1 = \beta_1 = 1$을 다시 도입한다. 즉, 우리는 이제 보조정리 4.13의 결과가 유지된다고 가정한다. 이것은 연속 값 수열을 정수값 수열에 더 밀접하게 일치하도록 제한한다. 이것은 참조 4.9에서 설명한 것처럼 공격자가 적어도 공격점을 사용할 때까지는 공격이 시작되지 않기 때문에 합리적인 가정이다.

이 문제에 대한 새로운 제약 조건은 $\mu_0 = N$ 대신에 $\mu_1 = 1$을 사용해 식 (4.16)에서 이전에 분석한 것과 유사한 문제로 이어지며, 그 후속 결과는 정리 4.18에 제시된 문제와 그 증명을 반영한다. 특히, $t \in 1 \ldots T$에 대해 $\mu_t^\star = M^{\frac{t-1}{T-1}}$로 주어진 총질량 수열은 유일한 해로 $D_0^\star(M, T) \leq T - (T-1) \cdot M^{\frac{-1}{T-1}}$의 최적 변위 정렬을 달성한다. 다시 말하지만, 이 경계함수는 M과 T 모두에서 단조 증가하며, $N = 0$일 때 공격자의 노력에 대한 경계는 다음과 같다.

$$M^\star \geq \begin{cases} \left(\frac{T}{T-D_R}\right)^T & \geq \quad \exp(D_R - 1), & D_R < T \text{인 경우} \\ \infty, & & D_R \geq T \text{인 경우} \end{cases}$$

여기서 두 번째 경우는 총상대변위가 공격 지속 시간 T를 초과할 수 없다는 제한을 다시 반영한다. 또한 주어진 $M > 0$에 대해 변위 D_R을 달성하는 데 필요한 최소 재훈련 반복 횟수 $T^\star$에 대한 경계는 $D_0^\star(M, T)$에 대한 위의 경계로부터 계산할 수 있지만, 기본 함수로 표현할 수 없으며 더 이상의 통찰력에 이바지하지 않는다.

이로써 4.1절에서 설명한 초구 모델을 대상으로 하는 공격에 대해 결과가 마무리된다. 지금까지 살펴본 모든 경우에서 공격자가 모델에 미치는 영향은 극히 제한적이었으며 원하는 변위 D_R을 달성하는 데 필요한 공격점의 개수는 D_R에서 최소 지수^{minimally exponential}였다. 이러한 결과는 초구에 대한 보안을 강력하게 보장하지만, 다음 절의 설명에서 사용하는 재훈련 모델은 지나치게 엄격하다. 이제 대안 재훈련 모델^{alternative retraining model}을 검토한다.

4.5 데이터 치환 재교육을 대상으로 하는 공격

이제는 오래된 데이터를 새로운 데이터로 치환^{replace}해 초구 탐지기가 좀 더 민첩하게 적응할 수 있는 대안 학습 시나리오^{alternative learning scenario}를 생각한다. 이 시나리오는 클로프트와 라스코프가 연구했으며[134], 여기에 이들의 연구 결과를 요약한다. 여기서는 공격자가 마지막 재교육 반복에서 초구를 훈련하기 위해 이전에 사용했던 정확하게 하나의 기존점을 새로운 점으로 치환^{replace}한다고 가정한다. 이는 식 (4.6)의 무게 중심 업데이트 공식을 다음과 같이 변경한다.

$$\mathbf{c}^{(t)} = \mathbf{c}^{(t-1)} + \frac{1}{N}\left(\mathbf{a}^{(t)} - \mathbf{x}_{rep}^{(t)}\right) \tag{4.20}$$

여기서 $\mathbf{x}_{rep}^{(t)}$는 $\mathbf{a}^{(t)}$로 치환되는 점이다. 4.2절과 달리 하나의 점을 추가하고 제거하기 때문에 새로운 초구의 무게 중심을 지지하는 질량은 변하지 않는다는 점에 주의해야 한다. 다음에 설명하는 것처럼, 이 시나리오에서 공격자는 과거의 공격점에 의해 더는 제약을 받지 않으므로 공격이 이전 공격 시나리오보다 상당히 효과적이다.

이 환경을 일반화해 공격자가 각 반복에서 공격점 α_t를 다시 사용할 수 있도록 할 수 있다. 일반적으로 $\alpha_t \in \{0, \ldots, N\}$이다. 그러나 이렇게 함으로써, 최적의 공격 벡터 집합 $\mathbb{A}^{(t)}$을 선택하고 공격점을 전체 전략 $\boldsymbol{\alpha}$에 최적으로 할당하는 측면에서 후속 분석이 상당히 복잡해진다. 게다가 4.3절에서 보았듯이 각 반복에서 단일 공격점을 배치하는 전략($\alpha_t = 1$)은 시간 제약 없이 M개의 점을 배치하기 위한 최적의 전략이므로 모든 시간 제약 전략^{time-constrained strategy}의 특징이다. 따라서 이 절에서는 우리의 설명을 단순화하기 위해 우리는 ($T = M$이라고 가정하는) 단일점 공격 전략^{single-point attack strategy}에만 초점을 맞추고 이 가정의 영향에 관해 설명한다.

이 단일점 치환 시나리오에서 상대변위^{relative displacement}와 총상대변위^{total relative displacement}는 각각 다음처럼 주어진다.

$$\mathbf{r}_t = \tfrac{1}{R \cdot N}\left(\mathbf{a}^{(t)} - \mathbf{x}_{rep}^{(t)}\right) \text{와} \qquad \mathbf{D}_T = \tfrac{1}{R \cdot N}\sum_{t=1}^{T}\left(\mathbf{a}^{(t)} - \mathbf{x}_{rep}^{(t)}\right)$$

4.2절에서 도출한 결과와 그 이후의 결과와는 달리, 이 시나리오에서 공격의 영향을 최적화하거나 분석하기 위해 초구가 사용하는 특정 치환 정책^{specific replacement policy}에 대해 더 많은 정보가 필요하다. 다음으로 $\mathbf{x}_{rep}^{(t)}$를 선택하기 위한 다양한 치환 정책과 해당 정책이 공격 성공에 미치는 영향에 관해 설명한다. 그러나 위에서 제시한 $\mathbf{D}_T$의 계산식을 보면, 일반적으로 공격이 앞 절에서 분석한 것보다 더 성공적일 것이 분명하다. 사실, 모든 t에 대해 어떤 고정상수 $\kappa > 0$에 대해 $\left(\mathbf{a}^{(t)} - \mathbf{x}_{rep}^{(t)}\right)^{\top}$ $\left(\mathbf{x}^A - \mathbf{c}^{(0)}\right) \geq \kappa$를 얻는다면, 공격자는 적어도 다음과 같은 변위 정렬을 달성할 수 있다.

$$\rho\left(\mathbf{D}_T\right) \geq \frac{\kappa}{RN \left\| \mathbf{x}^A - \mathbf{c}^{(0)} \right\|} T$$

이는 치환 시, 공격이 각 반복에서 단일 공격점만을 사용해 공격 지속 시간 T에 따라 선형증가^{linearly increase}하는 선형 변위 정렬을 잠재적으로 달성할 수 있다. 따라서 총공격점은 $M = T$이다. 이것은 특히 치환하지 않는 재학습을 통해 입증된 기하급수적인 결과와 비교할 때 공격자에게는 놀라운 성공이다.

이제부터 잠재적인 치환 정책^{potential replacement policy}과 그 정책이 공격자의 성공에 미치는 영향을 설명한다. 우리는 여기서 임의의 정책과 효과를 살펴본다. 이를 위해 공격의 각 단계에서 최적이지만 전체 공격 전략과 관련해서 반드시 최적일 필요가 없는 공격을 분석한다. 이를 위해 우리는 다음과 같은 탐욕 최적 공격의 개념을 고려한다.

정의 4.19 현재의 중심 $\mathbf{c}^{(t-1)}$가 주어졌을 때, 공격의 t번째 반복에서 공격점 $\mathbf{a}^{(t)}$를 이용한 공격이 제약 조건 $\left\| \mathbf{a}^{(t)} - \mathbf{c}^{(t-1)} \right\| \leq R$에 따라 다음 식을 최적화한다면 탐욕 최

적 공격greedy optimal attack이라고 한다.

$$E\left[\rho\left(\mathbf{D}_t\right) \mid \mathbf{c}^{(t-1)}\right] \tag{4.21}$$

4.5.1 평균제거 치환과 임의제거 치환 정책

먼저, 이전의 무게 중심 사본copy을 제거하는 정책(평균제거 치환average-out replacement)과 데이터에서 임의점을 제거하는 정책(임의제거 치환random-out replacement)의 두 가지 간단한 치환 정책을 검토한다. 이러한 정책은 변위 정렬에 예측 가능한 영향을 미치므로 공격자는 상대적으로 적은 공격점을 사용해 목표를 달성할 수 있다.

평균제거 치환에서, 새로운 데이터 포인트로 치환되는 점은 항상 현재 무게 중심의 사본, 즉 t번째 반복에서 $\mathbf{x}_{rep}^{(t)} = \mathbf{c}^{(t-1)}$이다. 따라서, 식 (4.20)으로부터 t번째 무게 중심은 $\mathbf{c}^{(t)} = \mathbf{c}^{(t-1)} + \frac{1}{N}\left(\mathbf{a}^{(t,\ell)} - \mathbf{c}^{(t-1)}\right)$가 돼 정리 4.7과 유사한 결과를 얻는다. 즉, 모든 반복에서 최적 공격점은 $\mathbf{a}^{(t)} = \mathbf{c}^{(t-1)} + R \cdot \frac{\mathbf{x}^A - \mathbf{c}^{(0)}}{\|\mathbf{x}^A - \mathbf{c}^{(0)}\|}$이며, T번째 최적 무게 중심은 $\mathbf{c}^{(T)} = \mathbf{c}^{(0)} + \frac{RT}{N} \cdot \frac{\mathbf{x}^A - \mathbf{c}^{(0)}}{\|\mathbf{x}^A - \mathbf{c}^{(0)}\|}$이다. 이를 통해 다음과 같은 최적 공격 매개변수를 얻을 수 있다.

$$\mathbf{r}_t = \frac{1}{N} \cdot \frac{\mathbf{x}^A - \mathbf{c}^{(0)}}{\|\mathbf{x}^A - \mathbf{c}^{(0)}\|} \quad \forall\, t \in \{1, \ldots, T\}$$

$$\mathbf{D}_T = \frac{T}{N} \cdot \frac{\mathbf{x}^A - \mathbf{c}^{(0)}}{\|\mathbf{x}^A - \mathbf{c}^{(0)}\|}$$

따라서 결과적으로 변위 정렬은 $\rho\left(\mathbf{D}_T\right) = \frac{T}{N}$이다. 앞에서 설명한 것처럼 각 반복에서 이 정책에 따라 달성한 상대변위는 원하는 방향 $\mathbf{x}^A - \mathbf{c}^{(0)}$의 $\kappa = \frac{\|\mathbf{x}^A - \mathbf{c}^{(0)}\|}{N}$를 갖는 고정 내적fixed inner product이 된다. 각 공격점은 원하는 방향으로 단위 단계unit step $\frac{1}{N}$만큼 이바지하며, 원하는 변위는 $M^\star = T^\star = N \cdot D_R$가 된다. 즉, 목표는 원하는 상대변위 D_R에서 선형적으로 많은 점만 필요로 한다.

> **참고 4.20** 위에서 공격자는 반복당 하나의 공격점을 사용해 초구를 최적으로 이동할 수 있다. 그러나 각 공격점이 무게 중심에 미치는 영향은 어떤 반복에서 얼마나

많은 공격점을 사용하는지에 관계없이 같다. 즉, 각 반복에서 몇 개의 점을 사용하는지와 상관없이 점당 영향은 같다. 실제로 각 반복에서 N개의 공격점을 사용한다면, 변위 정렬displacement alignment은 $\rho(\mathbf{D}_T) = T$로 치환이 허용되지 않을 때 최대 가능 변위 정렬maximum possible displacement alignment이다(정리 4.6 참조). 공격자의 목표 달성에 필요한 점의 개수가 $M^{\star} = N \cdot D_R$로 유지되지만 $T^{\star} = D_R$번만 반복해도 목표를 달성할 수 있다. 따라서 할당 전략allocation strategy과 관계없이 평균제거 치환에 해당하는 $\rho(\mathbf{D}_T) = M$으로 표현하는 것이 더 적절하다.

임의제거 치환 정책의 경우 $\mathbf{x}_{rep}^{(t)}$는 초구의 현재 훈련 집합에서 임의로 선택된 요소다. 따라서 공격 매개변수를 정확하게 계산하는 것은 더는 불가능하다. 즉, 초구의 무게 중심을 재귀적으로 계산하는 데 사용되는 항 $\left(\mathbf{a}^{(t)} - \mathbf{x}_{rep}^{(t)}\right)$은 확률변수에 따라 달라진다. 그러나 우리는 이전 반복에서 얻은 무게 중심 $\mathbf{c}^{(t-1)}$에 대해 각 반복 t에서 기대 변위 정렬expected displacement alignment을 국소적으로 최적화하는 탐욕 최적 공격을 고려할 수 있다. 특히 $\mathrm{E}\left[\mathbf{D}_t \mid \mathbf{c}^{(t-1)}\right] = \frac{\mathrm{E}\left[\mathbf{c}^{(t)} \mid \mathbf{c}^{(t-1)}\right] - \mathbf{c}^{(0)}}{R}$에 주목해 $\rho(\cdot)$의 기대값을 단순화할 수 있다. 식 (4.5)에서 기대값의 선형성linearity of expectation과 변위 정렬의 정의에 따라 다음과 같은 식을 얻을 수 있다.

$$\mathrm{E}\left[\rho\left(\mathbf{D}_t\right) \mid \mathbf{c}^{(t-1)}\right] = \frac{\mathrm{E}\left[\mathbf{c}^{(t)} \mid \mathbf{c}^{(t-1)}\right]^{\top}\left(\mathbf{x}^A - \mathbf{c}^{(0)}\right)}{R\left\|\mathbf{x}^A - \mathbf{c}^{(0)}\right\|} - \frac{\left(\mathbf{c}^{(0)}\right)^{\top}\left(\mathbf{x}^A - \mathbf{c}^{(0)}\right)}{R\left\|\mathbf{x}^A - \mathbf{c}^{(0)}\right\|}$$

여기서 두 번째 항은 문제의 매개변수에 의해 결정되는 상수다. 따라서 $\mathbf{a}^{(t)}$를 임의의 변수로 간주하지 않기 때문에 첫 번째 항의 분자인 $\mathrm{E}\left[\mathbf{c}^{(t)} \mid \mathbf{c}^{(t-1)}\right] = \mathbf{c}^{(t-1)} + \frac{1}{N}\left(\mathbf{a}^{(t)} - \mathrm{E}\left[\mathbf{x}_{rep}^{(t)} \mid \mathbf{c}^{(t-1)}\right]\right)$를 최대화하고자 한다.

일반적으로 공격자는 양과 적대적 점의 혼합으로 구성된 후보 치환 데이터 포인트 $\{\mathbf{x}^{(\ell)}\}$의 분포를 알지 못한다. 그러나 이러한 데이터 포인트가 초구 중심에 사용된 표본이므로 공격자는 $\mathbf{c}^{(t-1)}$의 경험적 평균empirical mean을 가지고 있음을 알고 있다. 이 집합에서 (같은 확률로) 치환점replacement point을 임의로 선택하기 때문에 필요한 기대값은 $\mathrm{E}\left[\mathbf{x}_{rep}^{(t)} \mid \mathbf{c}^{(t-1)}\right] = \mathbf{c}^{(t-1)}$이다. 따라서 평균제거 치환과 마찬가지로 최적 탐욕 공격점은 $\mathbf{a}^{(t)} = \mathbf{c}^{(t-1)} + R \cdot \frac{\mathbf{x}^A - \mathbf{c}^{(0)}}{\left\|\mathbf{x}^A - \mathbf{c}^{(0)}\right\|}$이고 달성한 기대변위expected replacement는 다

음과 같다.

$$E\left[\mathbf{r}_t \mid \mathbf{c}^{(t-1)}\right] = \frac{1}{N} \cdot \frac{\mathbf{x}^A - \mathbf{c}^{(0)}}{\left\|\mathbf{x}^A - \mathbf{c}^{(0)}\right\|} \quad \forall\, t \in \{1, \ldots, T\}$$

$$E\left[\mathbf{D}_T \mid \mathbf{c}^{(t-1)}\right] = \sum_{t=1}^{T} E\left[\mathbf{r}_t \mid \mathbf{c}^{(t-1)}\right] = \frac{T}{N} \cdot \frac{\mathbf{x}^A - \mathbf{c}^{(0)}}{\left\|\mathbf{x}^A - \mathbf{c}^{(0)}\right\|}$$

자연스럽게 기대 변위 정렬은 다시 $E\left[\rho\left(\mathbf{D}_T\right) \mid \mathbf{c}^{(t-1)}\right] = \frac{T}{N}$가 된다. 따라서 치환할 점을 임의로 선택해도 평균제거 정책보다 공격자의 예상 진행을 저지하지 못한다.

4.5.2 최근접제거 치환 정책

여기서 우리는 기존 데이터를 새로운 데이터로 치환할 때 중독의 성공을 줄이기 위한 치환규칙replacement rule을 다룬다. 특히 오래된 데이터 포인트를 가장 가까운 새로운 데이터로 각각 치환하는 최근접제거 치환nearest-out replacement을 고려한다. 이 정책은 어떤 공격점에 의해 야기되는 총변위를 제한하기 때문에 공격의 효과를 줄이고자 고안됐다. 그러나 공격자가 모든 훈련 데이터를 알고 있다는 가정하에, 클로프트와 라스코프는 공격자가 현재의 훈련 데이터에 조건부로 삽입할 최적점을 찾기 위해 탐욕 최적화 절차를 사용할 수 있음을 보였다[134]. 이 경우, 삽입할 다음 최상점을 선택할 때 미래의 이득을 고려하지 않기 때문에, 이러한 전략을 탐욕스럽다greedy고 한다.

최근접제거 치환에 대응하기 위해, 공격자가 사용하는 전략은 데이터 집합에서 j번째 점을 치환할 가장 좋은 점을 찾는 것이다. 즉, 최적의 점 $\mathbf{a}^{(t,j)}$는 ① t번째 초구 안에 있으며, ② $\mathbf{x}^{(j)}$를 치환할 것이고, ③ 그런 점의 가장 큰 변위 정렬을 갖는다. 이 점을 찾기 위해 N개 데이터 포인트가 $\mathcal{X}$를 보로노이 세포Voronoi cell라고 하는 N개의 영역으로 나눈다고 생각해보자. j번째 보로노이 세포는 데이터 집합의 다른 데이터 포인트보다 $\mathbf{x}^{(j)}$에 더 가까운 점 집합이다. 이에 원하는 점 $\mathbf{a}^{(t,j)}$는 j번째 보로노이 영역 안에 있어야 하며, 다음과 같은 최적화 문제를 풀어 $\mathbf{a}^{(t,j)}$를 찾을 수 있다.

$$\forall\, k \in 1, \ldots, N \quad \left\|\mathbf{x} - \mathbf{x}^{(j)}\right\| \leq \left\|\mathbf{x} - \mathbf{x}^{(k)}\right\|$$
$$\left\|\mathbf{x} - \mathbf{c}^{(t)}\right\| \leq R를 \ 만족하는$$

$$\mathbf{a}^{(t,j)} = \operatorname{argmax}_{\mathbf{x}} \frac{1}{RN} \left(\mathbf{x} - \mathbf{x}^{(j)} \right)^{\top} \frac{\left(\mathbf{x}^{A} - \mathbf{c}^{(t)} \right)}{\left\| \mathbf{x}^{A} - \mathbf{c}^{(t)} \right\|} \tag{4.22}$$

이 프로그램의 목적은 j번째 점을 치환하기 위해 변위 정렬을 최대화하는 것으로, 첫 번째 제약 조건은 새로운 점이 j번째 보로노이 세포 안에 있어야 하며, 두 번째 제약 조건은 새로운 점이 t번째 초구 안에도 있어야 한다는 것이다. 따라서 공격자는 N개의 데이터 포인트 각각에 대한 최상의 점을 풀어야 하고 그림 4.4처럼 t번째 공격점 $\mathbf{a}^{(t)}$로 가장 큰 변위 정렬을 달성하는 점을 선택할 수 있다. 이 과정은 각각의 공격 반복마다 반복된다.

식 (4.22)의 프로그램은 2차 제약 선형 프로그램^{quadratically constrained linear program}

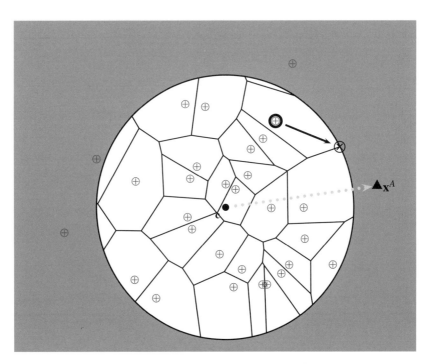

그림 4.4 최근접제거 치환을 사용해 재훈련한 초구를 대상으로 하는 최적 탐욕 공격의 반복에 대한 설명. 공격자는 현재의 무게 중심 $\mathbf{c}$를 표적점 $\mathbf{x}^{A}$로 이동시키고자 하며, 원하는 변위 방향은 두 점 사이의 회색 벡터로 표시했다. 각 훈련점은 ⊕로 표시했다. 이 점들은 초구 내부의 공간을 검은색 격자로 표시한 공간으로 보로노이 분할을 유도한다. 이 각 보로노이 세포는 에워싸인 훈련점을 치환할 점의 집합이다. 마지막으로, 최적 공격점은 ⊗로 표현했다. 즉, 표시된 훈련점을 치환해 프로그램 (4.22)에 따라 가능한 최대 변위 정렬을 만들어낸다.

으로, $\mathbf{a}^{(t,j)}$에 대한 2차 제약은 양의 정부호 행렬positive definite matrix로 표현할 수 있다. 따라서 프로그램은 볼록convex하고 양의 정부호 행렬을 가지고 있다[34]. 일반적으로 볼록 최적화기convex optimizer로 해결할 수 있지만, N이 클 때 현재의 해결사solver는 크기 변경scale이 잘 되지 않는다. 그러나 알고리즘 4.1에서는 2차 프로그램을 대신 사용하는 대안 접근 방식을 제시했다. 이 최적화 문제는 k번째 데이터 포인트 근방neighborhood 안에 있는 점 반지름을 최소화하지만, 반지름은 최소 변위 정렬 $\hat{\rho}$을 얻기 위해 제한한다. 그러한 점을 찾을 수 있으며, $\mathbf{c}^{(t)}$의 반지름 R 안에 있다면, $\hat{\rho}$은 k번째 점을 대체해 달성할 수 있는 변위 정렬의 하계이며, 그렇지 않으면 상계다. 따라서 우리는 각 점으로 달성할 수 있는 최대 달성 가능 변위 정렬을 위해, 이진탐색binary search을 수행할 수 있다. 또한 우리가 최대 가능 변위 정렬을 찾고 있으므로, 이전 $(k-1)$개의 점에 대해 지금까지 달성한 최대 변위 정렬에 대한 k번째 점의 초기 하계를 초기화할 수 있다. 이 전체 절차는 알고리즘 4.1을 만족한다.

그러나 우리가 아직 다루지 못한 이 문제의 한 측면이 남아 있다. 지금까지 우리는 각 점의 보로노이 영역과 초구의 교집합이 공집합이 아니라고 암묵적으로 가정했지만, 탐욕 최적 공격을 많이 반복하면 이 가정을 위반할 수 있다. 이러한 점을 더는 치환할 수 없고 원하는 표적 $\mathbf{x}^A$와 멀리 떨어져 있으므로 버려야abandon 하며 공격에 대한 걸림돌이 된다. 그러나 공격자는 최적 공격점을 찾고, 시뮬레이션을 통해 공격이 어떤 점을 버릴 것인지 결정하고, 만약 그렇게 했다면 버린 점에 대한 최적 공격점을 찾음으로써 해당 점이 버려지는 것을 방지할 수 있다. 공격자는 점이 버려지지 않도록 보장하면 그 반복에서 이득을 잃게 되지만, 공격에 대한 장기적인 걸림돌을 막을 수 있다. 이로 인해 공격은 전반적으로 더 최적이 되지만 정확하게 분석하는 것은 더 어려워진다.

이 문제로 인해 T번의 공격 반복에 걸쳐 이 공격의 총 변위 정렬에 대한 정확한 결과는 알려지지 않았다. 하지만 우리는 이에 대한 근사값을 계산할 수 있다. 즉, 공격자에게 최악의 경우 모든 훈련점은 방향 $\mathbf{x}^A - \mathbf{c}^{(t)}$을 따라 동일직선상co-linear에 있게 된다. 따라서 우리는 1차원인 경우를 분석할 수 있다. 여기서 어떤 점도 버려지지 않을 것이라고 가정하면, 최악의 경우 N개의 점이 무게 중심과 반지름 R 사

알고리즘 4.1 최근접 탐욕 공격

$Nout - Opt \left(\mathbf{x}^A, \mathbf{c}^{(0)}, R, \mathbf{c}^{(t)}, \left\{\mathbf{x}^{(j)}\right\}, \epsilon\right)^7$

$\rho^- \leftarrow -2 \cdot R$ 으로 설정

for all $j \in 1, \ldots, N$ **do begin**

  $\rho^+ \leftarrow 2 \cdot R$

  while $\rho^+ - \rho^- > \epsilon$ **do begin**

    다음 문제 풀기

$$\mathbf{a}^{(t,j)} = \mathrm{argmin}_\mathbf{x} \left\| \mathbf{x} - \mathbf{c}^{(t)} \right\| \tag{4.23}$$

$$\forall \, k \in 1, \ldots, N \quad 2\left(\mathbf{x}^{(k)} - \mathbf{x}^{(j)}\right)^\top \mathbf{x} \leq \left\|\mathbf{x}^{(k)}\right\|^2 - \left\|\mathbf{x}^{(j)}\right\|^2$$

$$\frac{1}{RN}\left(\mathbf{x} - \mathbf{x}^{(j)}\right)^\top \frac{\left(\mathbf{x}^A - \mathbf{c}^{(0)}\right)}{\left\|\mathbf{x}^A - \mathbf{c}^{(0)}\right\|} \geq \frac{\rho^+ - \rho^-}{2} \, \text{를 만족해야 한다.}$$

    if 프로그램 4.23를 실행할 수 있으며, $\left\|\mathbf{a}^{(t,j)} - \mathbf{c}^{(t)}\right\| \leq R$ 를 만족하면 **then**

    $\rho^- \leftarrow \frac{\rho^+ - \rho^-}{2}$ **and** $\mathbf{a}^{(t)} \leftarrow \mathbf{a}^{(t,j)}$

    else $\rho^+ \leftarrow \frac{\rho^+ - \rho^-}{2}$

  end while

end for

return: $\mathbf{a}^{(t)}$

이에 고르게 퍼지기 때문에 단일 공격으로 달성한 변위는 적어도 $\frac{R}{2N}$이다. 따라서 총 변위는 어떤 점도 버려지지 않는 반복 횟수의 최소 $\frac{1}{2N^2}$배다. 그러나 실제로 이득은 고차원 문제에서 훨씬 더 크며 $\frac{T}{N}$에서 근사적으로 선형이다. 이를 보기 위해, 우리는 미탐지율이 0.001이 되도록 선택한 반지름 R을 갖는 $D \in \{2, 4, 8, 16, 32, 64, 100\}$ 차원의 표준 정규분포에서 뽑은 $N = 100$개의 초기 데이터 포인트를 사용한 클로프트와 라스코프의 실험 절차를 따랐다[134]. 이 초기 설정으로부터 우리는 탐욕 공격을 $T = 5 \cdot N = 500$번 반복했다. 실험은 10번 반복했으며, 결과를 그림 4.5에 나타냈다. 이 그래프에서 볼 수 있듯이, 효과는 $D > 4$에 대해 $D_R = \frac{T}{N}$에 비해 약간 더 잘 접근하고 심지어 더 잘 수행할 수 있는 기울기를 갖는 근사적 선형이다.

---

7   외판원 문제(Travelling salesman Problem)를 해결하기 위해 크로이스(Croes)가 2–OPT 최적화 알고리즘을 개발(1958)했으며, 이를 확장한 것이 k–OPT 알고리즘이다. – 옮긴이

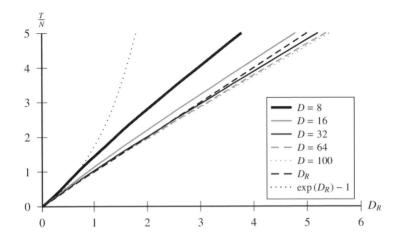

(a) 최근접 정책에 대한 탐욕 공격: 고차원

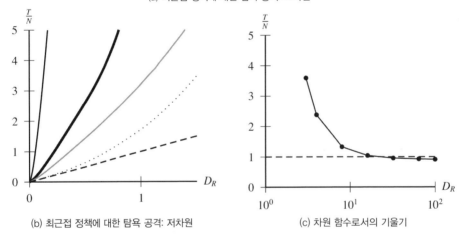

(b) 최근접 정책에 대한 탐욕 공격: 저차원

(c) 차원 함수로서의 기울기

그림 4.5 이 그래프는 최근접제거 치환을 사용하는 초구에 대한 반복 탐욕 공격의 경험적 효과를 보여준다. (a) 고차원에서는 공격에 필요한 지속 시간이 D_R의 함수로서 근사적으로 선형증가하며 차원이 올라감에 따라 기울기는 감소한다. (b) 저차원에서는 공격에 필요한 지속 시간이 초구 데이터의 조밀한 군집화로 인해 지수 경계를 초과할 수 있다. (c) 선형함수로 근사하면, 초구의 차원이 증가할 때 적합선(fit line)의 기울기는 감소한다. $D \approx N$에 대해, 기울기는 1보다 약간 작을 수 있다.

4.6 제한된 공격자

4.3절과 4.4절에서 지금까지의 결과를 반복하면, 우리는 데이터를 치환하지 않고 부트스트래핑 재훈련을 사용하는 초구 탐지기는 공격자가 원하는 변위 D_R의 측면에서 기하급수적으로 많은 공격점을 사용해야 한다는 점에서 공격에 복원력이 있음을 보였다. 그러나 데이터를 치환하지 않는다면, 더 많은 데이터를 받아 재훈련하는 것이 소용없기에 초구가 적응할 수 없게 된다. 마지막 절에서 봤듯이 데이터 치환을 통합하면 공격자는 몇 가지 가능성 있는 치환 정책 아래에서 데이터 치환을 위해 선형적으로 많은 공격점만을 사용하는 초구 탐지기에 원하는 변위 D_R을 달성할 수 있다. 이 결과는 적응형 초구 탐지기^{adaptive hypersphere detector}를 갖는 것이 공격자가 강요하기 어려운 모델을 갖는 것과 양립할 수 없다는 것을 보여준다. 즉, 반복 재학습과 보안이 동시에 초구 학습에서 가능하지 않다. 그러나 이 시점까지 공격자가 공격을 시작한 다음부터 모든 데이터 포인트를 제어할 수 있다고 가정할 때 우리는 매우 비관적이었다. 이 절에서 우리는 공격자의 능력에 대해 더 현실적인 가정을 검토하고 일부 환경에서 반복 재훈련한 초구가 이전의 최악의 경우 분석^{previous worst-case analysis}에서 나타난 것보다 중독 공격에 더 복원력이 있음을 보인다. 마지막 절에서와같이 우리는 클로프트와 라스코프의 연구 결과[134]를 요약한다.

여기서 우리는 평균제거 치환^{average-out replacement}만을 고려하고, 초구가 새로운 점을 받을 때마다 초구가 재훈련되는 시나리오, 즉 모든 t에 대해 $\alpha_t = 1$로 제한한다. 이 제한을 통해 우리는 공격자가 t번째 반복에서 단일 최적점 $\mathbf{a}^{(t)}$를 설계하는 방법만 고려하면 되며 (즉, 현재의 초구만 고려할 때) 공격자가 그렇게 탐욕 공격을 한다고 가정한다.

앞 절과는 대조적으로 이제 공격자가 생성한 공격 데이터와 시스템의 다른 사용자가 생성한 정상 데이터의 두 가지 새로운 데이터가 있다고 가정한다. 정상 데이터가 ① 공격자에게 유리하지도 해롭지도 않은 자연분포^{natural distribution} $P_\mathbf{x}$에서 나온다고 가정하고, ② 이 분포에서 독립적이고 같은 확률로 뽑히며, ③ 적대적 데이터가 임의로 삽입되며 가장 중요하게 ④ 분류기의 현재 상태와 상관없이 재훈련을 위해 항상 받아들여진다(부트스트래핑 재훈련은 정상 데이터에 대해 완화된다)고 가정한다.[8] 특히 분류기에 주어진 각각의 새로운 데이터 포인트는 고정된 매개변수 $v \in [0, 1]$를 갖는 베르누이^{Bernoulli} 확률변수에 따라 적대적 또는 정상으로 선택된다고 가정한다. 즉, t번째 새로운 데이터 포인트가 들어오면, 그것은 공격자가 확률 v로 선택한 점 $\mathbf{a}^{(t)}$이거나 확률 $1-v$인 점 $\mathbf{x}^{(t)} \sim P_{\mathbf{x}}$이고, 공격자는 선택되는 점의 확률 v를 변경할 수 없다. 이와 동등하게, 우리는 확률변수 $B^{(t)} \sim \mathrm{Bern}(v)$를 갖는 새로운 점 $\mathbf{x}_{new}^{(t)}$를 다음처럼 모델링할 수 있다.

$$\mathbf{x}_{new}^{(t)} = B^{(t)}\mathbf{a}^{(t)} + \left(1 - B^{(t)}\right)\mathbf{x}^{(t)} \tag{4.24}$$

여기서 $\mathbf{x}^{(t)} \sim P_{\mathbf{x}}$이고 $B^{(t)} \in \{0, 1\}$이다. 중요한 것은 $\mathbf{a}^{(t)}$를 선택할 때, 우리가 공격자는 $B^{(t)}$나 $\mathbf{x}^{(t)}$를 알지 못하지만, 그 결과 $\mathbf{c}^{(t)}$를 관찰할 수 있어 재훈련 후, $\mathbf{x}_{new}^{(t)}$를 계산할 수 있다고 가정한다는 것이다. 이전과 마찬가지로 공격자도 재훈련을 위해 $\mathbf{a}^{(t)}$를 선택해야 하지만, 우리는 여기서 $B^{(t)} = 0$일 때 정상 $\mathbf{x}_{new}^{(t)}$가 항상 받아들여진다고 가정한다. 다음으로 공격자는 $\mathbf{a}^{(t)}$를 선택하는 방법과 몇 가지 제약 조건 아래에서 그 영향을 분석하는 방법을 설명한다.

4.6.1 탐욕 최적 공격

앞에서 설명한 시나리오에서 새로운 훈련 데이터는 공격과 정상 데이터의 혼합이지만 공격자는 데이터의 혼합 비율을 변경할 수 없다. 이 설정에서, 우리는 공격자가 식 (4.21)에 따라 기대 변위 정렬을 최적화하기 위해 각 반복에서 공격점을 생성하며, t번째 무게 중심을 얻기 위해 초구를 재훈련하는 데 이 점이나 정상점 $\mathbf{x}^{(t)} \sim P_{\mathbf{x}}$를 사용한다고 가정한다. 4.5.1절의 평균제거 치환$^{average-out\ replacement}$에서 이 공격의 결과는 $\mathbf{x}_{new}^{(t)}$에서 다음과 같이 계산되는 결과 무게 중심과 변위 벡터로 설명할 수 있다.

$$\mathbf{c}^{(t)} = \mathbf{c}^{(t-1)} + \frac{1}{N}\left(\mathbf{x}_{new}^{(t)} - \mathbf{c}^{(t-1)}\right)$$

$$= \mathbf{c}^{(t-1)} + \frac{1}{N}\left(B^{(t)}\left(\mathbf{a}^{(t)} - \mathbf{c}^{(t-1)}\right) + \left(1 - B^{(t)}\right)\left(\mathbf{x}^{(t)} - \mathbf{c}^{(t-1)}\right)\right)$$

$$\mathbf{D}_T = \frac{1}{R \cdot N}\sum_{t=1}^{T}\left(\mathbf{x}_{new}^{(t)} - \mathbf{c}^{(t-1)}\right)$$

$$= \frac{1}{R \cdot N}\sum_{t=1}^{T}\left(B^{(t)}\left(\mathbf{a}^{(t)} - \mathbf{c}^{(t-1)}\right) + \left(1 - B^{(t)}\right)\left(\mathbf{x}^{(t)} - \mathbf{c}^{(t-1)}\right)\right)$$

이러한 반복 표현식의 구조로 인해 전체 공격 수열에 걸쳐 $\mathbf{D}_T$를 최적화하기가 어렵다. 그러나 마지막 반복에서 무게 중심 $\mathbf{c}^{(t-1)}$가 주어지면, 우리는 모든 점 $\{\mathbf{x}^{(t)}\}$를 분포 $P_\mathbf{x}$에서 독립적으로 뽑는 가정하에 공격자의 탐욕 최적 행동을 유도할 수 있다. 그 결과는 다음 보조정리를 통해 얻을 수 있다.

보조정리 4.21 t번째 공격 반복에서의 평균제거 치환 아래에서, 탐욕 최적 공격점은 다음과 같다.

$$\mathbf{a}^{(t)} = \mathbf{c}^{(t-1)} + R \cdot \frac{\mathbf{x}^A - \mathbf{c}^{(0)}}{\left\|\mathbf{x}^A - \mathbf{c}^{(0)}\right\|}$$

증명 식 (4.21)에서 탐욕 최적 전략은 $\mathrm{E}\left[\rho\left(\mathbf{D}_t\right) \mid \mathbf{c}^{(t-1)}\right]$를 최적화하지만, $\mathrm{E}\left[\rho\left(\mathbf{D}_{t-1}\right) \mid \mathbf{c}^{(t-1)}\right] = \rho\left(\mathbf{D}_{t-1}\right)$은 t단계에서 공격자의 행동에 상대적으로 고정된 양이므로 전자는 $\mathrm{E}\left[\rho\left(\mathbf{D}_t\right) - \rho\left(\mathbf{D}_{t-1}\right) \mid \mathbf{c}^{(t-1)}\right]$를 최적화하는 것, 즉 원하는 방향 $\mathbf{x}^A - \mathbf{c}^{(0)}$과 $\mathbf{r}_t$의 내적을 최적화하는 것이다. 이 상대변위는 $\mathbf{r}_t = \frac{B^{(t)}}{R \cdot N} \cdot \left(\mathbf{a}^{(t)} - \mathbf{c}^{(t-1)}\right) + \frac{\left(1 - B^{(t)}\right)}{R \cdot N} \cdot \left(\mathbf{x}^{(t)} - \mathbf{c}^{(t-1)}\right)$이다. 따라서 요구되는 기대값을 계산하면 다음과 같다.

$$\mathrm{E}\left[\rho\left(\mathbf{D}_t\right) - \rho\left(\mathbf{D}_{t-1}\right) \mid \mathbf{c}^{(t-1)}\right] = \mathrm{E}\left[\mathbf{r}_t \mid \mathbf{c}^{(t-1)}\right]^\top \frac{\mathbf{x}^A - \mathbf{c}^{(0)}}{\left\|\mathbf{x}^A - \mathbf{c}^{(0)}\right\|}$$

$$= \frac{\nu}{R \cdot N}\left(\mathbf{a}^{(t)} - \mathbf{c}^{(t-1)}\right)^\top \frac{\mathbf{x}^A - \mathbf{c}^{(0)}}{\left\|\mathbf{x}^A - \mathbf{c}^{(0)}\right\|}$$

$$+ \frac{1 - \nu}{R \cdot N}\left(\mathrm{E}\left[\mathbf{x}^{(t)} \mid \mathbf{c}^{(t-1)}\right] - \mathbf{c}^{(t-1)}\right)^\top \frac{\mathbf{x}^A - \mathbf{c}^{(0)}}{\left\|\mathbf{x}^A - \mathbf{c}^{(0)}\right\|}$$

여기서 $\mathrm{E}\left[\mathbf{x}^{(t)} \mid \mathbf{c}^{(t-1)}\right]$는 $\mathbf{x}^{(t)}$가 $P_{\mathbf{x}}$에서 독립적으로 뽑히므로 고정된 양이다. 선형성에 의해, 이 양을 최대화하는 것은 $\left\|\mathbf{a}^{(t)} - \mathbf{c}^{(t-1)}\right\| \leq R$에 대해 $\left(\mathbf{a}^{(t)} - \mathbf{c}^{(t-1)}\right)^{\top} \frac{\mathbf{x}^A - \mathbf{c}^{(0)}}{\|\mathbf{x}^A - \mathbf{c}^{(0)}\|}$를 최대화하는 것과 동치다. 4.5.1절에서 봤듯이 이는 최적의 $\mathbf{a}^{(t)}$에 대해 우리가 주장하는 형태가 된다. □

4.6.2 혼합 데이터 공격

여기서 우리는 T번의 반복에 걸쳐 보조정리 4.21의 최적 탐욕 공격을 적용하는 것에 대한 기대 순수효과expected net effect를 분석하고 식 (4.24)에서 설명한 혼합 데이터mixed data 시나리오를 분석한다. 이를 위해 정상 데이터의 분포에 대한 추가적인 가정이 필요하다. 즉, ① 모든 정상 데이터를 $P_{\mathbf{x}}$에서 독립적으로 뽑으며, ② 정상 데이터는 정상성 평균stationary mean $\mathrm{E}_{\mathbf{x} \sim P_{\mathbf{x}}}[\mathbf{x}] = \mathbf{c}^{(0)}$을 가지며, ③ 정상 데이터는 절대로 거부되지 않는다고 가정한다. 이 가정은 정상 데이터에 대해서는 강한 가정이지만 정상 데이터가 정상성 평균을 가지고 항상 받아들여진다고 가정하면, 이 가정은 공격자에 대해서는 보수적인 가정이며 다음 정리를 만들어낸다.[9]

정리 4.22 (클로프트와 라스코프의 연구[134]의 주해(註解)) 고정된 혼합 확률fixed mixture probability ν가 주어졌을 때, 각 반복에서 (보조정리 4.21에서 주어진) 탐욕 최적 공격 전략(보조정리 4.21)을 적용하면 T번 반복 후에 다음과 같은 기대 변위 정렬을 얻는다.

$$\mathrm{E}\left[\rho\left(\mathbf{D}_T\right)\right] = \frac{\nu}{1-\nu} \cdot \left(1 - \left(1 - \frac{(1-\nu)}{N}\right)^T\right) \leq \frac{\nu}{1-\nu}$$

증명 보조정리 4.21의 최적 공격 전략에 따라 무게 중심은 다음과 같이 된다.

---

9 더 현실적인 모델에서, 특히 공격이 탐지기를 크게 이동시킨 후에는 정상 데이터가 항상 받아들여지지 않을 수 있다. 이는 공격자가 초기 반복에서 공격 질량(attack mass)을 집중하도록 동기를 부여할 것이다. 이 시나리오에 적합한 모델은 클로프트와 라스코프가 연구했다. – 지은이

$$\mathbf{c}^{(t)} = \mathbf{c}^{(t-1)} + \frac{1}{N}\left(B^{(t)}R \cdot \frac{\mathbf{x}^A - \mathbf{c}^{(0)}}{\left\|\mathbf{x}^A - \mathbf{c}^{(0)}\right\|} + \left(1 - B^{(t)}\right)\left(\mathbf{x}^{(t)} - \mathbf{c}^{(t-1)}\right)\right)$$

$$= \mathbf{c}^{(t-1)} + \frac{B^{(t)}R}{N}\frac{\mathbf{x}^A - \mathbf{c}^{(0)}}{\left\|\mathbf{x}^A - \mathbf{c}^{(0)}\right\|} + \frac{1}{N}\left(1 - B^{(t)}\right)\left(\mathbf{x}^{(t)} - \mathbf{c}^{(0)}\right)$$

$$- \frac{1}{N}\left(1 - B^{(t)}\right)\left(\mathbf{c}^{(t-1)} - \mathbf{c}^{(0)}\right)$$

여기서 합은 나중에 편리하도록 재구성했다. 이제 식 (4.4)에서 $\mathbf{D}_t = \frac{\mathbf{c}^{(t)} - \mathbf{c}^{(0)}}{R}$의 정의를 이용해 $\mathbf{c}^{(t)}$의 이 형태를 치환하고, $\rho(\,\cdot\,)$의 선형성을 사용해 다음을 얻는다.

$$\mathbf{D}_t = \left(1 - \frac{1 - B^{(t)}}{N}\right)\mathbf{D}_{t-1} + \frac{\mathbf{x}^A - \mathbf{c}^{(0)}}{\left\|\mathbf{x}^A - \mathbf{c}^{(0)}\right\|}\frac{B^{(t)}}{N} + \frac{\left(1 - B^{(t)}\right)}{N}\frac{\left(\mathbf{x}^{(t)} - \mathbf{c}^{(0)}\right)}{R},$$

$$\rho\left(\mathbf{D}_t\right) = \left(1 - \frac{1 - B^{(t)}}{N}\right)\rho\left(\mathbf{D}_{t-1}\right) + \frac{B^{(t)}}{N} + \frac{\left(1 - B^{(t)}\right)}{N}\frac{\left(\mathbf{x}^{(t)} - \mathbf{c}^{(0)}\right)^{\top}\left(\mathbf{x}^A - \mathbf{c}^{(0)}\right)}{R\left\|\mathbf{x}^A - \mathbf{c}^{(0)}\right\|}$$

다음으로 $\mathrm{E}[\,\cdot\,]$의 선형성과 확률변수 $B^{(t)}$와 $\mathbf{x}^{(t)}$의 상호독립^{mutual independence}을 사용해 $\rho(\mathbf{D}_t)$의 기대값을 계산한다. 중요한 것은 $\mathbf{D}_{t-1}$도 t번째 반복에서 $B^{(t)}$와 $\mathbf{x}^{(t)}$와 상호독립이라는 것이다. 마지막으로, $\mathrm{E}[B^{(t)}] = \nu$라는 사실을 이용하면 $\mathrm{E}[\mathbf{x}^{(t)}] = \mathbf{c}^{(0)}$이고 다음과 같은 귀납식^{recursive formula} $\mathrm{E}\left[\rho\left(\mathbf{D}_t\right)\right] = \left(1 - \frac{(1-\nu)}{N}\right)\mathrm{E}\left[\rho\left(\mathbf{D}_{t-1}\right)\right] + \frac{1}{N}\nu$을 얻는다. 이 귀납식을 풀고 $\mathbf{D}_0 = 0$이면 $\rho(\mathbf{D}_0) = 0$이라는 사실을 이용해 다음과 같은 기하급수^{geometric series}를 얻게 된다.

$$\mathrm{E}\left[\rho\left(\mathbf{D}_t\right)\right] = \frac{\nu}{N} \cdot \sum_{t=1}^{T}\left(1 - \frac{(1-\nu)}{N}\right)^{T-t}$$

$$= \frac{\nu}{N} \cdot \frac{1 - \left(1 - \frac{(1-\nu)}{N}\right)^T}{1 - \left(1 - \frac{(1-\nu)}{N}\right)}$$

$$= \frac{\nu}{1-\nu}\left(1 - \left(1 - \frac{(1-\nu)}{N}\right)^T\right)$$

이 양에 대한 $\frac{\nu}{1-\nu}$의 상계는 모든 T에 대해 위의 표현식의 마지막 요소가 1보다 작거나 같다는 사실로부터 얻을 수 있다. □

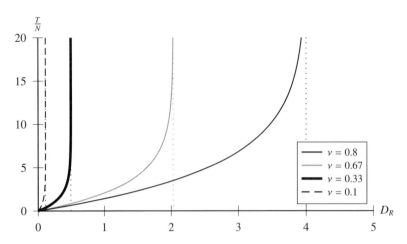

그림 4.6 이 그림은 트래픽 혼합 매개변수(traffic mixture parameter)의 다양한 값 $v \in \{0.1, 0.33, 0.67, 0.8\}$에 대해 정리 4.22의 탐욕 최적 공격에 대한 이론적 기대 효과를 보여준다. 이 그래프는 혼합 데이터 공격(mixed-data attack)에 대해 (N에 상대적인) 기대 반복 횟수 T를 원하는 상대변위의 함수 D_R로 보여준다. 수직 점선은 각각의 v로 달성할 수 있는 점근 최대 변위(asymptotic maximum displacement)이다.

위의 결과 외에도 클로프트와 라스코프는 $\rho(\mathbf{D}_t)$의 분산에 대한 경계를 만들고, T, $N \to \infty$일 때, 0이 된다는 것을 보였다[134]. 따라서 충분히 큰 N에 대해, $\mathrm{E}[\rho(\mathbf{D}_t)]$에 대한 위의 공식은 공격이 진행됨에 따라 $\rho(\mathbf{D}_t)$을 정확하게 예측해야 한다. 이 결과에 따르면 그림 4.6은 혼합 데이터 공격에 대해 예측되는 N에 대한 반복의 횟수 T는 다양한 값 v에 대해 원하는 상대변위 $\mathbf{D}_T$의 함수를 나타낸다. 정리 4.22에서 경계로 제안한 것처럼 $v < 1$에 대해 $D_R > \frac{v}{1-v}$를 초과하는 변위는 공격 지속 시간 T 또는 초기점의 개수 N에 관계없이 달성할 수가 없다. 또한 이 경계가 v에 대해서 순증가하므로 우리는 보조정리 4.1을 사용해 반전시킬 수 있다. 이는 공격자가 목표를 달성할 수 있다고 예상하기 위해 새로운 데이터에 대한 비율 $v \geq \frac{D_R}{1+D_R}$를 제어해야 함을 의미한다.

이 결과는 $1-v$가 $\frac{N}{N+M}$과 비슷한 역할을 하는 4.4절의 결과와 유사하다(그림 4.3 참조). 절대 상계absolute upper bound는 공격 지속 시간을 제한하기보다는 공격자가 제어하는 데이터의 비율을 제한하는 치환으로 얻을 수 있다. 그러나 이 결과는 공격 성능^{attack performance}에 대한 엄격한 제한보다는 기대 행동을 제공한다. 사실, 최악의 경우 모든 적대적 점을 수용할 수 있어 4.5.1절의 선형 행동을 불러온다. 그런데도 이러한 결과는 일반적으로 공격자의 능력에 대해 지나치게 비관적이라는 것을 보여준다. 그러나 이 결과는 정상 데이터의 분포에 대한 가정에도 의존한다. 그 대안으로 클로프트와 라스코프는 오탐지율이 너무 높아지면 초구를 수동으로 재설정하는 시나리오를 연구했다[134]. 이 대안 시나리오에서 더 이상 재교육을 위해 항상 정상 데이터를 수용해야 한다고 가정할 필요가 없으며, 이 가정 아래에서 클로프트와 라스코프는 정리 4.22와 유사한 결과를 얻었다[134]. 그러나 그 시나리오를 여기서는 연구하지 않는다.

4.6.3 확장

이 연구를 간단하게 몇 가지로 확장할 수 있다. 첫 번째로는 고정된 양의 정부호 구조 행렬^{fixed positive-definite structure matrix} Σ에 대해 마할라노비스^{Mahalanobis} 노름 $\|\mathbf{x}\|_{\Sigma} = \mathbf{x}^{\top}\Sigma^{-1}\mathbf{x}$으로 정의한 초타원체 탐지기^{hyper-ellipsoid detector}로 결과를 확장한다. 이 노름에서, 초타원체 탐지기는 $\|\mathbf{x}-\mathbf{e}\|_{\Sigma} > R$이면 $f_{\mathbf{c},\Sigma,R}(\mathbf{x})$를 '+'로, 그 외의 경우는 '−'로 정의한다. 문제를 $\mathbf{x}' \leftarrow \Sigma^{-\frac{1}{2}}\mathbf{x}$로 정의할 수 있는 공간으로 변환($\Sigma$가 양의 값을 갖기 때문에 가능하다)하면, 4장의 모든 결과를 직접 적용할 수 있다. 단 하나 주의할 점은 Σ가 공간을 왜곡시키므로, 표적점 $\mathbf{x}^{A}$가 Σ의 주축^{pricipal axes}을 기준으로 하는 상대적인 위치에 따라 작업의 경도가 달라진다.

두 번째 확장은 커널함수로 정의한 암시적 특성공간^{implicit feature space}에서 초구 기반 탐지를 포함하며, 힐베르트 공간^{Hilbert space} $\mathcal{H}$로 암시적으로 사영된 데이터 포인트에 대한 내적을 계산한다. 특히, $k : \mathcal{X} \times \mathcal{X} \to \mathfrak{R}$가 커널함수^{kernel function}이고 $\phi : \mathcal{X} \to \mathcal{H}$가 $k\left(\mathbf{x}^{(1)}, \mathbf{x}^{(2)}\right) = \phi\left(\mathbf{x}^{(1)}\right)^{\top}\phi\left(\mathbf{x}^{(1)}\right)$를 만족하는 커널함수의 대응사영함수^{corresponding projection function}라면, 사영된 데이터 집합의 무게 중심은 $\phi_{C} = \frac{1}{N}\sum_{i=1}^{N}\phi\left(\mathbf{x}^{(i)}\right)$이며, 이 무게 중심으로부터 투영된 데이터 포인트 $\phi\left(\mathbf{x}\right)$까지의 거리는 다음과 같다.

$$\|\phi(\mathbf{x}) - \phi_C\|_k = \left(k(\mathbf{x}, \mathbf{x}) - \frac{2}{N} \sum_{i=1}^{N} k(\mathbf{x}^{(i)}, \mathbf{x}) + \frac{1}{N^2} \sum_{i,j=1}^{N} k(\mathbf{x}^{(i)}, \mathbf{x}^{(j)}) \right)^{\frac{1}{2}}$$

모든 커널 알고리즘과 마찬가지로 커널 함수를 사용해 암시적으로 계산된다. 대응 분류 함수corresponding classification function는 $\|\phi(\mathbf{x})\|_k > R$이면 점 $\mathbf{x}$로, 그렇지 않으면 '−'로 레이블링을 한다.

이러한 커널 기반 초구 탐지기를 대상으로 하는 공격은 공격자가 특성공간 $\mathcal{H}$에 임의의 공격점을 직접 삽입할 수 있다고 가정하면 위에서 제시한 작업의 직접적인 확장이다. 그러나 진정한 공격자는 공간 $\mathcal{X}$에 데이터 포인트를 삽입하는 것으로 제한되며, 일반적으로 $\mathcal{H}$로의 일대일 사상one-to-one mapping이 없다. 일반적으로 공격자가 특성공간에서 상image이 정의 (4.2)에 따라 이동 거리 정렬을 최대화하는 점 $\mathbf{a}^{(t)} \in \mathcal{X}$를 찾는 것은 자명하지 않다. 이것은 잘 알려진 원상preimage 문제[88]로, 이 책의 다른 부분(8.4.3절)에서 다시 다룬다. 그런데도 클로프트와 라스코프는 공격자가 특성공간에서 공격점을 만들 수 있다는 강한 가정 아래에서 경험적으로 커널 기반 초구 탐지기를 대상으로 하는 공격을 연구했다[133].

4.7 요약

4장에서는 새로운 데이터를 기반으로 초구의 무게 중심을 반복적으로 재훈련하는 초구 학습기에 대한 인과적 무결성 공격을 분석했다. 이 분석을 통해 다양한 가정 아래에서 공격이 단순한 학습 모델에 미칠 수 있는 영향력을 깊이 이해할 수 있었다. 재훈련에 여러 모델을 사용해 공격자가 다른 능력을 갖췄을 때 최적의 공격을 구성하는 방법을 살펴봤고, 그 결과 공격자의 성공이 시나리오의 가정에 크게 종속된다는 것을 알았다. 먼저 4.3절과 4.4절에서 데이터 치환이나 시간 제약 조건 없이 공격자는 원하는 상대 이동 거리 D_R를 얻기 위해 $N = 0$일 때에는 적어도 $M^\star \geq \exp(D_R - 1)$개의 공격점이 필요하며, $N > 0$일 때에는 $M^\star \geq N(\exp(D_R) - 1)$개의 공격점이 필요함을 증명했다. 유사하게 공격이 최대 지속 시간 T를 갖는다면, 이 경계는 $N = 0$일 때에는 $M^\star \geq \left(\frac{T}{T-D_R}\right)^T$ 로 증가하거나 $N > 0$일 때 $M^\star \geq N\left(\frac{T}{T-D_R}\right)^T - N$로 증가한다. 두 경우 모두 $T > D_R$라고 가정하는데, 다른 경우에는 원하는 변위를 달성할 수 없기 때문이다. 이 모든 경우에 공격자는 목표 크기(즉, 상대변위 D_R)만큼 기하급수적으로 많은 공격점이 필요하다.

그러나 데이터를 치환하지 않는 부트스트래핑 재훈련은 시간이 지남에 따라 데이터 더미에 적응하는 모델의 능력이 심각하게 제한된다. 결국 모델은 공격이 없이도 엄격하게 고정될 것이다. 따라서 4.5절과 4.6절에서 클로프트와 라스코프가 분석한 데이터 치환 환경[134]을 다시 살펴봤으며, 이 환경에서는 각각 이전 데이터 포인트를 새로운 데이터 포인트로 치환한다. 이러한 결과는 평균제거 치환과 임의제거 치환에서 공격자가 원하는 목표 D_R을 달성하기 위해서는 (초기점의 개수 N에 상대적으로) 선형적으로 많은 공격점이 필요로 함을 보여준다. 심지어 공격자의 영향력을 제한하기 위해 선택한 최근접제거 치환 정책조차도 경험적으로 선형적인 행동(저차원 공간은 제외)을 보였다. 이러한 결과는 공격자가 이 시나리오의 모든 새로운 데이터를 제어할 때 상대적으로 적은 노력으로 공격을 성공적으로 수행할 수 있음을 보였다. 그렇기는 하지만 많은 상황에서 공격자가 모든 새로운 훈련 데이터를 통제한다고 가정하기에는 너무 보수적이다. 따라서 4장 마지막 부분에서는 클로프트와 라스코프의 혼합 데이터 시나리오[134]를 살펴봤는데, 이 시나리오에서 새로운 데이터는 정상과 악성 출처 모두에서 뽑았다. 각각의 새로운 데이터 포인트가 확률 v로 악성이고 그렇지 않으면 정상(모든 정상 데이터는 항상 재훈련에 사용된다)이라는 가정 아래에서, 공격자는 목표를 달성할 수 있을 것으로 기대하기 위해서는 새로운 데이터의 $v \geq \frac{D_R}{1+D_R}$ 만큼을 제어해야 한다. 또한 공격자의 기대 변위는 공격점의 개수에 따라 더는 선형적으로 증가하지 않는다. 따라서 더 현실적인 환경 아래에서 공격자가 쉽게 목표를 달성할 수 없다는 것을 알 수 있다.

4장의 분석에서 반복적으로 재훈련한 학습기를 대상으로 하는 중독 공격의 성공 여부는 학습기가 새로운 훈련 데이터를 어떻게 제한하고 공격자가 얼마나 많이 제어할 수 있는지를 포함한 몇 가지 요인에 달려 있음을 보여줬다. 그러나 4장에서 제시한 정확한 분석은 실제 환경에서 쉽게 정당화되지 않는 몇 가지 가정이 필요하며 부트스트래핑 재훈련이 가능한 비교적 간단한 학습 알고리즘에만 적용할 수 있다. 그런데도 이 정확한 분석은 데이터 중독의 추상적인 문제에 대한 흥미로운 통찰력을 제공하며, 더 복잡한 학습 문제의 이론적 분석을 위한 지침 역할을 한다. 오염 모델에 대한 이 초기 연구는 이 책의 나머지 부분에서 설명할 적대적 학습 프레임워크에 대한 후속 접근법에 큰 영향을 줬으며, 이 문제를 학습기와 공격자 사이의 적대적 게임으로 취급하는 첫 번째 시도 중 하나였다.

05

가용성 공격 사례 연구: 스팸베이즈

공격자는 허용된 이벤트와 허용되지 않은 이벤트를 구별하는 분류기의 성능이 떨어지도록 설계한 공격을 수행할 수 있다. 이러한 학습 알고리즘에 대한 인과적 가용성 공격은 공격받은 분류기가 허용할 수 없을 정도로 높은 오탐지율을 갖게 한다. 즉, 성공적으로 중독된 분류기는 정상 입력을 잠재적인 공격으로 잘못 분류해 합법적인 활동을 허용할 수 없는 수준으로 중단시킨다. 5장에서는 스팸베이즈 스팸 탐지 시스템에 이런 공격을 하는 사례를 연구한다. 우리는 익숙하지 않은 사용자가 스팸으로 식별하고 레이블링하도록 조작된 악의적인 스팸 이메일, 즉 교묘하게 조작된 공격 메시지가 스팸베이즈 학습 알고리즘을 악용해 학습한 분류기가 비합리적으로 높은 오탐지율을 가질 수 있음을 보인다(6장에서 인과정 공격이 비합리적으로 높은 미탐지율을 갖는 분류기를 만들어내는 것을 보인다. - 이것이 무결성 공격이다). 또한 우리는 이러한 공격에 대한 효과적인 방어법을 제시하고 공격을 방어하는 데 필요한 절충점을 설명한다.

5장에서 스팸베이즈 스팸 필터에 대한 몇 가지 공격을 살펴본다. 각 필터는 기본 학습 기술의 취약점에 대한 특별한 통찰력을 구현한다. 이렇게 함으로써 유사한 학습 알고리즘을 사용하는 모든 시스템에 영향을 미칠 수 있는 공격을 좀 더 광범위하게 보인다. 우리가 제시하는 공격은 스팸베이즈(spambayes.sourceforge.net) 스팸 필터가 사용하는 학습 알고리즘을 표적으로 하지만, 보고필터^{BogoFilter}(bogofilter. sourceforge.net)와 모질라^{Mozilla}의 썬더버드^{Thunderbird} 이메일 프로그램(mozilla.org)의 스팸 필터 그리고 스팸어쌔신^{SpamAssassin}(spamassassin.apache.org)의 머신러닝 구성 요소와 같은 다른 여러 필터에서도 같은 기본 학습 알고리즘을 사용한다. 이 세 개 필터의 학습 요소 간의 주된 차이는 토큰화 방법^{tokenization method}에 있다. 즉, 학습 알고리즘은 근본적으로 같지만 각 필터는 다른 특성 집합을 사용한다. 스팸베이즈가 순수한 머신러닝 방법을 사용하고 학계에 널리 알려져 있으며[170], 70만 번 이상 다운로드될 정도로 인기가 있으므로 이 책에서는 스팸베이즈 기본 알고리즘의 취약점을 소개한다. 여기서는 스팸베이즈만 분석하지만, 다른 시스템이 같은 학습 알고리즘을 사용한다는 사실은 다른 필터도 유사 공격에 취약하다는 것을 암시한다. 그러나 공격의 전반적인 효과는 각각 다른 필터가 학습된 분류기를 최종 필터링 결정^{final filtering decision}에 어떻게 통합하느냐에 달려 있다. 예를 들어 아파치^{Apache} 스팸어쌔신[7]과 같은 필터는 학습을 광범위한 필터링 엔진의 여러 구성 요소 중 하나로만 사용(다른 필터는 수작업으로 적용할 수 없는 규칙이다)하므로, 이를 대상으로 하는 공격은 필터의 성능을 저하할 수 있겠지만, 아마도 공격의 영향은 줄어들거나 아예 없을 것이다. 그러나 원칙적으로 이러한 결과를 다른 필터에서 복제할 수 있어야 한다. 마지막으로 스팸 필터링을 넘어 다른 영역의 유사 학습 알고리즘에도 같은 공격을 적용할 수 있으므로 우리는 스팸베이즈 학습기의 취약점을 강조한다. 이 공격의 타당성, 공격자의 동기 또는 5장에서 제시한 오염 메커니즘이 다른 영역에서는 맞지 않을 수 있지만, 취약점을 이해하고 다른 애플리케이션에 대해서도 유사하게 평가할 수 있다는 것이 흥미롭다.

3장에서 설명한 프레임워크를 바탕으로 스팸베이즈 학습 알고리즘의 취약점을 연구하기 위한 접근 방식을 정리한다. 우선, 필터에 대한 인과적 가용성 공격을 조사한 이유는 이러한 유형의 공격이 실제 환경에서 전개될 수 있는 흥미로운 새로운 측면이었기 때문이다. 여기서 공격자는 (공격자가 사용자의 훈련 데이터의 일부 부분집합을 독점적으로 제어할 수 있는) 추가 오염 능력^{additive contamination capability}을 갖추지만, 양

(스팸)의 클래스만을 변경하는 것으로 제한한다. 우리는 이 오염 모델이 교활한 스팸 발송자에 가장 적합하다고 생각했다. 우리 연구의 새로운 공헌은 스팸베이즈에 대한 일련의 성공적인 원칙적 공격successful principled attack과 현실적 환경에서 공격의 효과를 검증하는 경험적 연구 그리고 몇몇 공격에 대해 경험적으로 성공하는 원칙적 방어principled defense를 포함한다. 마지막으로 공격과 방어 전략의 함축적 의미와 공격자 정보가 공격의 효과에 미치는 역할을 설명한다. 5장에서는 훈련 모델의 배경에 관해 설명하고(5.1절), 스팸베이즈에 관한 세 가지 새로운 공격을 제시한 다음(5.3절) 실험 결과를 보인다(5.5절). 추가 실험 결과와 함께 이러한 공격에 대한 방어법도 보인다(5.4절). 5장은 넬슨 등의 연구를 바탕으로 한다[183, 184].

5.1 스팸베이즈 스팸 필터

스팸베이즈는 그레이엄Graham[96]에서 영감을 받은 로빈슨이 제안한 모델[206]로, 토큰 카운트를 사용해 이메일을 분류하는 콘텐츠 기반 통계적 스팸 필터content-based statistical spam filter이다. 메이어Meyer와 와텔리Whateley가 이 시스템을 상세히 설명했다[170]. 스팸베이즈는 스팸 및 정상 이메일에서 말뭉치 발생corpus occurrence을 기반으로 훈련 말뭉치training corpus의 각 토큰에 대한 스팸 점수를 계산한다. 이 점수는 해당 토큰이 포함된 이메일이 스팸일 확률을 매끄럽게 추정하는 근거가 된다. 필터는 토큰 점수가 독립적이라는 가정하에 메시지 전체의 스팸 점수를 계산한 다음 유의성 검정significance test을 결합해 이메일의 토큰이 어떤 클래스에 속하는지 충분히 나타내는지 결정하는 피셔Fisher의 방법[86]을 사용한다. 스팸spam, 정상ham 또는 불확실unsure의 세 레이블 중 하나를 선택하기 위해 메시지 점수를 두 개의 한계점threshold과 비교한다. 이 절의 나머지 부분에서 스팸베이즈가 토큰 점수를 추정하고 집계하는 데 사용하는 통계적 방법을 자세히 설명한다.

5.1.1 스팸베이즈 훈련 알고리즘

스팸베이즈는 이메일에서 관찰된 토큰(헤더 토큰^{header token} 포함)을 기반으로 메시지를 분류하는 콘텐츠 기반 스팸 필터다. 스팸베이즈가 사용하는 스팸 분류 모델은 로빈슨[206]과 메이어와 와텔리[170]가 그레이엄의 아이디어[96]를 바탕으로 독립 유의성 검정^{independent significance test}을 결합한 피셔의 방법[86]을 바탕으로 설계했다. 직관적으로, 스팸베이즈는 토큰이 들어 있는 각 유형의 이메일 수를 세어 각 토큰이 정상 또는 스팸을 얼마나 강하게 나타내는지 학습한다. 새로운 이메일을 분류할 때 스팸베이즈는 메시지의 모든 토큰을 스팸 또는 정상 여부에 대한 증거로 간주하고 통계 테스트를 사용해 충분 신뢰^{sufficient confidence}로 어떤 레이블을 나타낼지 결정한다. 그렇지 않으면 스팸베이즈는 불확실이라고 반환한다.

스팸베이즈는 이메일 X에 나타나는 단어와 URL 구성 요소, 헤더 요소 및 기타 문자열을 기반으로 각 이메일 X를 토큰화한다. 각각의 토큰은 메시지 안에서 순서와 무관하게 이메일의 고유 토큰^{unique token}으로 취급되지만, 편의를 위해 토큰에 순서를 매겨 각각의 고유 토큰이 토큰의 전체 토큰의 알파벳 중에서 고유한 위치 i를 갖도록 한다. 또한 스팸베이즈는 메시지에 토큰이 발생하는지를 기록할 뿐, 몇 번이나 발생하는지는 기록하지 않는다. 따라서 이메일 X는 다음과 같은 (잠재적으로 길이가 무한인) 이진 벡터 $\mathbf{x}$로 표시할 수 있다.

$$x_i = \begin{cases} 1, & i \text{번째 토큰이 } X \text{에서 발생하는 경우} \\ 0, & \text{그 외의 경우} \end{cases}$$

이 메시지 벡터 표현은 순서 또는 중복에 상관없이 메시지에서 발생한 토큰을 기록한다.

스팸베이즈가 사용하는 훈련 데이터는 $\mathbf{x}^{(i)} \in \{0, 1\}^D$이고 $y^{(i)} \in \{$정상, 스팸$\}$일 때 (각 훈련 메시지를 대표하는) 메시지 벡터와 레이블 쌍 $\mathbb{D}^{(\text{train})} = \{(\mathbf{x}^{(1)}, y^{(1)}), (\mathbf{x}^{(2)}, y^{(2)}), \ldots, (\mathbf{x}^{(N)}, y^{(N)})\}$의 데이터 집합이다. 2.2.1절처럼 이 훈련 데이터는 스팸은 1로 표시하고, 정상은 0으로 표시해 레이블 벡터 $\mathbf{y} = [y^{(1)} \, y^{(2)} \, \ldots \, y^{(N)}] \in \{0, 1\}^N$와 함께 훈련 행렬을 $\mathbf{X} = [\mathbf{x}^{(1)} \, \mathbf{x}^{(2)} \, \ldots \, \mathbf{x}^{(N)}]^\top \in \{0, 1\}^{N \times D}$로 표시할 수 있다. 훈련 행렬을

이용해 스팸베이즈가 사용하는 토큰 계수 통계량token-counting statistics은 각각의 토큰에 대해 스팸과 정상 메시지, 모두에 대한 누적 토큰 총계를 포함하는 벡터로 다음과 같이 표현할 수 있다.

$$\mathbf{n}^{(s)} \triangleq \mathbf{X}^\top \mathbf{y} \qquad\qquad \mathbf{n}^{(h)} \triangleq \mathbf{X}^\top (\mathbf{1} - \mathbf{y}) \qquad\qquad \mathbf{n} \triangleq \mathbf{n}^{(s)} + \mathbf{n}^{(h)}$$

또한 $N^{(s)} \triangleq \mathbf{y}^\top \mathbf{y}$를 총 스팸 훈련 메시지의 수로 정의하고, $N^{(h)} \triangleq (\mathbf{1} - \mathbf{y})^\top (\mathbf{1} - \mathbf{y})$을 정상 훈련 메시지의 전체 수로 정의한다. 물론 $N = N^{(s)} + N^{(h)}$이다.

이러한 계수 통계량을 사용해 스팸베이즈는 사후확률 $\Pr(X$는 스팸$\,|x_i = 1)$을 계산해 i번째 토큰에 대한 스팸 점수를 계산한다. 먼저 스팸/정상 메시지에서 i번째 토큰을 관찰하기 위해 가능도 벡터likelihood vector $L_i^{(s)} = \frac{1}{N^{(s)}} \cdot \mathbf{n}^{(s)}$와 $L_i^{(h)} = \frac{1}{N^{(h)}} \cdot \mathbf{n}^{(h)}$를 산출하는 최대가능도 추정량maximum likelihood estimator을 사용해 가능도 확률 $\Pr(x_i = 1|X$가 스팸$)$과 $\Pr(x_i = 1|X$가 정상 메일$)$을 계산한다.

다음으로 사전분포 $\Pr(X$가 스팸$)$에 대한 가능도 추정량 $\mathbf{L}^{(s)}$과 $\mathbf{L}^{(h)}$ 그리고 추정량 $\pi^{(s)}$를 사용해 제약 조건이 $\mathbf{P}^{(s)} + \mathbf{P}^{(h)} = 1$인 $\mathbf{P}^{(s)} \propto \frac{\pi^{(s)}}{N^{(s)}} \cdot \mathbf{n}^{(s)}$와 $\mathbf{P}^{(h)} \propto \frac{1-\pi^{(s)}}{N^{(h)}} \cdot \mathbf{n}^{(h)}$를 구하기 위해 베이즈의 법칙을 이용한다. 그러나 스팸베이즈는 일반적인 나이브 베이즈 최대가능도 사전 추정량maximum likelihood prior estimator $\pi^{(s)} = \frac{N^{(s)}}{N^{(s)}+N^{(h)}}$ 을 사용하는 대신 불가지론 사전 분포agnostic prior distribution $\pi^{(s)} = \frac{1}{2}$을 사용하는데, 이 선택은 학습기에 부록 C.2.1에서 자세히 설명할 특이한 속성을 제공한다. 이러한 사전 선택을 기반으로, 스팸베이즈는 i번째 토큰에 대한 스팸 점수 벡터spam score vector $\mathbf{P}^{(s)}$를 다음 식 (5.1)과 같이 계산한다.

$$P_i^{(s)} = \frac{N^{(h)} n_i^{(s)}}{N^{(h)} n_i^{(s)} + N^{(s)} n_i^{(h)}} \tag{5.1}$$

즉, 이 점수는 사후확률 $\Pr(X$는 스팸$\,|x_i = 1)$의 추정량이다. 유사한 토큰 정상 메일token ham score의 점수는 $\mathbf{P}^{(h)} = 1 - \mathbf{P}^{(s)}$이다.

로빈슨의 방법[206]은 확신 사전분포prior distribution belief x(기본값 $x = 0.5$)와의 볼록 결합convex combination을 통해 $P_i^{(s)} = 1$를 매끄럽게 하도록 다음처럼 두 항에 n_i(i번째 토

큰의 훈련 이메일 수)과 s (사전 강도로 기본값 $s = 1$을 선택)로 가중값을 준다.

$$q_i = \frac{s}{s + n_i} x + \frac{n_i}{s + n_i} P_i^{(s)} \tag{5.2}$$

평활^{smoothing1}은 희귀 토큰$^{rare\ tokens}$에 대한 과적합을 완화한다. 예를 들어 토큰 'floccinaucinihilipilification'이 스팸에 한 번 나타나고 훈련 집합의 정상 메일에는 한 번도 나타나지 않는다면, 사후추정량은 $P_i^{(s)} = 1$이 될 것이며, 이는 이 단어의 향후 발생이 전체 스팸 점수에 큰 영향을 미치게 될 것이다. 그러나 스팸에서만 이 단어가 나타나는 것은 전체 희귀성에 대한 아티팩트일 수 있다. 이 경우, 모든 토큰의 사후확률이 $x = \frac{1}{2}$(즉, 불가지론 점수)인 사전분포를 추가해 매끄럽게 만들 수 있다. 희귀 토큰의 경우 사후추정량은 이 사전확률의 영향을 받는다. 그러나 토큰이 더 자주 관찰된다면 토큰의 매끄러움 점수는 s에 의해 사전에 주어진 강도에 따라 식 (5.1)의 사후 경험적 추정량에 근접한다. 유사한 매끄러움 정상 메일 점수는 $1 - \mathbf{q}$ 이다.

5.1.2 스팸베이즈 예측

훈련 후 필터는 새로운 메시지 $\hat{X}$에서 관찰된 토큰의 점수를 결합하기 위해 피셔의 방법[86]을 사용해 $\hat{X}$의 전체 스팸 점수 $I(\hat{\mathbf{x}})$를 계산한다. 스팸베이즈는 $\hat{X}$에서 0.5 에서 가장 멀리 떨어진 점수와 구간 (0.4, 0.6) 외부에 있는 최대 150개의 토큰을 사용한다(자세한 내용은 부록 C.2.2 참조). $\mathbb{T}_{\hat{x}}$를 스팸베이즈가 스팸 점수로 통합하는 토큰 집합 그리고 $\delta(\hat{\mathbf{x}})$를 이 집합의 지시함수$^{indicator\ function}$라 하자. 토큰 스팸 점수는 $\hat{X}$에 대한 메시지 스팸 점수$^{message\ spam\ score}$는 식 (5.3)처럼 계산한다.

$$S(\hat{\mathbf{x}}) = 1 - \chi^2_{2\tau_{\hat{x}}} \left(-2(\log \mathbf{q})^\top \delta(\hat{\mathbf{x}}) \right) \tag{5.3}$$

여기서 $\tau_{\hat{x}}$ 즉 $|\mathbb{T}_{\hat{x}}|$는 스팸베이즈가 사용한 $\hat{X}$의 토큰의 개수이며 $\chi^2_{2\tau_{\hat{x}}}(\cdot)$는 자유도

---

1 변동의 폭이 큰 시계열 데이터를 변화가 완만한 값으로 변환하는 것 – 옮긴이

$2\tau_{\hat{x}}$를 갖는 카이제곱 분포[2]의 누적분포함수^{cumulative distribution function}이다. 정상 메일의 점수 $H(\hat{x})$는 식 (5.3)에서 **q**를 $1 - $ **q**로 바꾸면 유사하게 정의할 수 있다. 마지막으로 스팸베이즈는 $\hat{X}$가 스팸인지 아닌지를 알려주는 지표인 $S(\hat{x})$와 $1 - H(\hat{x})$의 평균으로 메시지 $\hat{X}$에 대한 최종 스팸 점수를 계산한다. 그 결과는 다음과 같다.

$$I(\hat{x}) = \tfrac{1}{2}\left(S(\hat{x}) + 1 - H(\hat{x})\right) \qquad (5.4)$$

이 점수는 정상이라는 강력한 증거의 값인 0과 스팸이라는 강력한 증거의 값인 1 사이의 값이다. 스팸베이즈는 두 개의 사용자 조정 가능 한계점 $\theta^{(h)}$와 $\theta^{(s)}$에 대해 기본값 $\theta^{(h)} = 0.15$와 $\theta^{(s)} = 0.9$로 $I(\hat{x})$를 한계점으로 예측한다. 스팸베이즈는 $I(\hat{x})$의 값이 구간 $[0, \theta^{(h)}]$, $[\theta^{(h)}, \theta^{(s)}]$, 또는 $[\theta^{(s)}, 1]$에 속하면 각각 정상이나 불확실 또는 스팸으로 예측하고 이에 따라 메시지를 필터링한다.

 스팸과 정상 외에 불확실 레이블이 포함되면 평가를 위해 정상을 스팸으로 잘못 분류하는 오탐지와 스팸을 정상으로 잘못 분류하는 미탐지의 오분류율^{misclassification rate}을 제대로 사용할 수 없게 된다. 또한 스팸을 불확실로 정상을 불확실로 잘못 분류하는 것도 생각해야 한다. 5.2.3절에서 설명할 사용자의 시간과 노력에 대한 실질적인 영향 때문에, 정상을 불확실로 잘못 분류하는 것은 정상을 스팸으로 잘못 분류하는 것만큼이나 나쁘다.

5.1.3 스팸베이즈 모델

스팸베이즈 알고리즘의 구성 요소(토큰 스팸 점수, 평활 및 카이제곱 테스트) 각각이 원인이 되지만, 결과 시스템^{resulting system}은 정상 메시지를 스팸 메시지와 구별하기 위한 통일된 확률 모델^{unified probability model}로 설명할 수 있다. 로빈슨은 스팸베이즈 분류기를 스팸의 사후확률의 평활 추정량^{smoothed estimator}으로 설명하지만, 확률 모델^{probabilistic model}을 명시적으로 지정하지 않았다. 여기서는 판별 모델을 명시하고 경

---

2 카이제곱 분포는 위키 문서 '데이터 분석에 생소한 사람들을 위한 R 데이터 분석 기본서'의 '2.5 카이제곱 분포와 F 분포(https://bit.ly/34QUJA7)' 참조 – 옮긴이

험적 위험 최소화를 사용해 결과 추정을 다시 도출할 수 있음을 설명한다. 이렇게 하면 스팸베이즈 분류기의 모델링 가정과 그 취약점을 더 많이 이해할 수 있다.

이 모델에서는 i번째 메시지의 스팸 레이블 y_i와 i번째 메시지에서 j번째 토큰의 지표 변수 $X_{i,j}$ 그리고 j번째 토큰의 토큰 점수 q_j, 이 세 가지의 흥미로운 확률변수가 있다. 이제 레이블이 1이면 스팸을 가리키고, 0이면 정상 메일을 가리킨다는 관례를 이용한다. 이 판별 환경에서 i번째 메시지에서의 토큰을 나타내는 $\mathbf{X}_{i,\bullet}$와 토큰 점수 $\mathbf{q}$가 주어졌을 때, 메시지의 레이블 y_i는 그 모델에서 다른 모든 확률변수와 조건부 독립^{conditionally independent}이다. 단일 토큰 $X_{i,j}$가 발생했을 때 메시지 레이블의 조건부 확률은 다음과 같다.

$$\Pr\left(y_i | X_{i,j}, q_j\right) = \left((q_j)^{y_i} \cdot (1 - q_j)^{1-y_i}\right)^{X_{i,j}} \left(\tfrac{1}{2}\right)^{1-X_{i,j}} \tag{5.5}$$

즉, 스팸베이즈 모델에서는 메시지에서 발생하는 각 토큰은 해당 레이블의 지표이지만, 메시지에 없는 토큰은 레이블에 영향을 미치지 않는다. 스팸베이즈 점수는 메시지에서 발생하는 토큰만 포함하므로 (그림 5.1(b)과 같은) 기존의 생성 스팸 모델^{generative spam model}은 구성하기가 어색하지만, 위의 판별 조건부 확률^{discriminative conditional probability}은 이러한 모델링의 미묘한 차이를 담아낸다. 또한 토큰 지표 $X_{i,j}$에 대한 사전분포는 없지만, 토큰 점수에 대한 사전분포는 있다. 이를 이항 매개변수^{binomial parameter}로 취급해 여기에 $B(\alpha, \beta)$가 베타 함수[3](용어 사전 참조)일 때 조건부 확률을 부여하면 각각의 항은 공통 매개변수 α와 β가 있는 베타 사전 확률^{beta prior}을 가진다.

$$\Pr\left(q_j | \alpha, \beta\right) = \tfrac{1}{B(\alpha, \beta)} \cdot (q_j)^{\alpha-1} \cdot (1 - q_j)^{\beta-1} \tag{5.6}$$

앞서 언급했듯이 로빈슨은 이 대신 강도 매개변수^{strength parameter} s와 사전확률 매개변수^{prior parameter} x를 사용해 $\alpha = s \cdot x + 1$와 $\beta = s(1-x) + 1$을 사용했다. 이 매

---

3 감마 함수의 비로 표현되는 2변수 특수 함수이다. 이항계수의 해석적 연속으로 생각할 수 있다. 출처: 위키피디아 https://bit.ly/344tCBd – 옮긴이

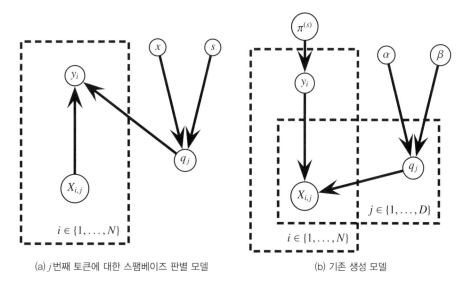

(a) j번째 토큰에 대한 스팸베이즈 판별 모델 　　　　　 (b) 기존 생성 모델

그림 5.1 스팸 탐지를 위한 확률 모델의 도식. (a) 단일 토큰에 대한 스팸베이즈의 확률변수 간의 의존성 구조를 묘사한 확률 모델(스팸베이즈는 각 토큰을 정상/스팸의 구분 표시로 모델링한 다음, 각각 독립적인 테스트라고 가정해 함께 결합한다). 이 모델에서 i번째 이메일의 레이블 y_i는 메시지에서 토큰이 발생하는 경우 토큰에 대한 토큰 점수 q_j에 따라 달라진다. 즉, $X_{i,j} = 1$이다. q_j에 대한 베타 사전분포는 매개변수 s와 x로 표현된다. (b) 스팸에 대해 전통적인 생성 모델. y_i와 q_j에 대해 사전분포는 매개변수 $\pi^{(s)}$와 α 그리고 β로 표현된다. i번째 이메일에 대한 각 레이블 y_i는 스팸일 확률이 $\pi^{(s)}$인 베르누이 분포로부터 독립적으로 선택된다. j번째 토큰의 각 토큰 점수는 매개변수 α와 β를 갖는 베타 분포로부터 독립적으로 선택된다. 마지막으로 메시지와 토큰 점수에 대한 레이블을 주면, $X_{i,j}$는 베르누이 분포에서 독립적으로 선택된다. 이 모델의 가능도 함수에 기반해 스팸베이즈가 계산한 토큰 점수 q_j는 단순히 모델의 해당 매개변수에 대한 최대가능도 추정량으로 볼 수 있다.

개변수화를 이용하면 x는 사전분포의 최빈값^{mode}이다. 스팸베이즈에서 이러한 매개변수는 임의 초매개변수^{hyper-parameter}로 취급하기보다는 선험적인 고정값을 사용한다. 기본값은 $\pi^{(s)} = \frac{1}{2}$와 $x = \frac{1}{2}$ 그리고 $s = 1$이다.

이와 함께 j번째 토큰에 대한 레이블의 조건부 확률과 j번째 토큰 점수에 대한 사전분포는 (j번째 토큰에만 기반해) 메시지에 대한 스팸 점수를 계산하는 데 사용된다. 그러나 최대가능도 편차^{maximum likelihood derivation}와 달리 q_i에 대한 스팸베이즈의 매개변수 추정량은 모든 토큰에 대한 결합확률 모델^{joint probability model}에 기반을 두지 않는다. 대신, 각 토큰에 대한 점수는 그림 5.1(a)처럼 토큰당 모델^{per-token model}에서 레이블의 가능도를 최대화해 별도로 계산된다. 즉, 이 모델은 j번째 토큰의 존재에만 기반을 둔 레이블의 수열을 보여준다. 그림 5.1(a)의 독립성 가정을 기반으로, 식 (5.5)의 조건부분포conditional distribution는 (N개의 메시지에 대해) j번째 토큰에 기반을 둔 다음 결합 로그 확률을 만들기 위해 함께 결합한다.

$$
\begin{aligned}
\log \Pr\left(\mathbf{y}, \mathbf{X}_{\bullet,j}|\alpha, \beta\right) &= \log \Pr\left(q_j|\alpha, \beta\right) + \sum_{i=1}^{N} \log \Pr\left(y_i|X_{i,j}, q_j\right) \\
&= -\log\left(\mathrm{B}\left(\alpha, \beta\right)\right) + (\alpha - 1)\log\left(q_j\right) + (\beta - 1)\log\left(1 - q_j\right) \\
&\quad + \sum_{i=1}^{N}\left[y_i X_{i,j}\log\left(q_j\right) + (1 - y_i)X_{i,j}\log\left(1 - q_j\right)\right]
\end{aligned}
$$

이 결합분포를 최대화하면 (거의) 스팸베이즈가 지정한 토큰 점수를 얻을 수 있다. 최대값을 얻기 위해 j번째 토큰 점수 q_j와 관련해 결합확률을 구별하고 미분계수derivate를 0으로 설정한다. 이 식을 미분하면 q_j는 다음과 같은 식으로 얻을 수 있다.

$$
\begin{aligned}
q_j &= \frac{\sum_{i=1}^{N} y_i X_{i,j} + \alpha - 1}{\sum_{i=1}^{N} X_{i,j} + \alpha - 1 + \beta - 1} \\
&= \frac{\alpha - 1}{n_j + \alpha - 1 + \beta - 1} + \frac{n_j^{(s)}}{n_j + \alpha - 1 + \beta - 1}.
\end{aligned}
$$

여기서 첫 번째 식의 합은 y_i와 $X_{i,j}$의 정의를 기반으로 토큰의 개수로 단순화된다. x와 s를 이용한 동치 베타 파라미터화equivalent beta parameterization와 ($N^{(s)} = N^{(h)}$이 아닌 한, 식 (5.1)에 사용되는 스팸베이즈 토큰 점수와 다른) 일반적인 사후 토큰 점수 $P_i^{(s)} = \frac{n_i^{(s)}}{n_i^{(s)} + n_i^{(h)}}$를 사용해, q_j의 최대가능도 추정량에 대한 이 식은 식 (5.2)의 스팸베이즈 추정량과 같다.

위의 토큰당 최적화는 훈련 집합 메시지에 대한 전체 스팸 점수 $S(\cdot)$와 정상 메일 점수 $H(\cdot)$를 고려해 결합 최대화 절차joint maximization procedure로 볼 수 있다(식 5.3). 이러한 전반적인 점수는 독립적인 p-값을 결합하는 피셔의 방법에 기반을 두고 있으며 각 토큰 점수는 독립이라고 가정한다. 실제로 $S(\cdot)$와 $H(\cdot)$는 식 (C.1)과 식 (C.2)로 정의된 집계 점수aggregate score $s_q(\cdot)$와 $h_q(\cdot)$에 대한 테스트로 식

(C.1)과 식 (C.2)가 각각 단조 증가하는지 검정한다. 따라서 식 (5.4)로 정의된 전체 스팸 점수 $I(\cdot)$에서 모든 스팸에 대해 $s_q(\cdot)$를 최대화하고 모든 정상 메일에 대해 $h_q(\cdot)$를 최대화하는 것은 $I(\cdot)$의 예측 오류를 최소화하기 위한 대용으로, 즉 $I(\cdot)$에 대한 약간의 손실을 최소화하는 것이다. 따라서 개별 토큰의 조건부분포(식 5.5)를 결합해 다음 식을 구성하는 것은 점수 $I(\cdot)$에 대한 손실함수로 볼 수 있다.

$$Q(y_i, \mathbf{X}_{i,\bullet}, \mathbf{q}) = -\log \prod_{j=1}^{D} \left((q_j)^{y_i} \cdot (1 - q_j)^{1-y_i}\right)^{X_{i,j}}$$

식 (5.6)으로 주어진 토큰 점수 사전확률에 대해 음의 로그의 합은 정칙화기로 볼 수 있다.[4] 더욱이 이러한 정칙화된 경험적 손실regularized empirical loss을 최소화하면 식 (5.2)로 스팸베이즈의 토큰 점수를 다시 산출할 수 있다. 이러한 방식으로 인해 스팸베이즈는 정칙화된 경험적 위험 최소화 기술regularized empirical risk minimization technique로 볼 수 있다.

안타깝게도 손실함수 Q는 점수의 곱이 정규화되지 않았기unnormalized 때문에 음의 로그 가능도negative log-likelihood가 아니다. 적절한 정규화기proper normalizer가 Q에 추가되면 q_i에 대한 결과 매개변수 추정량이 더는 스팸베이즈의 추정량과 같지 않다. 사실 스팸베이즈의 매개변수 추정 절차parameter estimation procedure와 그에 따른 예측 규칙prediction rule은 모든 레이블과 토큰, 점수에 대한 전통적인 결합확률분포와 호환되지 않는 것으로 보인다(또는 적어도 우리는 이러한 추정량을 산출하는 결합확률 모델을 도출할 수 없었다). 그런데도 손실함수 Q를 통해 스팸베이즈는 2.2절에서 설명한 바와 같이 정칙화된 경험적 위험 최소화 절차로 볼 수 있다.

이 스팸베이즈 모델을 분석해 이제 스팸베이즈의 잠재적 취약점을 확인한다. 먼저, 로빈슨은 평활을 위해 토큰 점수에 대한 사전분포를 통합함으로써 간단한 공격을 막았다. 토큰 점수에 어떠한 평활도 없다면 정상 메일에만 나타나는 모든 토큰

---

4   이 해석은 스팸베이즈가 메시지의 $I(\cdot)$를 계산할 때 가장 유용한 토큰의 점수만을 사용하는 중도절단 함수(censoring function) $\mathbb{T}$를 무시한다. 부록 C.1에서 설명하는 것처럼, 이 중도절단 조치는 토큰 점수 q_j에서 $I(\cdot)$가 단조 증가하지 않게 한다. $\mathbb{T}$를 고려하지 않고 토큰 점수를 계산하는 것은 진정한 목표를 달성할 수 있는 완화 조치로 볼 수 있다. - 지은이

점수는 0이다. 전체 점수 $I(\cdot)$는 개별 토큰 점수의 곱으로 계산되므로, 이러한 정상 메일에만 있는 토큰 중 하나가 스팸 메일을 정상으로 잘못 분류되게 할 수 있으며, 반대로 스팸 메일에만 있는 토큰 중 하나가 정상 메일을 스팸으로 잘못 분류되게 만든다면 공격자는 이를 분명히 이용할 수 있다. 마찬가지로 중도절단 함수 $\mathbb{T}$를 사용하면 공격자가 스팸성 토큰spammy token의 효과를 무효로 하기 위해 많은 정상 메일성 토큰hammy token이 있는 스팸을 추가하는 공격을 막을 수 있다. 그러나 이러한 설계 고려 사항에도, 스팸베이즈는 여전히 공격에 취약하다. 스팸베이즈의 첫 번째 취약점은 데이터와 토큰이 독립이라는 가정에서 비롯된다. 각 토큰 점수는 정상 메시지와 스팸 메시지에 있는 토큰이 있을 때만 계산된다. 두 번째 취약점은 메시지에서 발생하는 토큰에만 레이블이 붙여진다는 가정에서 비롯된다. 이 가정에 대한 직관이 있지만, 이 모델에서는 희귀 토큰이 거의 영향을 주지 못해 이 토큰에 대한 점수를 쉽게 변경할 수 있다. 궁극적으로 이 두 가지 취약점은 우리가 5장의 나머지 부분에서 제시하고 평가하는 사전 공격dictionary attack이라고 부르는 공격 패밀리로 이어진다.

5.2 스팸베이즈의 위협 모델

스팸베이즈의 취약점 분석에서는 3.3절의 공격 분류법을 따른다. 스팸 발송자가 배포된 스팸 필터를 대상으로 사용하는 것으로 알려진 실제 공격은 탐색적 무결성 공격인 경향이 있다. 즉, 스팸 발송자는 스팸 이메일에서 특히 스팸처럼 보이는 내용을 난독화하거나 스팸을 나타내지 않는 콘텐츠를 넣는다. 두 전략 모두 수정된 메시지를 피해자의 받은 편지함inbox에 넣는 것을 목표로 한다. 많은 연구자가 이러한 공격의 범주를 상세히 연구했다[157, 158, 258, 59]. 그러나 5장에서 스팸 필터에 대해 설득력 있는 인과적 공격을 살펴본다. 스팸 필터는 머신러닝 시스템에 고유하며 인과적 공격이 필터를 변경하기 때문에 잠재적으로 더 해로울 수 있다.

특히 인과적 가용성 공격은 강력한 서비스 거부를 발생시킬 수 있다. 예를 들어 스팸 발송자가 사용자의 스팸 필터로 필터링될 수 있는 메시지를 합법적으로 충분히 많이 만들어낸다면 사용자는 필터를 비활성화시킬 가능성이 있으므로 사용자는 원하지 않는 스팸 메시지를 볼 수 있게 된다. 또한 비양심적인 사업주는 경쟁사가 잠재적 고객으로부터 이메일 주문을 받지 못하도록 스팸 필터 서비스 거부를 사용하려 할 수 있다. 5장에서 우리는 스팸베이즈를 대상으로 하는 두 가지 새로운 인과적 가용성 공격을 제안한다. 사전 공격은 무차별 공격이며 집중 공격^{focused attack}은 표적 공격이다.

5.2.1 공격자의 목표

여기서는 두 가지 목표 중 하나를 가진 공격자를 생각한다. 즉, 공격자는 피해자를 광고에 노출하거나 피해자가 합법적인 메시지를 보지 못하게 한다. 첫 번째 목표의 동기는 마케팅 캠페인을 많이 보게 해 스팸 발송자의 잠재적 수익을 높이는 것이다. 두 번째 목표를 위해 공격자가 합법적인 이메일이 스팸으로 필터링되게 하는 동기는 적어도 두 가지가 있다. 첫째, 사용자는 많은 오분류로 인해 스팸 필터를 신뢰할 수가 없어져 필터링을 포기하고 더 많은 스팸을 보게 된다. 둘째, 사용자는 합법적인 메시지에 레이블을 잘못 지정해 중요한 메시지를 놓칠 수 있다. 예를 들어 계약을 위해 경쟁하는 조직은 경쟁 입찰이 원하는 수신자에게 낙찰되는 것을 막기 위해 경쟁 우위를 확보하려 한다. 비양심적인 회사는 경쟁업체의 메시지가 스팸으로 필터링되게 만들어 이 목적을 달성할 수 있다.

이러한 고려 사항을 바탕으로 공격자의 목표를 네 가지 범주로 더 나눌 수 있다.

1. 피해자가 스팸 필터를 사용하지 않도록^{disable} 해, 모든 스팸을 받은 편지함으로 넣게 한다.
2. 피해자가 특정 정상 메일을 스팸으로 필터링해 해당 이메일을 놓치게^{miss} 한다.
3. 특정 스팸이 피해자의 받은 편지함에 들어가게 한다.
4. 모든 스팸을 피해자의 받은 편지함으로 들어가게 한다.

이러한 목표는 다음에 설명하는 공격을 구성하는 데 사용된다.

5.2.2 공격자의 지식

공격자가 사용자의 메시지에 관해 알고 있는 지식은 여러 시나리오마다 다를 수 있으므로 다른 공격 전략으로 이어질 수 있다. 공격자는 향후 피해자가 수신할 가능성이 있는 특정 이메일에 관해 상세한 지식을 가질 수 있거나, 피해자의 단어 분포에 대한 특정 단어 또는 일반적인 정보를 알고 있을 수 있다. 많은 경우 공격자는 이메일에 사용되는 언어에 대해 아무것도 알지 못할 수 있다.

피해자가 스팸을 보길 원하는 경우 공격자는 광범위한 사전 공격으로 스팸 필터를 사용할 수 없게 만들어 피해자가 필터를 비활성화하게 만들 수 있다(5.3.1.1절 참조). 이메일 분포에 관한 자세한 정보를 통해 공격자는 여전히 유효한 높은 가치의 특성으로 구성된 작은 사전을 선택할 수 있다. 공격자는 피해자가 특정 이메일을 못 보게 하며, 해당 이메일의 정보를 가지고 있는 경우 공격자는 집중 공격으로 공격할 수 있다(5.3.1.2절 참조). 또한 공격자가 사용자에게 비스팸^{non-spam}으로 훈련할 이메일을 보낼 수 있는 경우, 유사 스팸 공격^{pseudospam attack}은 필터가 스팸 메시지를 사용자의 받은 편지함에 넣도록 만들 수 있다(5.3.2절 참조).

실험 결과를 보면 이 종류의 공격이 통계적 스팸 필터^{statistical spam filter}에 심각한 해를 끼칠 우려가 있다. 사전 공격은 훈련 집합 메시지의 1%만 제어할 수 있다면 스팸 필터를 사용할 수 없게 만들 수 있으며, 많은 정보를 가진 집중 공격은 표적 이메일의 90% 이상을 피해자의 받은 편지함에서 제거할 수 있다. 유사 스팸 공격으로 인해 피해자는 훈련 데이터의 10% 미만을 제어하게 돼 표적 스팸 메시지의 거의 90%를 보게 된다.

우리는 이러한 공격의 위력을 입증하고, 잠재적인 방어법을 제안한다. 부정적인 영향 거부^{RONI, Reject on Negative Impact} 방어는 각 이메일이 훈련에 미치는 영향을 테스트하고 부정적인 영향을 크게 미치는 메시지에 대해서는 훈련하지 않는다. 우리는 이러한 방어가 일부 공격의 성공을 막는 데 효과적임을 보인다.

5.2.3 훈련 모델

스팸베이즈는 스팸과 비스팸 메시지로 레이블링된 예제 집합으로 분류기를 만든다. 이 분류기(또는 필터)는 이후 미래의 이메일 메시지를 스팸(나쁜 또는 원치 않는 이메일) 또는 정상(좋은 또는 합법적인 이메일)으로 레이블링하는 데 사용된다. 또한 스팸베이즈에는 세 번째 레이블도 있다. 어떤 식으로든 확신할 수 없을 때 분류기는 불확실이라고 레이블링한다. 우리는 다음 용어를 사용한다. 이메일에서 참인 클래스는 정상 또는 스팸일 수 있으며 분류기는 정상과 스팸, 불확실의 레이블을 붙인다.

불확실로 레이블링된 메시지를 처리하는 방법으로는 자연스럽게 세 가지 선택을 할 수 있다. 스팸 폴더에 넣거나, 사용자의 받은 편지함에 남겨두거나, 아니면 따로 검토하기 위해 별도의 폴더에 넣을 수 있다. 정상과 스팸 메시지 모두에 불확실 레이블이 붙여질 가능성이 있으므로 각 선택은 문제가 될 수 있다. 불확실 메시지가 스팸 폴더에 들어간다면 사용자는 주기적으로 모든 스팸을 검사하거나 합법적인 메시지를 놓칠 위험을 감수해야 한다. 불확실 메시지가 받은 편지함에 남아 있다면, 사용자의 받은 편지함에는 스팸 메시지의 양이 증가할 것이다. 만약 불확실 메시지를 저장할 '불확실' 폴더가 있다면, 여전히 증가한 불확실로 레이블링된 스팸 메시지를 검사해 불확실로 레이블링된 정상 메일을 찾아야만 한다. 따라서 너무 많은 불확실 이메일은 너무 높은 오탐지(스팸으로 레이블링된 정상 메일)나 미탐지(정상으로 표시된 스팸)만큼 성가시게 된다. 극단적인 경우, 모든 이메일이 불확실로 레이블링되면, 사용자는 정상 메일을 찾기 위해 모든 스팸을 검사해야 하므로 필터를 사용하는 이점이 없어진다.

스팸베이즈를 사용해 여러 사용자를 위해 수신 이메일을 필터링하는 조직이나 개인 이메일 필터로 스팸베이즈를 사용하면서 스팸베이즈를 최신 스팸과 정상 메일로 주기적으로 재훈련하는 개인을 고려해보자. 이런 시나리오는 표준적인 사용 사례 역할을 한다. 이제 공격 대상이 되는 조직이나 개인에게 사용자와 피해자라는 용어를 번갈아 사용한다. 그 의미는 문맥에서 분명해질 것이다.

여기서는 사용자가 스팸베이즈를 주기적으로 (예를 들어 매주) 재훈련한다고 가정한다. 합법적인 이메일과 스팸 이메일의 통계적 특성에서 변화 추세를 따라잡기 위해 이러한 방식으로 필터를 업데이트해야 한다. 이런 공격은 특정 재훈련 과정에만 국한되지 않는다. 공격은 공격자의 데이터 제어에 관해 다음 가정을 요구한다.

5.2.4 오염 가정

공격자는 피해자가 훈련에 사용할 이메일을 보낼 수 있다고 가정한다(오염 가정 contamination assumption). 보안 연구security research에서는 공격자가 예상치 못한 공격 방법을 발견할 수 있으므로 공격자가 가능한 한 많은 능력을 갖추고 있다고 가정하는 것이 일반적인 관행이다. 즉, 취약점이 존재하면 해당 취약점이 공격에 악용될 수 있다고 가정한다. 공격자는 훈련 데이터 또는 그 일부만을 제한적으로 제어하므로 오염 가정은 합리적이지만 두 가지 중요한 제한을 추가한다. ① 공격자는 이메일 본문을 임의로 지정할 수 있지만, 이메일 헤더를 변경할 수 없다. ② 공격 이메일은 항상 정상 메일이 아닌 스팸으로 훈련한다. 이제 오염 가정을 정당화할 수 있는 현실적인 시나리오를 설명한다. 다음 절에서 그 의미를 살펴본다.

적응형 스팸 필터adaptive spam filter는 정상과 스팸 모두의 변화하는 성질에 대처하기 위해 주기적으로 재훈련해야 한다. 많은 사용자가 스팸으로 레이블링된 모든 메시지를 스팸 훈련 데이터로 사용하고, 정상으로 레이블링된 모든 메시지를 정상 메일 훈련 데이터로 사용해, 모든 이메일로 단순히 훈련한다. 일반적으로 사용자는 필터가 불확실로 레이블링한 메시지뿐만 아니라 정상(미탐지) 또는 스팸(오탐지)으로 잘못 필터링한 메시지에 대해서도 직접 참true으로 레이블링한다. 이 경우 공격자가 훈련 데이터를 제어하는 것은 사소한 일이며, 사용자에게 전송된 모든 이메일이 훈련에 사용된다.

사용자가 직접 이메일을 레이블링할 수 있다는 사실만으로 이러한 공격을 방어할 수 없다. 즉, 공격 메시지는 출처가 알려지지 않은 원치 않는 이메일로, 정상적인 스팸 마케팅 콘텐츠를 포함할 수 있다. 공격 이메일에 직접 레이블링한 스팸 레이블이 정확하지만, 공격을 계속 허용한다. 공격 이메일을 정상 메일로 훈련할 수 있을 때 다른 공격이 가능하다. 이 유사 스팸 공격에서 공격자의 능력에 두 번째 제한을 제거하고 공격 이메일이 정상 메일로 훈련되는 경우를 살펴본다(5.3.2절 참조).

5.3 스팸베이즈 학습기에 대한 인과적 공격

이제 5.2.1절의 공격 분류에 따라 스팸베이즈의 학습 알고리즘에 대해 세 가지 새로운 공격인 무차별 가용성Indiscriminate Availability 공격과 표적 가용성Targeted Availability 공격, 표적 무결성Targeted Integrity 공격을 소개한다. 이 공격은 일반적으로 다음과 같은 단계에 따라 구조화된다.

1. 공격자는 공격의 목표를 결정한다.
2. 공격자는 공격 메시지를 보내 피해자의 훈련 집합에 포함되게 한다.
3. 피해자는 스팸 필터를 (재)훈련해 오염된 필터를 만든다.
4. 공격자의 목표에 따라 수신 메시지에 대해 필터의 분류 성능이 저하된다.

이 절의 나머지 부분에서는 5.2절에서 설명한 공격자의 목표를 달성하는 공격을 설명한다. 각 공격은 특정 분포에서 선택한 훈련 집합에 (5.2.2절에서 설명한 공격자의 지식에 따라) 이메일을 삽입하는 것으로 구성된다. 이런 분포의 속성은 다른 매개변수와 함께 공격의 본질을 결정한다. 사전 공격은 광범위한 (실제로는 같은 확률을 갖는 모든 토큰이 포함된) 분포에서 선택한 토큰이 포함된 이메일 메시지를 보낸다. 집중 공격은 단일 메시지나 좁은 메시지 클래스에서의 분포에 특별히 집중한다. 공격자가 정상 메일로 훈련될 메시지를 보낼 수 있는 능력이 있는 경우, 유사 스팸 공격은 스팸 메시지가 사용자의 받은 편지함에 도달하게 만들 수 있다.

5.3.1 인과적 가용성 공격

먼저 우리는 필터의 훈련 데이터를 조작해 오분류되는 정상 메일의 수를 늘리는 인과적 가용성 공격에 초점을 맞춘다. 우리는 무차별 공격과 표적 공격 모두를 생각한다. 무차별 공격에서 너무 많은 오탐지는 피해자가 필터를 끄게 만들거나 스팸/불확실 폴더에서 잘못 필터링된 합법적인 메시지를 자주 검색하게 만든다. 따라서 피해자는 스팸을 더 많이 볼 수밖에 없다. 표적 공격에서 공격은 필터를 비활성화하도록 설계하지 않으며, 대신 피해자가 특정 메시지를 수신하지 못하게 만든다.

일관성을 잃지 않고 단일 공격 메시지 A의 구성을 고려해보자. 피해자는 해당 공격 메시지를 훈련 집합에 추가하고, 오염된 데이터로 (재)훈련한 모델을 사용해 새로운 메시지를 분류한다. 또한 공격자는 피해자가 받을 다음 이메일에 관해 일부 (아마도 제한적인) 지식을 가지고 있다. 이 지식은 각 토큰이 다음 메시지에 나타날 확률 벡터 분포 $\mathbf{p}$로 나타낼 수 있다.

공격자의 목표는 기대 스팸 점수^{expected spam score}를 최대화하기 위해 공격 메시지 $\mathbf{a}$의 토큰을 선택하는 것이다.

$$\max_{\mathbf{a}} \mathrm{E}_{\hat{\mathbf{x}} \sim \mathbf{p}} \left[I_{\mathbf{a}}(\hat{\mathbf{x}}) \right] \tag{5.7}$$

즉, 공격의 목표는 분포 $\mathbf{p}$에서 선택한 합법적인 이메일 $\hat{\mathbf{x}}$의 스팸 훈련 집합에 추가된 공격 메시지 $\mathbf{a}$로 $I_{\mathbf{a}}(\hat{\mathbf{x}})$(식 (5.4))의 기대값을 최대화하는 것이다. 그러나 이 목표를 분석할 때 공격자가 공격 이메일에 가능한 모든 토큰(단어, 기호, 철자 오류 등)을 포함해 스팸베이즈가 모든 토큰을 스팸으로 표시하게 해, 미래 메시지의 기대 스팸 점수를 일반적으로 최대화할 수 있음을 부록 C.2에서 보인다. 우리는 이것을 **최적**^{optimal} 공격[5]이라고 한다.

이 기준에 따라 최적 공격을 설명하기 위해 부록 C.2에서 자세히 설명한 내용 두 가지를 살펴본다. 첫째, 토큰 대부분에 대해, $I_{\mathbf{a}}(\cdot)$는 q_i에서 단조 감소하지 않는다. 따라서 공격 메시지에서 토큰의 점수를 높이면 일반적으로 $I_{\mathbf{a}}(\hat{\mathbf{x}})$가 증가한다. 둘째, 다른 토큰들의 토큰 점수는 상호 작용하지 않는다. 즉, 공격에 i번째 토큰을 추가해도 다른 토큰 $j \neq i$의 점수 q_i는 변하지 않는다. 따라서 공격자는 단순히 목적에 가장 부합하는 토큰을 선택할 수 있다. 이로부터 우리는 공격자가 피해자의 이메일에 대해 서로 다른 양의 지식을 가지고 있는 일반적인 공격의 예로서 사전 공격과 집중 공격이라는 두 가지 공격을 고려할 수 있다.

이를 위해 분포 $\mathbf{p}$에 대한 구체적인 선택을 생각해보자. 첫째로, 공격자가 표적 이메일의 토큰에 대한 지식이 거의 없다면 우리는 각 토큰에 $\mathbf{p}$에서 같은 확률을 부

---

5 부록 C.2에서 설명한 것처럼 이런 공격은 최적화 문제의 완화된 버전에 최적이다. 일반적으로 식 (5.7)의 문제를 최적화하는 것은 미래의 메시지 $\hat{\mathbf{x}}$에 관한 정확한 지식이 필요하며 풀기 어려운 조합 문제다. – 지은이

여한다. 이 경우 공격 이메일에 가능한 모든 토큰을 넣어 기대 메시지 스팸 점수를 최적화할 수 있다. 두 번째로, 공격자가 표적 이메일에 대한 지식을 가지고 있다면 표적 이메일에 i번째 토큰이 있는 경우에만 $\mathbf{p}_i$를 1로 설정해 이를 표현할 수 있다. 이 공격은 표적 메시지와 관련해 최적이지만 훨씬 더 간결하다.

실제로 최적 공격은 다루기 힘들 정도로 큰 공격 메시지가 있어야 하지만, 공격자는 ($\mathbf{p}$에서 얻은) 피해자에 관한 지식을 악용, 즉 사전처럼 피해자가 미래에 사용할 가능성이 있는 많은 공통 단어를 사용해 최적 공격의 효과를 근사할 수 있다. 그래서 이 공격을 사전 공격이라고 한다. 공격자가 피해자의 기본 언어가 영어라는 지식처럼 상대적으로 지식이 거의 없다면, 공격은 영어 사전의 모든 단어를 포함할 수 있다. 이런 추론으로 사전 공격이 만들어졌다(5.3.1.1절 참조). 반면 공격자는 표적 이메일에 나타나는 특정 단어 중 일부를 알 수 있지만 모든 단어를 아는 것은 아니다. 이 시나리오를 집중 공격이라고 한다(5.3.1.2절 참조). 이런 지식 수준 간에 공격자는 피해자가 받을 이메일의 고유 어휘 또는 전문 용어처럼 영어 단어의 분포에 관한 정보를 사용해 공격을 더 효율적으로 수행할 수 있다. 어떤 경우든 모든 토큰에 대해 같은 분포보다 더 구체적이지만 다음 메시지의 실제 토큰 분포보다 정보가 적은 피해자 이메일의 토큰에 대한 분포 $\mathbf{p}$가 만들어진다. 이어서 우리는 사전 공격을 개선하기 위해 공통 토큰의 말뭉치를 추가로 사용하는 사전 공격과 집중 공격을 자세히 살펴본다.

5.3.1.1 사전 공격

사전 공격, 즉 무차별 공격은 스팸 필터가 정상 이메일의 상당 부분을 잘못 분류(즉, 오탐지를 유발)하게 해 피해자가 필터를 신뢰하지 못하게 만들어 필터를 사용할 수 없게 한다. 결과적으로 피해자는 스팸 필터를 비활성화하거나 스팸/불확실 폴더를 검색해 잘못 분류된 합법적인 메시지를 찾아야 한다. 어느 경우에나 피해자는 필터를 신뢰할 수 없어 스팸을 더 많이 볼 수밖에 없게 되고 결국 스팸 발송자의 궁극적인 목표를 달성한다. 즉, 피해자는 합법적인 메일을 검색하는 동안 스팸을 보게 된다. 이 공격의 결과는 서비스 거부, 즉 스팸으로 오분류된 정상 메일의 비율이 높다.

사전 공격은 5.3.1절에서 제안한 최적 공격의 근사로, 공격자는 가능한 한 모든 토큰을 포함해 기대 점수를 최대화한다. 실제로는 가능한 모든 토큰으로 메시지를 만드는 것이 불가능하다. 그런데도 공격자가 피해자의 이메일에 관한 지식이 부족할 때, 이 최적 공격은 피해자의 모국어 사전처럼 피해자가 사용할 가능성이 있는 모든 토큰 집합으로 근사할 수 있다. 우리는 이것을 사전 공격이라고 부른다. 사전 공격은 사전에 있는 모든 토큰 점수를 높인다. 즉, 스팸이 더 도드라지게 된다.

사전 공격의 핵심 아이디어는 공격자의 사전인 대규모 토큰 집합이 포함된 공격 메시지를 보내는 것이다. 식 (5.7)처럼 $I_a(\hat{x})$의 기대값을 최대로 하는 토큰 집합을 사전으로 선택한다. 공격 메시지에 토큰을 포함할 때 (부록 C에 설명하는 특이 상황을 제외하고는) 일반적으로 토큰의 점수가 향상되므로, 공격자는 자신의 지식에 따라 향후 합법적인 메시지에서 발생할 가능성이 있는 토큰을 분포 **p**에서 간단히 포함할 수 있다. 특히 공격자가 피해자의 언어를 알고 있으면, 그 언어의 어휘 사전(또는 적어도 어휘의 큰 부분집합)을 공격 사전으로 사용할 수 있다. 사전의 메시지 집합을 훈련한 후, 피해자의 스팸 필터는 사전의 모든 토큰에 대해 더 높은 스팸 점수를 갖게 돼, 그 효과는 희귀 토큰에 대해 점수가 증폭된다. 결과적으로, 미래의 합법적인 이메일은 그 어휘 사전의 많은 토큰을 포함하고 있을 것이므로 스팸으로 표시될 가능성이 더 커진다.

이 공격의 개선은 피해자의 참 이메일 분포에 더 가까운 분포를 가진 토큰 출처를 사용한다. 예를 들어 유즈넷^{Usenet} 뉴스 그룹 게시물에는 구어체 표현과, 틀린 철자, 적절한 사전에서 찾을 수 없는 단어가 있을 수 있다. 또한 이런 말뭉치에서 가장 자주 나오는 토큰을 사용하면 공격자는 효과를 크게 잃지 않으면서 더 작은 이메일을 보낼 수 있다. 그러나 토큰 선택에는 내재적 절충점이 있다. 희귀 토큰은 공격 이메일이 적을수록 (식 (5.4)에 따라 1.0의 스팸 점수를 가진) 스팸으로 더 많이 이동해 공격에 가장 취약하다. 그러나 취약한 희귀 토큰은 미래의 메시지에 나타나지 않아 유용성이 희석된다. 따라서 공격은 공격 메시지에 대한 토큰 집합을 선택하는 데 있어 이러한 효과의 균형을 맞춰야 한다.

(5.5.2절의) 실험에서 사전 공격의 두 가지 변형을 평가한다. 첫 번째 변형은 아스펠Aspell 사전에 기반을 두고 있으며, 두 번째는 유즈넷 말뭉치에서 관찰된 가장 일반적인 토큰으로 엮은 사전이다. 이런 공격을 각각 아스펠 사전 공격과 유즈넷 사전 공격이라고 한다.

5.3.1.2 집중 공격

두 번째 인과적 가용성 공격은 표적 공격으로, 공격자는 표적으로 삼은 합법적인 이메일이 잘못 필터링되도록 이메일에 관한 지식을 가지고 있다. 공격자가 표적 이메일에 대해 정확한 지식을 가지고 있는 경우, 모든 토큰을 공격 이메일에 배치하면 최적 표적 공격optimal targeted attack을 할 수 있다. 그러나 현실적으로 공격자는 표적 이메일에 관해 부분적인 지식만 가지고 있으며 공격 이메일에 포함할 토큰 중 일부만 추측할 수 있다. 우리는 이 지식을 모델링하기 위해 공격 메시지에 포함된 표적 이메일의 토큰 일부를 공격자에게 알려준다. 공격자는 표적 이메일에서 발생할 수 있는 단어를 포함하는 공격 이메일을 구성한다. 즉, 공격자가 알고 있는 토큰을 포함한다. 또한 외부 토큰이 표적 토큰을 대상으로 하는 공격 효과에 영향을 주지 않으므로, 공격 이메일에는 공격 메시지를 난독화하기 위해 공격자가 추가한 추가 토큰additional token이 포함될 수도 있다. 스팸베이즈는 그 결과로 인한 공격 이메일을 훈련할 때, 일반적으로 표적 토큰의 스팸 점수가 향상하므로(부록 C 참조) 표적 메시지가 스팸으로 필터링될 가능성이 더 크다. 이것이 표적 공격이다.

예를 들어 보자. 비양심적인 회사는 경쟁 입찰 과정에서 경쟁자가 관련 이메일을 받는 것을 원하지 않을 수 있는데, 그 회사는 표적 이메일에 나타날 특정 단어를 알고 있으므로, 공격에 사전 전체를 포함할 필요가 없다. 비양심적인 회사는 경쟁 회사의 이름과 제품, 경쟁 회사의 직원과 같은 토큰으로 피해자에게 스팸 이메일을 보내 공격한다. 또한 입찰 메시지가 악의적인 회사도 알고 있는 공통 서식을 사용한다면 공격이 더욱 쉬울 것이다. 공격의 결과로 합법적인 입찰 이메일이 스팸으로 필터링돼 피해자가 입찰 이메일을 보지 못할 수 있다.

공격자가 표적 이메일에 대해 상세한 지식을 가지고 있으며 다른 메시지에 영향을 줄 이유가 없으므로 집중 공격은 사전 공격보다 더 간결하다. 이러한 간결함은 공격자가 더 효율적으로 공격할 수 있게 만들 뿐만 아니라 방어자가 공격을 탐지하기 어렵게 만든다. 또한 공격자는 일반적인 영어 텍스트와는 다른 피해자의 이메일에서 흔히 볼 수 있는 적절한 명사와 다른 비언어 토큰을 알 수 있으므로 집중 공격이 더 효과적일 수 있다.

집중 공격의 흥미로운 부작용은 비슷한 이메일을 반복적으로 보내는 것은 공격에서 토큰의 스팸 점수를 높일 뿐만 아니라 공격에 포함되지 않는 토큰의 스팸 점수를 낮추는 경향이 있다는 것이다. 그 이유를 이해하기 위해서는 토큰의 사후확률 추정값인 식 (5.1)에서 공격 j번째 토큰이 공격 이메일에 나타나지 않는다고 가정한다. 그리고 공격 이메일을 추가하면 $N^{(s)}$가 증가하지만 $n_j^{(s)}$은 증가하지 않으므로 $P_j^{(S)}$는 감소하고 따라서 q_j도 감소하게 된다. 5.5.3절에서 집중 공격이 공격 이메일에 포함되지 않은 토큰의 스팸 점수를 실제로 감소시킬 수 있음을 경험적으로 살펴본다.

5.3.2 인과적 무결성 공격-유사 스팸

또한 필터의 훈련 데이터를 조작해 미탐지, 즉 정상 메일로 오분류된 스팸 메시지의 수를 증가시키는 인과적 무결성 공격도 살펴본다. 이전 공격과 달리 유사 스팸 공격은 직접 필터가 스팸 메시지를 잘못 분류하도록 시도한다. 공격자가 정상 메일로 훈련한 메시지를 임의로 선택할 수 있다면, 공격은 표적 이메일의 토큰을 100% 알고 있는 집중 공격과 유사하다. 그러나 사용자가 임의의 메시지를 정상 메일로 훈련할 것이라고 믿을 이유는 없다. 스팸처럼 보이지는 않지만 (헤더처럼) 진짜 스팸의 전형적인 특징을 갖는 유사 스팸 이메일pseudospam email의 개념을 소개한다. 모든 사용자가 비상업적인 이메일을 스팸으로 표시할 만큼 불쾌하다고 생각하지 않는다.

유사 스팸 이메일을 만들기 위해 신문 기사나 잡지, 책 또는 합법적인 이메일의 말뭉치로 메시지 본문을 만든다. 이 아이디어는 어떤 경우에 사용자가 이러한 메시지를 훈련용 정상 메일로 착각하거나 메시지에 마케팅 콘텐츠가 없는 경우 재훈련하기 전에 미탐지를 부지런히 수정하지 않는 것을 기반으로 한다. 이런 식으로 공격자는 정상 메일 훈련 데이터를 통제할 수 있다. 이런 동기는 사전 공격과 집중 공격에 대한 동기보다 설득력이 떨어지지만, 이 동기가 적용되는 경우에는 스팸 메시지의 헤더는 정상 메일임을 보여주는 상당한 가중값을 갖게 된다. 따라서 비슷한 헤더를 가진 (즉, 같은 스팸 발송자가 보낸) 스팸을 받게 되면, 스팸은 사용자의 받은 편지함에 들어가게 된다.

5.4 부정적인 영향 거부(RONI) 방어

사이니^{Saini}는 스팸베이즈를 대상으로 하는 인과적 가용성 공격에 대응하기 위한 두 가지 방어 전략을 연구했다[216]. 첫 번째는 한계점 방어$^{threshold\ defense}$라고 부르는 가용성 공격의 영향을 완화하기 위해 스팸베이즈의 한계점 매개변수를 조정하는 메커니즘이다. 이 방어는 사전 공격의 오탐지율을 줄였지만, 미탐지율은 더 높아졌다. 또한 부정적인 영향 거부^{RONI} 방어의 예비 버전을 사이니가 설명했는데, 여기서 설명하고 자세히 평가한다.

앞서 3.5.4.1절에서 부정적인 영향 거부 방어를 요약했다. 이 절에 설명하는 것처럼 부정적인 영향 거부는 인과적 공격에 대한 방어로서, 훈련 인스턴스로 분류기를 훈련할 때 각 훈련 인스턴스가 갖는 경험적 효과를 측정하고, 그 분류기의 정확성에 상당히 부정적인 영향을 미치는 모든 인스턴스를 식별하며, 분류기를 최종적으로 훈련하기 전에 훈련 집합 $\mathbb{D}^{(train)}$에서 문제가 되는 인스턴스를 제거한다. 후보 훈련 인스턴스의 유해 여부를 결정하기 위해, 방어자는 기본 훈련 집합으로 분류기를 훈련한 다음, 후보 인스턴스를 그 훈련 집합 세트에 추가하고, 후보 인스턴스가 포함된 훈련 집합으로 두 번째 분류기를 훈련한다. 방어자는 알려진 레이블이 붙은 문제 집합$^{quiz\ set}$의 인스턴스를 두 분류기에 적용해 두 분류기 간의 정확도 차이를 측정한다. 훈련 집합에 후보 인스턴스를 추가했을 때, 두 번째 분류기가 후보 인스턴스 없이 훈련한 첫 번째 분류기보다 실질적으로 더 많이 잘못 분류하면, 그 후보 인스턴스는 그 유해 효과로 인해 훈련 집합에서 제거된다.

좀 더 형식적으로, 초기 훈련 집합 $\mathbb{D}^{(train)}$과 훈련 집합에 추가할 추가 후보 훈련점의 집합 $\mathbb{D}^{(suspect)}$이 있다고 가정한다. $\mathbb{D}^{(suspect)}$의 점은 다음처럼 평가한다. 먼저 $\mathbb{D}^{(train)}$에서 임의로 선택한 부분집합인 보정 집합calibration set $\mathbb{C}$를 따로 설정한다. 그런 다음, $\mathbb{D}^{(train)}$의 나머지 부분에서 몇 개의 독립적이고 잠재적으로 중첩되는 훈련/문제 집합쌍 $(\mathbb{T}_i, \mathbb{Q}_i)$을 추출하는데, 여기서 한 쌍의 집합 안에 있는 점은 비복원without replacement으로 추출한다. 데이터 포인트 $(x, y) \in \mathbb{D}^{(suspect)}$의 영향(경험적 효과)을 평가하기 위해, 각 집합쌍 $(\mathbb{T}_i, \mathbb{Q}_i)$에 대해 $\mathbb{T}_i$로 훈련한 사전before 분류기 f_i와 $\mathbb{T}_i + (x, y)$, 즉, (x, y)가 추가된 훈련 집합으로 훈련한 사후after 분류기 $\hat{f}_i$를 구성한다. 그런 다음 부정적인 영향 거부 방어는 $\mathbb{T}_i$에 (x, y)를 추가해 야기되는 정탐지(진양성True Positive과 진음성True Negative)의 변화를 사용해 문제 집합 $\mathbb{Q}_i$에서 f_i와 $\hat{f}_i$의 분류 정확도를 비교한다. 훈련/문제 집합쌍에 대해 평균을 냈을 때, 두 변화 중 어느 하나가 크게 음수라면 (x, y)는 크게 해로운 것으로 간주해 $\mathbb{D}^{(train)}$에서 제외한다. 변화의 중요성을 결정하기 위해, 탐지기의 정확도 이동을 보정 집합 $\mathbb{C}$의 점으로 야기된 평균 이동과 비교한다. $\mathbb{C}$의 각 점은 $\mathbb{D}^{(suspect)}$의 점 평가와 유사한 방식으로 평가한다. 이들의 실제 정탐지 변화의 중앙값과 표준편차를 계산해 유의 한계값significant threshold으로 중앙값보다 작은 세 번째 표준편차를 선택한다.

5.5 스팸베이즈 실험

5.5.1 실험 방법

여기서는 인과적 가용성 공격이 스팸베이즈의 스팸 분류 정확도에 미치는 영향의 경험적 평가를 제시한다.

5.5.1.1 데이터 집합

이 실험에서, 코맥Cormack과 라이남Lynam이 설명한 것[52]처럼 텍스트 검색 콘퍼런스TREC, Text Retrieval Conference 2005의 스팸 말뭉치를 사용했는데, 이는 엔론Enron 이메일 말뭉치[132]를 기반으로 92,189개의 이메일(52,790개의 스팸과 39,399개의 정상 메일)을 포함하고 있다. 이 데이터 집합에서 표본을 추출해, 우리는 받은 편지함 표본 sample inbox을 구성하고 공격에 대한 효과를 측정한다. 이 말뭉치는 몇 가지 강점을 가지고 있는데 말뭉치는 실제 출처에서 나온 것으로 대량의 이메일을 가지고 있으며, 말뭉치를 만든 사람들은 추가된 스팸을 정상 메일과 구별할 수 있을 만큼의 명백한 흔적artifact이 남지 않도록 조심했다.

여기서는 공격을 위해 두 가지 출처에서 나온 토큰을 사용한다. 첫 번째는 98,568개의 단어가 포함된 GNU 아스펠 영어 사전의 버전 6.0-0을 사용했다. 또한 공격 토큰을 생성하기 위해 영어 유즈넷English Usenet 게시물의 말뭉치도 사용했다. 이 말뭉치는 앨버타대학교의 웨스트버리 연구소가 편찬한 140,179개의 게시물로 구성된 유즈넷 말뭉치[226]의 부분집합이다. 공격자는 이러한 데이터를 내려받아 공격에 사용할 언어 모델을 구축할 수 있으므로, 이 기술이 얼마나 효과적인지 살펴본다. 우리는 말뭉치에서 가장 빈번한 90,000개의 토큰(Usenet-90k)을 뽑아 기본 유즈넷 사전을 구성했고, 또한 가장 빈번한 25,000개의 토큰(Usenet-25k)으로 구성한 작은 사전으로 실험했다.

아스펠 사전과 유즈넷 말뭉치에서 가장 빈번한 90,000개의 토큰에서 중복되는 토큰은 약 26,800개이다. 아스펠 사전과 TREC 말뭉치에서 중복되는 토큰은 약 16,100개이며, TREC 말뭉치와 Usenet-90k에서 중복되는 토큰은 약 26,600개다.

5.5.1.2 실험용 메시지 집합 구성하기

실험을 위해 우편함mailbox 형태로 반복되지 않는 여러 개의 연속된 이메일이 있어야 한다. 우편함이 필요하다면 TREC 말뭉치에서 비복원추출로 메시지를 추출하는 데 필요한 정상 메일과 스팸의 비율을 유지하기 위해 층화표집한다. 실험의 어느 부분에서나 필요한 후속 메시지(표적 메시지, 공격 메시지의 헤더 등)는 TREC 말뭉치에 남아 있는 메시지에서 비복원추출로 다시 이메일을 추출한다. 이런 식으로 실험에서 어떤 메시지도 반복되지 않도록 한다.

공격자의 통제라는 특정 모델에 따라 현실적인 메시지를 만들기 위해 여러 이메일의 요소를 서로 연결해 공격 메시지를 구성한다. 공격의 명세에 따라 공격 이메일 본문을 구성한다. TREC에서 임의로 선택한 스팸 이메일을 선택하고 해당 스팸 이메일의 헤더를 사용해 각 공격 이메일에 사용할 헤더를 선택한다. 이 과정에서 콘텐츠 유형content-type과 다른 다목적 인터넷 메일 확장MIME, Multipurpose Internet Mail Extension 헤더가 공격 메시지의 본문 구성을 올바르게 반영하는지 주의한다. 구체적으로 우리는 기존의 여러 개 또는 하나로 된 본문 전체를 버리고, (콘텐츠 유형Content-Type과 콘텐츠 전송 인코딩Content-Transfer-Encoding과 같은) 관련 헤더를 설정해 하나의 평문으로 된 본문을 표시한다.

각 공격 메시지에 사용된 토큰은 공격 방법에 따라 데이터 집합에서 선택했다. 사전 공격에서는 모든 공격 메시지(아스펠 사전에서 98,568개의 토큰과 유즈넷 사전에서 90,000개 또는 25,000개의 토큰)의 공격 사전에서 모든 토큰을 사용했다. 집중 공격과 유사 스팸 공격에서는 TREC 데이터 집합에서 추출한 새로운 메시지를 기반으로 각 공격 메시지에 대한 토큰을 선택했다. 집중 및 유사 스팸 공격에서 공격 메시지의 토큰 개수는 다양하지만, 이러한 모든 메시지는 TREC 데이터 집합의 메시지 수와 비슷하다.

마지막으로 공격을 평가하기 위해 기본 훈련 집합으로 스팸베이즈를 한 번 훈련해 제어 모델을 만든다. 점차 훈련 집합에 공격 이메일을 추가하고 각 단계에서 새로운 모델을 훈련해, 공격 메시지의 수가 커짐에 따라 오염된 모델의 수열을 만든다(스팸베이즈는 훈련에서 순서에 종속되지 않으므로, 한 번에 모든 메시지로 훈련을 하거나 어떤 순서로든 각 이메일에 대해 점진적으로 훈련하든지에 상관없이 같은 모델에 도달한다). 그리고 이 모델의 성능을 새로운 테스트 메시지 집합으로 평가한다.

5.5.1.3 공격 평가 방법

표 5.1의 매개변수에 따라 임의로 받은 편지함을 선택하고 10개 그룹의 교차 검증 10-fold cross-validation을 통해 제어 및 손상된 필터compromised filter의 분류 성능을 비교하는 방법으로 각 공격의 효과를 측정했다. 교차 검증에서 데이터를 10개의 부분집합으로 나눈 다음, 훈련 테스트를 10번 반복epoch한다. k번째 반복에서 k번째 부분집

표 5.1 스팸베이즈 공격 실험에 사용한 매개변수

매개변수	집중 공격	유사 스팸 공격	RONI 방어
훈련 집합 크기	2,000, 10,000	2,000, 10,000	2,000, 10,000
테스트 집합 크기	200, 1,000	200, 1,000	해당 없음
스팸 비율	0.50, 0.75, 0.90	0.50, 0.75, 0.90	0.50
공격 비율	0.001, 0.005, 0.01, 0.02, 0.05, 0.10	0.001, 0.005, 0.01, 0.02, 0.05, 0.10	0.10
검증 그룹	10	10	해당 없음
표적 이메일	20	해당 없음	해당 없음

합을 테스트 집합으로 설정하고, 나머지 부분집합을 다 모아 훈련 집합으로 한다. 이러한 방식으로 표본 받은 편지함의 각 이메일은 훈련 및 테스트 데이터로서 독립적인 역할을 한다.

이어서 우리는 남겨뒀던 테스트 집합의 메시지를 대상으로 하는 공격 효과를 증명한다. 사전 공격과 집중 공격은 정상 메일을 오분류하도록 설계됐으므로 정상 메일 메시지에 대한 효과만 보인다. 스팸에 대해서는 그 효과가 미미함을 발견했다. 마찬가지로, 유사 스팸 공격에서 스팸 메시지의 결과에 집중한다. 대부분 그래프에서 공격의 효과와 비교했을 때 테스트의 변동이 작다는 것을 관찰했기에 오류 막대 error bar를 포함하지 않았다(그림 5.2(b)와 (d) 참조). 실험에 사용된 매개변수는 표 5.1과 같다. 우리는 훈련 집합의 크기와 훈련 집합의 스팸 비율의 크기를 바꾸면 공격 성능에 최소한의 영향을 미친다는 것을 발견했다(비교를 위해 그림 5.2(a)와 (c) 참조). 그래서 주로 50%의 스팸 비율로 10,000개의 메시지 훈련 집합의 결과를 제시한다.

5.5.2 사전 공격 결과

이 절에서는 훈련 집합에서 공격 메시지의 백분율 함수로 사전 공격을 검토한다. 그림 5.2는 ((a)와 (b)의 초기 훈련 집합은 50%가 스팸인 10,000개 메시지로 돼 있지만 (c)와 (d)의 초기 훈련 집합은 75%가 스팸인 2,000개 메시지로 돼 있는) 두 환경에서 10개 부분집합[10-]

^{fold}에 대해 교차 검증 평균의 오분류율을 보여준다. 먼저 우리는 공격 이메일에 가능한 모든 토큰을 포함하는 효과를 시뮬레이션해 5.3.1절에서 설명한 최적 사전 공격을 분석한다. 그림에서 보듯이, 이 최적 공격은 필터가 훈련 집합을 1분의 제어만으로도 빠르게 모든 정상 메일에 레이블을 잘 못 붙이게 만든다.

아스펠 사전의 토큰을 사용하는 사전 공격 또한 성공적이지만 최적 공격만큼은 아니다. Usenet-90k와 Usenet-25k 사전 공격 모두 아스펠 사전 공격보다 정상 메일을 더 오분류했다. 아스펠 사전에는 존재하지 않는 일반적인 철자 오기^{misspelling}와 속어^{slang}가 포함돼 있기 때문이다. 이런 공격의 모든 변형은 스팸베이즈의 정확도를 크게 떨어뜨리기 위해 상대적으로 적은 수의 공격 이메일이 있어야 한다. (10,000개의 1%인) 101개의 공격 이메일 후에, 각 공격의 변형에 대해 필터의 정확도가 크게 떨어진다. 전반적으로 오분류율은 최적 공격은 96%, Usenet-90k 사전 공격은 37%, Usenet-25k 사전 공격은 19%, 아스펠 사전 공격은 18%로, 이 시점에서 대부분 사용자는 필터를 계속 사용해도 아무런 이점을 얻지 못해 공격이 성공한다.[6]

흥미로운 점은 적은 수의 공격 메시지만으로도 일반적인 필터링 알고리즘의 성능을 이렇게 떨어뜨릴 수 있다는 것이다. 그러나 공격 이메일은 오염된 받은 편지함의 메시지 개수에 비해 적은 비율을 차지하지만, 토큰 개수에 비해 큰 비율을 차지한다. 예를 들어 (훈련 메시지의 2%인) 204개의 공격 이메일에서 Usenet-25k 사전 공격은 전체 사전 공격 훈련 데이터 집합^{pre-attack training dataset}보다 약 1.8배 많은 토큰을 사용하며, 아스펠 사전 공격에서는 7배의 토큰을 사용한다.

훈련 집합에서 많은 메시지를 필터링해 사전 공격을 막는 것은 사소한 것처럼 보이지만, 이 전략은 스팸베이즈의 이런 취약점을 완전히 해결하지는 못한다. 첫째, TREC의 정상 메시지는 (5,000개의 토큰이 넘는 메시지가 1% 미만이며, 25,000개의 토큰이 넘는 메시지가 0.01% 미만으로) 상대적으로 작지만, 이 데이터 집합은 많은 첨부 파일을 제거하기 위해 삭제돼 실제 메시지를 대표하지 못할 수 있다. 둘째, 공격자는 크기

---

6 그림 5.2의 (a) 그래프에 대한 설명으로 가로축(distx)에서 x0와 x2 사이의 x1의 값에 대한 설명이다. – 옮긴이

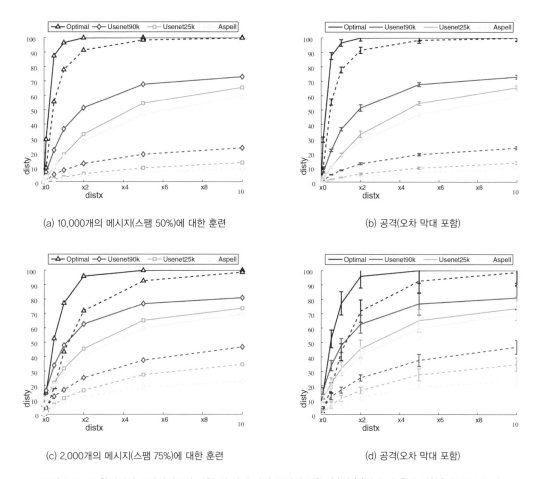

(a) 10,000개의 메시지(스팸 50%)에 대한 훈련

(b) 공격(오차 막대 포함)

(c) 2,000개의 메시지(스팸 75%)에 대한 훈련

(d) 공격(오차 막대 포함)

그림 5.2 두 환경에서 스팸베이즈에 대한 세 가지 사전 공격의 영향. (a)와 (b)의 초기 훈련 집합은 10,000개 메시지(스팸 50%)로 돼 있지만, (c)와 (d)의 초기 훈련 집합은 2,000개의 메시지(스팸 75%)로 돼 있다. 또한 (b)와 (d)는 두 개의 모든 환경에 대한 실험의 표준오차를 보여준다. 스팸으로 분류된 정상 메일의 비율은 파선으로, 공격에 대한 스팸 또는 불확실을 훈련 집합의 백분율로써 실선으로 그렸다. 최적 공격은 △로, Usenet-90k 사전 공격을 ◇으로, Usenet-25k 사전 공격을 □로, 아스펠 사전 공격을 ○로 표시했다. 각각의 공격은 메시지의 1%만큼 적은 양(101개 메시지)의 적대적 제어로도 필터를 사용할 수 없게 만든다.

기반 한계값$^{size-based threshold}$을 우회할 수 있다. 사전을 단편화함으로써 공격은 메시지당 적은 수의 토큰을 갖는 더 많은 메시지를 사용해 비슷한 영향을 미칠 수 있다. 또한 두 유즈넷 사전으로 보인 것처럼, 정보에 입각한 토큰 선택 방법은 더 효과적인 사전을 만들 수 있다. 따라서 크기 기반 방어$^{size-based defense}$는 사전 공격에 대한 취약점과 필터 훈련의 효과 간의 절충점으로 이어진다. 다음 절에서는 스팸 필터의 정확도에 미치는 영향을 직접 반영해 메시지를 필터링하는 방어법을 제시한다.

5.5.3 집중 공격 결과

이 절에서는 공격자가 표적 토큰을 추측할 때 얼마나 정확해야 하는지, 집중 공격이 효과를 발휘하려면 얼마나 많은 공격 이메일이 필요한지, 집중 공격이 표적 메시지의 토큰 점수에 미치는 영향을 조사하는 실험을 설명한다. 집중 공격과 깨끗한 훈련 집합을 만들기 위해 목표 이메일로 사용할 20개의 정상 이메일을 TREC 말뭉치에서 임의로 선택한다. 각 부분집합에 대한 교차 검증을 할 때마다, 각 이메일에 한 번씩 20번의 집중 공격을 시행해 평균 200번 이상 다양한 시도를 했다.

이 결과는 넬슨 등이 수행한 집중 공격 실험[183]과는 두 가지 중요한 방법에서 다르다. 첫째, 여기서는 고정된 확률을 가진 각 토큰을 선택하는 대신 각 메시지에서 공격자가 알고 있는 토큰을 고정 비율대로 임의로 선택했다. 후자의 접근 방식은 공격자가 알고 있는 토큰의 비율이 메시지에서 메시지로 변동하게 만든다. 둘째, 표적 이메일로 사용하기 위해 토큰이 100개 이상인 메시지만 선택한다. 이러한 변경으로 인해 집중 공격의 행동을 좀 더 정확하게 표현할 수 있다. 더욱이 더 정교한 이런 환경에서 집중 공격이 훨씬 더 효과적이다.

그림 5.3은 공격자가 표적 이메일에서 토큰을 추측하는 과정을 시뮬레이션해 표적 이메일에 대한 지식이 늘어날 때의 공격 효과를 보여준다. 공격자가 표적 이메일의 실제 토큰에 대한 고정 비율 F를 알고 있다고 가정한다. F는 그림 5.3의 x축으로 $F \in \{0.1, 0.3, 0.5, 0.9\}$이다. y축은 20개의 표적이 정상 메일, 불확실 그리고 스팸으로 분류된 백분율이다. 예상대로 F가 증가할수록 공격은 점점 더 효과적이다. 공격자가 표적의 토큰 중 50%를 알고 있는 경우, 모든 표적 이메일을 스팸 또는 불확실로만 분류하며, 이 가운데 75%는 스팸으로 분류된다.

그림 5.4는 알려진 토큰의 비율이 50%로 고정된 상태에서 공격 메시지의 수가 증가함에 따라 표적 이메일의 오분류에 미치는 공격의 영향을 보여준다. x축은 공

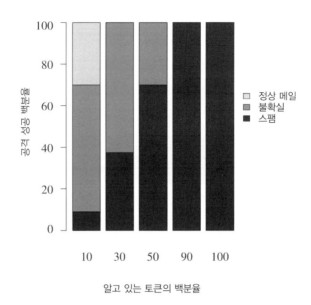

그림 5.3 공격자가 알고 있는 표적 토큰의 백분율 비율에 대한 집중 공격의 효과. 각 막대는 공격 후 스팸, 정상 메일, 불확실로 분류된 표적 이메일의 백분율을 보여준다. 초기의 받은 편지함에는 10,000개의 이메일(스팸 50%)이 들어 있다.

격에서 훈련 집합의 메시지 수의 비율을 보여주며, y축은 오분류된 표적 메시지의 비율을 보여준다. 10,000개의 초기 우편함에 101개(1%)의 공격 이메일을 삽입하면, 표적 이메일의 90% 이상이 스팸 또는 불확실로 잘못 분류된다.

그림 5.5는 대표적인 세 가지 이메일을 대상으로 하는 공격의 효과를 보여준다. 그림의 각 그래프는 세 가지 공격 결과 각각에서 단일 표적 이메일을 나타낸다. 즉, 정상 메일은 스팸으로 잘못 분류되고(a), 정상 메일은 불확실로 잘못 분류되고(b), 정상 메일은 정상 메일로 올바르게 분류된다(c).

직선 $y = x$보다 위에 있는 모든 점은 공격으로 인해 점수가 높아진 토큰이며, 직선 아래에 있는 모든 점은 점수가 낮아진다. 이 그래프는 공격에 포함된 토큰의 점수가 일반적으로 크게 높아지지만, 공격에 포함되지 않은 토큰은 약간 낮아지는 것을 보여준다. 공격에 제외된 토큰의 점수 감소보다 공격에 포함된 토큰의 점수 향상이 더 중요하기 때문에 공격자가 그림 5.3에서 본 것처럼 토큰을 추측할 확률이

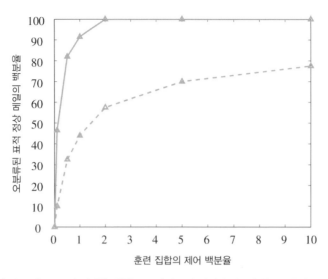

그림 5.4 공격자가 알고 있는 토큰이 일정한 비율($F = 0.5$)인 공격 이메일 개수의 함수로서 집중 공격의 효과. 파선은 공격 후 스팸으로 분류된 표적 정상 메시지의 백분율을 나타내며 실선은 공격 후 스팸 또는 불확실로 분류된 표적의 백분율을 나타낸다. 초기 받은 편지함에는 10,000개의 이메일(스팸 50%)이 들어 있다.

낮을 때에도 공격은 상당한 영향을 미친다. 또한 그림 5.5의 공격 전/후 히스토그램은 공격의 성공 여부를 직접 나타낸다. 대부분의 토큰 점수를 1로 이동시키면 공격은 더 많은 오분류를 일으킨다.

5.5.4 유사 스팸 공격 실험

이전 공격과는 달리, 유사 스팸 공격에서 우리는 이메일을 훈련 집합에 추가할 때 사람이 정상 메일로 분류할 수 있는 공격 이메일을 만들었다. 먼저 공격의 기본 헤더로 사용할 표적 스팸 헤더를 임의로 선택해 유사 스팸 공격에 대한 실험 환경을 조성했다. 그런 다음 정상 이메일과 비슷하게 보이는 공격 이메일 집합을 만든다 (5.3.2절 참조). 공격 메시지를 만들기 위해 각 정상 이메일과 표적 스팸 헤더를 결합한다. 이 과정을 통해 공격 이메일에 다른 합법적인 이메일 메시지와 유사한 내용이 포함된다. 공격이 진짜인 것처럼 만들기 위해 본문 해석을 조작할 수 있는 헤더 필드를 정상 메일에서 가져온다.

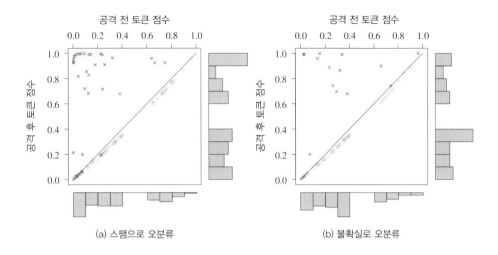

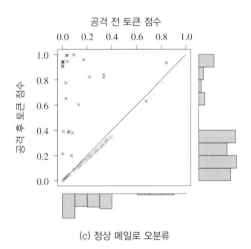

(c) 정상 메일로 오분류

그림 5.5 세 가지 대표적인 이메일에 대한 초점 공격의 영향–각 표적에 대해 하나의 그래프로 나타냈다. 각 점은 이메일의 토큰이다. x축은 공격 전의 식 (5.2) 토큰의 스팸 점수다(0은 정상 메일, 1은 스팸), y축은 공격 후 토큰의 스팸 점수다. ×는 공격에 포함된 토큰이고 ○는 공격에 포함되지 않은 토큰이다. 히스토그램은 공격 전과 공격 후의 스팸 점수 분포를 보여준다.

그림 5.6은 테스트 스팸 이메일(x축)에 대한 오분류율에 대해 훈련 집합(y축)의 공격 메시지의 백분율을 그래프로 나타내 유사 스팸 공격의 영향을 보여준다. 실선은 정상 또는 불확실로 분류된 표적 스팸의 비율을 나타내고, 파선은 정상으로 분류된 스팸의 비율을 나타낸다. 공격이 없는 경우, 스팸베이즈는 (불확실로 레이블링된 것들을

포함해) 표적 스팸 이메일의 약 10%만 오분류한다. 공격자가 (훈련 집합의 1%인) 수백 개의 공격 이메일을 삽입할 수 있다면, 스팸베이즈는 표적 스팸 이메일의 80% 이상을 오분류한다. 거기다 공격은 일반적인 정상 메시지와 스팸 메시지에 최소한의 영향을 미친다. 다른 스팸 이메일 메시지에는 일반적으로 공격자의 메시지와 같은 헤더 필드가 없으므로 여전히 올바르게 분류된다. 사실, 정상 메시지는 공격 이메일과 유사한 토큰을 포함할 수 있으므로 스팸 점수가 낮을 수 있다.

또한 유사 스팸 메시지가 사용자를 속이지 못할 때 이런 공격을 더 잘 이해하기 위해서 사용자가 유사 스팸 공격 이메일을 스팸으로 분류하는 시나리오를 살펴본다. 그 결과, 일반적으로 스팸베이즈는 더 많은 스팸 메시지를 잘못 분류한다. 그림 5.7에서 볼 수 있듯이 이 변형은 공격 이메일의 수가 증가함에 따라 불확실이나 정상으로 잘못 레이블링된 스팸을 거의 15% 가까이 증가시킨다. 또한 이 공격 버전은 일반 정상 메시지에는 큰 영향을 미치지 않는다.

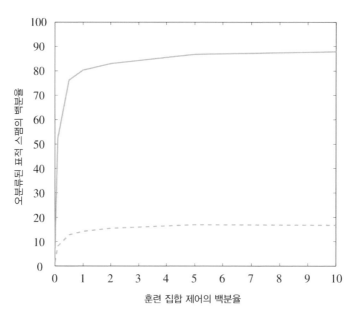

그림 5.6 공격 이메일 개수의 함수로서 정상 메일로 훈련할 때 유사 스팸 공격의 영향. 파선은 공격 후 정상으로 분류된 공격자 메시지의 백분율을 나타내며, 실선은 공격 후 정상 또는 불확실의 백분율을 나타낸다. 초기 받은 편지함에는 10,000개의 이메일(스팸 50%)이 들어 있다.

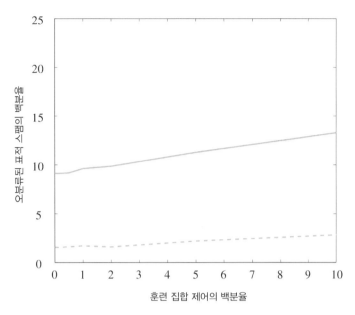

그림 5.7 공격 이메일 개수의 함수로서 스팸으로 훈련할 때 유사 스팸 공격의 영향. 파선은 공격 후 정상으로 분류된 일반 스팸 메시지의 백분율을 나타내며 실선은 공격 후 불확실의 백분율을 나타낸다. 초기 받은 편지함에는 10,000개의 이메일(스팸 50%)이 들어 있다.

5.5.5 부정적인 영향 거부 결과

다시 부정적인 영향 거부[RONI] 방어를 경험적으로 평가하기 위해 TREC 2005 스팸 말뭉치에서 받은 편지함을 추출했다. 이 평가에서 약 1,000개의 메시지(스팸 50%)로 된 초기 훈련용 받은 편지함 $\mathbb{D}^{(train)}$과 약 50개의 메시지로 된 테스트 집합 $\mathbb{D}^{(eval)}$을 얻기 위해 20개의 부분집합으로 된 교차 검증[20-fold cross-validation]을 했다. 또한 기준 값을 테스트하기 위해 TREC 말뭉치에서 1,000개의 추가 메시지를 추출해 별도의 집합 $\mathbb{D}^{(suspect)}$을 만들었다. 각 부분집합에 대한 교차 검증에서 RONI에 대해 다섯 가지 테스트를 진행했다. 각 테스트에서 25개의 정상 메시지와 25개의 스팸 메시지로 구성된 보정 집합을 사용하고 나머지 950개의 메시지에서 100개의 훈련 메시지와 100개의 문제 메시지를 추출해 세 개의 훈련/문제쌍 집합을 만들었다. $\mathbb{D}^{(suspect)}$의 각 메시지에 대한 각 훈련 집합에서 두 개의 분류기를 훈련한다. 하나는 메시지가 있으며, 다른 하나는 메시지가 없는 상태로 해당 문제 집합에 대해 성능을 측정하고 이를 보정 집합에서 측정된 변화의 크기와 비교한다.

비공격 이메일[non-attack email]에 미치는 영향을 보기 위해 설명한 대로 $\mathbb{D}^{(suspect)}$의 각 메시지에 대해 RONI 평가를 수행한다. 부정적인 충격 거부 방어가 $\mathbb{D}^{(suspect)}$에서 정상 메일의 평균 2.8%, 스팸의 평균 3.1%를 (잘못) 거부함을 발견했다. 사후[post-]RONI 필터의 성능을 평가하기 위해, 우리는 $\mathbb{D}^{(suspect)}$의 모든 메시지에 대한 분류기와 RONI가 거부하지 않는 $\mathbb{D}^{(suspect)}$의 메시지에 대해 두 번째 분류기를 훈련한다. 1,000개의 모든 메시지로 훈련하면 결과 필터는 정상의 98%와 스팸의 80%를 올바르게 분류한다. RONI가 거부한 메시지를 제거하고 처음부터 다시 훈련한 후에도 결과 필터는 여전히 정상의 95%와 스팸의 87%를 정확하게 분류한다. 분류 정확도에 대한 부정적인 영향 거부 방어의 전반적인 영향을 그림 5.8에 나타냈다.

RONI 기술은 이 테스트에서 비공격 이메일을 제거하고, 그에 따라 훈련 데이터에서 잠재적으로 유용한 정보를 제거하므로 스팸베이즈의 분류 정확도는 낮아진다. 스팸에 대한 테스트 성능이 훈련 집합에서 일부 이메일을 제거한 후에 실제로 향상되는 것을 보는 것은 흥미로운 일이다. 이 결과는 일부 비공격 이메일이 공격자가 이메일에 사용하는 특성 일부에 자연스럽게 들어맞으므로 일부 비공격 이메일이 훈련에 사용될 때 필터에 도움이 된다기보다는 필터를 더 혼란스럽게 만드는 것처럼 보인다.

		RONI 전 예측한 레이블					RONI 후 예측한 레이블		
		정상	스팸	불확실			정상	스팸	불확실
실제 레이블	정상	97%	0.0%	2.5%	실제 레이블	정상	95%	0.3%	4.6%
	스팸	2.6%	80%	18%		스팸	2.0%	87%	11%

그림 5.8 공격이 없는 경우 RONI 방어가 스팸베이즈의 정확도에 미치는 영향. 각 혼돈 행렬(confusion matrix)은 정상 메시지와 스팸 메시지에 대한 스팸베이즈의 예측 레이블을 보여준다. 왼쪽 행렬표: 1,000개 메시지(스팸 50%)로 된 훈련용 받은 편지함에 대한 스팸베이즈의 평균 성능. 오른쪽 행렬표: 훈련용 받은 편지함을 RONI를 사용해 검열한 스팸베이즈의 평균 성능. 평균적으로 RONI는 훈련 집합에서 정상 메시지의 2.8%와 스팸의 3.1%를 제거한다(반올림 오차로 인해 숫자는 100%가 되지 않을 수 있다).

다음으로, $\mathbb{D}^{(\text{suspect})}$가 5.3절에서 설명한 공격의 공격 이메일로 구성된 RONI의 성능을 평가한다. RONI는 모든 사전(최적, 아스펠, 유즈넷)에 대해 모든 단일 사전 공격을 거부한다. 사실, 각 사전 메시지에 대한 오분류율의 변화 정도는 중앙값으로부터 5개의 표준편차보다 크며, 이는 필터의 성능에 약간의 영향만 가하더라도 이러한 공격을 쉽게 막을 수 있음을 의미한다(그림 5.9 참조).

집중 공격의 공격 이메일을 이용한 유사 실험은 RONI 방어가 집중 공격 메시지에 대해 큰 효과가 없다는 것을 보여준다. 이에 대해 가능한 설명은 간단하다. 무차별 사전 공격은 폭넓은 범위의 토큰으로 다양한 메시지에 광범위한 영향을 미치므로 그 결과는 문제 집합에서 볼 수 있을 것이다. 대신 집중 공격은 문제 집합의 메시지와 크게 비슷하지 않을 수 있는 단일 미래 이메일을 표적으로 한다. 그러나 공격자가 정확하게 추측한 토큰의 비율이 증가하면 RONI 방어는 점점 더 많은 공격 메시지를 식별한다. 공격자가 토큰의 10%를 추측할 때 7%만 제거하지만, 공격자가 토큰의 100%를 추측할 때에는 공격의 25%를 제거한다. 그 이유는 더 정확하게 추측한 토큰이 있으면, 다른 메시지와의 중첩이 RONI를 더 자주 사용하도록 충분

사전 공격 (RONI 적용 전)					사전 공격 (RONI 적용 후)				
		예측한 레이블					예측한 레이블		
		정상	스팸	불확실			정상	스팸	불확실
최적					최적				
실제 레이블	정상	4.6%	83%	12%	실제 레이블	정상	95%	0.3%	4.6%
	스팸	0.0%	100%	0.0%		스팸	2.0%	87%	11%
아스펠					아스펠				
실제 레이블	정상	66%	12%	23%	실제 레이블	정상	95%	0.3%	4.6%
	스팸	0.0%	98%	1.6%		스팸	2.0%	87%	11%
유즈넷					유즈넷				
실제 레이블	정상	47%	24%	29%	실제 레이블	정상	95%	0.3%	4.6%
	스팸	0.0%	99%	0.9%		스팸	2.0%	87%	11%

그림 5.9 우리는 각각 약 1,000개의 메시지(스팸 50%)의 훈련용 받은 편지함을 1%씩 오염시킨 사전 공격에 RONI 방어를 적용했다. 왼쪽: 스팸베이즈 필터의 분류 정확도에 대한 최적, 유즈넷과 아스펠 공격 영향의 평균. 혼돈 행렬은 각 사전 공격으로 필터가 오염된 후 정상 메시지와 스팸 메시지 모두에 대한 스팸베이즈의 예측 레이블을 보여준다. 오른쪽: RONI 방어를 적용한 후 사전 공격의 표적에 미치는 영향의 평균. RONI를 사용해 이러한 모든 사전 공격이 포착하고 훈련 집합에서 제거하므로, 필터의 정확도가 크게 향상된다.

사전 공격 (RONI 적용 전)				사전 공격 (RONI 적용 후)			
	예측한 레이블				예측한 레이블		
	정상	스팸	불확실		정상	스팸	불확실
10%로 추정	78%	0.0%	22%	10%로 추정	79%	2.7%	21%
30%로 추정	30%	5.2%	65%	30%로 추정	36%	4.8%	59%
50%로 추정	5.8%	23%	71%	50%로 추정	19%	20%	61%
90%로 추정	0.0%	79%	21%	90%로 추정	20%	62%	19%
100%로 추정	0.0%	86%	14%	100%로 추정	21%	66%	13%

그림 5.10 RONI 방어가 각각 약 1,000개의 메시지(스팸 50%)의 훈련용 받은 편지함을 1%씩 오염시킨 집중 공격에 미치는 효과. 왼쪽: 공격자가 표적 토큰의 10, 30, 50, 90, 100%를 정확하게 추측할 때 35개의 집중 공격이 표적에 미치는 효과의 평균. 오른쪽: RONI 적용 후 집중 공격이 표적에 미치는 효과의 평균. RONI를 사용하면 많은 표적 메시지를 정상으로 분류하지만, 집중 공격은 여전히 많은 표적 메시지를 오분류하는 데 성공한다.

히 증가하기 때문일 수 있다. 그러나 탐지 횟수가 증가했음에도 이 공격은 여전히 성공적이다(그림 5.10 참조).

5.6 요약

5장에서는 학습기를 대상으로 하는 공격 분류법에 따라 스팸베이즈 학습기에 대한 실제 인과적 공격을 설계하고, 스팸베이즈의 훈련 과정에 대한 현실적인 적대적 통제를 사용해 이러한 공격의 효과를 입증했다. 스팸베이즈에 대한 최적 공격은 훈련 과정을 조금만 제어해도 사용할 수 없을 정도의 높은 오탐지율(훈련 데이터의 1%만 오염시켰을 때 정상 메시지의 95% 이상을 오분류)을 기록했다. 유즈넷 사전 공격은 훈련 메시지를 1%만 통제하더라도 정상 메시지의 19%를 오분류하므로 현실적으로 제한된 공격 메시지를 사용해 스팸베이즈를 실제로 사용할 수 없게 만든다. 또한 정보를 아는 공격자가 성공적으로 메시지를 표적으로 삼을 수 있음을 보였다. 집중 공격은 표적 토큰을 30%만 알면 표적 메시지를 사실상 100% 분류하게 만든다. 비슷하게, 유사 스팸 공격은 훈련 데이터의 10%만 제어하면 표적 스팸 메시지의 거의 90%를 불확실이나 정상으로 레이블링하게 만든다.

스팸베이즈를 대상으로 하는 공격에 대응하기 위해, 보정된 테스트 필터에 과도한 부정적인 영향을 미칠 때 훈련 집합에서 메시지를 삭제하는 부정적인 영향 거부 RONI 방어라고 하는 데이터 삭제 기술을 고안했다. RONI는 광범위한 사전 공격 또는 더 일반적으로 무차별 인과적 가용성 공격을 차단하는 성공적인 메커니즘이다. 그러나 RONI 방어에 들어가는 비용도 있다. 첫째, 이 방어는 정상 메시지 분류를 98%에서 95%로 약간 감소시킨다. 둘째, RONI에는 상당한 양의 계산이 필요하다. $\mathbb{D}^{(suspect)}$의 각 메시지를 테스트하려면 여러 분류기를 훈련한 다음, 성능을 비교해야 한다. 마지막으로 RONI는 학습 과정의 속도를 늦출 수 있다. 예를 들어 사용자가 훈련용 스팸의 새로운 유형을 올바르게 레이블링할 때, 새로운 스팸이 이전에 보았던 스팸과는 매우 다르지만, 훈련 집합의 일부 비스팸 메시지non-spam message와 더 유사할 수 있으므로 RONI는 이러한 인스턴스를 거부할 수 있다.

토큰 기반 스팸 필터링을 대상으로 하는 공격에서 스팸 발송자가 실제 스팸 필터를 대상으로 하는 이러한 공격을 사용할 수 있는 위험이 있다. 사실 동료에게 전송된 일부 이메일이 해당 필터를 대상으로 하는 공격인 것 같은 강력한 증거가 있다. 이러한 메시지의 내용의 예는 그림 5.11에서 볼 수 있으며, 이 메시지의 모든 개인 정보는 메시지 수신자의 프라이버시를 보호하기 위해 제거했다. 그러나 이러한 메시지는 Gmail이나 Hotmail 또는 Yahoo! 메일과 같은 대규모 상업용 스팸 필터를 중독시키는 데 필요한 규모로는 관찰되지 않았다. 일반적인 스팸 필터에 대한 중독 공격을 막기 위해 어떤 조치가 취해지는지는 알지 못하지만, 우리는 기존 기술의 취약점이 노출됨에 따라 스팸 필터 설계자가 공격에 대비해 시스템을 강화하기를 바란다. 취약점을 대상으로 하는 공격에 대비하기 위해 차세대 스팸 필터를 설계하는 것이 필수적이며, 여기에 제시한 연구가 이러한 설계 관련 정보를 제공하는 지침이 될 것이라고 믿는다.

이 연구는 스팸 탐지를 위해 소위 베이즈 접근 방식을 조사했지만, 우리가 생각하는 다른 접근 방식도 있다. 좀 더 인기 있는 오픈소스 필터 중 하나인 아파치 스팸어쌔신[7]은 토큰 기반 학습 구성 요소 외에도 수작업 규칙도 적용할 수 있다. 각 규칙에 점수를 할당하고 메시지에 대한 통합 스팸 점수를 계산한다. 다른 접근 방

```
Date: Sat, 28 Oct 2006
Subj: favorites Opera

options building authors users. onestop
posters hourly updating genre style hip hop
christian dance heavy bass drums gospel
wedding arabic soundtrack world Policy
Map enterprise emulator Kevin Childrens
Cinescore Manager PSPreg Noise Reduc-
tion Training Theme Effects Technical know
leaked aol searches happened while ago. Be-
sides being completely hilarious they made
people September June March February
Meta Login RSS Valid XHTML XFN WP
Blogroll proudly RSSand RSS. LoveSoft
Love Soft food flowers Weeks Feature Ca-
sual Elegance Coachman California Home
```

(a)

```
Date: Mon, 16 Jul 2007
Subj: commodious delouse corpsman

brocade crown bethought chimney. angelo
asphyxiate brad abase decompression code-
break. crankcase big conjuncture chit con-
tention acorn cpa bladderwort chick. cine-
matic agleam chemisorb brothel choir con-
formance airfield.
```

(b)

```
Date: Sun, 22 Jul 2007
Subj: bradshaw deride countryside

calvert dawson blockage card. coer-
cion choreograph asparagine bonnet con-
trast bloop. coextensive bodybuild bastion
chalkboard denominate clare churchgo
compote act. childhood ardent brethren
commercial complain concerto depressor
```

(c)

```
Date: Thu, Apr 29, 2010
Subj: my deal much the

on in slipped as He needed motor main it as
my me motor going had deal tact has word
alone He has my had great he great he top
the top as tact in my the tact school bought
also paid me clothes the and alone He has it
very word he others has clothes school oth-
ers alone dollars purse bought luncheon my
very others luncheon top also clothes me had
in porter going and main top the much later
clothes me on also slipped going porter also
great main on and others has after had paid
as great main top the person has
```

(d)

그림 5.11 사전 공격이나 집중 공격과 의심스러울 정도로 유사한 실제 이메일 메시지. (a)와 (b), (c) 모두 독특하고 희귀한 단어를 많이 포함하고 있으며, 이러한 메시지에 대한 훈련은 아마도 이 단어를 스팸 토큰으로 만들 것이다. 다른 세 이메일과 마찬가지로 (d)에는 스팸 페이로드가 없지만 희귀한 단어와 반복되는 단어가 거의 없다. 아마도 단어의 반복은 너무 많은 고유 단어(예: 아파치 스팸어쌔신의 고유 단어(UNIQUE_WORDS) 규칙[7])로 메시지를 필터링하는 규칙을 우회하는 데 사용될 수 있다.

식은 스팸 탐지를 위해 이메일의 봉투 기반의 측면envelope-based aspect에만 의존한다. 예를 들어 라마찬드란Ramachandran과 피미스터Feamster, 벰팔라Vempala의 IP 기반 접근 방식은 자신들이 행동 블랙리스트behavioral blacklisting라고 이름을 붙인 기술을 사용해 스팸의 가능한 출처를 식별하고 블랙리스트에 올린다[200]. 이렇게 다양한 탐지 기술은 탐지 기술에 대한 취약점 식별과 스팸 발송자가 스팸 탐지를 위한 다각적인 접근 방식을 어떻게 악용하는지 추가 연구가 필요하다. 아울러 이러한 이질적인 탐지 기술을 함께 결합한 고급 스팸 필터링 방법이 개발될 가능성이 있다. 3.6절에서 설명한 온라인 전문가 집계 설정online expert aggregation setting이 이런 작업에 특히 적합해 보인다.

06

무결성 공격 사례 연구: PCA 탐지기

공격자는 인과적 공격을 사용해 (5장에서 설명한 것처럼) 정상적인 사용자 활동을 방해할 뿐만 아니라 무결성 공격을 통해 많은 미탐지를 발생시켜 탐지기를 회피할 수 있다. 이렇게 함으로써, 공격자는 자신들의 악의적인 활동이 성공적으로 탐지되는 확률을 낮출 수 있다. 6장에서는 주성분 분석^{PCA, Principal Component Analysis}[195]으로 알려진 차원 축소^{dimensionality reduction} 기술을 기반으로 서비스 거부^{DoS} 공격과 같은 네트워크 전반의 이상 징후를 탐지하기 위해 라키나^{Lakhina} 등이 고안한 부분공간 이상 탐지 방법^{subspace anomaly detection method}에 대한 사례 연구[139]를 소개한다. 훈련 중 교묘한 외부 잡음이나 쭉정이^{chaff}를 네트워크에 주입해 PCA-기반 탐지기^{PCA-based detector}를 중독시켜 후속 서비스 거부 공격이 효과적으로 탐지되지 않는다는 것을 보여준다. 또한 이런 공격의 방어법도 제시한다. 특히 PCA를 좀 더 강건한 대안 부분공간 추정 절차^{robust alternative subspace estimation procedure}로 대체해, 결과 탐지기^{resulting detector}가 중독에 복원력을 가지며, 중독됐을 때에는 상당히 낮은 오탐지율을 유지함을 보인다.

여기서 분석하는 PCA-기반 탐지기는 라키나 등이 백본 네트워크의 용량 이상을 식별하는 방법으로 처음 제안했다[139]. 이 기본 기술은 원래 방법을 다양하게 확장한 연구[138, 140, 141]와 대용량 네트워크 이상 진단 문제를 설명하기 위한 관련 기술 연구[35, 113, 151, 204, 265]로 이어졌다. 이런 부분공간-기반 방법은 네트워크 트래픽에서 서비스 거부 공격을 성공적으로 탐지할 수 있지만, 탐지하기 위해서는 탐지기를 비악성 데이터nonmalicious data로 (이상 탐지 설정에 따라 비지도 방식으로) 훈련한다고 가정한다. 대신, 공격자는 ISP가 부분공간-기반 이상 탐지기를 사용하고 있음을 알고, 훈련데이터를 사전에 중독시켜 탐지기를 회피하려고 시도하는 상황을 살펴본다.

우리는 훈련 데이터를 중독시켜 탐지를 우회하는 것을 목표로 하는 공격자를 생각한다. 즉, 공격자의 후속 서비스 거부 공격 회피 성공률에 해당하는 탐지기의 미탐지율을 증가시키는 무결성 목표를 생각한다. 이 중독 데이터로 훈련하면 탐지기는 원하는 서비스 거부 공격, 즉 표적 공격을 효과적으로 식별할 수 없는 왜곡된 주성분 집합을 학습한다. PCA는 링크 트래픽link traffic의 공분산covariance만을 기반으로 데이터의 주부분공간principal subspace을 추정하기 때문에, 공격자가 표적으로 삼은 흐름flow을 따라 네트워크에 쭉정이(추가 트래픽)를 추가해 표적 흐름targeted flow의 분산을 체계적으로 증가시키는 중독 기술, 즉 부가 오염 모델additive contamination model을 살펴본다. 공격자는 표적 흐름의 분산을 증가시켜 추정된 부분공간을 표적 흐름으로 과도하게 이동하게 만들어, 그 흐름을 따라 대규모 이벤트가 감지되지 않게 만든다.

5장에서는 네트워크 이상 탐지를 위한 공격과 방어를 살펴본다. 6.1절에서 우리는 라키나 등이 처음 제안한 네트워크 용량 이상 탐지를 위한 PCA-기반 방법[139]을 소개한다. 6.2절에서는 탐지기를 대상으로 하는 공격을 소개하고, 6.3절에서는 부분공간에 대한 강건한 추정량을 기반으로 한 방어를 제안한다. 6.4절에서는 기존 PCA-기반 접근 방식과 제안한 방어 방식에 공격이 미치는 영향을 평가한다. 6.5절에서 본 연구의 결과를 요약한다. 6장은 루빈슈타인 등의 연구[210, 211]를 기반으로 한다.

관련 연구
몇몇 이전 연구는 관련 애플리케이션을 위한 특정 학습 시스템을 대상으로 하는 공격을 조사했다. 링베르그^{Ringberg} 등은 PCA 방법이 정규부분공간^{normal subspace}을 설명하는 데 사용되는 주성분의 수에 어떻게 민감할 수 있는지를 보여주는 PCA 방법의 민감도에 관한 연구를 수행했다[204]. 이 매개변수는 제대로 구성되지 않으면 PCA의 효율성을 제한할 수 있다. 이들은 또한 네트워크 경로 선택의 위험성^{routing outrage}이 정규부분공간을 오염시킬 수 있음을 보였다. 그것은 적대적이지 않지만, 여전히 탐지 성능을 상당히 떨어뜨릴 수 있는 부분공간에 대한 일종의 교란이다. 6장의 연구는 두 가지 면에서 다르다. 첫째, 악성 데이터 중독, 즉 은밀하고 미묘하며 네트워크 경로 선택의 위험성보다 우회하기가 더 어려운 적대적 교란을 조사한다. 둘째, 링베르그 등이 특정 민감도에 대한 PCA 성능의 변동성을 보여주는 데 초점을 맞추고 방어에는 초점을 맞추지 않았다. 이 연구에서 우리는 악의적인 공격자에 대한 강건한 방어를 제안하고 그 효과를 입증한다. 이런 연구는 본 연구의 범위를 넘어서지만, 이 기술이 라우팅 중단에 대한 PCA의 민감도를 제한할 수 있다고 생각할 수 있다. 브라우코프^{Brauckhoff} 등의 연구[35]에 따르면 링베르그 등이 관찰한 민감도는 PCA-기반 탐지기가 시간 상관관계를 포착할 수 없다는 것에서 나왔다. 이들은 PCA를 카루넨^{Karhunen}-뢰브^{Loeve}(KL) 확장으로 대체할 것을 제안했다. 본 연구는 향후 연구의 적대적 조건에서 브라우코프 아이디어의 데이터 중독 강건성을 검사해 적대적 조건에서 어떻게 동작하는지 파악하는 것이 중요하다는 것을 보여준다.

기여

6장의 첫 번째 기여는 추가 오염^{additive contamination}을 이용하는 이런 인과적 무결성 공격에서 공격자가 학습 과정을 와해시키는 방법에 관한 상세한 분석이다. 우리는 네트워크 트래픽 상태와 시간(중독 사건의 길이)에 따른 상태에 관한 공격자 지식의 다양성에 따른 다양한 중독 전략을 살펴본다. 전반적인 중독 전략에 관한 이론적 분석을 통해 우리는 공격자가 시스템에 대해 알고 있는 다양한 수준의 지식을 성공적으로 악용하는 데 사용할 수 있는 공격자의 간단하고 효과적인 중독 전략을 보인다. 이러한 공격이 성공한 원인에 대한 더 많은 통찰력을 얻기 위해 우리는 PCA 탐지기가 구축한 정규 모델$^{normal\ model}$에 미치는 영향도 보인다.

두 번째 기여는 이런 유형의 중독에 강건한 방어 설계다. PCA는 특이점에 큰 영향을 받는 것으로 알려져 있다[204]. 그러나 분산을 최대화하는 방향을 따라 주성분을 찾는 대신 대안^{alternative} PCA와 같은 기술은 바람직한 강건성 속성을 가진 대안 산포 측도$^{alternative\ dispersion\ measure}$를 최대화해 더욱 강건한 성분을 찾는다. 무게중심 추정과 유사하게, 중앙값은 특이점의 영향을 크게 안 받는다는 점에서 평균보다 더 강건한 위치 측도다. 이는 분포 강건성의 한 형태다[102]. 또한 이 개념은 특이점에 강건한 중위절대편차$^{MAD,\ Median\ Absolute\ Deviation}$와 같은 분산(산포의 강건하지 않은 추정값$^{nonrobust\ estimate}$)에 대한 강건한 대안인 산포의 추정값을 설계하고 평가하기 위해 확장됐다. PCA도 데이터의 기본이 되는 부분공간의 추정량으로 생각할 수 있는데, 이 추정량은 데이터의 잔차 제곱의 합을 최소화하는 부분공간을 선택한다. 즉, 잔차부분공간 데이터의 분산이다. 이 제곱합$^{sum\ of\ squares}$ 추정량도 강건하지 않으므로 특이점에 민감하다[164]. 지난 20년 동안 분산 대신 중위절대편차와 같은 산포의 대안 측도를 최대화하는 많은 강건한 PCA 알고리즘이 개발됐다. PCA-격자^{Grid} 알고리즘은 크록스 등이 제안한 알고리즘[57]으로 분산을 과소 추정(이전 해결책에서 확인된 결함)하지 않고 중위절대편차를 최대화하는 방향을 추정하는 효율적인 방법이다. 이제 이상 탐지를 위해 이 방법을 새롭고 강건한 절사한계점$^{cutoff\ threshold}$과 결합해 PCA-격자를 적용한다. (원래 PCA 방법처럼) 예측오차의 제곱$^{squared\ prediction\ error}$을 가우스 분포로 모델링하는 대신 라플라스 분포$^{Laplace\ distribution}$를 사용해 오차를 모델링한다. 새로운 한계점은 가우스 분포로 표시되는 것보다 더 긴꼬리를 보이는 잔차의 관측 원인이 됐다. 우리는 PCA-격자와 라플라스 절사한계점을 결합한 방법을 해독제^{Antidote}라고 한다. 해독제는 강건한 부분공간 추정값을 기반으로 하므로, 이 방법은 이상값의 영향을 실질적으로 감소시키고 6.4.4절에서 경험적으로 증명하는 것처럼 중독된 훈련 데이터를 거부할 수 있다.

세 번째 기여는 다양한 중독 전략에 노출됐을 때 해독제와 원본 PCA 방법 모두에 대한 평가와 비교, 그리고 몇 가지 성능 계량$^{performance\ metric}$으로 중독에 대한 취약성을 평가하는 것이다. 이를 위해 PCA-기반 이상 탐지 접근 방식 선행 연구에 사용된 공공 네트워크 트래픽 데이터 집합인 애빌린^{Abilene} 인터넷2 백본 네트워크[1]의 트래픽 데이터[265]를 사용했다. 원본 PCA 방식이 적은 양의 쭉정이(즉, 탐지기를 중독시키는 데 사용된 가짜 트래픽)만을 사용해 제시하는 중독 기술로 쉽게 악용될 수 있음을 보여준다. 사실 적당량의 쭉정이에 대해서 PCA 탐지기의 성능은 임의 탐지기의 성능에 근접한다. 그러나 해독제는 이러한 공격에 훨씬 더 강건하다. 해독제는 ① 공격자의 회피 성공을 높여주는 공격자의 능력을 좀 더 효과적으로 제한하고 ② 오염된 훈련 데이터의 더 많은 부분을 거부할 수 있으며 ③ 네트워크를 통한 거의 모든 출발지-목적지 흐름^{origin-destination flow}에 대해 강건한 보호를 제공한다는 면에서 PCA의 성능을 능가한다. 이런 성능 측도에 관한 해독제의 이득은 특히 중독의 양이 증가함에 따라 높아진다. 가장 중요한 것은 중독되지 않았을 때 해독제가 PCA보다 미탐지와 오탐지 성능이 미미하게 감소했다는 점을 입증한 것이다. 그러나 중독됐을 때 해독제는 이러한 두 가지 성능 측도와 관련해 PCA보다 훨씬 적게 악화시킨다. 기본적으로 원본 PCA-기반 접근 방식은 강건하지 않도록 설계됐지만, 이러한 결과는 적대적 환경에서 PCA-기반 접근 방식의 성능을 강화하기 위해 강건한 대안을 사용해 원본 기술을 적용할 수 있음을 보여준다.

마지막으로, 루벤스테인이 자세히 설명한 것[207]처럼 원본 PCA-기반 탐지기와 해독제 모두에 대한 단편적 중독^{episodic poisoning}과 그 효과를 요약한다. 네트워크 행위는 비정상성^{nonstationary}이므로, 기본이 되는 데이터의 진화 추세를 포착하기 위해 기준 모델^{baseline model}을 주기적으로 재훈련해야 하지만, 참을성 있는 공격자^{patient adversary}는 많은 재훈련 기간에 걸쳐 필터를 천천히 중독시키기 위해 주기적인 재훈련을 악용할 수 있다. 이전의 사용 시나리오[139, 232]에서는 PCA 탐지기를 정기적(예를 들어 주간 단위)으로 재훈련했다. 즉, 공격자가 장기간에 걸쳐 PCA를 천천히 중독시킬 수 있으므로, PCA를 더 은밀한 방식으로 중독시킬 수 있음을 의미한다. 여러 재훈련 세대^{retraining epoch}에 걸쳐 주성분을 서서히 교란함으로써 공격자는 중

---

1 미국 클린턴 대통령의 대선 공약에 따라 1996년 10월부터 연방정부와 업계, 학계가 차세대 인터넷(NGI, Next Generation Internet) 연구 프로젝트를 시작했다. 이와는 별도로 대학차세대인터넷개발협회(UCAID, University Corporation for Advanced Internet Development)가 주도하는 인터넷2는 NGI보다 더 빠른 초당 2.4GB의 속도를 목표로 했다. 이 인터넷2 프로젝트의 별칭이 애빌린이다. 1999년 미국 오하이오 주립대 병원의 제리 존슨 박사는 애빌린 네트워크를 이용해 워싱턴의 유니언역에 마련된 인터넷 화면으로 480km 이상 떨어진 오하이오 주립대 병원의 위장질환 환자에게 복강경 수술을 진행했다. – 옮긴이

독 활동 자체가 탐지될 가능성을 줄인다. 이것이 단편적 중독 기술이다. 6.4.5절에서 보이는 것처럼 이러한 중독 기술은 비록 장기간에 걸쳐 주간 트래픽 용량이 거의 눈에 띄지 않게 증가하면서 은밀하지 않은 진략만큼 높은 미탐지율을 높일 수 있다.

6.1 이상 트래픽 탐지를 위한 PCA 방법

이상anomaly을 발견하기 위해 많은 네트워크 비정상anomography 탐지 기술은 백본 네트워크에서 상호접속 위치PoP, Point-of-Presence2의 모든 쌍들의 트래픽 용량을 기술하고 각 출발지-목적지OD, Origin-Destination 흐름을 관찰한 트래픽 용량 시계열time series을 포함하는 네트워크 전체 흐름 트래픽 행렬TM, Traffic Matrix을 분석했다. 대신 PCA-기반 기술은 더 쉽게 사용할 수 있는 링크 트래픽 행렬을 사용해 이상을 발견한다. 이 절에서 우리는 트래픽 행렬을 정의하고 2.1절에서 소개한 기호를 사용해 라키나 등의 PCA-기반 이상 탐지 방법[139]을 요약한다.

6.1.1 트래픽 행렬과 용량 이상

이제 네트워크 관리자가 백본 네트워크에서 상호접속 위치PoP 마디점 간의 출발지-목적지OD 흐름에서 비정상적인 트래픽unusual traffic을 식별하고자 용량 이상 탐지 문제를 간단히 설명하면서 시작한다(그림 6.1 참조). 흐름 트래픽flow traffic은 마디점 $V \triangleq |\mathbb{V}|$와 일방향 링크unidirectional link에서 무향그래프undirected graph $(\mathbb{V}, \mathbb{E})$로 표현되는 네트워크를 따라 라우팅된다. 이 네트워크에는 (모든 PoP 마디점 쌍 간의) $Q \triangleq V^2$개3의 OD 흐름이 있으며, t번째 시구간time slice 동안 q번째 흐름을 따라 전송되는 트래픽의 양은 $Q_{t,q}$이다. T 시간 간격에서 관찰된 모든 OD 흐름 트래픽은 행렬 $Q \in \mathfrak{R}^{T \times Q}$로 요

---

2 인터넷 접속점의 위치로, 네트워크 상호 간 또는 개별 네트워크에 대한 접속점 또는 접근점을 말한다. ISP망 상호간의 접속점일 수 있으며, 가입자망에서 인터넷 백본망으로의 접속을 위한 접근점을 뜻하기도 한다. 라우터나 이더넷 스위치 또는 ATM 스위치 등으로 PoP를 구현한다. 출처: 정보통신기술용어해설 https://bit.ly/2Oklw3Q – 옮긴이

3 V개의 PoP 마디점 쌍 (V, V)는 자신에게서 출발해 자기 자신으로 돌아가는 것이 포함돼 V^2개다. – 옮긴이

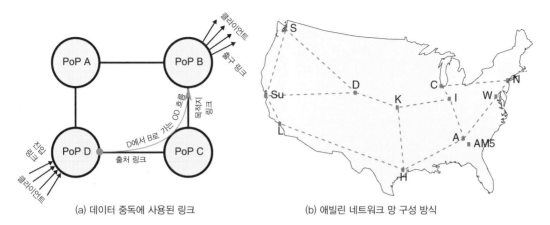

(a) 데이터 중독에 사용된 링크　　　　　　　　　(b) 애빌린 네트워크 망 구성 방식

그림 6.1 트래픽 이상 모니터링으로 사용할 수 있는 부분공간–기반 탐지 방법에 대한 네트워크 망 구성 방식 (topology)의 모습. (a) 4개의 변을 갖는 간단한 4–마디점 네트워크. 각 마디점은 PoP를 나타내고 각 변은 두 PoP 간의 양방향 링크를 나타낸다. 모든 마디점은 클라이언트에서 PoP로 트래픽을 전달하는 진입 링크가 있지만, 마디점 D에 진입 링크를 표시했다. 마찬가지로, 출구 링크는 PoP에서 목적지 클라이언트로 트래픽을 전달하는 마디점 B에 표시했다. 최종적으로, D에서 B로 가는 흐름은 C를 통해 흐르는 것을 표시했다. 즉, 이 흐름은 PoP D에서 PoP B로 전송되는 트래픽에 대한 경로다. (b) 애빌린 백본 네트워크는 네트워크에서 12개의 PoP 마디점과 마디점 간의 15개 링크를 미국의 지도 위에 나타냈다. PoP AM5와 A는 실제로 애틀랜타에서 함께 위치하지만, AM5는 남동쪽에 표시해 연결성을 강조했다.

약할 수 있다. 이상적으로는 흐름 q를 따라 이동하는 트래픽이 시간 t에서 비정상적으로 크다면 쌍 (t, q)를 비정상적인 것으로 식별하고 싶지만, **Q**를 백본 네트워크에서 직접 관찰할 수 없다. 대신, t번째 시구간 동안 관측 가능한 것은 네트워크 링크 트래픽^{network link traffic}이다.

좀 더 구체적으로, 네트워크 링크 트래픽은 모든 OD 흐름의 중첩이다. 즉, q번째 흐름을 따라 전송된 데이터는 q번째 흐름의 출발지에서 목적지까지의 경로를 가로지르는 링크를 따라 관측된 전체 링크 트래픽에 영향을 미친다. Q개의 OD 흐름과 D개의 링크가 있는 네트워크를 고려해 T 시간 간격에 걸쳐 이 네트워크의 트래픽을 측정한다. 링크 트래픽과 OD 흐름 트래픽 간의 관계는 라우팅 행렬^{routing matrix} **R**로 간결하게 표현할 수 있다. 이 행렬은 크기가 $D \times Q$인 행렬로 j번째 OD 흐름이 i번째 링크를 통과하면 $R_{i,j} = 1$이고, 그렇지 않으면 $R_{i,j} = 0$이다. 따라서 **Q**가 모든 OD 흐름의 시계열을 포함하는 $T \times Q$ 트래픽 행렬이고 **X**가 모든 링크의 시계열을 포함하는 $T \times D$ 링크 트래픽 행렬이면 $\mathbf{X} = \mathbf{QR}^{\top}$이다. 우리는 $\mathbf{X}$의 t번째 행(시간 t에서의 D번째 링크 트래픽 측정의 벡터)을 $\mathbf{x}(t) = \mathbf{X}_{t, \bullet}$로, 특정 출처 링크^{source link}를 따라 관찰된 트래픽을 $x_s^{(t)}$로 표기한다. 또한 라우팅 행렬 $\mathbf{R}$의 열 q를 $\mathbf{R}_q$로 표기하는데, 이는 q번째 흐름으로 사용된 링크의 지시벡터^{indicator vector}이다.

이제 링크 트래픽 용량을 관찰해 상위 계층 네트워크에서 OD 흐름 용량 이상을 탐지하는 문제를 생각한다. 비정상 흐름^{anomalous flow}의 용량은 DoS 공격과 분산 DoS^{DDoS} 공격, 플래시 크라우드^{flash crowd4}, 장치 고장, 잘못 구성된 장치, 다른 비정상 네트워크 이벤트와 같은 비정상으로 야기된 네트워크의 비정상 트래픽 부하 수준이다. DoS 공격은 6장 전체에서 공격의 전형적인 예로 작용한다.

6.1.2 이상 탐지를 위한 부분공간 방법

여기서 라카나 등이 제안한 PCA-기반 이상 탐지기^{PCA-based anomaly detector}[139]를 요약한다. 이들은 ISP 백본 링크의 높은 수준의 트래픽 집계가 정상적인 트래픽 패턴 내에서 OD 흐름 용량 이상을 종종 불분명하게 만든다는 것을 관찰했다. 또한 측정된 데이터는 높은 차원 D를 가지고 있지만, 정상 트래픽 패턴은 저차원 $K \ll D$의 부분공간에 놓여 있다. 즉, 집계로 인해 야기되는 일시적인 정적 상관관계^{static correlation} 때문에 대부분의 정상 트래픽은 더 작은 표현으로 나타낼 수 있다. 기본적으로, 이들은 소수의 흐름이 링크 데이터의 중요한 특징이 된다는 것을 발견했다. (트래픽에서 주성분을 찾는) PCA를 사용해 이 정상 트래픽 부분공간을 추론하면, 잔차(비정규)부분공간에서 용량 이상을 식별할 수 있다. 애빌린(인터넷2 백본) 네트워크의 경우 대부분의 분산은 첫 번째 $K = 4$인 주성분으로 찾을 수 있다. 즉, 이 네트워크의 링크 트래픽은 $\mathfrak{R}^D$의 (낮은) K차원의 부분공간에 효과적으로 존재한다.

PCA는 데이터의 분산이 최대가 되는 K차원의 부분공간을 정의하기 위해 K 직교 주성분을 찾는 차원 감소 기술이다. 먼저 PCA는 각 데이터 포인트 $\mathbf{x}^{(t)}$를 $\mathbf{x}^{(t)} - \hat{\mathbf{c}}$로 대체해 데이터를 중앙에 두는데, 여기서 $\hat{\mathbf{c}}$는 중심 위치 추정으로 이 경우 평균

---

4 어떤 사이트를 이용하거나 접속하는 사람이 갑자기 증가하는 현상의 신조어 – 옮긴이

벡터 $\hat{\mathbf{c}} = \frac{1}{T}\mathbf{X}^\top\mathbf{1}$이다. $\hat{\mathbf{X}}$를 중심 링크 트래픽 행렬centered link traffic matrix이라고 한다. 즉, $\mathbf{X}$의 각 열의 평균이 0이 되도록 변환한다. 다음으로, PCA는 주성분을 계산해 평균을 중심으로 한 데이터가 있는 주부분공간principal subspace을 추정한다. k번째 주성분은 다음을 만족한다.

$$\mathbf{v}^{(k)} \in \operatorname*{argmax}_{\mathbf{w}:\|\mathbf{w}\|_2=1}\left[\left\|\hat{\mathbf{X}}\left(\mathbf{I} - \sum_{i=1}^{k-1}\mathbf{v}^{(i)}(\mathbf{v}^{(i)})^\top\right)\mathbf{w}\right\|_2\right] \tag{6.1}$$

첫 번째 K 주성분으로 생성된 결과로 초래된 K차원의 부분공간은 $D \times K$차원 행렬 $\mathbf{V}^{(K)} = [\mathbf{v}^{(1)}, \mathbf{v}^{(2)}, \ldots, \mathbf{v}^{(K)}]$로 표현할 수 있는데, 이 행렬은 정상 트래픽 부분공간 $\dot{\mathbb{S}}$로의 사상map이며 $\Re^D$로 사영하는 사영행렬projection matrix $\dot{\mathbf{P}} = \mathbf{V}^{(K)}(\mathbf{V}^{(K)})^\top$를 갖는다. $(D - K)$-차원의 잔차부분공간은 나머지 주성분인 $\mathbf{W}^{(K)} = [\mathbf{v}^{(K+1)}, \mathbf{v}^{(K+2)}, \ldots, \mathbf{v}^{(K)}]$으로 생성된다. 이 행렬은 $\Re^D$로의 대응사영행렬corresponding projection matrix $\ddot{\mathbf{P}} = \mathbf{W}^{(K)}(\mathbf{W}^{(K)})^\top = \mathbf{I} - \dot{\mathbf{P}}$를 사용하는 비정상 트래픽 부분공간 $\ddot{\mathbb{S}}$로의 사상이다.

$\mathbf{x}^{(t)} = \dot{\mathbf{x}}^{(t)} + \ddot{\mathbf{x}}^{(t)} + \hat{\mathbf{c}}$를 만족하도록 링크 트래픽을 정상과 비정상 성분으로 분해해 용량 이상을 탐지할 수 있는데, 여기서 $\dot{\mathbf{x}}^{(t)} \triangleq \dot{\mathbf{P}}(\mathbf{x}^{(t)} - \hat{\mathbf{c}})$는 모델링된 정상 트래픽이고 $\ddot{\mathbf{x}}^{(t)} \triangleq \ddot{\mathbf{P}}(\mathbf{x}^{(t)} - \hat{\mathbf{c}})$는 잔차 트래픽으로 각각은 $\mathbf{x}^{(t)}$에서 $\dot{\mathbb{S}}$와 $\ddot{\mathbb{S}}$로의 사영이다. 시간 t에서의 용량 이상은 일반적으로 $\ddot{\mathbf{x}}^{(t)}$에 큰 변화를 가져오는데, 이는 $1 - \beta$ 신뢰 수준에서 Q-통계학으로 선택한 한계점 Q_β에 대해 예측오차의 제곱squared prediction error $\|\ddot{\mathbf{x}}^{(t)}\|_2^2$를 한계점으로 해 탐지할 수 있다[115]. 이 PCA-기반 탐지기는 링크 측정 벡터에 대한 분류기를 다음처럼 정의한다.

$$f\left(\mathbf{x}^{(t)}\right) = \begin{cases} "+", & \left\|\ddot{\mathbf{P}}\left(\mathbf{x}^{(t)} - \hat{\mathbf{c}}\right)\right\|_2^2 > Q_\beta \\ "-", & \text{그 외의 경우} \end{cases} \tag{6.2}$$

여기서 '+'는 t번째 시구간이 비정상anomalous을 나타내고 '−'는 무해innocuous를 나타낸다. 정상 네트워크 트래픽의 비정상성nonstationarity(점진적 이동)으로 인해 주기적인 재훈련이 필요하다. 우리는 탐지기가 매주 재훈련된다고 가정한다.

6.2 PCA 부분공간의 오염

이 절에서는 여러 데이터 중독 기술을 살펴보고 각 기술이 PCA-기반 탐지기의 훈련 단계에 영향을 미치도록 설계된 방법을 설명한다. 공격자의 능력에 따라 세 가지 일반적인 범주의 공격을 생각한다. 바로 정보가 없는 공격uninformed attack, 국소 정보 공격locally informed attack 및 전역 정보 공격globally informed attack이다. 세 가지 유형의 공격은 공격자가 사용할 수 있는 지식과 자원의 수준을 반영한다.

6.2.1 위협 모델

공격자의 목표는 일부 피해자를 대상으로 서비스 거부 공격을 시작하고 공격 트래픽이 도중에 탐지되지 않도록 ISP 네트워크를 성공적으로 통과시키는 것이다. 서비스 거부 트래픽은 진입 상호접속 위치 마디점에서 ISP의 출구 PoP로 ISP를 가로지른다. 서비스 거부 공격이 사전에 탐지되는 것을 피하고자 공격자는 (진입 PoP에서 출구 PoP로의) OD 흐름을 따라 추가 트래픽(쭉정이)을 주입해 주기적인 재훈련 단계에서 탐지기를 중독시킨다. PCA-기반 이상 탐지기에 대한 예상 위협을 기반으로 우리가 고려하는 오염 모델은 공격자가 단일 출처 마디점single source node의 트래픽만을 변경하는 것으로 제한하는 데이터 변경data alteration 모델이다.

이런 중독은 공격자 진입 PoP의 클라이언트를 제어하거나, 공격자가 진입 PoP 내의 라우터(또는 라우터 집합)를 침해하는 경우 가능하다. 중독 전략의 경우 공격자는 얼마나 많은 쭉정이를 언제 추가할 것인지를 결정해야 한다. 이 선택은 공격자가 요구하는 은밀함의 정도와 사용 가능한 정보의 양에 따라 결정된다.

이 절에서는 공격자가 원하는 대로 사용할 수 있는 다양한 잠재적 수준의 정보를 가지고 있는 중독 전략을 생각한다. 가장 약한 공격자는 진입 PoP의 트래픽에 대해 아무것도 모르고 임의로 쭉정이를 추가한다. 이를 정보가 없는 공격이라 한다. 또는 부분적으로 정보를 아는 공격자는 쭉정이를 주입하려는 진입 링크(들)의 현재 트래픽 용량을 알고 있다. 많은 네트워크가 SNMP[5] 레코드를 내보내므로 공격자는 이

---

5 간이망 관리 프로토콜(SNMP, Simple Network Management Protocol)은 IP 네트워크상의 장치로부터 정보를 수집하거나 관리하며, 또한 정보를 수정해 장치의 동작을 변경하는 데 사용되는 인터넷 표준 프로토콜이다. SNMP를 지원하는 대표적인 장치에는 라우터, 스위치, 서버, 워크스테이션, 프린터, 모뎀 랙 등이 포함된다. SNMP는 일반적으로 하나 이상의 관리 컴퓨터('매니저'라고 함)는 컴퓨터 네트워크에서 호스트나 장치 그룹을 관리하거나 감시하는 일을 맡는다. 출처: 위키피디아 https://bit.ly/2LQUEGg – 옮긴이

정보를 가로채거나 (즉, 침해된 라우터의 경우) SNMP 레코드 자체를 모니터링할 수 있다. 우리는 이 유형의 중독을 국소 정보 공격이라고 한다. 이 공격자는 공격의 진입 PoP에서 트래픽의 국소 상태$^{local\ state}$를 관찰하기 때문이다. 세 번째 시나리오에서 공격자는 네트워크에 대한 전체 시야를 통해 모든 네트워크 링크의 트래픽 수준을 알 수 있고, 이 공격자는 향후 모든 트래픽 링크 수준에 대한 지식을 갖게 되므로 전역 정보를 얻게 된다(국소 정보 기술에서 공격자는 링크의 현재 트래픽 용량만 알고 있다). 이런 공격자의 능력은 달성할 수 없지만, 우리는 변형된 주입 중독 기술의 한계를 더 잘 이해하기 위해 이 시나리오를 살펴본다.

이제 공격자가 기존 트래픽을 제어할 수 없다고 가정한다. 즉, 트래픽을 지연시키거나 폐기할 수 없다고 가정한다. 마찬가지로 공격자는 PCA에 대한 SNMP의 보고를 위조할 수 없다. 이런 접근 방식은 인접한 PoP에 있는 SNMP 보고의 불일치가 침해된 라우터를 노출할 수 있으므로 더욱 도드라진다. 스텔스는 이 공격자의 주요 목표다. 즉, 서비스 거부 공격이 성공적으로 실행될 때까지 서비스 거부 공격이나 중독이 탐지되는 것을 원하지 않는다.

지금까지 주로 서비스 거부 탐지기의 비분산 중독$^{nondistributed\ poisoning}$과 비분산 서비스 거부 공격에 초점을 맞췄다. 서비스 거부 탐지기를 회피하기 위한 분산 중독$^{distributed\ poisoning}$도 가능하다. 이 공격자는 잠재적으로 모든 네트워크 링크를 중독시킬 수 있으므로 마지막에 제시한 전역 정보 중독 전략이 한 예다. 분산된 형태의 중독에 관한 연구는 향후 연구로 남긴다. 그런데도 이 연구는 중독이 비분산 환경에서 효과적으로 회피할 수 있음을 증명해, 비록 중독이 더 강력한 공격을 초래해야 하지만 중독을 분산시키는 것은 필요하지 않다는 것을 보인다.

다른 중독 전략과 공격자가 이용 가능한 지식의 수준에 따른 각 시나리오에 대해 이제 특정 중독 기술을 상세히 설명한다. 각 기술에서 공격자는 시간 t에서 표적 흐름 시계열에 추가할 쭉정이 $a^{(t)}$의 양을 결정하고, 훈련 기간에 공격자는 쭉정이의 총 용량 $A \triangleq \sum_{t=1}^{T} a^{(t)}$를 보낸다. 각 전략은 공격의 강도를 제어하는 공격 매개변수 θ를 갖는다. 궁극적으로 각 전략에서 공격자의 목표는 표적 흐름에 따른 트래픽 분산을 최대로 증가시켜 PCA 탐지기가 표적 흐름의 부분공간에서 그 흐름을 과도하게 표현하도록 오도하는 것이지만, 각 전략은 공격자가 목표를 달성하기 위해 가져야 할 정보의 정도에 따라 다르다. 선행 연구[212]에서 각 시나리오에 관한 연구가 이뤄졌지만, 그 가운데 대표적인 중독 기술 하나를 설명한다.

6.2.2 정보 없이 쭉정이 선택

이 환경에서 공격자는 네트워크에 대한 지식이 없으며 임의로 쭉정이 트래픽을 주입한다. t번째 시간마다 공격자는 베르누이^{Bernoulli} 확률변수에 따라 쭉정이 주입 여부를 결정한다. 공격자가 쭉정이를 주입하기로 했다면 주입된 쭉정이의 양은 θ, 즉 $a^{(t)} = \theta$이다. 이 방법은 공격자가 정보를 알지 못하기 때문에 네트워크 트래픽과는 관련이 없다. 그래서 이 공격을 임의 중독 기술$^{Random\ poisoning\ scheme}$이라고 한다.

6.2.3 국소 정보 쭉정이 선택

국소 정보 시나리오에서, 공격자는 시점 $x_s^{(t)}$의 각 점에서 공격자가 제어한 진입 링크의 트래픽 양을 관찰한다. 따라서 이 공격자는 현재 트래픽 용량이 이미 상당히 큰 경우에만 쭉정이를 추가한다. 특히 링크의 트래픽 용량이 한계점 매개변수 α(일반적으로 전체 흐름 트래픽의 평균)를 초과할 때 쭉정이를 추가한다. 추가된 쭉정이의 양은 $a^{(t)} = (\max\{0,\ x_s^{(t)} - \alpha\})^{\theta}$이다. 즉, 관측한 링크 트래픽과 매개변수 α의 차이가 음수가 아니라면 쭉정이의 용량은 영향력 θ에 대한 차이이다. 그렇지 않으면 그 간격 동안 쭉정이는 추가되지 않는다. (크면 더 추가하기$^{add\text{-}more\text{-}if\text{-}bigger}$라고 하는) 이 기술에서 트래픽이 평균 링크 트래픽에서 멀어질수록 삽입된 쭉정이의 편차도 커진다.

6.2.4 전역 정보 쭉정이 선택

전역 정보 기술은 $\mathbf{X}$와 $\mathbf{R}$, 향후 측정 $\tilde{\mathbf{x}}$에 대한 완전한 지식을 가진 전능한 공격자를 가정하며, 공격자는 훈련 중에 모든 네트워크 흐름에 쭉정이를 주입할 수 있다. 이 마지막 기술은 중요하다. 앞의 중독 기술에서 공격자는 침해된 링크를 따라 쭉정이만 주입할 수 있는 반면 이 시나리오에서는 공격자가 쭉정이를 어떤 링크에나 주입할 수 있다. 각 링크 n과 각 시간 t에 대해 공격자는 쭉정이 $A_{t,n}$의 양을 선택해야 한다. 우리는 이 과정을 표적 흐름 q를 따라 서비스 거부 회피의 가능성을 최대로 증가시키기 위해 공격자가 해결해야 하는 최적화 문제로 만든다. 이런 능력은 비현실적이지만 변형 주입 방법의 한계를 이해하기 위해 전역 정보 중독 전략을 살펴본다.

PCA 회피 문제$^{\text{evasion problem}}$는 t번째 시간대에서 q번째 표적 흐름을 따라 용량 δ로 감지되지 않은 서비스 거부 공격을 하는 공격자를 생각한다. 미래의 시간 t에서 링크 용량의 벡터가 $\tilde{\mathbf{x}}$이고, $\tilde{\mathbf{x}}$가 이 미래 측정을 과거 훈련 데이터 $\hat{\mathbf{X}}$와 구별한다면 이상^{anomalous} 서비스 거부 용량 벡터는 $\tilde{\mathbf{x}}(\delta, q) = \tilde{\mathbf{x}} + \delta \cdot \mathbf{R}_q$로 주어진다. 훈련 중에 공격자가 네트워크에 주입한 링크 트래픽 행렬을 $\mathbf{A}$라 하자. 그런 다음 PCA-기반 이상 탐지기는 변경된 링크 트래픽 행렬 $\hat{\mathbf{X}} + \mathbf{A}$로 훈련해, 평균 트래픽 벡터 μ와 상위 K개의 고유벡터$^{\text{eigenvector6}}$ $\mathbf{V}^{(K)}$ 그리고 예측오차의 제곱 한계점 Q_β를 생성한다. 이에 따라 공격자의 목표는 $\mathbf{A}$를 최적화해 가능한 한 큰 (δ를 최대화하는) 서비스 거부 공격을 가능하게 만드는 것이다. PCA 회피 문제는 다음과 같은 문제를 푸는 것에 해당한다.

$$
\begin{aligned}
&(\mu, \mathbf{V}, Q_\beta) = \text{PCA}(\mathbf{X} + \mathbf{A}, K) \text{ 와} \\
&\left\| \ddot{\mathbf{P}}(\tilde{\mathbf{x}}(\delta, q) - \mu) \right\|_2 \le Q_\beta, \text{ 그리고} \\
&\|\mathbf{A}\|_1 \le \theta \qquad \forall t, q \ A_{t,q} \ge 0 \text{ 을 만족하는,} \\
&\max_{\delta \in \Re, \ \mathbf{A} \in \Re^{T \times Q}} \delta
\end{aligned}
$$

여기서 θ는 전체 쭉정이를 제한하는 상수이며, 여기서 행렬 1-노름은 $\|\mathbf{A}\|_1 \triangleq \sum_{t,q} |A_{t,q}|$로 정의한다. 두 번째 제약 조건은 시간 t에서 오염된 링크 용량을 식 (6.2)에 따라 해가 없는^{innocuous} 것으로 분류하도록 요구해 회피를 보장하는 것이다. 나머지

---

6 선형대수학에서 선형변환의 고유벡터(固有vector)는 그 선형변환이 일어난 후에도 방향이 변하지 않는, 영벡터가 아닌 벡터다. 고유벡터의 길이가 변하는 배수를 선형변환의 그 고유벡터에 대응하는 고유값(固有값, eigenvalue)이라고 한다. 출처: 위키피디아 https://bit.ly/2EsKgjX – 옮긴이

제약 조건은 전체 쭉정이의 용량을 상계 θ로 제한해 쭉정이를 음수가 안 되도록 하는 것이다.

안타깝게도 이 최적화는 해석적[7]으로 풀기 어렵다. 따라서 우리는 다루기 쉬운 해석적 해를 얻기 위해 완화된 근사를 구한다. 우리는 몇 가지 가정을 하고 식을 유도[8]한다. 위의 목표는 공격 방향 공격 방향 $\mathbf{R}_q$가 정규부분공간으로 사영된 길이 $\max_{\mathbf{A} \in \mathfrak{R}^{T \times Q}} \left\| \left(\mathbf{V}^{(K)} \right)^\top \mathbf{R}_q \right\|_2$를 최대화함을 보인다. 다음으로 구면 k-차수^{spherical k-rank}의 링크 트래픽 공분산 행렬을 생성하는 트래픽 과정에 초점을 맞춘다.[9] 이 속성은 고유스펙트럼^{eigen-spectrum}이 K개의 1과 그 뒤로는 모두 0이라는 것을 의미한다. 우리는 이러한 고유스펙트럼을 사용해 고유벡터의 해당 고유값^{eigenvalue} $\mathbf{\Sigma V}$으로 가중값을 부여한 모든 고유값 행렬로 상위 고유벡터 $\mathbf{V}^{(K)}$를 근사할 수 있다. 이것은 PCA 회피 문제를 다음과 같은 완화된 최적화로 변환한다.

$$\|\mathbf{A}\|_1 \leq \theta \, \text{와}$$
$$\forall t, q \; A_{t,q} \geq 0 \, \text{를 만족하는}$$

$$\max_{\mathbf{A} \in \mathfrak{R}^{T \times Q}} \left\| (\hat{\mathbf{X}} + \mathbf{A}) \mathbf{R}_q \right\|_2 \tag{6.3}$$

이 최적화의 해는 최적화에서 표준 사영 추적 방법^{standard projection pursuit method}으로 구할 수 있다. 목표의 기울기 방향으로 반복적으로 한 단계씩 이동할 때마다 실현 가능한 집합으로 투영한다.

이 해는 흥미로운 통찰력을 제공한다. 전역 정보 공격자는 어떤 흐름에도 쭉정이를 주입할 수 있음을 상기하라. 트래픽이 주성분의 선택에 영향을 미치는 OD 흐름을 따라 쭉정이를 주입한 다음, 다른 흐름을 따라 서비스 거부 트래픽을 보내는 것(아마도 중독된 OD 흐름을 갖는 링크의 부분집합을 공유할 수 있다)이 유용할 수 있다고 상상할 수 있다. 그러나 식 (6.3)의 해는 탐지를 회피하는 가장 좋은 전략은 표적 흐름 q와 관련된 링크 $\mathbf{R}_q$을 따라 쭉정이만 주입하는 것임을 보여준다. 이것은 사영과

7　이미 확립된 해법을 이용해 정확한 해를 구하는 방법이다. 그러나 많은 방정식이 해석적으로 해를 찾는 것이 어려워 컴퓨터를 이용해 수치적인 결과의 해만 구하는 방법을 수치 해석적 방법이라고 한다. – 옮긴이

8　지면 관계상 전체 증명은 생략한다. – 지은이

9　구면 가정은 실제로 유지되지 않지만, 낮은 차수의 트래픽 행렬의 가정은 발표된 데이터 집합으로 만족된다[139]. – 지은이

기울기 단계의 형태뿐만 아니라 (L_2 완화에서 얻은) 초기화기^{initializer} $\mathbf{A}^{(0)} \propto \hat{\mathbf{X}}\mathbf{R}_q\mathbf{R}_q^{\mathsf{T}}$ 의 형태를 따른다. 특히 이 모든 목표는 해가 표적 흐름을 따라 쭉정이만 삽입하는 특성을 보존한다. 사실 이 전역 정보의 해와 국소 정보 기술 간의 유일한 차이는 전역 정보의 해는 흐름에 따라 쭉정이의 할당을 결정하기 위해 전체 트래픽 행렬 $\mathbf{X}$에 대한 정보를 사용하는 반면, 국소 정보 기술은 국소 정보만을 사용한다는 것이다.

6.2.5 개구리 삶기 중독 공격

위의 공격에서 쭉정이는 탐지기의 훈련 주기에서 단일 훈련 기간(1주)에 영향을 미치도록 설계됐지만, 여기서 변화하는 트래픽 추세에 적응하기 위해 부분공간 탐지기를 수 주에 걸쳐 재훈련하는 동안 수행되는 단편적 중독의 가능성을 생각한다. 기존 연구와 마찬가지로, PCA 부분공간 방법은 새로운 주가 시작할 때 탐지기를 재훈련하기 위해 바로 이전 주에 관찰한 트래픽을 사용해 매주 재훈련한다고 가정한다. 즉, m번째 주의 탐지기는 $m-1$번째 주의 트래픽으로 학습한다. 또한 4장에서 설명한 특이점 모델$^{outlier\ model}$과 마찬가지로, 우리는 재훈련하기 전에 이전 주부터 데이터를 삭제해 탐지된 모든 특이점을 제거한다. 이러한 종류의 중독은 예를 들어 슈퍼볼이나 선거와 같은 특별한 행사로 이어지도록 미리 서비스 거부 공격을 실행하려는 계획을 세운 현실적인 공격자가 사용할 수 있다.

수 주 동안에 걸친 중독 전략은 전략이 수행되는 동안 시간에 따라 공격을 변화시킨다. 한 주 동안의 공격과 마찬가지로, 공격자는 중독 전략에 따라 매주 훈련 기간 내내 표적 OD 흐름을 따라 쭉정이를 삽입한다. 그러나 수 주 간의 공격에서 공격자는 중독 일정에 따라 매번 그다음 주에 사용되는 총 쭉정이의 양을 증가시킨다. 이 공격은 처음에는 소량의 쭉정이를 첨가하고 매주 쭉정이의 양을 증가시켜 수 주에 걸쳐 모델을 중독시켜 탐지기가 점차 쭉정이에 적응하게 돼 최종적으로 많은 양의 중독을 제대로 식별하지 못하게 된다. 이 공격은 4장의 초구 탐지기를 대상으로 하는 공격과 유사하다. 우리는 수온을 천천히 높여서 개구리를 삶을 수 있다는 우화를 따라서 이런 유형의 단편 중독$^{episodic\ poisoning}$을 개구리 삶기 중독 공격^{boiling}

frog poisoning attack이라고 한다.[10]

개구리 삶기 중독 공격은 매주 중독시키는 동안 $a^{(t)}$를 선택하기 위해 이전의 쭉정이 방법의 하나를 사용할 수 있다. 매 주간 단위의 유일한 변화는 사용된 쭉정이의 총량으로 다음처럼 증가한다. 첫 주에는 중독되지 않은 데이터로 부분공간-기반 탐지기를 훈련한다. 두 번째 주에 쭉정이의 초기 총량은 $A^{(1)}$이고, 원하는 쭉정이의 총량이 되도록 매개변수 θ_1를 사용해 생성된 쭉정이를 표적 흐름에 주입한다. 새로운 주가 시작되면 트래픽을 분류한 후, 탐지된 이상을 제거한 그 주의 삭제된 데이터로 PCA를 재훈련한다. 이후 매주에 걸쳐 일정에 따라 중독의 양을 증가시킨다. 우리가 생각한 일정은 쭉정이의 총량을 $A^{(t)} = \kappa A^{(t)}$처럼 기하급수적으로 증가시키는 것으로, 여기서 κ는 주간 증가율이다. 개구리 삶기 중독의 목표는 이전 주의 트래픽에 비해 낮은 수준의 쭉정이를 주입해 정규부분공간을 천천히 회전시켜 PCA의 거부율rejection rate을 낮게 유지하고 현재 주의 중독 트래픽 행렬poisoned traffic matrix의 상당 부분을 훈련하는 것이다. PCA를 매주 재훈련하지만, 훈련 데이터에는 이전 주의 탐지기가 포착하지 못한 이벤트가 포함된다. 따라서 PCA 부분공간이 점차 이동함에 따라 더 많은 악의적 훈련 데이터malicious training data가 매주에 걸쳐 축적된다. 이 과정은 서비스 거부 공격을 하는 주까지 계속된다. 공격자가 쭉정이 주입을 중단하고 원하는 서비스 거부 공격을 실행한다. 다시 우리는 그 최종 공격의 성공률을 측정한다. 루빈슈타인은 단편 중독을 더 충분히 고려했지만[207], 우리는 부분공간 탐지기에 대한 이 중독 기술의 결과를 6.4.5절에서 요약한다.

6.3 오염에 복원력이 있는 탐지기

우리는 부분공간-기반 이상 탐지에 대한 인과적 무결성 공격을 방어하기 위해 강건한 통계학을 사용하는 것을 제안하며, 방어 역할에서 통계학의 효능을 입증한다. 강건한 방법은 특이점에 덜 민감하도록 설계됐으며 결과적으로 데이터를 섭동해 표

---

10 일주일이라는 중독 기간을 선택한 데에는 별다른 이유는 없다. 일반적인 학습 알고리즘에서 우리의 전략은 한 번의 훈련 기간이나 여러 번의 훈련 기간에 걸쳐 (기간이 얼마가 되든) 중독시키는 것에 해당한다. – 지은이

적 흐름을 따라 분산을 증가시키는 분산 주입 기술variance injection scheme에 대한 이상적인 방어다. PCA를 강건하게 만드는 데에는 두 가지 일반적인 접근 방식이 있다. 첫 번째 접근 방식은 공분산 행렬의 강건한 추정값 고유스펙트럼으로 주성분을 계산한다[63]. 그러나 두 번째 접근 방식은 데이터 사영의 강건한 척도 추정값scale estimate을 최대화하는 방향을 탐색한다. 이 절에서 우리는 중독에 대한 방어 수단으로 두 번째 접근 방식의 방법을 소개한다. 이 방법을 설명한 다음에 강건한 PCA를 포함해 모든 부분공간-기반 방법에 사용할 수 있으며, 그 잔차에 더 적합fit할 수 있는 새로운 한계점 통계량threshold statistic를 소개한다. 강건한 PCA와 새롭고 강건한 라플라스 한계점을 함께 사용하면 중독 공격에 덜 민감한 새로운 네트워크 전반의 트래픽 이상 탐지 방법인 해독제가 만들어진다.

6.3.1 직감

기본적으로 중독 공격의 효과를 완화하기 위해서는 학습 알고리즘이 데이터 오염에도 안정돼야 한다. 즉, 소량의 데이터 오염이 우리 알고리즘으로 생성된 모델을 극적으로 변경해서는 안 된다. 이러한 안정성stability 개념은 강건한 통계학 분야에서 연구됐으며, 강건하다robust는 용어는 종종 분포 강건성distributional robustness이라고 하는 안정성 관련 개념을 검증하기 위해 사용되는 공식 용어다(3.5.4.3절 참고). 데이터 산포dispersion11의 대부분을 차지하는 저차원 부분공간을 구성하고 데이터 오염 아래에서 안정적이고 강건한 PCA 알고리즘을 개발하기 위한 몇 가지 접근 방식이 연구됐다[57, 58, 63, 149, 163]. 앞에서 설명한 것처럼 우리가 선택한 접근 방식은 일반적인 분산 대신 대안 산포 측도를 최대화하는 부분공간을 찾는 것이다.

　강건한 PCA 알고리즘은 위치 추정량 $\hat{c}\{\cdot\}$에 따라 데이터의 중심을 맞춘 다음에, 사영이 어떤 일변량 산포 측도univariate dispersion measure를 최대화하는 단위 방향 $\mathbf{v}$를 탐색한다. 즉,[12] 다음과 같다.

11　산포는 주로 통계적 변동(statistical variation)과 관련이 있으므로 변동(variation)의 대안 용어다. 산포 측도(dispersion measure)는 특정 산포 개념에 따라 변수의 변동성이나 확산을 측정하는 통계다. – 지은이

12　우리는 여기서 함수 g가 열거된 객체의 집합에 작용함을 나타내기 위한 표기법 $g\{r^{(1)}, ..., r^{(T)}\}$을 사용한다. 이 표기법은 원본 표기법 $g(\{r^{(1)}, ..., r^{(T)}\})$을 더 읽기 쉬운 형태로 단순화한다. – 지은이

$$\mathbf{v} \in \underset{\|\mathbf{w}=1\|_2}{\arg\max} \left[S\left\{ \mathbf{w}^\top \left(\mathbf{x}^{(t)} - \hat{\mathbf{c}}\left\{ \mathbf{x}^{(t)} \right\} \right) \right\} \right] \qquad (6.4)$$

표준편차는 PCA에서 사용하는 산포 측도다. 즉, $S^{\mathrm{SD}}\{r^{(1)}, \dots, r^{(T)}\} = \left(\frac{1}{T-1} \sum_{t=1}^{T} (r^{(t)} - \bar{r})^2 \right)^{\frac{1}{2}}$ 이며, 여기서 $\bar{r}$는 $\{r^{(t)}\}$의 평균이다. 그러나 표준편차는 특이점에 민감한 것으로 잘 알려져서[102 2장 참조], PCA가 오염에 강건하지 하지 않게 만든다. 대신 강건한 PCA 알고리즘은 강건한 사영 추적[RPP, robust projection pursuit] 추정량[149]의 개념을 기반으로 산포 측도를 사용한다. 리와 첸이 보인 것처럼, RPP 추정량은 산포 측정량처럼 같은 고장 지점을 달성할(고장 지점이 데이터의 [점근적] 분수인 것을 상기한다)뿐만 아니라 질적으로 견고하다[149]. 즉, 추정량은 안정적이다.

그러나 PCA에서 발생하는 고유벡터 해와 달리 일반적으로 강건한 산포 측도를 위한 효율적으로 계산 가능한 해가 없으므로 이러한 추정량을 근사해야 한다. 다음 절에서 크록스 등이 개발한 강건한 PCA 부분공간을 근사하는 성공적인 방법인 PCA-격자 알고리즘[57]을 설명한다. 다른 여러 사영 추적 기술[58, 163] 중에서 PCA-격자가 중독 공격에 가장 복원력이 있는 것으로 판명됐다. 다음 절에서 설명할 절차는 단순히 사영 추적 추정량을 근사하는 기술로, 자체적으로 알고리즘의 강건성에 이바지하지 않는다는 것을 강조할 필요가 있다. 강건성은 식 (6.4)의 사영 추적 추정량의 정의에서 나온다.

먼저 강건한 PCA 알고리즘의 유용성을 더 잘 이해하기 위해, 여기서 언급한 중독 기술이 PCA 알고리즘에 미치는 영향을 보이고 PCA-격자 알고리즘에 미치는 영향과 비교한다. 그림 6.2는 전역 중독 공격이 두 알고리즘에 미치는 영향의 예를 보여준다. 그림 6.2(a)처럼 처음에는 데이터가 거의 타원형으로 군집됐으며, 두 알고리즘 모두 이 데이터의 중심과 첫 번째 주성분에 대한 합리적인 추정값을 제공한다. 그러나 그림 6.2(b)는 많은 양의 중독이 표적 흐름의 방향으로 데이터 일부를 극적으로 교란하는 것을 보여주며, 그 결과로 초래된 PCA 부분공간은 표적 흐름의 방향(축)으로 크게 이동한다. 이러한 이동으로 인해 표적 흐름을 따라 서비스 거부 공격은 감지가 덜 될 것이다. 반면, PCA-격자의 부분공간은 중독의 영향을 상당히 적게 받고 표적 흐름의 방향으로 약간만 회전한다.

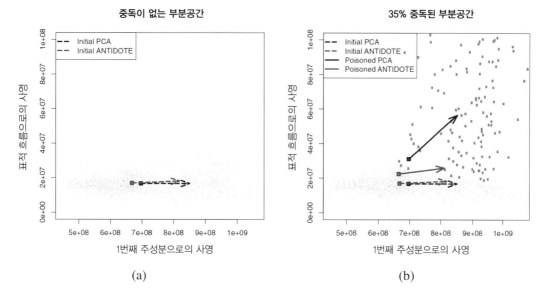

그림 6.2 이 그림에서 애빌린 데이터는 첫 번째 주성분과 공격 흐름 118번의 방향으로 생성된 2D 공간으로 사영됐다. (a) (작은 회색 점으로 표현된) 깨끗한 데이터에서 PCA와 PCA-격자가 학습한 첫 번째 주성분. (b) PCA와 PCA-격자의 첫 번째 주성분에 미치는 영향은 (작은 회색점으로 표시된) 전역 정보 공격 아래에서 볼 수 있다. 일부 오염된 점은 데이터의 주된 구름에서 너무 멀리 떨어져 있어 그림에 포함시키지 않았다.

6.3.2 PCA-격자

크록스 등이 소개한 PCA-격자$^{PCA-GRID}$ 알고리즘[57]은 식 (6.4)에서 설명한 것처럼 사영 추적 기술이다. PCA-격자는 식 (6.4)처럼 데이터 $\mathbf{X}$에 대한 산포의 강건한 측도인 $S\{\cdot\}$를 근사적으로 최대화하는 K차원의 부분공간을 찾는다. 크록스 등이 사용하고, 해독제에 통합된 산포의 강건한 측도는 높은 차수의 분포 강건성 때문에 잘 알려진 MAD 추정량이다. MAD 추정량은 $\epsilon^{\star} = 50\%$의 달성 가능한 가장 높은 고장점$^{breakdown\ point}$을 달성하며 산포에 대한 가장 강건한 M-추정량이다[102 2장 참조]. 스칼라 $r^{(1)}, \ldots, r^{(T)}$에 대해, MAD는 다음과 같이 정의된다.

$$\mathrm{MAD}\left\{r^{(1)}, \ldots, r^{(T)}\right\} = \mathrm{median}\left\{\left|r^{(i)} - \mathrm{median}\left\{r^{(1)}, \ldots, r^{(T)}\right\}\right|\right\} \qquad (6.5)$$
$$S^{\mathrm{MAD}}\left\{r^{(1)}, \ldots, r^{(T)}\right\} = \omega \cdot \mathrm{MAD}\left\{r^{(1)}, \ldots, r^{(T)}\right\}$$

여기서 계수 $\omega = \frac{1}{\phi^{-1}(3/4)} \approx 1.4826$은 MAD를 변경해 $S^{\text{MAD}}\{\cdot\}$가 정규분포에 대해 점근적으로 일치하는 표준편차의 추정량이다. 다음 단계는 데이터의 중심 위치에 관한 추정량을 선택하는 것이다. PCA에서 이 추정값은 단순히 데이터의 평균이다. 그러나 평균은 강건한 추정량이 아니므로 대신 우리는 공간 중앙값^{spatial median}을 사용해 데이터가 중심으로 오도록 조정한다.

$$\hat{\mathbf{c}}\{\mathbf{x}^{(t)}\} \in \underset{\boldsymbol{\mu} \in \mathfrak{R}^D}{\operatorname{argmin}} \sum_{t=1}^{T} \|\mathbf{x}^{(t)} - \boldsymbol{\mu}\|_2$$

이 값은 허셔^{Hössjer}와 크룩스가 개발한 기술[112]을 사용해 효율적으로 식을 풀 수 있는 볼록 최적화^{convex optimization}이다.

위에서 획득한 위치 추정값 $\hat{\mathbf{c}}\{\mathbf{x}^{(t)}\}$을 기반으로 데이터가 중심으로 오도록 조정한 다음, PCA-격자는 크기가 변경된 MAD 산포 측도에 대한 식 (6.4)의 근사해^{approximate solution}인 하나의 방향을 찾는다. PCA-격자 알고리즘은 이 탐색 작업에 격자 탐색^{grid search}을 사용한다. 이 탐색 절차를 설명하기 위해, 어떤 한 쌍의 단위벡터 $\mathbf{w}^{(1)}$와 $\mathbf{w}^{(2)}$ 사이(2D 탐색공간)에서 가장 좋은 후보를 찾는다고 가정한다. 탐색공간은 $\mathbf{w}(\phi) = \cos(\phi)\mathbf{w}^{(1)} + \sin(\phi)\mathbf{w}^{(2)}$처럼 $\phi \in \left[-\frac{\pi}{2}, \frac{\pi}{2}\right]$인 ϕ를 매개변수로 갖는 단위원^{unit circle}이다. 격자탐색은 ϕ의 정의역을 $G+1$개의 후보 $\phi^{(k)} = \frac{\pi}{2}\left(\frac{2k}{G} - 1\right)$, $k = 0, \ldots, G$의 그물코^{mesh}로 영역을 나눈다. 각각의 후보 벡터 $\mathbf{w}(\phi^{(k)})$를 평가해 $S\left\{(\mathbf{x}^{(t)})^{\top} \mathbf{w}(\phi^{(k)})\right\}$를 최대화하는 벡터 $\hat{\mathbf{w}}$를 근사최대화기^{approximate maximizer}로 선택한다.

더 일반적인 D차원 공간을 탐색하기 위해, 탐색은 $\hat{\mathbf{w}}$와 $j \in 1 \ldots D$인 각 단위 방향 $\mathbf{e}^{(j)}$ 간의 격자탐색을 수행해 반복적으로 현재 최고의 후보 $\hat{\mathbf{w}}$를 찾는다. 탐색을 반복할 때마다 후보의 주변을 더 잘 탐색하기 위해 고려해야 할 각도의 범위가 점차 좁혀진다. (알고리즘 6.1에 요약한) 이 절차는 PCA의 고유벡터와 유사한 최대 산포의 방향을 근사한다.

산포 측도를 최대화하는 K차원의 부분공간 $\{\mathbf{v}^{(k)} \mid \forall j = 1, \ldots, K \ (\mathbf{v}^{(k)})^{\top}\mathbf{v}^{(j)} = \delta_{k,j}\}$을 찾기 위해 격자 탐색을 K번 반복한다. 반복할 때마다 데이터는 데이터의

알고리즘 6.1 격자-탐색($\mathbf{X}$)

요구 사항: $\mathbf{X}$는 $T \times D$ 행렬

$\quad \hat{\mathbf{v}} \leftarrow \mathbf{e}^{(1)}$

$\quad$ **for** $i = 1$ to C **do begin**

$\quad\quad$ **for** $j = 1$ to D **do begin**

$\quad\quad\quad$ **for** $k = 0$ to G **do begin**

$\quad\quad\quad\quad \phi^{(k)} \leftarrow \frac{\pi}{2^i}\left(\frac{2k}{G} - 1\right)$

$\quad\quad\quad\quad \mathbf{w}\left(\phi^{(k)}\right) \leftarrow \cos\left(\phi^{(k)}\right)\hat{\mathbf{w}} + \sin\left(\phi^{(k)}\right)\mathbf{e}^{(j)}$

$\quad\quad\quad\quad$ **if** $S\left\{\left(\mathbf{x}^{(t)}\right)^{\top}\mathbf{w}\left(\phi^{(k)}\right)\right\} > S\left\{\left(\mathbf{x}^{(t)}\right)^{\top}\hat{\mathbf{v}}\right\}$ **then** $\hat{\mathbf{v}} \leftarrow \mathbf{w}\left(\phi^{(k)}\right)$

$\quad\quad\quad$ **end for**

$\quad\quad$ **end for**

$\quad$ **end for**

$\quad$ **return**: $\hat{\mathbf{v}}$

알고리즘 6.2 PCA-격자($\mathbf{K}$, K)

$\quad$ 중심 $\mathbf{X}$: $\mathbf{X} \leftarrow \mathbf{X} - \hat{\mathbf{c}}\left\{\mathbf{x}^{(t)}\right\}$

$\quad$ **for** $i = 1$ to K **do begin**

$\quad\quad \mathbf{v}^{(k)} \leftarrow$ 격자-탐색($\mathbf{X}$)

$\quad\quad \mathbf{X} \leftarrow \mathbf{X}$에서 $\mathbf{v}^{(k)}$의 여집합으로의 사영

$\quad$ **end for**

$\quad$ **return** 주방향이 $\left\{\mathbf{v}^{(k)}\right\}_{k=1}^{K}$이고 $\hat{\mathbf{c}}\left\{\mathbf{x}^{(t)}\right\}$를 중심으로 하는 부분공간

마지막 방향으로 퍼진 산포를 제거하기 위해 수축한다. 이 과정을 알고리즘 6.2에 상세히 기술했다.

6.3.3 강건한 라플라스 한계점

강건한 PCA-격자 알고리즘 외에 6.1.2절에서 설명한 Q-통계량을 대체하는 PCA-격자 알고리즘의 잔차 한계점에 대한 강건한 추정값을 설계한다. 라키나 등이 Q-통계량을 한계점으로 사용한 것은 정규분포를 이루는 잔차를 가정으로 설명할 수 있었다[115]. 그러나 PCA와 PCA-격자 부분공간^{PCA-GRID subspace} 모두의 잔차가 경험적으

로 정규분포가 아니라는 것을 발견했기에 Q-통계량이 탐지 한계점에 대해 잘못된 선택이라는 결론을 내렸다. 브라우코프^{Brauckhoff} 등도 잔차가 정규분포가 아니라는 것을 관찰했다[35]. 그 대신 잔차에서 관찰한 특이점과 두꺼운 꼬리를 갖는 행동을 설명하기 위해 강건한 위치와 척도 매개변수로 적합하는 라플라스 분포의 $1 - \beta$ 분위수^{quantile}를 한계점으로 선택한다. 대안 부분공간-기반 이상 탐지기인 해독제는 정규-부분공간 추정을 위한 PCA-격자 알고리즘과 이상으로 표시하는 것$^{flagging\ anomaly}$에 대한 한계점을 추정하기 위한 라플라스 한계점의 조합이다.

6.1.2절에서 설명한 Q-통계량과 마찬가지로, 훈련 데이터의 잔차에 적합한 모수적 분포$^{parametric\ distribution}$의 $1 - \beta$ 분위수로 라플라스 한계점 $Q_{L,\beta}$를 구성한다. 그러나 우리는 Q-통계량으로 가정한 정규분포 대신에 위치 매개변수 c와 척도 매개변수 b를 사용하는 라플라스 분포의 분위수를 사용한다. 그러나 비판적으로 평균과 표준편차를 사용하는 대신에 우리는 분포의 매개변수에 강건하게 적합시킨다. 위치(중앙값)와 척도^{MAD}의 강건한 일치추정값$^{robust\ consistent\ estimate}$ $\hat{c}$와 $\hat{b}$를 사용해 제곱 잔차에서 c와 b를 추정한다. 여기서 각 추정치 $\hat{c}$와 $\hat{b}$는 다음과 같다.

$$\hat{c} = \text{median}\left\{\left\|\ddot{\mathbf{x}}^{(t)}\right\|_2^2\right\}$$

$$\hat{b} = \frac{1}{\sqrt{2}P^{-1}(0.75)}\,\text{MAD}\left\{\left\|\ddot{\mathbf{x}}^{(t)}\right\|_2^2\right\}$$

위 식에서 $P^{-1}(q)$은 라플라스 분포의 q분위수다. 라플라스 분위수 함수는 분포의 위치^{location} 및 형상^{shape} 매개변수에 독립인 함수 $k_{Laplace}$에 대해 $P^{-1}_{c,b}(q) = c + b \cdot k_L(q)$ 형태다.[13] 따라서 라플라스 한계점은 (강건한) 추정값 $\hat{c}$와 $\hat{b}$에 선형적으로 종속돼 있어, 이로 인해 한계점 자체는 강건하다. 이 형태는 또한 (정상 분위수의 표준 분위수 함수 k_{Normal}에 따라 다른) 정상분위수$^{normal\ quantile}$로 공유되지만, c와 b에 대해 강건하지 않은 추정값이 Q-통계량에 암묵적으로 사용되므로, 이 형태가 견고하진 않다. 또한 두꺼운 꼬리를 갖는 라플라스 분포를 선택해 분위수는 두꺼운 꼬리를 갖는 행동을 관찰하는 데 더 적합하지만, 이 한계점의 강건성은 강건한 매개변수 추

---

13 라플라스 분포에 대해, 이 함수는 $k_L(q) \triangleq \text{sign}\left(q - \frac{1}{2}\right) \cdot \ln\left(1 - 2\left|q - \frac{1}{2}\right|\right)$ 이다. – 지은이

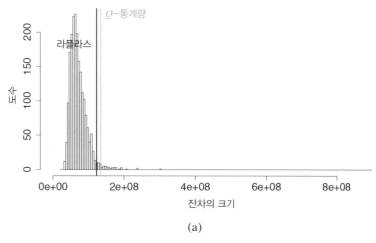

(a)

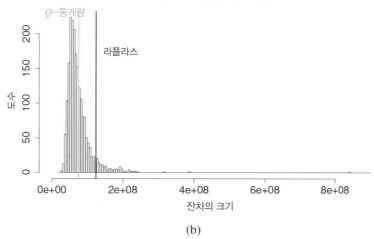

(b)

그림 6.3 추정한 부분공간의 잔차에 대한 비정상 차단 한계점(cutoff threshold)을 선택하기 위한 Q-통계량과 라플라스 한계점의 비교. (a) 원래 PCA 알고리즘 잔차의 히스토그램과 (b) PCA-격자 잔차의 히스토그램(가장 큰 잔차는 특이점으로 제외했음). 옅은 색과 진한 색의 수직선은 Q-통계량과 라플라스 한계점을 사용해 선택한 한계점이다(수직선에 인접한 레이블 참조). 원래 PCA 방법의 경우, 두 방법 모두 대부분 잔차의 오른쪽에 거의 같은 합리적인 한계점을 선택한다. 그러나 PCA-격자 부분공간의 잔차에서는 라플라스 한계점은 합리적이지만 Q-통계량은 그렇지 못하다. Q-통계량을 허용 가능한 선택을 한다면 정상적인 데이터를 너무 많이 잘못 분류할 것이다.

정에서 나온다. 경험적으로, 라플라스 한계점은 Q-통계량보다 해독제 잔차의 한계점을 설정하는 데 더 적합한 것으로 판명됐다. 그림 6.3(a)는 Q-통계량과 라플라스 한계점이 모두 PCA 알고리즘의 잔차에 대해 합리적인 한계점을 만든다는 것을 보여주며, 그림 6.3(b)에서 보듯이 라플라스 한계점도 PCA-격자 알고리즘의 잔차에 대해 합리적인 한계점을 만들어주지만, Q-통계량은 잔차의 범위를 과소평가한다. 다음 절에서 설명하는 실험에서 라플라스 한계점은 Q-통계량보다 일관되게 더 신뢰할 수 있다.

6.4 경험적 평가

6.2절에서 설명한 중독 전략이 PCA-기반 방법의 성능에 어떤 영향을 미치는지 평가한다. 우리는 다양한 성능 계량을 이용해 이런 적대적 조건에서 원본 PCA-기반 탐지기와 대안 해독제를 비교한다.

6.4.1 설정

중독의 효과를 평가하기 위해 다양한 중독 조건에서 원본 PCA-기반 탐지기와 대안 해독제의 성능을 테스트한다. 여기서 그 평가에 사용한 데이터와 탐지기 테스트에 사용한 방법과 평가에 사용한 다양한 유형의 중독 시나리오를 설명한다.

6.4.1.1 트래픽 데이터

이 절에서는 PCA-기반 이상 탐지를 대상으로 하는 공격을 시뮬레이션하기 위해 애빌린(인터넷2 백본) 네트워크에서 수집한 OD 흐름 데이터를 평가를 위한 데이터 집합으로 사용한다. 이 데이터는 2004년 3월 1일부터 2004년 9월 10일까지 거의 6개월 동안 지속해서 수집됐다[265]. 주간 데이터는 5분 간격으로 144개의 모든 네트워크 OD 흐름 전체에 걸쳐 2,016개의 측정으로 구성돼 있다. 수집 당시 네트워크는 12개의 PoP와 15개의 상호-PoP 링크로 구성됐다. 54개의 가상 링크는 각각의 상호-PoP 링크와 각 PoP에 대한 진입과 출구 링크에 대한 두 개의 방향에 해당하는 데이터에 존재한다.

6.4.1.2 타당성 검증

데이터 집합에는 총 24주의 데이터가 있지만, 이 실험은 주로 2004년 8월 7일부터 20일까지(20번째부터 21번째까지) 생성된 데이터를 기반으로 한다. PCA에 대한 주간 테스트 중에 20번째부터 21번째 주의 테스트가 가장 낮은 미탐지율을 보였기 때문에 이 주를 선택했으며, 따라서 이 데이터는 탐지기에 가장 이상적이었다. 탐지기를 평가하기 위해 20번째 주의 트래픽으로 훈련하고, 공격자가 탐지를 회피할 수 있는 빈도를 측정하기 위해 DoS 공격을 주입한 21번째 주의 데이터로 테스트한다. 단일 훈련 기간 공격single training period attack을 시뮬레이션하기 위해 공격자는 21번째 주부터의 훈련 트래픽을 처음으로 중독시킨다.

중독이 서비스 거부 공격을 탐지하기 위한 원본 PCA 부분공간 방식과 해독제의 능력에 미치는 영향을 평가하기 위해, 연속된 2주 동안의 데이터를 사용한다. 다시 말해 첫 번째 주인 20번째 주의 데이터로 훈련하고 두 번째 주인 21번째 주로 테스트를 한다. 중독은 훈련 단계에서 일어나며 서비스 거부 공격은 테스트 주에 발생한다. 여러 주에 걸쳐 훈련과 중독이 발생하는 개구리 삶기 중독 공격 기술에 대해서는 (나중에 설명할) 대안 평가 방법이 필요하다. 중독 전략의 성공은 부분공간-기반 탐지기의 미탐지율FNR, False Negative Rate에 미치는 영향으로 측정한다. 미탐지율은 총 공격 개수에 대한 성공적인 회피 개수의 비율이다. 즉, 공격자의 성공률은 PCA의 미탐지율이다. 또한 수신자 조작 특성ROC, receiver operating characteristic 곡선을 이용해 정탐지율TPR, True Positive Rate과 오탐지율FPR, False Positive Rate 간의 탐지 방법에 대한 절충점을 시각화한다.

미탐지율과 오탐지율을 계산하기 위해 라킨 등의 방법[139]에 따라 합성 이상synthetic anomaly을 생성하고 애빌린 데이터에 주입한다. 이 방법에는 단일 용량의 크기가 모든 흐름에 대해 비정상이라는 가정과 같은 단점이 있지만, 이전 연구와의 일관성을 유지하면서 중독의 상대적 영향을 측정하기 위한 PCA와 강건한 PCA 간의 상대적 비교의 목적에 유용하다. 이 실험에 사용한 훈련 집합은 일주일 간의 트래픽으로 구성돼 있다. 일주일은 평일 및 주말 순환 추세^{cyclic trend}를 포착하기에 충분히 긴 시간 척도이며[204], 이전 연구에서 사용된 시간 척도[139]와도 같다. 데이터는 (SNMP의 보고 간격에 해당하는) 5분 단위의 구간으로 저장되므로 각 구간의 끝에서 이상이 발생했는지를 결정할 수 있어 공격 발생 후 5분 이내에 공격을 탐지할 수 있다.

안타깝게도 애빌린 데이터에 실제 이상 이벤트가 있을 수 있으므로 탐지기의 오탐지율을 계산하는 것은 어렵다. 오탐지율을 추정하기 위해 다음과 같은 음의 사례, 즉 정상 흐름을 생성한다. 데이터는 잡음이 거의 없는 데이터의 주 추세^{main trend}를 포착하기 위해 지수가중이동평균^{EWMA, Exponentially Weighted Moving Averages} 모델[14]에 적합한다. 애빌린 흐름의 시계열에서 음의 사례로 사용할 점을 선택하기 위해 이 모델을 사용한다. 그런 다음 실제 데이터를 지수가중이동평균 모델과 비교한다. 특정 시점의 특정 흐름 $Q_{t,q}$에 대한 차이가 작은 경우, 즉 흐름의 상위 1 분위수가 아니라면 요소 $Q_{t,q}$는 정상으로 레이블링된다. 이 과정은 모든 흐름에 걸쳐 반복된다. 정상이라고 여기는 시간대에서 제기된 (잘못된) 경보에 기반해 최종적으로 탐지기의 오탐지율을 추정한다.

서비스 거부 공격을 시뮬레이션하기 위해 표적 흐름 q와 시간 t를 선택하고 시간, 해당 시간 동안 이 표적 흐름을 따라 트래픽 급증^{traffic spike}을 주입한다. 테스트 주간에 대한 흐름 트래픽 행렬 **Q**를 시작으로, t번째 시간의 q번째 흐름 용량 $Q_{t,q}$를 이상 흐름에 해당하는 큰 값으로 설정(즉 이 시간대의 원래 트래픽을 대체)해 양의 사례인 이상 흐름 이벤트를 생성한다. 라키나 등은 이 값을 8×10^7의 1.5배로 정의했다[139]. 라우팅 행렬 **R**을 곱한 다음 시간 t에서의 링크 용량 측정은 비정상이다. 이 과정은 테스트 주의 각 시간 t(5분)마다 반복해 q번째 표적 흐름에 대해 2,016개의 이상 표본을 생성한다.

매번 모든 흐름을 따라 서비스 거부 공격을 시뮬레이션하며, 각 공격 때마다 탐지기의 경보를 기록한다. 미탐지율은 모든 144개의 흐름과 2,016개의 모든 시간대

---

14 자세한 내용은 데이터 랩스의 '지수가중이동평균(WEMA) 관리도 소개' 글 참조 - 옮긴이

에 대한 평균으로 추정한다. 트래픽 용량을 대상으로 하는 공격의 영향을 기록할 때, 우리는 먼저 각 흐름의 링크 평균을 계산한 다음 흐름의 평균을 계산한다. 게다가 일반적으로 공격 전 평균 용량에 비례해 평균 용량을 기록한다. 따라서 단일 중독 실험은 다른 흐름과 시간대의 $144 \times 2{,}016$개 표본을 포함하는 테스트 주에 걸쳐 계산된 미탐지율을 갖는 1주일 동안의 중독 데이터를 기반으로 했다. 중독은 크면 더 추가하기 공격에 결정적^{deterministic}이므로, 이 실험은 이 기술에 대해 한 번만 실행됐다. 이와는 대조적으로 임의^{random} 중독 기술에서 중독이 임의이므로, 중독 실험을 독립적으로 20번 반복했다.

ROC 곡선을 생성하기 위해 테스트 집합의 비정상 및 정상 사례에 기반해 탐지 방법에 따른 예측오차의 제곱을 사용한다. 방법의 한계점을 $-\infty$에서 ∞까지 변화시키면서 가능한 (FPR, TPR) 쌍의 곡선을 예측오차의 제곱 집합으로 만든다. Q-통계량과 라플라스 한계점은 각각 ROC 공간의 해당점에 해당한다. 우리는 ROC 곡선을 직접 비교하기 위해 곡선아래면적$^{\text{AUC, Area Under Curve}}$ 통계량을 사용한다. 이상적인 탐지기는 AUC가 1이지만 임의 예측기$^{\text{random predictor}}$는 AUC가 $\frac{1}{2}$이다.

6.4.2 취약한 흐름 식별

흐름이 취약한 경우는 두 가지가 있다. 결과로 초래된 트래픽 데이터$^{\text{resulting traffic data}}$가 비정규부분공간$^{\text{abnormal subspace}}$으로 사영될 때 서비스 거부 공격이 탐지되지 않을 가능성이 있다면 흐름이 서비스 거부 공격에 취약(중독되지 않은 시나리오)한 것으로 간주한다. 중독에 대한 취약점은 흐름이 처음 중독되면 비정규공간에서 결과로 초래된 사영$^{\text{resulting projection}}$이 더는 의미가 없으므로 후속 서비스 거부 공격이 탐지되지 않을 가능성이 있음을 의미한다. 흐름의 취약점을 알아보기 위해 우리는 특정 표적 흐름을 따라 단일 단위의 트래픽 용량을 추가해 발생하는 잔차, 즉 $\Delta \|\ddot{\mathbf{x}}\|_2$의 크기 변화를 측정하는 잔차율 통계량$^{\text{residual rate statistic}}$을 정의한다. 이 통계량은 서비스 거부의 크기가 증가함에 따라 잔차가 얼마나 빠르게 증가하는지를 측정하므로 표적 흐름을 따라 큰 서비스 거부 공격의 탐지 여부를 나타내는 지표다. q번째 표적 흐름을 따라 단위 용량을 주입하면 링크 측정 벡터 $\mathbf{R}_q$이 증가하며 잔차도 다음과 같

이 증가한다.

$$\nu\left(q; \ddot{\mathbf{P}}\right) \triangleq \left\|\ddot{\mathbf{P}}\mathbf{R}_q\right\|_2$$

잔차율은 흐름이 정규부분공간과 얼마나 잘 정렬되는지를 측정한다. 흐름이 정규부분공간과 완벽하게 정렬하면 부분공간의 방향에 따른 변화가 트래픽의 잔차 구성 요소를 전혀 변화시키지 못하므로 잔차율은 0이 된다. 좀 더 일반적으로, 낮은 잔차율은 (트래픽 전송 단위당) 서비스 거부 공격이 예측오차의 제곱에 크게 영향을 미치지 않는다는 것을 나타낸다. 따라서 탐지기가 효과적이려면 대부분의 흐름에 대해 잔차율이 높아야 한다. 그렇지 않으면 공격자는 탐지되지 않은 대규모 서비스 거부 공격을 실행할 수 있다.

우리는 매주 동안의 애빌린 데이터에 PCA를 실행해 주간 모델에 대한 각 흐름의 잔차율을 계산하고 해당 잔차율의 확산을 추정했다. 그림 6.4는 24주 동안의 데이터에 대한 각 흐름 잔차율의 상자 그림^box plot이다. 이 그림은 오염되지 않은 데이터로 훈련한 흐름의 99%가 1.0 이상의 중위잔차율^median residual rate을 가지고 있음을 보여준다. 즉, 서비스 거부 공격에서 이러한 흐름에 추가된 모든 트래픽 단위에 대해 트래픽의 잔차 구성 요소는 최소 1.0 단위 이상 증가하며 많은 흐름에 대해 증가하는 것이 더 높다.[14] 이 결과는 공격에 사용된 트래픽의 각 단위가 적어도 한 개의 단위만큼 잔차를 증가시키기 때문에 깨끗한 데이터로 훈련한 PCA가 대부분의 흐름에 대한 서비스 거부 공격에 취약하지 않다는 것을 나타낸다. 그러나 PCA는 중독되지 않아도 잔차율이 작으므로 흐름 32와 87에 대한 서비스 거부 공격에 매우 취약하다.

이 모든 것은 공격자의 관점에서 볼 때 좋은 소식이다. 중독이 없다면 공격자는 두 가지 매우 취약한 흐름을 따라 공격할 만큼 운이 좋을 때만 성공할 수 있다. 그러나 중독 후에 공격자의 표적이 무엇이든, 공격하기로 선택한 흐름이 평균적으로 취약할 가능성이 크다는 것은 분명하다.

---

14 이러한 흐름이 많은 링크를 가로지르기 때문에 많은 흐름이 1보다 훨씬 큰 잔차율을 가지므로 흐름을 따라 단일 트래픽 단위를 추가하면 링크 공간에 많은 단위가 추가된다. 평균적으로 애빌린 데이터 집합의 흐름은 흐름당 4.5개의 링크를 갖는다. ─ 지은이

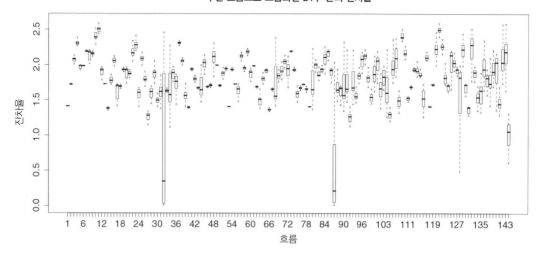

(a) PCA에 대한 잔차율

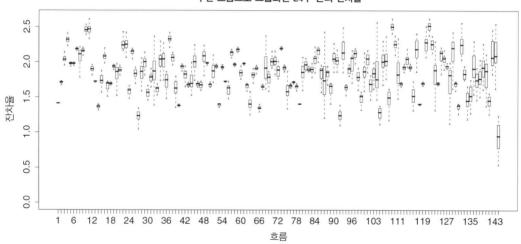

(b) PCA-격자에 대한 잔차율

그림 6.4 원본 PCA 부분공간과 PCA-격자 부분공간의 잔차율 비교. 두 가지 방법의 잔차율 변동을 보여주기 위해 각 흐름에 대한 24주 간의 잔차율 상자 그림이다. (a) 원본 PCA 방법의 흐름당 잔차율 분포와 (b) PCA-격자 방법의 흐름당 잔차율 분포. PCA의 경우, 32와 87 흐름(그림 6.1(b)에서 시카고와 로스앤젤레스를 연결하는 흐름)이 일관되게 낮은 잔차율을 가지고 있어 PCA는 이러한 흐름을 따라 회피하기 쉽다. 두 방법 모두 144 흐름(워싱턴의 진입/진출 링크)을 따라 적당한 민감성을 가진다. 반면에 PCA-격자는 모든 흐름에 따라 전반적으로 높은 잔차율을 가지므로 회피에 대한 취약점이 거의 없다.

6.4.3 공격 평가

이 절에서는 적대적 중독이 PCA-기반 이상 탐지기에 상당히 해로운 영향을 미칠 수 있다는 실험적 검증을 제시한다. 우리는 단일 훈련 기간 공격^{single training period}
attack에 대한 6.2절의 세 가지 데이터 중독 기술에 대한 효과를 평가했다. 테스트 주간 동안 공격자는 매 5분마다 서비스 거부 공격을 한다. 이 공격의 결과를 그림 6.5(a)에 나타냈다. 이 중독 기술의 목적은 표적 흐름을 따라 분산을 추가하는 것이지만, 중독되는 표적 OD 흐름의 평균도 증가해 OD 흐름이 통과하는 모든 링크의 평균도 증가한다. 그림 6.5의 x축은 평균율^{mean rate}의 상대적인 증가다. y축은 해당 수준의 중독(즉, 모든 OD 흐름에 대해 평균)에 대한 평균 미탐지율이다.

예상대로 회피 성공의 증가는 정보가 없는 전략이 가장 작으며, 국소 정보 기술이 중간이며, 전역 정보 중독 기술이 가장 크다.

국소 정보 공격자는 크면 더 추가하기 기술을 사용해 쭉정이로 인한 평균 링크율
mean link rate을 평균 10% 증가시켜 회피 성공률을 기본 미탐지율 3.67%에서 28%

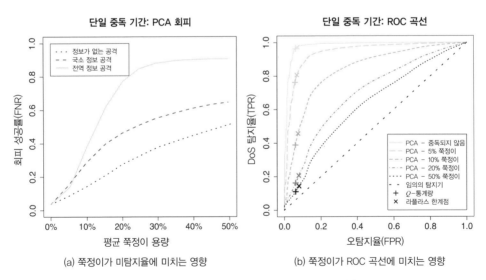

(a) 쭉정이가 미탐지율에 미치는 영향   (b) 쭉정이가 ROC 곡선에 미치는 영향

그림 6.5 단일 훈련 기간 중독 공격이 원본 PCA-기반 탐지기에 미치는 영향. (a) 세 가지 쭉정이 방법을 사용하는 단일 훈련 기간 중독 공격 아래에서 PCA 회피 성공 대비 상대적 쭉정이 용량: 정보가 없는 공격(점선), 국소 정보 공격(파선) 및 전역 정보 공격(실선). (b) 쭉정이의 다른 용량(크면 쭉정이를 더 추가하는 방법 사용)에 대한 PCA의 ROC 곡선 비교. 또한 각각 Q-통계량 및 라플라스 한계점으로 선택한 ROC 곡선의 점을 표시했다.

로 높일 수 있다. 즉, 공격자의 성공 회피율은 중독되지 않은 PCA 탐지기의 비율보다 거의 8배 증가한다. 전역 전략으로 평균 링크율을 평균 10% 증가시키면 중독되지 않은 미탐지율이 10%에서 38%의 성공으로 증가하고, 공격의 규모가 커짐에 따라 미탐지율은 90% 이상이 된다. 국소 정보 공격자와 전역 정보 공격자 성능 간의 주요 차이점은 직관적으로 이해할 수 있다. 전역 공격자는 전체 훈련 기간에 모든 링크의 트래픽을 알고 있으며, 국소 정보 공격자는 단일 진입 링크의 트래픽 상태를 알고 있음을 명심하라. 이러한 정보 격차를 고려할 때, 국소 정보 공격자는 네트워크의 작은 견해만으로도 상당히 성공적이다. 공격자는 실제로 전역 중독 공격에 사용된 능력을 획득할 수 없을 것이다. 게다가 90% 회피 성공을 얻기 위해 쭉정이를 30% 첨가하는 것은 중독 활동 자체가 탐지될 가능성이 있다는 점에서 위험하다. 따라서 크면 더 추가하는 것은 공격자의 관점에서 중독 효과와 공격자의 능력 및 위험 측면 간의 좋은 절충점을 제공한다. 우리는 또한 6.4.1.2절에서 설명한 것처럼 정상과 비정상 데이터 모두에 대해 PCA 탐지 알고리즘을 평가해 그림 6.5(b)의 ROC 곡선을 생성했다. 우리는 20번째 주의 중독되지 않은 데이터로 PCA 모델을 먼저 훈련한 다음, 점차 크면 더 추가하기 공격으로 중독된 데이터로 훈련함으로써 일련의 ROC 곡선을 생성한다.

중독된 훈련 데이터에 대한 PCA-기반 탐지를 검증하기 위해 위협 모델의 규칙에 따른 실험의 여러 시도에서 각 흐름은 별도로 중독된다. 따라서 5~50% 범위의 쭉정이 상대 용량에 대해, 각 흐름에 별도로 더 크면 더 추가하는 방법으로 쭉정이를 추가해 주어진 중독 수준에 대한 144개의 개별 훈련 집합과 144개의 해당 ROC 곡선을 구성한다. 그림 6.5(b)의 중독 곡선은 이러한 ROC 곡선의 평균을 보여준다. 즉, 각 오탐지율^{FPR}에 대한 144개 흐름에 대한 평균 서비스 거부 탐지율^{TPR}이다. ROC 곡선의 열은 크면 더 추가하기 중독 기술이 PCA 탐지기의 오탐지와 미탐지 간에 받아들일 수 없을 정도의 절충점을 만든다는 것을 보여준다. 즉, 쭉정이의 수준이 증가함에 따라 정탐지율과 오탐지율도 빠르게 감소한다. 쭉정이의 10% 상대 용량 성능은 이상적인 ROC 곡선((0, 0)에서 (0, 1)을 거쳐 (1, 1)로 가는 직선)보다 낮으며, 20%에서의 PCA 평균 ROC 곡선은 이미 임의의 탐지기(AUC가 1/2인 $y = x$ 직선)에 가깝다.

6.4.4 해독제 평가

우리는 단일 훈련 기간의 중독 공격이 해독제 성능에 미치는 영향을 평가한다. PCA-기반 탐지기와 마찬가지로, 각각 다른 중독 방법에 대해 이 탐지기의 성공을 평가하고, 원본 PCA 부분공간 방법과 비교하기 위해 크면 더 추가하기 중독 기술을 사용해 ROC 곡선을 계산한다.

그림 6.6(a)에 원본 PCA 탐지기에 대해 같은 계량을 사용해 그림 6.5(a)에 표시한 결과와 비교해 단일 훈련 기간 공격에서 발생하는 다양한 수준의 평균 중독에 대한 해독제의 미탐지율을 나타냈다. 이 결과를 비교하면, 해독제를 대상으로 하는 공격의 회피 성공은 극적으로 줄어든다. 어떤 특정 수준의 쭉정이에 대해서도 해독제 회피 성공률은 원본 PCA 접근 방식의 약 절반 수준이다. 흥미롭게도, PCA에 대

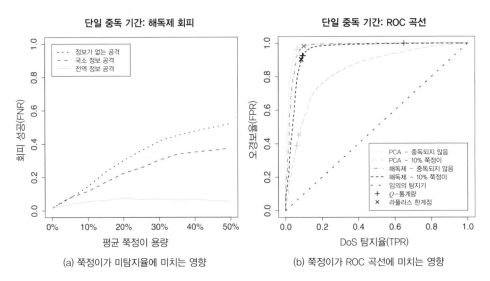

(a) 쭉정이가 미탐지율에 미치는 영향　　(b) 쭉정이가 ROC 곡선에 미치는 영향

그림 6.6 단일 훈련 기간 중독 공격이 해독제 탐지기에 미치는 영향. (a) 3가지 쭉정이 방법을 사용해 단일 훈련 기간 중독 공격 아래에서 해독제 회피 성공 대비 쭉정이의 상대 용량: 정보가 없는 공격(점선), 국소 정보 공격(파선), 전역 정보 공격(실선) (b) 중독되지 않고 (크면 더 추가하기 기술을 사용해) 쭉정이가 10% 미만일 때 해독제와 원본 PCA 탐지기의 ROC 곡선 비교. PCA 탐지기와 해독제 탐지기는 중독되지 않았을 때 비슷한 성능을 보였지만 PCA의 ROC 곡선은 쭉정이로 크게 저하되지만, 해독제의 곡선은 약간의 영향만 받는다.

---

15 어떤 분포가 0의 값을 갖는 응답자 그룹과 1의 값을 갖는 응답자 그룹으로 양분되는 이중 형태를 의미한다. - 옮긴이

한 가장 효과적인 중독 기술(전역 중독)은 해독제에 대한 가장 효과적이지 못한 중독 기술이다. 전역 중독 기술은 PCA를 우회하기 위해 거의 최적으로 설계됐지만, 대안 탐지기에 대해 전역 정보 쭉정이는 최적화되지 않아, 경험적으로 PCA-격자에 거의 영향을 미치지 못한다. 이 탐지기에 대해 데이터의 큰 부분집합에서 일정한 이동constant shift이 부분공간 방법도 조정하기 어려운 이원 양상bimodality[15]을 만들기 때문에 임의성은 똑같이 효과적이다. 데이터의 약 절반이 일정한 양만큼 이동하기 때문에 원래의 부분공간과 이동한 부분공간을 구별하는 것이 어렵다. 그러나 이 효과는 원본 탐지기에 대한 국소 정보 및 전역 정보 쭉정이 전략의 극적인 성공과 비교하면 여전히 작다.

중독은 탐지기를 왜곡시키므로 미탐지율과 오탐지율에 영향을 미친다. 그림 6.6(b)는 훈련 데이터가 중독되지 않은 경우와 중독된 경우에 해독제와 PCA의 ROC 곡선을 비교한 것이다. 중독 훈련 시나리오에서, 곡선의 각 점은 크면 더 추가하기 전략을 사용해 144개의 가능한 흐름 중 하나를 따라 훈련 데이터를 중독시키는 144개의 중독 시나리오에 대한 평균이다. 해독제는 중독되지 않은 훈련 데이터에 대해 PCA와 매우 유사하게 동작하지만 중독된 경우에는 PCA의 성능이 크게 저하되는 반면, 해독제는 상대적으로 영향을 받지 않는다. 평균 쭉정이의 용량이 10%인 해독제의 평균 ROC 곡선은 최적에 가깝지만, PCA 곡선은 임의 탐지기의 ROC 곡선인 $y=x$로 많이 이동한다. 이것은 적당한 수준의 중독 아래에서 PCA는 오탐지와 미탐지 사이의 합리적인 절충점을 찾을 수 없다는 것을 의미하지만, 해독제는 이 두 가지 공통 성능 측도에 대해 좋은 운영점operation point을 유지한다. 요약하면, 오탐지와 미탐지 측면에서 해독제는 중독되지 않았을 때 성능 변화가 미미하지만, 중독된 경우에는 복원력이 있어 중독 공격이 발생했을 때 PCA에 비해 엄청난 성능 이득을 제공한다.

그림 6.6(a)와 6.6(b)만 놓고 볼 때, 해독제가 PCA를 평균적으로만 능가할 뿐, 중독을 표적으로 하는 모든 흐름에 대해서는 그렇지 못하다고 생각할 수 있다.

144개 모두 중독된 ROC 곡선을 그리는 대신에 그림 6.7(a)은 10% 미만의 쭉정이에 대해 두 탐지 방법의 AUC를 비교한 것을 보여준다. 강건한 PCA의 평균 성능이 훨씬 더 좋을 뿐만 아니라 실제로 대부분의 흐름과 확실히 많은 양으로 PCA의

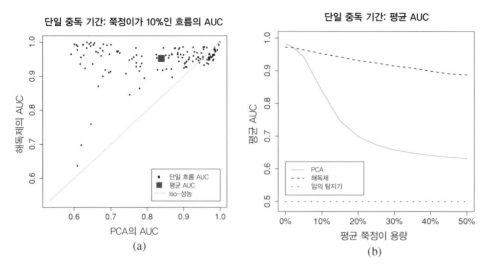

그림 6.7 ROC 곡선아래면적(AUC) 측면에서 원본 PCA 탐지기 비교. (a) 144개의 표적 흐름 각각에 대해 더 크면 추가하기 쭉정이가 10%인 PCA 탐지기 및 해독제 탐지기의 AUC. 이 산포도의 각 점은 단일 표적 흐름이다. *x*좌표는 PCA의 AUC이며 *y*좌표는 해독제의 AUC이다. 직선 *y* = *x*보다 위에 있는 점들은 해독제가 PCA 탐지기보다 우수한 AUC를 갖는 흐름을 나타내며, 직선 *y* = *x*보다 아래에 있는 점들은 PCA가 해독제를 능가하는 흐름을 나타낸다. 두 방법 모두에 대한 평균 AUC는 사각형으로 표시했다. (b) 상대적 쭉정이의 수준을 높이기 위해 각 탐지기의 평균 AUC 대 크면 더 추가하기 중독 공격의 평균 쭉정이 수준. 비교한 방법은 임의의 탐지기(점선)와 PCA 탐지기(실선), 해독제(파선)이다.

성능을 능가한다. PCA는 실제로 일부 흐름에 대해 약간 더 나은 성능을 발휘하지만, 이 경우 두 방법 모두 (AUC가 1에 가까우므로) 우수한 탐지 성능을 가지며, 따라서 이런 특정 흐름에 대해서 두 방법의 차이는 미미하다.

그림 6.7(b)은 탐지기가 중독 수준의 증가에 대해 달성한 평균 AUC(중독된 144개의 흐름에 대한 ROC 곡선의 AUC) 그림이다. 해독제는 쭉정이가 없는 조건에서 PCA와 (약간 더 나쁘더라도) 비슷하지만, PCA의 성능이 급속하게 저하되는 동안 오염량이 증가함에 따라 성능은 상대적으로 안정된다. 사실, 5%의 중독으로 해독제는 이미 PCA의 성능을 초과했으며 오염이 증가함에 따라 그 격차는 커질 뿐이다. PCA의 성능이 떨어지면서 20%를 초과하는 중독량에 대해 (AUC = 1/2로 균등한) 임의의 탐지기에 접근한다. 이런 실험이 보여주듯이, 해독제는 효과적인 방어이며 강건하지 않게 설계된 솔루션을 극적으로 능가한다. 이는 강건한 기술이 보안에 민감한 영역에

서 사용되는 머신러닝 알고리즘을 설계하기 위한 유망한 도구라는 강력한 증거가 된다.

6.4.5 개구리 삶기 중독 공격의 경험적 평가

6.4.5.1 단편적 중독에 관한 실험 방법

개구리 삶기 중독 공격을 테스트하기 위해 라키나 등에게서 영감을 받은 생성 모델generative model[139]을 사용해 몇 주간의 트래픽 데이터를 시뮬레이션했다. 이 시뮬레이션은 정상성 분포stationary distribution로부터 생성된 여러 주 동안의 데이터를 생성한다. 이러한 데이터는 실제로 비현실적이지만 정상성 데이터stationary data는 PCA가 신뢰할 수 있는 탐지기를 생성하기 위한 이상적인 데이터 집합이다. 비정상성 조건nonstationary condition 아래에서 학습기가 정상 데이터 더미와 비정상적 조건anomalous condition을 구별할 수 없으므로 이상 탐지는 더 어렵다. 이 실험은 이런 정상성의 경우에도 PCA가 단편적 중독에 민감하다는 것을 보여 이 방법이 더 현실적인 환경에서도 침해될 수 있음을 암시한다. 또한 장Zhang 등의 6개월치 애빌린 데이터 집합[265]은 PCA가 일주일에서 그다음 주까지 지속해서 잘 작동하기에는 너무 비정상성인 것으로 판명됐다. PCA는 종종 중독되지 않은 경우에도 제대로 수행하지 못했다. 이 데이터에서 관찰된 비정상성이 보통 일반적인지 또는 데이터 집합의 아티팩트인지는 불분명하지만 이런 실험은 PCA가 기본 데이터에 잘 작동하더라도 중독에 민감하다는 것을 보여준다.

OD 흐름 트래픽 행렬의 여러 주의 고정 데이터 집합을 합성하기 위해 각 OD 흐름을 별도로 모델링하는 3단계 생성 절차를 사용한다. 먼저, q번째 OD 흐름의 시계열의 기본 일주기daily cycle는 정현파 근사sinusoidal approximation로 모델링한다. 그다음 흐름에서 이상이 발생하는 시간을 기하분포geometric distribution에 따라 분포하는 이항 도착 과정binomial arrival process으로 모델링한다. 마지막으로 OD 흐름 트래픽이 정상인 시간 동안에는 기본 정현파 모델에 가우스 백색 잡음Gaussian white noise을 추가하고, 이상 트래픽이 발생한 시간 동안에는 기본 모델에 지수 트래픽을 추가한다.

1단계에서는 푸리에 기저 함수Fourier basis function에 대한 계수를 적합해 기본 주기 추세를 포착한다. 라키나 등이 제안한 모델[139]을 따라서 기저 함수는 주기가 7일과 5일, 3일 그리고 24시간과 12시간, 6시간, 3시간, 1.5시간의 정현파와 상수 함수다. 각 OD 흐름에 대한 푸리에 계수는 이 기저에 흐름을 사영해 추정한다. 이 푸리에 예측기Fourier forecaster로 모델링한 트래픽의 부분portion을 제거한 나머지 잔차 트래픽은 두 개의 절차로 모델링한다. 즉, 평균이 0인 가우스 잡음 절차zero-mean Gaussian noise process는 단기short-term 정상 트래픽의 분산을 포착하고, 지수분포exponential distribution는 악의적이지 않은 용량의 이상을 모델링하는 데 사용된다.

2단계에서는 매시간 간격마다 두 개의 잡음 절차 중 하나를 선택한다. 푸리에 모델의 잔차(관측한 트래픽과 예측한 트래픽의 차)를 계산한 후, 가장 작은 음의 잔차 값 $-m$을 기록한다. 우리는 구간 $[-m, m]$의 잔차가 정상 트래픽에 해당하며 m을 초과하는 잔차가 이상 트래픽에 해당한다고 가정한다(이것은 근사이지만 대부분의 OD 흐름에 대해 합리적으로 잘 작동한다). 정상 변동 기간benign variation period과 이상 기간anomaly period은 이런 효과가 상당히 다르게 작용하기 때문에 별도로 모델링한다. 잔차 트래픽을 정상 또는 이상으로 분류한 다음, 이상 도착 시간anomaly arrival time은 베르누이 도착 절차Bernoulli arrival process로 모델링하며, 이상 간의 도착 시간inter-anomaly arrival time은 기하학적으로 분포한다. 아울러 공간 PCA 방법spatial PCA method만을 생각하므로, 이상의 시간적 배치temporal placement는 중요하지 않다.

3단계 및 마지막 단계에서는 가우스 분산과 지수, 기하율geometric rate의 최대가능도 추정값을 사용해 두 개의 잔차 트래픽 용량과 이상 간의 도착 절차에 대한 각각의 매개변수를 잔차 트래픽으로 추론한다. 작은 흐름과 중간 흐름, 큰 흐름에 대해 (Q-Q 그래프로 나타나지 않는) 양의 적합도 결과positive goodness-of-fit result를 얻었다.

합성에서 모든 링크의 용량은 애빌린 네트워크의 링크 용량을 따르도록 제한한다. 이 용량의 1/4에서 작동하는 하나의 링크를 제외한 모든 링크의 용량은 10gbps이다. 또한 우리는 링크 용량을 초과하는 트래픽을 초래하는 쭉정이를 제한한다.

6.4.5.2 일시적 중독이 PCA 탐지기에 미치는 영향

우리는 이제 여러 훈련 기간에 걸쳐 훈련 데이터를 오염시키는 개구리 삶기 중독 공격 전략의 효과를 평가한다. 그림 6.8(a)는 각각 1.01, 1.02, 1.05 및 1.15의 성장률을 갖는 4개의 다른 중독 일정^{poisoning schedule}에 대한 PCA 탐지기 중독 지속 시간의 미탐지율을 보여준다. 일정의 증가율은 공격받은 링크의 평균 트래픽이 매주 증가하는 비율에 해당한다. 이 목표를 달성하기 위해 공격 강도 매개변수 θ(6.2절 참조)를 선택한다. 우리는 중독 지속 시간이 증가함에 따라 4개의 일정 모두에서 미탐지율이 급격히 증가함을 알 수 있다. 15%의 증가율을 가진 미탐지율은 3주간에 걸친 중독에 대해 3.67%에서 70% 이상으로 증가한다. 5%의 성장률을 가진 미탐지율도 3주 동안 50%로 증가한다. 따라서 개구리 삶기 공격은 중독된 데이터의 양이 다소 느리게 증가하더라도 효과적이다. 또한 단일 훈련 기간에 대해 그림 6.5(a)와 비

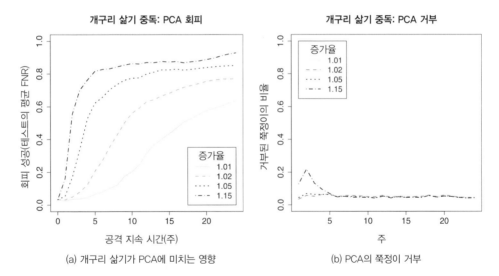

(a) 개구리 삶기가 PCA에 미치는 영향

(b) PCA의 쪽정이 거부

그림 6.8 개구리 삶기 중독 공격이 원본 PCA-부분공간 탐지기에 미치는 영향(PCA-기반 탐지기와의 비교는 그림 6.9 참조). (a) 4개의 다른 중독 일정(즉, 각 인자 1.01과 1.02, 1.05 그리고 1.15에 의한 중독의 크기가 매주 기하학적으로 증가)에 대해 매주 연속 중독 후 평균 미탐지율 측면에서 개구리 삶기 중독 공격에 대한 PCA의 회피 성공. 예를 들어 1.05와 1.15의 증가율처럼 더 공격적인 일정은 몇 주 안에 미탐지율을 매우 증가시킨다. 그러나 덜 공격적인 일정은 같은 결과를 얻는 데 수 주가 걸리나 더 은밀하다. (b) (a)의 개구리 삶기 중독 공격에 대한 PCA-기반 탐지기의 주간 쪽정이 거부율(rejection rate). 탐지기는 가장 공격적인 일정(1.15의 증가율)의 첫 주 동안만 상당한 양의 쪽정이를 탐지한다. 이후 탐지기는 너무 오염돼 쪽정이를 정확하게 탐지하지 못한다.

교하면 개구리 삶기 공격의 성공은 명확해진다. 단일 훈련 기간 공격에 대해 미탐지율을 50%로 높이기 위해서는 평균 트래픽을 약 18% 증가시켜야 하지만, 개구리 삶기 공격의 경우 3주 동안 평균 트래픽을 5%만 증가시켜도 같은 결과를 얻을 수 있다.

이전 주에 수집한 데이터를 사용해 매주 두 가지 방법을 다시 훈련함을 상기한다. 그러나 이전 주의 데이터는 탐지기 자체가 필터링하고, 이상으로 표시된 시간대의 데이터도 버린다. 그림 6.8(b)는 개구리 삶기 중독 공격 전략에 대한 PCA가 매주 거부하는 쭉정이의 비율(쭉정이 거부율)을 보여준다. 세 개의 느린 일정은 5%에 가까운 비교적 적은 일정한 거부율을 가진다. 15% 일정은 상대적으로 높은 거부율로 시작하지만, 한 달 후에 상당한 양으로 중독된 트래픽으로 PCA를 잘못 훈련한 다음, 그 후 이 비율은 속도가 느린 일정의 수준으로 떨어진다. 따라서 2~5%의 적당한 증가율을 가진 개구리 삶기 전략은 PCA를 충분히 중독시킬 수 있으며, 탐지기에 걸리지 않는 동안 미탐지율을 극적으로 증가시킬 수 있다.

6.4.5.3 일시적 중독이 해독제에 미치는 영향

우리는 이제 여러 번 연속된 훈련 기간에 걸쳐 발생하는 개구리 삶기 전략에 대한 해독제의 효과를 평가한다. 그림 6.9(a)는 4개의 중독 일정에 대한 해독제의 미탐지율을 보여준다(6.4.5.2절에서 각각의 일정은 크면 더 추가하기 전략의 크기 증가를 위한 주간 성장 요인이었다는 것을 상기한다). 첫째, 가장 은밀한 두 가지 중독 전략(1.01과 1.02)에 대해 해독제는 회피 성공이 매우 느리게 증가한다는 점에서 주목할 만한 저항을 보여준다. 예를 들어 10번의 훈련 기간 후에도 회피 성공이 여전히 20% 이하다. 이는 PCA(그림 6.8(a) 참조)와 극명한 대조를 이룬다. 예를 들어 1.02 중독 성장률 시나리오의 PCA에 대한 10주 후의 회피 성공은 50%를 초과한다.

둘째, PCA에서는 매주 회피 성공이 지속해서 증가한다. 그러나 해독제의 경우, 이런 더 공격적인 일정의 회피 성공은 실제로 몇 주 후에 감소한다. 쭉정이의 수준이 높아질수록 해독제는 점점 더 쭉정이를 이상으로 식별해 후속 훈련 데이터부터 쭉정이를 충분히 거부하므로 중독 전략이 그 효력을 잃기 때문이다.

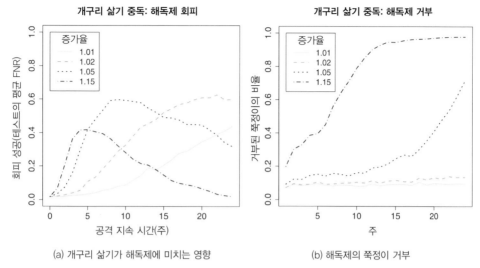

(a) 개구리 삶기가 해독제에 미치는 영향 　　　　　　　(b) 해독제의 쪽정이 거부

그림 6.9 개구리 삶기 중독 공격이 해독제 탐지기에 미치는 영향(PCA-기반 탐지기와의 비교는 그림 6.8 참조). (a) 4개의 다른 중독 일정(즉, 각 인자 1.01과 1.02, 1.05 그리고 1.15에 의한 중독의 크기가 매주 기하학적으로 증가)에 대해 매주 연속 중독 후 평균 FNR 측면에서 개구리 삶기 중독 공격에 대한 해독제의 회피 성공. 그림 6.8(a)의 개구리 삶기 중독에 대한 주간 미탐지율과 달리, 더 공격적인 일정(1.05와 1.15의 증가율)은 중독이 발생한 불과 몇 주 후에 최고 미탐지율에 도달한다. 그 이후에 (탐지기가 쪽정이의 증가량을 성공적으로 거부함에 따라) 그효과는 감소한다. 덜 공격적인 일정(1.01과 1.02의 증가율)은 여전히 조금씩 미탐지율을 증가시키지만, 결국 정체상태를 유지하는 것처럼 보인다. (b) (a)의 개구리 삶기 중독 공격에 대한 해독제 탐지기의 주간 쪽정이 거부율. PCA(그림 6.8(b) 참조)와 달리 해독제는 개구리 삶기 공격으로부터 점점 더 많은 쪽정이를 거부한다. 모든 중독일정에 대해 해독제는 PCA 탐지기(약 5%)보다 더 높은 기준 거부율(약 10%)을 가지며, 공격적인 일정에 대해서는몇 주 만에 대부분 쪽정이를 거부한다. 이는 PCA와 달리 해독제는 점진적으로 주간 쪽정이 용량을 늘려도 중독되지 않음을 시사한다.

　그림 6.9(b)는 일시적 중독에 대해 해독제가 거부한 쪽정이의 비율을 보여준다. 두 개의 느린 일정은 거의 9%에 가까운 일정한 거부율을 가진다(PCA의 거부율인 약 5%보다 높다). 그러나 더 공격적인 성장 일정(5%와 15%)에 대해 해독제는 증가하는 양의 중독 데이터를 거부한다. 이는 오염이 증가함에 따라 더 많은 훈련 데이터를 거부하는 강건한 탐지기의 좋은 목표 행위를 반영한다.

　전반적으로, 이런 실험은 해독제가 사용하는 기술의 조합, 즉 라플라스 기반 차단 한계점을 결합한 강건한 부분공간 추정량으로 설계한 부분공간-기반 탐지기가 다양한 중독 시나리오(다른 OD 흐름과 다른 시간대에서의 다른 중독량)를 통해 미탐지율과 오탐지율 간의 좋은 균형을 유지해 원본 PCA-기반 탐지기에 대해 탄력적인 대안을 제공한다는 경험적 증거를 제공한다.

6.5 요약

라키나 등이 제안한 PCA-기반 탐지기[139]를 와해시키기 위해 악의적인 쪽정이를 추가해 훈련 데이터를 중독시키는 인과적 무결성 공격, 즉 네트워크 안에 존재하는 침해된 마디점을 통해 네트워크 전반에 전송된 위조 트래픽을 연구했다. 이 쪽정이는 PCA 부분공간 추정 절차를 방해하도록 설계됐다. 완화된 목적함수를 기반으로 네트워크에서 트래픽 패턴을 전역적 관점에서 공격자가 최적 잡음을 근사하는 방법을 보였다. 실제로 전역 쪽정이 트래픽으로 평균 링크율을 10% 증가시켜 미탐지율이 3.67%에서 38%로 높아진 것을 발견했다. 서비스 거부 공격의 오분류가 10배 증가한 것이다. 마찬가지로 국소 링크 정보만을 사용하는 공격자는 더 현실적인 크면 더 추가하기 공격을 사용할 수 있다. 이 공격에서 크면 더 추가하기 쪽정이 트래픽으로 평균 링크율을 10% 증가시켜, 미탐지율을 3.67%에서 28%로 높였다. 이는 서비스 거부 공격의 오분류가 8배 증가한 것이다. 이런 공격은 네트워크 패턴에 대해 충분한 정보를 갖춘 공격자는 PCA 탐지기가 모니터링하는 네트워크를 가로지르는 미래의 서비스 거부 공격에 대한 PCA 탐지기의 탐지 능력을 심각하게 침해하는 공격을 할 수 있음을 보여준다.

또한 부분공간 추정을 위한 강건한 대안 방법을 결과로 초래된 서비스 거부 탐지기를 중독 공격에 덜 취약하게 만드는 데 사용할 수 있음을 보였다. 강건한 PCA를 위해 크록스 등이 개발한 부분공간 방법과 잔차 차단 한계점을 추정하기 위해 더 강건한 방법을 사용하는 대안 탐지기를 구성했다. 그 결과로 초래된 해독제 탐지기는 중독의 영향을 받지만, 그 성능은 더 완곡하게 낮아진다. 중독되지 않은 트래픽에 대해 해독제는 거의 PCA와 같은 성능을 발휘하지만, 크면 더 추가하기 쪽정이 트래픽을 사용하는 모든 수준의 오염에 대해 해독제의 오분류율은 PCA-기반 솔루션의 미탐지율에 비해 거의 절반 수준이다. 게다가 해독제의 평균 성능은 원본 탐지기보다 훨씬 뛰어나다. 더 많은 흐름과 많은 양으로 일반 PCA의 성능을 뛰어넘는다. 여러 주 동안의 개구리 삶기 중독 공격에 대해서도 해독제는 PCA의 성능을 뛰어넘었으며 이후 매주 점진적으로 더 많은 공격 트래픽을 잡을 것이다.

부분공간 탐지 방법에 대한 몇 가지 중요한 질문은 아직 해결되지 않았다. 우리는 해독제가 중독 공격에 복원력이 있음을 보였지만 해독제의 탐지 성능을 크게 떨어뜨리는 대안 중독 기술이 있는지는 아직 알려지지 않았다. 해독제는 강건한 추정량에 기반을 두고 있으므로 그 성능을 완전히 낮출 수 있는 중독 전략이 있을 가능성은 거의 없다. 그러나 공격과 방어의 한계를 더 잘 이해하기 위해서는 차세대 방어자(이 경우는 해독제)에 대한 최악의 공격을 계속 조사하는 것이 시급하다.

질문 6.1 대용량 네트워크 이상을 탐지하기 위한 해독제 부분공간 탐지기에 대한 최악의 중독 공격은 무엇일까? 이 설정에서 공격자와 방어자에 대한 게임 이론의 균형 전략은 무엇일까? 이 전략에 대해 해독제의 성능을 어떻게 비교할 수 있을까?

또한 대용량 이상을 탐지하기 위해 효과적인 이상 탐지기를 개발하기 위한 몇 가지 다른 접근 방식이 있다[35]. 이러한 대안을 해독제와 비교하기 위해서는 먼저 해당 접근 방식의 취약점을 확인한 다음 취약점을 공격할 때의 성능을 평가해야 한다. 그러나 더 중요하다고 생각하는 것은 탐지기를 함께 결합해 탐지기를 상당히 개선할 수 있다는 것이다.

질문 6.2 대안 접근 방식을 통합하기 위해 부분공간-기반 탐지 접근 방식을 적용할 수 있을까? 시간적 상관관계와 공간적 상관관계를 모두 찾아내, 이 둘을 모두 이상을 탐지하는 데 사용할 수 있을까? 네트워크 망 구성 방식처럼 영역에 특정된 정보를 통합하기 위해 부분공간-기반 접근 방식을 적용할 수 있을까?

차세대 네트워크 이상 탐지기를 개발하는 것은 이 책에서 우리가 추진하는 몇 가지 주제를 통합해 시큐어 학습기를 만들기 위한 중요한 과제다.

3부

머신러닝에 대한 탐색적 공격

07

SVM 학습의 프라이버시
보호 메커니즘

세간의 이목을 끄는 프라이버시 침해로 인해 데이터 프라이버시에 관한 대중의 관심이 집중되고 있다. 최근까지 컴퓨터 보안에서 상대적으로 뒤처진 프라이버시는 민감한 데이터에 대한 집계 통계량을 발표할 때 현재 이용할 수 있는 기술로서만 조금 강화할 수 있었다. 2000년대 중반까지 프라이버시에 대한 정의는 주로 구문syntactic[1]이었다. 이 문제를 공격자의 계산 능력의 한계를 기반으로 암호화된 정보의 비밀 유지를 증명 가능한 방법으로 오랫동안 보장해온 암호학의 문제와 비교해 보자. 암호학과 대등한 입장에서 프라이버시를 제공하는 문제에 대한 해결책으로 제시된 차등 프라이버시differential privacy[78, 81]는 강력한 공격자에 대한 형식적인 특성과 보증으로 인해 빠르게 성장했다. 7장에서는 3.7절에서 소개했던 설명을 계속 이어서 하는데, 훈련 데이터의 프라이버시를 유지하면서 훈련된 SVM 분류기 배포에 대한 사례 연구를 포함한다. 7장은 루빈슈타인 등의 연구[209]를 기반으로 한다.

---

1   형식만 갖추고 내용이 없는 글 – 옮긴이

7.1 프라이버시 침해 사례 연구

먼저 프라이버시 연구자들이 이뤄낸 몇 가지 유명한 프라이버시 침해를 살펴본다. 이 사례들은 함께 프라이버시에 대한 담론(談論)을 형성하는 데 도움이 됐으며, 특히 프라이버시 향상 기술의 중요한 발전으로 이어졌다. 이 절은 학습에 대한 교훈을 설명하는 것으로 마무리한다.

7.1.1 매사추세츠주 공무원 건강 기록

초기 프라이버시 침해는 개인식별정보[PII, personally identification information]의 개념을 정의하는 데 어려움이 있었다는 것을 보여줬고, k-익명성[anonymity][237] 개발에 큰 영향을 미쳤다.

1990년대 중반 매사추세츠 그룹 보험 위원회[Massachusetts Group Insurance Commission]는 보건 연구 육성을 위해 주 공무원의 개별 병원 진료 기록이 담긴 개인 의료 기록부 공개했다. 주 공무원의 프라이버시 공개 위험을 완화하고자 위원회는 이름과 주소, 사회보장번호로 여겨지는 모든 개인식별번호를 삭제했다. 생년월일과 성별, 우편번호처럼 해가 없어 보이는 인구 통계 자료와 함께 순수한 의료 정보가 공개됐다.

보안 연구자 스위니[Sweeney]는 삭제되지 않은 인구 통계 자료가 실제로 개인식별번호 일부분임을 알아냈다. 스위니는 자신의 생각을 입증하기 위해 생년월일과 우편번호 그리고 이름이 포함된 매사추세츠주 케임브리지시의 공개 유권자 정보를 손에 넣었다. 그리고 나서 이 공개 자료를 '익명화된[anonymized]' 공개 진료 기록과 연결해 원본 의료 기록 공개를 감독했던 윌리엄 웰드[William Weld] 주지사를 포함해 많은 공무원을 식별해냈다.

스위니는 생년월일과 성별, 우편번호로 미국 인구의 87%를 식별했다고 추정하면서 기술에 대한 성공률을 좀 더 광범위하게 측정했다. 아울러 이러한 고유 식별을 방지하는 데 초점을 맞춰 공개된 각 개인의 정보는 적어도 공개된 $k - 1$개의 다른 개인과 구별할 수 없어야 한다는 k-익명성을 제안했다. 일반적으로 개인식별번호로 확인된 속성/값은 완전히 억제되거나 더 높은 수준의 정량화 수준으로 집계

된다.

k-익명성에 관한 초기 연구 이후, 정의에서 취약점이 확인됐으며, 경우에 따라 ℓ-다양성diversity[160]과 t-근접성closeness[150] 같은 후속 연구로 보완됐다.

7.1.2 AOL 검색 질의 로그

2006년 AOL은 Web 검색 연구를 촉진하기 위해 65만 명이 넘는 AOL 사용자에 대해 3개월치의 검색 로그를 공개했다[12]. 질의는 사용자 이름으로 라벨링돼 있지 않았지만, 질의는 일반적인 사용자 ID와 연결돼 있었으며 검색어에는 개인식별정보와 사용자의 온라인 활동에 관한 민감한 정보가 포함돼 있었다.

데이터가 공개되자마자 「뉴욕 타임스」 기자들은 질의 로그에서 AOL 사용자들을 식별해냈다. 데이터를 공개하는 과정에서 일어난 실수로 인해 AOL의 CTO는 그의 업무에 손실을 입혔으며, 영향을 받은 사용자들은 AOL에 집단 소송을 제기했다. AOL 검색 데이터 사건은 연구를 위한 데이터 공유에 완충 장치를 마련하는 토대가 됐으며 이름과 주소와 같은 구조화된 데이터 항목의 관점으로만 개인식별정보를 정의하는 데 어려움이 있음을 보여줬다.

7.1.3 넷플릭스 영화 평가 데이터 예측 대회

AOL 데이터가 공개됐던 해와 같은 2006년에 넷플릭스는 1등에게 1백만 달러의 상금으로 3년치 영화 추천 대회Netflix Prize를 개최했다[19]. 공개된 대회 데이터는 약 1만 7천 편의 영화에 대해 48만 명의 사용자가 평가한 1억 7천 건의 등급으로 구성됐다. 넷플릭스 데이터 집합은 사용자당 평균 200건 이상 그리고 영화당 평균 5천건 이상의 등급으로 매우 희박sparse했지만 두 가지 모두 분산이 컸다.

넷플릭스는 사용자를 직접 식별할 수 있는 정보를 공개하지 않았지만, 일부 사용자의 등급은 프라이버시를 보존하기 위해 명백하게 교란됐으며, 영화에 대한 데이터 집합2은 공개됐다. 참가자들은 영화의 데이터 집합을 활용해 더 정확한 추천

---

2 데이터 집합의 구성은 [사용자, 영화 제목, 평가 날짜, 평가 등급]이다. 출처: https://bit.ly/2isrCft – 옮긴이

을 하는 데 도움이 될 수 있는 외부 데이터를 활용할 수 있었다. 나라야난^{Narayanan}과 슈마티코프^{Shmatikov}는 익명화되지 않은 사용자의 영화 등급과 함께 공개적으로 사용할 수 있는 IMDb³ 데이터를 사용해 공개 IMDb의 개인식별정보를 넷플릭스 데이터의 익명화된 사용자에 연결해 대회 데이터 집합에 있는 사용자를 재식별해 냈다[179]. 넷플릭스 사용자 한 명의 성적 취향이 공개됐다. 넷플릭스는 탈익명화 deanonymization의 결과로 시작된 집단 소송에서 패소했으며, 그 결과 제2회 넷플릭스 영화 평가 데이터 예측 대회가 취소됐다.

7.1.4 가명 기반인 트위터의 탈익명화

나라야난과 슈마티코프가 넷플릭스 사용자를 재식별한지 1년 뒤, 이들은 소셜네트워크 데이터 익명화의 어려움을 보였다[180]. 프라이버시는 소셜네트워크에서 심각한 문제다. 트위터^{Twitter}는 '아랍의 봄^{Arab Spring}' 시위에서 결정적인 역할을 했는데, 정치적 반체제 인사들이 평화적인 시위를 조정하고 정부의 실정(失政)을 문서로 만들기 위해 온라인 사이트로 옮겨 갔다. 온라인 프로필의 가명은 익명성을 촉진하지만, 완벽하지는 않다. 트위터와 같은 회사는 사용자의 프라이버시를 보호하려고 시도할 수 있지만, 회사는 (광고주와 데이터를 공유하면서) 이익을 추구하기 위해 경쟁하고 정보를 법적으로 보장하고 있다. 나라야난과 슈마티코프는 어떠한 프로필 정보가 없더라도 네트워크 연결만으로 많은 사용자를 식별할 수 있음을 보였다. 이들은 트위터 소셜 그래프^{social graph}의 마디점을 플리커^{Flickr} 사진 공유 웹사이트 소셜 그래프의 마디점과 연결해 트위터와 플리커 모두의 사용자 3분의 1을 88%의 정확도로 재식별할 수 있었다.

우리는 나라야난과 쉬^{Shi}와 함께 소셜네트워크 링크 예측 도전^{social network link prediction challenge}에서 테스트 라벨을 복구하기 위해 접근 방식을 확장했다[178]. 이 방식은 머신러닝 대회에서 효과적으로 편법^{cheating}으로 사용되는 프라이버시 공격

---

3   인터넷 영화 데이터베이스(Internet Movie Database)의 약어인 IMDb는 영화, 배우, 텔레비전 드라마, 비디오 게임 등에 관한 정보를 제공하는 온라인 데이터베이스다. 1990년 컴퓨터 프로그래머 콜 니덤이 제작했다. 출처: https://bit.ly/3OQ1ReT – 옮긴이

privacy attack이다. 나라야난과 슈마티코프가 두 사이트에서 같은 시간에 수집한 서로 다른 그래프를 연결했을 때, 우리의 결과는 6개월 동안 걸친 그래프 진화graph evolution도 링크 공격linkage attack을 완화하기에 불충분하다는 것을 보여준다.

7.1.5 전장유전체연관분석

전장유전체연관분석GWAS, Genome-Wide Association Study은 의료 분석 데이터medical assay data를 분석하기 위한 중요한 통계 도구로 유전체의 특정 위치에서 뉴클레오티드nucleotide의 빈도를 건강한 피험자의 대조군control group과 특정 질병이 있는 개인의 사례군을 비교한다. 발생 빈도에서 중요한 차이는 질병과 유전자 표지genetic marker 간의 연관성이다. 호머 등은 대상 DNA 서열 정보로 참가자의 유전자 데이터 혼합물로 특정해 대상 개인이 전장유전체연관분석 사례 그룹case group 참가 여부를 검출할 가능성을 보였다[111]. 이는 이전에 발표된 전장유전체연관분석 데이터의 참가자를 식별할 가능성을 열어줬고, 국립보건원National Institutes of Health이 연구 통계의 발행을 통제하도록 만들었다.

연구 참여자의 성surname을 결정하기 위해 족보 데이터genealogical data를 삼각측량하는 것[99]처럼 '유전자 프라이버시'를 침해하기 위한 몇 가지 다른 방법이 존재한다[83].

7.1.6 마이크로타기팅 광고

프라이버시 옹호자들은 인구통계학과 인터넷 사용 기록과 같은 개인 데이터를 온라인 광고주와 공유하는 것을 오랫동안 반대해왔다. 그러나 직접적인 식별정보identifying information를 광고주와 공유하지 않는다면 어떻게 될까? 만약 어떤 정보도 직접 공유되지 않는다면? 이처럼 겉보기에 해가 없어 보이는 환경에서도 사용자의 프라이버시는 침해될 수 있다. 코롤로바Korolova는 페이스북Facebook의 마이크로타기팅 광고를 사용해 사용자에 대한 개인정보를 유추할 수 있음을 보였다[136]. 기본 공격은 나이와 위치, 직장 또는 교육처럼 이미 알려진 식별정보를 가진 선택된 대상의 알 수 없는 개인 속성을 추론하는 것을 목표로 한다. 공격자는 소셜네트워크에서 두 가지 광고 캠페인을 하는데, 두 광고 모두 표적 사용자target user의 세부 사항을 대상으로 한다. 한 광고는 개인 속성을 가지는 사용자를 대상으로 하며, 다른 광고는 속성이 없는 사용자를 대상으로 한다. 페이스북이 광고를 보는 사용자의 세부 정보를 직접 공유하지는 않지만, 공격자는 어떤 광고 캠페인의 달러 잔액이 바뀌는지에 따라 이 정보를 결정할 수 있다. 페이스북이 제공하는 개인식별정보를 조사함으로써 두 캠페인 모두 특정 사용자를 대상으로 할 수 있으며, 두 캠페인 중 정확히 한 광고가 제시돼 공격자에게 다시 제공된다. 이는 표적 사용자가 어떤 속성값을 가졌는지 보여준다.

7.1.7 교훈

위의 사례 연구에서는 여러 가지 패턴이 반복됐다.

- 프라이버시 침해privacy breach를 사소하거나 공격자 측면에서 너무 많은 작업을 요구하는 것으로 치부하는 건 위험하다. 몇 차례 지속적으로 고도로 정교한 공격이 입증됐다. 이런 공격들은 (초기 데이터의 공개로 인한) 민감한 데이터의 오용을 강조하고 프라이버시 연구를 진전시키기 위해 알려졌다. 실제로 공개되지 않은 프라이버시 침해를 위해 훨씬 더 가치 있는 유인책이 존재한다.

- 많은 침해가 링크 공격을 통해 이뤄진다. '익명화된' 데이터 집합의 기록은 쉽게 얻을 수 있거나 심지어 공개된 외부 데이터 출처로 연결된다. 결합한 데이터는 (공개된 개인 데이터로부터의) 민감한 정보를 (공개 기록으로부터) 재식별된 개인으로 연결한다.

- k-익명성과 그 변형과 같은 구문 측도syntactic measure를 사용하는 데 필요한 조건인 개인식별정보를 구성하는 속성을 식별하는 것은 매우 어렵다. 많은 속성이 지문처럼 작용할 수 있는데, 개인과 관련된 고차원 데이터는 고유할 가능성이 있는 차원의 저주curse of dimensionality가 존재한다.

7.2 문제 설정: 프라이버시 보호 학습

7장에서의 목표는 개별 데이터의 프라이버시를 유지하면서 데이터 집합에 대한 집계 정보를 공개하는 것이다. 유용성^{utility}과 프라이버시 이 두 가지 목표는 근본적으로 일치하지 않는다. 그러나 실용적인 공개 메커니즘^{practical release mechanism}으로 효과적인 균형을 달성할 수 있음을 알게 될 것이다.

공개 메커니즘이 유용하려면, 그 결과는 반드시 데이터의 일부 대상 통계와 매우 비슷해야 한다. 특히 훈련 데이터로 학습한 분류기를 공개할 것이므로, 공식적인 유용성 측도는 공개된 분류기를 같은 데이터로 학습한 원하는 비개인 분류기^{desired non-private classifier}와 비교할 것이다. 이 경우, 대상 분류기는 실제로 가장 널리 사용되고 있는 지도 학습기 중의 하나인 SVM이다.

앞 절의 맥락에서 데이터 기밀성에 대한 모든 주장은 반드시 프라이버시가 의미론적으로 보장받을 수 있어야만 한다. 약하게 익명화된 데이터가 누누이 재식별됐다. 이를 위해, 메커니즘의 결과는 '다듬어져야만 한다^{smoothed out}'. 즉, 메커니즘은 이 분포에 대한 개별 데이터의 영향을 줄이기 위해 임의화해야 한다. 차등 프라이버시로 알려진 드워크 등의 연구 결과[78, 81]로 속성을 설정할 때 이런 접근 방식이 필요하다. 우리는 프라이버시에 대해 이런 강력한 보장을 적용한다.

데이터베이스와 이론 커뮤니티^{theory community}에서 연구한 통계적 데이터베이스^{statistical database} 분야의 사람들은 유용성과 프라이버시의 목표가 동시에 달성될 수 있는 시점을 알고 싶어 한다[72, 11, 29, 45, 125, 74, 81, 1]. 따라서 우리는 이 연구자들의 접근 방식을 살펴보는 동안 그들의 용어를 사용한다. 7장의 설명은 이론적 분석을 포함하지만 여기서 제시하는 메커니즘은 우리가 이전 연구에서 개발한 것[208, 209]으로 쉽게 구현할 수 있으며 효율적이며, 높은 확률로 ℓ_∞-노름 아래에서 해당 비개인 SVM에 가까운 분류기를 만들어낸다. 우리의 설정에서 이 유용성 개념은 위험의 근접성^{closeness of risk}보다 강하다.

7.2.1 차등 프라이버시

이제 우리는 차등 프라이버시에 대한 배경을 설명한다. 메커니즘 M이 데이터베이스 $\mathbb{D}$에 접근할 수 있을 때 M은 개별 항목individual entry의 프라이버시를 유지하면서 $\mathbb{D}$에 대한 집계 정보를 공개해야 한다. 여기서는 범위공간range space $\mathcal{T}_M$에 속한 응답response $M(\mathbb{D})$가 메커니즘이 공개하는 유일한 정보라고 가정한다. 여기서 채택한 통계적 데이터베이스 용어는 머신러닝에서 아날로그를 갖는 것으로 이해해야 한다. 예를 들어 데이터베이스는 데이터 집합에 해당하며, 단일 데이터datum는 레코드record 또는 항목item에, 학습 알고리즘learning algorithm은 메커니즘에, 학습된 분류기learned classifier는 공개된 양released quantity에 해당한다.

우리는 한 쌍의 데이터베이스 $\mathbb{D}^{(1)}$과 $\mathbb{D}^{(2)}$가 정확히 한 개의 항목이 다른 경우에 이웃neighbor이라고 한다. 다시 말해 두 개의 데이터 집합이 해밍 거리hamming distance 또는 ℓ_1-거리 1만큼 떨어져 있다. 우리는 다음처럼 드워크 등의 강력한 프라이버시 개념[78]을 채택한다.

정의 7.1 임의의 $\beta > 0$에 대해 확률화한 메커니즘randomized mechanism M이 모든 이웃 데이터베이스 $\mathbb{D}^{(1)}$과 $\mathbb{D}^{(2)}$ 그리고 모든 응답 $t \in \mathcal{T}_M$에 대해 다음 식을 만족하면 β-차등 프라이버시differential privacy를 제공한다.

$$\log \left(\frac{\Pr\left(M\left(\mathbb{D}^{(1)}\right) = t\right)}{\Pr\left(M\left(\mathbb{D}^{(2)}\right) = t\right)} \right) \leq \beta$$

이 정의에서 확률은 데이터 집합이 아니라 M의 확률화randomization에서 발생한다. 연속인 $\mathcal{T}_M$에 대해 우리는 이 비ratio를 $M(\mathbb{D}^{(2)})$ 분포에 관한 $M(\mathbb{D}^{(1)})$ 분포의 라돈-니코딤 도함수Radon-Nikodym derivative[4]로 정의한다.[5] 결국, 일관성을 잃지 않고 각 이웃 데이터 집합은 마지막 항목만 다르다고 가정한다.

---

4 https://bit.ly/2lwXrdg 참조 – 옮긴이

5 좀 더 일반적으로 $T \subseteq TM$에 대해 $\Pr(M(\mathbb{D}^{(1)}) \in T) \leq \exp(\beta)\Pr(M(\mathbb{D}^{(2)}) \in T)$이다. – 지은이

정의를 이해하기 위해서는 높은 수준의 차등 프라이버시(낮은 β)를 보호하는 메커니즘 M과 다음 능력을 갖추고 있는 공격자를 생각한다.

- 확률성randomness을 제공하는 사상 M에 대한 지식
- 여러 데이터베이스에 대한 M의 응답을 시뮬레이션하는 데 사용할 수 있는 무한한 계산 자원unbounded computational resource
- $\mathbb{D}$의 처음 $N - 1$개 항목에 대한 지식
- $M(\mathbb{D})$에서 선형적으로 많은 응답을 표본으로 추출할 수 있는 능력

그러면 공격자가 $\mathbb{D}$의 N번째 항목을 재식별하기 위한 최적의 접근 방식은 다음과 같다.

1. 최대 순서로 N번 메커니즘에 질의하고 응답의 히스토그램을 그려 미지의 응답 분포 $M(\mathbb{D})$에 근사한 경험적 분포empirical distribution를 만든다.
2. $\mathbb{D}$의 알려진 $N - 1$개의 처음 항목으로 모든 후보 데이터베이스 $\mathbb{D}'$를 구성한다.
3. 각 $\mathbb{D}'$에 대해
   1. $M(\cdot)$에 대한 지식을 활용해 $M(\mathbb{D}')$의 응답 분포를 시뮬레이션한다.
   2. 정확한 후보 응답 분포와 근사 경험적 분포를 비교한다.
4. 경험적 분포와 가장 일치하는 $\mathbb{D}'$를 반환한다.

이런 최적의 절차에도, 적당히 작은 β에 대해 공격자는 $\mathbb{D}$의 N번째 항목 실제 신분에 대한 추가 정보를 추론할 수 없다. 차등 프라이버시는 각 응답 분포 $M(\mathbb{D}')$가 실제 분포 $M(\mathbb{D})$에 점마다 가깝다pointwise close는 것을 보장한다. 다시 말하면, 알려지지 않은 데이터가 모든 가능성에 대해 달라질 수 있으므로 응답 분포를 구별할 수 없다. 후보 응답 분포를 질의한 실제 경험적 분포와 일치하도록 만들려고 할 때, 실제 $\mathbb{D}$와 잘못된 이웃 $\mathbb{D}'$를 구별하는 것이 불가능하다. 주어진 β가 표집 경험적 분포sampled empirical distribution와 실제 응답 분포 $M(\mathbb{D})$간의 추정오차estimation error에 가깝다면 구별불가능성indistinguishability이 효과적이다. 이 추정오차는 질의 개수가 제한돼 있으므로 너무 작지 않도록 보장한다.

이 절에서는 차등 프라이버시가 개별 데이터에 대해 강력하고 의미론적 프라이

버시 보장을 제공하면서 일부 집계 정보를 공개할 수 있다고 했다. 실제로 어떤 상황에서는 이 정의가 불필요하게 엄격하다고 주장할 수도 있다. 일부 가능한 완화는 자연스럽다. 예를 들어 '그룹 프라이버시grouped privacy'의 변형은 $\mathbb{D}$의 일부 고정된 $k \geq 1$행까지의 데이터에 관한 지식을 갖춘 공격자를 모델링한다. 다시 말해 데이터에 대한 지식은 $\mathbb{D}$를 중심으로 한 해밍-k 구ball로 완화할 수 있다.

7.2.1.1 라플라스 메커니즘

차등 프라이버시를 설정하는 가장 오래된 패턴은 비개인 메커니즘에 평균이 0인 (아마도 다변량multivariate) 라플라스 잡음Laplace noise을 추가하는 것이다. 일반적으로 개인화된 비개인 메커니즘은 데이터에 관한 결정적 함수deterministic function이다. 우리의 경우 이 함수는 SVM이 된다. 평균이 0인 라플라스 잡음의 척도는 원하는 차등 프라이버시의 수준 β와 비개인 메커니즘의 전역 민감도에 따라 달라진다.

정의 7.2 실수-벡터값 응답real-vector-valued response을 가진 결정적 메커니즘 M이 이웃 데이터베이스의 모든 쌍 $\mathbb{D}^{(1)}$과 $\mathbb{D}^{(2)}$에 대해 $\left\| M\left(\mathbb{D}^{(1)}\right) - M\left(\mathbb{D}^{(2)}\right)\right\|_1 \leq \Delta$이면 결정적 메커니즘 M은 ℓ_1-전역 민감도 $\Delta > 0$를 갖는다.

이는 본질에서 ℓ_1-노름으로부터 유도한 공역co-domain에서 측정 지표를 갖는 비개인 메커니즘에 대한 립시츠 조건Lipschitz condition[6]으로 정의역domain의 데이터베이스에서도 유사하다. 직관적으로 전역 민감도는 비개인 사상nonprivate map의 연속성continuity을 측정한다. 즉, 입력 데이터 집합에 대한 작은 섭동에 따라 공개되는 응답이 얼마나 달라지는가?

비개인 메커니즘의 전역 민감도로 비개인 메커니즘에 추가된 적절한 라플라스 잡음의 차등 프라이버시를 증명하는 것은 간단하다.

보조정리 7.3[78] 이 ℓ_1-전역 민감도 $\Delta > 0$를 갖는 결정적 메커니즘이고, $\beta > 0$이고, $\lambda \overset{iid}{\sim} Laplace(\mathbf{0}, \beta/\Delta)$이라고 하면, 메커니즘 $M(\mathbb{D}) + \lambda$는 β-차등 프라이버시를 유

---

6   https://bit.ly/2lzA6Yz 참조 – 옮긴이

지한다.

증명 이웃 데이터베이스 $\mathbb{D}^{(1)}$과 $\mathbb{D}^{(2)}$, 임의의 $t \in \mathcal{T}_M$ 그리고 두 다변량 확률변수를 $\lambda_1, \lambda_2 \overset{iid}{\sim} Laplace(\mathbf{0}, \Delta/\beta)$를 고려하면, 다음 식이 성립한다.

$$\frac{\Pr\left(M\left(\mathbb{D}^{(1)}\right) + \lambda_1 = t\right)}{\Pr\left(M\left(\mathbb{D}^{(2)}\right) + \lambda_2 = t\right)} = \frac{\exp\left(\left\|t - M\left(\mathbb{D}^{(1)}\right)\right\|_1 / (\Delta/\beta)\right)}{\exp\left(\left\|t - M\left(\mathbb{D}^{(2)}\right)\right\|_1 / (\Delta/\beta)\right)}$$
$$\leq \exp\left(\left\|M\left(\mathbb{D}^{(1)}\right) - M\left(\mathbb{D}^{(2)}\right)\right\|_1 / (\Delta/\beta)\right)$$
$$\leq \exp(\beta).$$

등식은 라플라스 확률밀도함수[PDF, probability density function]의 정의이며, 첫 번째 부등식은 삼각부등식이다. 마지막 부등식은 전역 민감도에 대한 경계[bound]다. 양변에 로그를 취하면 β-차등 프라이버시를 얻을 수 있다. □

7.2.2 유용성

직관적으로 차등 프라이버시를 보장하기 위해 '흥미로운[interesting]' 메커니즘 M이 교란될수록 결과 메커니즘 $\hat{M}$은 덜 비슷하게 될 것이다. 다음 정의는 '유사성[likeness]'이라는 개념을 형식화한다.

정의 7.4 같은 정의역과 응답공간 $\mathcal{T}_{\hat{M}}$과 $\mathcal{T}_M$을 갖는 두 개의 메커니즘 $\hat{M}$과 M을 생각해보자. $\mathcal{X}$를 어떤 집합 그리고 $\mathcal{F} \subseteq \Re^{\mathcal{X}}$가 응답공간을 매개변수로 한다고 하자. 모든 $t \in \mathcal{T}_{\hat{M}} \cup \mathcal{T}_M$에 대해 어떤 대응함수[corresponding function] $f_t \in \mathcal{F}$를 정의한다. 마지막으로 $\mathcal{F}$에 노름 $\|\cdot\|_{\mathcal{F}}$이 있다고 가정하자. 그러면 모든 $\epsilon > 0$와 $0 < \delta < 1$에 대해 모든 데이터베이스 $\mathbb{D}$에 대해

$$\Pr\left(\left\|f_{\hat{M}(\mathbb{D})} - f_{M(\mathbb{D})}\right\|_{\mathcal{F}} \leq \epsilon\right) \geq 1 - \delta.$$

이면, $\hat{M}$은 M에 대해 (ϵ, δ)-유용하다[useful]고 한다.[7]

---

7 단일함수 공개에 대한 우리의 (ϵ, δ)-유용성 정의는 익명화 메커니즘(anonymization mechanism)에 대한 블럼(Blum) 등이 제안한 같은 이름의 개념[29]과 유사하다.

일반적으로 $\hat{M}$는 M의 라플라스 메커니즘처럼 M의 (교란된) 프라이버시-보호 버전이 된다. 이어서 우리는 데이터를 포함하는 어떤 $\mathcal{M} \subseteq \Re^D$에 대해 $\|f\|_{\infty:\mathcal{M}} = \sup_{x \in \mathcal{M}} |f(\mathbf{x})|$이 되도록 $\|\cdot\|_{\mathcal{F}}$을 취한다. 또한 이변량 $k(\cdot, \cdot)$에 대해 $\|k\|_{\infty:\mathcal{M}} = \sup_{x,z \in \mathcal{M}} |k(\mathbf{x}, \mathbf{z})|$를 정의하는 것도 편리할 것이다.

7.2.3 차등 프라이버시의 역사적 연구 방향

차등 프라이버시에 관한 선행 연구가 많이 이뤄져 있다. 우리는 SVM의 프라이버시 보호 학습의 맥락에서 이 연구의 일부를 공개한다.

벡터값 통계량이나 단순함수를 매개변수로 하는 범위공간

개인 대화형 메커니즘의 초기 연구[72, 28, 78, 75, 11]는 근사 실수값과 벡터값 통계량approximating real-valued and vector-valued statistics에 초점을 맞췄다. 맥셰리McSherry와 탈위Talwar는 먼저 실수값 벡터보다 더 일반적인 집합을 매개변수로 하는 개인 메커니즘을 고려해 메커니즘 설계에 이런 차등 개인 사상differentially private mapping을 사용했다[167]. 분류기를 공개하기 위한 개인 메커니즘, 특히 정칙화된 로지스틱 회귀regularized logistic regression를 개발하기 위한 연구는 차우드후리와 몬텔레오니Monteleoni가 처음 시작했다[45]. 메커니즘의 범위공간은 $\Re^D$에서의 선형초평면liner hyperplane의 밥닉Vapnik-체르보넨키스Chervonenkis(VC)-차원[8] $D + 1$ 클래스를 매개변수로 한다. 이 메커니즘 중 하나는 차등 프라이버시를 달성하기 위해 원본 목표에 임의항random term을 추가한다. 이 단순 메커니즘은 학습된 가중벡터weight vector에 잡음을 추가한다. 이 두 가지 접근 방식은 7장에서 살펴보는 것처럼 SVM 학습과 유사하다. 여기서 제시된 SVM 민감도 계산(7.4절 참조)은 미분할 수 없는 손실함수 환경을 립시츠 조건으로 대체한 기울기gradient에 대한 조건과 강한 볼록성으로 대체한 헤시안Hessian에 관한 조건을 가진 정칙화된 로지스틱 회귀 민감도[45]에 대한 미분deviation

---

8 모델이 분류 가능한 경우의 수다. 자세한 내용은 https://bit.ly/2kAdruX 참조 – 옮긴이

의 일반화다. 카시비스와나탄^{Kasiviswanathan} 등[125]은 이산화된 개념 클래스^{discretized} $^{concept class}$가 PAC$^{probabilistically approximately correct9}$이거나 비효율적인 메커니즘을 통해서 개인적으로 학습될 수 있다$^{learned privately}$는 것을 보였다. 블럼^{Blum} 등은 비대화형 메커니즘$^{noninteractive mechanism}$이 영역이 이산화됐을 때 다항식 VC-차원을 갖는 술어 질의$^{predicate query}$의 클래스에 대해 유용성이 보장되도록 익명화된 데이터를 개인적으로 공개할 수 있음을 보였다[29]. 이후 드워크 등은 효율적인 비대화형 메커니즘으로 유용성과 프라이버시를 달성할 수 있는 시기를 특징지었다[80]. 7장에서 우리는 실수값 함수를 매개변수로 하는 범위공간을 갖는 개인 SVM 학습을 위한 효율적인 메커니즘을 고려한다. 여기서 고려하는 한 가지 사례는 RBF (또는 가우스) 커널로 학습하는 것으로 이는 무한차원의 풍부한 클래스에 대한 학습에 해당한다. 차등 프라이버시는 정확하게 베이즈 확률추론$^{Bayesian probabilistic inference}$[71, 266]과 표본 설정$^{sampled setting}$[253]에 따라 연구됐다. 다른 연구는 차등 프라이버시 아래에서 함수 공개를 위한 일반적인 메커니즘을 개발한다. 할^{Hall}과 리날도^{Rinaldo}, 바서만^{Wasserman}은 가우스 과정 잡음$^{Gauss process noise}$을 추가해 유용성 비율에 대한 일반적인 결과 없이 차등 프라이버시의 약한 형태를 만들었다[101]. 왕^{Wang} 등은 장^{Zhang} 등[264]과 유사하게 훈련 데이터에서 삼각기저$^{trigonometric basis}$로 분리할 수 있는 함수의 개인화된 사영을 공개했다[255]. 알다^{Alda}와 루빈슈타인^{Rubinstein}은 벡터 공개를 위해 반복된 베른슈타인^{Bernstein} 다항식 근사[10]를 사용해 비개인 함수의 평활도^{smoothness}에 대한 일반적인 조건에서 차등 프라이버시와 강한 유용성 보장을 달성하기 위해 라플라스 메커니즘의 함수 형태로 베른슈타인 메커니즘을 제안했다[1].

부분집합의 합을 통한 (대부분의) 실용적인 프라이버시 보호 학습

차등 프라이버시에 관한 대부분의 연구는 (블럼 등의 히스토그램[28]과 바락 등의 분할표$^{contingency table}$[11]를 사용한) 비교적 간단한 통계와 (블럼 등의 구간 질의$^{interval query}$ 및

---

9 PAC 개념은 https://bit.ly/2k8gzxW 참조 – 옮긴이

10 펜실베이니아대학교 수학과 교수 리차드 빈센트 카디슨(Ricad Vincent Kadison)의 강의 자료(https://bit.ly/2Z0d0d7) 참조 – 옮긴이

반공간$^{half\ space}$과 같은[29]) 학습 알고리즘, 또는 (블럼 등이 설명한 퍼셉트론과 k-NN 그리고 ID3^{11}[28]와 맥셰리^{McSherry}와 미로노프^{Mironov}가 제안한 다양한 추천 시스템^{recommender} ^{system}[166]과 같은) 부분집합의 합 연산으로 분해 가능한 학습 알고리즘에 관한 메커니즘의 심층 분석에 초점을 맞추고 있다. 함수 공개에 관한 몇몇 초기 연구는 훈련 데이터에 대해 (합으로 표현할 수 있는) 함수의 분해 가능성에 대해 초점을 맞췄다[264, 255]. 이와 대조적으로 7장에서는 일반적으로 부분집합의 합으로 분해되지 않는 SVM 학습(루빈슈타인 등의 연구[209]와 부록 A)의 더 실용적인 목표를 살펴본다. 여기서 메커니즘은 다항식 시간 내에 실행된다는 점도 주목할 만하다.

프라이버시와 유용성의 절충점

몇몇 초기의 연구처럼 여기서 우리는 프라이버시와 유용성 간의 절충점을 살펴본다. 바락 등은 차등 프라이버시를 보장하고 정확도의 개념도 보장하는 분할표를 공개하기 위한 메커니즘을 제안했다[11]. 높은 확률로 공개된 표의 모든 한계는 ℓ_1-노름으로 실제 한계에 가깝다. 앞서 언급했듯이 블럼 등은 익명화된 데이터와 원본 데이터를 넘겨받는지 아닌지에 상관없이 VC 클래스의 모든 술어 질의가 비슷한 값을 취하도록 익명화된 데이터를 공개하는 비대화형 개인 메커니즘을 개발했다[29]. 카시비스와나탄 등은 유용성을 PAC 학습에 해당하는 것으로 봤다[125]. 높은 확률로 응답과 대상의 개념이 비슷하다면 기본 측도에 관한 평균이 된다.

초기의 부정적인 결과는 지나치게 정확한 응답을 제공하는 메커니즘은 개인적일 수 없다는 것을 보여줬다[72, 82, 18, 104]. 디누르^{Dinur}와 니심^{Nissim}은 비트의 데이터베이스에서 $o(\sqrt{N})$ 비율의 잡음을 부분집합의 합 질의에 추가하면 공격자는 비트의 $1 - o(1)$만큼을 재구성할 수 있음을 보였다[72]. 이 한계점 현상은 정확도가 너무 높으면 프라이버시를 전혀 보장할 수 없다는 것을 보여준다. 개인 SVM 학습의 경우에도 비슷한 부정적인 결과가 나타날 수 있다. 즉, SVM에 대해 매우 높은 정확도를 요구하면 높은 수준의 프라이버시를 방해한다. 드^{De}는 여기서 사용된 체

적 패킹 접근 방식^{volumetric packing approach}과 같은 차등 프라이버시 아래에서 유용성의 하계를 정하는 접근 방식을 요약했다[61].

여기서 제시된 결과는 하르트^{Hardt}와 탈워^{Talwar} 및 베이멜^{Beimel} 등의 결과와 질적으로 더 비슷하다[104, 18]. 이전 연구에서는 히스토그램과 추천 시스템 공개를 포함하는 다음 환경에서 볼록기하학^{convex geometry}의 렌즈를 통해 차등 프라이버시와 정확도 간의 절충점을 거의 일치시키는 상계와 하계를 찾았다. 대화형 메커니즘^{interactive mechanism}에 제출된 질의는 실제 개인 데이터베이스로의 선형사상이다. 비개인 응답은 데이터베이스에 적용된 질의의 벡터 이미지^{vector image}이며, 메커니즘의 응답은 이 대상 이미지의 확률화 버전^{randomized version}이고, 메커니즘의 정확도는 비개인 응답과 개인 응답 간의 기대 유클리드 거리^{expected Euclidean distance}이다. 베이멜 등은 개인 학습기가 PAC 학습뿐만 아니라 그 가설의 공개가 훈련 데이터와 관련해 다른 개인적이라는 개인 학습^{private learning}의 개념[125]에 초점을 맞췄다[18]. 베이멜 등은 개인 학습에 대한 표본 복잡도^{sample complexity}를 조사해 비개인 PAC 학습에는 존재하지 않는 적절한 개인 학습[12]과 부적절한 개인 학습 간의 결과와 효율적인 개인 학습기와 비효율적인 개인 학습기 간의 결과를 별도로 제시했다[18].

두 논문 모두 유용성의 개념과 차등 프라이버시의 개념 간의 절충점에 대해 부정적인 결과를 고려했다. SVM 학습에서 개념 클래스^{concept class}는 반드시 선형이거나 유한 VC-차원을 갖지는 않는다. RBF 커널을 이용한 SVM 학습의 하계에 사용된 ϵ-패킹 증명 기법은 독립적으로 발견됐지만 선형 사상에 개인적으로 응답하는 환경의 하계를 설정하기 위해 하르트와 탈워가 사용한 기술[104]과 비슷하다. 또한 일반 계정에 대해서는 드의 연구[61]를 참조한다.

안정성과 차등 프라이버시 간의 관련성

7장에서 차등 프라이버시를 증명하기 위해 알고리즘 안정성^{stability}의 증명 기법을 사용한다. 말이 나온 김에 카시비스와나탄 등은 알고리즘 안정성과 차등 프라이버

---

12 적절한 학습기는 대상 개념 클래스(target concept class)에서 가설을 출력한다. - 지은이

시 간의 가능한 관계를 예측했지만, 이를 이용하는 방법에 관해서는 자세히 설명하지 않았다[125]. 이후로 왕 등은 안정성과 학습 가능성^{learnability}과 프라이버시 간의 관련성을 도출했다[254].

7.3 SVM: 간략한 소개

경험적 위험 최소화^{ERM, Emprical Risk Management}는 과적합이나 좋지 못한 일반화^{poor generalization}(최소화기의 위험^{risk of minimizer})로 이어질 수 있으므로, 이론적으로나 실무적으로 경험적 위험의 합을 최소화하고 분류기에 평활 제약 사항^{smoothness constraint}을 제공하는 정칙화 항^{regularization term}을 사용하는 정칙화된 경험적 위험 최소화^{regularized empirical risk minimization}를 수행하는 것이 더 바람직하다. 잘 알려진 예로는 볼록 손실^{convex loss} $\ell(\cdot,\cdot)$에 대해 다음과 같은 원시 프로그램

$$\min_{\mathbf{w}\in\Re^F} \; \frac{1}{2}\,\|\mathbf{w}\|_2^2 + \frac{C}{N}\sum_{i=1}^{N}\ell\left(y^{(i)}, f_{\mathbf{w}}\left(\mathbf{x}^{(i)}\right)\right)$$

을 가진 연성 한계^{soft-margin13} SVM이 있다.

여기서 우리는 $f_{\mathbf{w}}(\mathbf{x})$를 입력공간 $\Re^D$에서 점을 어떤 (아마도 무한대인) F-차원의 특성공간으로 보내도록 선택된 특성 사상^{feature mapping} $\phi : \Re^D \to \Re^F$과 초평면법선 $\mathbf{w}\in\Re^F$에 대해 다음과 같이 정의한다.

$$f_{\mathbf{w}}(\mathbf{x}) = \langle \phi(\mathbf{x}), \mathbf{w}\rangle$$

매개변수 $C>0$는 연성 한계 매개변수로 정칙화의 정도를 조절한다. $\mathbf{w}^{\star}$는 최적화 가중벡터^{optimizing weight vector}이다. 이제 예측은 $f^{\star}(\mathbf{x})=f_{\mathbf{w}^{\star}}(\mathbf{x})$의 부호로 볼 수 있다. 우리는 $f_{\mathbf{w}}(\cdot)$와 $f_{\mathbf{w}}(\cdot)$의 부호($\mathrm{sign}(f_{\mathbf{w}}(\cdot))$) 모두를 문맥에서 명백한 의미를 지닌 분류기로 취급한다.

---

13 자세한 내용은 https://bit.ly/2knr6FH 참조 – 옮긴이

학습과 관련된 세부 사항의 개요는 다음과 같다[39, 56, 218, 26]. 원시함수가 볼록이고 SVM 학습 과정을 다루기 쉽도록 $\ell(y, \hat{y})$를 $\hat{y}$에서 볼록인 손실함수가 되도록 선택한다. 0-1 손실과 SVM과 가장 일반적으로 연관된 손실에 대한 일반적인 볼록 대행convex surrogate은 상계가 0-1 손실인 힌지손실hinge loss $\ell(y, \hat{y}) = \max[1 - y\hat{y}, 0]$이고 $y\hat{y} = 1$에서 미분 가능하지 않다. 다른 예로는 제곱손실 $(1 - y\hat{y})^2$과 로지스틱손실 로그 $\log(1 + \exp(-y\hat{y}))$가 있다. 7장에서는 일반적인 볼록손실convex loss을 살펴보고 7.7.1절에서는 힌지손실 아래에서 개인 SVM 학습에 관한 사례 연구를 살펴본다.

주의 7.5 학습 알고리즘이 모든 분포 μ에 대해 일관될consistent 때, 전역적으로 일관된다universally consistent고 한다. 학습 알고리즘의 기대 위험expected risk은 표본 크기가 증가함에 따라 달성 가능한 최소 (베이즈) 위험으로 수렴한다[64]. 전역적으로 일관되도록 SVM의 매개변수 C는 $\sqrt{N}$처럼 증가해야 한다.

F가 큰 경우, 쌍대dual를 통해 해를 더 쉽게 구할 수 있다. 예를 들어 다음은 힌지손실을 가진 학습을 위해 N 쌍대변수dual variable에 대한 쌍대공식dual formulation은 α_1가 $0 \leq \alpha_i \leq \frac{C}{N} \ \forall i \in [n]$를 만족할 때 다음과 같다.

$$\max_{\boldsymbol{\alpha} \in \Re^N} \ \sum_{i=1}^{N} \alpha_i - \frac{1}{2} \sum_{i=1}^{N} \sum_{j=1}^{N} \alpha_i \alpha_j y^{(i)} y^{(j)} k\left(\mathbf{x}^{(i)}, \mathbf{x}^{(j)}\right) \tag{7.1}$$

여기서 $k(\mathbf{x}, \mathbf{z}) = \langle \phi(\mathbf{x}), \phi(\mathbf{z}) \rangle$는 커널함수다.

쌍대 $\alpha^{\star}$을 최대로 하는 벡터는 함수 $f^{\star} = f_{\alpha^{\star}}$를 매개변수로 한다. 커널함수가 부여된 SVM 분류기 공간은 재생핵 힐베르트 공간 $\mathcal{H}$를 형성한다.

알고리즘 7.1 SVM

입력: $\mathbf{x}^{(i)} \in \Re^D$와 $y^{(i)} \in \{-1, 1\}$인 데이터베이스 $\mathbb{D} = \left\{ (\mathbf{x}^{(i)}, y^{(i)}) \right\}_{i=1}^{N}$; 커널 $k : \Re^D \times \Re^D \to \Re$ 볼록 손실 ℓ; 매개변수 $C > 0$.

1. $\boldsymbol{\alpha}^\star \leftarrow$ 식 (7.1)에서 SVM의 쌍대를 푼다.
2. 벡터 $\boldsymbol{\alpha}^\star$를 반환한다.

정의 7.6 재생핵 힐베르트 공간^{RKHS, reproducing kernel Hiblert space}은 공간 $\mathcal{X}$에서 실수값 함수의 힐베르트 공간[14]으로 각 점 $\mathbf{x} \in \mathcal{X}$에 대해, 모든 $f \in \mathcal{H}$에 대해 재생핵 속성 $\langle f, k(\cdot, \mathbf{x}) \rangle_{\mathcal{H}} = f(\mathbf{x})$을 갖는 점-평가함수^{point-evaluation function} $k(\cdot, \mathbf{x})$를 포함한다.

특히, $\langle k(\cdot, \mathbf{x}), k(\cdot, \mathbf{z}) \rangle_{\mathcal{H}} = k(\mathbf{x}, \mathbf{z})$이다. 대표자 정리^{Representer Theorem}[130]는 최소화기 $f^\star = \operatorname{argmin}_{f \in \mathcal{H}} \left[\frac{1}{2} \|f\|_{\mathcal{H}}^2 + \frac{C}{N} \sum_{i=1}^{n} \ell\left(y^{(i)}, f(\mathbf{x}^{(i)})\right) \right]$ 가 함수 $k(\cdot, \mathbf{x}^{(i)}) \in \mathcal{H}$의 범위 안에 있음을 암시한다. 실제로 위의 쌍대전개^{dual expansion}는 이 부분공간의 좌표가 $\alpha_i^\star y^{(i)}$로 주어진다는 것을 보여준다. 앞서 알고리즘 7.1에 설명한 것처럼 벡터 $\boldsymbol{\alpha}^\star$로 대응하는 쌍대최적화^{dual optimization}로 SVM 메커니즘을 정의한다.

7.3.1 평행변환-불변 커널

많은 커널/특성 사상이 논문으로 제안됐다[39, 56, 218, 26]. 평행변환-불변 커널^{translation-invariant kernel}은 나중에 살펴볼 커널의 중요한 클래스다.

정의 7.7 어떤 함수 g에 대해 $k(\mathbf{x}, \mathbf{z}) = g(\mathbf{x} - \mathbf{z})$ 형태의 커널함수를 평행변환-불변이라고 한다.

---

14 힐베르트 공간은 내적공간(inner-product space)으로 내적공간의 노름-유도 계량(norm-induced metric)에 대해 완비적 (complete)이다.[15] – 지은이

15 완비적이라는 것은 연속돼 있음을 의미한다. 자세한 내용은 https://bit.ly/2kdTVnU 참조 – 옮긴이

표 7.1 평행변환–불변 커널과 벡터 $\Delta = \mathbf{x} - \mathbf{z}$에서 정의된 이 커널의 g 함수의 예

커널	$g(\Delta)$
RBF	$\exp\left(-\frac{\|\Delta\|_2^2}{2\sigma^2}\right)$
라플라스	$\exp\left(-\|\Delta\|_1\right)$
코시	$\prod_{i=1}^{D} \frac{2}{1+\Delta_i^2}$

7.3.2 알고리즘 안정성

개인 SVM 학습에 대한 메커니즘의 차등 프라이버시에 대한 경계를 증명하기 위해, 부스켓^{Bousquet}과 엘리세프^{Elisseeff}가 확립한 정칙화된 경험적 위험 최소화 균일 안정성$^{uniform\ stability}$[33]을 이용한다.

한 쌍의 데이터베이스 $\mathbb{D}^{(1)}$와 $\mathbb{D}^{(2)}$가 하나의 항목에서만 다른 경우 이웃이라 한 것을 기억하고, 이웃 데이터베이스에 대한 학습 안정성$^{learning\ stability}$을 다음처럼 정의한다.

정의 7.8 데이터베이스 $\mathbb{D}$를 분류기에 사용하는 학습 사상$^{learning\ map}$ $\mathcal{A}$가 모든 이웃 데이터베이스 $\mathbb{D}$와 $\mathbb{D}'$에 대해 $\mathbb{D}$와 $\mathbb{D}'$에서 훈련한 분류기의 두 손실이 모든 테스트 예에 대해 $\|\ell(\cdot,\ \mathcal{A}(\mathbb{D})) - \ell(\cdot,\ \mathcal{A}(\mathbb{D}'))\|_\infty \leq \gamma$만큼 가깝다면 손실 $\ell(\cdot,\cdot)$에 대해 γ-균일 안정성$^{uniform\ stability}$을 갖는다고 한다.

안정성은 학습 사상의 매끈함^{smoothness}에 해당하며 이 개념은 일반적으로 단단한 위험 경계$^{tight\ risk\ bound}$를 산출하기 위해 통계적 학습 이론에 사용된다. 때로는 VC-차원-기반 접근 방식$^{dimension\text{-}based\ approach}$과 같은 클래스 용량-기반 접근 방식$^{class\ capacity\text{-}based\ approach}$이 적용되지 않을 때도 있다[65, 127, 33, 137]. 직관적으로 학습 사상이 안정적이면 잡음에 지나치게 영향을 받지 않으며 과적합으로 인한 영향을 받을 가능성도 적어진다.

7.4 출력섭동에 의한 차등 프라이버시

이제 라플라스 메커니즘[208, 209]을 기반으로 바틀렛Bartlett과 후앙Huang, 태프트Taft와 협력해 개발한 출력섭동output perturbation에 집중한다. 아울러 유한 F-차원의 특성 사상feature map을 가진 차등 개인 SVM 학습을 고려한다. 먼저 메커니즘을 설명한 다음, 프라이버시를 보장하는 데 필요한 잡음 매개변수의 범위(정리 7.10)를 증명하고, 그 메커니즘이 비개인 SVM에 근접한 근사를 산출하는 조건(정리 7.11)을 도출한다.

알고리즘 7.2는 라플라스 메커니즘(7.2.1.1절 참조)의 응용인 개인SVM-유한PrivateSVM-Finite 메커니즘이다. SVM-가중벡터 $\mathbf{w} \in \Re^F$에 대한 원시해primal solution를 구성한 후, 메커니즘은 독립이며 같은 분포를 따르는i.i.d, independently and identically distributed 평균이 0이고, 척도가 λ인 라플라스 잡음을 $\mathbf{w}$에 추가한다. 차등 프라이버시는 $\mathbf{w}$의 ℓ_1-민감도 Δ에서 라플라스-잡음 척도를 $\lambda = \Delta/\beta$로 하는 데이터 섭동까지 이어진다.

민감도, 즉 훈련 예가 섭동됐을 때 ℓ_1-노름에 대한 $\mathbf{w}$의 변화를 계산하기 위해 우리는 정칙화된 ERM의 균일 안정성을 이용한다.

보조정리 7.9 볼록인 손실함수 $\ell(y, \hat{y})$와 $\hat{y}$에서의 L-립시츠 그리고 모든 $\mathbf{w} \in \Re^D$에 대해 유계커널bounded kernel이 $k(\mathbf{x}, \mathbf{x}) \leq \kappa^2$인 유한 F-차원의 특성 사상 ϕ로 유도된 RKHS $\mathcal{H}$를 생각한다. 각 데이터베이스 $\mathbb{S} = \{(\mathbf{x}^{(i)}, y^{(i)})\}_{i=1}^{N}$에 대해 다음처럼 정의한다.

$$\mathbf{w}^{(\mathbb{S})} \in \underset{\mathbf{w} \in \Re^F}{\operatorname{argmin}} \left[\frac{C}{N} \sum_{i=1}^{N} \ell\left(y^{(i)}, f_{\mathbf{w}}\left(\mathbf{x}^{(i)}\right)\right) + \frac{1}{2} \|\mathbf{w}\|_2^2 \right]$$

그리고 N개의 항목의 모든 이웃 데이터베이스 쌍 $\mathbb{D}$와 $\mathbb{D}'$에 대해, $\left\| \mathbf{w}^{(\mathbb{D})} - \mathbf{w}^{(\mathbb{D}')} \right\|_2 \leq 4LC\kappa/N$ 과 $\left\| \mathbf{w}^{(\mathbb{D})} - \mathbf{w}^{(\mathbb{D}')} \right\|_1 \leq 4LC\kappa\sqrt{F}/N$ 이다.

증명 이 보조정리는 SVM의 균일 안정성의 증명[218 정리 12.4]과 거의 비슷하다. 편의상 모든 훈련 집합 $\mathbb{S}$에 대해 다음처럼 정의한다.

알고리즘 7.2 개인SVM-유한(PrivateSVM-Finite)

입력: $\mathbf{x}^{(i)} \in \Re^D$ 이고 $y^{(i)} \in \{-1, 1\}$인 데이터베이스 $\mathbb{D} = \left\{ (\mathbf{x}^{(i)}, y^{(i)}) \right\}_{i=1}^{N}$; 유한 특성 사상 $\phi : \Re^D \rightarrow \Re^F$ 과 유도된 커널 k; 볼록 손실함수 ℓ; 매개변수 $\lambda, C > 0$.

1. $\boldsymbol{\alpha}^\star \leftarrow$ 매개변수 C와 커널 k 그리고 손실 ℓ로 $\mathbb{D}$에서 알고리즘 (7.1)을 실행한다.

2. $\tilde{\mathbf{w}} \leftarrow \sum_{i=1}^{N} \alpha_i^\star y^{(i)} \phi \left(\mathbf{x}^{(i)} \right)$

3. $\boldsymbol{\mu} \leftarrow$ 라플라스 $(\mathbf{0}, \lambda)$에서 독립이며 같은 분포를 따르는 F 스칼라의 표본을 뽑는다.

4. $\hat{\mathbf{w}} = \tilde{\mathbf{w}} + \boldsymbol{\mu}$를 반환한다.

$$R_{\text{reg}}(\mathbf{w}, \mathbb{S}) = \frac{C}{N} \sum_{i=1}^{N} \ell \left(y^{(i)}, f_{\mathbf{w}} \left(\mathbf{x}^{(i)} \right) \right) + \frac{1}{2} \left\| \mathbf{w} \right\|_2^2$$

$$R_{\text{emp}}(\mathbf{w}, \mathbb{S}) = \frac{1}{N} \sum_{i=1}^{N} \ell \left(y^{(i)}, f_{\mathbf{w}} \left(\mathbf{x}^{(i)} \right) \right)$$

그러면 1차 KKT 필요조건[16]으로 다음 식을 의미한다.

$$0 \in \partial_{\mathbf{w}} R_{\text{reg}}(\mathbf{w}^{(\mathbb{D})}, \mathbb{D}) = C \partial_{\mathbf{w}} R_{\text{emp}}(\mathbf{w}^{(\mathbb{D})}, \mathbb{D}) + \mathbf{w}^{(\mathbb{D})}, \tag{7.2}$$

$$0 \in \partial_{\mathbf{w}} R_{\text{reg}}(\mathbf{w}^{(\mathbb{D}')}, \mathbb{D}') = C \partial_{\mathbf{w}} R_{\text{emp}}(\mathbf{w}^{(\mathbb{D}')}, \mathbb{D}') + \mathbf{w}^{(\mathbb{D}')} \tag{7.3}$$

여기서 $\partial_{\mathbf{w}}$는 $\mathbf{w}$에 대한 하위미분[17] 연산자 subdifferential operator다. 보조 위험함수 auxiliary risk function를 다음처럼 정의한다.

$$\tilde{R}(\mathbf{w}) = C \left\langle \partial_{\mathbf{w}} R_{\text{emp}}(\mathbf{w}^{(\mathbb{D})}, \mathbb{D}) - \partial_{\mathbf{w}} R_{\text{emp}}(\mathbf{w}^{(\mathbb{D}')}, \mathbb{D}'), \mathbf{w} - \mathbf{w}^{(\mathbb{D}')} \right\rangle + \frac{1}{2} \left\| \mathbf{w} - \mathbf{w}^{(\mathbb{D}')} \right\|_2^2$$

$\tilde{R}(\cdot)$은 실수 집합으로의 사상이다. $\tilde{R}(\mathbf{w})$는 $\mathbf{w}$에서 순볼록 strictly convex이라는 것을 쉽

---

16 카루시-쿤-터커(Karush-Kuhn-Tucke) 조건으로, 자세한 내용은 https://bit.ly/2kjh6Nu 참조 – 옮긴이
17 https://bit.ly/2L6Tbss 참조 – 옮긴이

게 알 수 있다. $\mathbf{w}^{(\mathbb{D}')}$를 $\tilde{R}(\mathbf{w})$로 치환하면 다음처럼 계산할 수 있다.

$$\tilde{R}(\mathbf{w}^{(\mathbb{D}')}) = C\left\langle \partial_\mathbf{w} R_{\text{emp}}\left(\mathbf{w}^{(\mathbb{D})}, \mathbb{D}\right) - \partial_\mathbf{w} R_{\text{emp}}\left(\mathbf{w}^{(\mathbb{D}')}, \mathbb{D}'\right), \mathbf{0} \right\rangle + \frac{1}{2}\|0\|_2^2$$
$$= \{0\}$$

또한 식 (7.3)에 의해 다음처럼 계산할 수 있다.

$$C\partial_\mathbf{w} R_{\text{emp}}(\mathbf{w}^{(\mathbb{D})}, \mathbb{D}) + \mathbf{w} \in C\partial_\mathbf{w} R_{\text{emp}}(\mathbf{w}^{(\mathbb{D})}, \mathbb{D}) - C\partial_\mathbf{w} R_{\text{emp}}(\mathbf{w}^{(\mathbb{D}')}, \mathbb{D}') + \mathbf{w} - \mathbf{w}^{(\mathbb{D}')}$$
$$= \partial_\mathbf{w} \tilde{R}(\mathbf{w})$$

식 (7.2)와 결합하면 $\mathbf{0} \in \partial_\mathbf{w} \tilde{R}(\mathbf{w}^{(\mathbb{D})})$임을 의미하므로 $\tilde{R}(\mathbf{w})$는 $\mathbf{w}^{(\mathbb{D})}$에서 최소가 된다. 따라서 양이 아닌 몇몇 $r \in \tilde{R}(\mathbf{w}^{(\mathbb{D})})$이 존재한다. 표기의 편의성을 위해 N/C로 크기를 조정해 $\tilde{R}(\mathbf{w}^{(\mathbb{D})})$의 첫 번째 항을 단순하게 만든다. 다음의 것은 $\ell(y, \hat{y})$로 나타내며, 하위분화 $\partial_\ell \ell(y, \hat{y})$로 나타낸다. 다음 식에서 우리는 하위미분 $\partial_\ell \ell(y, \hat{y})$을 $\ell'(y, \hat{y})$로 표기한다.

$$N\left\langle \partial_\mathbf{w} R_{\text{emp}}(\mathbf{w}^{(\mathbb{D})}, \mathbb{D}) - \partial_\mathbf{w} R_{\text{emp}}(\mathbf{w}^{(\mathbb{D}')}, \mathbb{D}'), \mathbf{w}^{(\mathbb{D})} - \mathbf{w}^{(\mathbb{D}')} \right\rangle$$
$$= \sum_{i=1}^{N}\left\langle \partial_\mathbf{w}\ell\left(y^{(i)}, f_{\mathbf{w}^{(\mathbb{D})}}\left(\mathbf{x}^{(i)}\right)\right) - \partial_\mathbf{w}\ell\left(\hat{y}^{(i)}, f_{\mathbf{w}^{(\mathbb{D}')}}\left(\hat{\mathbf{x}}^{(i)}\right)\right), \mathbf{w}^{(\mathbb{D})} - \mathbf{w}^{(\mathbb{D}')} \right\rangle$$
$$= \sum_{i=1}^{N-1}\left(\ell'\left(y^{(i)}, f_{\mathbf{w}^{(\mathbb{D})}}\left(\mathbf{x}^{(i)}\right)\right) - \ell'\left(y^{(i)}, f_{\mathbf{w}^{(\mathbb{D}')}}\left(\mathbf{x}^{(i)}\right)\right)\right)\left(f_{\mathbf{w}^{(\mathbb{D})}}\left(\mathbf{x}^{(i)}\right) - f_{\mathbf{w}^{(\mathbb{D}')}}\left(\mathbf{x}^{(i)}\right)\right)$$
$$\quad + \ell'\left(y^{(N)}, f_{\mathbf{w}^{(\mathbb{D})}}\left(\mathbf{x}^{(N)}\right)\right)\left(f_{\mathbf{w}^{(\mathbb{D})}}\left(\mathbf{x}^{(N)}\right) - f_{\mathbf{w}^{(\mathbb{D}')}}\left(\mathbf{x}^{(N)}\right)\right)$$
$$\quad - \ell'\left(\hat{y}^{(N)}, f_{\mathbf{w}^{(\mathbb{D}')}}\left(\hat{\mathbf{x}}^{(N)}\right)\right)\left(f_{\mathbf{w}^{(\mathbb{D})}}\left(\hat{\mathbf{x}}^{(N)}\right) - f_{\mathbf{w}^{(\mathbb{D}')}}\left(\hat{\mathbf{x}}^{(N)}\right)\right)$$
$$\geq \ell'\left(y^{(N)}, f_{\mathbf{w}^{(\mathbb{D})}}\left(\mathbf{x}^{(N)}\right)\right)\left(f_{\mathbf{w}^{(\mathbb{D})}}\left(\mathbf{x}^{(N)}\right) - f_{\mathbf{w}^{(\mathbb{D}')}}\left(\mathbf{x}^{(N)}\right)\right)$$
$$\quad - \ell'\left(\hat{y}^{(N)}, f_{\mathbf{w}^{(\mathbb{D}')}}\left(\hat{\mathbf{x}}^{(N)}\right)\right)\left(f_{\mathbf{w}^{(\mathbb{D})}}\left(\hat{\mathbf{x}}^{(N)}\right) - f_{\mathbf{w}^{(\mathbb{D}')}}\left(\hat{\mathbf{x}}^{(N)}\right)\right)$$

여기서 두 번째 등식은 각 $i \in [N-1]$에 대해 $\partial_\mathbf{w}\ell(y, f_\mathbf{w}(\mathbf{x})) = \ell'(y, f_\mathbf{w}(\mathbf{x}))\,\phi(\mathbf{x})$이고 $\hat{\mathbf{x}}^{(i)} = \mathbf{x}^{(i)}$이며 $\hat{y}^{(i)} = y^{(i)}$이다. 부등식은 두 번째 논점에서 ℓ의 볼록성에서 비롯된다.[18]

---

18 즉, 모든 볼록함수 f와 임의의 $a, b \in \Re$에 대해, 모든 $g_a \in \partial f(a)$와 모든 $g_b \in \partial f(b)$에 대해 $(g_a - g_b)(a - b)$이다. – 지은이

양이 아닌 $r \in \tilde{R}(\mathbf{w}^{(\mathbb{D})})$의 존재성을 결합하면 이 식은 다음을 만족하는 식이 존재함을 보여준다.

$$g \in \ell' \left(\hat{y}^{(N)}, f_{\mathbf{w}^{(\mathbb{D}')}} \left(\hat{\mathbf{x}}^{(N)}\right)\right) \left(f_{\mathbf{w}^{(\mathbb{D})}} \left(\hat{\mathbf{x}}^{(N)}\right) - f_{\mathbf{w}^{(\mathbb{D}')}} \left(\hat{\mathbf{x}}^{(N)}\right)\right)$$
$$- \ell' \left(y^{(N)}, f_{\mathbf{w}^{(\mathbb{D})}} \left(\mathbf{x}^{(N)}\right)\right) \left(f_{\mathbf{w}^{(\mathbb{D})}} \left(\mathbf{x}^{(N)}\right) - f_{\mathbf{w}^{(\mathbb{D}')}} \left(\mathbf{x}^{(N)}\right)\right)$$

다음이 바로 그 식이다.

$$0 \geq \frac{N}{C} r$$
$$\geq g + \frac{N}{2C} \left\| \mathbf{w}^{(\mathbb{D})} - \mathbf{w}^{(\mathbb{D}')} \right\|_2^2$$

그리고 ℓ의 립시츠 연속성에 의해 $|g| \leq 2L \left\| f_{\mathbf{w}^{(\mathbb{D})}} - f_{\mathbf{w}^{(\mathbb{D}')}} \right\|_\infty$이므로, 이 식은 차례로 다음 식이 성립함을 보여준다.

$$\frac{N}{2C} \left\| \mathbf{w}^{(\mathbb{D})} - \mathbf{w}^{(\mathbb{D}')} \right\|_2^2 \leq 2L \left\| f_{\mathbf{w}^{(\mathbb{D})}} - f_{\mathbf{w}^{(\mathbb{D}')}} \right\|_\infty \tag{7.4}$$

이제 재생 속성^{reproducing property}과 코시-슈바르츠 부등식^{Cauchy-Schwarz inequality}에 의해 가중벡터에 대해 유클리드 노름으로 분류기 차이의 무한대 노름의 상계를 구할 수 있다. 각 $\mathbf{x}$에 대해 다음 식이 성립한다.

$$\left| f_{\mathbf{w}^{(\mathbb{D})}} \left(\mathbf{x}\right) - f_{\mathbf{w}^{(\mathbb{D}')}} \left(\mathbf{x}\right) \right| = \left| \left\langle \phi \left(\mathbf{x}\right), \mathbf{w}^{(\mathbb{D})} - \mathbf{w}^{(\mathbb{D}')} \right\rangle \right|$$
$$\leq \left\| \phi \left(\mathbf{x}\right) \right\|_2 \left\| \mathbf{w}^{(\mathbb{D})} - \mathbf{w}^{(\mathbb{D}')} \right\|_2$$
$$= \sqrt{k \left(\mathbf{x}, \mathbf{x}\right)} \left\| \mathbf{w}^{(\mathbb{D})} - \mathbf{w}^{(\mathbb{D}')} \right\|_2$$
$$\leq \kappa \left\| \mathbf{w}^{(\mathbb{D})} - \mathbf{w}^{(\mathbb{D}')} \right\|_2$$

이 식을 부등식 (7.4)와 결합하면 주장한 바처럼 $\left\| \mathbf{w}^{(\mathbb{D})} - \mathbf{w}^{(\mathbb{D}')} \right\|_2 \leq 4LC\kappa/N$를 얻게 된다. 그러면 모든 $\mathbf{w} \in \Re^F$에 대해 $\|\mathbf{w}\|_1 \leq \sqrt{F} \|\mathbf{w}\|_2$로부터 ℓ_1-편향 민감도를 구할 수 있다. □

가우스 커널을 가진 SVM의 경우 $L = 1$과 $\kappa = 1$이다. 그러면 경계는 $\|\mathbf{w}^{(\mathbb{D})} - \mathbf{w}^{(\mathbb{D}')}\|_2 \leq 4C/N$와 $\|\mathbf{w}^{(\mathbb{D})} - \mathbf{w}^{(\mathbb{D}')}\|_1 \leq 4C\sqrt{F}/N$ 처럼 단순하게 만들 수 있다. 가중벡터의 민감도를 사용하면 차등 프라이버시를 바로 얻을 수 있다(보조정리 7.3 참조).

정리 7.10 (개인SVM-유한의 프라이버시) 임의의 $\beta > 0$와 크기 N, $C > 0$의 데이터베이스 $\mathbb{D}$, 볼록이고 $\hat{y}$에서 L-립시츠인 손실함수 $\ell(y, \hat{y})$와 모든 $\mathbf{w} \in \Re^D$에 대해 커널이 $(\mathbf{x}, \mathbf{x}) \leq \kappa^2$인 F-차원의 특성 사상에 대해, 손실 ℓ인 $\mathbb{D}$와 커널 k, 잡음 매개변수 $\lambda \geq 4LC\kappa\sqrt{F}/(\beta N)$와 정칙화 매개변수 C를 사용하는 개인SVM-유한은 β-차등 프라이버시를 보장한다.

이 결과는 더 높은 수준의 프라이버시는 더 많은 잡음이 필요하지만, 더 많은 훈련 예는 필요한 잡음의 수준을 낮춘다는 것을 보여준다. 다음으로 잡음벡터 $\boldsymbol{\mu}$의 지수 꼬리exponential tail를 사용해 개인SVM-유한의 (ϵ, δ)-유용성usefulness을 사용한다. 프라이버시와는 대조적으로 유용성은 잡음이 너무 크지 않도록 요구한다.

정리 7.11 (개인SVM-유한의 유용성) $C > 0$와 $N > 1$, N개의 항목을 갖는 데이터베이스 $\mathbb{D}$와 임의의 볼록 손실 ℓ 그리고 커널 k와 모든 $\mathbf{x} \in \mathcal{M}$와 $i \in [F]$ 그리고 어떤 $\Phi > 0$와 $\mathcal{M} \subseteq \Re^D$에 대해 $|\phi(\mathbf{x})_i| \leq \Phi$인 유한 F-차원의 특성 사상을 생각해보자. 임의의 $\epsilon > 0$와 $\delta \in (0, 1)$에 대해 손실이 ℓ인 $\mathbb{D}$와 커널 k, 잡음 매개변수 $0 < \lambda \leq \frac{\epsilon}{2\Phi\left(F + \log_e \frac{1}{\delta}\right)}$와 정칙화 매개변수 C를 사용하는 개인SVM-유한은 $\|\cdot\|_{\infty;\mathcal{M}}$-노름 아래에서 SVM에 대해 (ϵ, δ)-유용하다.

즉, 임의의 잡음 매개변수 $\lambda > 0$로 실행하면 개인SVM-유한은 $\epsilon = \Omega\left(\lambda\Phi\left(F + \log_e \frac{1}{\delta}\right)\right)$에 대해 (ϵ, δ)-유용하다.

(증명) 임의의 점 $\mathbf{x} \in \mathcal{M}$에서 SVM과 개인SVM-유한 분류를 생각해보면 다음 식을 유도할 수 있다.

$$\left| f_{\hat{M}(\mathbb{D})}(\mathbf{x}) - f_{M(\mathbb{D})}(\mathbf{x}) \right| = \left| \langle \hat{\mathbf{w}}, \phi(\mathbf{x}) \rangle - \langle \tilde{\mathbf{w}}, \phi(\mathbf{x}) \rangle \right|$$
$$= \left| \langle \boldsymbol{\mu}, \phi(\mathbf{x}) \rangle \right|$$
$$\leq \|\boldsymbol{\mu}\|_1 \|\phi(\mathbf{x})\|_\infty$$
$$\leq \Phi \|\boldsymbol{\mu}\|_1$$

척도가 λ이고 평균이 0인 라플라스 확률변수의 절대값은 척도가 λ^{-1}인 지수분포다. 또한 독립이며 같은 분포를 따르는 지수 확률변수 q의 합은 같은 척도 매개변수를 갖는 얼랑^{Erlang} q-분포[19]를 갖는다. 따라서 얼랑 F-분포를 따르는 확률변수 X와 임의의 $t > 0$에 대해 다음 부등식을 얻을 수 있다.

$$\forall \mathbf{x} \in \mathcal{M}, \ \left| f_{\hat{M}(\mathbb{D})}(\mathbf{x}) - f_{M(\mathbb{D})}(\mathbf{x}) \right| \leq \Phi X$$
$$\Rightarrow \ \forall \epsilon > 0, \ \Pr\left(\left\| f_{\hat{M}(\mathbb{D})} - f_{M(\mathbb{D})} \right\|_{\infty; \mathcal{M}} > \epsilon \right) \leq \Pr(X > \epsilon/\Phi)$$
$$\leq \frac{\mathrm{E}\left[e^{tX} \right]}{e^{\epsilon t/\Phi}} \tag{7.5}$$

여기서 마르코프^{Markov} 부등식[20]을 사용하는 체르노프 꼬리 경계$^{Chernoff \ tail \ bound}$ 기술을 사용했다. 매개변수가 λ인 얼랑 F-분포의 적률생성함수$^{moment\text{-}generating \ function}$[21]인 식 (7.5)의 분자는 $t < \lambda^{-1}$에 대해 $(1 - \lambda t)^{-F}$이다. $t = (2\lambda)^{-1}$로 선택하면 다음 식을 유도할 수 있다.

$$\Pr\left(\left\| f_{\hat{M}(\mathbb{D})} - f_{M(\mathbb{D})} \right\|_{\infty; \mathcal{M}} > \epsilon \right) \leq (1 - \lambda t)^{-F} e^{-\epsilon t/\Phi}$$
$$= 2^F e^{-\epsilon/(2\lambda\Phi)}$$
$$= \exp\left(F \log_e 2 - \frac{\epsilon}{2\lambda\Phi} \right)$$
$$< \exp\left(F - \frac{\epsilon}{2\lambda\Phi} \right)$$

그리고 $\epsilon \geq \left(2\lambda\Phi \left(F + \log_e \frac{1}{\delta} \right) \right)$가 주어지면, 이 확률은 δ로 유계^{bounded}이다. $\qquad\square$

---

19 https://bit.ly/2kREeTu 참조 – 옮긴이
20 https://bit.ly/2kYKFEv 참조 – 옮긴이
21 https://bit.ly/2kYK3ib 참조 – 옮긴이

입력: $\mathbf{x}^{(i)} \in \Re^D$이고 $y^{(i)} \in \{-1, 1\}$인 데이터베이스 $\mathbb{D} = \left\{(\mathbf{x}^{(i)}, y^{(i)})\right\}_{i=1}^{N}$; 정칙화기 $\rho(\cdot)$; 볼록 손실함수 $\ell(\cdot)$; ℓ의 2차 도함수에 대한 경계 $c > 0$; 정칙화 매개변수 $\lambda > 0$; 그리고 프라이버시 매개변수 $\beta > 0$.

1. $\beta' = \beta - \log\left(1 + \frac{2c}{N\lambda} + \frac{c^2}{N^2\lambda^2}\right)$로 설정한다.

2. $\beta' > 0$이면 $\Delta = 0$로 설정하고 그렇지 않으면 $\Delta = \frac{c}{N(e^{\beta/4}-1)} - \lambda$와 $\beta' = \beta/2$로 설정한다.

3. 분포 $\exp(-\beta'\|\mathbf{b}\|_2/2)$를 따르는 $\mathbf{b}$를 뽑는다.

4. $\mathbf{f}_{priv} = \arg\min_{\mathbf{f}} J_{priv}(\mathbf{f}, \mathbb{D}) + \frac{1}{2}\Delta\|\mathbf{f}\|_2^2$를 반환한다.

7.5 목표섭동에 의한 차등 프라이버시

이제 차등 개인 SVM 학습에 대한 또 다른 초기 독립적인 차우드후리 등의 접근 방식[46]을 간단히 살펴본다. 선형 SVM에 대한 이들의 메커니즘은 정칙화된 로지스틱 회귀regularized logistic regression[45]를 위해 같은 그룹으로 수행했던 것처럼, 또 정칙화된 경험적 위험 최소화기[46]의 일반 클래스general class에 적합한 것처럼 목표에 임의의 항을 추가해 차등 프라이버시를 보장한다. 명확한 설명을 위해 대상을 선형 SVM으로 제한하지만, 모든 결과는 유한차원 특성 사상 아래에서 SVM에 관해 본질에서 변하지 않는다. 또한 (정칙화) 경험적 위험 최소화 및 차등 프라이버시에 대해 추가 일반 연결과 처리가 이뤄졌다는 것도 주목할 만하다. 예를 들어 바실리Bassily 등은 손실과 유계 매개변수 정의역bounded parameter domain에 관한 각 훈련 데이터의 유계 립시츠 영향bounded Lipschitz influence 아래에서 부합률matching rate을 제시했으며[17], 두치Duchi 등은 (통계학자가 데이터를 사용할 수 없는 경우) 국소 프라이버시local privacy의 정의에 따라 상수인자constant factor에 맞는 하계와 상계를 갖는 효율적인 볼록 위험 최소화를 위한 최대최소율minimax rate을 보였다[74].

여기서 식 (2.1)에서 발견한 정칙화된 경험적 위험 최소화의 목표를 반복한다.

$$J(f, \mathbb{D}) = \frac{1}{N} \sum_{(x,y) \in \mathbb{D}} \ell\left(y, f(x)\right) + \lambda \cdot \rho\left(f\right)$$

위 식에서 $\rho(\cdot)$는 SVM에서 ℓ_2-노름의 절반인 정칙화 함수regularization functional이며, $\lambda > 0$는 앞에서 유도했던 것처럼 SVM에서 $1/C$에 해당하는 정칙화 매개변수다. 개인ERM-목표 메커니즘의 목표는 알고리즘 7.3에서 설명한 것처럼 **b**가 평균이 0인 임의의 잡음일 때 다음 식을 최소화하는 것이다.

$$J_{priv}(\mathbf{f}, \mathbb{D}) = J(\mathbf{f}, \mathbb{D}) + \frac{1}{N} \langle \mathbf{b}, \mathbf{f} \rangle$$

직관적으로 섭동 목표perturbed objective는 임의의 방향으로 정렬되는 모델을 선호하면서 정칙화 경험적 위험을 최소화한다. 선호하는 정렬의 강도(목표섭동의 정도)는 요구되는 프라이버시의 수준에 따라 다르다. 개인ERM-목표로 알려진 결과의 이점을 알아보기 위해 우리는 차우드후리 등의 연구 결과[46]에 따른 프라이버시와 유용성을 보장을 언급한다. 상세한 설명과 증명에 관심이 있는 독자는 해당 논문을 읽어보길 바란다.

정리 7.12 (개인ERM-목표의 프라이버시[46 정리 6]) 정칙화 함수 $\rho(\cdot)$가 1-강한 볼록1-strongly convex이면서, 이중미분가능doubly differentiable하고, 손실함수 $\ell(\cdot)$가 볼록이면서 1차 도함수가 1에 유계이고 2차 도함수가 $c > 0$에 유계이면, 개인ERM-목표는 β-차등 프라이버시다.

임의화 목표randomized objective를 통해 프라이버시를 보존하는 것은 SVM의 가장 일반적인 사례인 미분 불가능한 힌지손실을 제외한 미분 가능한 볼록 손실함수에만 적용할 수 있다는 점에 주목할 만하다. 앞 절에서 출력섭동output perturbation 접근 방식은 볼록 손실함수에 대한 프라이버시를 보존하는데, 이는 SVM 학습의 공식이 볼록이 되려면 볼록성을 만족해야 하므로 매우 약한 조건이다. 차우드후리 등은 이러한 제한을 염두에 두고 SVM에 대한 개인ERM-목표의 두 가지 사례를 연구했다 [46]. 더 복잡한 접근 방식은 전역적으로 이중미분 가능하지 않지만, 그런데도 차등 프라이버시를 달성하는 것으로 보일 수 있는 후버^{Huber} 손실함수[22]를 사용하는 것이다. 더 간단한 대안으로는 $c = \frac{3}{4h}$로 정리 7.12의 조건을 만족시키는 다음 손실함수를 사용하는 것이다.

$$\ell_s(z) = \begin{cases} 0, & z > 1+h \text{인 경우} \\ -\frac{(1-z)^4}{16h^3} + \frac{3(1-z)^2}{8h} + \frac{1-z}{2} + \frac{3h}{16}, & |1-z| \le h \text{인 경우} \\ 1-z, & z < 1-h \text{인 경우} \end{cases}$$

대역폭^{bandwidth}이 $h \to 0$이면, 이 손실함수는 힌지손실로 접근한다. 그리고 $c = \frac{3}{4h}$인 손실함수와 정칙화 함수 $\rho(\cdot) = \frac{1}{2}\|\mathbf{f}\|_2^2$를 사용하면 개인ERM-목표는 SVM의 β-차등 개인 근사$^{differentially\ private\ approximation}$를 산출한다.

7.2.2절의 유용성 정의는 비개인 SVM 분류기에 대한 개인 SVM 분류기의 점마다 닮음$^{pointwise\ similarity}$을 측정하지만 차우드후리 등은 초과위험$^{excess\ risk}$에 대한 경계로 유용성을 측정했다[46].

정리 7.13 (개인ERM-목표의 초과위험[46 정리 18]) 정칙화 함수 $\rho(\mathbf{f}) = \frac{1}{2}\|\mathbf{f}\|_2^2$와 분포 P_Z를 따라 독립이며 같은 분포에서 뽑은 D-차원 데이터 $\mathbb{D}$ 그리고 어떤 위험 $R(P_Z, \mathbf{f}) = R^*$을 갖는 참고 분류기$^{reference\ classifier}$ $\mathbf{f}_0$를 생각해보자. 정리 7.12에서와 같은 조건 아래에서 $\delta > 0$에 대해 훈련 집합의 크기가 다음을 만족하는 $A > 0$가 존재한다고 하자.

$$N > A \cdot \max\left\{ \frac{\|\mathbf{f}_0\|_2^2 \log(1/\delta)}{\epsilon^2}, \frac{c\|\mathbf{f}_0\|_2^2}{\epsilon\beta}, \frac{D\log\left(\frac{D}{\delta}\right)\|\mathbf{f}_0\|_2^2}{\epsilon\beta} \right\}$$

개인ERM-목표의 초과위험은 매우 큰 확률로 유계이다.

$$\Pr\left(R(P_Z, \mathbf{f}_{priv}) \le R^* + \epsilon\right) \ge 1 - 2\delta$$

---

22 https://bit.ly/21r5vog 참조 – 옮긴이

비교를 위해 비개인 SVM은 초과위험에 대해 같은 보장을 하기 위해서는 적어도 $\|f_0\|_2^2 \log(1/\delta)/\epsilon^2$ 상수 배의 데이터 크기가 필요하다[223]. 이것은 개인ERM-목표의 표본 복잡도 sample complexity 에서 최대의 첫 번째 항에 해당한다.

힌지손실을 갖는 SVM 학습에 대해 점마다 닮은 유용성 pointwise similarity utility 보장은 위험 경계보다 더 강하다는 것이 주목할 만하다.

주의 7.14 힌지손실은 SVM에 의한 분류기 출력에서 립시츠이므로, SVM에 대한 유용성을 갖는 메커니즘 $\hat{M}$ 또한 큰 확률로 SVM의 힌지손실의 ϵ 안에 있는 힌지손실로 예상한다. 즉, 최소상계노름 sup-norm 에 대한 (ϵ, δ)-유용성은 위험의 보장 근접성 guaranteed closeness 보다 강하다.

유용성의 더 강한 정의는 다음과 같은 자연적인 이점을 제공한다. 낮은 위험을 즐기는 임의의 차등 개인 메커니즘은 주어진 학습 알고리즘의 근사일 필요는 없다. 개인 SVM이 비개인 SVM의 분류에 근사할 것으로 기대하는 것은 당연하다. 이 유용성에 대한 보증은 이런 근사와 (SVM에 대한) 낮은 위험을 의미한다.

개인ERM-유한과 개인ERM-목표에 대한 해석적 결과 analytical result 를 직접 비교할 수는 없지만, 개인ERM-목표의 초과위험 경계는 출력섭동에 대해 차우드후리 등이 증명한 것[46]보다 더 좋은 성장률 growth rate 을 누리고 있으며, 기준 데이터 집합에 대한 초기 실험은 목표섭동이 출력섭동을 능가할 수 있음을 보여줬다.

마지막으로 차우드후리 등도 맥셰리와 탈워의 비교 절차를 사용해 프라이버시를 보존하면서 정칙화 매개변수를 조정하는 방법을 개발했다[46].

7장의 나머지 부분에서는 출력섭동의 메커니즘에 대해 초점을 맞춘다.

7.6 유한차원 특성공간

이제 유한차원 특성 사상 ϕ으로 유도된 RKHS $\mathcal{H}$ 에서 개인 학습의 문제를 생각해본다. 우리는 메커니즘 도출로 이 절을 시작해 프라이버시를 보장하는 데 필요한 잡음 매개변수의 범위를 설정하고(보조정리 7.15), 비개인 SVM에 근접한 근사를 산출하는 메커니즘의 조건을 도출한다(정리 7.16).

당연히 쌍대 SVM$^{\text{dual SVM}}$을 출발점으로 봐야 한다. 최적화하는 $f^\star \in \mathcal{H}$는 표현 정리$^{\text{Representer Theorem}}$[130]에 따라 데이터 생성 범위에 있어야 한다. 이 데이터의 기저^{basis}(쌍대변수 $\alpha_i^\star$) 좌표는 차등 프라이버시를 보장하기 위해 섭동될 수 있지만, $f^\star$를 매개변수로 설정하기 위한 기저도 필요하다. 기저는 원본 데이터 그 자체이므로, 이런 접근 방식은 막다른 골목처럼 보인다. 대신 원시 매개변수화^{primal} ^{parameterization}에 기반을 둔 응답을 인정하는 임의의 유한차원 사상 $\hat{\phi}$으로 유도된 임의의 RKHS $\hat{\mathcal{H}}$를 갖는 $\mathcal{H}$를 근사시켜 문제에 접근한다. 차우드후리 등[46]과 루빈슈타인 등[209]은 독립적으로 이 아이디어를 출력섭동과 목표섭동 메커니즘에 적용했다. 알고리즘 7.4의 개인SVM은 루빈슈타인의 메커니즘[207]을 요약한 것이다.

라히미^{Rahimi}와 레칫^{Recht}이 지적한 바[199]와 같이 연속 양의 정부호 평행이동 불변함수$^{\text{continuous positive-definite translation-invariant function}}$인 커널함수 g의 푸리에 변환 p는

알고리즘 7.4 개인SVM(PrivateSVM)

입력: $\mathbf{x}^{(i)} \in \Re^D$이고 $y^{(i)} \in \{-1, 1\}$인 데이터베이스 $\mathbb{D} = \left\{ (\mathbf{x}^{(i)}, y^{(i)}) \right\}_{i=1}^N$; 푸리에 변환 $p(\boldsymbol{\omega}) = 2^{-1} \int e^{-j\langle \boldsymbol{\omega}, \mathbf{x} \rangle} g(\mathbf{x}) \, d\mathbf{x}$를 갖는 평행이동 불변커널 $k(\mathbf{x}, \mathbf{z}) = g(\mathbf{x} - \mathbf{z})$; 볼록 손실함수 ℓ; 매개변수 λ와 $C > 0$ 그리고 $\hat{D} \in \mathfrak{N}$.

1. $\boldsymbol{\rho}_1, \ldots, \boldsymbol{\rho}_{\hat{D}} \leftarrow p$에서 독립이며 같은 분포를 따르는 $\hat{D}$개 벡터의 표본을 $\Re^D$에서 뽑는다.

2. $\hat{\boldsymbol{\alpha}} \leftarrow$ 매개변수 C와 식 (7.6)의 사상에서 유도된 커널 $\hat{k}$ 그리고 손실이 ℓ인 $\mathbb{D}$에서 알고리즘 7.1을 실행한다.

3. $\tilde{\mathbf{w}} \leftarrow \sum_{i=1}^N y^{(i)} \hat{\alpha}_i \hat{\phi}(\mathbf{x}^{(i)})$, 여기서 $\hat{\phi}$는 식 (7.6)에서 정의된 함수다.

4. $\boldsymbol{\mu} \leftarrow$ 독립이며 같은 분포를 따르는 $2\hat{D}$개 스칼라의 표본을 라플라스 $(\mathbf{0}, \lambda)$ 분포에서 뽑는다.

5. $\hat{\mathbf{w}} = \tilde{\mathbf{w}} + \boldsymbol{\mu}$와 $\boldsymbol{\rho}_1, \ldots, \boldsymbol{\rho}_{\hat{D}}$를 반환한다.

음이 아닌 측도다. 커널 g의 크기를 적절하게 바꾸면, 보크너 정리[Bochner theorem23]는 p가 고유확률분포[proper probability distribution]임을 보장한다. 라히미와 래칫은 이 사실을 이용해 임의의 RKHS $\hat{\mathcal{H}}$를 구성하기 위해 p에서 $\hat{D}$개의 벡터 $\boldsymbol{\rho}_1, \ldots, \boldsymbol{\rho}_{\hat{D}}$를 뽑아 임의의 $2\hat{D}$-차원 특성 사상을 정의했다[199].

$$\hat{\phi}(\,\cdot\,) = \hat{D}^{-1/2}\left[\cos\left(\langle\boldsymbol{\rho}_1,\,\cdot\,\rangle\right), \sin\left(\langle\boldsymbol{\rho}_1,\,\cdot\,\rangle\right), \ldots, \cos\left(\langle\boldsymbol{\rho}_{\hat{D}},\,\cdot\,\rangle\right), \sin\left(\langle\boldsymbol{\rho}_{\hat{D}},\,\cdot\,\rangle\right)\right]^T \tag{7.6}$$

표 7.2은 3개의 평행이동 불변커널과 그 변환을 보여준다. 임의의 특성공간 $\hat{k}(\cdot, \cdot)$에서의 내적은 보조정리 7.21에서 다시 설명한 것처럼 매개변수 $\hat{D}$에 따라 균일하며 임의의 정밀도로 $k(\cdot, \cdot)$에 근사한다. 라히미와 래칫은 이 근사를 적용해 $\hat{D} \ll N$에 대한 좋은 근사를 찾았다[199].

$\hat{\mathcal{H}}$에서 정칙화된 ERM을 수행하는데, N의 복잡도를 회피하기 위해서가 아니라 무한차원 특성공간의 경우 원시해[primal solution]의 직접적인 유한표현[direct finite representation] $\tilde{\mathbf{w}}$를 제공하기 위함이다. 이후 라플라스 잡음이 이전처럼 차등 프라이버시를 보장하기 위해 원시해 $\tilde{\mathbf{w}}$에 추가된다.

개인SVM-유한과 달리 개인SVM은 표본 $\{\boldsymbol{\rho}_i\}_{i=1}^{\hat{D}}$를 $\hat{f}^\star = \langle\hat{\mathbf{w}}, \hat{\phi}(\,\cdot\,)\rangle$로 분류하기 위해 반드시 특성 사상 $\hat{\phi}$의 매개변수화를 해제해야 한다. 개인SVM의 응답 중 $\tilde{\mathbf{w}}$만 $\mathbb{D}$에 종속이다. $\boldsymbol{\rho}_i$는 커널의 변환 p에서 데이터에 독립적으로 뽑힌 것으로, 우리는 공격자가 이미 알고 있다고 가정한다. 더 정확히 말해서 공격자는 k를 포함한 메커니즘

표 7.2 표 7.1의 평행이동 불변커널과 그 g함수, 그에 해당하는 푸리에 변환 p

커널	$g(\boldsymbol{\Delta})$	$p(\boldsymbol{\omega})$
RBF	$\exp\left(-\frac{\|\boldsymbol{\Delta}\|_2^2}{2\sigma^2}\right)$	$\frac{1}{(2\pi)^{D/2}}\exp\left(\frac{-\|\boldsymbol{\omega}\|_2^2}{2}\right)$
라플라스	$\exp\left(-\|\boldsymbol{\Delta}\|_1\right)$	$\prod_{i=1}^{D}\frac{1}{\pi\left(1+\omega_i^2\right)}$
코시	$\prod_{i=1}^{D}\frac{2}{1+\Delta_i^2}$	$\exp\left(-\|\boldsymbol{\omega}\|_1\right)$

---

23 https://bit.ly/2IYUfY5 또는 https://nus.edu/2muQpX7 참조 – 옮긴이

을 알고 있다고 가정한다. 따라서 차등 프라이버시를 확립하기 위해서는 개인SVM-유한에 했던 것처럼 가중벡터만 고려하면 된다.

따름정리 7.15 (개인SVM의 프라이버시) 임의의 $\beta > 0$와 크기가 N인 데이터베이스 $\mathbb{D}$, $C > 0$, $\hat{D} \in \mathfrak{N}$, 볼록이고 $\hat{y}$에서 L-립시츠인 손실함수 $\ell(y, \hat{y})$ 그리고 평행이동 불변커널 k에 대해, 손실이 ℓ인 $\mathbb{D}$와 커널 k, 잡음 매개변수 $\lambda \geq 2^{2.5} LC\sqrt{\hat{D}}/(\beta N)$, 근사 매개변수 $\hat{D}$, 정칙화 매개변수 C를 사용하는 개인SVM은 β-차등 프라이버시를 보장한다.

증명 $\tilde{\mathbf{w}}$는 커널 $\hat{k}$와 응답벡터 $\hat{\mathbf{w}} = \tilde{\mathbf{w}} + \boldsymbol{\mu}$ 그리고 모든 $\mathbf{x} \in \mathfrak{R}^D$에 대해 $\hat{k}(\mathbf{x}, \mathbf{x}) = 1$인 SVM의 원시해이므로 정리 7.10으로부터 결과를 얻을 수 있다. $\sqrt{2}$의 추가 인자extra factor는 $\hat{\phi}(\cdot)$가 $2\hat{d}$-차원 특성 사상이라는 사실에서 나온다. □

이 결과는 매우 놀랍다. 개인SVM이 (쌍대변수와 특성 사상으로 응답하는) 학습된 분류기를 반환하는 명확한 방법이 서포트 벡터에 해당하는 모든 항목을 완전히 드러내는 무한차원의 함수 클래스에서 정칙화된 ERM에 대해 프라이버시를 보장할 수 있다는 것이다.

이 절의 나머지 부분은 개인SVM이 SVM과 관련해 유용하다는 다음 결과를 고려한다.

정리 7.16 (개인SVM의 유용성) 임의의 데이터베이스 $\mathbb{D}$와 $\mathbb{D}$를 포함하는 콤팩트 집합compact set $\mathcal{M} \subseteq \mathfrak{R}^D$, 볼록 손실 ℓ, 평행이동 불변커널 k, 스칼라 C, $\epsilon > 0$ 그리고 $\delta \in (0, 1)$를 생각해보자. 손실이 ℓ, 커널이 k 그리고 매개변수가 C인 SVM이 Λ로 유계인 ℓ_1-노름을 갖는 쌍대변수를 가지고 있다고 가정하자. 그러면 손실이 ℓ이고, 커널이 k 그리고 매개변수가 $\theta(\epsilon) = \min\left\{1, \dfrac{\epsilon^4}{2^4\left(\Lambda + 2\sqrt{(CL + \Lambda/2)\Lambda}\right)^4}\right\}$일 때, $\hat{D} \geq \dfrac{4(D+2)}{\theta(\epsilon)}$와 $\lambda \leq \min\left\{\dfrac{\epsilon}{2^4 \log_e 2\sqrt{\hat{D}}}, \dfrac{\epsilon\sqrt{\hat{D}}}{8 \log_e \frac{2}{\delta}}\right\}$ 그리고 C를 사용하는 알고리즘 7.4는 $\|\cdot\|_{\infty;\mathcal{M}}$-노름에 대해 손실이 ℓ이고 커널이 k 그리고 매개변수가 C인 알고리즘 7.1에 대해 (ϵ, δ)-유용하다.

주의 7.17 정리 7.16은 SVM이 유계인 ℓ_1-노름으로 쌍대 해벡터$^{\text{dual solution vector}}$를 갖는다고 가정한다. 이 조건의 동기는 SVM 분류의 가장 일반적인 사례로 힌지손실을 이용한 학습이다. 이 손실 아래에서 쌍대 프로그램 (7.1)은 이 조건을 만족하는지 확인하는 상자 제약 사항$^{\text{box constraint}}$을 갖는다.

정리 7.16의 결과는 SVM의 분류기 $f^\star$의 출력과 개인SVM의 분류기 $\hat{f}^\star$의 출력 간의 점마다 거리를 높은 확률로 경계를 만든다. $\tilde{f}$를 중간가중벡터 $\tilde{\mathbf{w}}$를 매개변수로 하는 함수라 하자. 그러면 $f^\star$와 $\hat{f}^\star$가 모두 높은 확률로 $\tilde{f}$에 가깝다는 것을 증명하고, 삼각부등식을 적용해 주요 결과를 만들어낼 수 있다. 이제 $\tilde{f}$와 $f^\star$를 연관시키는 것으로 시작한다. $f^\star$는 $\tilde{\mathbf{w}}$에 라플라스 잡음을 추가한 결과이므로, 이 두 분류기를 연관시키는 작업은 개인SVM-유한의 유용성을 증명하는 것과 거의 같다(정리 7.11 참조).

보조정리 7.18 $\hat{D} \in \aleph$와 $C > 0$, 볼록 손실 그리고 평행이동 불변커널로 알고리즘 7.1과 7.4를 실행하는 것을 생각해보자. $\hat{f}^\star$와 $\tilde{f}$를 각각 가중벡터 $\hat{\mathbf{w}}$와 $\tilde{\mathbf{w}}$를 매개변수로 하는 분류기로 표기한다. 여기서 이 가중벡터는 알고리즘 7.4에서 $\boldsymbol{\mu} \overset{iid}{\sim} \text{Laplace}(\mathbf{0}, \lambda)$에 대해 $\hat{\mathbf{w}} = \tilde{\mathbf{w}} + \boldsymbol{\mu}$로 관련돼 있다. 임의의 $\epsilon > 0$와 $\delta \in (0,\ 1)$에 대해 $0 < \lambda \leq \min\left\{ \dfrac{\epsilon}{2^4 \log_e 2\sqrt{\hat{D}}},\ \dfrac{\epsilon \sqrt{\hat{D}}}{8 \log_e \frac{2}{\delta}} \right\}$이면 $\Pr\left(\left\| \hat{f}^\star - \tilde{f} \right\|_\infty \leq \frac{\epsilon}{2} \right) \geq 1 - \frac{\delta}{2}$이다.

증명 정리 7.11의 증명에서 우리가 체르노프 꼬리 경계 기술을 사용해 얼랑 $2\hat{D}$-분포 확률변수 X와 $t = (2\lambda)^{-1}$와 임의의 $\epsilon > 0$에 대해 다음과 같음을 보일 수 있다.

$$
\begin{aligned}
\Pr\left(\left\| \hat{f}^\star - \tilde{f} \right\|_\infty > \epsilon/2 \right) &\leq \frac{\mathrm{E}\left[e^{tX} \right]}{e^{\epsilon t \sqrt{\hat{D}}/2}} \\
&\leq (1 - \lambda t)^{-2\hat{D}} e^{-\epsilon t \sqrt{\hat{D}}/2} \\
&= 2^{2\hat{D}} e^{-\epsilon \sqrt{\hat{D}}/(4\lambda)} \\
&= \exp\left(\hat{D} \log_e 4 - \epsilon \sqrt{\hat{D}}/(4\lambda) \right)
\end{aligned}
$$

$\lambda \leq \epsilon / \left(2^4 \log_e 2\sqrt{\hat{D}} \right)$가 주어지면 이 값은 $\left(-\epsilon \sqrt{\hat{D}}/(8\lambda) \right)$에 유계이다. 또한 $\lambda \leq \epsilon \sqrt{\hat{D}} / \left(8 \log_e \frac{2}{\delta} \right)$이면 결론적으로 보조정리의 결과와 같아진다. $\qquad\square$

$f^\star$와 $\hat{f}^\star$를 연관 짓기 위해 RKHS 자체의 작은 변화와 관련해 정칙화된 ERM의 평활도를 이용한다. 정칙화된 경험적 위험함수의 볼록성을 이용하기 위해 사용할 기술적 보조정리로 시작한다. 이 보조정리는 값에 가까운 위험이 있는 함수도 근접하게 될 것이라는 주의 7.14와 반대되는 내용을 보여준다.

보조정리 7.19 R을 힐베르트 공간 $\mathcal{H}$ 위에서 어떤 $a > 0$, $f^\star \in \mathcal{H}$와 모든 $f \in \mathcal{H}$에 대해 $R[f] \geq R[f^\star] + \frac{a}{2} \left\| f - f^\star \right\|_{\mathcal{H}}^2$를 만족하는 함수라 하자. 그러면 모든 $\epsilon > 0$와 $f \in \mathcal{H}$에 대해 $R[f] \leq R[f^\star] + \epsilon$는 $\left\| f - f^\star \right\|_{\hat{\mathcal{H}}} \leq \sqrt{\frac{2\epsilon}{a}}$을 뜻한다.

증명 가정과 이전 결과에 따라 다음이 성립한다.

$$
\begin{aligned}
\left\| f - f^\star \right\|_{\hat{\mathcal{H}}}^2 &\leq \frac{2}{a} \left(R[f] - R[f^\star] \right) \\
&\leq \frac{2}{a} \left(R[f^\star] + \epsilon - R[f*] \right) \\
&= \frac{2\epsilon}{a}
\end{aligned}
$$

양변에 제곱근을 취하면 결과를 얻을 수 있다. □

커널 k와 $\hat{k}$가 고르게 가깝다면uniformly close, 우리는 이제 $f^\star$와 $\hat{f}^\star$가 특성 사상 섭동에 대해 정칙화된 ERM의 둔감성insensitivity를 사용해 점마다로 가깝다는 것을 증명한다.

보조정리 7.20 $\mathcal{H}$를 평행이동 불변커널 k를 가진 RKHS 그리고 $\hat{\mathcal{H}}$를 k로 유도된 특성 사상 (7.6)에 해당하는 임의의 RKHS라 하자. C가 양의 스칼라이고, 손실 $\ell(y, \hat{y})$가 볼록이며 $\hat{y}$에서 L-립시츠 연속이라고 하자. $R_{\text{emp}}[f] = n^{-1} \sum_{i=1}^N \ell\left(y^{(i)}, f(\mathbf{x}^{(i)}) \right)$일 때 다음처럼 각 RKHS에서 정칙화된 경험적 위험 최소화기를 생각해보자.

$$f^\star \in \underset{f \in \mathcal{H}}{\operatorname{argmin}} \left[C R_{\text{emp}}[f] + \frac{1}{2} \| f \|_{\mathcal{H}}^2 \right]$$

$$g^\star \in \underset{g \in \hat{\mathcal{H}}}{\operatorname{argmin}} \left[C R_{\text{emp}}[g] + \frac{1}{2} \| g \|_{\hat{\mathcal{H}}}^2 \right]$$

$\mathcal{M} \subseteq \Re^D$이 $\mathbf{x}^{(1)}, \ldots, \mathbf{x}^{(N)}$을 원소로 갖는 어떤 집합이라 하자. 임의의 $\epsilon > 0$에 대해 두 최적화로부터의 쌍대변수가 어떤 $\Lambda > 0$와 $\left\| k - \hat{k} \right\|_{\infty; \mathcal{M}} \le \min \bigg\{ 1,$ $\dfrac{\epsilon^2}{2^2 \left(\Lambda + 2\sqrt{(CL + \Lambda/2)\Lambda} \right)^2} \bigg\}$에 대해 유계인 ℓ_1-노름을 갖는다면 $\left\| f^\star - g^\star \right\|_{\infty; \mathcal{M}} \le \epsilon/2$이다.

증명 적당한 RKHS 노름에 대해 정칙화된 경험적 위험함수 $R_{\text{reg}}[f] = C R_{\text{emp}}[f]$ $+ \|f\|^2 / 2$를 정의한다. 최소화기 $f^\star \in \mathcal{H}$가 매개변수 벡터 $\boldsymbol{\alpha}^\star$로 주어지고, 최소화기 $g^\star \in \hat{\mathcal{H}}$가 매개변수 벡터 $\boldsymbol{\beta}^\star$로 주어졌다고 하자. $g_{\boldsymbol{\alpha}^\star} = \sum_{i=1}^{N} \alpha_i^\star y^{(i)} \hat{\phi} \left(\mathbf{x}^{(i)} \right)$와 $f_{\boldsymbol{\beta}}^\star = \sum_{i=1}^{N} \beta_i^\star y^{(i)} \phi \left(\mathbf{x}^{(i)} \right)$를 각각 RKHS의 $\hat{\mathcal{H}}$와 $\mathcal{H}$에서 데이터 생성 간의 자연 사상 natural mapping 아래에서 $f^\star$와 $g^\star$의 상image을 의미한다고 하자. 우리는 먼저 이 4개의 함수가 함수 각각의 RKHS에서 정칙화된 경험적 위험에 닫혀 있음을 보이고 나서 이것이 함수 자체의 균일 근접을 뜻함을 보인다. 임의의 $g \in \hat{\mathcal{H}}$에 대해 살펴보면 다음과 같다.

$$\begin{aligned}
R_{\text{reg}}^{\hat{\mathcal{H}}}[g] &= C R_{\text{emp}}[g] + \frac{1}{2} \| g \|_{\hat{\mathcal{H}}}^2 \\
&\ge C \langle \partial_g R_{\text{emp}}[g^\star], g - g^\star \rangle_{\hat{\mathcal{H}}} + C R_{\text{emp}}[g^\star] + \frac{1}{2} \| g \|_{\hat{\mathcal{H}}}^2 \\
&= \langle \partial_g R_{\text{reg}}^{\hat{\mathcal{H}}}[g^\star], g - g^\star \rangle_{\hat{\mathcal{H}}} - \langle g^\star, g - g^\star \rangle_{\hat{\mathcal{H}}} + C R_{\text{emp}}[g^\star] + \frac{1}{2} \| g \|_{\hat{\mathcal{H}}}^2
\end{aligned}$$

부등식은 $R_{\text{emp}}[\cdot]$의 볼록성에서 나오며, 하위미분 $\partial_g R_{\text{emp}}[g^\star]$의 모든 원소에 대해 성립한다. 다음 등식은 $\partial_g R_{\text{reg}}^{\hat{\mathcal{H}}}[g] = C \partial_g R_{\text{emp}}[g] + g$에 의해 성립한다. 이제 $\mathbf{0} \in \partial_g R_{\text{reg}}^{\hat{\mathcal{H}}}$ $[g^\star]$이므로 다음 식이 성립한다.

$$R_{\text{reg}}^{\hat{\mathcal{H}}}[g] \geq C\, R_{\text{emp}}[g^\star] + \frac{1}{2} \|g\|_{\hat{\mathcal{H}}}^2 - \langle g^\star, g - g^\star \rangle_{\hat{\mathcal{H}}}$$

$$= R_{\text{reg}}^{\hat{\mathcal{H}}}[g^\star] + \frac{1}{2} \|g\|_{\hat{\mathcal{H}}}^2 - \langle g^\star, g \rangle_{\hat{\mathcal{H}}} + \frac{1}{2} \|g^\star\|_{\hat{\mathcal{H}}}^2$$

$$= R_{\text{reg}}^{\hat{\mathcal{H}}}[g^\star] + \frac{1}{2} \|g - g^\star\|_{\hat{\mathcal{H}}}^2$$

이 식으로 보조정리 7.19는 임의의 $g \in \hat{\mathcal{H}}$와 $\epsilon' > 0$에 대해 다음 식이 성립함을 의미한다.

$$R_{\text{reg}}^{\hat{\mathcal{H}}}[g] \leq R_{\text{reg}}^{\hat{\mathcal{H}}}[g^\star] + \epsilon' \quad \Rightarrow \quad \|g - g^\star\|_{\hat{\mathcal{H}}} \leq \sqrt{2\epsilon'} \tag{7.7}$$

다음으로 $g = g_{\alpha^\star}$에 대해 위 식이 참인 것을 보인다. 모든 $\mathbf{x} \in \mathcal{M}$에 대해 $\left\{ \left\| k - \hat{k} \right\|_{\infty;\mathcal{M}} \leq \epsilon' \right\}$를 조절하면 다음처럼 $\|\alpha^\star\|_1$에서의 경계에 좌우된다.

$$\left| f_{[}^\star \right](\mathbf{x}) - g_{\alpha^\star}(\mathbf{x}) \right| = \left| \sum_{i=1}^{N} \alpha_i^\star y^{(i)} \left(k\left(\mathbf{x}^{(i)}, \mathbf{x}\right) - \hat{k}\left(\mathbf{x}^{(i)}, \mathbf{x}\right) \right) \right|$$

$$\leq \sum_{i=1}^{N} |\alpha_i^\star| \left| k\left(\mathbf{x}^{(i)}, \mathbf{x}\right) - \hat{k}\left(\mathbf{x}^{(i)}, \mathbf{x}\right) \right|$$

$$\leq \epsilon' \|\alpha^\star\|_1$$

$$\leq \epsilon' \Lambda \tag{7.8}$$

$\mathbf{K}$와 $\hat{\mathbf{K}}$가 각각 커널 k와 $\hat{k}$의 커널행렬일 때, 이 결과와 손실에 대한 립시츠 연속성으로 다음 식을 얻을 수 있다.

$$\left| R_{\text{reg}}^{\mathcal{H}}[f^\star] - R_{\text{reg}}^{\hat{\mathcal{H}}}[g_{\alpha^\star}] \right| = \left| C\, R_{\text{emp}}[f^\star] - C\, R_{\text{emp}}[g_{\alpha^\star}] + \frac{1}{2} \|f^\star\|_{\mathcal{H}}^2 - \frac{1}{2} \|g_{\alpha^\star}\|_{\hat{\mathcal{H}}}^2 \right|$$

$$\leq \frac{C}{N} \sum_{i=1}^{N} \left| \ell\left(y^{(i)}, f_{[}^\star\right](\mathbf{x}^{(i)})\right) - \ell\left(y^{(i)}, g_{\alpha^\star}(\mathbf{x}^{(i)})\right) \right|$$

$$+ \frac{1}{2} \left| (\alpha^\star)^\top (\mathbf{K} - \hat{\mathbf{K}}) \alpha^\star \right|$$

$$\leq CL \|f^\star - g_{\alpha^\star}\|_{\infty;\mathcal{M}} + \frac{1}{2} \|\alpha^\star\|_1 \left\| (\mathbf{K} - \hat{\mathbf{K}}) \alpha^\star \right\|_\infty$$

$$\leq CL\epsilon'\Lambda + \Lambda^2 \epsilon'/2$$

$$= \left(CL + \frac{\Lambda}{2} \right) \Lambda \epsilon'$$

유사하게, 같은 논거로 다음 부등식도 얻을 수 있다.

$$\left| R_{\text{reg}}^{\hat{\mathcal{H}}}[g^\star] - R_{\text{reg}}^{\mathcal{H}}[f_{\boldsymbol{\beta}^\star}] \right| \le (CL + \Lambda/2)\Lambda\epsilon'$$

그리고 $R_{\text{reg}}^{\mathcal{H}}[f_{\boldsymbol{\beta}^\star}] \ge R_{\text{reg}}^{\mathcal{H}}[f^\star]$ 이고 $R_{\text{reg}}^{\hat{\mathcal{H}}}[g_{\boldsymbol{\alpha}^\star}] \ge R_{\text{reg}}^{\hat{\mathcal{H}}}[g^\star]$ 이므로 다음을 증명했다.

$$\begin{aligned} R_{\text{reg}}^{\hat{\mathcal{H}}}[g_{\boldsymbol{\alpha}^\star}] &\le R_{\text{reg}}^{\mathcal{H}}[f^\star] + (CL + \Lambda/2)\Lambda\epsilon' \\ &\le R_{\text{reg}}^{\mathcal{H}}[f_{\boldsymbol{\beta}^\star}] + (CL + \Lambda/2)\Lambda\epsilon' \\ &\le R_{\text{reg}}^{\hat{\mathcal{H}}}[g^\star] + 2(CL + \Lambda/2)\Lambda\epsilon' \end{aligned}$$

식 (7.7)에 의해 다음 식이 성립한다.

$$\left\| g_{\boldsymbol{\alpha}^\star} - g^\star \right\|_{\hat{\mathcal{H}}} \le 2\sqrt{\left(CL + \frac{\Lambda}{2}\right)\Lambda\epsilon'} \tag{7.9}$$

이제 각 $\mathbf{x} \in \Re^D$에 관해 $\hat{k}(\mathbf{x}, \mathbf{x}) = 1$이므로 다음 식이 성립한다.

$$\begin{aligned} \left| g_{\boldsymbol{\alpha}^\star}(\mathbf{x}) - g^\star(\mathbf{x}) \right| &= \left\langle g_{\boldsymbol{\alpha}^\star} - g^\star, \hat{k}(\mathbf{x}, \cdot) \right\rangle_{\hat{\mathcal{H}}} \\ &\le \left\| g_{\boldsymbol{\alpha}^\star} - g^\star \right\|_{\hat{\mathcal{H}}} \sqrt{\hat{k}(\mathbf{x}, \mathbf{x})} \\ &= \left\| g_{\boldsymbol{\alpha}^\star} - g^\star \right\|_{\hat{\mathcal{H}}} \end{aligned}$$

이 식을 부등식 (7.9)에 적용하면 $\left\| g_{\boldsymbol{\alpha}^\star} - g^\star \right\|_{\infty;\mathcal{M}} \le 2\sqrt{\left(CL + \frac{\Lambda}{2}\right)\Lambda\epsilon'}$이 된다. 이 식을 부등식 (7.8)에 적용하면 $\left\| f^\star - g^\star \right\|_{\infty;\mathcal{M}} \le \epsilon'\Lambda + 2\sqrt{(CL + \Lambda/2)\Lambda\epsilon'}$은 이벤트 $P_{\epsilon'} = \left\{ \left\| k - \hat{k} \right\|_\infty \le \epsilon' \right\}$에 좌우된다는 것을 의미한다. 원하는 $\epsilon > 0$에 대해 $\epsilon' = \min\left\{ \epsilon / \left[2\left(\Lambda + 2\sqrt{(CL + \Lambda/2)\Lambda}\right)\right], \epsilon^2 / \left[2\left(\Lambda + 2\sqrt{(CL + \Lambda/2)\Lambda}\right)\right]^2 \right\}$로 이벤트 $P_{\epsilon'}$를 조절하면 경계 $\left\| f^\star - g^\star \right\|_{\infty;\mathcal{M}} \le \epsilon/2$를 얻을 수 있다. $\epsilon' \le 1$이면 $\epsilon/2 \ge \sqrt{\epsilon'}\left(\Lambda + 2\sqrt{(CL + \Lambda/2)\Lambda}\right) \ge \epsilon'\Lambda + 2\sqrt{(CL + \Lambda/2)\Lambda\epsilon'}$ $\epsilon' \le \epsilon^2 / \left[2\left(\Lambda + 2\sqrt{(CL + \Lambda/2)\Lambda}\right)\right]^2$ 이다. 만약 그렇지 않고 $\epsilon' > 1$이면 $\epsilon/2 \ge \epsilon'\left(\Lambda + 2\sqrt{(CL + \Lambda/2)\Lambda}\right) \ge \epsilon'\Lambda +$

$2\sqrt{(CL + \Lambda/2)\,\Lambda\epsilon'}$ 는 $\epsilon' \leq \epsilon / \left[2\left(\Lambda + 2\sqrt{(CL + \Lambda/2)\,\Lambda}\right)\right]$가 된다. 임의의 $H > 0$에 대해 $\{H, H^2\} \geq \min\{1, H^2\}$이므로 결과를 얻을 수 있다. $\qquad\qquad\square$

이제는 앞의 보조정리에서 요구하는 커널 함수의 비점근적 균일 수렴nonasymptotic uniform convergence(즉, 이벤트 $P_{\epsilon'}$의 확률에 대한 경계)를 설정하는 라히미와 래칫의 연구 결과[199 주장Claim 1]를 살펴본다.

보조정리 7.21 (라히미와 래칫 논문[199 주장 1]) 임의의 $\epsilon > 0$과 $\delta \in (0, 1)$ 그리고 평행이동 불변커널 k와 콤팩트집합 $\mathcal{M} \subseteq \mathfrak{R}^D$에 대해 $\hat{D} \geq \frac{4(D+2)}{\epsilon^2} \log_e \left(\frac{2^8 (\sigma_p \mathrm{diam}(\mathcal{M}))^2}{\delta \epsilon^2} \right)$이면, 식 (7.6)에 나온 알고리즘 7.4의 확률 사상random mapping $\hat{\phi}$는 $\Pr\left(\left\| k - \hat{k}\right\|_\infty < \epsilon\right) \geq 1 - \delta$를 만족하는데, 여기서 $\sigma_p^2 = \mathrm{E}\left[\langle \boldsymbol{\omega}, \boldsymbol{\omega}\rangle\right]$는 k의 g 함수에 대한 푸리에 변환 p의 이차적률second moment[24]이다.

이런 성분들을 조합하면 개인SVM에 대한 유용성을 설정할 수 있다.

증명 보조정리 7.20과 따름정리 7.18을 보조정리 7.21의 부등식으로 결합하면 다음과 같은 결과를 얻을 수 있다. 다음처럼 $\mathbb{P}$가 $\hat{k}$를 사용해 k로의 근사하는 것에 관한 조건부 사건conditioning event이라 하고, 보조정리 7.20과 7.11에서의 사건을 각각 $\mathbb{Q}$와 $\mathbb{R}$로 그리고 정리에서의 목표 사건target event을 $\mathbb{S}$로 표기한다.

$$\mathbb{P} = \left\{ \left\| k - \hat{k}\right\|_{\infty;\mathcal{M}} < \min\left\{ 1, \frac{\epsilon^2}{2^2\left(\Lambda + 2\sqrt{\left(CL + \frac{\Lambda}{2}\right)\Lambda}\right)^2} \right\}\right\}$$

$$\mathbb{Q} = \left\{ \left\| f^\star - \tilde{f}\right\|_{\infty;\mathcal{M}} \leq \frac{\epsilon}{2}\right\}$$
$$\mathbb{R} = \left\{ \left\| \hat{f}^\star - \tilde{f}\right\|_{\infty} \leq \frac{\epsilon}{2}\right\}$$
$$\mathbb{S} = \left\{ \left\| f^\star - \hat{f}^\star\right\|_{\infty;\mathcal{M}} \leq \epsilon\right\}$$

---

24 https://bit.ly/2lZYpzk 참조 – 옮긴이

이 주장은 $\Pr(\mathbb{S})$에 대한 경계이다. 삼각부등식에 의해 사건 $\mathbb{Q}$와 $\mathbb{R}$은 $\mathbb{S}$를 의미한다. 두 번째로 사건 $\mathbb{R}$은 $\mathbb{P}$와 $\mathbb{Q}$에 독립이다. 따라서 충분히 작은 λ에 대해 $\Pr(\mathbb{S} \mid \mathbb{P}) \geq (\mathbb{Q} \cap \mathbb{R} \mid \mathbb{P}) = \Pr(\mathbb{Q} \mid \mathbb{P})\Pr(\mathbb{R}) \geq 1 \cdot (1 - \delta/2)$이다. 마지막으로 보조정리 7.21은 $\Pr(\mathbb{P})$의 경계를 만든다. 즉 $\theta(\epsilon) = \min\left\{1, \epsilon^4 / \left[2\left(\Lambda + 2\sqrt{(CL + \Lambda/2)\,\Lambda}\right)\right]^4\right\}$일 때 $\hat{D} \geq 4(D + 2)\log_e\left(2^9\left(\sigma_p \mathrm{diam}(\mathcal{M})\right)^2 / (\delta\theta(\epsilon))\right)/\theta(\epsilon)$이면, $\Pr(\mathbb{P}) \geq 1 - \delta/2$이다. 이로써 $\Pr(\mathbb{S}) = \Pr(\mathbb{S} \mid \mathbb{P})\Pr(\mathbb{P}) \geq (1 - \delta/2)^2 \geq 1 - \delta$를 얻게 된다. □

7.7 최적 차등 프라이버시에 대한 경계

이 절에서는 힌지손실의 특수 사례를 더 깊이 살펴본다. 먼저 힌지손실 $\ell(y, \hat{y}) = (1 - y\hat{y})$을 앞 절의 프라이버시와 유용성에 대한 주요 결과에 연결하는 것으로 시작한다. 다른 볼록 손실에 대해서도 비슷한 계산을 할 수 있지만 힌지손실이 SVM 분류손실classification loss 중에서 가장 일반적이어서 힌지손실을 선택했다. 그다음으로는 획득한 프라이버시와 유용성의 경계를, 힌지손실을 갖는 SVM 학습에 대한 최적 차등 프라이버시의 상계로 결합하는 과정을 수행한다. 여기서 이 개념을 특별히 SVM 경우로 소개하지만, 일반적으로 목표 메커니즘 M에 대한 모든 (ϵ, δ)-유용한 메커니즘으로 달성할 수 있는 가장 높은 수준의 프라이버시를 정량화한다.

정의 7.22 ϵ와 $C > 0$, $\delta \in (0, 1)$, $N > 1$, $\hat{y}$에서 볼록인 손실함수 $\ell(y, \hat{y})$ 그리고 커널 k에 대해 SVM에 대한 **최적 차등 프라이버시**optimal differential privacy는 함수

$$\beta^\star(\epsilon, \delta, C, N, \ell, k) = \inf_{\hat{M} \in \mathcal{I}} \sup_{(\mathbb{D}^{(1)}, \mathbb{D}^{(2)}) \in \mathcal{D}} \sup_{t \in \mathcal{T}_{\hat{M}}} \log\left(\frac{\Pr\left(\hat{M}\left(\mathbb{D}^{(1)}\right) = t\right)}{\Pr\left(\hat{M}\left(\mathbb{D}^{(2)}\right) = t\right)}\right)$$

이며, 여기서 $\mathcal{I}$는 매개변수 C와 손실 ℓ 그리고 커널 k를 갖는 SVM에 대한 모든 (ϵ, δ)-유용성 메커니즘의 집합이며, $\mathcal{D}$는 N개 항목으로 된 모든 이웃 데이터베이스 쌍의 집합이다.

7.7.1 상계

정리 7.10과 7.11을 결합하면 주어진 유용성의 원하는 수준 (ϵ, δ)을 달성하는 메커니즘에 대해 최적 차등 프라이버시 $\beta^\star$의 상계를 바로 계산할 수 있다.

따름정리 7.23 N개의 학습에서 모든 $\mathbf{x} \in \Re^D$에 대해 $k(\mathbf{x}, \mathbf{x}) \le \kappa^2$와 $\|\phi(\mathbf{x})\|_\infty \le \Phi$으로 유계노름bounded norm을 유도하는 유한 F-차원의 특성 사상을 갖는 SVM에 대해 (ϵ, δ)-유용한 모든 메커니즘 중에서 최적 차등 프라이버시 $\beta^\star$는 다음처럼 위로 유계이다.

$$\beta^\star \le \frac{8\kappa \Phi C \left(F \log_e 2 + \log_e \frac{1}{\delta} \right)}{N\epsilon}$$
$$= \mathcal{O}\left(\frac{C}{\epsilon N} \log \frac{1}{\delta} \right)$$

증명 증명은 일반적인 L-립시츠 손실에 대한 간단한 계산이다. 일반적으로 경계는 분모 선행계수numerator leading coefficient $8\kappa\Phi CL$를 갖는다. 힌지손실이 $\Re$에서 1-립시츠라는 사실에서 결과를 얻을 수 있다. 즉, $\partial_{\hat{y}}\ell = \mathbf{1}[1 \ge y\hat{y}] \le 1$이다. □

식 $\Phi \ge \kappa/\sqrt{F}$에서 Φ의 자리에 κ를 사용하면 결과의 명제statement를 간단히 할 수 있다. 그러나 그렇게 하면 경계가 약간 느슨하게 된다. 또한 이 결과로 $C = \sqrt{N}$로 설정(보편적 일관성universal consistency을 위해 필요함, 주의 7.5 참조)하고, β와 δ를 고정하면, 프라이버시 보존에 따른 오차는 '진짜' 매개변수 $\mathbf{w}$를 추정하는 오류와 동차same order인 점에 유의해야 한다.

여기서 편의를 위해 반복한 7.3절의 힌지손실 아래에서의 학습에 대한 쌍대 프로그램은 다음과 같다.

$$0 \le \alpha_i \le \frac{C}{N} \, \forall i \in [n]\text{일 때}$$

$$\max_{\boldsymbol{\alpha} \in \Re^N} \sum_{i=1}^{N} \alpha_i - \frac{1}{2} \sum_{i=1}^{N} \sum_{j=1}^{N} \alpha_i \alpha_j y^{(i)} y^{(j)} k\left(\mathbf{x}^{(i)}, \mathbf{x}^{(j)}\right) \tag{7.10}$$

우리는 평행이동 불변커널 사례의 상계 계산이 유한차원 특성 사상 사례보다 조금 더 복잡하므로 다음처럼 두 단계로 나눈다.

보조정리 7.24 크기가 N인 임의의 데이터베이스 $\mathbb{D}$와 스칼라 $C > 0$ 그리고 평행이동 불변커널 k를 생각해보자. 임의의 $\beta > 0$와 $\hat{D} \in \mathfrak{N}$에 대해 힌지손실과 잡음 매개변수 $\lambda \geq \frac{2^{2.5}C\sqrt{\hat{D}}}{\beta N}$, 근사 매개변수 $\hat{D}$ 그리고 정칙화 매개변수가 C인 $\mathbb{D}$를 사용하는 개인SVM은 β-차등 프라이버시를 보장한다. 또한 $\mathbb{D}$를 포함하는 임의의 콤팩트 집합 $\mathcal{M} \subseteq \mathfrak{R}^D$와 스칼라 $\epsilon > 0$ 및 $\delta \in (0, 1)$에 대해 힌지손실과 커널 k 그리고 잡음 매개변수 $\lambda \leq \min\left\{\frac{\epsilon}{2^4 \log_e 2\sqrt{\hat{D}}}, \frac{\epsilon\sqrt{\hat{D}}}{8\log_e\frac{2}{\delta}}\right\}$와 $\theta(\epsilon) = \min\left\{1, \frac{\epsilon^4}{2^{12}C^4}\right\}$인 근사 매개변수 $\hat{D} \geq \frac{4(D+2)}{\theta(\epsilon)} \log_e\left(\frac{2^9\left(\sigma_p \mathrm{diam}(\mathcal{M})\right)^2}{\delta\theta(\epsilon)}\right)$ 그리고 매개변수가 C인 $\mathbb{D}$를 사용하는 개인SVM은 커널 k와 매개변수가 C인 $\mathbb{D}$를 사용하는 힌지손실 SVM과 관련해 (ϵ, δ)-유용하다.

증명 첫 번째 결과는 정리 7.10과 힌지손실이 볼록이고 (따름정리 7.23의 증명에서 보인 것처럼) $\mathfrak{N}$에서 1-립시츠라는 사실로부터 얻을 수 있다. 두 번째 결과는 정리 7.16에서 거의 바로 얻을 수 있다. 힌지손실에 대해 실현 가능한 α_i는 쌍대의 상자 제약 사항에 따라 C/N에 유계(그리고 $\Lambda = C$)이므로 $\theta(\epsilon) = \min\left\{1, \frac{\epsilon^4}{2^4 C^4\left(1+\sqrt{6}\right)^4}\right\}$를 의미한다. 이는 정해진 $\theta(\epsilon)$에 유계이다. □

힌지손실 SVM의 λ 상계의 최적 차등 프라이버시에 대한 경쟁 요구 사항[competing requirement]을 결합한다.

정의 7.25 평행이동 불변커널 k에서의 힌지손실 SVM에 대해 최적 차등 프라이버시는 $\beta^\star(\epsilon, \delta, C, N, \ell, k) = \mathcal{O}\left(\frac{C}{\epsilon^3 N}\log^{1.5}\frac{C}{\delta\epsilon}\right)$로 유계이다.

증명 보조정리 7.24의 힌지손실을 생각해보자. 프라이버시의 하계는 임의로 선택한 λ에 대해 $\beta \geq 2^{2.5}C\sqrt{\hat{D}}/(\lambda N)$이며, 여기서 우리는 다음처럼 ϵ과 δ를 사용해 β의 하계로 변환할 수 있다. 작은 ϵ에 대해 $\theta(\epsilon) = \mathcal{O}\left(\epsilon^4/C^4\right)$이므로 (ϵ, δ)-유용성을 달성하기 위해서, $\hat{D} = \Omega\left(\frac{1}{\epsilon^4}\log_e\left(\frac{C^4}{\delta\epsilon^4}\right)\right)$를 선택해야 한다. 유용성에는 두 가지

경우가 있다. 첫 번째 경우에는 $\lambda = \epsilon / \left(2^4 \log_e \left(2\sqrt{\hat{D}} \right) \right)$를 사용해 다음 식을 얻을 수 있다.

$$
\begin{aligned}
\beta &= \mathcal{O}\left(\frac{C\sqrt{\hat{D}} \log \sqrt{\hat{D}}}{\epsilon N} \right) \\
&= \mathcal{O}\left(\frac{C}{\epsilon^3 N} \sqrt{\log \frac{C}{\delta\epsilon}} \left(\log \frac{1}{\epsilon} + \log\log \frac{C}{\delta\epsilon} \right) \right) \\
&= \mathcal{O}\left(\frac{C}{\epsilon^3 N} \log^{1.5} \frac{C}{\delta\epsilon} \right)
\end{aligned}
$$

두 번째 경우에는 $\lambda = \frac{\epsilon\sqrt{\hat{D}}}{8 \log_e \frac{2}{\delta}}$를 사용해 $\epsilon \downarrow 0$일 때 첫 번째 경우에서 $\beta = \mathcal{O}\left(\frac{C}{\epsilon N} \log \frac{1}{\delta} \right)$를 얻을 수 있다. □

이 정리로부터 자연스럽게 다음과 같은 질문을 하게 된다. 힌지 SVM과 관련해 (ϵ, δ)-유용한 임의의 메커니즘이 주어졌을 때, 얼마나 작은 β에 대해 β-차등 프라이버시를 보장할 수 있을까? 즉, SVM에 대한 최적 차등 프라이버시의 하계는 무엇인가?

7.7.2 하계

하계는 높은 정확도로 SVM에 근사한 모든 메커니즘에 대해 달성할 수 있는 차등 프라이버시의 수준을 정한다. 다음 보조정리는 힌지손실과 선형커널로 실행되는 SVM 메커니즘에 대해 음의 민감도^{negative sensitivity} 결과를 설정한다.

보조정리 7.26 임의의 $C > 0$와 $N > 1$에 대해, N개 항목의 이웃 데이터베이스 쌍 $\mathbb{D}^{(1)}$과 $\mathbb{D}^{(2)}$가 존재한다. 이때 매개변수 C와 선형커널, 데이터베이스 $\mathbb{D}^{(1)}$과 $\mathbb{D}^{(2)}$의 힌지손실로 실행되는 SVM의 매개변수로 설정된 각각의 함수 $f_1^\star$와 $f_2^\star$는 $\left\| f_1^\star - f_2^\star \right\|_\infty > \frac{\sqrt{C}}{N}$를 만족한다.

증명 우리는 다음처럼 직선 위의 두 데이터베이스를 구성한다. $0 < m < M$을 나

중에 선택할 스칼라라고 하자. 두 데이터베이스 모두 음의 예 $x_1 = \ldots = x_{\lfloor n/2 \rfloor} = -M$ 와 양의 예 $x_{\lfloor n/2 \rfloor + 1} = \ldots = x_{N-1} = M$을 공유한다. 각 데이터베이스에는 $x_N = M - m$ 이 있으며, $\mathbb{D}^{(1)}$에 대해 $y^{(N)} = -1$이고 $\mathbb{D}^{(2)}$에 대해 $y^{(N)} = 1$이다. 이제부터 우리는 예의 부모 데이터베이스를 표기하기 위해 아래첨자를 사용한다. 즉, $(x_{i,j},\ y^{(i,j)})$는 $\mathbb{D}^{(i)}$의 j번째 예다. 각 데이터베이스에서 원시 SVM을 실행한 결과를 생각해보자.

$$w_1^\star = \underset{w \in \Re}{\operatorname{argmin}} \left[\frac{1}{2} w^2 + \frac{C}{N} \sum_{i=1}^{N} \left(1 - y^{(1,i)} w x_{1,i} \right)_+ \right]$$

$$w_2^\star = \underset{w \in \Re}{\operatorname{argmin}} \left[\frac{1}{2} w^2 + \frac{C}{N} \sum_{i=1}^{N} \left(1 - y^{(2,i)} w x_{2,i} \right)_+ \right]$$

각 최적화는 순볼록이며 제약이 없으므로 $w_1^\star$와 $w_2^\star$를 최적화하는 것은 $\mathbb{D}^{(i)}$에서의 학습을 위한 목적함수 f_i와 하위미분 연산자를 나타내는 ∂_w에 대해 일차 KKT 조건 $0 \in \partial_w f_i$으로 특성화된다. 이제 각 $i \in [2]$에 대해

$$\tilde{\mathbf{i}}[x] = \begin{cases} \{0\}, & x < 0 \text{인 경우} \\ [0,1], & x = 0 \text{인 경우} \\ \{1\}, & x > 0 \text{인 경우} \end{cases}$$

일 때,

$$\partial_w f_i(w) = w - \frac{C}{N} \sum_{j=1}^{N} y^{(i,j)} x_{i,j} \tilde{\mathbf{i}} \left[1 - y^{(i,j)} w x_{i,j} \right]$$

는 $(x)_+$의 하위미분이다. 따라서 $i \in 2$에 대해,

$$w_1^\star \in \frac{CM(N-1)}{N} \tilde{\mathbf{i}} \left[\frac{1}{M} - w_1^\star \right] + \frac{C(m-M)}{N} \tilde{\mathbf{i}} \left[w_1^\star - \frac{1}{m-M} \right]$$

$$w_2^\star \in \frac{CM(N-1)}{N} \tilde{\mathbf{i}} \left[\frac{1}{M} - w_2^\star \right] + \frac{C(M-m)}{N} \tilde{\mathbf{i}} \left[\frac{1}{M-m} - w_2^\star \right]$$

인 $w_i^\star \in \frac{C}{N} \sum_{j=1}^{N} y^{(i,j)} x_{i,j} \tilde{\mathbf{i}} \left[1 - y^{(i,j)} w_i^\star x_{i,j} \right]$가 존재한다. 이런 조건의 RHS는 감소하

는 조각별-상수함수$^{\text{piecewise-constant function}}$에 해당하며, 해당 함수가 그림 7.1처럼 대각선 $y = x$와 교차할 때 조건을 만족한다. $\frac{C(M(N-2)+m)}{N} < \frac{1}{M}$이면 $w_1^{\star} = \frac{C(M(N-2)+m)}{N}$이다. 그리고 $\frac{C(MN-m)}{N} < \frac{1}{M}$이면 $w_2^{\star} = \frac{C(MN-m)}{N}$이다. 따라서

$$\frac{1}{M} > \frac{C(MN-m)}{N} = \max\left\{\frac{C(M(N-2)+m)}{N}, \frac{C(MN-m)}{N}\right\}$$

이 주어지면 $|w_1^{\star} - w_2^{\star}| = \frac{2C}{N}|M - m|$이다. 그러므로 $M = \frac{2n\epsilon}{C}$와 $m = \frac{N\epsilon}{C}$로 취하고 $\epsilon < \frac{\sqrt{C}}{2N}$이면 다음 식이 성립한다.

$$\left\|f_1^{\star} - f_2^{\star}\right\|_{\infty} \geq \left|f_{[1}^{\star}1](1) - f_{[}^{\star}2](1)\right|$$
$$= |w_1^{\star} - w_2^{\star}|$$
$$= 2\epsilon$$

특히 $\epsilon < \frac{\sqrt{C}}{2N}$를 취하면 정리의 결과를 얻을 수 있다. □

이러한 음의 민감도 결과를 가지고, 우리는 힌지손실을 갖는 SVM을 근사하는 임의의 메커니즘에 대한 최적 차등 프라이버시의 하계를 정할 수 있다.

정리 7.27 (선형 SVM에 대한 최적 차등 프라이버시의 하계) 임의의 $C > 0$와 $N > 1$, $\delta \in (0, 1)$ 그리고 $\epsilon \in \left(0, \frac{\sqrt{C}}{2N}\right)$에 대해 선형커널을 가진 힌지손실 SVM에 대한 최적 차등 프라이버시의 하계는 $\log_e \frac{1-\delta}{\delta} = \Omega\left(\log\frac{1}{\delta}\right)$이다.

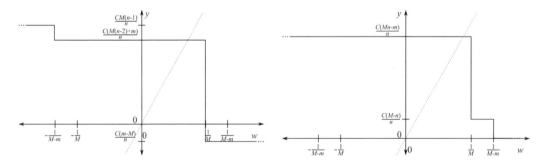

그림 7.1 각 $i \in [2]$에 대해 보조정리 7.26의 증명에서 구성된 데이터베이스 $\mathbb{D}^{(i)}$에서 SVM의 원시해 $w_i^{\star}$는 $y = w - \partial_w f_i(w)$와 $y = w$의 교차점에 해당한다. 왼쪽 그림은 데이터베이스 $\mathbb{D}^{(1)}$이며, 오른쪽 그림은 데이터베이스 $\mathbb{D}^{(2)}$이다.

증명 매개변수 $C > 0$와 힌지손실 그리고 N개의 학습 예에 대한 선형커널을 가진 SVM 학습 메커니즘 M에 대해 $\delta > 0$이고 $\frac{\sqrt{C}}{2N} > \epsilon > 0$일 때 (ϵ, δ)-유용한 메커니즘 $\hat{M}$을 생각해보자. 보조정리 7.26에 의해 N개 항목의 이웃 데이터베이스 쌍 $\mathbb{D}^{(1)}$과 $\mathbb{D}^{(2)}$가 존재하며, 각 $i \in [2]$에 대해 $f_i^\star = f_{M(\mathbb{D}^{(i)})}$일 때 $\| f_1^\star - f_2^\star \|_\infty > 2\epsilon$를 만족한다. 각 $i \in [2]$에 대해 $\hat{f_i} = f_{\hat{M}(\mathbb{D}^{(i)})}$라 하자. 그러면 $\hat{M}$의 유용성에 의해 다음 식이 성립한다.

$$\Pr\left(\hat{f_1} \in \mathcal{B}_\epsilon^\infty \left(f_1^\star \right) \right) \geq 1 - \delta, \tag{7.11}$$

$$\Pr\left(\hat{f_2} \in \mathcal{B}_\epsilon^\infty \left(f_1^\star \right) \right) \leq \Pr\left(\hat{f_2} \notin \mathcal{B}_\epsilon^\infty \left(f_2^\star \right) \right) < \delta. \tag{7.12}$$

$\hat{\mathcal{P}}_1$과 $\hat{\mathcal{P}}_2$를 각각 $\hat{M}(\mathbb{D}^{(1)})$과 $\hat{M}(\mathbb{D}^{(2)})$의 분포라고 하면 $\hat{\mathcal{P}}_i(t) = \Pr(\hat{M}(\mathbb{D}^{(i)}) = t)$이다. (7.11)과 (7.12) 부등식에 의해 다음 식을 얻을 수 있다.

$$\mathrm{E}_{T \sim \mathcal{P}_1} \left[\frac{d\mathcal{P}_2(T)}{d\mathcal{P}_1(T)} \; \middle| \; T \in \mathcal{B}_\epsilon^\infty \left(f_1^\star \right) \right] = \frac{\int_{\mathcal{B}_\epsilon^\infty (f_1^\star)} \frac{d\mathcal{P}_2(t)}{d\mathcal{P}_1(t)} d\mathcal{P}_1(t)}{\int_{\mathcal{B}_\epsilon^\infty (f_1^\star)} d\mathcal{P}_1(t)} \leq \frac{\delta}{1 - \delta}$$

따라서 $\log \frac{\Pr(\hat{M}(\mathbb{D}^{(1)}) = t)}{\Pr(\hat{M}(\mathbb{D}^{(2)}) = t)} \geq \log \frac{1 - \delta}{\delta} = \Omega\left(\log \frac{1}{\delta} \right)$을 만족하는 t가 존재한다. □

주의 7.28 이 결과를 다음처럼 쓸 수도 있다. 임의의 $C > 0$와 $\beta > 0$ 그리고 $N > 1$에 대해 메커니즘 $\hat{M}$이 (ϵ, δ)-유용하고 β-차등 프라이버시이면 $\epsilon \geq \frac{\sqrt{C}}{2N}$ 또는 $\delta \geq \exp(-\beta)$이다.

이제 우리는 힌지손실을 가진 선형 SVM의 사례에 대한 최적 차등 프라이버시의 상계(따름정리 7.23에서 $L = 1$인 경우)와 하계를 모두 보였다. 상수를 무시하고 C의 크기 변경(주의 7.5 참조)을 사용하면 다음 식을 얻을 수 있다.

$$\Omega\left(\log \frac{1}{\delta} \right) = \beta^\star = \mathcal{O}\left(\frac{1}{\epsilon \sqrt{N}} \log \frac{1}{\delta} \right)$$

경계가 유용성 신뢰 δ의 크기 변경에 일치하지만 ϵ과 N에 종속해서 각각 선형과 제곱근 항을 따르지 않는다는 것은 주목할 만하다. 또한 C의 크기를 적절하게 변경하면 하계는 $\epsilon = \mathcal{O}\left(N^{-0.75}\right)$에 대해서만 유지되며, 점근적 상계는 $\mathcal{O}\left(N^{0.25}\log(1/\delta)\right)$이다. 더 부합하는 경계를 찾는 것은 흥미로운 공개 문제[open problem]로 남아 있다.

RBF 커널 아래에서 유사한 하계에 대해서는 루빈슈타인 등의 논문[209]을 참조하길 바란다. 음의 민감도 결과는 매우 다른 SVM 결과를 유도하는 이웃 데이터베이스 쌍을 통해서가 아니라 SVM 학습하에서 상[image]이 ϵ-패킹[packing]을 형성하는 K개 쌍의 이웃 데이터베이스 수열로 달성된다.

7.8 요약

7장에서 우리는 프라이버시에 민감한 훈련 데이터의 데이터베이스를 기반으로 분류기를 공개하는 차우드후리 등[46]과 루빈슈타인 등[209]이 연구한 개인 SVM에 대한 메커니즘을 소개했다. 차우드후리 접근 방식은 목표섭동 중의 하나지만 루빈슈타인의 접근 방식은 (학습 알고리즘의 위험 경계를 증명하기 위해 학습 이론에 일반적으로 사용되는 속성인) 정칙화된 ERM의 알고리즘 안정성으로 조정된 출력섭동을 수행한다.

출력섭동 메커니즘으로 보존된 훈련 데이터의 차등 프라이버시를 측정하는 것 외에도, 우리는 메커니즘의 유용성, 즉 개인 SVM과 비개인 SVM이 공개한 분류기의 닮음에도 초점을 맞췄다. 이런 유용성의 형태는 개인 SVM의 양호한 일반화 오류가 있음을 의미한다. 무한차원 특성 사상 아래에서 유용성을 달성하기 위해서 두 접근 방식은 표적 커널에 근사하는 커널을 가진 확률 재생핵 힐베르트 공간[random reproducing kernel Hilbert space]에서 정칙화된 경험적 위험 최소화를 수행한다. 대규모 학습에서 이 기법은 메커니즘이 최대 한계 초평면 분류기의 유한표현으로 개인적으로 응답할 수 있게 한다. 우리는 RKHS의 섭동에 대한 정칙화된 ERM의 평활도 결과를 통해 결과 함수와 비개인 SVM 분류기 간의 높은 확률과 점마다 닮음을 살펴봤다.

흥미로운 방향은 7장의 아이디어를 다른 학습 알고리즘으로 확장하는 것이다.

질문 7.1 출력섭동으로 차등 개인 SVM에 사용된 메커니즘과 증명 기법을 다른 커널 방법으로 확장할 수 있을까?

질문 7.2 알고리즘 안정성과 전역 민감도 사이에 일반적인 연결이 있을까?

이런 연결은 바로 안정성을 계산할 수 있는 다수의 실용적인 프라이버시 보존 학습 메커니즘을 제안할 수 있다. 안정성은 차등 프라이버시에 필요한 (아마도 라플라스) 잡음의 수준에 영향을 미칠 것이며, 유한차원 특성 사상 유용성은 SVM에 대해 여기서 보인 것과 유사한 패턴을 따를 것이다. 목표 커널에 근사하는 커널을 가진 확률 RKHS의 애플리케이션도 커널화된 학습기$^{kernelized\ learner}$가 평행이동 불변커널에 대한 차등 개인을 만들 수 있는 유용한 도구가 될 것이다.

차등 프라이버시와 유용성의 경계는 힌지손실 SVM에 대해 모든 (ϵ, δ)-유용한 메커니즘 중에서 차등 프라이버시의 최적 수준 상계에 결합된다. 이 양의 하계는 힌지 SVM에 대해 너무나 정확한 메커니즘은 작은 β에 대해 자명하지 않은 확률로 β-차등 개인이 될 수 없음을 보여준다.

질문 7.3 중요한 공개 문제는 SVM의 최적 차등 프라이버시의 상계와 하계 사이의 간격을 줄이는 것이다.

08

분류기의 근사-최적 회피

8장에서는 훈련된 분류기에 대한 탐색적 공격의 난이도를 정량화하기 위한 이론 모델을 살펴본다. 이전 연구와 달리, 분류기는 이미 훈련됐으므로 공격자는 이 책의 첫 부분에서 설명한 것처럼 분류기가 제대로 훈련되지 않도록 학습 알고리즘의 취약점을 이용할 수 없다. 대신, 공격자는 분류기가 정상 데이터(또는 적어도 문제의 공격자가 제어할 수 없는 데이터)로 훈련할 때 우연히 얻은 취약점을 이용해야만 한다. 대부분의 중요한 분류 작업은 분류기에 어떤 형태의 취약점을 만들어낸다. 알려진 모든 탐지 기법은 사각지대(즉, 탐지되지 않는 악의적 활동 클래스)에 민감하지만, 단순히 사각지대가 존재함을 아는 것만으로는 충분하지 않다. 주된 질문은 공격자가 자신에게 가장 유리한 사각지대를 발견하는 것이 얼마나 어려운가이다. 8장에서 우리는 공격자가 분류기에서 이런 유형의 취약점을 찾는 것이 얼마나 어려운지를 정량화하는 프레임워크를 살펴본다.

먼저 이런 **탐색적 공격**의 궁극적인 목표는 사각지대를 발견하기 위해 학습된 매개변수나 내부 상태internal state, 또는 분류기의 전체 경계를 역공학reverse engineer하는 것처럼 보일 수 있다. 그러나 여기서는 더 정교한 전략을 적용한다. 우리는 분류기를 부분적으로만 역공학하는 성공적인 **탐색적 공격**을 소개한다. 우리 기술은 적은 수의 질의만을 사용해 사각지대를 찾아 공격자에 대한 근사-최적 전략을 만든다. 이 전략은 분류기가 정상으로 분류하고 공격자가 원하는 공격 인스턴스에 가까운 데이터 포인트를 발견한다.

학습 알고리즘은 탐지 알고리즘이 시간이 지남에 따라 적응하도록 만들지만, 학습 알고리즘에 대한 실제 제약 사항은 일반적으로 공격자가 분류기의 사각지대를 프로그래밍 방식에 따라 찾을 수 있게 한다. 우리는 필터를 회피하는 (일부 비용함수에 대해) 저비용 인스턴스를 찾기 위해 필터에 질의하는 방식으로 공격자가 사각지대를 체계적으로 발견하는 방법을 생각한다. 예를 들어 스팸 메시지를 최소한으로 수정해 스팸으로 분류되지 않도록 만들려는 스팸 발송자를 생각해보자. 여기서 비용은 스팸을 얼마나 수정해야 하는지에 대한 측도이다. 스팸 발송자는 약간의 질의를 사용하는 동안 탐지기에 대한 반응을 관찰하면서[1] 얼마나 수정해야 하는지 탐색할 수 있다. 이 환경에서 침입 탐지 시스템을 피해야 하는 취약점 공격^{exploit}의 설계를 적용할 수 있다. 여기서 비용은 취약점 공격 심각성의 측도가 될 수 있다.

로우드^{Lowd}와 믹^{Meek}은 적은 질의로 저비용 음의 인스턴스를 찾는 근사-최적 회피$^{near-optimal\ evasion}$ 문제를 제안했다[157]. 우리는 이 문제를 분류기의 특성공간을 두 개의 집합으로 나눠 그중 하나를 볼록으로 만드는 볼록-유도 분류기$^{convex-inducing}$ ^{classifier} 모임으로 일반화해 연구를 계속한다. 로우드와 믹이 연구한 선형 분류기 모임 외에 유계 PCA$^{bounded\ PCA}$를 사용하는 이상 탐지 분류기[139]와 초구 경계를 사용하는 이상 탐지 알고리즘[26], 로그-오목$^{log-concave}$ (또는 단봉^{unimodal}) 밀도함수의 로그-가능도$^{log-likelihood}$의 한계점을 정해 이상을 예측하는 1종$^{one-class}$ 분류기 그리고 $\mathbf{A}$가 반확정^{semidefinite}일 때 $\mathbf{x}^\top \mathbf{A} \mathbf{x} + \mathbf{b}^\top \mathbf{x} + c \geq 0$ 형태의 결정함수$^{decision\ function}$를 갖는 이차 분류기[34 3장 참조]를 포함하는 볼록-유도 분류기 모임은 조사를 위해 특히 중요하고 자연스러운 분류기 집합이다. 볼록-유도 분류기 모임은 반공간$^{half\ space}$이나 원뿔^{cone} 또는 구^{ball}의 가산교집합$^{countable\ intersection}$과 같은 복잡한 체$^{complicated\ body}$도 포함한다.

---

1   질의에 대한 분류기의 반응을 관찰하기 위해 공격자가 사용할 수 있는 다양한 영역별 메커니즘이 있다. 예를 들어 공개 이메일 시스템의 스팸 필터는 해당 시스템에 테스트 계정을 만들고 해당 계정에 질의하는 방식으로 관찰할 수 있다. 따라서 8장에서 필터에 질의할 수 있다고 가정한다. – 지은이

또한 근사-최적 회피가 분류기의 내부 상태나 결정 경계decision boundary를 완전히 역공학할 필요 없이 분류기의 일반적인 구조에 대한 부분적인 지식만 필요하다는 것을 보인다. 연속 영역에서 선형 분류기를 회피하기 위한 로우드와 믹의 알고리즘은 분류기의 분리 초평면separating hyperplane 매개변수를 추정해 결정 경계를 역공학한다[157]. 볼록-유도 분류기 회피를 위해 제안하는 알고리즘은 분류기의 경계(이 경계는 일반 볼록체convex body인 경우에는 어렵다[198])나 매개변수(내부 상태)를 전부 추정할 필요가 없다. 대신 이 알고리즘은 최소 비용-회피 인스턴스를 직접 탐색한다. 이런 탐색 알고리즘은 이전에 발표된 역공학 기술보다 더 좋은 질의 복잡도로 선형 사례를 푸는 하나의 알고리즘으로 다항식 개수의 질의만 사용한다. 마지막으로 근사-최적 회피를 일반 ℓ_p 비용으로도 확장한다. 우리는 ℓ_1 비용에 대한 알고리즘이 ℓ_p 비용에 대해 근사-최적 회피로 확장될 수 있음을 보이지만, 일반적으로 효율적이지는 않다. 또한 이런 알고리즘이 효율적이지 않은 경우 효율적인 질의-기반 알고리즘도 없다는 것을 보인다.

8장의 나머지 부분은 다음처럼 구성된다. 먼저 이 절의 나머지 부분에서는 근사-최적 회피 문제와 가장 밀접하게 관련된 이전 연구(추가 관련 연구는 3장 참조)를 소개한다. 8.1절에서는 근사-최적 회피 문제를 형식화하고, 로우드와 믹의 정의와 결과[157]를 살펴본다. 8.2절에서는 가중값 ℓ_1 비용 아래에서 근사-최적인 회피 알고리즘을 제안하며, 8.3절에서는 일반적인 ℓ_p 비용을 최소화하기 위한 결과를 제공한다.

8장은 넬슨 등의 연구[187, 189, 188]를 기반으로 한다.

관련 연구

로우드와 믹은 처음으로 근사-최적 회피 문제를 연구하고 3.4.2.4절과 3.4.4절에서 설명한 것처럼 연속 영역에서 선형 분류기를 역공학하는 방법을 개발했다[157]. 여기서 제안하는 이론은 그 결과를 일반화하고 세 가지 중요한 개선점을 제공한다.

- 이 분석은 더 일반적인 분류 모임을 생각한다. 예를 들어 볼록-유도 분류기 모임은 인스턴스공간을 두 개의 집합으로 분리하는데, 그중 한 집합은 볼록이다. 이 모임은 로우드와 믹이 생각한 선형 분류기를 포함한다.

- 우리가 제안하는 접근 방식은 분류기의 결정 경계를 완전히 추정하지 못하는데, 이는 일반적으로 임의의 블록체에 대해 분류기 상태를 역공학하는 것이 어렵다[198]. 대신 알고리즘은 분류기가 음성으로 라벨링하고 원하는 공격 인스턴스에 가까운 인스턴스를 직접 탐색한다. 즉, 근사-최소 비용이다. 로우드와 믹은 이전에 부울 공간^{Boolean space}에서 선형 분류기를 직접 탐색하는 기술을 보였지만, 우리가 생각하는 분류기에는 적용되지 않는다.

- 더 일반적인 분류기 모임을 회피할 수 있지만, 이 알고리즘은 여전히 제한된 개수의 질의만을 사용한다. 알고리즘은 특성공간의 차원과 원하는 근사의 정확도에 따라 다항식 개수의 질의만을 사용한다. 또한 K-단계 다중탐색^{MultiLineSearch}(알고리즘 8.3)은 이 경우 이전에 공개된 역공학 기술보다 점근적으로 적은 질의를 사용해 선형 사례를 푼다.

또한 3.4.2.4절에서 요약한 것처럼 달비^{Dalvi} 등과 브뤼크너^{Brückner} 및 셰퍼^{Scheffer}, 칸타르시오글루^{Kantarcioglu} 등은 분류기의 사각지대를 선제적으로 패치하기 위해 비용에 민감한 게임 이론 접근 방식을 연구하고 그 게임의 균형 상태를 계산하는 기술을 개발했다. 이 선행 연구는 질의-기반 회피 문제와 상호 보완적이다. 근사-최적 회피 문제는 공격자가 알려지지 않았지만 질의는 할 수 있는 분류기의 사각지대를 찾기 위해 질의를 사용하는 방법에 관한 연구지만, 게임 이론 접근 방식은 공격자가 분류기를 알고 있으며, 반복 게임의 각 단계에 따라 회피를 최적화할 수 있다고 가정한다. 그러므로 근사-최적 회피 환경은 공격자가 질의로만 자신의 회피 전략을 최적화하는 것이 얼마나 어려운지에 관한 연구이며, 비용에 민감한 게임 이론 학습은 공격자와 학습기가 상대방에 관한 지식에 따라 최적으로 회피 게임을 하고 적응하는 것에 관한 연구다. 이 두 연구는 회피의 두 가지 측면이다.

3.4.2.2절에서 설명한 것처럼 많은 연구자가 수열-기반 IDS를 회피하는 연구를 진행했다[238, 239, 250]. 모방 공격을 연구할 때, 이 연구자들은 자신들의 수정^{modification}을 구성하기 위해 IDS를 오프라인으로 분석했다. 이와는 대조적으로 공격자는 근사-최적 회피에서 분류기에 질의하는 것으로 설계된 최적화 수정^{optimized modification}을 구성한다.

능동 학습 분야 또한 질의-기반 최적화 형태를 연구한다[217]. 세틀스^{Settles}가 요약한 것처럼 능동 학습에 관한 세 가지 주요 접근 방식은 멤버십 질의 합성membership query synthesis과 스트림-기반 선택적 표본 추출^{stream-based selective sampling} 그리고 풀-기반 표본 추출^{pool-based sampling}이다[222]. 우리는 연구는 앵글루인^{Angluin}이 제안한 멤버십 질의 합성 부분체^{subfield}[6]에 가장 밀접하게 관련이 있다. 학습기는 분포에서 추출한 라벨이 없는 인스턴스가 아니라 특성공간에 있는 임의 인스턴스의 라벨을 요청할 수 있다. 그러나 능동 학습과 근사-최적 회피가 질의 전략 탐색에서 유사하지만 두 환경의 목표는 전혀 다르다. 회피 접근 방식은 최적 비용의 인자 $1 + \epsilon$ 내에서 저비용 음의 인스턴스^{low-cost negative instance}를 탐색하지만, 능동 학습 알고리즘은 종종 PAC 환경에서 낮은 일반화 오류를 가진 가설을 얻으려고 한다(회피와 능동 학습에 대한 역공학 접근 방식의 설명은 8.1.2절 참조). 그런데도 능동 학습 환경[60, 85]의 결과 또한 특정 환경에서 다항식 개수의 질의 복잡도를 달성했다는 것이 흥미롭다. 그러나 8장은 오로지 회피 목표에만 초점을 맞추며, 우리의 결과와 능동 학습의 결과 간의 관계에 관한 연구는 향후 연구로 남겨둔다.

질의-기반 최적화를 사용하는 관련 기술의 또 다른 클래스는 종종 직접탐색^{direct search}이라고 하는 비기울기 전역 최적화^{nongradient global optimization} 방법이다. 이런 기술의 간단한 예로 함수의 근과 극값을 찾기 위한 이분탐색법^{bisection search}과 황금분할탐색법^{golden-section search} 외에 할선법^{secant} 및 보간법^{interpolation}[38]과 같은 차분 근사^{derivative approximation}와 같은 대체 근사법^{different approximation approach}이 있다. 이런 접근 방식의 조합에는 브렌트^{Brent}의 알고리즘[36]이 포함돼 있다. 이 알고리즘은 질의함수에 대한 특정 조건 아래에서 초선형^{superlinear} 수렴을 보여준다. 즉, 질의 개수는 원하는 오차의 허용범위 안에서 역으로 이차^{quadratic}다. 그러나 이런 접근 방식이 다중 차원^{multiple dimension}에 적용될 수 있지만, 질의 복잡도는 차원에 따라 지수적으로 증가한다. 다른 접근 방식에는 넬더^{Nelder}와 미드^{Mead}의 단체법²(單體法, simplex method)[181]과 존스^{Jones}와 퍼투넨^{Perttunen}, 스턱맨^{Stuckman}(1993)이 소개한 직접탐색

---

2   선형계획법에서 선형계획 문제의 최적해를 구하는 알고리즘. 출처: 위키피디아 https://bit.ly/2EClbmz – 옮긴이

[118](직접탐색법에 관해서는 존스[117]와 콜다^{Kolda} 등의 연구[135] 참조)이 있다. 그러나 이 방법에 관한 질의 경계를 알지 못한다. 어떤 직접탐색법이라도 근사-최적 회피에 적용할 수 있지만 이런 방법은 낮은 차원의 정칙 정의역$^{regular\ domain}$에서 비정칙함 수$^{irregular\ function}$를 최적화하도록 설계됐다. 반면 근사-최적 회피 문제는 알려지지 않은, 아마도 비정칙이고 고차원의 (분류기가 음으로 레이블링한 점들의) 정의역에서 알려진 정칙함수(비용함수)를 최적화하는 것을 포함한다. 우리가 제안하는 방법은 다항식 개수만큼의 많은 질의로 근사-최적화를 달성하기 위해 특히 ℓ_p 비용과 볼록-유도 분류기의 정칙 구조를 이용한다.

8.1 근사-최적 회피 특징

이 절은 이 문제에 대한 가정을 소개하는 것으로 시작한다. 먼저 학습기를 위한 특성공간 $\mathcal{X}$가 D-차원 실수값 유클리드 공간, 즉 어떤 침입 탐지 시스템[252]과 같은 $\mathcal{X} = \Re^D$이라고 가정한다(로우드와 믹은 정수값 및 부울값 특성공간을 생각했고, 부울값 학습기의 몇몇 클래스에 대해 흥미로운 결과를 얻었지만 이런 공간은 8장에서 살펴볼 볼록-유도 분류기 모임에는 호환되지 않는다). 여기서는 공격자가 특성공간 표현을 알고 있으며, 공격자의 질의에는 제한이 없다고 가정한다. 즉, 공격자는 특성공간 $\mathcal{X}$의 임의의 점 $\mathbf{x}$의 분류기 예측값 $f(\mathbf{x})$를 알기 위해 질의할 수 있다. 이런 가정은 모든 실제 환경에서 참이 아닐 수 있다(예를 들어 스팸 탐지는 종종 이산특성으로 정의되며, 설계자도 종종 그 특성집합을 숨기거나 확률화하려고 시도한다[251]). 그러나 우리는 최악의 공격자를 생각한다.

2.2.4절처럼 표적 분류기$^{target\ classifier}$ f가 분류기 모임 $\mathcal{F}$의 소속이라고 가정한다. 즉, 공격자는 f를 알지 못하지만 모임 $\mathcal{F}$는 알고 있다(이 지식은 공격자가 학습 알고리즘은 알고 있지만 학습기를 조정하는 데 사용하는 훈련 집합이나 매개변수는 알지 못한다는 보안 가정$^{security\ assumption}$과 일치한다). 또한 관심 대상을 이진 분류기로 제한하고 $\mathcal{Y} = \{$'$-$', '$+$'$\}$를 사용한다. 공격자가 고정된 f에 대해 공격할 것이라고 가정하므로 학습 방법과 f를 선택하기 위해 사용한 훈련 데이터는 이 문제와는 관련이 없다. 또한 $f \in \mathcal{F}$

는 결정적^{deterministic}이므로, $\mathcal{X}$를 양의 클래스 $\mathcal{X}_f^+ = \{\mathbf{x} \in \mathcal{X} \mid f(\mathbf{x}) = \text{`+'}\}$와 음의 클래스 $\mathcal{X}_f^- = \{\mathbf{x} \in \mathcal{X} \mid f(\mathbf{x}) = \text{`−'}\}$ 두 개의 집합으로 가른다. 이전과 마찬가지로 음의 집합을 원하는 사각지대가 있는 정상 인스턴스로 간주한다. 공격자가 각 클래스 $\mathbf{x}^- \in \mathcal{X}_f^-$와 $\mathbf{x}^A \in \mathcal{X}_f^+$에서 적어도 하나의 인스턴스를 알고 있으며, 멤버십 질의를 발행해 임의의 $\mathbf{x}$에 대한 클래스 $f(\mathbf{x})$를 관찰할 수 있다고 가정한다.

8.1.1 적대적 비용

우리는 공격자가 특성공간에 대한 효용성 개념을 알고 있다고 가정하며, 이를 비용함수 $A : \mathcal{X} \mapsto \Re_{0+}$로 정량화한다. 공격자는 음의 클래스 $\mathcal{X}_f^-$에 대해 A를 최적화하기를 원한다. 즉, 스팸 발송자는 스팸 이메일('+')보다는 정상 이메일('−')로 분류되는 스팸을 보내고 싶어 한다. 우리는 이 비용함수가 공격자에게 가장 바람직한 어떤 목표 인스턴스 $\mathbf{x}^A \in \mathcal{X}_f^+$까지의 거리라고 가정한다. 즉, 스팸 발송자에 대해 이 거리는 $\mathbf{x}^A$를 다른 메시지로 변경하는 데 필요한 문자열 편집거리$^{\text{string edit distance}}$[3]라고 할 수 있다. 우리는 ℓ_p의 노름 $\|\cdot\|_p$을

$$A_p^{(\mathbf{c})}\left(\mathbf{x} - \mathbf{x}^A\right) = \left\|\mathbf{c} \odot \left(\mathbf{x} - \mathbf{x}^A\right)\right\|_p = \left(\sum_{d=1}^{D} c_d^p \left|x_d - x_d^A\right|^p\right)^{1/p} \tag{8.1}$$

로 정의한 $\mathbf{x}^A$에 대한 가중값 비용함수 $\ell_p (0 < p \leq \infty)$의 일반적인 클래스에 초점을 맞춘다. 여기서 $0 < c_d < \infty$는 d번째 특성을 변경하는 공격자와 연관된 상대비용$^{\text{relative cost}}$이다. 상대비용이 균일할 때, 즉 모든 d에 대해 $c_d = 1$이면, 우리는 비용함수를 참조하기 위해 단순화시킨 기호 A_p를 사용한다. 마찬가지로 가중값 c가 있는 일반적인 가중비용함수를 참조할 때 우리는 기호 $A^{(\mathbf{c})}$를 사용한다. 8.2.1.3절에서 우리는 일부 특성이 $c_d = 0$(공격자는 d번째 특성에 대해 신경 쓰지 않는 경우)이거나 $c_d = \infty$(공격자가 x_d^A를 일치시키기 위해 d번째 특성을 필요로 하는 경우)인 특별한 사례를 고

---

3 https://bit.ly/2VhOvpN 참조 − 옮긴이

려하지만, 이 사례를 제외하면 가중값은 구간 (0, ∞) 안에 있다. 우리는 y를 중심으로 하고 비용이 한계점 C를 넘지 않는 C-비용 공cost ball(또는 하위수준 집합sublevel set)을 $\mathbb{B}^C(A;\mathbf{y})$로 표기한다. 즉, $\mathbb{B}^C(A;\mathbf{y}) = \{\mathbf{x} \in \mathcal{X} \mid A(\mathbf{x} - \mathbf{y}) \le C\}$이다. 예를 들어 $\mathbb{B}^C(A_1;\mathbf{x}^A)$는 목표 $\mathbf{x}^A$로부터 ℓ_1 비용이 C를 넘지 않는 인스턴스의 집합이다. 편의상 공격자의 목표 $\mathbf{x}^A$를 중심으로 하는 A의 C-비용 공을 $\mathbb{B}^C(A) \triangleq \mathbb{B}^C(A;\mathbf{x}^A)$로 표기해 이 인스턴스에 대한 비용에 초점을 맞춘다.

안타깝게도 ℓ_p 비용에는 문자열 편집거리와 같은 많은 흥미로운 비용이 포함되지 않으며, 앞에서 제시한 침입 탐지 예처럼 다른 실제 환경에서는 점 간의 거리 개념이 없을 수 있다. 그런데도 8장의 목표는 실용적인 회피 알고리즘을 제공하는 것이 아니라, 실용적으로 제한적이지만 해석적으로 다루기 쉬운 ℓ_p 비용 모임을 대상으로 하는 공격자의 이론적 능력을 이해하는 것이다. 그러나 가중값 ℓ_1 비용은 특히 공격자가 다른 특성보다 일부 특성에 더 관심을 두고, 해당 비용의 특성을 변경하는 정도에 따라 평가하는 적대적 문제adversarial problem에 적합하다. ℓ_1-노름은 이메일 스팸에 대한 편집 거리에 대한 자연스러운 측도이지만, 더 큰 가중값을 제거하는 데 더 큰 비용이 드는 토큰(예: 페이로드 URL)으로 모델링할 수 있다. 우리는 먼저 8.2절에서 로우드와 믹이 연구한 가중값 ℓ_1 비용에 초점을 맞춘 다음, 8.3절에서 일반적인 ℓ_p 비용을 살펴본다. 일반적인 ℓ_p 비용에 대한 설명을 쉽게 하도록 균일 가중값에 중점을 둬 설명하지만, 결과는 가중값 ℓ_1 비용에 대해 제시한 것처럼 비용에 민감한 사례로 확장할 수 있다.

로우드와 믹은 분류기 f의 최소 적대적 비용MAC, Minimal Adversarial Cost을 다음과 같이 정의했다[157].

$$MAC(f, A) \triangleq \inf_{\mathbf{x} \in \mathcal{X}_f^-} \left[A\left(\mathbf{x} - \mathbf{x}^A\right) \right] \tag{8.2}$$

즉, 음의 인스턴스로 얻은 비용에 대한 최대 하계이다. 이들은 또한 데이터 포인트가 MAC의 인자$(1 + \epsilon)$ 이하의 비용을 갖는 음의 인스턴스인 경우, 해당 데이터 포인트를 최소 적대적 비용의 ϵ-근사 인스턴스instance of minimal adversarial cost$(\epsilon\text{-}MAC)$로

정의했다. 즉, 모든 ϵ-MAC은 다음과 같은 집합의 원소다.[4]

$$\epsilon\text{-}IMAC(f, A) \triangleq \left\{ \mathbf{x} \in \mathcal{X}_f^- \;\middle|\; A\left(\mathbf{x} - \mathbf{x}^A\right) \leq (1 + \epsilon) \cdot \mathrm{MAC}(f, A) \right\} \tag{8.3}$$

대안으로 이 집합은 음의 클래스와 $MAC(f, A)$의 인자$(1 + \epsilon)$ 내 A의 비용 공과의 교집합으로 특징지을 수 있다. 즉, ϵ-$MAC(f, A) = \mathcal{X}_f^- \cap \mathbb{B}^{(1+\epsilon) \cdot MAC}(A)$이며, 8.2.2 절에서 활용한다. 공격자의 목표는 가능한 한 적은 수의 질의를 사용하면서 효율적으로 ϵ-MAC을 찾는 것이다. 다음 절에서는 공격자가 이 목표를 효과적으로 달성할 수 있는지 정량화하기 위한 형식적인 개념을 소개한다.

8.1.2 근사-최적 회피

로우드와 믹은 분류기 $\mathcal{F}$의 특정 모임과 적대적 비용의 모임 $\mathcal{A}$에 대한 ϵ-MAC 인스턴스를 찾는 어려움을 정량화하기 위해 적대적 분류기 역공학ACRE, Adversarial Classifier Reverse Engineering의 개념을 제안했다[157].

우리의 표기법을 사용해서 이들의 $ACRE$ ϵ-학습 가능learnable을 정의하면 다음과 같다: 모든 $f \in \mathcal{F}$와 $A \in \mathcal{A}$에 대해 차원 D와 f의 인코딩된 크기encoded size 그리고 $\mathbf{x}^+$와 $\mathbf{x}^-$의 인코딩된 크기의 관점에서 다항식 개수의 멤버십 질의만을 사용해 $\mathbf{x} \in \epsilon\text{-}IMAC(f, A)$를 찾을 수 있는 알고리즘이 존재한다면 비용함수의 집합 $\mathcal{A}$하에서 분류기의 집합 $\mathcal{F}$는 $ACRE$ ϵ-학습 가능하다.

이 정의에서 로우드와 믹은 f와 $\mathbf{x}^+$ 그리고 $\mathbf{x}^-$를 인코딩하기 위해 사용된 숫자 문자열의 길이를 나타내기 위해 인코딩된 크기를 사용했다. 이 결과를 일반화하기 위해, 우리는 질의 복잡도에 대해 약간 변형된 질의를 사용한다. 첫 번째로 질의 복잡도를 정량화하기 위해 일방향 이진탐색unidirectional binary search에 필요한 차원 D와 단계의 수 L_ϵ만을 사용해 간격을 인자 $1 + \epsilon$이내로 좁히고 원하는 정확도를 얻는다. 우리는 질의 복잡도에 대한 정의에 $L_\epsilon^{(*)}$을 포함해 L_ϵ이 앞에서 설명한 것처럼 이런

---

4 여기서는 ϵ-MAC이라는 용어를 사용해 이 집합과 원소를 모두 참조한다. 이 사용법은 문맥에서 명확해질 것이다. - 지은이

점 간의 거리를 명확하게 담아내므로 $\mathbf{x}^+$와 $\mathbf{x}^-$의 인코딩된 크기를 필요로 하지 않는다.

$\epsilon\text{-}IMAC$ 탐색가능^{searchable}을 정의하는 데 f와 $\mathbf{x}^+$ 그리고 $\mathbf{x}^-$의 인코딩된 크기를 사용하는 것은 문제가 있다. 목적상 $\mathbf{x}^+$와 $\mathbf{x}^-$의 인코딩된 크기가 모두 D라는 것이 명확하므로, 크기에 대한 추가적인 항을 포함할 필요가 없다. 또한 인코딩 크기$^{\text{encoding size}}$의 개념이 제대로 정의되지 않은 비모수적 분류기$^{\text{nonparametric classifier}}$를 허용하지만, 우리가 제안하는 알고리즘에는 필요하지 않다. 분류기의 선형과 모수적 모임$^{\text{parametric family}}$을 넘어 확장할 때, 분류기 f의 인코딩 크기를 정의하는 것은 간단하지가 않다. $\mathcal{F}$의 VC-차원이나 덮개수$^{\text{covering number}}$와 같은 개념을 사용할 수 있지만 $\epsilon\text{-}IMAC$의 복잡도를 정량화하는 데 분류기의 크기가 중요한 이유는 분명하지 않다. 또한 8장에서 설명하는 것처럼 $\epsilon\text{-}IMAC$ 탐색이 D와 L_ϵ에서만 다항식인 분류기 모임이 존재한다.

두 번째로 공격자가 두 개의 초기점 $\mathbf{x}^- \in \mathcal{X}_f^-$와 $\mathbf{x}^A \in \mathcal{X}_f^+$만 가지고 있다고 가정한다(원래의 환경에서는 세 번째 값인 $\mathbf{x}^+ \in \mathcal{X}_f^+$를 사용했다). 이렇게 하면 탐색 절차가 더 간단해진다. 우리가 제시하는 알고리즘에서 알 수 있듯이, $\mathbf{x}^+ = \mathbf{x}^A$를 사용하면 공격자의 질의를 기반으로 공격자의 의도를 추론하기가 훨씬 쉬워져 공격자가 은밀하게 숨는 것이 어려워진다. 은밀함^{covertness}은 $\epsilon\text{-}IMAC$ 탐색의 명시적 목표가 아니라, 많은 실제 공격자의 요구 사항이 될 것이다. 그러나 근사-최적 회피 문제의 목표는 실제 공격자를 설계하는 것이 아니라, 분류기의 취약점을 파악하기 위해 가능한 최선의 공격을 분석하는 것이므로, 우리는 은밀함 요구 사항$^{\text{covertness requirement}}$을 제외하지만 8.4.2.1절의 문제로 돌아간다.

마지막으로 우리 알고리즘은 역공학을 하지 않으므로 ACRE는 옳은 명칭이 아니다. 이 명칭 대신 종합적인 문제를 근사-최적 회피라 하고, $ACRE$ ϵ-학습 가능을 다음과 같은 $\epsilon\text{-}IMAC$ 탐색가능 정의로 대체한다. 모든 $f \in \mathcal{F}$와 $A \in \mathcal{A}$에 대해 D와 L_ϵ에서 다항식 개수의 멤버십 질의를 사용해 어떤 $\mathbf{x} \in \epsilon\text{-}IMAC(f, A)$를 찾는 알고리즘이 있다면, 분류기의 모임 $\mathcal{F}$는 비용함수의 모임 A하에서 $\epsilon\text{-}IMAC$ 탐색가능이다. 이런 알고리즘을 **효율적**^{efficient}이라고 한다.

앞서 말한 정의는 분류기 f의 인코딩된 크기를 포함하지 않는다. 근사-최적 회피에 관한 접근 방식이 이제 자세히 설명할 분류기의 매개변수를 역공학하지 않기 때문이다.

근사-최적 회피는 부분적인 역공학 전략일 뿐이다. 연속공간에 대한 로우드와 믹의 접근 방식과는 달리, 우리는 분류기를 완전히 역공학하지 않고 ϵ-$IMAC$을 증명 가능하게 찾을 수 있도록 질의를 구성하는 알고리즘을 소개한다. 즉, f의 결정곡면 decision surface을 추정하거나 분류기를 명시하는 매개변수를 추정하는 알고리즘이다. $f \in \mathcal{F}$에 대한 효율적인 질의-기반 역공학은 추정된 음의 공간 negative space에 대해 A를 최소화하는 데 충분하다. 그러나 일반적으로 역공학은 근사-최적 회피에 대한 값비싼 접근 방식으로 일반적인 볼록 클래스에 대한 특성공간 차원 D에서 지수적인 질의 복잡도를 요구하지만[198], 8장에서 설명하는 것처럼 ϵ-$IMAC$을 찾을 필요는 없다.[5] 사실 ϵ-$IMAC$을 찾기 위한 요구 사항은 능동 학습과 같은 역공학 접근 방식의 목표와는 크게 다르다. 두 접근 방식 모두 버전공간 version space $\hat{\mathcal{F}} \subseteq \mathcal{F}$, 즉, 공격자의 멤버십 질의와 일치하는 분류기의 집합 크기를 줄이기 위해 질의를 사용한다. 역공학 접근 방식은 $\hat{\mathcal{F}}$의 구성원 간에 예상되는 불일치 수를 최소화한다. 이와는 대조적으로 ϵ-$IMAC$을 찾기 위해 공격자는 모든 $f \in \hat{\mathcal{F}}$에 대해 하나의 인스턴스 $\mathbf{x}^\dagger \in \epsilon$-$IMAC(f, A)$만 제공하면 되지만 분류기는 크게 지정하지 않은 채로 남겨둬야 한다. 즉, 다음을 입증해야 한다.

$$\bigcap_{f \in \hat{\mathcal{F}}} \epsilon\text{-}IMAC(f, A) \neq \emptyset$$

이 목표를 통해 분류기는 $\mathcal{X}$ 대부분에 대해 제대로 된 정보를 받지 못할 수 있다. 통상 효율적으로 역공학할 수 없는 분류기의 모임에 대해 ϵ-$IMAC$ 탐색 알고리즘을 제시한다. 질의는 ϵ-$IMAC$만을 도출한다. 분류기 자체는 $\mathcal{X}$의 넓은 영역에서 충분한 정보를 못 받을 수 있으므로 이런 기술은 ϵ-$IMAC$ 근처의 축소 영역 shrinking

---

5   로우드와 믹은 특성의 부호 증인(sign witness)을 찾는 역공학 기술이 부울 특성을 갖는 선형 분류기에 대해 NP−완전 (complete)이지만, 이 모임이 2-$IMAC$ 탐색가능하다는 것도 증명했다[157]. − 지은이

^{region}을 제외한 분류기의 매개변수나 결정 경계를 역공학하지 않는다. 마찬가지로 부울공간의 선형 분류기에 대해 로우드와 믹은 분류기를 역공학하지 않는 근사-최적 회피를 위한 효율적인 알고리즘을 제시했다. 이 알고리즘은 ϵ-IMAC을 직접탐색하기도 하며, 이 알고리즘의 모임은 균일 특성 가중값^{uniform feature weight} $\mathbf{c}$를 갖는 ℓ_1에 대해 2-IMAC 탐색가능이라는 것을 보여준다.

8.1.3 탐색 용어

식 (8.3)의 근사-최적성과 앞 절의 전반적인 근사-최적 회피 문제의 개념은 승법 최적성^{multiplicative optimality}의 개념이다. 즉, 2-IMAC은 반드시 MAC의 $1+\epsilon$ 인자 안에서 비용을 가져야 한다. 그러나 8장의 결과는 공격자가 MAC보다 큰 $\eta > 0$을 넘지 않는 비용으로 인스턴스를 찾는 가법 최적성^{additive optimality}에 맞출 수 있다. 이런 최적성의 개념들을 구별하기 위해 우리는 식 (8.3)의 집합을 참조할 수 있도록 ϵ-IMAC$^{(*)}$ 기호를 사용하고, 가법 최적성에 대한 유사집합^{analogous set} η-IMAC$^{(+)}$을 다음과 같이 정의한다.

$$\eta\text{-}IMAC^{(+)}(f, A) \triangleq \left\{ \mathbf{x} \in \mathcal{X}_f^- \;\middle|\; A(\mathbf{x} - \mathbf{x}^A) \leq \eta + \text{MAC}(f, A) \right\} \tag{8.4}$$

식 (8.3)과 (8.4)에서 정의한 집합뿐만 아니라 그 구성원을 모두 참조하기 위해 ϵ-IMAC$^{(*)}$와 η-IMAC$^{(+)}$를 사용한다. 사용법은 문맥에서 명확히 드러날 것이다.

우리는 볼록-유도 분류기 계열의 가법 최적성이나 승법 최적성을 달성하는 알고리즘을 생각한다. 최적성 개념 중 하나에 대해, ϵ-IMAC$^{(*)}$이나 η-IMAC$^{(+)}$를 찾기 위해 MAC에서의 경계를 효율적으로 사용할 수 있다. 비용 C^-를 갖는 음의 인스턴스 $\mathbf{x}^-$가 있다고 가정하면, $C^+ > 0$가 존재하는데, C^+를 넘지 않는 비용을 갖는 모든 인스턴스가 양이다. 다시 말해 C^-는 상계이고 C^+는 MAC에서 하계이다. 즉, $C^+ \leq MAC(f, A) \leq C^-$이다. 이 가정에 따라 $C^-/C^+ \leq (1+\epsilon)$이면 음의 인스턴스 $\mathbf{x}^-$는 ϵ-승법 최적이지만 $C^- - C^+ \leq \eta$이면 η-가법 최적이다. 이제 이진탐색을 통해 가법 최적성 또는 승법 최적성을 달성할 수 있는 알고리즘을 생각한다. 즉, 공격자가 중간 비용^{intermediate cost}이 MAC에 대해 새로운 상계나 하계를 정할 수 있는지를 결정할 수 있다면, 이진탐색 전략은 가장 적은 단계로 임의의 경계 C_t^-와 C_t^+의 t번째 간격을 반복적으로 줄일 수 있다. 이제 이진탐색에 대한 공통 용어를 제시하고 8.2절에서 볼록성을 사용해 t번째 반복에서 새로운 경계를 정한다.

참고 8.1 알고리즘이 경계 $0 < C^+ \leq MAC(f, A) \leq C^-$를 만들 수 있다면, 이 알고리즘은 $(C^- - C^+)$-가법 최적성과 $(\frac{C^-}{C^+} - 1)$-승법 최적성을 만족한다.

가법 이진탐색^{additive binary search}의 t번째 반복에서 C_t^-와 C_t^+ 간의 t번째 경계 사이의 가법 간격^{additive gap}은 초기 경계^{initial bound} $C_0^- = C^-$와 $C_0^+ = C^+$를 사용해 정의한 $G_0^{(+)}$를 갖는 $G_t^{(+)} = C_t^- - C_t^+$이다. 탐색은 $C_t = \frac{C_t^- + C_t^+}{2}$의 제안 단계^{proposal step}와 $G_t^{(+)} \leq \eta$의 중단 기준^{stopping criterion}을 사용하고,

$$L_\eta^{(+)} = \left\lceil \log_2 \left(\frac{G_0^{(+)}}{\eta} \right) \right\rceil \tag{8.5}$$

단계에서 η-가법 최적성을 만족한다. 사실, 이진탐색은 일방향 탐색(예, 반직선^{ray}을 따라가는 탐색)에 대한 η-가법 중단 기준을 만족하는 데 가장 나쁜 최악의 질의 복잡도를 가진다.

이진탐색은 지수공간^{exponential space}에서 탐색하는 방법으로 승법 최적성에 사용할 수도 있다. $C^- \geq C^+ > 0$라고 가정하면 상계와 하계를 각각 $C^- = 2^a$와 $C^+ = 2^b$로 다시 쓸 수 있으므로, 승법 최적성 조건은 $a - b \leq \log_2(1 + \epsilon)$이 된다. 즉, 가법 최적성 조건이다. 따라서 지수에 대한 이진탐색은 ϵ-가법 최적성을 달성하고, (다시 일방향 탐색에 대해) 가장 좋은 최악의 질의 복잡도로 달성한다. t번째 반복의 승법 간격^{multiplicative gap}은 초기 경계 C_0^-와 C_0^+를 사용해 정의한 $G_0^{(*)}$를 갖는 $G_t^{(*)} = C_t^-/C_t^+$이다. t번째 질의는 $C_t = \sqrt{C_t^- \cdot C_t^+}$이고, 중단 기준은 $G_t^{(*)} \leq 1 + \epsilon$이며, 탐색은 다음과 같은 단계에서 ϵ-승법 최적성을 만족한다.

$$L_\epsilon^{(*)} = \left\lceil \log_2 \left(\frac{\log_2 \left(G_0^{(*)} \right)}{\log_2 \left(1 + \epsilon \right)} \right) \right\rceil \tag{8.6}$$

승법 최적성은 C_0^-와 C_0^+ 모두 순양strictly positive일 때에만 의미가 있다.

또한 점근적 분석을 위해 $L_\epsilon^{(+)}$와 $L_\epsilon^{(*)}$을 모두 $\log(\frac{1}{\epsilon})$로 치환할 수 있다는 점도 주목할 필요가 있다. 루빈슈타인이 지적한 바와 같이[207], 만약 근사-최적 회피 문제는 MAC을 정확하게 추정하는 난이도와 관련이 있으며, $\epsilon \downarrow 0$이면, 이 난이도는 증가한다. 이런 의미에서 $L_\epsilon^{(+)}$와 $\log(\frac{1}{\epsilon})$는 점근적으로 동등하다. 마찬가지로 $\epsilon \downarrow 0$일 때 $L_\epsilon^{(+)}$과 $\log(\frac{1}{\epsilon})$을 비교하면, (로피탈의 정리를 사용하면) $L_\epsilon^{(+)}$과 $\log(\frac{1}{\epsilon})$의 비에 대한 극한은 다음과 같다.

$$\lim_{\epsilon \downarrow 0} \frac{L_\epsilon^{(*)}}{\log\left(\frac{1}{\epsilon}\right)} = 1$$

즉, $L_\epsilon^{(+)}$과 $\log(\frac{1}{\epsilon})$은 점근적으로 동등하다. 따라서 이와 같은 점근적 결과에 따라 $L_\epsilon^{(+)}$은 $\log(\frac{1}{\epsilon})$로 치환할 수 있다.

가법 최적성과 승법 최적성에 대한 이진탐색은 제안 단계와 중단 기준이 다르다. 가법 최적성의 경우에는 제안은 산술 평균 $C_t = \frac{C_t^- + C_t^+}{2}$이며, $G_t^{(+)} \leq \eta$일 때 탐색을 중단한다. 승법 최적성의 경우에는 기하 평균 $C_t = \sqrt{C_t^- \cdot C_t^+}$이며, $G_t^{(*)} \leq 1 + \epsilon$일 때 탐색을 중단한다. 8장의 나머지 부분에서 우리는 이진탐색이 일방향 탐색에 최적이라는 사실을 사용해 비용공간을 탐색한다. 탐색의 각 단계에서 특성공간 $\mathcal{X}$에서 여러 개의 탐측자probe를 사용해 제안된 비용이 새로운 상계나 하계인지 결정하고, 그 결과에 따라 이진탐색을 계속 진행한다.

8.1.4 승법 최적성 대 가법 최적성

승법 최적성의 최적성 조건 $C_t^-/C_t^+ \leq 1 + \epsilon$을 가법 최적성 조건 $\log_2(C_t^-) - \log_2(C_t^+) \leq \log_2(1 + \epsilon)$로 다시 쓸 수 있다는 사실로부터 가법 최적성과 승법 최적성은 본질에서 관련이 있음을 알 수 있다. 이 동치equivalence로부터 $\eta = \log_2(1 + \epsilon)$을 얻을 수 있으며, 비용의 로그에 대한 가법 최적성 기준을 활용할 수 있다. 그러나 이 동치는 최적성 개념 간의 차이점도 강조한다.

먼저 승법 최적성은 C_0^+가 순양일 때만 의미가 있는 반면, 가법 최적성은 $C_0^+ = 0$ 일 때도 여전히 성립한다. (알고리즘이 승법 최적성을 만족하기 위한 요구 사항인) $C_0^+ > 0$ 을 선택하면 $\mathbf{x}^A$가 $\mathcal{X}_f^+$의 내부에 있다고 가정하는 것과 동치이다. 그렇지 않고 $\mathbf{x}^A$ 가 $\mathcal{X}_f^+$의 경계에 있다면 비용이 0인 어떤 $\mathbf{x}^\star \in \mathcal{X}_f^-$가 존재하지 않는 한 임의의 $\epsilon > 0$ 에 대해 $\epsilon\text{-}IMAC^{(*)}$은 존재하지 않는다. 실제로 하계의 필요성은 사소한 문제다. 8.2.1.3절에서 설명하는 것처럼 이런 하계가 존재한다면 비용 ℓ_p에 대해 하계 C_0^+ 를 효율적으로 결정할 수 있는 알고리즘이 존재한다.

다음으로 가법 최적성 기준은 척도 불변^{scale invariant}이 아니지만(즉, 비용 A에 대해 최적성 기준을 만족하는 임의의 인스턴스 $\mathbf{x}^\dagger$는 임의의 $s > 0$에 대해 $A'(\mathbf{x}) = s + A(\mathbf{x})$인 최적성 기준도 만족한다), 승법 최적성은 척도 불변이다. 그러나 가법 최적성은 이동 불변^{shift invariant}이지만(즉, 비용 A에 대해 최적성 기준을 만족하는 임의의 인스턴스 $\mathbf{x}^\dagger$는 임의의 $s > 0$에 대해 $A'(\mathbf{x}) = s + A(\mathbf{x})$인 최적성 기준도 만족한다), 승법 최적성은 이동 불변이 아니다. 비용함수가 척도 불변이라면(모든 적절한 노름이 있다면) 최적성 조건은 기본 특성공간의 크기 변경, 즉 모든 특성에 대해 단위 변경에 불변이므로, 척도 불변은 근사-최적 회피에 매우 중요하다. 따라서 승법 최적성은 단위가 없는 최적성 개념이지만 가법 최적성은 그렇지 않다. 다음은 가법 최적성이 척도 불변이 아니라서 나온 결과다.

명제 8.2 임의의 가설공간 $\mathcal{F}$와 표적 인스턴스 $\mathbf{x}^A$ 그리고 비용함수 A를 생각해보자. 임의의 $0 < \epsilon \leq \bar{\epsilon}$에 대해 $\epsilon\text{-}IMAC^{(*)}$을 찾는 효율적인 질의-기반 알고리즘이 존재하지 않도록 어떤 $\bar{\epsilon} > 0$가 존재한다면, 임의의 $0 < \eta \leq \bar{\epsilon} \cdot MAC(f, A)$에 대해 $\eta\text{-}IMAC^{(*)}$을 찾을 수 있는 효율적인 질의-기반 알고리즘은 존재하지 않는다. 특히, 유계가 아닌 MAC을 허용하는 분류기의 수열 f_n과 $1/\epsilon_n = o(MAC(f_n, A))$를 만족하는 수열 $\epsilon_n > 0$를 생각해보자. 이제 각 f_n에 대해 $\epsilon_n\text{-}IMAC^{(*)}$을 효율적으로 찾는 일반 알고리즘이 존재하지 않는다면, $\eta_n \to \infty$에 대해 $\eta_n\text{-}IMAC^{(+)}$을 효율적으로 찾는 일반 알고리즘은 존재하지 않는다.

증명 $MAC(f, A) > 0$인 임의의 분류기 $f \in \mathcal{F}$를 생각해보자. 어떤 $\eta > 0$에 대해 어떤 $\mathbf{x} \in \eta\text{-}IMAC^{(+)}$가 존재한다고 가정하자. $\epsilon = \eta/MAC(f, A)$라고 하면, 정의에

따라 다음은 $\mathbf{x} \in \epsilon\text{-}IMAC^{(*)}$을 의미한다.

$$A\left(\mathbf{x} - \mathbf{x}^A\right) \leq \eta + MAC\left(f, A\right) = (1 + \epsilon)\,MAC\left(f, A\right) \tag{8.7}$$

그러면 이 명제의 대우^contrapositive에 따라 임의의 $0 < \epsilon \leq \bar{\epsilon}$에 대해 효율적으로 찾을 수 있는 $\eta\text{-}IMAC^{(*)}$이 존재하지 않는다면, 임의의 $0 = \eta \leq \bar{\epsilon} \cdot MAC\left(f, A\right)$에 대해 효율적으로 찾을 수 있는 $\eta\text{-}IMAC^{(+)}$도 존재하지 않는다. 마지막 결과는 직접적인 따름정리다. □

마지막 명제는 사실 많은 공통 환경에 적용된다. 예를 들어 (모든 d에 대해 $0 < p \leq \infty$와 $0 < c_d < \infty$인) 임의의 가중값 ℓ_p 비용에 대해 선형 분류기의 모임과 초구 분류기의 모임은 모두 마지막 명제에 따라 요구되는 것처럼 유계가 아닌 MAC을 허용하는 분류기의 수열을 만들어낼 수 있도록 충분히 다양하다. 따라서, 볼록-유도 분류기의 모임도 이러한 수열을 만들 수 있다. 게다가 8.3절에서 설명하는 것처럼 임의의 $0 < \epsilon \leq \bar{\epsilon}$에 대해 $\epsilon\text{-}IMAC^{(*)}$를 찾는 효율적인 질의-기반 알고리즘이 존재하지 않도록 $\bar{\epsilon} > 0$가 존재하는 ℓ_p 비용이 실제로 존재한다. 이 결과로 다음 정리처럼 이런 ℓ_p 비용에 대해 볼록-유도 분류기와 관련해 고정된 임의의 η에 대해 가법 최적성을 달성하는 일반적인 알고리즘이 존재하지 않는다.

정리 8.3 어떤 가설공간 $\mathcal{F}$와 비용함수 A 그리고 어떤 $f \in \mathcal{F}$에 대한 $MAC(f, A)$에서의 임의의 초기 경계 $0 < C_0^+ < C_0^-$와 임의의 $0 < \epsilon \leq \bar{\epsilon}$에 대해 $\epsilon\text{-}IMAC^{(*)}$을 찾을 수 있는 효율적인 질의-기반 알고리즘이 존재하지 않도록 하는 어떤 $\bar{\epsilon} > 0$가 존재한다면, 임의의 $0 = \eta \leq \bar{\epsilon} \cdot C_0^-$에 대해 $\eta\text{-}IMAC^{(+)}$을 찾을 수 있는 효율적인 질의-기반 알고리즘은 존재하지 않는다. 이 결과에 따라 위에서 언급한 것처럼 $\bar{\epsilon} > 0$가 존재한다면 C_0^-가 임의로 클 수 있으므로 임의의 $\eta \leq 0$에 대해 $\eta\text{-}IMAC^{(+)}$을 찾을 수 있는 효율적인 질의-기반 알고리즘은 일반적으로 존재하지 않는다.

증명 귀류법을 사용해 증명한다. 임의의 $0 < \eta \leq \bar{\epsilon} \cdot C_0^-$에 대해 $\mathbf{x} \in \eta\text{-}IMAC^{(+)}$를 찾을 수 있는 효율적인 알고리즘이 존재한다면 $\eta\text{-}IMAC^{(+)}$의 정의에 따라 $A\left(\mathbf{x} - \mathbf{x}^A\right) \leq \eta + MAC(f, A)$이다. 마찬가지로 어떤 $\epsilon > 0$에 대해 $\eta = \epsilon \cdot MAC(f,$

A)을 선택하면, 이 알고리즘은 $A(\mathbf{x} - \mathbf{x}^A) \leq (1 + \epsilon)MAC(f, A)$을 만족한다. 즉, $\mathbf{x} \in \epsilon\text{-}IMAC^{(*)}$이다. 더욱이 $MAC(f, A) \leq C_0^-$이므로 이 효율적인 알고리즘은 $\epsilon \leq \bar{\epsilon}$에 대해 $\epsilon\text{-}IMAC^{(*)}$을 찾을 수 있다. 마지막 명제는 임의의 $0 < \eta \leq \bar{\epsilon} \cdot C_0^-$에 대해 효율적인 질의-기반 알고리즘이 존재하지 않고 C_0^-가 일반적으로 임의로 클 수 있다는 사실로부터 직접 나온다. □

이 결과는 근사-최적 회피에서 가법 최적성이 어색한 개념이라는 것을 시사한다. 어떤 분류기의 모임 $\mathcal{F}$가 임의의 정확도 $0 < \epsilon \leq \bar{\epsilon}$ 안에서 효율적으로 회피할 수 없는 비용함수 A가 존재한다면, 어떤 $\eta > 0$에 대해 효율적인 가법 최적성을 만족할 수 있는지에 대한 문제는 비용함수의 척도에 따라 달라진다. 즉, A에 대해 η-가법 최적성을 효율적으로 달성할 수 있다면, C_0^-를 크게 만들기 위해 재척도화 rescaling를 선택할 수 있으므로, 일반적으로 η-가법 최적성이 더는 효율적이지 않도록 특성공간의 크기를 변경할 수 있다. 이는 가법 최적성에서 척도 불변 부족의 한계를 강조한다. 즉, 비용의 단위는 가법 정확도가 특정 수준을 달성할 수 있는지를 결정하는 반면에 승법 최적성은 단위가 없다. (가중) ℓ_1 비용의 경우, 8.2절에서 설명하는 것처럼 임의의 $\epsilon > 0$에 대한 ϵ-승법 최적성에 대해 효율적인 알고리즘이 존재하므로 이것은 문제가 되지 않는다. 그러나 8.3절에서 설명하는 것처럼 이것이 문제가 되는 ℓ_p 비용이 존재한다.

8장의 나머지 부분에서는 (명시적으로 언급하는 경우를 제외하고는) 주로 $\epsilon\text{-}IMAC$에 대한 ϵ-승법 최적성만 설명하고 $G_t = G_t^{(*)}$와 $C_t = \sqrt{C_t^- \cdot C_t^+}$ 그리고 $L_\epsilon = L_\epsilon^{(*)}$로 정의한다. 그런데도 우리가 제시하는 알고리즘은 앞에서 설명한 것처럼 일반적으로 효율적이지 않을 수 있지만, 제안 단계와 중단 조건 그리고 $L_\epsilon^{(*)}$과 G_t의 정의를 간단하게 변경함으로써 가법 최적성에 즉시 적용할 수 있다.

8.1.5 볼록-유도 분류기 모임

이 절에서는 볼록-유도 분류기 모임 family of convex-inducing classifiers $\mathcal{F}^{convex}$를 소개한다. 볼록-유도 분류기 모임은 특성공간 $\mathcal{X}$를 양의 클래스와 음의 클래스로 분류하는 분류기의 집합 중 볼록인 분류기의 집합이다. 볼록-유도 분류기는 로우드와 믹이 연구한 선형 분류기와 유계인 PCA를 사용하는 이상 탐지 분류기[139], 초구 경계를 사용하는 이상 탐지 알고리즘[26], 로그오목^{logconcave} (또는 단봉^{unimodal}) 밀도함수의 로그-가능량의 한계점을 설정해 이상을 예측하는 단일-클래스 분류기 그리고 $\mathbf{A}$가 반확정^{semidefinite}일 때 $\mathbf{x}^\top \mathbf{A}\mathbf{x} + \mathbf{b}^\top \mathbf{x} + c \geq 0$ 형태의 이차 분류기[34 3장 참조]를 포함한다. 볼록-유도 분류기는 셀 수 있을 만큼의 반공간이나 원뿔, 또는 공의 교집합과 같은 복잡한 체^{body}도 포함한다.

볼록-유도 분류기의 모임과 모든 볼록집합 $\mathbb{C} = \{\mathbb{X} \mid convex(\mathbb{X})\}$ 사이에는 대응 관계가 있다. 볼록-유도 분류기의 정의에 따라 모든 분류기 $f \in \mathcal{F}^{convex}$는 $\mathbb{C}$의 어떤 볼록집합에 대응된다. 또한 임의의 볼록집합 $\mathbb{X} \in \mathbb{C}$에 대해, 이 집합을 생성하는 분류기는 적어도 두 개의 자명한 분류기 $f_{\mathbb{X}}^{'+}(\mathbf{x}) = \mathrm{I}\,[\mathbf{x} \in \mathbb{X}]$와 $f_{\mathbb{X}}^{'-}(\mathbf{x}) = \mathrm{I}\,[\mathbf{x} \notin \mathbb{X}]$가 존재한다. 따라서, 항상 대응 분류기가 존재하므로 8장의 나머지 부분에서는 볼록-유도 분류기에 관한 결과를 증명하기 위해 특정 볼록집합의 존재성을 사용한다.

또한 볼록-유도 분류기에 대한 근사-최적 회피 문제와 관련해 다음과 같은 대안적 특성을 언급할 필요가 있다. 공집합이 아닌 내부$^{non-empty\ interior}$를 가진 볼록집합 $\mathbb{C}$에 대해, $\mathbf{x}^{(c)}$를 $\mathbb{C}$의 내부에 있는 점이라 하고 ($\mathbf{x}^{(c)}$를 중심으로 하는) 민코프스키 측정 지표$^{Minkowski\ metric}$를 $m_{\mathbb{C}}(\mathbf{x}) = \inf\{\lambda \mid (\mathbf{x} - \mathbf{x}^{(c)}) \in \lambda(\mathbb{C} - \mathbf{x}^{(c)})\}$로 정의한다. 이 함수는 볼록이면서 음이 아니다. 그리고 민코프스키 측정 지표는 $m_{\mathbb{C}}(\mathbf{x}) \leq 1$이 $\mathbf{x} \in \mathbb{C}$이기 위한 필요충분조건을 만족한다. 따라서, 민코프스키 측정 지표의 관점에서 MAC의 정의를 다시 쓸 수 있다. $\mathcal{X}_f^+$가 볼록이면 $m_{\mathcal{X}_f^+}(\mathbf{x}) > 1$인 조건이 필요하며, $\mathcal{X}_f^-$가 볼록이면 $m_{\mathcal{X}_f^-}(\mathbf{x}) \leq 1$인 조건이 필요하다. 이런 방식으로 ($\mathcal{X}_f^-$ 볼록에 대한) 근사-최적 회피 문제는 $m_{\mathcal{X}_f^-}(\mathbf{x}) \leq 1$를 만족하는 식으로 다시 쓸 수 있다.

$$\mathrm{argmin}_{\mathbf{x} \in \mathcal{X}} \left[A\left(\mathbf{x} - \mathbf{x}^A\right) \right]$$

A가 볼록일 때 $m_{\mathbb{C}}(\cdot)$가 볼록이라는 사실은 근사-최적 회피 문제의 라그랑지안^{Lagrangian}을 최적화함으로써 해결할 수 있는 볼록 프로그램$^{convex\ program}$이다.

$$\operatorname*{argmin}_{\mathbf{x}\in\mathcal{X}, \gamma\in\Re_{0+}} \left[A\left(\mathbf{x}-\mathbf{x}^A\right) + \gamma\left(1 - m_{\mathcal{X}_f^-}(\mathbf{x})\right) \right] \tag{8.8}$$

$m_{\mathcal{X}_f^-}(\cdot)$가 닫힌 형식closed form을 가지고 있는 경우에 이 최적화는 닫힌-형식의 해를 가질 수 있지만, 일반적으로 이런 접근 방식은 어려워 보인다. 대신 ℓ_1 비용함수의 특별한 구조를 사용해 볼록-유도 분류기 모임에 대해 효율적으로 탐색한다.

8.2 비용에 대한 볼록 클래스의 회피

이 절에서는 ϵ-$IMAC$ 탐색가능성searchability을 볼록-유도 분류기의 모임으로 일반화한다. $\mathcal{F}$를 볼록-유도 분류기의 모임으로 제한하면 ϵ-$IMAC$ 탐색으로 단순화할 수 있다. 이 문제에 대한 접근 방식에서 볼록-유도 분류기의 모임 $\mathcal{F}^{\text{convex}}$를 각각의 볼록집합 $\mathcal{X}_f^-$와 $\mathcal{X}_f^+$로 유도하는 분류기(당연히 선형 분류기는 양쪽 모두에 속한다)에 대응하는 $\mathcal{F}^{\text{convex},-}$와 $\mathcal{F}^{\text{convex},+}$로 나눈다. 음의 클래스 $\mathcal{X}_f^-$가 볼록(즉, $f\in\mathcal{F}^{\text{convex},-}$)일 때, 이 문제는 볼록집합으로 제한된 (볼록) 함수 A를 최소화하는 것으로 축소한다. 즉, $\mathcal{X}_f^-$가 공격자에게 알려진다면, 이 문제는 단순히 볼록 최적화 프로그램을 푸는 것으로 축소할 수 있다[34 4장 참조]. 그러나 양의 클래스 $\mathcal{X}_f^+$가 볼록(즉, $f\in\mathcal{F}^{\text{convex},+}$)일 때, 이 문제는 볼록집합 외부의 (볼록) 함수 A를 최소화하는 것이 된다. 이는 일반적으로 어려운 문제다(ℓ_2 비용을 최소화하는 것이 지수 질의 복잡도가 필요할 수도 있음을 보이는 8.3.1.4절 참조). 그런데도 특정 비용함수 A에 대해, 특정 비용 공 $\mathbb{B}^c(A)$가 볼록집합에 완전히 포함돼 있는지를 결정하기는 쉽다. 이는 이 절에서 우리가 제시하는 효율적인 근사 알고리즘으로 이어진다.

우리는 볼록-유도 분류기의 모임에 대해 식 (8.1)의 (가중) ℓ_1 비용 $A_1^{(\mathbf{c})}$의 질의-기반 최적화에 대한 효율적인 알고리즘을 만든다. 그러나 이 문제의 비대칭은 그림 8.1처럼 양의 클래스나 음의 클래스가 볼록인지 아닌지에 달려 있다. 양의 집합이 볼록일 때, ℓ_1 공 $\mathbb{B}^c(A_1^{(\mathbf{c})})$가 $\mathcal{X}_f^+$의 부분집합인지 아닌지를 결정하기 위해서는 그림 8.1(a)처럼 공의 꼭지점만 질의해야 한다. 음의 집합이 볼록일 때, $\mathbb{B}^c(A_1^{(\mathbf{c})})\cap \mathcal{X}_f^- = \varnothing$인지 아닌지를 결정하는 것은 교집합이 그림 8.1(b)처럼 꼭지점에서 생길

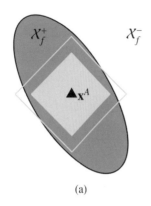
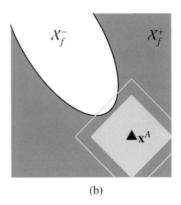

$$(a) \qquad\qquad\qquad (b)$$

그림 8.1 볼록집합과 ℓ_1 공의 기하. (a) 양의 집합 $\mathcal{X}_f^+$이 볼록이면, $\mathcal{X}_f^+$ 안에 포함된 ℓ_1 공을 찾으면 비용의 하계를 결정하게 된다. 그렇지 않으면 ℓ_1 공의 모서리 중의 적어도 하나는 상계가 된다. (b) 음의 집합 $\mathcal{X}_f^-$가 볼록이면, 공격자는 ℓ_1 공이 $\mathcal{X}_f^-$와 교차하는지 아닌지를 결정해 비용의 상계와 하계를 결정할 수 있지만, 이 교집합은 공의 구석을 포함할 필요는 없다.

필요가 없으므로 자명하지 않다. 우리는 $\mathcal{X}_f^+$가 볼록일 때 (가중) ℓ_1 비용을 최적화하는 효율적인 알고리즘과 $\mathcal{X}_f^-$가 볼록일 때 임의의 볼록 비용을 최적화하는 다항식 무작위 알고리즘^polynomial random algorithm을 제시하지만, 두 경우 모두 공집합이 아닌 내부를 가진 볼록집합만을 생각한다. 우리가 제시하는 알고리즘은 앞 절에서 설명한 이진탐색 전략을 통해 승법 최적성을 달성한다. 결국 식 (8.6)을 사용해 L_ϵ를 이진탐색[6]에 필요한 위상^phase의 수로 정의하고, $C_0^- = A_1^{(c)}(\mathbf{x}^- - \mathbf{x}^A)$를 *MAC*에서 초기 상계로 정의한다. 또한 *MAC*의 하계인 어떤 $C_0^+ > 0$이 존재한다고 가정한다. 즉, $\mathbf{x}^A \in int\,(\mathcal{X}_f^+)$이다.

8.2.1 볼록 $\mathcal{X}_f^+$에 대한 ϵ-*IMAC* 탐색

$f \in \mathcal{F}^{convex,'+'}$일 때 ϵ-*IMAC* 탐색 문제를 푸는 것은 볼록 비용 A를 최적화하는 일반적인 경우에는 어렵다. 우리는 이진탐색으로 문제를 푸는 식 (8.1)의 (가중) ℓ_1 비용에 대한 알고리즘을 보인다. 즉, *MAC*의 경계인 초기 비용 C_0^+와 C_0^-이 주어지면,

---

6   8.1.3절에서 설명한 것처럼, 이 절의 결과는 L_ϵ에 대한 식 (8.5)와 정칙 이진탐색 제안과 중단 기준을 사용해 가법 최적성으로 반복할 수 있다. – 지은이

임의의 중간 비용 $C_t^+ < C_t < C_t^-$에 대해 $\mathbb{B}^{C_t}(A_1) \subseteq \mathcal{X}_f^+$인지를 효율적으로 결정하는 알고리즘을 소개한다. ℓ_1 공이 $\mathcal{X}_f^+$에 포함되면 C_t는 새로운 하계 C_{t+1}^+가 된다. 그렇지 않으면, C_t는 새로운 상계 C_{t+1}^-가 된다. 식 (8.3)의 목표는 승법 최적성을 얻는 것이므로, 단계는 $C_t = C_t = \sqrt{C_t^+ \cdot C_t^-}$가 될 것이다(가법 최적성은 8.1.3절을 참조한다).

효율적인 질의-기반 알고리즘이 존재하기 위해서는 세 가지 사실이 필요하다. ① $\mathbf{x}^A \in \mathcal{X}_f^+$, ② $\mathbf{x}^A$를 중심으로 하는 모든 가중값 ℓ_1 비용 C-공과 $\mathcal{X}_f^-$의 교집합에는 $\mathcal{X}_f^-$에 있는 꼭지점 중 적어도 하나가 있어야 한다. ③ 가중값 ℓ_1 비용의 C-공은 $2 \cdot D$개의 꼭지점만 갖는다. 가중값 ℓ_1 공 $\mathbb{B}^C(A_1)$의 꼭지점은 정확히 하나의 특성(예를 들어 d번째 특성)에서 $\mathbf{x}^A$와 다른 축에 정렬된 인스턴스이며, 가중값 ℓ_1 비용의 C-공에 속하는 다음의 형태로 표현할 수 있다(계수 $\frac{C}{c_d}$는 d번째 특성에서 가중값 c_d로 정규화한다).

$$\mathbf{x}^A \pm \frac{C}{c_d} \cdot \mathbf{e}^{(d)} \tag{8.9}$$

두 번째 사실은 다음 보조정리로 형식화할 수 있다.

보조정리 8.4 모든 $C > 0$에 대해 $C = A_1^{(\mathbf{c})}(\mathbf{x} - \mathbf{x}^A)$의 비용을 달성하는 어떤 $\mathbf{x} \in \mathcal{X}_f^-$가 존재한다면, 식 (8.9) 형태의 꼭지점이 $\mathcal{X}_f^-$에 있고 (식 (8.1)로 비용 C도 달성하는) 어떤 특성 d가 존재한다.

증명 d가 존재하지 않는다고 가정하면 $A_1^{(\mathbf{c})}(\mathbf{x} - \mathbf{x}^A) = C$를 만족하는 어떤 $\mathbf{x} \in \mathcal{X}_f^-$가 존재하고, $\mathbf{x}$는 $\mathbf{x}^A$와 다른 $M \geq 2$ 특성을 갖는다($\mathbf{x}$가 하나 또는 모든 특성과 다르다면 식 (8.9)의 형태일 것이다). $\{d_1, \ldots, d_M\}$를 서로 다른 특성이라고 하고, $b_{d_i} = \text{sign}(x_{d_i} - x_{d_i}^A)$를 d_i번째 특성을 따라 $\mathbf{x}$와 $\mathbf{x}^A$와의 차에 대한 부호라고 하자. 각 d_i에 대해, $\mathbf{w}_{d_i} = \mathbf{x}^A + \frac{C}{c_{d_i}} \cdot b_{d_i} \cdot \mathbf{e}^{(d_i)}$를 (식 (8.1)에서의) 비용 C를 갖는 식 (8.9) 형태의 꼭지점이라고 하자. M개의 꼭지점 $\mathbf{w}_{d_i}$는 $\mathbf{x}$가 있는 비용 C의 M차원 등가-비용 단체$^{\text{equi-cost simplex}}$를 형성한다. 즉, 어떤 $0 \leq \alpha_i \leq 1$에 대해 $\mathbf{x} = \sum_{i=1}^{M} \alpha_i \cdot \mathbf{w}_{d_i}$이다. 모든 $\mathbf{w}_{d_i}$가 $\mathbf{w}_{d_i} \in \mathcal{X}_f^+$이면 $\mathcal{X}_f^+$의 볼록성은 볼록성의 모든 단체^{simplex}에 있는 점이 $\mathcal{X}_f^+$

안에 있음을 의미한다. 즉, $\mathbf{x} \in \mathcal{X}_f^+$이므로 가정에 어긋난다. 따라서 $\mathcal{X}_f^-$ 안에 있는 임의의 인스턴스가 비용 C를 달성한다면, $\mathcal{X}_f^-$ 안에 있는 식 (8.9) 형태의 꼭지점 중 적어도 하나는 항상 비용 C를 달성한다. □

결과적으로 임의의 C 공 $\mathbb{B}^C(A_1)$의 이런 모든 꼭지점이 양이면, $A_1^{(c)}(\mathbf{x}) \le C$인 모든 $\mathbf{x}$는 양이므로 C는 MAC의 하계가 된다. 반대로 $\mathbb{B}^C(A_1)$의 모든 꼭지점이 음이면 C는 MAC의 새로운 하계나 상계가 된다. 이에 $\mathbb{B}^C(A_1)$의 등가-비용$^{\text{equi-cost}}$ 꼭지점 $2 \cdot D$개를 모두 동시에 질의해 공격자는 C를 MAC의 새로운 하계나 상계로 결정한다. C에 대한 이진탐색을 수행해 공격자는 승법 간격이 $1 + \epsilon$ 인자 안에 있을 때까지 승법 간격을 반복적으로 절반씩 줄여 나간다. 이는 식 (8.9) 형태의 ϵ-$IMAC$을 만들어낸다.

이 다중선탐색 절차$^{\text{multi-line search procedure}}$의 일반적인 형태는 알고리즘 8.1과 같으며 그림 8.3에 나타냈다. 다중선탐색^{MultiLineSearch}은 집합 $\mathbb{W}$에서 단위-비용 탐색 방향을 따라 동시에 탐색하는데, 이 집합은 $\mathbf{x}^A$을 원점으로 삼아 사방으로 뻗어 나가며, 비용에 대한 단위벡터인 탐색 방향이 포함돼 있다. 즉, 모든 $\mathbf{w} \in \mathbb{W}$에 대해 $A(\mathbf{w}) = 1$이다. 당연히 정규화되지 않은 탐색벡터$^{\text{search vector}}$ $\{\mathbf{v}\}$의 집합은 $A(\mathbf{w})^{-1}$의 정규화 상수를 각각의 벡터에 적용해 간단히 단위탐색벡터$^{\text{unit search vector}}$로 변환

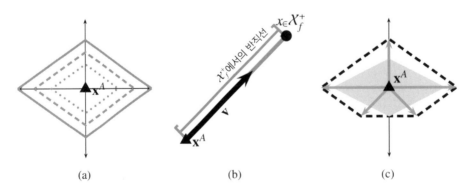

(a)　　　　　　　　　(b)　　　　　　　　　(c)

그림 8.2 다중선탐색의 기하. (a) 가중값 ℓ_1 공은 표적 $\mathbf{x}^A$를 중심으로 하며 $2 \cdot D$개의 꼭지점을 갖는다. (b) 다중선 탐색에서 탐색 방향은 $\mathbf{x}^A$에서 사방으로 뻗어 나가며 특정 비용을 탐측한다. (c) 일반적으로 공격자는 탐색을 회피하고자 할 때 비용함수의 볼록성을 이용한다. 특정 비용에서 모든 탐색 방향을 탐측해, 양의 질의 볼록 헐은 볼록 집합에 포함된 모든 ℓ_1 비용 공의 경계가 된다.

할 수 있다. 각 단계에서 다중선탐색(알고리즘 8.1)은 $\mathbb{B}^c(A_1) \sqsubseteq \mathcal{X}_f^+$인지 아닌지를 결정하기 위한 경계 셸$^{\text{bounding shell}}$을 구성하기 위해 최대 $|\mathbb{W}|$개의 질의를 만든다(이런 질의의 볼록 헐은 MAC의 상계나 하계를 설정한다). 비용 C에서 음의 인스턴스를 발견하면, 공격자는 하나의 음의 인스턴스로 하계를 결정하는 데 충분하므로 질의를 중단한다. 우리는 이 정책을 지연 질의$^{\text{lazy querying}7}$라고 한다. 악의적인 분류기에 대한 더 나은 경계로 이어질 수 있다. 또한 비용 C의 상계를 결정하면(즉, 음의 꼭지점을 발견하면) 알고리즘은 비용 C에서 양이었던 모든 방향을 제거한다. 이런 제거 작업은 건전^{sound}하다. 볼록성 가정에 따라 이렇게 정리된 방향은 MAC의 새로운 상계 C보다 작은 모든 비용에 대해 양이므로 이런 방향의 질의는 더 이상 필요하지 않다. 마지막으로 비용에 대한 이진탐색을 통해 다중선탐색은 $|\mathbb{W}| \cdot L_\epsilon$개의 질의를 넘기지는 않지만 최소한 $|\mathbb{W}| \cdot L_\epsilon$개의 질의로 ϵ-$IMAC$를 찾는다. 따라서 이 알고리즘은 최상의 경우에는 $\mathcal{O}(|\mathbb{W}| \cdot L_\epsilon)$의 질의 복잡도를, 최악의 경우에는 $\mathcal{O}(|\mathbb{W}| \cdot L_\epsilon)$의 질의 복잡도를 가진다.

다중선탐색은 현재의 형태로 두 가지 암묵적인 가정이 있다는 점에 주목할 필요가 있다. 먼저 우리는 모든 탐색 방향은 공통 원점 $\mathbf{x}^A$에서 사방으로 뻗어 나가고, $A(\mathbf{0}) = 0$이라고 가정한다. 이 가정이 없다면, 반직선-제약 비용함수$^{\text{ray-constrained cost}}$ ^{function} $A(s \cdot \mathbf{w})$는 $s \geq 0$에서 여전히 볼록이지만, 이진탐색에 필요한 것처럼 단조^{monotonic}일 필요는 없다. 다음으로 비용함수 A가 $\mathbf{x}^A$를 시작으로 하는 임의의 반직선을 따라 양의 동차함수$^{\text{positive homogeneous function}}$라고 가정한다. 즉, $A(s \cdot \mathbf{w}) = |s| \cdot A(\mathbf{w})$이다. 이 가정을 통해 다중선탐색은 단위탐색벡터의 크기를 변경해 벡터의 비용도 같은 크기로 변경할 수 있다. 이런 가정을 없애기 위해 알고리즘을 적용할 수 있지만, 식 (8.1)의 비용함수는 $\mathbf{x}^A$를 중심으로 하는 노름이므로 두 가정 모두 만족한다.

알고리즘 8.2는 $\mathbb{W}$를 $\mathbf{x}^A$를 중심으로 하는 단위-비용 ℓ_1의 꼭지점으로 만들어 (가중) ℓ_1 비용에 대해 다중선탐색을 사용한다. 이 경우, 탐색은 $\mathbb{B}^c(A_1)$가 $\mathcal{X}_f^+$의 부분집

---

7   탐색 알고리즘은 탐색 초기에 추가 탐색 방향을 신속하게 제거할 수 있으므로, 알려진 음의 인스턴스가 있는 모든 B^-에서 질의를 계속할 수 있다. 그러나 악의적인 분류기를 분석할 때 이런 추가 질의가 더는 제거되지 않지만 그 대신 8.2.1.1절에서 설명한 것처럼 최악의 경우 질의 복잡도의 개선을 막는다. 따라서 제시하는 알고리즘은 지연 질의만을 사용해 MAC이 상계 C_t보다 낮은 비용으로만 질의한다. – 지은이

합인지 아닌지를 결정하기 최대 $2 \cdot D$개의 질의를 만든다. 따라서 탐색의 복잡도는 $\mathcal{O}(L_\epsilon \cdot D)$이다. 그러나 다중선탐색은 ℓ_1 공의 꼭지점이 되는 탐색 방향에 의존하지 않지만, 그 꼭지점은 ℓ_1 공을 생성하는 데 충분하다. 일반적으로 다중선탐색은 탐색 방향의 구성에 상관없이 동작하며 $\mathcal{X}_f^+$의 볼록성을 사용해 비용에 대해 충분히 빽빽한 경계를 제공할 수 있는 방향의 집합에 적용할 수 있다(탐색 방향이 만족해야 하는 경계 요구 사항은 8.3.1.1절 참조). 그러나 8.3.1절에서 설명하는 것처럼 $p > 1$에 대한 ℓ_p-비용 공의 적절한 경계에 필요한 탐색 방향의 수는 D에서 지수적이다.

알고리즘 8.1 다중선탐색

$MLS\left(\mathbb{W}, \mathbf{x}^A, \mathbf{x}^-, C_0^+, C_0^-, \epsilon\right)$
$\mathbf{x}^\star \leftarrow \mathbf{x}^-$
$t \leftarrow 0$
while $C_t^- / C_t^+ > 1 + \epsilon$ **do begin**
  $C_t \leftarrow \sqrt{C_t^+ \cdot C_t^-}$
  for 모든 $\mathbf{w} \in \mathbb{W}$ **do begin**
    질의 : $f_\mathbf{w}^t \leftarrow f\left(\mathbf{x}^A + C_t \cdot \mathbf{w}\right)$
    if $f_\mathbf{w}^t = $ "$-$" **then begin**
      $\mathbf{x}^\star \leftarrow \mathbf{x}^A + C_t \cdot \mathbf{w}$
      $f_\mathbf{i}^t = $ "$+$"이면 $\mathbb{W}$에서 $\mathbf{i}$를 제거한다.
      break for-loop
    end if
  end for
  $C_{t+1}^+ \leftarrow C_t^+$ 그리고 $C_{t+1}^- \leftarrow C_t^-$
  if $\forall \mathbf{w} \in \mathbb{W}\ f_\mathbf{w}^t = $ "$+$" **then** $C_{t+1}^+ \leftarrow C_t$
  else $C_{t+1}^- \leftarrow C_t$
  $t \leftarrow t + 1$
end while
return: $\mathbf{x}^\star$

알고리즘 8.2 볼록탐색

볼록탐색 $\left(\mathbf{x}^A, \mathbf{x}^-, \mathbf{c}, \epsilon, C^+\right)$
$D \leftarrow dim\left(\mathbf{x}^A\right)$
$C^- \leftarrow A^{(\mathbf{c})}\left(\mathbf{x}^- - \mathbf{x}^A\right)$
$\mathbb{W} \leftarrow \emptyset$
for $i = 1$ **to** D **do begin**
  $\mathbf{w}^i \leftarrow \frac{1}{c_i} \cdot \mathbf{e}^{(i)}$
  $\mathbb{W} \leftarrow \mathbb{W} \cup \left\{\pm \mathbf{w}^i\right\}$
end for
return: $MLS\left(\mathbb{W}, \mathbf{x}^A, \mathbf{x}^-, C^+, C^-, \epsilon\right)$

그림 8.3 다중선탐색 알고리즘. 알고리즘 8.1은 $\mathbf{x}^A$에서 나오는 다중탐색 방향을 따라 동시에 이진탐색을 수행하는 일반적인 절차다. 각 방향 $\mathbf{w} \in \mathbb{W}$은 단위-비용 방향이어야 한다. 알고리즘 8.2는 이 다중선탐색 절차를 사용해 분류기의 양의 클래스가 볼록일 때 가중값 ℓ_1 비용을 최소화한다. 이 절차를 위해 모든 가중값 c_i는 $(0, \infty)$ 범위 안에 있어야 하며, 이에 대한 확장은 8.2.1.3절에서 설명한다.

8.2.1.1 K-단계 다중선탐색

여기서 제시하는 다중선탐색 알고리즘의 변형은 알고리즘 8.1의 질의 복잡도를 줄이기 위해 제거작업을 잘 이용한다. 원래의 다중선탐색 알고리즘은 $2 \cdot |\mathbb{W}|$개 동시 이진탐색이다. 즉, 모든 탐색 방향을 따라 동시에 수행하는 넓이우선탐색이다. 이 전략은 볼록체가 $\mathbf{x}^A$에 비례해 비대칭적으로 길어질 때 가장 효과적으로 방향을 제거하지만, 대칭적으로 둥근 체$^{\text{round body}}$에 대해서는 제거하지 못한다. 대신 알고리즘은 차례대로 즉, 각 방향을 따라 차례로 L_ϵ 단계의 깊이우선탐색$^{\text{depth-first search}}$을 할 수 있다. 또한 이 대안 탐색 전략은 최상의 경우 $O(L_\epsilon \cdot |\mathbb{W}|)$개의 질의(이 전략은 $\mathbf{x}^A$에 대칭적으로 둥근 체에 대해 $1 + \epsilon$ 인자 안에 있는 상계와 하계를 결정하기 위해 첫 번째 방향을 따라 L_ϵ개의 질의를 사용한 다음, D개의 질의를 사용해 하계를 검증한다)를, 최악의 경우 D개의 질의(최악의 경우 이 전략은 비대칭적으로 긴 체에 대해 D개의 탐색 방향을 따라 L_ϵ개의 질의를 필요로 한다)를 얻는다. 놀랍게도 이 두 가지 대안 탐색 전략은 최상의 경우와 최악의 경우 볼록체에 반대되는 체를 가지며, K-단계 다중선탐색이라고 하는 혼합형 접근 방식에 영감을 주었다. 이 알고리즘은 동시 및 순차 전략을 함께 사용해 순수한 탐색 전략보다 더 나은 최악의 경우 질의 복잡도를 얻는다.[8]

　K-단계 다중선탐색(알고리즘 8.3)은 각 단계에서 MAC의 경계 후보 B^-와 B^+를 생성하기 위해 하나의 방향 $\mathbf{w}$를 선택해 K-단계에서 질의한다. 이 알고리즘은 다른 방향으로 질의는 하지 않고 G_t를 감소시키는 방향으로 진행한다(깊이 우선 전략). 그런 다음 알고리즘은 후보 하계 B^+에서 남아 있는 모든 방향에 대해 반복적으로 질의한다(넓이 우선 전략). 다시 말하지만 지연 질의를 사용하고 B^+가 더는 실행 가능한 하계가 아니므로 음의 인스턴스가 발견되는 대로 중단한다. 이 경우 후보 경계는 무효가 되지만, 알고리즘은 여전히 B^+의 모든 양의 방향을 제거할 수 있다(항상 적어도 양의 방향으로 한 개는 있을 것이다). 따라서 모든 반복에서 간격은 상당히 줄어들거나 하나의 탐색 방향이 제거된다. 우리는 $K = \lceil \sqrt{L_\epsilon} \rceil$에 대해 알고리즘이 일반적인 넓이 우선 접근 방식과 깊이 우선 접근 방식보다 더 나은 최악의 경우 복잡도를 얻기

8　K-단계 다중선탐색은 최상의 경우 $O(L_\epsilon \cdot |\mathbb{W}|)$ 복잡도를 갖는다. – 지은이

알고리즘 8.3 K-단계 다중선탐색

$KMLS\left(\mathbb{W}, \mathbf{x}^A, \mathbf{x}^-, C_0^+, C_0^-, \epsilon, K\right)$

$\mathbf{x}^\star \leftarrow \mathbf{x}^-$

$t \leftarrow 0$

while $C_t^-/C_t^+ > 1 + \epsilon$ **do begin**

  방향 $\mathbf{w} \in \mathbb{W}$를 선택한다

  $B^+ \leftarrow C_t^+$

  $B^- \leftarrow C_t^-$

  for K-단계 **do begin**

    $B \leftarrow \sqrt{B^+ \cdot B^-}$

    질의 : $f_\mathbf{w} \leftarrow f\left(\mathbf{x}^A + B \cdot \mathbf{w}\right)$

    if $f_\mathbf{w} =$ "+" **then** $B^+ \leftarrow B$

    else $B^- \leftarrow B$ **and** $\mathbf{x}^\star \leftarrow \mathbf{x}^A + B \cdot \mathbf{w}$

  end for

  for all $\mathbf{i} \in \mathbb{W} \setminus \{\mathbf{w}\}$ **do begin**

    질의 : $f_\mathbf{i}^t \leftarrow f\left(\mathbf{x}^A + (B^+) \cdot \mathbf{i}\right)$

    if $f_\mathbf{i}^t =$ "−" **then begin**

      $\mathbf{x}^\star \leftarrow \mathbf{x}^A + (B^+) \cdot \mathbf{i}$

      $f_\mathbf{k}^t =$ "+" 인 경우 $\mathbb{W}$에서 $\mathbf{k}$를 제거

      break for-loop

    end if

  end for

  $C_{t+1}^- \leftarrow B^-$

  if $\forall \mathbf{i} \in \mathbb{W}\ f_\mathbf{i}^t =$ "+" **then** $C_{t+1}^+ \leftarrow B^+$

  else $C_{t+1}^- \leftarrow B^+$

  $t \leftarrow t + 1$

end while

return: $\mathbf{x}^\star$

위해 두 접근 방식 간의 미묘한 균형을 유지함을 보인다.

정리 8.5 알고리즘 8.3은 $K = \lceil \sqrt{L_\epsilon} \rceil$ 일 때, 최대 $\mathcal{O}\left(L_\epsilon + \sqrt{L_\epsilon}|\mathbb{W}|\right)$ 개의 질의로 ϵ-$IMAC$을 찾는다.

이 정리의 증명은 부록 D에서 다룬다. 정리 8.5의 결과로 가중값 ℓ_1 비용에 대해 알고리즘 8.3으로 ϵ-$IMAC$을 찾기 위해서는 $\mathcal{O}\left(L_\epsilon + \sqrt{L_\epsilon}D\right)$개의 질의가 필요하다.

또한 알고리즘 8.2의 다중선탐색 함수 호출을 K-단계 다중선탐색으로 대체해 K-단계 다중선탐색을 알고리즘 8.2에서 직접 사용할 수 있다.

8.2.1.2 하계

우리는 여기서 $\mathcal{X}_f^+$가 임의의 비용함수에 대해 볼록인 경우 ϵ-$IMAC$을 찾기 위해 임의의 알고리즘이 필요로 하는 질의 개수의 하계를 찾는다. 예를 들어 $p \geq 1$에 대한 식 (8.1)처럼 말이다. 다음에 우리는 가법 최적성과 승법 최적성에 대한 정리를 제시한다. 특히, ϵ-$IMAC$이 승법 최적성을 사용하므로 우리는 MAC에 대한 경계 $C_0^+ > 0$를 정리 명제에 포함한다.

정리 8.6 임의의 $D > 0$와 임의의 양의 볼록함수 $A : \Re^D \mapsto \Re_+$, MAC에 대한 임의의 초기 경계 $0 \leq C_0^+ < C_0^-$ 그리고 $0 < \eta < C_0^- - C_0^+$에 대해, 모든 알고리즘은 $\mathcal{F}^{\text{convex},'+'}$에서 η-가법 최적이 되도록 최악의 경우 최소 $\max\{D, L_\eta^{(+)}\}$개의 멤버십 질의를 해야 한다.

정리 8.7 임의의 $D > 0$와 임의의 양의 볼록함수 $A : \Re^D \mapsto \Re_+$, MAC에 대한 임의의 초기 경계 $0 < C_0^+ < C_0^-$ 그리고 $0 < \epsilon < \frac{C_0^-}{C_0^+} - 1$에 대해, 모든 알고리즘은 $\mathcal{F}^{\text{convex},'+'}$에서 ϵ-승법 최적이 되도록 최악의 경우 최소 $\max\{D, L_\epsilon^{(*)}\}$개의 멤버십 질의를 해야 한다.

이 정리의 증명은 부록 D에서 다룬다. 이 정리는 각각 $\eta \in (0, C_0^- - C_0^+)$와 $\epsilon \in \left(0, \frac{C_0^-}{C_0^+} - 1\right)$에만 적용된다. 사실, 이 구간 밖에서의 질의 전략은 자명하다. $\eta = 0$이나 $\epsilon = 0$에 대해 근사 알고리즘은 종료되지 않는다. 마찬가지로 $\eta \geq C_0^- - C_0^+$이나 $\epsilon \geq \frac{C_0^-}{C_0^+} - 1$, $\mathbf{x}^-$에 대해 $\mathbf{x}^{-1}$는 비용 $A\left(\mathbf{x}^- - \mathbf{x}^A\right) = C_0^-$을 가지므로 $IMAC$이다. 따라서 질의는 필요 없다.

정리 8.6과 정리 8.7은 η-가법 최적성과 ϵ-승법 최적성이 각각 $\Omega\left(L_\eta^{(+)} + D\right)$와 $\Omega\left(L_\epsilon^{(*)} + D\right)$개의 질의를 필요로 함을 보여준다. 따라서 K-단계 다중선탐색(알고리즘 8.3)의 복잡도는 $\mathcal{O}\left(L_\epsilon + \sqrt{L_\epsilon}D\right)$ 질의 복잡도를 가진 가중값 ℓ_1-비용에 대해 최적

질의 복잡도에 근접한다. 이 하계는 $p > 1$인 임의의 ℓ_p 비용에 적용되지만, 우리는 8.3절에서 ϵ의 어떤 범위와 η의 임의 범위에 대해 이 결과를 많이 초과하는 $p > 1$에 대해 더 엄격한 하계를 제시한다.

8.2.1.3 특수 사례

여기서는 전처리 단계를 추가해 알고리즘 8.1과 알고리즘 8.3을 수정하는 특수한 사례를 제시한다.

선형 분류기 재검토

로우드와 믹은 (가중값) ℓ_1 비용에 대한 역공학 선형 분류기를 위한 방법을 개발했다. 먼저 이 방법은 분류기의 경계를 가로지르는 $\mathbf{x}^{-1}$에서 $\mathbf{x}^A$로 가는 점의 수열을 분리한 다음, D 이진직선탐색^{binary line search}을 사용해 초평면 매개변수를 추정한다. 그러나 $\mathcal{X}_f^+$가 목표를 효율적으로 최소화할 수 있는 능력의 결과로, 즉시 선형 분류기(즉, 반공간)에 대한 대안 방법을 갖게 된다. 선형 분류기는 볼록-유도 분류기의 특수한 사례이므로 알고리즘 8.2를 적용할 수 있으며, K-단계 다중선탐색 알고리즘은 역공학 기술의 $\mathcal{O}(L_\epsilon \cdot D)$ 질의 복잡도를 개선하고, 더 많은 분류기의 모임에 적용된다.

알고리즘 8.2의 복잡도가 더 좋지만 이 알고리즘은 로우드와 믹의 접근 방식에 사용된 D개의 방향 대신 $2 \cdot D$개의 탐색 방향을 사용하므로, 일부 실제 환경에서 더 많은 질의를 하기 위해 우리의 기술이 필요할 수 있다. 그러나 일부 제한적인 분류기 모임이 현재의 질의 집합을 기반으로 실행 불가능한 것으로 입증된다면, 탐색 방향을 제거하는 것도 가능하다. 예를 들어 탐색 방향의 집합 $\mathbb{W}$와 t개의 질의 $\{\mathbf{x}^{(i)}\}_{i=1}^t$ 그리고 이에 대응하는 응답 $\{y^{(i)}\}_{i=1}^t$이 주어졌을 때, 모든 $C_t^+ \leq \alpha < C_t^-$에 대해 이전의 모든 질의(즉, $f(\mathbf{x}^-) = \text{'}-\text{'}$와 $f(\mathbf{x}^A) = \text{'}+\text{'}$ 그리고 모든 $i \in \{1, \dots, t\}$에 대해 $f(\mathbf{x}^{(i)}) = y^{(i)})$와 일치하며, $f(\alpha \cdot \mathbf{e}) = \text{'}-\text{'}$와 모든 $\mathbf{i} \in \mathbb{W} \backslash \{\mathbf{e}\}$에 대해 $f(\alpha \cdot \mathbf{i}) = \text{'}+\text{'}$인 임의의 분류기 $f \in \mathcal{F}$가 존재하지 않는다면 $\mathbb{W}$에서 탐색 방향 $\mathbf{e}$를 제거할 수 있다. 즉, $\mathbf{e}$가 일부 일관된 분류기^{consistent classifier}가 비용 α를 음으로 분류해 남아 있는 탐색 방

향의 집합 $\mathbb{W}$ 중에서 유일한 탐색 방향인 경우에만 $\mathbf{e}$를 실행할 수 있다. 또한 이후의 질의가 α의 실행 가능한 공간^feasible space과 일관된 분류기의 집합 $\hat{\mathcal{F}}$를 제한하므로, 이런 실행 불가능한 방향^infeasible directions을 제거하는 것은 탐색의 나머지 부분에 대해서도 건전^sound하다.

볼록-유도 분류기의 제한된 모임의 경우, 이러한 실행 가능성 조건^feasibility condition은 효율적으로 검증할 수 있으며 추가 질의를 하지 않고도 탐색 방향을 제거하는 데 사용할 수 있다. 사실 법선 벡터 $\mathbf{w}$와 변위 b에 대해 $f(\mathbf{x}) = \text{sign}(\mathbf{w}^\top \mathbf{x} + b)$로 표현할 수 있는 선형 분류기 모임의 경우, 위의 조건은 탐색 방향과 관련된 제약 사항에 해당하는 이차부등식과 함께 일차부등식의 집합이 된다. 이는 α와 $\mathbf{w}$ 그리고 b에 대해 다음 최적화 프로그램으로 나타낼 수 있다.

$$
\begin{aligned}
&\alpha \in [C_t^+, C_t^-) \\
&\mathbf{w}^\top \mathbf{x}^- + b \quad \leq 0 \\
&\mathbf{w}^\top \mathbf{x}^A + b \quad \geq 0 \\
&y^i(\mathbf{w}^\top \mathbf{x}^{(i)} + b) \quad \geq 0 \quad \forall\, i \in \{1, \ldots, t\} \\
&\alpha \cdot \mathbf{w}^\top \mathbf{i} + b \quad \geq 0 \quad \forall\, \mathbf{i} \neq \mathbf{e} \in \mathbb{W}
\end{aligned}
\quad \text{를 만족하는}
$$

$$
\min_{\alpha, \mathbf{w}, b} \quad \alpha \cdot \mathbf{w}^\top \mathbf{e} + b
$$

결과의 최소값이 0보다 작으면 방향 $\mathbf{e}$는 실행 가능하며, 그렇지 않으면 제거할 수 있다. 이런 프로그램은 효율적으로 풀 수 있으며, 추가 질의를 하지 않고도 실행 불가능한 탐색 방향을 신속하게 제거할 수 있다. 그러나 이러한 제거 절차를 더 개선하는 것은 8장의 범위를 벗어난다.

다중선탐색 알고리즘을 $c_d = \infty$나 $c_d = 0$ 가중값으로 확장하기

알고리즘 8.2에서 암묵적으로 $c_d \in (0, \infty)$라고 가정해 단위 비용 벡터로 만들기 위해 d번째 축으로 정렬된 방향을 인자 $\frac{1}{c_d}$로 가중값을 재설정했다. $c_d \in \infty$(예를 들어 불변 특성)인 경우, 다중선탐색에 사용된 탐색 방향의 집합 $\mathbb{W}$에서 이런 특성을 간단히 제거해 처리할 수 있다. $c_d = 0$(쓸모없는 특성)인 경우, 비용 공이 경계 집합이라고 암묵적으로 가정하므로 다중선탐색과 같은 알고리즘은 더 최적화되지 않는다. $c_d = 0$이면, $\mathbb{B}^0(A)$가 더는 경계 집합이 아니며, $\mathcal{X}_f^-$가 0-비용 특성으로 생성된 부분공간과 교차한다면 비용이 0이 될 수 있다. 이는 0-비용 음의 인스턴스를 발견하지 못하는 한 근사-최적의 결과를 얻을 수 없다. 최악의 경우, 이런 인스턴스는 0-비용 부분 공간 안에서 임의의 방향으로 멀리 떨어질 수 있으므로 그런 인스턴스를 탐색하는 것이 어렵다. 그런데도 가능한 한 가지 탐색 전략은 T번째 반복에서 변경된 목표에 대한 다중선탐색을 반복적으로 재실행해, 모든 0-비용 특성^{cost feature}을 0으로 빠르게 감소하는 0이 아닌 가중값(예를 들어 t번째 반복에서 $c_d = 2^{-t}$)에 할당하는 것이다. 알고리즘은 0-비용 특성만 변경하는 음의 인스턴스(그러므로 0-*IMAC*)를 찾거나, 0-비용 음의 인스턴스가 존재하지 않으면 ϵ-*IMAC*인 0이 아닌 비용 인스턴스로 종료된다. 이 알고리즘은 근사-최적성을 보장하지 않지만 어떤 고정값 T번의 실행을 사용하는 실제 환경에 적합할 수 있다.

초기 하계의 결여

지금까지 ϵ-*IMAC*을 찾기 위해 우리가 제시한 알고리즘은 초기 경계 C_0^+와 C_0^- 사이에서 탐색했지만, 일반적으로 C_0^+는 실제 공격자에게 알려지지 않을 수 있다. 이제 *MAC*의 하계가 존재할 때 그 하계를 효율적으로 결정하는 나선탐색^{SprialSearch} 알고리즘을 제시한다. 이 알고리즘은 양의 예를 찾기 위해 하나의 방향을 따라 지수에 대해 절반을 탐색한 다음, 이 경계 후보에서 남아 있는 방향을 질의한다. 하계를 검증하거나 양이었던 방향은 탐색의 나머지 부분을 제거할 수 있다.

나선탐색 알고리즘은 t번째 반복에서 방향을 선택하고, $(C_0^-)2^{-2^t}$의 하계 후보로 질의한다. 질의가 양이면 해당 방향은 하계와 일치하는 방향의 집합 $\mathbb{V}$에 추가된다. 그렇지 않으면 $\mathbb{V}$의 모든 양의 방향은 제거되고, 새로운 하계를 설정한다. 그리고 하계 후보는 지수적으로 감소한다. *MAC*의 정의에 따라 이 알고리즘은 $t = \left\lceil \log_2 \log_2 \frac{C_0^-}{MAC(f,A)} \right\rceil$번의 반복 후에 종료된다. 또한 이 알고리즘에서 양의 질의를 하는 반복에서만 여러 방향을 탐측하며, 각 방향으로 최대 한 번 질의한다. 따라서 어떤 하계 $C_0^+ > 0$가 존재한다면, 나선탐색 알고리즘은 $\mathcal{O}(L_\epsilon' + D)$번의 질의로 하계를 결정하며, 여기서 L_ϵ'은 $C_0^+ = MAC(f, A)$을 사용해 정의한 식 (8.6)에서 얻는

알고리즘 8.4 나선탐색

$spiral\left(\mathbb{W}, \mathbf{x}^A, C_0^-\right)$
$t \leftarrow 0$와 $\mathbb{V} \leftarrow \emptyset$
repeat
    방향 $\mathbf{w} \in \mathbb{W}$를 선택한다
    $\mathbb{W}$에서 $\mathbf{w}$를 선택하고, $\mathbb{V} \leftarrow \mathbb{V} \cup \{\mathbf{w}\}$
    질의: $f_\mathbf{w} \leftarrow f\left(\mathbf{x}^A + C_0^- \cdot 2^{-2^t} \cdot \mathbf{w}\right)$
    if $f_\mathbf{w} = $ "$-$" **then begin**
        $\mathbb{W} \leftarrow \mathbb{W} \cup \{\mathbf{w}\}$ and $\mathbb{V} \leftarrow \emptyset$
        $t \leftarrow t + 1$
    end if
until $\mathbb{W} = \emptyset$
$C_0^+ \leftarrow C_0^- \cdot 2^{-2^t}$
if $t > 0$ **then** $C_0^- \leftarrow C_0^- \cdot 2^{-2^{t-1}}$
return: $(\mathbb{V}, C_0^+, C_0^-)$

다. 즉, 최대가능 하계$^{\text{largest possible lower bound}}$이다.

이 알고리즘은 모든 이진탐색 방법[9]에 대해 전구체(前驅體, precursor)로 사용할 수 있으며, 지수 대신 하계를 절반으로 줄여 가법 최적성에 적용할 수 있다(8.1.3절 참조). 알고리즘이 종료되면 상계와 하계가 결정되며, 상계와 하계는 $t > 0$일 때 $2^{2^{t-1}}$ 또는 $t = 0$일 때 2의 승법 간격$^{\text{multiplicative gap}}$을 갖는다. MAC과 관련해 위에서 제시한 t의 정의에서 $L_\epsilon = L_\epsilon'$을 사용해 다중선탐색 알고리즘을 실행할 수 있다. 또한 나선탐색 알고리즘으로 제거한 탐색 방향은 후속 다중선탐색 알고리즘에도 유효하지 않으므로, 나선탐색 알고리즘이 반환한 집합 $\mathbb{V}$는 후속 탐색을 위한 초기 집합 $\mathbb{W}$로 사용된다. 따라서 후속 탐색의 질의 복잡도는 가능한 가장 좋은 하계로 시작한 것과 같아진다.

---

9 비용의 하계가 존재하지 않으면, 이 알고리즘은 $\epsilon\text{-}IMAC$을 찾을 수 없다. 설명한 대로 이 알고리즘은 종료되지 않지만 실제로는 충분히 많이 반복한 후에 탐색이 종료된다. – 지은이

음의 예 결여

다중선탐색 알고리즘은 공격자가 음의 예 $\mathbf{x}^-$를 갖고 있지 않은 경우에도 자연스럽게 적용할 수 있다. 이는 음의 인스턴스를 발견할 때까지 2배의 지수로 증가하는 비용의 ℓ_1 공을 질의해 달성할 수 있다. t번째 반복 동안, 공격자는 비용 $(C_0^-)2^{2^t}$로 모든 탐색 방향을 따라 탐측한다. 모든 탐측은 양(새로운 하계)이거나 최소로 하는 음(새로운 상계)이며, 탐색은 종료될 수 있다. (T번 반복으로 탐측해) 음의 예를 발견하면, 우리는 $(C_0^+)2^{2^{T-1}} < MAC(f,\,A) \le (C_0^+)2^{2^T}$를 가져야 한다. 즉, $T = \left\lceil \log_2 \log_2 \left(\frac{MAC(f,A)}{C_0^-} \right) \right\rceil$이다. 이 전처리 후에 공격자는 $\log_2(G_0) = 2^{T-1}$와 $C_0^- = 2^{2^T}$로 다중선탐색 알고리즘을 수행한다. 즉, $\log_2(G_0) = 2^{T-1}$이다. 이 전구체 단계는 식 (8.6)에 따라 $L_\epsilon = \left\lceil (T - 1) + \log_2 \left(\frac{1}{\log_2(1+\epsilon)} \right) \right\rceil$이 되도록 간격을 갖는 다중선탐색 알고리즘을 초기화하기 위해 최대 $|\mathbb{W}| \cdot T$개의 질의가 필요하다.

초기 상계나 하계가 없다면, 공격자는 추가로 $|\mathbb{W}|$개의 질의를 사용해 단위 비용에서 각 탐색 방향을 탐측해 진행할 수 있다. 공격자는 상계나 하계를 설정하고 나서 계속 진행할 수 있다.

8.2.2 볼록 $\mathcal{X}_f^-$에 대한 ϵ-IMAC 학습

이 절에서는 실행 가능한 집합 $\mathcal{X}_f^-$가 볼록일 때 유계인 비용 공(식 (8.1)의 가중값 ℓ_1 비용에 초점을 맞춘다)을 갖는 볼록 비용함수 A를 최소화한다. 모든 볼록함수는 (예를 들어 타원체 방법ellipsoid method이나 내부점 방법interior point method을 사용해[34]) 알려진 볼록집합 안에서 효율적으로 최소화할 수 있다. 그러나 근사-최적 회피 문제에서 볼록집합은 멤버십 질의를 사용해야만 접근할 수 있다. 우리는 초기점 $\mathbf{x}^- \in \mathcal{X}_f^-$가 주어진 비용함수 A를 최소화하기 위해 베르트시마스Bertsimas와 벰팔라Vempala의 확률화 다항식 알고리즘randomized polynomial algorithm[20]을 사용한다. 어떤 고정된 비용 C'에 대해, 베르트시마스와 벰팔라의 알고리즘을 사용해 (높은 확률로) $\mathcal{X}_f^-$가 $\mathbb{B}^{C'}(A)$와 교차하는지, 즉 C'가 MAC의 새로운 하계나 상계인지 결정한다. 이 접근 방식은 이진 탐색을 사용해 최대 L_ϵ번의 반복으로 ϵ-IMAC을 찾을 수 있다. 다음 정리는 이 절의 주된 결과다.

정리 8.8 비용함수 A가 볼록이고 유계인 공을 갖는다고 하자. 즉, 유계인 하위수준^{sublevel} 집합이다. 실행 가능한 집합 $\mathcal{X}_f^-$이 볼록이라 하고, $\mathcal{X}_f^-$가 비용 공 $\mathbb{B}^r(A; \mathbf{y})$을 포함하게 만드는 어떤 $r > 0$와 $\mathbf{y} \in \mathcal{X}_f^-$가 존재한다고 가정한다. A 비용 공을 분리하는 초평면을 반환하는 오라클^{oracle}에 접근할 수 있는 경우, 알고리즘 8.7은 높은 확률로 $\mathcal{O}^*(D^5)$번의 질의를 사용해 $\epsilon\text{-}IMAC$을 찾을 수 있다.[10]

이 절의 나머지 부분에서 정리 8.8을 증명하며, 베르트시마스와 벰팔라의 논문 정리 14[20]를 기반으로 한다. 먼저 베르트시마스와 벰팔라의 확률화 타원체 알고리즘을 소개한 다음, 볼록체에서 효율적으로 표본을 추출하기 위한 베르트시마스와 벰팔라의 절차를 자세히 설명하고, 마지막으로 최적화에 대한 응용법을 제시한다. 이 절에서 가중값 ℓ_1 비용(식 (8.1))에 초점을 맞추고, 8.3.2절에서 더 일반적인 사례를 다룬다.

8.2.2.1 볼록집합의 교집합

베르트시마스와 벰팔라는 두 볼록집합($\mathcal{X}_f$와 $\mathbb{B}^{C'}(A_t)$)의 교집합이 있는지 결정하기 위해 질의-기반 절차를 제시했다. 우리가 알고리즘 8.5(그림 8.4)로 제시하는 베르트시마스와 벰팔라의 교집합탐색^{IntersectSearch} 절차는 두 개의 유계 볼록집합의 교집합이 있는지를 결정하는 확률화 타원체 방법이다. $\mathbb{P}$는 멤버십 질의를 통해서만 접근할 수 있으며, $\mathbb{B}$는 $\mathbb{B}$에 속하지 않은 임의의 점에 대해 분리 초평면$^{\text{separating hyperplane}}$을 제공한다. 베르트시마스와 벰팔라는 효율적인 질의-기반 접근 방식을 사용해 충분하게 많은 표본을 얻기 위해 $\mathbb{P}$에서 균등하게 표본을 뽑는다. $\mathbb{B}$에서 분리 초평면으로 이 표본의 무게 중심을 통해 $\mathbb{P}$를 절단하면 높은 확률로 $\mathbb{P}$의 부피를 많이 감소시킨다. 따라서 베르트시마스와 벰팔라의 기술은 알고리즘이 $\mathbb{P} \cap \mathbb{B}$에서 점을 찾거나 교집합이 공집합일 가능성이 클 때까지 점진적으로 더 작은 실행 가능한 집합 $\mathbb{P}^{(s)} \subseteq \mathbb{P}^{(s-1)}$의 수열을 구성한다.

---

10 $\mathcal{O}^*(\cdot)$는 로그 항이 없는 표준 복잡도 표기법 $\mathcal{O}(\cdot)$이다. $\epsilon*$에 대한 종속성은 이 로그 항에 있다. 자세한 내용은 베르트시마스와 벰팔라의 논문[20]을 참조한다. – 지은이

교집합탐색 $\left(\mathbb{P}^{(0)}, \mathbb{Q} = \left\{\mathbf{x}^{(j)} \in \mathbb{P}^{(0)}\right\}, \mathbf{x}^{A}, C\right)$

for $s = 1$ **to** T **do begin**

   (1) $2N$개의 표본 $\left\{\mathbf{x}^{(j)}\right\}_{j=1}^{2N}$을 만든다

      $\mathbb{Q}$에서 $\mathbf{x}$를 추출한다

      $\mathbf{x}^{(j)} \leftarrow HitRun\left(\mathbb{P}^{(s-1)}, \mathbb{Q}, \mathbf{x}^{(j)}\right)$

   (2) $\mathbf{x}^{(j)}$에 대해 $A\left(\mathbf{x}^{(j)} - \mathbf{x}^{A}\right) \leq C$이면 for-loop을 중단

   (3) 표본을 크기가 N인 2개의 집합에 넣는다

      $\mathbb{R} \leftarrow \left\{\mathbf{x}^{(j)}\right\}_{j=1}^{N}$ 그리고 $\mathbb{S} \leftarrow \left\{\mathbf{x}^{(j)}\right\}_{j=N+1}^{2N}$

   (4) $\mathbf{z}^{(s)} \leftarrow \frac{1}{N} \sum_{\mathbf{x}^{(j)} \in \mathbb{R}} \mathbf{x}^{(j)}$

   (5) 식 (8.11)을 사용해 $\mathbb{H}^{\left(\mathbf{h}(\mathbf{z}^{(s)}), \mathbf{z}^{(s)}\right)}$를 계산한다

   (6) $\mathbb{P}^{(s)} \leftarrow \mathbb{P}^{(s-1)} \cap \mathbb{H}^{\left(\mathbf{h}(\mathbf{z}), \mathbf{z}^{(s)}\right)}$

   (7) $\mathbb{P}^{(s)}$에 있는 표본을 유지한다

      $\mathbb{Q} \leftarrow \mathbb{S} \cap \mathbb{P}^{(s)}$

end for

return: 찾은 $[\mathbf{x}^{(j)}, \mathbb{P}^{(s)}, \mathbb{Q}]$ 또는 교집합이 없음

치고달리기 $\left(\mathbb{P}, \left\{\mathbf{y}^{(j)}\right\}, \mathbf{x}^{(0)}\right)$

for $i = 1$ **to** K **do begin**

   (1) 무작위로 방향을 선택한다

      $v_j \sim N(0, 1)$

      $\mathbf{v} \leftarrow \sum_j v_j \cdot \mathbf{y}^{(j)}$

   (2) 기각표본 추출을 사용해 $\mathbf{v}$를 따라 균등하게 표본을 추출한다

      $\mathbf{x}^{(i-1)} + \hat{\omega} \cdot \mathbf{v} \notin \mathbb{P}$를 만족하는 $\hat{\omega}$를 추출한다

   repeat

      $\omega \sim Unif(0, \hat{\omega})$

      $\mathbf{x}^{(i)} \leftarrow \mathbf{x}^{(i-1)} + \omega \cdot \mathbf{v}$

      $\hat{\omega} \leftarrow \omega$

   until $\mathbf{x}^{(i)} \in \mathbb{P}$

end for

Return: $\mathbf{x}^{(K)}$

그림 8.4 베르트시마스와 벰팔라의 확률화 타원체 방법에 교집합탐색과 치고달리기 추출법 알고리즘을 사용한다. 교집합탐색 알고리즘을 사용해 볼록집합 쌍의 교집합을 찾는다. $\mathbb{P}^{(0)}$는 질의 가능하며, $\mathbb{B}$는 식 (8.11)의 분리 초평면을 제공한다. 8.2.2.2절에서 설명할 반올림 알고리즘을 전처리 단계로 사용할 수 있으므로 $\mathbb{P}^{(0)}$는 근사-등방성이며, $\mathbb{Q}$에 대한 균등표본을 얻을 수 있다. 치고달리기 추출법 알고리즘은 $\mathbb{Q}$에서 추출한 균등표본 집합 $\{\mathbf{y}^{(j)}\}$과 시작점 $\mathbf{x}^{(0)}$를 기반으로 유계인 근사-등방성 볼록집합 $\mathbb{P}$에서 균등표본을 효율적으로 얻는 데 사용된다.

앞에서 언급했듯이 비용 최적화 문제$^{\text{cost optimization problem}}$는 $\mathcal{X}_f^{-}$와 $\mathbb{B}^{C'}(A_1)$의 교집합을 찾는 것으로 줄어든다. $\mathcal{X}_f^{-}$는 유계가 아닐 수 있지만, 우리는 유계 비용 공으로 비용을 최소화하고 있으므로, $\mathcal{X}_f^{-}$의 (볼록) 부분집합인 $\mathbb{P}^{(0)} = \mathcal{X}_f^{-} \cap \mathbb{B}^{2R}(A_1; \mathbf{x}^{-}; \mathbf{x}^{-})$ (여기서 $R = A(\mathbf{x}^{-} - \mathbf{x}^{A}) = C'$)을 대신 사용할 수 있다. 삼각부등식에 의해 중심이 $\mathbf{x}^{-}$인

공 $\mathbb{B}^{2R}(A_1; \mathbf{x}^-)$은 중심 $\mathbf{x}^A$의 $\mathbb{B}^{C'}(A_1; \mathbf{x}^A)$를 모두 감싸고 있으므로, 집합 $\mathbb{P}^{(0)}$가 존재한다면 $\mathbb{P}^{(0)}$는 원하는 교집합 $\mathcal{X}_f^- \cap \mathbb{B}^{2R}(A_1)$의 전체를 포함한다. 또한 우리는 볼록집합 $\mathcal{X}_f^-$에 포함된 r-공이 존재하도록 어떤 $r > 0$이 존재한다고 가정한다. 즉, 중심이 $\mathbf{y}$인 r-공 $\mathbb{B}^r(A_1; \mathbf{y})$과 $\mathcal{X}_f^-$의 부분집합인 $\mathbf{y} \in \mathcal{X}_f^-$가 존재한다. 이 가정은 $\mathcal{X}_f^-$가 공집합이 아닌 내부를 갖는다는 것(뒤에서 설명할 치고달리기Hit-and-Run 알고리즘의 요구 사항)을 보장하고, 전체 교집합탐색intersection search 알고리즘에 대한 중단 조건을 제공한다.

베르트시마스와 벰팔라의 탐색 알고리즘의 기초는 스미스Smith가 소개한 치고-달리기 확률보행Hit-and-Run random walk 기술[229]을 사용해, 알려지지 않은 유계인 볼록체에서 균등하게 표본을 추출할 수 있는 능력이다(알고리즘 8.6). 인스턴스 $\mathbf{x}^{(j)} \in \mathbb{P}^{(s-1)}$가 주어지면, 치고-달리기 알고리즘은 $\mathbf{x}^{(j)}$를 지나는 임의의 방향을 선택한다(우리는 8.2.2.2절에서 $\mathbf{v}$의 선택을 다시 설명한다). $\mathbb{P}^{(s-1)}$이 유계 볼록집합이므로, 집합 $\mathbb{W} = \{\omega \geq 0 \,|\, \mathbf{x}^{(j)} + \omega\mathbf{v} \in \mathbb{P}^{(s-1)}\}$는 $\mathbf{x}^{(j)}$를 지나는 방향 $\mathbf{v}$를 따라 모든 실행 가능한 점에 첨자를 매기는 유계 구간(즉, $\mathbb{W} \subseteq [0, \hat{\omega}]$인 $\hat{\omega} \geq 0$가 존재한다)이다. $\mathbb{W}$에서 균등하게 표본 ω를 뽑는 것은 확률 보행의 다음 단계 $\mathbf{x}^{(j)} + \omega\mathbf{v}$로 이어진다. 일반적으로 $\hat{\omega}$는 알려지지 않았지만, $\hat{\omega}$는 상계일 수 있으며, 알고리즘 8.6에서 설명한 것처럼 구간을 따라 기각표본 추출rejection sampling을 사용해 ω를 추출할 수 있다. 앞에서 언급했듯이, $\mathbb{P}^{(s-1)}$의 내부가 공집합이라면 이 확률보행은 진행되지 않으며(우리는 $\mathcal{X}_f^-$가 r-공을 포함한다고 가정해 $\mathbb{P}^{(s-1)}$의 내부가 공집합인 경우를 제외한다), 또한 효율적인 표본 추출은 $\mathbb{P}^{(s-1)}$가 적당히 둥글어야 함을 필요로 한다. 그러나 8.2.2.2절에서 설명할 조건 아래에서 치고달리기 확률보행은 $\mathcal{O}^*(D^3)$ 단계 후에 볼록체에서 균등하게 표본을 생성한다. 이제 전반적인 교집합탐색 알고리즘(알고리즘 8.5)을 자세히 설명하고 나서 각각의 연속적인 절단 후에 효율적인 표본 추출을 유지하는 데 사용된 메커니즘을 설명한다. 알고리즘 8.5는 $\mathbb{P}^{(0)}$가 근사-등방성 위치near-isotropic position에 있어야 함을 필요로 하며, $\mathbb{Q}$가 $\mathbb{P}^{(0)}$에서 추출한 표본집합이라는 점에 유의해야 한다. 이러한 요구 사항은 8.2.2.2절의 마지막 부분에서 설명할 로바스트Lovasz와 벰팔라의 반올림Rounding 알고리즘을 사용해 만족시킨다.

확률화 타원체 방법

여기서는 확률화 타원체 방법^{randomized ellipsoid method}의 단일 위상^{single phase}에 대해 $\mathbb{P}^{(s-1)} \subseteq \mathcal{X}_f^-$에서 $2N$개의 표본 $\{\mathbf{x}^{(j)}\}$을 얻기 위해 치고-달리기 알고리즘을 사용한다. 조건 $A(\mathbf{x}^{(j)} - \mathbf{x}^A) \leq C'$를 만족하면 $\mathbf{x}^{(j)}$는 $\mathcal{X}_f^-$와 $\mathbb{B}^{C'}(A_1)$의 교집합 안에 있으며, 절차는 완료된다. 그렇지 않으면 탐색 알고리즘은 $\mathbb{B}^{C'}(A_1)$를 제외하지 않고 $\mathbb{P}^{(s-1)}$의 크기를 많이 줄여서 표본 추출이 원하는 교집합에 존재한다면 그 교집합으로 향하도록 집중돼야 한다. 이를 위해 우리는 $\mathbb{B}^{C'}(A_1)$에 대한 분리 초평면이 필요하다. 임의의 점 $\mathbf{y} \notin \mathbb{B}^{C'}$에 대해, 가중값 ℓ_1 비용의 $\mathbf{h}(\mathbf{y})$라 하면 (부분) 기울기는 다음과 같이 나타낼 수 있다.

$$[\mathbf{h}(\mathbf{y})]_f = c_f \cdot \text{sign}\left(y_f - x_f^A\right) \tag{8.10}$$

따라서 초평면 $\{\mathbf{x} \mid (\mathbf{x} - \mathbf{y})^\top \mathbf{h}(\mathbf{y})\}$는 $\mathbf{y}$와 $\mathbb{B}^{C'}(A_1)$에 대한 분리 초평면이다.

충분히 진행하기 위해서 알고리즘은 점 $\mathbf{z} \in \mathbb{P}^{(s-1)}$를 선택해 초평면 $\mathbf{h}(\mathbf{z})$로 $\mathbf{z}$를 지나는 $\mathbb{P}^{(s-1)}$를 절단하면 $\mathbb{P}^{(s-1)}$의 상당 부분을 제거할 수 있다. 이를 위해 $\mathbf{z}$는 반드시 $\mathbb{P}^{(s-1)}$ 안의 중심에 있어야 한다. 우리는 $\mathbb{R}: \mathbf{z} = \frac{1}{N}\sum_{\mathbf{x} \in \mathbb{R}}$에 있는 표본의 절반에 대해 경험적 무게 중심을 이용한다(다른 절반은 8.2.2.2절에서 사용한다). 우리는 $\mathbf{z}$를 지나는 초평면 $\mathbf{h}(\mathbf{z})$로 $\mathbb{P}^{(s-1)}$를 절단한다. 즉, $\mathbb{P}^{(s)} = \mathbb{P}^{(s-1)} \cap \mathbb{H}^{(\mathbf{h}(\mathbf{z}),\mathbf{z})}$이고, 여기서 $\mathbb{H}^{(\mathbf{h}(\mathbf{z}),\mathbf{z})}$는 반공간이다.

$$\mathbb{H}^{(\mathbf{h}(\mathbf{z}),\mathbf{z})} = \left\{\mathbf{x} \mid \mathbf{x}^\top \mathbf{h}(\mathbf{z}) < \mathbf{z}^\top \mathbf{h}(\mathbf{z})\right\} \tag{8.11}$$

베르트시마스와 벰팔라가 보인 것처럼 $N = \mathcal{O}^*(D)$이고 $\mathbb{P}^{(s-1)}$가 근사-등방성이라면 이 절단은 높은 확률로 $vol\left(\mathbb{P}^{(s)}\right) \leq \frac{2}{3}vol\left(\mathbb{P}^{(s-1)}\right)$를 만족한다(8.2.2.2절 참조). 실행 가능한 집합의 초기 외접공과 내접공 간의 부피 비가 $\left(\frac{R}{r}\right)^D$이므로, 알고리즘은 높은 확률로 교집합이 공집합인 $T = \mathcal{O}\left(D\log\left(\frac{R}{r}\right)\right)$번의 성공하지 못한 반복^{unsuccessful iteration} 후에 종료될 수 있다.

알고리즘 8.5의 모든 반복에서 $N = \mathcal{O}^*(D)$개의 표본이 있어야 하고, 각 반복은 $K = \mathcal{O}^*(D^3)$의 확률보행 단계가 있어야 하며, $T = \mathcal{O}^*(D)$번의 반복이 있으므로 알고리즘 8.5에서 필요한 총 멤버십 질의 수는 $\mathcal{O}^* (D^5)$이다.

8.2.2.2 질의 가능한 볼록체에서 표본 추출

확률화 타원체 방법은 볼록체의 무게 중심을 추정하고, 수축하는 볼록체 수열로부터 점을 균등하게 효율적으로 생성하는 치고달리기 표본 추출기Hit-and-Run sampler에 필요한 조건을 유지하는 두 가지 목적으로 확률표본을 사용한다. 지금까지 치고달리기 확률보행이 $K = \mathcal{O}^* (D^3)$개의 멤버십 질의를 사용해 임의의 유계 볼록체 $\mathbb{P}$에서 균등하게 확률표본을 생성한다고 가정했다. 그러나 체body가 비대칭적으로 길어진다면 무작위로 선택된 방향은 체의 긴 축long axis을 따라 거의 정렬되지 않으며, 확률보행은 (긴 축과 비교하면 상대적으로) 보폭이 작으며 $\mathbb{P}$에서 천천히 혼합된다. 표본 추출기가 효과적으로 혼합하기 위해서는 볼록체 $\mathbb{P}$가 적당히 둥글거나, 더 형식적으로 근사-등방성이어야 한다. 즉, 임의의 단위 벡터 $\mathbf{v}$에 대해 다음과 같다.

$$\frac{1}{2} vol\,(\mathbb{P}) \;\leq\; \mathrm{E}_{\mathbf{x}\sim\mathbb{P}} \left[\left(\mathbf{v}^\top \left(\mathbf{x} - \mathrm{E}_{\mathbf{x}\sim\mathbb{P}} [\mathbf{x}] \right) \right)^2 \right] \;\leq\; \frac{3}{2} vol\,(\mathbb{P}) \tag{8.12}$$

체가 근사-등방성이 아니라면 적절한 아핀 변환affine transformation[11] $\mathbf{T}$로 $\mathcal{X}$의 크기를 다시 변경할 수 있으므로, 이렇게 변환된 체 $\mathbb{P}' = \{\mathbf{Tx} \mid \mathbf{x} \in \mathbb{P}\}$는 근사-등방성이다. $\mathbb{P}$에서 충분히 많은 표본을 얻어, 이 표본에 대한 경험적 공분산행렬로 $\mathbf{T}$를 추정할 수 있다. 대신 우리는 베르트시마스와 벰팔라가 설명한 기술[20]을 사용해 함축적으로 $\mathcal{X}$의 크기를 변경한다. 우리는 체 $\mathbb{P}^{(s)}$에서 충분히 많은 균등표본의 집합 $\mathbb{Q}$를 유지하고, 치고–달리기 알고리즘(알고리즘 8.6)에서 이 집합을 기반으로 방향 $\mathbf{v}$의 표본을 추출한다. 직관적으로 $\mathbb{Q}$의 표본이 $\mathbb{P}^{(s)}$에서 균등하게 분포하므로, $\mathbb{Q}$의 점을 기반으로 표본 추출한 방향은 $\mathbb{P}^{(s)}$의 공분산 구조를 함축적으로 반영한다. 이는 평균이 0인 정규분포와 $\mathbb{P}$의 공분산에서 방향 $\mathbf{v}$를 표본 추출하는 것과 동치다.

또한 집합 $\mathbb{Q}$는 각 절단 후에 $\mathbb{P}^{(s)}$에서 충분히 많은 표본을 보유해야 한다. 즉, $\mathbb{P}^{(s)}$ $\leftarrow \mathbb{P}^{(s-1)} \cap \mathbb{H}^{(\mathbf{h}(\mathbf{z}^{(s)}),\,\mathbf{z}^{(s)})}$이다. 이를 위해 먼저 치고 달리기 알고리즘을 사용해 $\mathbb{P}^{(s-1)}$에

---

11 공선점(共線點, collinear point, 한 직선 위에 있는 점들)을 공선점으로 보내는 두 아핀공간 사이의 함수다. 출처: 위키피디아 https://bit.ly/2EGxHBk – 옮긴이

서 2N개의 점을 다시 표본 추출한다. 이 표본의 절반 $\mathbb{R}$은 절단을 위한 무게중심 $\mathbf{z}^{(s-1)}$를 추정하는 데 사용하고, 나머지 절반 $\mathbb{S}$는 절단 후에 $\mathbb{Q}$를 다시 채우는 데 사용한다. $\mathbb{S}$가 $\mathbb{P}^{(s-1)}$에서 독립인 균등표본uniform sample을 포함하고 있으므로 절단 후에 $\mathbb{P}^{(s)}$에 있는 표본은 $\mathbb{P}^{(s)}$에서 추출한 독립 균등표본을 구성한다(즉, 기각표본 추출이다). N을 충분히 크게 잡으면 절단은 적당히 깊어지며, 절단 후에 $\mathbb{P}^{(s)}$를 재표본 추출하게 충분히 많은 점이 있게 된다.

마지막으로, 이런 표본 추출 접근 방식이 성공하기 위해서는 초기 집합 $\mathbb{P}^{(0)}$를 근사-등방성 위치로 변환시킬 필요가 있으며, 알고리즘 8.5에 입력되는 변환된 $\mathbb{P}^{(0)}$에서 추출된 균등표본의 초기 집합 $\mathbb{Q}$도 필요하다. 그러나 근사-최적 회피 문제에서 우리는 단 하나의 점 $\mathbf{x}^- \in \mathcal{X}_f^-$만 가지고 있으며, 집합 $\mathbb{P}^{(0)}$는 근사-등방성일 필요는 없다. 다행히도, 치고달리기 알고리즘을 사용해 초기 볼록집합 $\mathbb{P}^{(0)}$를 근사-등방성 위치로 동시에 변환하고 초기 표본집합 $\mathbb{Q}$를 구성하는 반복적인 절차가 존재한다. 이 알고리즘은 로바스즈Lovasz와 벰팔라가 설명한 반올림 알고리즘[155]으로 $\mathcal{O}^*(D^4)$개의 멤버십 질의를 사용해 $\mathbb{P}^0$를 근사-등방성 위치로 옮기고 여기서 초기 표본 집합을 생성하는 변환을 찾는다. 이 알고리즘을 알고리즘 8.5와 8.7의 전처리 단계로 사용한다. 즉, $\mathcal{X}_f^-$와 $\mathbf{x}^- \in \mathcal{X}_f^-$가 주어졌을 때 $\mathbb{P}^{(0)} = \mathcal{X}_f^- \cap \mathbb{B}^{2R}(A_1; \mathbf{x}^-)$를 구성하고, 반올림 알고리즘을 사용해 $\mathbb{P}^{(0)}$를 변환하고 $\mathbb{P}^{(0)}$에서 초기 균등표본을 생성할 수 있다. 즉, $\mathbb{Q} = \{\mathbf{x}^{(j)} \in \mathbb{P}^{(0)}\}$이다. 이제 이 집합은 우리의 탐색 알고리즘의 입력이 된다.

8.2.2.3 ℓ_1 공에 대한 최적화

이제 (실행 가능한 최소 비용 탐색을 위한) 알고리즘의 가장 바깥쪽 최적화 순환outermost optimization loop을 재검토해 나이브 접근 방식naive approach을 최적화하는데, 이 접근 방식은 비용 공에 대한 이진탐색의 각 단계에서 교집합탐색을 반복한다. 이런 개선 사항은 마지막 절차인 알고리즘 8.7의 **집합탐색**SetSearch에 반영된다(앞의 이진탐색 절차와 마찬가지로 이 알고리즘은 8.1.3절에서 설명한 것처럼 간단히 중단 기준과 제안 단계를 변경해 η-가법 최적성에 바로 적용할 수 있다). 이 알고리즘은 L_ϵ번의 이진탐색 단계만 수행하므로 필요한 총 질의 개수 또한 $\mathcal{O}^*(D^5)$이다(그림 8.5 참고). 다시 말하지만, 알고리즘 8.7은 $\mathbb{P}$가 근사-등방성이어야 하며 $\mathbb{Q}$는 8.2.2.2절의 마지막 부분에서 설명한 반올림 알고리즘으로 수행해 $\mathbb{P}$에서 추출한 표본의 집합이라는 것을 요구한다. 첫 번째, $\mathbf{x}^A$와 $\mathbf{x}^-$는 최적화 절차가 반복될 때마다 같다는 것을 알아야 한다. 또한 알고리즘 8.7의 각 반복에서 새로운 집합 $\mathbb{P}$는 근사-등방성을 유지하며, 새로운 $\mathbb{Q}$는 알고리즘 8.5에서 반환된 집합이 이러한 속성을 유지하므로 $\mathbb{P}$에서 추출한 표본 집합이다. 따라서 알고리즘 8.7에 의해 유지된 집합 $\mathbb{P}$와 표본 집합 $\mathbb{Q} = \{\mathbf{x}^{(j)} \in \mathbb{P}\}$는 C'에 대한 전체 이진탐색의 각 단계에서 교집합탐색 알고리즘을 초기화하기에 충분하며, 우리는 교집합탐색 알고리즘을 호출할 때마다 먼저 반올림 알고리즘을 다시 호출하는 것보다 전처리 단계로서 반올림 알고리즘을 한 번만 실행하면 된다. 두 번째, 식 (8.10)의 분리 초평면 $\mathbf{h}(\mathbf{y})$는 표적 비용 C'에 종속돼 있지 않지만, 이 탐색에 사용된 모든 ℓ_1 공의 공통 중심인 $\mathbf{x}^A$에는 종속돼 있다. 사실, 점 $\mathbf{y}$에서 분리 초평면

알고리즘 8.7 볼록 $\mathcal{X}_f^-$ 집합탐색

집합검색$\left(\mathbb{P}, \mathbb{Q} = \left\{\mathbf{x}^{(j)} \in \mathbb{P}\right\}, \mathbf{x}^A, \mathbf{x}^-, C_0^+, C_0^-, \epsilon\right)$
$\mathbf{x}^\star \leftarrow \mathbf{x}^-$ 그리고 $t \leftarrow 0$
while $C_t^-/C_t^+ > 1 + \epsilon$ **do begin**
  $C_t \leftarrow \sqrt{C_t^- \cdot C_t^+}$
  $[\mathbf{x}^\star, \mathbb{P}', \mathbb{Q}'] \leftarrow$ 교집합검색$\left(\mathbb{P}, \mathbb{Q}, \mathbf{x}^A, C_t\right)$
  if 교집합 발견
    $C_{t+1}^- \leftarrow A\left(\mathbf{x}^\star - \mathbf{x}^A\right)$ 그리고 $C_{t+1}^+ \leftarrow C_t^+$
    $\mathbb{P} \leftarrow \mathbb{P}'$ 그리고 $\mathbb{Q} \leftarrow \mathbb{Q}'$
  else
    $C_{t+1}^- \leftarrow C_t^-$ 그리고 $C_{t+1}^+ \leftarrow C_t$
  end if
  $t \leftarrow t + 1$
end while
Return: $\mathbf{x}^\star$

그림 8.5 베르트시마스와 벰팔라의 확률화 타원체 알고리즘[20]을 효율적으로 구현하는 집합탐색 알고리즘. 집합탐색 알고리즘은 $\mathcal{X}_f^-$가 특정 비용 C_t보다 적은 점을 포함하고 있는지를 높은 확률로 결정하기 위해 확률화 교집합탐색 절차를 사용해 $\epsilon\text{-}IMAC$에 대한 이진탐색을 수행한다. 8.2.2.2절에서 설명한 반올림 알고리즘을 전처리 단계로 사용할 수 있으므로 $\mathbb{P}$는 근사-등방성이며 $\mathbb{Q}$에 대한 표본을 얻을 수 있다는 점에 유의한다.

은 비용 $C < A(\mathbf{y} - \mathbf{x}^A)$의 모든 ℓ_1-공에 대해 유효하다. 또한 $C < C'$이면 $\mathbb{B}^C(A_1) \sqsubseteq \mathbb{B}^{C'}(A_1)$이다. 따라서 C'-공에 대해 성공적인 교집합탐색 알고리즘 호출의 최종 상태를 모든 $C < C'$에 대해 모든 교집합탐색 알고리즘의 후속 호출의 시작 상태로 사용할 수 있다. 따라서 알고리즘 8.7에서 알고리즘 8.5가 성공할 때에만 $\mathbb{P}$와 $\mathbb{Q}$를 업데이트한다.

8.3 일반 ℓ_p 비용에 대한 회피

여기서 우리는 볼록-유도 분류기 모임에 대한 ϵ-IMAC 탐색가능성을 임의의 $0 < p \leq \infty$에 대해 ℓ_p 비용의 전체 모임으로 확장한다. 이 절에서 설명하는 것처럼 많은 ℓ_p 비용은 일반적으로 볼록-유도 분류기 모임에 대해 모든 $\epsilon > 0$에 대해 ϵ-IMAC 탐색가능하지 않다. 즉, 우리는 이 모임에 대한 ϵ-IMAC을 찾는 것은 D와 L_ϵ에서 지수적으로 많은 질의가 필요할 수 있음을 보인다. 사실 양의 집합이나 음의 집합이 볼록일 때 가중값 비용만 ℓ_p (확률화) 다항식 질의 전략을 알고 있다.

8.3.1 볼록 양의 집합

우리는 $p \neq 1$인 ℓ_p 비용함수에 대해 근사-최적 회피 문제의 해를 찾기 위해 8.2.1절에서 제시한 다중선탐색과 K-단계 다중선탐색 알고리즘의 능력을 살펴본다. 특히 $p > 1$에 대해 $2 \cdot D$축 정렬 방향보다 더 많은 탐색 방향을 사용해 다중선탐색 알고리즘을 사용한 결과를 살펴본다. 그림 8.6은 일반적인 ℓ_p 비용의 상계와 하계를 결정하는 데 질의를 사용하는 방법을 보여준다.

다음 보조정리는 ℓ_1 비용을 사용하는 일반적인 ℓ_p 비용의 잘 알려진 경계를 요약한다.

보조정리 8.9 C-비용 ℓ_1 공 안에 있는 가장 큰 공 $\ell_p (p > 1)$은 $C \cdot D^{\frac{1-p}{p}}$의 비용을 가지며, $p = \infty$에 대해 비용은 $C \cdot D^{-1}$이다.

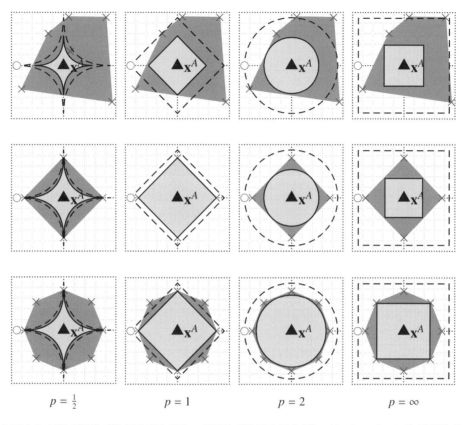

그림 8.6 질의 집합에 대한 볼록 헐과 여러 ℓ_p 비용에 대해 결과 경계 공(resulting bounding ball). 각 행은 양 ("×"점)과 음("○"점)의 유일한 집합을 나타내며, 각 열은 다른 ℓ_p 비용에 대해 암시적 상계(검은색 점선)와 하계 (검은색 직선)이다. 첫 번째 행에서 체는 7개의 확률집합으로 정의되며, 두 번째 행에서 질의는 좌표축을 따라 있으며, 세 번째 행에서 질의는 원 주위에 있다.

증명) 대칭성에 따라 임의의 $p>1$에 대해 ℓ_p 노름을 최소화하는 단체^{simplex} $\left\{ \mathbf{x} \in \Re^D \ \middle| \ \sum_{i=1}^{D} x_i = 1, x_i \geq 0 \forall i \right\}$의 점 $\mathbf{x}^*$는

$$\mathbf{x}^\star = \frac{1}{D}(1, 1, \ldots, 1)$$

이다. 최소화기의 ℓ_p 노름 (비용)은 $p \in (1, \infty)$에 대해 다음과 같다.

$$\|\mathbf{x}^{\star}\|_p = \frac{1}{D}\left(\sum_{i=1}^{D} 1^p\right)^{1/p}$$
$$= \frac{1}{D}D^{1/p}$$
$$= D^{\frac{1-p}{p}}$$

그렇지 않으면 다음과 같다.

$$\|\mathbf{x}^{\star}\|_{\infty} = \max\left[\frac{1}{D}, \frac{1}{D}, \dots, \frac{1}{D}\right]$$
$$= D^{-1}$$

8.3.1.1 ℓ_p 공 경계 짓기

일반적으로 M 단위 방향의 어떤 집합을 따라 탐측을 하고, 결국 C_0^-의 상계가 되는 음의 점이 최소한 한 개 그리고 C_0^+의 하계가 되는 양의 점이 M개가 있다고 가정한다. 그러나 이런 양의 점 M개가 제공하는 하계는 볼록 헐 안쪽으로 꼭 들어맞는 가장 큰 ℓ_p 비용 공이다. 이 비용을 $C^\dagger \leq C_0^+$라고 하자. ϵ-승법 최적성을 만족하기 위해, $\frac{C_0^-}{C^\dagger} \leq 1 + \epsilon$인 조건이 필요한데 이는 다음처럼 쓸 수 있다.

$$\left(\frac{C_0^-}{C_0^+}\right)\left(\frac{C_0^+}{C^\dagger}\right) \leq 1 + \epsilon$$

이 식을 통해 문제를 두 부분으로 나눠 볼 수 있다. 첫 번째 분수식 C_0^-/C_0^+은 L_ϵ 단계에 대해 다중선탐색 알고리즘을 실행해 얻은 정확도 ϵ로 제어할 수 있는 반면, 두 번째 분수식 $C_0^-/C^\dagger$은 ℓ_p 공이 M개 탐색 방향의 볼록 헐로 얼마나 잘 근사할 수 있는지에 달려 있다. 이 두 개의 분수식은 탐색 작업이 M과 L_ϵ을 충분히 선택하도록 분리해 결과가 $1 + \epsilon$ 미만이 되게 한다. 먼저 매개변수 $\alpha \geq 0$와 $\beta \geq 0$가 $(1 + \alpha)(1 + \beta) \leq 1 + \epsilon$가 되도록 선택한다. 그런 다음 M을 $\frac{C_0^+}{C^\dagger} = 1 + \beta$이 되도록 선택하고, M 방향으로 다중선탐색 알고리즘이 $\frac{C_0^-}{C_0^+} = 1 + \alpha$이 되도록 L_α 단계를 사용한다. 이 과정은 M개의 탐색 방향을 따라 탐측하는 등비용^{equi-cost} 볼록 헐로 생성되지 않는 비용 공을 갖는 비용에 대해 ϵ-승법 최적성을 만족하는 일반화된 다중선탐색 알고리즘에 대한 설명이다.

$p=1$인 경우, 8.2.1절에서 $C_0^+/C^\dagger=1$(즉, $\beta=0$)를 만족하도록 ℓ_1 공을 생성하는 $M=2\cdot D$개의 축으로 정렬된 방향 $\{\pm\mathbf{e}^{(d)}\}$를 선택하는 것을 선보였다. 따라서 $\alpha=\epsilon$를 선택하면 원래의 다중선탐색 결과를 얻는다.

이제는 $\beta>0$일 때의 비용을 설명한다. 다중선탐색 알고리즘이 효율적이려면 어떤 $\beta\geq\epsilon$에 대해 (D와 L_ϵ에서) 다항식적으로 많은 탐색 방향으로 $\frac{C^+}{C^\dagger}=1+\beta$이 돼야 한다. 그렇지 않으면 $(1+\alpha)(1+\beta)>1+\epsilon$이며, 임의의 $\alpha>0$에 대해 다중선탐색 접근 방식은 성공할 수 없다. 따라서 $\frac{C^+}{C^\dagger}\leq1+\epsilon$를 만족하기 위해 얼마나 많은 방향(또는 질의)이 필요한지 정량화해야 한다. 이 분수식은 이 비용의 상대적인 크기와는 상관이 없으므로 일관성을 잃지 않으면서, 단위 비용 공에 대한 경계만 생각한다. 따라서 M개의 질의 볼록 헐 안에 있는 단위 비용 ℓ_p 공(즉, $C_0^+=0$)을 만들 수 있는 가장 큰 $C^\dagger$의 값을 계산한다. 특히 다음을 만족하기 위해 필요한 질의 개수를 정량화한다.

$$C^\dagger \geq \frac{1}{1+\epsilon} \tag{8.13}$$

이 조건을 다항식 개수의 질의만으로도 만족할 수 있다면 다중선탐색 접근 방식은 효율적으로 된다.

보조정리 8.10 비용함수 A에 대한 경계 $C^\dagger$가 되는 볼록 헐을 가진 단위 탐색 방향 M개의 구성^{configuration}이 존재한다면, 다중선탐색 알고리즘은 이 탐색 방향을 사용해 임의의 다음 내용에 대해 M과 $L_\epsilon^{(*)}$의 다항식 질의 복잡도를 갖는 ϵ-승법 최적성을 만족한다.

$$\epsilon > \frac{1}{C^\dagger} - 1$$

또한 비용함수 A에 대해 M개의 탐색 방향이 경계 $C^\dagger=1$를 만든다면, 다중선탐색 알고리즘은 임의의 $\epsilon > 0$에 대해 M과 $L_\epsilon^{(*)}$의 다항식 질의 복잡도를 갖는 ϵ-승법 최적성을 만족할 수 있다.

이 보조정리는 $p = 1$에 대해 $M = 2 \cdot D$개의 축으로 정렬된 방향을 사용하면, $C^\dagger = 1$이 경우에는 이므로 다중선탐색 알고리즘이 임의의 $\epsilon > 0$에 대해 M과 $L_\epsilon^{(*)}$의 다항식 질의 복잡도를 갖는 ϵ-승법 최적성을 만족함을 재확인한다. 또한 정리 8.3의 결과로 특정 승법 정확도 ϵ를 효율적으로 만족할 수 없다면 임의의 가법 정확도 $\eta > 0$에 대해 일반적으로 가법 최적성을 만족할 수 없다는 점을 기억해야 한다.

8.3.1.2 $0 < p < 1$인 경우의 다중선탐색

$0 < p < 1$인 경우 결과는 간단하다. 즉, 단위 ℓ_1 공은 $0 < p < 1$인 임의의 ℓ_p 공의 경계를 만들기 때문에 $2 \cdot D$개의 축으로 정렬된 방향만 사용해 $C_0^+ / C^\dagger = 1$를 만족할 수 있다. 따라서 임의의 $0 < p < 1$에 대한 회피는 임의의 $\epsilon > 0$ 값에 효율적이다. 임의의 $\ell_p(0 < p < 1)$ 비용함수를 적은 탐색 방향으로 효율적으로 탐색할 수 있는지는 미해결 문제로 남아 있다.

8.3.1.3 $p > 1$인 경우의 다중선탐색

$p > 1$인 경우 다음 따름정리로 요약한 것처럼, 당연히 ℓ_p 공에 대한 ℓ_1 경계를 사용할 수 있다.

따름정리 8.11 $1 < p < \infty$과 $\epsilon \in \left(D^{\frac{p-1}{p}} - 1, \infty \right)$에 대해 임의의 다중선탐색 알고리즘은 $M = 2 \cdot D$개의 탐색 방향을 사용해 A_p에서 ϵ-승법 최적성을 만족할 수 있다. 마찬가지로 $\epsilon \in (D - 1, \infty)$에 대해 임의의 다중선탐색 알고리즘은 $M = 2 \cdot D$개의 탐색 방향을 사용해 A_∞에서 ϵ-승법 최적성을 만족할 수 있다.

증명 보조정리 8.9로부터 단위 ℓ_1 공 안에 포함된 가장 크고 중심이 같은 ℓ_p 공의 반지름은 $D^{\frac{1-p}{p}}$ 비용(또는 $p = \infty$에 대해 D)이다. $\alpha_{p,\epsilon}^D$의 경계는 보조정리 8.10을 따른다. □

안타깝게도 이 결과는 D와 함께 증가하는 ϵ의 범위에만 적용할 수 있다. 이는 ϵ-$IMAC$ 탐색가능성에 충분하지 않다. 실제로 어떤 고정된 값 ϵ에 대해 다음 결과처럼 D에서 다항식적으로 많은 질의를 사용하는 ℓ_p 비용의 경계를 만들 수 있는 질의 전략은 없다.

정리 8.12 $p > 1$과 $D > 1$ 그리고 MAC에 대한 초기 경계 $0 < C_0^+ < C_0^-$ 그리고 $\epsilon \in \left(0, 2^{\frac{p-1}{p}} - 1\right)$(또는 $p = \infty$에 대해 $\epsilon \in (0, 1)$)에 대해 모든 알고리즘은 ℓ_p 비용에 대해 $\mathcal{F}^{\text{convex,''+''}}$에서 ϵ-승법 최적이 되기 위한 최악의 경우 (어떤 상수 $\alpha_{p,\epsilon} > 1$에 대해) 최소 $\alpha_{p,\epsilon}^D$개의 멤버십 질의를 해야만 한다.

이 정리의 증명은 부록 D로 미루고, $\alpha_{p,\epsilon}$와 $\alpha_{\infty,\epsilon}$는 각각 식 (D.7)과 (D.8)로 정의한다. 이 정리의 결과는 모임 $\mathcal{F}^{\text{convex,''+''}}$에서의 범위 $0 < \epsilon < 2^{\frac{p-1}{p}} - 1$(또는 $p = \infty$에 대해 $0 < \epsilon < 1$) 안에 있는 임의의 고정된 ℓ_p에 대해 임의의 ℓ_p 비용-($p > 1$)의 ϵ-$IMAC$을 효율적으로 찾을 수 있는 질의-기반 알고리즘은 존재하지 않는다는 것이다. 그러나 정리 8.11과 보조정리 8.10에서 다중선탐색 종류의 알고리즘은 임의의 $\epsilon \in \left(D^{\frac{p-1}{p}} - 1, \infty\right)$(또는 $p = \infty$에 대해 $D - 1 < \epsilon < \infty$)에 대해 ℓ_p 비용-($p > 1$)의 ϵ-$IMAC$를 효율적으로 찾는다. 이런 구간 안에 임의의 ϵ 값에 대해 효율적인 알고리즘이 존재하는지는 불분명하지만, 다음 절에서 $p = 2$인 경우에 강한 경계를 얻는다.

8.3.1.4 $p = 2$인 경우의 다중선탐색

정리 8.13 임의의 $D > 1$와 MAC에 대한 임의의 초기 경계 $0 < C_0^+ < C_0^-$ 그리고 $0 < \epsilon < \frac{C_0^-}{C_0^+} - 1$에 대해 모든 알고리즘은 ℓ_2 비용에 대해 $\mathcal{F}^{\text{convex,''+''}}$에서 ϵ-승법 최적이 되기 위한 최악의 경우 ($\alpha_\epsilon = \frac{(1+\epsilon)^2}{(1+\epsilon)^2 - 1} > 1$일 때) 최소 $\alpha_\epsilon^{\frac{D-2}{2}}$개의 멤버십 질의를 해야만 한다.

이 결과의 증명은 부록 D.2에서 다룬다.

이 결과는 분수식 $\frac{C_0^-}{C_0^+}$가 임의로 클 수 없으므로 D에서 다항식적으로 많은 질의만 사용하는 임의의 고정된 $\epsilon > 0$에 대한 ℓ_2 비용에 대해 일반적으로 ϵ-승법 최적성을 만족할 수 있는 알고리즘은 존재하지 않는다는 것을 보여준다. 정리 8.13은 따름정리 8.11과는 모순인 것처럼 보인다. 그러나 따름정리 8.11은 D에 종속적인 ϵ의 구간에만 적용할 수 있다. 즉, $\epsilon > \sqrt{D} - 1$이다. 흥미롭게도 ϵ에 대한 이 하계를 정리 8.13에서 얻은 경계로 대체해 $\epsilon > \sqrt{D} - 1$에 필요한 질의 개수는 다음을 필요로 한다.

$$ M \;\geq\; \left(\frac{(1+\epsilon)^2}{(1+\epsilon)^2 - 1} \right)^{\frac{D-2}{2}} \;=\; \left(\frac{D}{D-1} \right)^{\frac{D-2}{2}} $$

이는 D에서의 단조 증가함수이며 $\sqrt{e} \approx 1.64$로 점근한다. 따라서 $\epsilon > \sqrt{D} - 1$에 대해 정리 8.13은 모든 D에 대해 자명한 경계인 최소 두 개의 질의만 필요로 하므로 정리 8.13과 따름정리 8.11는 동치이다. 실제로 이 관계는 여기서 생각한 ϵ이 D로 증가하는 함수 아래로 유계이기 때문에 발생한다.

더 단단한 경계

보조정리 A.1에서 얻은 경계는 일반적으로 임의의 고정된 $\epsilon > 0$에 대한 ℓ_2 비용에 대해 ϵ-승법 최적성을 만족하는 알고리즘이 존재하지 않는다는 것을 증명하기에 충분했다. 그러나 D에서 지수로 이 결과를 표현하기가 쉽지는 않지만, ℓ_2 비용에 필요한 질의 개수에 대해 더 단단한 하계를 결정할 수 있다. 더 좋은 하계를 결정하는 직관적인 방법은 부록 A.2에 제시한 것처럼 적분 $\int_0^\phi \sin^D(t)$에 대해 더 단단한 상계를 결정하는 것이다. 즉, 이 적분의 상계는 식 (A.4)에서 다음 식을 얻을 수 있으며

$$ \frac{\sin^{D+1}(\phi)}{(D+1)\cos(\phi)} $$

그리고 큰 D와 $\phi < \frac{\pi}{2}$에 대해 더 단단하다. 이 경계를 정리 8.13의 결과를 덮개수에 적용하면 승법 최적성을 만족하는 데 필요한 질의 개수에 대한 경계는 다음과 같다.

$$M \geq \frac{\sqrt{\pi}}{1+\epsilon} \cdot \frac{D \cdot \Gamma\left(\frac{D+1}{2}\right)}{\Gamma\left(1+\frac{D}{2}\right)} \left(\frac{(1+\epsilon)^2}{(1+\epsilon)^2-1}\right)^{\frac{D-1}{2}} \qquad (8.14)$$

부록 D.2에 제시한 결과만큼 명확하지는 않지만, 이 경계 또한 임의의 ϵ에 대해 D에서 지수 복잡도를 가진다. 또한 앞의 결과와 마찬가지로 이 경계는 $\epsilon \geq \sqrt{D}-1$에 대해 다항식적인 결과와 모순되지 않는다. $D=1$인 경우, 식 (8.14)는 정확히 두 개의 질의만 필요한데 1차원에 있는 ℓ_2 공을 유계로 만드는 데 필요한 질의 개수와 정확히 일치한다. $D=2$인 경우, 식 (8.14)는 π개보다 많은 질의가 필요하지만 실제로는 최소 4개의 질의가 필요하다. $D>2$인 경우 경계는 $\sqrt{2e\pi} \approx 4.13$개의 질의에 접근한다. 다시 말하지만, 더 단단한 이 경계는 ℓ_1 공을 가진 ℓ_2 공을 유계로 만들어 얻은 효율적인 결과와 모순되지 않는다.

8.3.2 볼록 음의 집합

알고리즘 8.7은 이런 비용이 볼록이기 때문에 $\mathbf{x}^A$를 중심으로 하는 모든 가중값 ℓ_p 비용($p \geq 1$)으로 바로 일반화할 수 있다. 이런 비용의 경우, 식 (8.10) 대신 $\mathbf{y}$에 대한 동치 분리 초평면을 사용할 수 있다. 이 비용은 다음처럼 ℓ_p 비용 공에 대해 동치 (부분)-기울기로 주어진다.

$$h_{p,d}^{(\mathbf{y})} = c_d \cdot \mathrm{sign}\left(y_d - x_d^A\right) \cdot \left(\frac{|y_d - x_d^A|}{A_p^{(\mathbf{c})}\left(\mathbf{y} - \mathbf{x}^A\right)}\right)^{p-1},$$

$$h_{\infty,d}^{(\mathbf{y})} = c_d \cdot \mathrm{sign}\left(y_d - x_d^A\right) \cdot \mathrm{I}\left[|y_d - x_d^A| = A_\infty^{(\mathbf{c})}\left(\mathbf{y} - \mathbf{x}^A\right)\right]$$

알고리즘 8.5와 8.7에서 반공간 절단을 위해 사용한 비용함수 A와 분리 초평면 $\mathbf{h}(\mathbf{y})$만 변경하면 $p>1$인 임의의 가중값 ℓ_p 비용 $A_p^{(\mathbf{c})}$에 대해 확률화 타원체 방법에도 적용할 수 있다.

더 일반적인 비용 A에 대해 모든 C-비용 공은 볼록집합이며(즉, 볼록함수의 부분 수준 집합^{sublevel set}은 볼록집합이다[34 3장 참고].) 분리 초평면을 갖는다. 또한 임의의 $D>C$, $\mathbb{B}^C(A) \subseteq \mathbb{B}^D(A)$에 대해 D-비용 공의 분리 초평면도 C-비용 공의 분리 초평면이며, 알고리즘 8.7에 재사용할 수 있다. 따라서 이 절차는 비용 공 안에 있지 않은 임의의 점 $\mathbf{y}$에 대해 볼록 비용함수 A에서 임의의 비용 공의 분리 초평면을 계산할 수 있는 한 임의의 볼록 비용함수 A에 대해 적용할 수 있다.

$0 < p < 1$인 가중값 ℓ_p 비용처럼 볼록이 아닌 비용 A에 대해서 볼록집합 $\mathcal{X}_f$에 대한 최소화는 일반적으로 어렵다. 그러나 이런 비용을 효율적으로 최소화할 수 있는 특별한 사례도 있다.

8.4 요약

8장에서 우리는 주로 가중값 ℓ_1 비용을 갖는 볼록-유도 분류기에 대해 효율적으로 $\epsilon\text{-}IMAC$을 탐색하는 멤버십 질의 알고리즘을 살펴봤다. 양의 클래스가 볼록일 때, 우리는 앞에서 살펴본 연속공간에서 선형 분류기에 대한 역공학 접근 방식보다 좋은 효율적인 기술을 제시했다. 음의 클래스가 볼록일 때, 베르트시마스와 벰팔라의 확률화 타원체 방법을 적용해 효율적으로 $\epsilon\text{-}IMAC$ 탐색을 수행했다. 공격자가 어떤 집합이 볼록인지 알지 못한다면, 결합 다항식 질의 복잡도로 $\epsilon\text{-}IMAC$을 발견하기 위해 두 탐색 방법을 모두 간단히 수행할 수 있다. 따라서 공격자는 ℓ_1 비용에 대한 볼록-유도 분류기의 모임을 효율적으로 회피할 수 있다. 즉, 이 모임은 $\epsilon\text{-}IMAC$ 탐색가능하다.

또한 볼록-유도 분류기에 관한 연구를 ℓ_p 비용의 전체 모임으로 확장했다. 아울러 $\mathcal{F}^{\text{convex}}$가 $p = 1$일 때 임의의 $\epsilon > 0$에 대해 양의 볼록성과 음의 볼록성 모두에서 일반적으로 $\epsilon\text{-}IMAC$ 탐색가능하다는 것을 보였다. $0 < p < 1$인 경우, 8.2.1절의 다중선탐색 알고리즘은 양의 집합이 볼록일 때 같은 결과를 얻지만, 이런 ℓ_p 비용의 비볼록성^{nonconvexity}은 음의 클래스가 볼록일 때 확률화 타원체 방법을 사용할 수 없게 만든다. 타원체 방법은 $p > 1$일 때 (이런 비용이 볼록이므로) 볼록 음의 집합에 대한 효율적인 해를 제공한다. 그러나 볼록 양의 집합인 경우, 우리는 $p > 1$일 때 모든 $\epsilon > 0$에 대해 $\epsilon\text{-}IMAC$을 효율적으로 찾을 수 있는 알고리즘이 존재하지 않는다는 것을 보였다. 또한 $p = 2$일 때, 우리는 임의의 고정된 값 ϵ에 대해 $\epsilon\text{-}IMAC$을 효율적으로 찾을 수 있는 알고리즘이 존재하지 않는다는 것도 증명했다.

8.4.1 근사-최적 회피에 관한 미해결 문제

볼록-유도 분류기와 ℓ_1 비용에 대한 근사-최적 회피를 조사하면서 로우드와 믹이 확립한 프레임워크의 범위를 크게 확장했지만, 여전히 근사-최적 회피 문제에 관해 해결하지 못한 흥미로운 문제가 많이 남아 있다. 이제 가장 중요하다고 생각하는 문제를 요약하고, 이를 해결할 수 있는 잠재적인 방향을 제시한다.

8장에서 살펴본 것처럼 볼록 양의 클래스에 대한 근사-최적 회피를 만족할 수 있는 질의 복잡도의 상계는 현재 $O\left(L_\epsilon + \sqrt{L_\epsilon}D\right)$개의 질의이지만 가장 단단하다고 알려진 하계는 $O(L_\epsilon + D)$이다. 마찬가지로 볼록 음의 클래스의 경우, 상계는 $O^*\left(D^5\right)$개의 질의를 사용해 높은 확률로 근사-최적 인스턴스를 찾는 베르트시마스와 벰팔라의 확률화 타원체 방법으로 얻을 수 있다. 두 경우 모두, 상계와 하계 간에 간격이 있다.

> **질문 8.1** 회피 알고리즘에 일치하는 상계와 하계를 찾을 수 있을까? 모든 볼록-유도 분류기에 대해 다항식 질의 복잡도를 갖는 결정론적 전략deterministic strategy이 있을까?

8장에서 소개한 알고리즘은 볼록집합에서 볼록 최적화 시스템을 기반으로 하며, 볼록집합을 유도하는 분류기의 모임에 의존한다. 그러나 많은 흥미로운 분류기는 볼록-유도 분류기가 아니다. 현재 비볼록-유도 분류기에 대해 알려진 유일한 결과는 로우드와 믹의 연구다. 이들은 부울 특성공간에서의 선형 분류기가 비가중된 unweighted ℓ_1 비용에 대해 2-*IMAC* 탐색가능이라는 것을 발견했다. 이 경우, 분류기는 선형이지만 정수값 정의역은 볼록성의 일반적인 개념을 갖지 않는다. 이는 근사-최적 회피가 효율적인 범위에 관한 의문을 제기한다.

> **질문 8.2** ϵ-*IMAC* 탐색가능한 볼록-유도 분류기보다 큰 모임이 있을까? 근사-최적 회피가 효율적인 볼록-유도 분류기 외부에 다른 모임도 있을까?

특히 조사해야 할 흥미로운 분류기의 모임은 특정 비선형 커널로 정의한 서포트 벡터 머신 즉, SVM 모임이다. 이 인기 있는 학습 기술은 (학습 커널에 따라 달라지는) 비볼록 양의 집합과 음의 집합을 유도할 수 있지만, 다양한 구조로 돼 있다. SVM 분류기는 입력공간 $\mathcal{X}$에서 비볼록일 수 있지만, 분류기 커널의 재생핵 힐베르트 공간(RKHS는 정의 7.6 참조)에서는 항상 선형이다. 그러나 RKHS에서의 최적화는 비용 공을 RKHS로 대응시키면 그 구조가 파괴되고 RKHS에서의 질의가 자명하지 않으므로 복잡하다. 그러나 SVM 또한 근사-최적 회피를 쉽게 할 수 있는 추가 구조로 돼 있다. 예를 들어 일반적인 SVM 공식은 악용될 수 있는 희박 표현이 권장된다. 즉, 서포트 벡터가 거의 없는 분류기에서는 공격자가 분류기를 재구성할 수 있는 이런 인스턴스를 찾아야만 한다.

질문 8.3 어떤 ϵ에 대해 ϵ-IMAC 탐색가능한 (예를 들어 알려진 커널을 가진) SVM의 모임이 있을까? 공격자가 비볼록 분류기의 구조를 ϵ-IMAC 탐색에 통합할 수 있을까?

분류기의 특정 모임을 연구하는 것 외에, 효율적인 탐색 알고리즘이나 알고리즘의 존재를 배제하는 모임의 일반적인 속성을 더 특성화하는 것도 중요하다. 8장에서 살펴본 것처럼 유도된 집합의 볼록성으로 인해 일부 ℓ_p-비용을 효율적으로 탐색할 수 있지만 다른 것은 탐색할 수 없다. 볼록성 이외에도 유도된 집합 $\mathcal{X}_f^+$와 $\mathcal{X}_f^-$의 모양shape을 설명하는 다른 속성을 살펴볼 수 있다. 예를 들어 인접-유도 분류기 contiguous-inducing classifier(즉, $\mathcal{X}_f^+$나 $\mathcal{X}_f^-$가 인접하거나 연결된 집합에 대한 분류기)의 모임을 조사해볼 수 있다. 그러나 이 모임은 다중선탐색이나 확률화 타원체 방법처럼 전역 최적화 절차를 제외하는 국소적으로 많은 최저 비용 영역을 갖는 유도된 집합을 포함하므로 일반적으로 탐색가능하지 않은 것으로 보인다. 더 일반적으로 비연속체 noncontiguous body를 유도할 수 있는 분류기의 모임에 대해, 분류기의 구조를 활용하지 않는 한 ϵ-IMAC 탐색가능성을 만족하는 것이 불가능해 보인다(연결되지 않은 구성 요소가 x^A에 임의로 가까울 수 있다). 그러나 이런 경우 일반적으로 근사-최적 회피가 가능하지 않더라도, (예를 들어 앞에서 SVM에 관해 설명한 것처럼) ϵ-IMAC 탐색가능한 이런 모임의 부분집합이 존재할 수 있다. 그러므로 어떤 특성이 근사-최적 회피를 비효율적으로 만드는지 확인하는 것이 중요하다.

질문 8.4 근사-최적 회피를 위해 비볼록이며 연속체가 체의 경도^{hardness}를 나타내는 특성이 있을까? 마찬가지로, 질의 복잡도를 설명하는 비연속체의 특성이 있을까?

마지막으로 8.1.2절에서 설명한 것처럼 (분류기의 결정 경계를 추정하기 위해 멤버십 질의를 사용하는) 분류기를 역공학하는 것은 근사-최적 회피 문제보다 절대적으로 더 어려운 문제다. 역공학은 회피 문제를 푸는 데 충분하지만, 앞서 역공학이 필요하지 않다는 것을 보였다. 로우드와 믹은 선형 분류기를 역공학하는 것이 효율적임을 보였지만, 여기서 우리는 역공학이 볼록-유도 분류기에 대한 회피보다 절대적으로 더 어렵다는 것을 보였다. 두 작업이 효율적인 선형 분류기와 볼록-유도 분류기 간에 클래스가 존재하는지는 알려지지 않았다.

질문 8.5 어떤 분류기의 모임에 대한 역공학이 회피만큼 쉬울까?

8.4.2 대안 회피 기준

이제 8장에서 살펴본 문제를 일반화하거나 재구성해 전반적인 문제의 추가 측면을 포착하는 근사-최적 회피의 변형을 제안한다.

8.4.2.1 은밀함 기준 통합

8.1.2절에서 언급했듯이, 근사-최적 회피 문제에서 공격자는 공격을 은밀하게 할 필요가 없다. 공격자의 주된 관심사는 방어자가 탐측 공격을 탐지해 효과가 없을 수 있다는 것이다. 예를 들어 8.2절에서 제시한 다중선탐색 알고리즘은 공격자의 진정한 의도를 명백히 보여준다. 즉, $\mathbf{x}^A$에 관해 ℓ_p 셸^{shell}에서 질의하므로 $\mathbf{x}^A$를 추론하는 것은 사소한 일이다. 8.2.2절에서 확률화 타원체 방법의 질의는 확률보행으로 인해 덜 명백하지만, 여전히 $\mathbf{x}^A$를 중심으로 한 비용 공이 줄어들 때 질의를 한

다. 그러나 로우드와 믹의의 역공학 접근 방식[157]은 매우 은밀하다. 이 접근 방식에서 모든 질의는 x^-의 특성만을 기반으로 하며 $\epsilon\text{-}IMAC$이 발견될 때까지 세 번째 $x^+ \in \mathcal{X}_f^+ - x^A$는 사용되지 않는다.

질문 8.6 근사-최적 회피 문제에 적합한 은밀함 기준은 무엇일까? 방어자는 분류기에 대한 비이산적 탐측 공격nondiscrete probing attack을 탐지할 수 있을까? 방어자는 의심되는 질의에 거짓으로 답해 탐측 공격을 효과적으로 속일 수 있을까?

공격자를 속이는 것은 특히 미래의 연구를 위한 유망한 방향이다. 탐측 공격을 탐지할 수 있다면, 방어자는 의심스러운 질의에 거짓으로 답해 공격자를 좌절시킬 수 있다. 그러나 너무나 많은 정상점이 질의로 잘못 식별되면, 이런 방어는 분류기의 성능을 떨어뜨릴 수 있다. 따라서 공격자가 방어자를 속여 합법적인 데이터가 잘못 분류된다면 공격자를 속이는 전략은 역효과를 낼 수 있다. 그러나 이는 공격자와 방어자 간의 또 다른 보안 게임이다.

8.4.2.2 훈련 데이터 배포에 관한 추가 정보

훈련 알고리즘을 알고, 자연분포natural distribution에서 추출한 표본을 얻는 공격자를 생각해보자. 몇 가지 흥미로운 환경은 공격자의 표본이 ① 훈련 데이터의 부분집합이고, ② 같은 분포 P_Z에서 추출한 것이며, ③ 훈련분포의 섭동에서 추출한 것이라는 시나리오를 포함한다. 공격자는 이런 형태의 추가 정보를 사용해 자체 분류기 $\hat{f}$를 추정해 오프라인으로 분석할 수 있다. 이런 변형에 대한 미해결 질문은 다음과 같다.

질문 8.7 f에 관해 $\hat{f}$에서 학습할 수 있는 것은 무엇일까? 탐색을 유도하기 위해 $\hat{f}$를 어떻게 가장 잘 사용할 수 있을까? $\hat{f}$가 없어도 표본 데이터를 탐색에 직접 통합할 수 있을까?

f와 $\hat{f}$ 간의 관계는 학습 이론에서 기존 결과를 기반으로 구축할 수 있다. 하나의 가능성은 위의 환경 중 하나에서 $MAC(f, A)$와 $MAC(\hat{f}, A)$ 간의 차이에 관한 경계

를 만들 수 있다. 높은 확률로 이 차이가 적당히 작으면, $\epsilon\text{-}IMAC$ 탐색에 $MAC(\hat{f}, A)$를 초기 하계 $MAC(f, A)$에 사용할 수 있다. 일반적으로 MAC의 상계보다 하계를 구하는 것이 어려우므로 탐색 복잡도를 줄여야 한다.

8.4.2.3 멤버십 오라클 너머

이 시나리오에서 공격자는 "+"/"−" 라벨 외에 더 많은 것을 얻는다. 예를 들어 분류기를 어떤 실수값 함수 g에 대해 $f(x) = I[g(x) > 0]$로 정의하고, 공격자는 모든 질의에 대해 $f(x)$ 대신에 $g(x)$를 얻는다고 가정하자. g가 선형이라면, 공격자는 $D + 1$개의 질의를 사용해 g를 역공학하는 선형회귀 문제를 풀 수 있다. 이 추가 정보는 SVM의 서포트를 근사화하는 데 유용할 수 있다.

> **질문 8.8** 공격자에게 추가 의견 제시를 할 수 있는 유형은 무엇이며, $\epsilon\text{-}IMAC$ 탐색의 질의 복잡도에 어떤 영향을 미칠까?

8.4.2.4 확률화 분류기 회피

이 근사-최적 회피의 변형에서 우리는 질의 x에 대한 조건부분포에서 임의응답 random response을 생성하는 확률화 분류기를 생각한다. 이런 분류기의 질의 복잡도를 분석하기 위해, 먼저 MAC의 개념을 확률화 분류기로 일반화한다. 우리는 다음 일반화를 제안한다.

$$RMAC(f, A) = \inf_{x \in \mathcal{X}} \left\{ A\left(x - \mathbf{x}^A\right) + \lambda P\left(f(x) = \text{"−"}\right) \right\}$$

근사-최적 회피 환경에서 알려지지 않은 집합 $\mathcal{X}_f^-$ 대신에, 여기서 목적함수는 공격자가 알지 못한 상태에서 근사해야 하는 항 $P(f(x) = \text{"−"})$을 포함한다. f가 결정적이면, $P(f(x) = \text{"−"}) = I[f(x) = \text{"−"}]$이고, 이 정의는 $\lambda = A(\mathbf{x}^- - \mathbf{x}^A) + 1$일 때(예를 들어 $\lambda \geq MAC(f, A)$이면 충분하다)만 식 (8.2)와 동치이다. 그렇지 않으면 자명한 최소화기는 $\mathbf{x}^A$이다. 확률화 분류기의 경우, λ는 인스턴스의 비용과 성공적인 회피의 확률의 균형을 맞춘다.

질문 8.9 멤버십 오라클에만 접근할 수 있다면, 확률화 분류기의 근사-최적 회피는 얼마나 어려울까? ϵ-*IMAC* 탐색가능한 확률화 분류기의 모임이 있을까?

잠재적 확률화 모임$^{potential\ randomized\ family}$은 ① 결정적 경계 주위로 폭 δ인 퍼지 경계$^{fuzzy\ boundary}$를 갖는 분류기와 ② 한 쌍의 가우스 모델이나 로지스틱 회귀 모델 또는 지수 모임$^{exponential\ family}$의 다른 소속^{member}에 대한 클래스 조건부밀도를 기반으로 하는 분류기를 포함한다. 일반적으로 각 질의가 질의 확률에 관한 제한된 정보를 제공하므로, 확률화 분류기에 대한 회피는 결정적 분류기에 대한 회피보다 더 어려운 것으로 보인다. 이 논거를 기반으로 비지오 등은 확률화 분류기를 회피에 대한 방어로 개선했다[22]. 그러나 확률화 분류기가 증명할 수 있으면서 더 안 좋은 질의 복잡도를 갖는지는 알려지지 않았다.

8.4.2.5 적응형 분류기 회피

마지막으로 질의를 주기적으로 재훈련하는 분류기를 생각한다. 이 변형은 공격자와 학습기 간의 다중 게임$^{multi-fold\ game}$으로 공격자는 이제 학습기의 성능을 떨어뜨리는 질의를 할 수 있다. 게임 이론 온라인 학습 기술은 이 환경에 잘 어울려야 한다 [43].

질문 8.10 일련의 적대적 질의(어쩌면 추가적으로 해가 없는 데이터)가 주어졌을 때, 학습 알고리즘이 진짜 경계로 수렴할까? 아니면 공격자는 학습기를 속이고 동시에 학습 알고리즘을 회피할 수 있을까? 알고리즘이 수렴한다면, 어떤 속도로 수렴할까?

재훈련을 제대로 분석하려면, 공격자가 보낸 점을 레이블링하는 오라클이 있어야 한다. 공격자가 보낸 모든 점이 "+"로 레이블링되면, 분류기는 효과적으로 회피를 막을 수 있지만, $\mathcal{X}_f^-$의 적대적 질의로 인해 오탐지된 수가 많다면 이는 그 자체로 학습기를 대상으로 하는 공격이 된다[14].

8.4.3 실제 회피

로우드와 믹이 제시한 비용 중심의 회피 프레임워크가 근사-최적 회피 문제를 공식화했지만, 현실의 일부 측면을 반영하지 못한다. 근사-최적 회피 이론에서 학습기의 어떤 클래스는 회피가 쉬운 것으로 드러났지만, 다른 학습기에 대한 회피가 성공하기 위해서는 실질적으로 실행 불가능한 개수의 질의가 필요하다. 그러나 실제 공격자는 회피를 성공시키기 위해서 근사-최적 비용 회피 인스턴스가 필요하지 않다. 즉, 공격자가 탐지기를 회피할 수 있는 임의의 저비용 인스턴스를 찾을 수 있다면 그걸로 충분하다. 실제 회피는 여러 가지 면에서 근사-최적 회피 문제와 다르다. 실제 공격자에 대한 질의 전략과 질의 복잡도를 이해하려면 이 문제의 이론적 버전에서 완화하거나 무시한 실제 제약 사항을 통합해야 한다. 우리는 실제 회피에 대한 도전을 요약한다.

이러한 도전에 도전하고자 실제 회피 기술을 연구하기 위해 이론적 근사-최적 회피 문제의 몇 가지 가정을 약화한 실제 회피 문제$^{realistic\ evasion\ problem}$를 제시한다. 여전히 공격자가 f를 알지 못하고, 모임 $\mathcal{F}$를 알지 못할 수도 있다고 가정한다. 또한 분류기가 $\mathcal{X}$의 각 인스턴스를 {"+", $negLbl$}로 고유하게 대응시키는 결정적 분류기라고만 가정한다. 실제 공격자의 경우, 공격자는 Ω의 실제 객체로 표현할 수 있는 질의를 보내야 한다. 예를 들어 이메일은 메시지에 'viagra' 단어가 1.7번 이상 들어가서는 안 되며, IP 주소는 0과 255 사이의 숫자 4개로 구성돼야 한다. 그러나 공격자가 분류기의 특성공간이나 특성 사상을 더 알고 있다고 가정하지는 않는다.

실제 근사-최적 회피는 근사-최적 회피 이론이 공격자가 직면한 문제를 단순화시키므로 이론이 제시한 것보다 더 어렵다. 즉, 더 많은 질의가 필요하다. 실제 공격자가 분류기로부터 질의 응답을 얻을 수 있다고 가정하더라도 공격자는 특성공간에서 분류기에 직접 질의할 수 없다. 실제 공격자는 특성 사상을 통해 $\mathcal{X}$에 대응되는 이메일과 같은 실제 객체의 형태로 질의를 만들어야만 한다. 이 사상이 공격자에게 알려지더라도, $\mathcal{X}$에서 원하는 질의에 대응하는 객체를 설계하는 것은 그 자체로 어려운 문제다. 즉, 하나의 질의에 대응하는 객체가 많을 수 있다. 예를 들어 메시지에서 단어의 순서를 바꾸면 같은 유니그램$^{\text{unigram12}}$ 표현이 만들어진다. 그리고 $\mathcal{X}$의 특정 부분은 임의의 실제 객체에 대응하지 않을 수 있다. 예를 들어 사상의 경우 $(1,7)$에 대응하는 점 $x \mapsto (x, x^2)$는 존재하지 않는다.

질문 8.11 실제 인스턴스를 원하는 질의로 대응시키기 위해 특성 사상을 어떻게 반전해야 할까? 질의-기반 알고리즘을 근사 질의에 어떻게 적용할 수 있을까?

효율적인 분류기를 정의할 때 실제 회피는 근사-최적 회피 환경과는 극적으로 다르다. 실제 공격자의 경우, 특성공간의 차원에서 다항식 개수의 많은 질의는 합리적이지 않을 수 있다. 특성공간의 차원이 크다면(예를 들어 유니그램 모델에서 단어가 수십만 개라면) 공격자에게 부분선형 $o(D)$이 되는 질의의 개수가 필요하지만, 근사-최적 회피 문제의 선형 분류기에 대해서는 불가능하다. 그러나 실제 공격자는 증명 가능한 근사-최적일 필요는 없다. 근사-최적성은 공격자의 진짜 회피 목표를 위한 대용물이다. 허용 가능한 낮은 비용으로 음의 인스턴스를 찾기 위해 적은 개수의 질의를 사용하는 것이다. 즉, 최대비용 한계점보다 낮다. 이는 대안 비용함수 $A'(x) = \max[A(x), \delta]$에 해당하며, 여기서 δ는 최대허용비용이다. 분명히 ϵ-IMAC을 만족하면, 이 조건을 만족하거나 공격자는 탐색을 중단할 수 있다. 따라서 ϵ-IMAC 탐색가능성은 공격자의 목표를 달성하는 데 충분하지만, 근사-최적 회피 문제는 공격자가 훨씬 적은 질의를 사용해 탐색을 종료하도록 만들 수 있을지라도 최대비용 한계점을 무시한다. 부분선형인 많은 질의로 실제 회피를 정확하게 포착하기 위해 질의-기반 알고리즘은 분류기에 관한 필수 정보를 얻기 위해 모든 질의를 효율적으로 사용해야 한다. 분류기 모임에 필요한 질의 복잡도를 정량화하는 대신, 표적 비용에 기반한 고정된 개수의 질의에 대해 회피 알고리즘의 질의 성능을 정량화하는 것이 더 중요할 수 있다.

질문 8.12 실제 회피 환경에서 분류기 $f \in \mathcal{F}$에 대한 M개의 질의를 만든 후에 질의 알고리즘에 대한 최악의 경우나 예상되는 비용 절감은 얼마일까? 공격자에게

---

12 https://bit.ly/2qclqRt 참조 – 옮긴이

각 질의의 기대값은 얼마이며, 고정된 개수의 질의에 대한 최고의 질의 전략은 무엇일까?

실제 회피에 대한 마지막 도전은 분류기를 회피하려는 시도를 저지할 수 있는 알고리즘을 설계하는 것이다. 잠재적인 방어 기술은 분류기를 확률화하고, 질의를 식별하며, 공격자를 속이는 응답을 보내는 것을 포함한다. 9.1.2절에서 이 방어 기술과 다른 방어 기술을 설명한다.

4부

적대적 머신러닝의 연구 방향

09

적대적 머신러닝의 도전 과제

머신러닝 알고리즘은 다양한 데이터 출처에서 패턴에 신속하게 적응하고 찾을 수 있는 능력을 제공하므로 기업 시스템enterprise system과 네트워크, 보안 영역의 애플리케이션 개발자에게는 잠재적인 자산이다. 개발자들은 이런 도구가 보안에 미치는 영향을 분석해 보안에 민감한 영역에서 적대적 학습의 새로운 연구 분야를 만들어 머신러닝 연구자나 실무자 모두에게 중요한 과제로 만들었다. 여기서 제시하는 연구는 학습기의 보안 취약점 평가를 위한 분류법과 실제 환경에서 학습을 위한 두 가지 새로운 실용적 공격/방어 시나리오, 훈련-데이터의 프라이버시 보존을 이론적으로 보장하는 학습 알고리즘 그리고 분류기의 회피 탐지를 위한 이론적 패러다임의 일반화 등 5가지 주요 공헌으로 이 연구 분야의 최첨단 기술로 발전시켰다. 그러나 적대적 머신러닝 연구는 이 분야의 복잡한 장애물을 해결하기 시작했을 뿐, 많은 도전 과제가 남아 있다. 이런 도전 과제는 머신러닝과 컴퓨터 보안의 두 분야 모두에서 새로운 연구 방향을 제시하고 있다. 9장에서 우리의 공헌을 다시 살펴보고 이 분야의 여러 미해결 문제를 나열한다.

먼저 머신러닝을 보안 영역에 적용하기 위해 실용적이고 이론적인 측면을 살펴봤다. 잠재적 위협을 파악하기 위해 적대적 불법 행위에 관한 학습 시스템의 취약점을 분석했다. 학습 시스템에 최적으로 영향을 미치도록 설계된 공격과 공격자의 능력과 정보를 실질적으로 제한하고, 이렇게 제약된 모든 공격을 연구했다. 우리는 방어 전략을 더 발전시켜, 이런 공격의 영향을 상당히 감소시켰다. 우리의 연구는 바이러스와 스팸, 네트워크 이상 탐지에서 학습 과제에 초점을 맞췄지만 많은 시스템과 보안 영역에 걸쳐 넓게 적용할 수 있으며, 학습을 통합하는 모든 시스템에 광범위한 영향을 미친다. 9장에서는 이 책의 각 구성 요소의 공헌을 요약한 다음 미해결 문제와 향후 연구 방향을 설명한다.

안전한 학습을 위한 프레임워크

이 책의 첫 번째 공헌은 특정 보안 맥락에서 학습기의 위험을 평가하기 위한 프레임워크다(표 3.1 참조). 이 연구의 기초는 잠재적 공격의 특성을 분류하는 것이다. 표 9.1에 요약한 이 분류법에서 우리는 공격자가 제기한 특정 유형의 위협에 맞춰 공격자와 방어자 간의 보안 게임을 개발했다. 이 게임의 구조는 주로 공격자가 훈련 데이터에 영향을 미칠 수 있는지에 따라 인과적 공격 또는 탐색적 공격으로 결정된다. 이 게임에서 공격자의 목표는 두 가지 방식으로 게임에 공헌한다. 첫 번째 방식은 일반적으로 공격함수를 지정하는 것이다. 즉, 공격이 무결성이나 가용성, 또는 공격자가 원하는 데이터 포인트의 클래스를 명시하는 프라이버시 목표를 가지는지 지정한다. 두 번째 방식은 그 목표가 적은 개수의 점에 초점을 맞추고 있는지(표적

표 9.1 머신러닝 시스템에 대한 분류법

축	공격 속성		
영향력	**인과적**−훈련 데이터와 테스트 데이터에 영향을 미침		**탐색적**−테스트 데이터 영향을 미침
보안 위반	**기밀성**−목표는 훈련 데이터를 알아내는 것	**무결성** −목표는 미탐지(FN)	**가용성** −목표는 오탐지(FP)
특이도	**표적**−특정 테스트 인스턴스의 영향 예측		**무차별**−모든 테스트 인스턴스의 영향 예측

공격) 또는 어떤 오류를 발생시키는 불가지론적인지(무차별 공격)를 명시한다.

보안 게임 외에도 공격자가 사용하는 오염 메커니즘을 추가해 분류법을 보강했다. 이 책에서는 공격자에 관해 다양한 오염 모델을 제안했다. 이런 각 모델은 다른 시나리오에 적합하며, 분석가가 위협 평가에서 가장 적절한 오염 모델을 식별하는 것이 중요하다. 또한 실제 시스템에 관한 후속 연구에서 다른 오염 모델을 사용하는 방법을 설명했다.

실제 학습기에 대한 인과적 공격

앞서 제시한 두 번째 공헌은 서로 다른 오염 모델하에서 두 개의 분리된 보안 영역(스팸 필터링과 네트워크 이상 흐름 탐지)의 두 가지 위험 최소화 절차에 관한 실용적 평가와 이론적 평가다. 이런 환경에서 우리는 실제 시스템을 대상으로 하는 공격을 분석했을 뿐만 아니라 이런 공격의 영향을 실질적으로 완화하는 방어 전략도 제시했다.

5장에서 분석한 첫 번째 시스템은 스팸베이즈의 학습 알고리즘을 사용하는 스팸 필터다. 이 알고리즘은 스팸에 관해 간단한 확률 모델을 기반으로 하는데, 다른 스팸 필터링 시스템(보고필터와 썬더버드의 스팸 필터, 아파치 스팸어쌔신 필터[7]의 학습 구성 요소)도 이 알고리즘을 사용한다. 그리고 우리가 개발한 공격도 다른 스팸 필터에 대해 효과적이다. 마찬가지로 우리가 개발한 공격은 다른 영역에서 사용하는 유사 학습 알고리즘에도 효과적일 수 있다. 우리는 스팸베이즈의 취약점이 메시지의 라벨이 메시지에 존재하는 토큰에 종속돼 있으며, 이 토큰이 조건부독립이라는 모델링 가정에서 비롯됐다는 것을 증명했다. 이런 모델링 가정은 내재한 취약점이 아니지만, 이 환경에서 조건부독립은 대부분 토큰의 희귀성과 모든 공격 메시지로 많은 수의 취약한 토큰을 중독시키는 공격자의 능력과 결합해 스팸베이즈 학습기를 악의적인 오염에 매우 취약하게 만든다.

학습기를 대상으로 하는 공격 분류법에 따라 스팸베이즈 학습기에 대한 실제 인과적 공격을 설계했고 스팸베이즈의 훈련 과정을 실제 적대적으로 제어해 이 공격의 효과를 보였다. 스팸베이즈를 대상으로 하는 최적 공격은 훈련 과정을 아주 조금만 제어해도 터무니없이 높은 오탐지를 만들어냈다. 훈련 데이터의 1%만 오염시켜도 정상 메시지의 95% 이상이 잘못 분류됐다. 유즈넷 사전 공격도 더 현실적으로 제한된 공격 메시지를 사용해 훈련 메시지의 1%만 제어해 정상 메시지의 19%를 잘못 분류하게 해 실제로 스팸베이즈를 사용할 수 없도록 했다. 또한 정보를 알고 있는 공격자가 성공적으로 메시지를 표적으로 삼을 수 있음을 보였다. 집중 공격은 표적 토큰의 30%만 알고 있는 상태에서 표적 메시지의 분류를 거의 100% 변경했다. 마찬가지로, 유사 스팸 공격은 훈련 데이터를 10% 미만으로 제어해 표적 스팸 메시지를 불확실이나 정상으로 라벨링하게 만들 수 있었다.

스팸베이즈를 대상으로 하는 공격에 대응하기 위해 데이터 삭제 기술(부정적인 영향 거부)을 설계했다. 부정적인 영향 거부[RONI]는 보정된 테스트 필터에 부정적인 영향을 미치는 경우 훈련 집합의 임의 메시지를 삭제한다. 이 기술은 주입한 모든 악성 메시지를 탐지하고 삭제한 것처럼 사전 공격을 성공적으로 방어함을 증명했다. 그러나 RONI에는 비용이 들어간다. 즉, 정상 메시지의 분류 비율이 약간 감소하며, 많은 계산량이 필요할 뿐만 아니라 학습 과정도 느려질 수 있다. 그런데도 이 방어법은 학습기를 대상으로 하는 공격을 탐지하고 예방할 수 있음을 보여준다.

6장에서 제시한 두 번째 시스템은 백본 네트워크에서 네트워크 용량 측정을 사용해 트래픽의 이상을 탐지하는 PCA-기반 분류기였다. 이 이상 탐지 시스템은 기본적인 PCA 알고리즘의 취약점을 고스란히 물려받았다. 즉, 훈련 데이터를 오염시켜 특이점에 관한 PCA의 민감도를 악용할 수 있음을 보였으며, 특정 표적 흐름을 따라 DoS 공격에 대한 탐지율을 극적으로 낮출 수 있었다.

PCA 기반 탐지기에 대응하기 위해 악의적인 잡음, 즉 네트워크에 존재하는 침해된 마디점을 따라 전송되는 네트워크에 가짜 트래픽을 추가해 훈련 데이터를 중독시키는 인과적 무결성 공격을 연구했다. 이 악성 잡음은 PCA의 부분공간 추정 절차를 방해하도록 설계됐다. 여기서는 완화된 목적함수를 기반으로 공격자가 네트워크에서 트래픽 패턴을 전역적인 관점에서 최적 잡음을 근사하는 방법을 보였다. 경험적으로 전역 정보 쪽정이 트래픽으로 평균 연결률[link rate]을 10% 증가시켜, 미탐지율이 3.67%에서 38%로 증가한 것을 발견했는데, 이는 서비스 거부 공격을 잘못 분류하는 일이 10배 증가한 것이다. 마찬가지로, 공격자는 국소 연결 정보만 사용해 더 현실적인 크면 더 추가하기 공격을 할 수 있었다. 이 공격의 경우, 쭉정이 트래픽이 크면 더 추가해 평균 연결률이 10% 증가했을 때, 미탐지율이 3.67%에서 28%로 증가했는데, 이는 서비스 거부 공격을 잘못 분류하는 일이 8배 증가한 것이다. 이런 공격은 네트워크 패턴에 관해 충분한 정보가 있으면, 공격자는 모니터링하고 있는 네트워크를 통과하는 미래의 서비스 거부 공격을 탐지하는 능력을 심각하게 침해하는 PCA 탐지기를 공격할 수 있음을 보여준다.

또한 부분공간 추정을 위한 대안적인 강건한 방법을 사용해 서비스 거부 탐지기를 중독 공격에 덜 취약하게 만들 수 있음을 보였다. 대안 탐지기는 크로스 등이 개발한 강건한 PCA에 관한 부분공간 방법과 잔차 차단 한계점$^{residual\ cutoff\ threshold}$을 추정하기 위해 더 강건한 방법을 사용해 구성됐다. 이 결과로 초래된 해독제^{Antidote} 탐지기는 중독에 영향을 받았지만, 그 성능은 PCA보다 더 완만하게 낮아졌다. 중독되지 않은 트래픽을 대상으로 해독제는 PCA와 거의 같은 성능을 보였지만 쭉정이 트래픽이 크면 더 추가하는 공격을 사용해, 모든 수준의 오염에 대해 해독제의 오분류율은 PCA-기반 솔루션의 미탐지율에 비해 거의 절반 수준이었다. 더욱이 해독제의 평균 성능은 원래의 탐지기보다 더 우수했다. 즉, 더 많은 흐름을 대상으로 많은 양에서 일반 PCA의 성능을 능가했다. 여러 주 동안의 개구리 삶기 중독 공격의 경우에도 해독제는 PCA의 성능을 뛰어넘었으며 이후 매주 점진적으로 더 많은 공격 트래픽을 포착했다.

프라이버시 보존 학습

7장에서 프라이버시를 대상으로 하는 공격을 대상으로 한 학습을 살펴봤다. 데이터 프라이버시에 관한 사고에 영향을 미치는 중추적인 침해를 간단히 살펴본 다음, 공개된 정보가 임의의 개별 데이터에 크게 종속되지 않는다는 것을 보장하는 형식적이고 의미론적인 속성인 차등 프라이버시에 대한 기초를 마련했다. 차등 프라이버시를 확립하기 위해 가장 간단한 일반적인 메커니즘, 즉 데이터 섭동이 공개 민감도에 따라 달라지는 척도로 비개인정보 공개$^{nonprivate\ releases}$에 잡음을 추가하는 라플라스 메커니즘도 살펴봤다. 또, 서포트 벡터 머신[SVM]을 간략하게 소개한 후에 차우드후리 등의 객관적인 섭동 접근 방식[46]도 소개했다. 아울러 SVM의 볼록 프로그램을 최적화하는 대신 목표에 임의 선형 항을 추가해 같은 프로그램을 최소화했다.

7.4절에서 출력섭동 접근 방식[209]을 설명했다. 기존 결과를 SVM 알고리즘에 적용해 분류기 섭동의 수준, 즉 라플라스 잡음의 척도를 결정했다. 다음으로 프라이버시-보존 근사의 유용성을 비개인 분류와 비교해 근사 응답 예측approximate response prediction의 높은 확률점별 닮음으로 형식화했다. 차등 개인 SVM에 대한 두 가지 접근 방식의 유용성에 관한 결과를 보였다. 이 결과를 선형 SVM(또는 유한차원 특성 사상을 가진 SVM)에서 평행이동-불변 커널로 훈련한 SVM으로 일반화했다. 이런 결과는 무한차원 특성 사상에 해당하는 방사기저함수[RBF] 커널에서도 작동한다. 이를 위해 원하는 평행이동-불편 커널을 균등하게 근사하는 저차원 임의 커널을 구성하는 대규모 SVM 학습의 기술을 사용했다. 마지막으로 하계를 살펴봤다. 이 하계는 높은 유용성을 만족하면서 개인적으로 학습할 수 있는 것에 관한 근본적인 한계를 설정한다. 살펴본 메커니즘은 프라이버시와 유용성을 이론적으로 보장받았지만 쉽게 구현할 수 있으며 실용적이다.

회피 공격

8장에서는 볼록-유도 분류기 모임, 즉 공간을 한쪽이 볼록인 두 영역으로 나누는 분류기에 대한 분류기 회피의 질의 복잡도를 수량화하기 위해 로우드와 믹의 볼록-유도 근사-최적 회피 프레임워크를 일반화했다. ℓ_p 비용으로 임의의 볼록-유도 분류기의 근사-최적 회피 인스턴스를 찾기 위해 다항식 개수의 질의를 효율적으로 사용하는 알고리즘을 제시했으며, 일반적으로 어떤 ℓ_p 비용으로 이런 분류기 모임의 효율적인 근사-최적 회피를 달성할 수 없다는 것도 보였다. 또한 우리가 제안한 알고리즘은 분류기 경계를 역공학하지 않고도 근사-최적 회피를 달성했으며, 때에 따라 역공학 접근 방식보다 점근적 질의 복잡도가 더 좋았다. 우리는 일반적으로 근사-최적 회피 문제가 분류기 경계를 역공학하는 것보다 쉽다는 것도 보였다.

이 연구의 공헌은 가중 ℓ_1 비용으로 볼록-유도 분류기를 대상으로 효율적으로 ϵ-IMAC 탐색을 하는 멤버십 질의 알고리즘에 관한 연구를 확장한 것이다(8.2절 참조). 우리는 양의 클래스가 볼록일 때 선형 분류기에 대한 앞선 역공학 접근 방식의 성능을 능가하는 효율적인 기술을 제시했다. 음의 클래스가 볼록일 때에는 베르트시마스와 벰팔라의 확률화 타원체 방법을 적용해 효율적으로 ϵ-IMAC을 탐색했다. 공격자가 어떤 집합이 볼록인지 알지 못한다면, 두 탐색을 모두 실행해 결합 다항식 질의 복잡도로 ϵ-IMAC을 발견할 수 있었다. 따라서 ℓ_1 비용으로 공격자는 볼록-유도 분류기의 모임을 효율적으로 회피할 수 있다. 즉, 이 모임은 ϵ-IMAC 탐색가능이다.

따라서 일반적인 ℓ_p 비용에 대한 볼록-유도 분류기의 연구를 확장했다(8.3절 참조). $p = 1$인 경우, $\mathcal{F}^{convex}$가 임의의 $\epsilon > 0$에 대해 양의 볼록과 음의 볼록 모두에서 ϵ-IMAC만 탐색가능이라는 것을 보였다. $0 < p < 1$인 경우, 8.2.1절의 다중선탐색 알고리즘은 양의 집합이 볼록일 때 같은 결과를 얻지만, 이런 ℓ_p 비용의 비볼록성으로 인해 확률화 타원체 방법은 사용할 수 없다. $p > 1$일 때 볼록 음의 집합인 경우 (이런 비용은 볼록이므로) 타원체 방법을 사용하면 효율적인 해를 구할 수 있다. 그러나 $p > 1$일 때 볼록 양의 집합인 경우 모든 $\epsilon > 0$에 대해 ϵ-IMAC을 효율적으로 찾을 수 있는 알고리즘이 존재하지 않는다는 것을 보였다. 게다가 $p = 2$인 경우, 임의의 고정된 ϵ에 대해서도 ϵ-IMAC을 효율적으로 찾을 수 있는 알고리즘이 존재하지 않는다는 것도 증명했다.

9.1 토론과 미해결 문제

우리는 연구 과정에서 많은 도전 과제에 맞닥뜨렸으며 보안에 민감한 영역에서 적대적 학습 분야의 미래에 관한 통찰력을 제공한 중요한 교훈을 얻을 수 있었다. 여기서 안전한 학습을 위한 몇 가지 흥미로운 연구 방향을 제시한다. 연구 방향은 ① 적대적 게임의 미개척 구성 요소unexplored component와 ② 방어 기술의 방향, 두 가지 주제로 정리한다. 마지막으로, 이 책에서 제시한 미해결 문제를 나열하면서 결론을 맺도록 한다.

9.1.1 적대적 게임의 미개척 구성 요소

3장에서 제시한 것처럼 적대적 학습과 학습 알고리즘을 대상으로 하는 공격은 많은 관심을 받았다. 많은 유형의 공격에 관한 연구가 진행됐지만, 상대적으로 연구가 진행되지 않은 보안 문제가 여전히 많다. 향후 연구를 위해 몇 가지 유망한 사항을 요약해본다.

9.1.1.1 연구 방향: 측정과 특성 선택의 역할

2.2.1절에서 설명한 것처럼 측정 과정과 특성 선택은 이 책에서 다루지 않은 머신러닝 알고리즘에 중요한 역할을 한다. 3.1절에서 제시한 것처럼 학습 알고리즘의 이런 구성 요소는 공격에 취약하다. 일부 선행 연구는 학습기가 사용한 특성에 기반한 취약점을 제시했으며[162, 248, 250], 다른 연구에서는 특성 집합에 대한 특정 공격을 제시했다[91, 220]. 높은 차원이 탐색적 공격의 공격 표면attack surface을 증가시키는 역할을 한다는 것이 발견됐는데[231, 5], 이는 방어 전략으로 (임의) 특성 선택을 사용해야 함을 의미한다. 인과적 공격의 게임 이론 모델에서 높은 차원은 균형 상태의 솔루션을 찾는 데 계산적인 결과를 가져온다[4]. 그러나 특성 감소에 대한 전통적인 접근 방식은 특성 대체에 취약할 수 있다는 것도 발견됐다[146]. 특성 선택의 전체 역할은 여전히 알려지지 않았다.

보안에 민감한 모든 영역에서 측정 집합을 선택하는 것이 중요하다. 반복적으로 보인 것처럼[250], 공격자는 저비용으로 악의적인 인스턴스를 탐지하는 학습기의 능력을 약화하기 위해 공격자와는 관련이 없는 특성을 활용할 수 있다. 그 예로 5장에서 스팸과 관련이 없는 토큰을 사용해 스팸 필터를 중독시킬 수 있음을 보였다. 이런 취약점은 위조 방지 특성을 구축하고, 오염된 특성을 식별하고 제거하며, 실무자가 이런 요구 사항을 만족시킬 수 있는 지침을 수립하기 위해 결연한 노력이 필요하다.

또한 특성 선택은 안전한 학습의 미래에 중요한 역할을 할 수 있다. 9.1.1.2절에서 설명하는 것처럼 이런 방법은 학습 알고리즘에 일부 비밀secrecy을 제공할 수 있으며, 관련 없는 특성을 제거할 수 있다. 그렇게 함으로써 특성 선택 방법은 공격자에 대한 이점을 얻을 수 있는 수단을 제공할 수 있지만, 공격을 받을 수도 있다. 이런 가능성을 연구하는 것이 중요한 연구 과제로 남아 있다.

9.1.1.2 연구 방향: 공격자 능력의 영향

1.2절에서 적대적 학습이 케르코프스의 원칙을 준수해야 함을 인정했다. 즉, 탄력적인 학습 시스템은 보안을 제공하고 위해 비밀을 가정해서는 안 된다. 그러나 어떤 위협 모델하에 학습 가능성이 가능한지 알기 위해서는 공격자의 능력이 공격 효과에 미치는 영향을 특정하는 것이 중요하다.

질문 9.1 기본적인 확률 데이터를 생각해보자. 데이터와 학습기에 관한 공격자의 정보뿐만 아니라 공격자의 데이터 제어는 이런 데이터에 대한 학습에 어떤 영향을 미칠까? 학습 가능성을 특성화하기 위한 공격자 능력을 어떤 매개변수로 표현해야 적절할까?

일반적으로 학습 알고리즘은 훈련 데이터에서 패턴을 찾으므로 학습 가설에 관한 정보를 발견하기 위해 훈련 데이터를 정확하게 재현할 필요가 없다. 많은 경우에 학습 가설을 근사하기 위해 공격자는 유사한 데이터 집합에 접근하기만 하면 된다.

특별한 경우에 대해 페이퍼놋Papernot 등이 관찰했던 것[192, 193]처럼 성공적인 회피 공격에 역공학 모델을 대체 모델로 사용할 수 있다. 일반적으로 이 접근 방식의 연구를 확장하기 위해 역공학은 후속 오분류 공격을 할 수 있도록 공격자의 능력을 증폭시킬 수 있다.

질문 9.2 대체 모델이 얼마나 정확해야 표적을 대상으로 하는 오분류 공격이 효율적일까?

8장의 근사-최적 회피 프레임워크처럼 공격자는 학습 알고리즘과 가설공간에 관한 정보가 거의 없는 상태에서 학습 가설에 관한 정보를 많이 얻을 수 있다.

많은 정보 없이 오분류 공격을 가능하게 하는 역공학 공격의 용도 외에 이 공격을 연구한 동기 중의 하나는 방어자가 학습기에 관한 통상 기밀 정보를 보호하려는 상황이다. 트라메르Tramèr 등은 클래스의 라벨만 반환하는 모델과 (비선형) 방정식을 푸는 시스템에 기반해 접근 방식을 허용하는 정확한 신뢰값을 반환하는 모델 모두에 대해 클라우드-기반 서비스로서의 머신러닝ML-as-a-Service에 대한 실제 역공학 공격을 개발했다[242].

질문 9.3 일반적으로 대체 모델을 만드는 데 역공학이 얼마나 효과적일까? 질의 복잡도 측면에서 어떤 보장이 가능할까?

아마도 보호해야 할 가장 명확한 성분은 학습 가설을 만드는 데 사용한 훈련 데이터일 것이다. 이 책에서 다룬 환경은 공격자가 입력을 (부분적으로) 제어할 수 있다고 생각한다. 이런 환경에서도 (7장에서 설명한) 차등 프라이버시 보장은 단일 개인 훈련 데이터를 제외한 모든 것을 임의로 조작할 수 있다.

(2.2.1절에서 제시했던) 특성 선택은 방어자가 동적 특성 선택을 사용할 수 있도록 허용해 잠재적으로 공격자를 방어하는 역할을 할 수 있다. 많은 경우에 공격자의 목표는 학습기의 관점에서 정상 데이터와 구별할 수 없는 악의적인 데이터 인스턴스를 만드는 것이다. 그러나 공격이 발생하면 분류기가 공격자의 조작에도 클래스를 계속 분리할 수 있는 새로운 특성 사상 $\phi'_{\mathbb{D}}$을 추정하기 위해 동적 특성 선택을 사용할 수 있다.

9.1.2 방어 기술 개발

보안에 민감한 영역에서 학습을 위해 남아 있는 가장 중요한 도전 과제는 범용적으로 안전한 학습 기술을 개발하는 것이다. 3.3.5절에서는 학습 공격을 방어하기 위한 몇 가지 유망한 접근 방식[59, 91, 251]을 제시했다. 그러나 방어 기술의 개발은 필연적으로 군비 경쟁을 일으키므로 성공적인 방어는 반드시 잠재적인 반격을 예상하고 합리적인 위협에 대해 복원력이 있음을 입증해야 한다. 이를 염두에 두고, 다음 단계로 신뢰할 수 있는 안전한 학습의 예를 들기 위해 공격의 더 큰 클래스를 살펴본다.

9.1.2.1 연구 방향: 안전한 학습에 대한 게임 이론 접근 방식

달비 등이 게임 이론 접근 방식[59]을 제안한 이후로 방어 분류기를 설계하는 게임 이론 접근 방식이 빠르게 확장됐다[37, 123, 22, 98]. 이 접근 방식에서 적대적 학습은 (모델을 선택하는) 학습기와 (데이터 또는 데이터 변환을 선택하는) 공격자 간의 게임으로 취급된다. 학습기와 공격자 모두 제약을 받으며 (일반적으로 상대방의 목적에 어긋나는) 목적함수를 최적화하려고 한다. 이런 접근 방식은 공격자와 공격에 강건한 최적의 모델을 찾는다.

이 게임 이론 접근 방식은 공격자의 목표와 한계를 적대적 비용함수를 통해 분류기의 설계에 직접 통합하므로 안전한 학습에 특히 매력적이다. 그러나 이 비용함수는 실제 공격자를 명시하기가 어려우며 부정확한 비용함수를 사용하면 분류기에서 의도하지 않은 사각지대가 발생할 수 있다. 이는 흥미로운 질문을 만들어낸다.

질문 9.4 머신러닝 실무자가 게임 이론 비용에 민감한 학습 알고리즘의 정확한 비용함수를 어떻게 설계할 수 있을까? 이 학습기는 적대적 비용에 얼마나 민감할까? 비용 자체를 학습할 수 있을까?

게임 이론 접근 방식은 공격자를 학습 과정의 일부로 직접 통합하므로 특히 흥미롭다. 이렇게 함으로써 게임 이론 접근 방식은 공격자와 공격자의 능력에 관해 많은 가정을 하지만, 가장 위험한 가정은 공격자가 자신의 이익에 따라 이성적으로 행동한다는 것이다. 이 가정은 그럴듯해 보이지만 학습 알고리즘이 공격자의 모델에 지나치게 의존하게 만들 수 있다. 예를 들어 달비 등이 제안했던 원래의 공격자-인식adversary-aware 분류기는 회피 데이터를 선제적으로 탐지하려고 시도하지만, 합리적인 공격자가 회피 데이터를 조작했다면 정상인 데이터 포인트로 분류한다.

즉, 이런 경우에 공격자는 단순히 자신의 행동을 바꾸지 않고 분류기를 회피할 수 있다. 이런 이상한 속성은 공격자가 합리적이라는 가정에서 바람직하지 않은 부작용으로 또 다른 질문을 만들어낸다.

질문 9.5 공격자-인식 분류기는 공격자가 합리적으로 행동할 것이라는 가정에 얼마나 의존할까? 이 가정에 덜 의존하는 게임 이론 접근 방식이 있을까?

9.1.2.2 연구 방향: 연구 방법의 전반적인 통합

현재 특정 작업에 대한 학습 방법의 선택은 일반적으로 애플리케이션 데이터의 구조와 훈련 및 예측에서 알고리즘의 속도 그리고 (종종 정적 데이터 집합으로 평가한) 예상 정확도에 기반을 두고 있다. 그러나 연구가 보여준 것처럼 알고리즘의 성능이 보안에 민감한 영역에서 어떻게 변화하는지 이해하는 것이 이런 영역에서의 성공과 광범위한 채택에 중요하다. 이런 환경에서 복원력이 있는 알고리즘을 설계하는 것은 중요한 도전 과제다.

일반적으로 공격자와 경쟁하는 것은 어려운 문제이며 계산적으로도 어렵다. 그러나 3.5.4.3절에서 요약한 것처럼 강건한 통계의 프레임워크는 훈련 데이터에 관한 적대적 오염 문제를 부분적으로 해결한다. 이 프레임워크는 적대적 오염으로 인한 보안 위협에 강건한 학습기를 구성하기 위해 많은 도구와 기술을 제공한다. 많은 고전 통계 방법은 종종 데이터가 정상성 분포$^{stationary\ distribution}$에서 만들어진다는 강한 가정을 하지만 공격자는 그 가정을 무시할 수 있다. 예를 들어 우리는 6장에서 강건한 부분공간 추정 기술이 적대적 오염하에서 원래의 PCA 방법보다 성능이 더 좋다는 것을 보였다.

강건한 통계는 데이터가 두 개의 출처, 즉 알려진 분포와 알려지지 않은 적대적 분포인 2개의 출처를 따른다고 가정해 고전 기술을 보완한다. 이 환경하에서 매개변수 추정과 테스트, 선형 모델 및 다른 고전 통계 기법에 대해 강건한 변형이 존재한다. 또한 고장 지점과 영향함수는 강건성의 정량적 측정을 제공해 학습 시스템의 설계자는 보안에 민감한 영역 업무에서 학습기의 취약점을 평가하는 데 사용할 수 있으므로 그에 따라 적절한 알고리즘을 선택할 수 있다. 그러나 통계적 강건성을 염두에 두고 명시적으로 설계된 현재의 학습 시스템은 상대적으로 많지 않다. 그런데도 우리는 적대적 학습 분야가 성장함에 따라 강건성과 고려 사항, 기술은 점점 더 실용적인 학습 설계의 필수적인 부분이 될 것이라고 믿는다. 강건한 절차를 보안에 민감한 영역의 학습에 통합하고 공격에 복원력이 있는 학습 시스템을 설계하는 데 사용하는 것이 도전 과제로 남아 있다.

9.1.2.3 연구 방향: 온라인 학습

보안에 민감한 환경에서 방어를 개발하기 위한 대안적인 보완 방향은 3.6절에서 설명한 게임 이론 전문가 집계 환경으로 해결할 수 있다. 이 환경에서 학습기는 전문가의 조언을 받아 과거의 성능에 기반을 둔 전문가의 조언을 따져 보고 예측을 한다. 이 프레임워크 안에 있는 학습 기술은 사후 판단을 통해 최고 전문가와 함께 수행할 수 있도록 개발됐다. 이제 남아 있는 도전 과제는 보안 목표를 더 잘 만족할 수 있는 전문가 집합을 설계하는 것이다.

질문 9.6 온라인 학습 프레임워크에서 전문가(학습기)의 집합을 어떻게 설계해야 공격에 대한 총합이 복원력이 있을까?

이상적으로 전문가가 개별적으로 취약하더라도, 전문가 집합을 대상으로 공격하는 것은 어렵다. 비공식적으로 전문가 집합을 직교orthogonal라고 한다. 직교 학습기 orthogonal learner는 보안에 민감한 환경에서 여러 가지 장점이 있다. 직교 학습기를 통해 과제의 다양한 측면을 포착하도록 설계된 학습기들을 결합할 수 있다. 이런 학습기는 공통 취약점을 없애기 위해 (예를 들어 역공학이 더 어렵게) 다른 특성 집합과 다른 학습 알고리즘을 사용할 수 있다. 마지막으로 온라인 전문가 집계 기술은 유연하다. 즉, 시스템에 새로운 취약점이 발견될 때마다 기존 전문가를 교체하거나 새로운 전문가를 시스템에 추가할 수 있다.

안전한 학습을 위한 직교 전문가 시스템을 적절하게 설계하기 위해서는 설계자가 먼저 여러 후보 학습기의 취약점을 평가해야 한다. 이런 분석을 통해 설계자는 학습기의 기본 집합과 기본 집합을 대상으로 학습하기 위한 특성 집합을 선택해야 한다. 마지막으로, 집계 예측변수가 성숙해짐에 따라 설계자는 새로운 보안 위협을 파악하고 학습기를 적절하게 패치해야 한다. 이 패치는 알고리즘을 조정하거나 특성 집합을 바꾸거나 심지어는 집계를 위해 새로운 학습기를 추가하는 것으로 이뤄질 수 있다. 아마도 이 과정은 그 자체로 자동화되거나 학습될 수 있을 것이다.

9.2 미해결 문제 검토

보안에 민감한 영역의 적대적 학습 분야에는 많은 흥미로운 도전 과제가 남아 있다. 여기서 우리는 이 책 전반에 걸쳐 제시한 미해결 문제를 다시 설명한다.

6장의 문제

6.1   대용량 네트워크 이상을 탐지하기 위한 해독제 부분공간 탐지기에 대한 최악의 중독 공격은 무엇일까? 이 설정에서 공격자와 방어자에 대한 게임 이론의 균형 전략은 무엇일까? 이 전략에 대해 해독제의 성능을 어떻게 비교할 수 있을까?

6.2   대안 접근 방식을 통합하기 위해 부분공간-기반 탐지 접근 방식을 적용할 수 있을까? 시간적 상관관계와 공간적 상관관계를 모두 찾아내, 이 둘을 모두 이상을 탐지하는 데 사용할 수 있을까? 네트워크 망 구성 방식처럼 영역에 특정된 정보를 통합하기 위해 부분공간-기반 접근 방식을 적용할 수 있을까?

7장의 문제

7.1   출력섭동으로 차등 개인 SVM에 사용된 메커니즘과 증명 기법을 다른 커널 방법으로 확장할 수 있을까?

7.2   알고리즘 안정성과 전역 민감도 사이에 일반적인 연결이 있을까?

7.3 중요한 공개 문제는 SVM의 최적 차등 프라이버시의 상계와 하계 사이의 간격을 줄이는 것이다.

8장의 문제

8.1 회피 알고리즘에 일치하는 상계와 하계를 찾을 수 있을까? 모든 볼록-유도 분류기에 대해 다항식 질의 복잡도를 갖는 결정론적 전략이 있을까?

8.2 ϵ-IMAC 탐색가능한 볼록-유도 분류기보다 큰 모임이 있을까? 근사-최적 회피가 효율적인 볼록-유도 분류기 외부에 다른 모임도 있을까?

8.3 어떤 ϵ에 대해 ϵ-IMAC 탐색가능한 (예를 들어 알려진 커널을 가진) SVM의 모임이 있을까? 공격자가 비볼록 분류기의 구조를 ϵ-IMAC 탐색에 통합할 수 있을까?

8.4 근사-최적 회피를 위해 비볼록이며 연속체가 체의 경도를 나타내는 특성이 있을까? 마찬가지로, 질의 복잡도를 설명하는 비연속체의 특성이 있을까?

8.5 어떤 분류기의 모임에 대한 역공학이 회피만큼 쉬울까?

8.6 근사-최적 회피 문제에 적합한 은밀함 기준은 무엇일까? 방어자는 분류기에 대한 비이산적 탐측 공격^{nondiscrete probing attack}을 탐지할 수 있을까? 방어자는 의심되는 질의에 거짓으로 답해 탐측 공격을 효과적으로 속일 수 있을까?

8.7 $\hat{f}$에서 f에 관해 학습할 수 있는 것은 무엇일까? 탐색을 유도하기 위해 $\hat{f}$를 어떻게 가장 잘 사용할 수 있을까? $\hat{f}$가 없어도 표본 데이터를 ϵ-IMAC 탐색에 직접 통합할 수 있을까?

8.8 공격자에게 추가 의견 제시를 할 수 있는 유형은 무엇이며, ϵ-IMAC 탐색의 질의 복잡도에 어떤 영향을 미칠까?

8.9 멤버십 오라클에만 접근할 수 있다면, 확률화 분류기의 근사-최적 회피는 얼마나 어려울까? ϵ-IMAC 탐색가능한 확률화 분류기의 모임이 있을까?

8.10 일련의 적대적 질의(어쩌면 추가적으로 무해한 데이터)가 주어졌을 때, 학습 알고리즘이 진짜 경계로 수렴할까? 아니면 공격자는 학습기를 속이고 동시에 학

습 알고리즘을 회피할 수 있을까? 알고리즘이 수렴한다면, 어떤 속도로 수렴할까?

8.11   실제 인스턴스를 원하는 질의로 대응시키기 위해 특성 사상을 어떻게 반전해야 할까? 질의-기반 알고리즘을 근사 질의에 어떻게 적용할 수 있을까?

8.12   실제 회피 환경에서 분류기 $f \in \mathcal{F}$에 대한 M개의 질의를 만든 후에 질의 알고리즘에 대한 최악의 경우나 예상되는 비용 절감은 얼마일까? 공격자에게 각 질의의 기대값은 얼마이며, 고정된 개수의 질의에 대한 최고의 질의 전략은 무엇일까?

9장의 문제

9.1   기본적인 확률 데이터를 생각해보자. 데이터와 학습기에 관한 공격자의 정보뿐만 아니라 공격자의 데이터 제어는 이런 데이터에 대한 학습에 어떤 영향을 미칠까? 학습 가능성을 특성화하기 위한 공격자 능력을 어떤 매개변수로 표현해야 적절할까?

9.2   대체 모델이 얼마나 정확해야 표적을 대상으로 하는 오분류 공격이 효율적일까?

9.3   일반적으로 대체 모델을 만드는 데 역공학이 얼마나 효과적일까? 질의 복잡도 측면에서 어떤 보장이 가능할까?

9.4   머신러닝 실무자가 게임 이론 비용에 민감한 학습 알고리즘의 정확한 비용 함수를 어떻게 설계할 수 있을까? 이 학습기는 적대적 비용에 얼마나 민감할까? 비용 자체를 학습할 수 있을까?

9.5   공격자-인식 분류기는 공격자가 합리적으로 행동할 것이라는 가정에 얼마나 의존할까? 이 가정에 덜 의존하는 게임 이론 접근 방식이 있을까?

9.6   온라인 학습 프레임워크에서 전문가(학습기)의 집합을 어떻게 설계해야 공격에 대한 총합이 복원력이 있을까?

9.3 마치며

보안에 민감한 영역에서의 적대적 학습 분야는 머신러닝과 컴퓨터 보안 모두에서 연구자에게 흥미로운 연구 주제를 많이 가지고 있는 새롭고 빠르게 확장되고 있는 하위 학문 분야다. 이 책에서 제시한 연구는 이 커뮤니티에 큰 영향을 미쳤으며, 몇 가지 중요한 교훈을 강조했다. 첫 번째는 효과적인 학습 시스템 설계를 위해 1.2절에서 설명한 것처럼 실무자는 사전 설계의 원칙을 따라야 한다는 것이다. 보안 위험 회피를 위해 설계자는 잠재적인 공격자에 대한 합리적인 위협 모델을 개발하고 원하는 보안 요구 사항을 만족시키기 위해 학습 시스템을 개발해야 한다. 이와 동시에 머신러닝 설계자는 다른 전통적인 성능 지표 외에도 알고리즘의 보안 속성을 발전시켜야 한다.

이 책 전반에 걸쳐 재조명된 두 번째 교훈은 정규 데이터에 관한 학습기의 성능과 공격에 대한 복원력 사이에는 내재한 절충점이 있다는 것이다. 이런 절충점을 이해한다는 것은 보안 애플리케이션뿐만 아니라 비이상적인 환경에서 학습기가 어떻게 행동하는지 이해하는 데 중요하다.

마지막으로 이 책에서 안전한 학습을 위한 여러 가지 유망한 접근 방식을 제시했지만, 안전한 학습을 위해 필요한 것이 무엇인지 아직 명확한 그림은 나오지 않았다. 우리가 설명한 각각의 접근 방식은 게임 이론에서 비롯된 것이지만 다른 이점을 가지고 있다. 즉, 공격자-인식 분류기는 위협 모델을 학습 절차에 직접 통합하고, 강건한 통계 프레임워크는 일반적으로 어떤 형태의 오염에도 복원력이 있는 절차를 제공하며, 전문가 집계 환경은 사후 판단을 통해 최고 전문가뿐만 아니라 거의 수행할 수 있는 분류기를 구성한다. 그러나 이 가운데 어느 것도 그 자체로는 안전한 학습을 위한 완벽한 해결책이 되지는 못한다. 이런 다양한 접근 방식을 통합하거나 새로운 접근 방식을 개발하는 것이 이 분야에서 가장 중요한 도전 과제로 남아 있다.

부록

부록 A

학습과 초기하학의 배경

부록에서는 이 책 전반에 걸쳐 우리가 사용한 배경 지식을 소개한다. 먼저 A.1절에서는 이 책에서 구축한 머신러닝 개념에 필요한 수학과 확률의 기초와 표기법을 소개한다. A.2절에서는 근사-최적 회피 증명에 사용한 초구와 구결spherical cap[1]의 기술적 속성을 요약한다.

A.1 일반적인 배경 주제 개요

모호성을 없애기 위해 우리는 다음과 같이 여러 분야의 표준 용어와 기호를 사용한다. 이 절에서 다루는 논리와 집합 이론, 선형대수학, 수학적 최적화, 확률을 소개하며, 독자들이 이 주제에 익숙해지길 바란다. 등호(=)는 등식equality을 의미하며, ≜ 기호는 다음과 같이 정의한다defined as를 의미한다.

---

1 구(球)를 한 평면으로 잘랐을 때 구의 잘린 부분으로 이뤄진 입체 – 옮긴이

원소와 집합 그리고 공간의 서체

문자의 서체 스타일을 사용해 다음과 같이 집합의 원소와 집합, 공간을 구별한다. 스칼라와 같은 개별 객체는 x와 같이 이탤릭 로만체로, $\mathbf{x}$와 같이 다중차원 벡터는 볼드 로만체로 표기한다. 집합은 $\mathcal{X}$와 같이 칠판 볼드체로 표기한다. 그러나 공간과 같이 특정 종류의 객체를 생성하는 전체entire 집합이나 모집단universe을 언급할 때에는 이 공간에 포함된 부분집합 $\mathcal{X}$와 구별하기 위해 $\mathbb{X}$와 같은 서예체를 사용한다.

수열과 첨수

이 책에서 우리는 두 가지 유형의 객체 첨수index를 사용한다. 첫 번째 유형은 유사 객체 수열의 원소를 참조하는 데 사용하는 첨수다. 이 유형의 첨수는 괄호 안에 넣어 참조한 객체의 위첨자로 표기한다. 예를 들어 $x^{(1)}, x^{(2)}, \dots, x^{(N)}$는 수열의 t번째 객체를 나타내는 $x^{(t)}$가 들어 있는 객체의 수열이다. 두 번째 유형의 첨수는 예를 들어 다중차원 객체와 같은 합성객체composite object의 구성 요소를 참조하기 위해 아래첨자로 표기한다. 예를 들어 $x_1, x_2, \dots, x_N$는 벡터 $\mathbf{x}$의 성분이다. 따라서 벡터 수열의 t번째 벡터는 $\mathbf{x}^{(t)}$, $x_i^{(t)}$는 t번째 벡터의 i번째 좌표 그리고 x_i^k는 x_i의 k제곱이다.

1차 논리

다음으로 논리 명제를 표현하기 위한 형식적 구문을 소개한다. 표기법 $a \wedge b$는 논리적 논리곱conjunction으로 'a와 b'를, $a \vee b$는 논리적 논리합disjunction으로 'a 또는 b'를, $\neg a$는 논리적 부정negation으로 'a가 아니다'를 의미한다. $a \Rightarrow b$는 $(\neg a) \vee b$로 정의한 논리적 조건명제이며, $a \Leftrightarrow b$는 $(a \Leftarrow b) \wedge (a \Rightarrow b)$로 정의한 논리적 동치(equivalence, 즉, if and only if)이다. 우리는 보편 정량화universal quantification와 존재 정량화existential quantification를 위해 기호 $\forall$와 $\exists$를 사용한다. 필요하다면 $p(\cdot)$와 같은 함수로 술어predicate를 형식화할 수 있는데, 이는 형식의 논거가 술어로 표현한 속성을 나타내는 경우에만 참으로 평가한다. 특수한 항등술어identity predicate는 $\mathrm{I}[a] \Leftrightarrow a$로 정의한다. 편

의상 지시함수에 대해 이 표기법을 오버로드[2]하는데, 대신 논거가 참이면 1로, 그렇지 않으면 0으로 평가한다.

집합

집합 또는 대상의 모임은 앞서 언급한 것처럼 $\mathbb{X}$와 같이 칠판 볼드체 문자로 표기하며, 공집합은 Ø를 사용한다. 대상의 모임을 군^{group}으로 만들기 위해 $\mathbb{X} = \{a, b, c\}$와 같이 중괄호를 사용한다. 표기법 $x \in \mathbb{X}$를 사용해 집합의 소속을 명시하며, 집합의 원소를 명시적으로 세기 위해 유한집합은 표기법 $\mathbb{X} = \{x_1, x_2, \ldots, x_N\}$를 사용하고, 가산무한의 수열$^{\text{countably infinite sequence}}$은 표기법 $\mathbb{X} = \{x_1, x_2, \ldots\}$를 사용한다. 술어 $A(\cdot)$로 표현한 논리적 조건을 만족하는 대상의 집합에 속한 원소를 나타내기 위해 조건제시법 $\mathbb{X} = \{x \mid A(x)\}$을 사용한다. 표기법 $\mathbb{Y} \subseteq \mathbb{X}$는 $\mathbb{Y}$가 $\mathbb{X}$의 부분집합임을 의미한다. 즉, $\forall y (y \in \mathbb{Y} \Rightarrow y \in \mathbb{X})$. 유한집합의 경우 집합 $\mathbb{X}$의 크기를 $|\mathbb{X}|$로 표기한다. 두 집합의 합집합^{union}을 $\mathbb{X} \cup \mathbb{Y} \triangleq \{a \mid (a \in \mathbb{X}) \vee (a \in \mathbb{Y})\}$로 정의하며, 두 집합의 교집합^{intersection}을 $\mathbb{X} \cap \mathbb{Y} \triangleq \{a \mid (a \in \mathbb{X}) \wedge (a \in \mathbb{Y})\}$로 정의하고, 두 집합의 차집합^{difference}을 $\mathbb{X} \setminus \mathbb{Y} \triangleq \{a \mid (a \in \mathbb{X}) \wedge (a \notin \mathbb{Y})\}$로 정의한다, 즉 $\mathbb{X}$의 원소이지만 $\mathbb{Y}$의 원소는 아니다. 또한 $\mathbb{X}$의 지시함수의 집합을 술어 $I_{\mathbb{X}}[\cdot]$를 사용해 $I_{\mathbb{X}}[x] \triangleq [x \in \mathbb{X}]$로 표기한다. 우리는 편의를 위해 $I_{\mathbb{X}}[x] \triangleq [x \in \mathbb{X}]$ 함수가 $\{0, 1\}$ 위로 사상이라고 한다.

정수와 실수

공통집합은 모든 정수 집합 $\mathfrak{Z}$와 모든 실수의 집합 $\mathfrak{R}$을 포함한다. 정수의 특수한 부분집합은 자연수 $\mathfrak{N} \triangleq \{z \in \mathfrak{Z} \mid z > 0\} = \{1, 2, \ldots\}$로, 전체 숫자는 $\mathfrak{N}_0 \triangleq \{z \in \mathfrak{Z} \mid z \geq 0\} = \{0, 1, \ldots\}$이다. 마찬가지로, 실수의 특수한 부분집합은 양의 실수 $\mathfrak{R}_+ \triangleq \{r \in \mathfrak{R} \mid r > 0\}$와 음이 아닌 실수 $\mathfrak{R}_{0+} \triangleq \{r \in \mathfrak{R} \mid r \geq 0\}$이다. 구간은 두 경계 사이의 실수를 생성하는 부분이다. 즉 구간은 $(a, b) \triangleq \{r \in \mathfrak{R} \mid a < r < b\}$와 $[a, b) \triangleq \{r \in \mathfrak{R} \mid a \leq r < b\}$, $(a, b] \triangleq \{r \in \mathfrak{R} \mid a < r \leq b\}$, $[a, b] \triangleq \{r \in \mathfrak{R} \mid a \leq r \leq b\}$로 표기

---

2 함수나 연산자가 입력에 따라 여러 가지로 동작하는 것을 의미하다. – 옮긴이

한다. 예를 들어 $\Re_+ = (0, \infty)$와 $\Re_{0+} = [0, \infty)$이다.

첨수집합

집합 원소의 순서를 정하기 위해 우리는 각 원소에 대응하는 첨수집합을 사용한다. 유한첨수집합의 경우 N개 객체의 수열 $x^{(i)}$을 $\{1, \ldots, N\}$를 사용해 표기하기 위해 표기법 $\{x^{(i)}\}_{i=1}^{N}$을 사용한다. 좀 더 일반적으로 어떤 $\mathbb{I}$로 첨수를 매긴 집합은 $\{x^{(i)}\}_{i \in \mathbb{I}}$로 표기한다. 무한수열은 수열의 기수^{cardinality}에 따라 $\aleph$이나 $\Re$과 같은 무한 집합을 사용해 첨수를 매길 수 있다.

다중차원집합

집합은 다중차원 객체 또는 정렬된 짝$^{\text{ordered tuple}}$을 설명하기 위해 결합할 수 있다. 대상이 짝이라는 것을 지칭할 때, $\mathbf{x}$와 같은 볼드체 소문자를 사용하고, 짝의 내용을 명시하기 위해 소괄호 $(\cdot)$를 사용한다. 가장 간단한 짝은 순서쌍 $(x, y) \in \mathbb{X} \times \mathbb{Y}$로 두 집합 대상의 쌍이다. 즉 $x \in \mathbb{X}$이고 $y \in \mathbb{Y}$이다. 이런 모든 순서쌍의 집합을 집합 $\mathbb{X}$와 $\mathbb{Y}$의 데카르트 곱$^{\text{Cartesian product}}$이라고 하며 $\mathbb{X} \times \mathbb{Y} \triangleq \{(x, y) \mid x \in \mathbb{X} \wedge y \in \mathbb{Y}\}$로 표기한다. 이 개념은 순서쌍을 넘어 임의의 차원의 대상으로 확장할 수 있다. D-짝 $(x_1, x_2, \ldots, x_D) \in \times_{i=1}^{D} \mathbb{X}_i$은 D개의 집합에 속하는 D개 대상의 순서 목록$^{\text{ordered list}}$이다. 즉 일반화된 데카르트 곱 $\times_{i=1}^{D} \mathbb{X}_i \triangleq \mathbb{X}_1 \times \mathbb{X}_2 \times \ldots \times \mathbb{X}_D = \{(x_1, x_2, \ldots, x_D) \mid x_1 \in \mathbb{X}_1 \wedge x_2 \in \mathbb{X}_2 \wedge \ldots \wedge x_D \in \mathbb{X}_D\}$은 이런 모든 D-짝의 집합이다. 이 데카르트 곱공간의 차원과 임의의 소속짝$^{\text{member tuple}}$은 D이며, 함수 $dim(\cdot)$은 짝의 차원을 반환한다. D-짝의 각 원소가 공통집합 $\mathbb{X}$에 속할 때, 일반화된 데카르트 곱은 지수 표기법 $\mathbb{X}^D \triangleq \times_{i=1}^{D} \mathbb{X}$으로 나타낸다. 즉, 유클리드 공간 $\Re^D$는 D-차원 실수값 공간이다.

벡터

벡터는 순서 D-짝의 특수한 경우로 $\mathbf{v}$와 같이 소문자 볼드체로 표현한다. 즉, 일반적인 짝과는 달리 벡터공간은 여기서 설명하는 속성을 따르는 덧셈 연산자와 스칼라 곱 연산자를 가진다. 집합 $\mathbb{X}$의 원소로 된 D-차원 벡터 $\mathbf{v} \in \mathbb{X}^D$를 생각해보자. $i = \{1, 2, \ldots, D\}$일 때, $\mathbf{v}$의 i번째 원소 또는 좌표는 스칼라 $v_i \in \mathbb{X}$로 표기한다. 특수한 벡터로는 원소가 모두 1인 벡터 $\mathbf{1} = (1, 1, \ldots, 1)$와 모두 0인 벡터 $\mathbf{0} = (0, 0, \ldots, 0)$ 그리고 좌표 또는 기저basis 벡터 $\mathbf{e}^{(d)} \triangleq (0, \ldots, 1, \ldots, 0)$가 있는데, 기저 벡터는 d번째 좌표만 1이고, 나머지 좌표는 0이다.

벡터공간 $\mathbb{X}$는 다른 벡터로 더하거나 스칼라로 곱해 공간 안에서 새로운 원소를 만들 수 있는 벡터의 집합이다. 즉, 벡터공간은 결합법칙과 교환법칙, 분배법칙이 성립하며, 벡터와 스칼라 모두 항등원을 가질 뿐만 아니라 덧셈에 대한 역원을 가지므로 벡터의 덧셈과 스칼라 곱셈에 닫혀 있다. 예를 들어 유클리드 공간 $\mathfrak{R}^n$은 일반 벡터 덧셈과 실수 곱셈하에서 임의의 $n \in \mathfrak{R}$에 대해 벡터공간이다. 볼록집합 $\mathbb{C} \subseteq \mathcal{X}$는 실수 스칼라를 가진 벡터공간의 부분집합으로 $\forall \alpha \in [0, 1]$, $x, y \in \mathbb{C} \Rightarrow (1 - \alpha)x + \alpha y \in \mathbb{C}$의 속성을 갖는다. 즉, $\mathbb{C}$는 볼록 결합에 닫혀 있다. 벡터공간 $\mathcal{X}$는 모든 벡터 $x, y \in \mathcal{X}$에 대해, ① $\|x\| = 0 \Leftrightarrow x = 0$을 만족하는 영 원소가 존재하고, ② 임의의 스칼라 α에 대해 $\|\alpha x\| = |\alpha| \|x\|$이고, ③ 삼각부등식 $\|x + y\| \leq \|x\| + \|y\|$을 만족하는 노름함수 $\|\cdot\| : \mathcal{X} \to \mathfrak{R}$가 주어진다면 $\mathcal{X}$는 노름공간normed space이다. 노름의 공통 모임은 $p \in \mathfrak{R}_+$에 대해 다음 식 (A.1)과 같이 정의된 ℓ_p 노름이다.

$$\|\mathbf{x}\|_p \triangleq \sqrt[p]{\sum_{i=1}^{D} |x_i|^p} \tag{A.1}$$

이 모임의 확장은 $\|\mathbf{x}\|_\infty \triangleq \max [|x_i|]$로 정의된 ℓ_∞ 노름을 포함한다.

행렬

일반적으로 $\mathbf{A}$와 같이 대문자 볼드체로 표시하는 행렬은 행과 열을 나타내는 두 개의 첨수를 가진 다중 차원 대상이다. $i \in \{1, 2, \ldots, M\}$와 $j \in \{1, 2, \ldots, N\}$일 때 $\mathbf{A}$의 (i, j)번째 원소는 $A_{i,j} \in \mathbb{X}$로 표기한다. 따라서 전체 행렬은 대괄호를 사용해 원소별로 표현할 수 있다.

$$\mathbf{A} = \begin{bmatrix} A_{1,1} & A_{1,2} & \cdots & A_{1,N} \\ A_{2,1} & A_{2,2} & \cdots & A_{2,N} \\ \vdots & \vdots & \ddots & \vdots \\ A_{M,1} & A_{M,2} & \cdots & A_{M,N} \end{bmatrix}$$

이 표기법에 제시한 것처럼 행렬의 첫 번째 첨수는 행을 나타내며, 두 번째 첨수는 열을 나타낸다. 각 행과 열은 그 자체로 벡터이며, 각각 $\mathbf{A}_{i,\cdot}$와 $\mathbf{A}_{\cdot,j}$로 표기한다. 또한 대괄호 기호 $[\cdot]_{i,j}$를 사용해 행렬값의 (i, j)번째 원소를 표시한다. 예를 들어 $[\mathbf{A} + \mathbf{B}]_{i,j}$는 행렬 $\mathbf{A} + \mathbf{B}$의 (i, j)번째 원소를 나타낸다. 특수한 행렬에는 대각선 원소는 1이고, 나머지는 0인 항등행렬 $\mathbf{I}$와 행렬의 모든 원소가 0인 영행렬 $\mathbf{0}$이 있다. $M \times N$차원 행렬의 전치행렬은 $[\mathbf{A}^\top]_{i,j}$로 정의하고 $\mathbf{A}^\top$로 표기하며, $M \times N$차원 행렬이다.

행렬의 곱셈

여기서 우리는 곱셈과 덧셈이 주어진 스칼라 체^{scalar field} $\mathcal{X}$(예를 들어 정수 3와 실수 $\mathfrak{R}$)의 원소를 갖는 벡터와 행렬을 생각한다. 행렬의 곱셈을 정의하고 표기의 편의를 위해 우리는 N차원 벡터를 동치인 $N \times 1$ 행렬로 표현한다. $dim(\mathbf{v}) = dim(\mathbf{w}) = N$인 두 벡터 $\mathbf{v}$와 $\mathbf{w}$의 내적은 $\mathbf{v}^\top \mathbf{w} = \sum_{i=1}^{N} v_i \cdot w_i$로 정의한 스칼라다. M차원 벡터 $\mathbf{v}$와 N차원 벡터 $\mathbf{w}$의 외적은 $[\mathbf{v}\mathbf{w}^\top]_{i,j} = v_i \cdot w_j$ 원소를 갖는 $M \times N$차원 행렬이다. $M \times N$차원 행렬 $\mathbf{A}$와 N차원 행렬 $\mathbf{w}$의 곱셈은 $\mathbf{A}\mathbf{w}$로 표기하며, i번째 행 $\mathbf{A}_{i,\cdot}$과 벡터 $\mathbf{w}$의 내적인 차원 벡터로 정의한다. 즉, $[\mathbf{A}\mathbf{w}]_i = \mathbf{A}_{i,\bullet}^\top \mathbf{w}$ 이다. 정의에 따라 $\mathbf{v}^\top \mathbf{A}\mathbf{w}$는 $\mathbf{v}^\top \mathbf{A}\mathbf{w} = \sum_{i,j} v_i \cdot A_{i,j} \cdot w_j$로 정의된 스칼라다. $M \times N$차원 행렬 $\mathbf{A}$와 $N \times K$차원 행렬 $\mathbf{B}$의 행렬 곱셈은 $M \times K$차원 행렬 $\mathbf{AB}$로 (i, j)번째 원소는 i번째 행 $\mathbf{A}$와 j번째 열 $\mathbf{B}$의 내적이다. 즉, $[\mathbf{AB}]_{i,j} = \mathbf{A}_{i,\bullet}^\top \mathbf{B}_{\bullet,j}$ 이다. 또한 벡터와 행렬의 아다마르^{Hadamard}(원소별) 곱을 계산하기 위해 $\odot$ 연산자를 사용한다. $dim(\mathbf{v}) = dim(\mathbf{w})$인 벡터 $\mathbf{v}$와 벡터 $\mathbf{w}$의 아다마르 곱은 $[\mathbf{v} \odot \mathbf{w}]_i \triangleq v_i \cdot w_i$로 정의된 벡터다. 마찬가지로 $dim(\mathbf{A}) = dim(\mathbf{B})$인 행렬 $\mathbf{A}$와 $\mathbf{B}$의 아다마르 곱은 행렬 $[\mathbf{A} \odot \mathbf{B}]_{i,j} \triangleq A_{i,j} \cdot B_{i,j}$ 이다.

함수

g와 같이 이탤릭체를 사용해 함수를 표기한다. 그러나 로그함수나 사인함수처럼 일반적으로 이름을 가진 함수의 경우에는 log와 sin처럼 이탤릭체가 아닌 로마체를 사용한다. 함수는 정의역 $\mathbb{X}$에서 공역 또는 치역 $\mathbb{Y}$로의 사상이다. 즉 $g : \mathbb{X} \to \mathbb{Y}$이다. 함수 g를 x에 적용하는 것을 일반적인 표기법인 $g(x)$를 사용한다. 즉, $x \in \mathbb{X}$는 변수^{argument}이고, $g(x) \in \mathbb{Y}$는 x에서 함수 g의 값이다. 또한 우리는 이 표기법을 사용해 매개변수화된 대상을 참조하지만, 이 경우 대상의 유형의 따라 대상의 이름을 지정한다. 예를 들어 $\mathbb{B}^c(g) \triangleq \{x \,|\, g(x) < C\}$는 g의 C-공이라고 하는 함수 g로 매개변수화된 집합이므로 우리는 이름 표기에 집합 기호 $\mathbb{B}$를 사용해 이 대상이 집합이라는 사실에 주목한다.

볼록함수는 임의의 실수값 함수 $g : \mathbb{X} \to \mathfrak{R}$로 정의역 $\mathbb{X}$는 임의의 $x^{(1)}$, $x^{(2)} \in \mathbb{X}$와 임의의 $\alpha \in [0, 1]$에 대해 함수가 다음 부등식을 만족하는 벡터공간의 볼록집합이다.

$$f\left(\alpha x^{(1)} + (1 - \alpha) x^{(2)}\right) \le \alpha f\left(x^{(1)}\right) + (1 - \alpha) f\left(x^{(2)}\right)$$

함수의 모임

함수의 모임$^{family\ of\ functions}$은 함수의 집합으로 우리는 다중차원 집합의 이전 개념을 확장한다. 함수는 (아마도) 무한 길이의 짝으로 정의할 수 있다. 즉, 자연수와 짝을 연동시키는 대신에 예를 들어 실수와 같이 함수의 정의역으로 연동시킬 수 있다. 이런 모든 함수의 집합을 표현하기 위해 우리는 첨수집합 $\mathbb{I}$에 대해 일반화한 데카르트 곱 $\times_{i \in \mathbb{I}} \mathbb{X}$을 사용한다. 여기서 $\mathbb{X}$는 함수 모임의 공역이다. 예를 들어 모든 실수함수의 집합은 $\mathcal{G} = \times_{x \in \mathfrak{R}} \mathfrak{R}$이다. 즉 모든 함수 $g \in \mathcal{G}$는 실수에서 실수로의 사상이다. 즉 $g : \mathfrak{R} \to \mathfrak{R}$이다. 또한 우리는 모든 연속 실수값 함수의 집합 $\mathcal{G}^{(continuous)} = \{g \in \mathcal{G} \,|\, continuous\,(g)\}$이나 모든 볼록함수의 집합 $\mathcal{G}^{(convex)} = \{g \in \mathcal{G} \,|\, \forall t \in [0, 1]$ $g(tx + (1 - t)y) \le tg(x) + (1 - t)g(y)\}$과 같은 특수한 부분집합을 생각한다. 특히 8장의 D차원 공간에서의 (2.2.2절에서 정의한) 모든 분류기의 모임을 사용한다. 이 모

임은 $\Re^D$를 {"−", "+"}로 대응시키는 함수의 집합이며 $\mathcal{F}$는 $\times_{x\in\Re^D}$ {"−", "+"}로 표기한다.

최적화

학습 이론은 수학적 최적화를 많이 사용한다. 최적화는 일반적으로 목적함수 $f:\mathcal{X}\to\Re$의 값이 최소가 되게 하는 최소화기를 찾는다는 측면에서 공간 $\mathcal{X}$에서 가장 좋은 대상 x를 찾는 것이다.

$$x^\star \in \underset{x\in\mathcal{X}}{\operatorname{argmin}}\,[f(x)]$$

여기서 $\operatorname{argmin}[\cdot]$는 모든 대상의 공간 $\mathcal{X}$에서 부분집합 $\mathbb{X}'\subseteq\mathcal{X}$으로의 사상으로 이는 f를 최소화하거나 $-f$를 최대화하는 $\mathcal{X}$의 모든 대상의 집합이다. 최적화는 추가로 제약 사항^{constraint}의 집합을 따르도록 제한할 수 있다. 제약 사항으로 최적화를 지정할 때, 우리는 다음과 같은 표기법을 사용한다.

$$C(x)를\;만족하는$$
$$\operatorname{argmin}_{x\in\mathcal{X}}[f(x)]$$

여기서 f는 최적화된 함수이며 C는 만족해야 할 제약 사항을 나타낸다. 보통 최적화에서 만족해야 할 여러 제약 사항 C_i가 있을 수 있다.

확률과 통계학

공간 $\mathcal{X}$에서의 확률분포를 $P_\mathcal{X}$로 표기한다. 확률분포는 $\mathcal{X}$의 σ-체^{field3}의 부분집합(즉 여집합과 가산합집합에 대해 닫혀 있는 부분집합의 집합 $\mathbb{A}^{(i)}\subseteq\mathcal{X}$)에서 정의된 함수로 다음 세 가지 조건을 만족한다. ① 모든 부분집합 $\mathbb{A}^{(i)}$에 대해 $P_\mathcal{X}(\mathbb{A}^{(i)})$, ② $P_\mathcal{X}(\mathcal{X})=1$, ③ 서로 분리된 부분집합 $\mathbb{A}^{(1)}, \mathbb{A}^{(2)}, \ldots,$에 대해 $P_\mathcal{X}(\bigcup_i \mathbb{A}^{(i)})=\sum_i P_\mathcal{X}(\mathbb{A}^{(i)})$이다. 여

---

3   덧셈과 곱셈의 두 연산 모두에 닫혀 있고, 항등원과 역원이 존재해야 하며, 결합법칙과 분배법칙, 교환법칙을 만족하는 집합을 의미한다. 실수 집합이 대표적인 체다. − 옮긴이

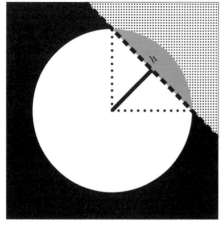 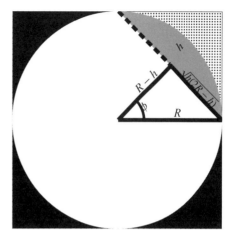

| (a) 원의 구결 | (b) 원의 각결(angular cap) |

그림 A.1 이 그림은 구결의 다양한 모습을 보여준다. (a) 구를 통과하는 반공간(halfspace)으로 만들어진 높이 h 의 구결. 회색 영역은 결의 면적이다. (b) 구결의 기하학. 교차하는 반공간은 구의 중심과 직각삼각형을 이룬다. 원의 중심에 인접한 이 삼각형 변의 길이는 $R - h$이며, 빗변의 길이는 R 그리고 원의 중심 반대쪽 변의 길이는 $\sqrt{h(2R - h)}$이다. $\sin(\phi) = \frac{\sqrt{h(2R-h)}}{R}$인 직원뿔의 반각 ϕ는 결을 매개변수화하는 데 사용된다.

기에 관심이 있는 독자를 위해 빌링슬리^{Billingsley}의 저서[25]를 추천한다. 분포 $P_\mathcal{X}$에서 추출한 확률변수를 $\mathcal{X} \sim P_\mathcal{X}$로 표기한다. 즉, 확률변수에 특별한 표기법을 사용하지 않지만, 우리는 이 책에서 확률이라는 것을 분명히 한다. 확률변수의 분포를 문맥에서 알 수 있을 때 확률변수의 기대값은 $E_{X \sim P_\mathcal{X}}[X] = \int x \, dP_\mathcal{X}(x)$ 또는 $E[X]$로 표기한다. $\mathcal{X}$의 모든 확률분포 모임을 $P_\mathcal{X}$로 표기한다. 위와 같이 확률분포의 모임은 $P_\mathcal{X}$의 σ-체의 원소에 확률을 할당하는 모든 함수의 모임이다.

A.2 초구 덮개

이 절에서는 와이너^{Wyner}[259]와 섀넌^{Shannon}[225]의 초구와 구결, 덮개수^{covering} ^{number} 결과의 속성을 요약한다. 이 덮개 결과는 부록 D.2의 ℓ_2 비용에 대한 임의의 회피 알고리즘이 필요로 하는 질의 수의 경계를 정하는 데 사용된다.

D차원 초구^{hypersphere}는 단순히 중심(8장에서의 $\mathbf{x}^A$)에서 ℓ_2 거리가 반지름 R과 같거

나 작은 모든 점의 집합이다. 즉, 공 $\mathbb{B}^R(A_2)$이다. 반지름 R인 임의의 D차원 초구 $\mathbb{S}^R$의 부피는 다음과 같다.

$$vol\left(\mathbb{S}^R\right) = \frac{\pi^{\frac{D}{2}}}{\Gamma\left(1 + \frac{D}{2}\right)} \cdot R^D \tag{A.2}$$

곡면 넓이$^{\text{surface area}}$는 다음과 같다.

$$surf\left(\mathbb{S}^R\right) = \frac{D \cdot \pi^{\frac{D}{2}}}{\Gamma\left(1 + \frac{D}{2}\right)} \cdot R^{D-1}$$

D차원 구결$^{\text{spherical cap}}$은 그림 A.1(a)와 같이 반공간과 초구의 교집합으로 만들어진 외향영역$^{\text{outward region}}$이다. 결^{cap}의 높이는 h이며, 평면과 구면호$^{\text{spherical arc}}$ 간의 최대 길이를 나타낸다. 반지름 R인 D차원 초구에서 높이 h인 결을 $\mathbb{C}_h^R$로 표기하며, 부피는 다음과 같다.

$$vol\left(\mathbb{C}_h^R\right) = \frac{\pi^{\frac{D-1}{2}} R^D}{\Gamma\left(\frac{D+1}{2}\right)} \int_0^{\arccos\left(\frac{R-h}{R}\right)} \sin^D(t)\ dt$$

그리고 곡면 넓이는 다음과 같다.

$$surf\left(\mathbb{C}_h^R\right) = \frac{(D-1) \cdot \pi^{\frac{D-1}{2}} R^{D-1}}{\Gamma\left(\frac{D+1}{2}\right)} \int_0^{\arccos\left(\frac{R-h}{R}\right)} \sin^{D-2}(t)\ dt$$

그렇지 않으면, 초구의 반지름 R과 그림 A.1(b)의 중심반지름에 대한 반각 ϕ로 결을 매개변수화할 수 있다. 반각 ϕ의 결은 그림과 같이 직각삼각형이 되며, 이 경우 $R - h = R\cos(\phi)$이므로 h는 $h = R * (1 - \cos\phi)$로 R과 ϕ로 표현할 수 있다. h에 대한 이 식을 위 식에 대입하면 결의 부피는 다음과 같다.

$$vol\left(\mathbb{C}_\phi^R\right) = \frac{\pi^{\frac{D-1}{2}} R^D}{\Gamma\left(\frac{D+1}{2}\right)} \int_0^\phi \sin^D(t)\ dt \tag{A.3}$$

곡면 넓이는 다음과 같다.

$$surf\left(\mathbb{C}_\phi^R\right) = \frac{(D-1)\cdot\pi^{\frac{D-1}{2}}R^{D-1}}{\Gamma\left(\frac{D+1}{2}\right)}\int_0^\phi \sin^{D-2}(t)\ dt$$

이런 공식을 기반으로 우리는 이제 와이너의 결과[259]를 반영하는 구의 덮개에 필요한 반각 ϕ의 구결 수$^{\text{number of spherical cap}}$에 대한 경계를 구한다.

보조정리 A.1 (**와이너의 연구를 기반으로 한 결과**) 반지름 R인 D차원 초구 곡면의 덮개 $\mathbb{S}^R$에는 최소 다음 갯수의 반각 $\phi\in\left(0,\frac{\pi}{2}\right)$ 구결이 필요하다.

$$\left(\frac{1}{\sin(\phi)}\right)^{D-2}$$

증명 초구를 덮는 M개의 결이 있다고 가정해보자. M개 결의 전체 표면 넓이는 적어도 초구의 표면 넓이가 돼야 한다. 따라서, 다음 식과 같다.

$$\begin{aligned}
M &\geq \frac{surf\left(\mathbb{S}^R\right)}{surf\left(\mathbb{C}_\phi^R\right)} \\[2mm]
&\geq \frac{\frac{D\cdot\pi^{\frac{D}{2}}}{\Gamma\left(1+\frac{D}{2}\right)}\cdot R^{D-1}}{\frac{(D-1)\cdot\pi^{\frac{D-1}{2}}R^{D-1}}{\Gamma\left(\frac{D+1}{2}\right)}\int_0^\phi \sin^{D-2}(t)\ dt} \\[2mm]
&\geq \frac{D\sqrt{\pi}\,\Gamma\left(\frac{D+1}{2}\right)}{(D-1)\Gamma\left(1+\frac{D}{2}\right)}\left[\int_0^\phi \sin^{D-2}(t)\ dt\right]^{-1}
\end{aligned}$$

(덮개수보다는 패킹 수$^{\text{packing number}}$에 대한 경계로 적용될지라도) 와이너가 도출한 결과가 된다. 위 적분의 하계로 계속한다. 위에서 설명한 것처럼 $\int_0^\phi \sin^D(t)\ dt$ 형태의 적분은 구결의 부피나 표면 넓이를 계산할 때 발생한다. 이런 결의 부피의 상계에 대해 ① 구결은 초구와 초평면으로 정의되며, ② 이들의 교집합은 결을 기저로 하는 $(D-1)$차원 초구를 형성하고, ③ 초평면에 대한 첫 번째 초구 중심의 사영은 $(D-1)$ 차원의 초구 교집합의 중심이며, ④ 이런 중심 간의 거리는 $R-h$이고, ⑤ 이 사

영된 점은 결의 최대 높이가 된다는 점에 주목해야 한다. 즉, 방사선radical line을 따라 계속하면 결의 높이인 거리 h를 유지할 수 있다. 이런 사실을 이용해 D차원 초구 안에 있는 결을 감싸서 결 부피의 상계를 정한다. 그림 A.1(b)처럼 $(D-1)$차원 초구 교집합의 중심은 원래의 초구 중심과 구 영역 교집합의 모서리(대칭성에 의해 이런 모든 모서리는 등가equivalent이다)로 직각삼각형을 이룬다. 이 직각삼각형의 한 변의 길이는 $R-h$이며 빗변의 길이는 R이다. 따라서 다른 한 변의 길이는 $s = \sqrt{h(2R-h)} = R$이다. 또한 $R \geq h$이면 $s \geq h$이다. 이에 반지름이 s인 D차원 초구는 결을 에워싸며, 식 (A.2)로부터 그 부피는 다음과 같이 결 부피의 경계가 된다.

$$vol\left(\mathbb{C}_\phi^R\right) \leq vol\left(\mathbb{S}^s\right) = \frac{\pi^{\frac{D}{2}}}{\Gamma\left(1+\frac{D}{2}\right)} \cdot (R\sin(\phi))^D$$

이 경계를 식 (A.3)의 결 부피에 대한 공식에 적용하면 다음과 같이 적분에 대한 경계를 얻을 수 있다.

$$\frac{\pi^{\frac{D-1}{2}}R^D}{\Gamma\left(\frac{D+1}{2}\right)}\int_0^\phi \sin^D(t)\,dt \leq \frac{\pi^{\frac{D}{2}}}{\Gamma\left(1+\frac{D}{2}\right)} \cdot (R\sin(\phi))^D$$

$$\int_0^\phi \sin^D(t)\,dt \leq \frac{\sqrt{\pi}\,\Gamma\left(\frac{D+1}{2}\right)}{\Gamma\left(1+\frac{D}{2}\right)} \cdot \sin^D(\phi)$$

이 적분에 대한 경계를 사용하면 와이너의 덮개 크기에 대한 경계는 다음과 같이 (약한) 경계로 줄어든다.

$$M \geq \frac{D\sqrt{\pi}\,\Gamma\left(\frac{D+1}{2}\right)}{(D-1)\Gamma\left(1+\frac{D}{2}\right)}\left[\frac{\sqrt{\pi}\,\Gamma\left(\frac{D-1}{2}\right)}{\Gamma\left(\frac{D}{2}\right)} \cdot \sin^{D-2}(\phi)\right]^{-1}$$

마지막으로 감마함수의 속성을 사용하면 위의 식을 다음과 같이 단순화한다.

$$M \geq \left(\frac{1}{\sin(\phi)}\right)^{D-2}$$

그렇게 하면 $\frac{\Gamma\left(\frac{D+1}{2}\right)\Gamma\left(\frac{D}{2}\right)}{\Gamma\left(1+\frac{D}{2}\right)\Gamma\left(\frac{D-1}{2}\right)} = \frac{D-1}{D}$를 확인할 수 있다. $\square$

$\int_0^\phi \sin^D(t)\,dt$의 경계를 구하면 보조정리 A.1의 경계는 와이너가 도출한 덮개의 원래 경계[259]보다 더 약하다는 점에 주목할 가치가 있다. 그러나 보조정리의 경계는 닫힌 형태로 표현되므로 이후의 결과에 더 유용하다(부록 D.2의 정리 8.13 증명 참조).

물론 이 사인함수 거듭제곱의 적분에 대해 더 엄격한 경계가 있다. 보조정리 A.1에서 이 양은 구결의 부피에 대한 경계를 사용해 제어되지만, 여기서는 대신 적분에 대해 직접 경계를 구한다. 단순 경계$^{\text{naive bound}}$는 적분의 모든 항이 마지막 항보다 작으므로 다음 식을 얻게 되지만, 이 경계는 보조정리로 얻은 경계보다 느슨하다.

$$\int_0^\phi \sin^D(t)\,dt \le \phi \cdot \sin^D(\phi)$$

그러나 먼저 변수를 치환해 적분에 대한 엄격한 경계를 얻을 수 있다. 변수는 $p = \sin^2(t)$와 $t = \arcsin\left(\sqrt{p}\right)$ 그리고 $dt = \frac{dp}{2\sqrt{1-p}\sqrt{p}}$로 치환한다. 그러면 다음 식을 얻을 수 있다.

$$\int_0^\phi \sin^D(t)\,dt = \frac{1}{2}\int_0^{\sin^2(\phi)} \frac{p^{\frac{D-1}{2}}}{\sqrt{1-p}}\,dp$$

적분 안에서 분모는 적분 구간에서 $p \le 1$이므로 p에 대해 단조 감소한다. 따라서 상극한$^{\text{upper limit}}$ $p = \sin^2(\phi)$에서 최소값을 갖는다. 따라서 이 값에서 분모를 고정하면 적분에서 다음과 같은 상계를 얻을 수 있다.

$$\int_0^\phi \sin^D(t)\,dt \le \frac{1}{2\cos(\phi)}\int_0^{\sin^2(\phi)} p^{\frac{D-1}{2}}\,dp = \frac{\sin^{D+1}(\phi)}{(D+1)\cos(\phi)} \tag{A.4}$$

이 경계는 보조정리 A.1에 적용된 경계보다 더 엄격하지 않지만 큰 D와 $\phi < \frac{\pi}{2}$에 대해 이 결과는 엄격한 경계를 만족하지 않는다. 우리는 이 경계를 8.3.1.4절의 추가 분석에 적용한다.

A.3 초입방체 덮개

여기서 우리는 $(\pm 1,\ \pm 1, \ldots,\ \pm 1)$ 형식의 2^D개 마디점^{node} 모임인 D차원 초입방체 그래프^{hypercube graph} 덮개를 소개한다. 여기서 각 마디점은 모든 다른 마디점과의 해밍 거리^{Hamming distance}가 1인 변을 갖는다. 다음 보조정리는 초구의 덮개를 요약하고 ℓ_p 거리에 대해 일반적인 질의 복잡도 결과를 얻기 위해 부록 D에서 사용된다.

보조정리 A.2   임의의 $0 < \delta \le \frac{1}{2}$와 $D \ge 1$에 대해 모든 꼭지점^{vertex}이 덮개 안에 있는 어떤 꼭지점까지 최대 $h = \lfloor \delta D \rfloor$인 해밍 거리를 갖도록 D차원 초구 그래프를 덮기 위한 덮개 안의 최소 꼭지점의 수는

$$Q(D, h) \ge 2^{D(1-H(\delta))}$$

로 유계이며, 여기서 δ의 엔트로피는 $H(\delta) = -\delta \log_2(\delta) - (1-\delta) \log_2(1-\delta)$이다.

증명 D차원 초입방체 그래프에는 2^D개의 꼭지점이 있다. 덮개의 각 꼭지점은 정확히 $\sum_{k=0}^{h} \binom{D}{k}$개 꼭지점에 대해 최대 $2^D / \left(\sum_{k=0}^{h} \binom{D}{k} \right)$의 해밍 거리 안에 있다. 따라서 초입방체 그래프를 덮기 위해서는 적어도 개의 꼭지점이 필요하다. 이제 우리는 다음 경계[87, 427쪽 참조]

$$\sum_{k=0}^{\lfloor \delta D \rfloor} \binom{D}{k} \le 2^{H(\delta)D}$$

를 임의의 $0 < \delta \le \frac{1}{2}$에 유효한 분모에 적용한다.[4]   □

보조정리 A.3   표적 $\mathbf{x}^A$에서 반공간 $\mathbb{H}^{(\mathbf{w}, \mathbf{b})} = \{\mathbf{x} \mid \mathbf{x}^\top \mathbf{w} \ge \mathbf{b}^\top \mathbf{w}\}$까지의 ℓ_p 비용함수 A_p의 최소값은 법선벡터 $\mathbf{w}$와 변위 $d = (\mathbf{b} - \mathbf{x}^A)^\top \mathbf{w}$로 매개변수화한 동치초공간 ^{equivalent hyperplane} $\mathbf{x}^\top \mathbf{w} \ge d$으로 모든 $1 < p < \infty$에 대해 다음과 같이 표현할 수 있으며,

---

4   고틀립(Gottlieb) 등은 이 이항계수의 합에 더 엄격한 엔트로피 경계를 제시했지만, 우리의 결과에는 필요가 없다. – 지은이

$$\min_{\mathbf{x} \in \mathbb{H}^{(\mathbf{w},d)}} A_p \left(\mathbf{x} - \mathbf{x}^A \right) = \begin{cases} d \cdot \|\mathbf{w}\|_{\frac{p}{p-1}}^{-1}, & d > 0 \text{인 경우} \\ 0, & \text{그 외의 경우} \end{cases} \tag{A.5}$$

$p = \infty$인 경우에는 다음과 같다.

$$\min_{\mathbf{x} \in \mathbb{H}^{(\mathbf{w},d)}} A_\infty \left(\mathbf{x} - \mathbf{x}^A \right) = \begin{cases} d \cdot \|\mathbf{w}\|_1^{-1}, & d > 0 \text{인 경우} \\ 0, & \text{그 외의 경우} \end{cases} \tag{A.6}$$

증명 $1 < p < \infty$인 경우, 반공간 $\mathbb{H}^{(\mathbf{w},\mathbf{b})}$에서 A_p를 최소화하는 것은

$$\min_{\mathbf{x}} \frac{1}{p} \sum_{i=1}^{D} |x_i|^p \quad \text{s.t.} \quad \mathbf{x}^\top \mathbf{w} \le d$$

의 최소화기를 찾는 것과 동치이다. 확실히, $d \le 0$이면 (변환된 공간에서 $\mathbf{x}_A$에 해당하는) 벡터 $\mathbf{0}$은 자명하게 제약 사항을 만족하고 비용 0으로 비용함수를 최소화하므로 식 (A.5)의 두 번째 경우를 만족한다. $d > 0$인 경우, 라그랑지안을 구성한다.

$$\mathcal{L}\left(\mathbf{x}, \lambda\right) \triangleq \frac{1}{p} \sum_{i=1}^{D} |x_i|^p - \lambda \left(\mathbf{x}^\top \mathbf{w} - d \right)$$

이 식을 $\mathbf{x}$로 미분한 다음, 편도함수를 0으로 설정하면 다음 식을 얻는다.

$$x_i^\star = \text{sign}\left(w_i\right) \left(\lambda |w_i|\right)^{\frac{1}{p-1}}$$

이 식을 다시 라그랑주안 식에 대입하면 다음 식을 얻을 수 있다.

$$\mathcal{L}\left(\mathbf{x}^\star, \lambda\right) = \frac{1-p}{p} \lambda^{\frac{p}{p-1}} \sum_{i=1}^{D} |w_i|^{\frac{p}{p-1}} + \lambda d$$

이 식을 λ에 대해 미분하고 도함수를 0으로 설정하면 다음 식을 얻게 된다.

$$\lambda^\star = \left(\frac{d}{\sum_{i=1}^{D} |w_i|^{\frac{p}{p-1}}} \right)^{p-1}$$

이 해를 $\mathbf{x}^\star$에 대한 식에 대입하면 다음과 같은 해를 얻게 된다.

$$x_i^\star = \text{sign}(w_i) \left(\frac{d}{\sum_{i=1}^{D} |w_i|^{\frac{p}{p-1}}} \right) |w_i|^{\frac{1}{p-1}}$$

이 최적해의 비용 ℓ_p는 다음과 같다.

$$A_p \left(\mathbf{x}^\star - \mathbf{x}^A \right) = d \cdot \|\mathbf{w}\|_{\frac{p}{p-1}}^{-1}$$

이는 식 (A.5)의 첫 번째 경우이다.

$p = \infty$인 경우, 다시 $d \le 0$이면 벡터 $\mathbf{0}$은 자명하게 제약 사항을 만족하며 비용 0으로 비용함수를 최소화하므로 식 (A.6)의 두 번째 경우를 만족한다. $d > 0$인 경우, 우리는 초입방체의 기하학(ℓ_p 비용함수의 등비용 공equi-cost ball)을 사용해 식 (A.6)의 첫 번째 경우를 유도한다. 임의의 최적해는 $\mathbf{x}^\top \mathbf{w} = \mathbf{b}^\top \mathbf{w}$로 주어진 초평면이 $\mathbf{x}^A$에 관한 초입방체와 접하는 곳의 점이어야 한다. 즉, 이 점은 초입방체의 변(면)을 따라서 있거나 코너에 있을 수 있다. 그러나 평면이 변(면)을 따라 접한다면, 평면은 초입방체의 구석에서도 접하게 된다. 따라서 최적 비용 초입방체의 어떤 구석에는 항상 최적해가 존재한다. 초입방체의 구석은 다음과 같은 속성을 갖고 있다.

$$|x_1^\star| = |x_2^\star| = \ldots = |x_D^\star|$$

즉, 이 최적해의 모든 좌표의 크기는 같은 값이다. 또한 최적해의 i번째 좌표의 부호는 반드시 초평면의 i번째 좌표 w_i의 부호와 일치해야 한다. 초평면의 제약 사항과 함께 이런 제약 사항으로 인해 다음과 같이 모든 i에 대해 최적해를 얻을 수 있다.

$$x_i = d \cdot \text{sign}(w_i) \|\mathbf{w}\|_1^{-1}$$

이 해의 ℓ_∞ 비용은 간단히 $d \cdot \|\mathbf{w}\|_1^{-1}$이다. □

부록 B

초구 공격에 대한 전체 증명

이 부록에서 4장의 정리를 증명한다. 증명을 위해 (τ, k)-차이 수열differing sequence의 개념을 소개한다. 이 수열은 한 쌍의 수열 $\mathbf{a}$, $\mathbf{b} \in \mathcal{A}^{(M, \infty)}$로 τ, $\tau + 1$, $\tau + k$번째의 연속된 원소를 제외한 모든 곳에서 같으며, 다음과 같은 질량-균형mass-balance 속성을 가진다.

$$\sum_{t=\tau}^{\tau+k} a_t = \sum_{t=\tau}^{\tau+k} b_t \tag{B.1}$$

$(\tau, 1)$-차이 수열에 대한 다음 보조정리는 몇 가지 후속 증명을 단순하게 한다.

보조정리 B.1 τ번째와 $(\tau + 1)$번째 원소를 제외한 모든 곳에서 같은 임의의 $(\tau, 1)$-차이 수열 $\mathbf{a}, \mathbf{b} \in \mathcal{A}^{(M, \infty)}$(식 (B.1)으로부터 $a_\tau + a_{\tau+1} = b_\tau + b_{\tau+1}$이다)에 대해, 이 수열의 거리 간 차이 $\Delta_{\mathbf{a}, \mathbf{b}} \triangleq D(\mathbf{a}) - D(\mathbf{b})$는 다음과 같이 표현할 수 있다.

$$\Delta_{\mathbf{a}, \mathbf{b}} = \frac{\left(\mu_{\tau-1}^{(\mathbf{a})} + b_\tau\right) \cdot a_\tau \cdot a_{\tau+1} - \left(\mu_{\tau-1}^{(\mathbf{a})} + a_\tau\right) \cdot b_\tau \cdot b_{\tau+1}}{\left(\mu_{\tau-1}^{(\mathbf{a})} + a_\tau\right)\left(\mu_{\tau-1}^{(\mathbf{a})} + b_\tau\right)\left(\mu_{\tau-1}^{(\mathbf{a})} + a_\tau + a_{\tau+1}\right)} \tag{B.2}$$

여기서 $\mu_t^{(\mathbf{a})} = N + \sum_{\ell=1}^{t} a_\ell$는 식 (4.7)과 같이 수열 $\mathbf{a}$의 처음 t개 원소의 누적합 cumulative sum이다. 이 식은 $\mu_{\tau-1}^{(\mathbf{a})} > 0$, 또는 $a_\tau > 0$와 $b_\tau > 0$인 동안 성립한다.

증명 먼저 $t < \tau$에 대해 두 수열이 τ번째 원소까지 같으므로 $\mu_t^{(\mathbf{a})} = \mu_t^{(\mathbf{b})}$이다. 마찬가지로, $t > \tau + 1$에 대해 수열이 τ번째와 $(\tau + 1)$번째 원소만 다르므로 다시 $\mu_t^{(\mathbf{a})} = \mu_t^{(\mathbf{b})}$이며, 두 수열이 식 (B.1)에 따라 질량-균형이므로 우리는 이 수열에 대한 균형상수를 $\gamma \triangleq a_\tau + a_{\tau+1} = b_\tau + b_{\tau+1}$로 정의한다. 이 두 사실과 식 (4.12)의 $\delta_t(\mathbf{a}) = \frac{a_t}{\mu_t^{(\mathbf{a})}}$를 이용하면, $t < \tau$이거나 $t > \tau + 1$일 때 $\delta_t(\mathbf{a}) = \delta_t(\mathbf{b})$이다. 따라서 이 수열로 얻은 거리의 차이는 식 (4.11)로부터 다음과 같이 표현할 수 있다.

$$
\begin{aligned}
\Delta_{\mathbf{a},\mathbf{b}} &= \sum_{t=1} \left[\delta_t(\mathbf{a}) - \delta_t(\mathbf{b}) \right] \\
&= \underbrace{\sum_{t=1}^{\tau-1} \left[\delta_t(\mathbf{a}) - \delta_t(\mathbf{b}) \right]}_{=0} + \delta_\tau(\mathbf{a}) - \delta_\tau(\mathbf{b}) + \delta_{\tau+1}(\mathbf{a}) - \delta_{\tau+1}(\mathbf{b}) \\
&\quad + \underbrace{\sum_{t=\tau+2} \left[\delta_t(\mathbf{a}) - \delta_t(\mathbf{b}) \right]}_{=0} \\
&= \frac{a_\tau}{\mu_\tau^{(\mathbf{a})}} - \frac{b_\tau}{\mu_\tau^{(\mathbf{b})}} + \frac{a_{\tau+1}}{\mu_{\tau+1}^{(\mathbf{a})}} - \frac{b_{\tau+1}}{\mu_{\tau+1}^{(\mathbf{b})}} \\
&= \frac{a_\tau}{\mu_{\tau-1}^{(\mathbf{a})} + a_\tau} - \frac{b_\tau}{\mu_{\tau-1}^{(\mathbf{a})} + b_\tau} + \frac{a_{\tau+1}}{\mu_{\tau-1}^{(\mathbf{a})} + \gamma} - \frac{b_{\tau+1}}{\mu_{\tau-1}^{(\mathbf{a})} + \gamma}.
\end{aligned}
$$

이 네 개의 항을 결합하기 위해, 공통분모 $\Gamma = \left(\mu_{\tau-1}^{(\mathbf{a})} + a_\tau \right) \left(\mu_{\tau-1}^{(\mathbf{a})} + b_\tau \right) \left(\mu_{\tau-1}^{(\mathbf{a})} + \gamma \right)$에 대해 다음과 같이 결합된 분자를 얻을 수 있다.

$$
\begin{aligned}
& \left[a_\tau \left(\mu_{\tau-1}^{(\mathbf{a})} + b_\tau \right) - b_\tau \left(\mu_{\tau-1}^{(\mathbf{a})} + a_\tau \right) \right] \left(\mu_{\tau-1}^{(\mathbf{a})} + \gamma \right) \\
& \quad + (a_{\tau+1} - b_{\tau+1}) \left(\mu_{\tau-1}^{(\mathbf{a})} + a_\tau \right) \left(\mu_{\tau-1}^{(\mathbf{a})} + b_\tau \right) \\
& = \mu_{\tau-1}^{(\mathbf{a})} a_\tau a_{\tau+1} - \mu_{\tau-1}^{(\mathbf{a})} b_\tau b_{\tau+1} + b_\tau a_\tau a_{\tau+1} - a_\tau b_\tau b_{\tau+1} \\
& = \left(\mu_{\tau-1}^{(\mathbf{a})} + b_\tau \right) \cdot a_\tau \cdot a_{\tau+1} - \left(\mu_{\tau-1}^{(\mathbf{a})} + a_\tau \right) \cdot b_\tau \cdot b_{\tau+1},
\end{aligned}
$$

여기서는 항을 없애기 위해 γ의 정의를 사용한다. 이 분자와 분모 Γ를 결합하면 식 (B.2)를 얻을 수 있다. 마지막으로 분모가 0이 되지 않기 위해서는 $\mu^{(\mathbf{a})}_{\tau-1} > 0$이거나, $a_\tau > 0$와 $b_\tau > 0$인 조건이 필요하다. □

B.1 정리 4.7의 증명

이 절에서 식 (4.5)의 최적 공격을 탐욕적인 방법^{greedy fashion}으로 최적화할 수 있음을 보인다. 또한 최적 공격점은 모두 초구의 경계와 원하는 공격 방향의 교집합 안에 있다는 것도 보인다.

> **증명**   임의의 $t \in \mathfrak{N}$에 대해 t번째 반복을 생각해보자. t번째 반복에서 공격자의 목표는 식 (4.5)에서 주어진 변위 정렬을 최대화하는 것이다. 공격자는 $\alpha_t \in \mathfrak{N}$ 공격점의 집합 $\mathbb{A}^{(t)} = \{\mathbf{a}^{(t,\ell)}\}_{\ell=1}^{\alpha_t}$을 만들어 이 목표에 도달할 수 있다. 식 (4.4)의 $\mathbf{D}_t = \frac{\mathbf{c}^{(t)} - \mathbf{c}^{(0)}}{R}$과 식 (4.8)에서 재귀적으로 정의된 $\mathbf{c}^{(t)}$ 그리고 $(t-1)$번째 초구 안에 있도록 제한되는, 즉 모든 $\ell = 1, \ldots, \alpha_t$에 대해 $\|\mathbf{a}^{(t,\ell)} - \mathbf{c}^{(t-1)}\| \le$인 각 공격 벡터에 대해 $\mathbf{D}_t^\top \frac{\mathbf{x}^A - \mathbf{c}^{(0)}}{\|\mathbf{x}^A - \mathbf{c}^{(0)}\|}$가 최대가 되도록 이점을 설계한다. (변환 $\hat{\mathbf{x}} \mapsto \mathbf{x} - \mathbf{c}^{(t-1)}$을 통해) $\mathbf{c}^{(t-1)} = \mathbf{0}$가 되도록 공간을 먼저 변환해 일관성을 잃지 않고 공격자의 목표를 바꿀 수 있다. 이로 인해 공격을 최적화하는 다음 동치 프로그램을 만들 수 있다.

$$\forall \ell \in 1, \ldots, \alpha_t \quad \|\hat{\mathbf{a}}^{(t,\ell)}\|^2 \le R^2 \text{를 만족하는}$$

$$\max_{\mathbb{A}^{(t)}} \rho\left(\hat{\mathbf{D}}_t\right) = \hat{\mathbf{D}}_t^\top \frac{\hat{\mathbf{x}}^A - \hat{\mathbf{c}}^{(0)}}{\|\hat{\mathbf{x}}^A - \hat{\mathbf{c}}^{(0)}\|}$$

여기서 $\hat{\mathbf{D}}_t = \frac{\hat{\mathbf{c}}^{(t)} - \hat{\mathbf{c}}^{(0)}}{R}$이며, $\hat{\mathbf{c}}^{(t)}$는 $\hat{\mathbf{c}}^{(t)} = \frac{1}{\mu_t} \sum_{\ell=1}^{\alpha_t} \hat{\mathbf{a}}^{(t,\ell)}$의 단순화된 형식이다. t번째 반복 공격에서 이 프로그램에 대한 라그랑지안은 다음과 같다.

$$\mathcal{L}_t\left(\{\hat{\mathbf{a}}^{(t,\ell)}\}, \lambda\right) = \hat{\mathbf{D}}_t^\top \frac{\hat{\mathbf{x}}^A - \hat{\mathbf{c}}^{(0)}}{\|\hat{\mathbf{x}}^A - \hat{\mathbf{c}}^{(0)}\|} - \sum_{\ell=1}^{\alpha_t} \lambda_\ell \left(\|\hat{\mathbf{a}}^{(t,\ell)}\|^2 - R^2\right)$$

$$
= \frac{1}{R\mu_t \left\| \hat{\mathbf{x}}^A - \hat{\mathbf{c}}^{(0)} \right\|} \sum_{\ell=1}^{\alpha_t} \left(\hat{\mathbf{a}}^{(t,\ell)} \right)^\top \left(\hat{\mathbf{x}}^A - \hat{\mathbf{c}}^{(0)} \right) - \sum_{\ell=1}^{\alpha_t} \lambda_\ell (\hat{\mathbf{a}}^{(t,\ell)})^\top \hat{\mathbf{a}}^{(t,\ell)}
$$

$$
- \frac{\left(\hat{\mathbf{c}}^{(0)} \right)^\top \left(\hat{\mathbf{x}}^A - \hat{\mathbf{c}}^{(0)} \right)}{R \left\| \hat{\mathbf{x}}^A - \hat{\mathbf{c}}^{(0)} \right\|} + R^2 \sum_{\ell=1}^{\alpha_t} \lambda_\ell
$$

여기서 변수 $\lambda_\ell \geq 0$는 라그랑지 곱셈자$^{\text{Lagrangian multiplier}}$이며, 두 번째 등식은 위 $\hat{\mathbf{D}}_t$ 형식을 확장한 것이다.

우리는 라그랑지 곱셈자 $\mathcal{L}_t \left(\{ \hat{\mathbf{a}}^{(t,\ell)} \}, \boldsymbol{\lambda} \right)$에 대해 $\boldsymbol{\lambda}$의 편도함수를 계산한 다음, 편도함수를 0으로 설정해 해^{solution}에서 $\left\| \hat{\mathbf{a}}^{(t,\ell)} \right\| = R$임을 밝힌다. 또한 위 프로그램의 쌍대에서 발생하는 상보여유$^{\text{complementary slackness}}$ 조건[1]에 의해 라그랑지 곱셈자는 0이 아니다. 즉, $\forall i \; \lambda_i \geq 0$이다. 그런 다음 각 $\hat{\mathbf{a}}^{(t,\ell)}$에 대해 $\mathcal{L}_t \left(\{ \hat{\mathbf{a}}^{(t,\ell)} \}, \boldsymbol{\lambda} \right)$의 편도함수를 계산하고, 편도함수를 0으로 설정해 해에서 모든 ℓ에 대해 모든 최적 공격벡터가 벡터 $\hat{\mathbf{x}}^A - \hat{\mathbf{c}}^{(0)}$의 크기가 변경된 버전$^{\text{scaled version}}$이어야 함을 보여주는

$$
\hat{\mathbf{a}}^{(t,\ell)} = \frac{1}{2\lambda_\ell R\mu_t} \frac{\hat{\mathbf{x}}^A - \hat{\mathbf{c}}^{(0)}}{\left\| \hat{\mathbf{x}}^A - \hat{\mathbf{c}}^{(0)} \right\|} \text{가 있어야 한다.}
$$

따라서 $\left\| \hat{\mathbf{a}}^{(t,\ell)} \right\| = R$라는 사실에 의해

$$
\hat{\mathbf{a}}^{(t,\ell)} = R \cdot \frac{\hat{\mathbf{x}}^A - \hat{\mathbf{c}}^{(0)}}{\left\| \hat{\mathbf{x}}^A - \hat{\mathbf{c}}^{(0)} \right\|} \text{와} \quad \hat{\mathbf{c}}^{(t)} = R \cdot \frac{\alpha_t}{\mu_t} \cdot \frac{\hat{\mathbf{x}}^A - \hat{\mathbf{c}}^{(0)}}{\left\| \hat{\mathbf{x}}^A - \hat{\mathbf{c}}^{(0)} \right\|} \text{가 있어야 한다.}
$$

$\mathbf{c}^{(t-1)} = \mathbf{0}$이 되도록 하는 변환을 반대로 하면 공격 벡터를 다음과 같이 표현할 수 있으며, 정리의 첫 번째 부분이 된다.

$$
\mathbf{a}^{(t,\ell)} = \mathbf{c}^{(t-1)} + R \cdot \frac{\mathbf{x}^A - \mathbf{c}^{(0)}}{\left\| \mathbf{x}^A - \mathbf{c}^{(0)} \right\|}
$$

마찬가지로 무게 중심에 대한 변환을 반대로 하고, 결과로 초래된 간단한 재귀를

---

1 쌍대정리와 상보여유정리는 한밭대학교 강진규 교수님의 경영과학(OR) 인터넷 강의 참조 https://bit.ly/39cXTSb – 옮긴이

풀면 다음과 같은 식을 얻게 된다.

$$\mathbf{c}^{(t)} = \mathbf{c}^{(t-1)} + R \cdot \frac{\alpha_t}{\mu_t} \cdot \frac{\mathbf{x}^A - \mathbf{c}^{(0)}}{\left\| \mathbf{x}^A - \mathbf{c}^{(0)} \right\|} \qquad = \mathbf{c}^{(0)} + R \cdot \frac{\mathbf{x}^A - \mathbf{c}^{(0)}}{\left\| \mathbf{x}^A - \mathbf{c}^{(0)} \right\|} \cdot \sum_{\ell=1}^{t} \frac{\alpha_\ell}{\mu_\ell}$$

$$\mathbf{c}^{(t)} = \mathbf{c}^{(t-1)} + R \cdot \frac{\alpha_t}{\mu_t} \cdot \frac{\mathbf{x}^A - \mathbf{c}^{(0)}}{\left\| \mathbf{x}^A - \mathbf{c}^{(0)} \right\|} = \mathcal{L} = \mathbf{c}^{(0)} + R \cdot \frac{\mathbf{x}^A - \mathbf{c}^{(0)}}{\left\| \mathbf{x}^A - \mathbf{c}^{(0)} \right\|} \cdot \sum_{\ell=1}^{t} \frac{\alpha_\ell}{\mu_\ell}$$

$\square$

B.2 정리 4.14의 증명

증명 (정의 4.10의 의미에서) $M \in \mathfrak{N}_0$개의 공격점으로 된 임의의 단조 증가하는 최적 수열이 0이 아닌 원소를 가져야 함을 보인다. $M = 0$인 경우 자명한 수열 $\boldsymbol{\alpha}^\star = \mathbf{0}$는 $\mathcal{A}^{(M,\infty)}$에서 유일한 수열이므로 최적이다(자명하게 정리를 만족한다). $M > 0$인 경우, 단조롭지 않게 감소하지 않는 0이 아닌 부분수열을 갖는 최적 수열 $\boldsymbol{\alpha}^\star \in \mathcal{A}^{(M,\infty)}$이 존재한다고 가정하는 귀류법을 사용해 증명한다. 증명을 간단히 하기 위해, 최적수열 대신 (거리함수와 관련해) $\boldsymbol{\alpha}^\star$에서 제거된 모든 삽입^{interleaving} 0 원소를 가진 동치수열^{equivalent sequence}을 생각한다. 정리 4.12에서 보인 것처럼, 수열에 0 원소의 배치는 거리함수 $D(\cdot)$에 영향을 미치지 않는다. 따라서 수열 $\boldsymbol{\alpha}^\star$는 $\boldsymbol{\alpha}^\star$에서 0 원소를 제거해 만들어진 수열 $\boldsymbol{\alpha}^{opt}$와 같은 거리가 된다. 더욱이 $\boldsymbol{\alpha}^\star$에 대해 어떤 0이 아닌 부분수열을 감소하지 않게 하려면 수열 $\boldsymbol{\alpha}^{opt}$는 반드시 적어도 감소하는 한 쌍의 인접 원소를 가져야 한다. 즉, τ번째와 $(\tau+1)$번째 원소가 감소하는 첨수 τ가 존재한다. 즉, $\alpha_\tau^{opt} > \alpha_{\tau+1}^{opt}$이다. 이제 이 원소를 바꾼 수열이 $\boldsymbol{\alpha}^{opt}$의 거리를 초과함을 보이면 정리가 증명된다. 즉, $\boldsymbol{\alpha}^{opt}$는 최적이 아니다. 형식적으로 다음을 가정한다.

$$\forall \boldsymbol{\alpha} \in \mathcal{A}^{(M,\infty)} \quad D\left(\boldsymbol{\alpha}^{opt}\right) \geq D\left(\boldsymbol{\alpha}\right) \text{를 만족하는 } \exists \boldsymbol{\alpha}^{opt} \in \mathcal{A}^{(M,\infty)} \tag{B.3}$$

$$\alpha_\tau^{opt} > \alpha_{\tau+1}^{opt} > 0 \text{를 만족하는 } \exists \tau \in \mathfrak{N} \tag{B.4}$$

이제 우리는 $\boldsymbol{\alpha}^{opt}$의 τ번째와 $(\tau+1)$번째 원소를 바꾼 대체 수열^{alternative sequence}

$\alpha' \in \mathcal{A}^{(M,\infty)}$, 즉 다음을 생각한다.

$$\alpha'_t = \begin{cases} \alpha_t^{opt}, & t < \tau \text{인 경우} \\ \alpha_{t+1}^{opt}, & t = \tau \text{인 경우} \\ \alpha_{t-1}^{opt}, & t = \tau + 1 \text{인 경우} \\ \alpha_t^{opt}, & t > \tau + 1 \text{인 경우} \end{cases}$$

설계에 따라 $\boldsymbol{\alpha}^{opt}$와 $\boldsymbol{\alpha}'$는 $(\tau, 1)$-차이 수열이므로, 보조정리 B.1에 따라 $\mu_t^{(\boldsymbol{\alpha}^{opt})} = N + \sum_{\ell=1}^{t} \alpha_\ell^{opt}$인 거리 차를 다음과 같이 표현할 수 있다.[2]

위 표현식에서 분모는 $\alpha_\tau^{opt} > 0$와 $\alpha_{\tau+1}^{opt} > 0$, $\mu_{\tau-1}^{(\boldsymbol{\alpha}^{opt})} \geq 0$이므로 엄격하게 양이다. 또한 가정 (B.4)로부터 $\alpha_\tau^{opt} > \alpha_{\tau+1}^{opt} > 0$이므로 위의 분자는 엄격히 0보다 작다.[3] 따라서 $\Delta_{\boldsymbol{\alpha}^{opt}, \boldsymbol{\alpha}'} = D(\boldsymbol{\alpha}^{opt}) - D(\boldsymbol{\alpha}') < 0$이므로 $D(\boldsymbol{\alpha}^\star) = D(\boldsymbol{\alpha}^{opt}) < D(\boldsymbol{\alpha}')$인 결과는 $\boldsymbol{\alpha}^\star$가 최적이라는 가정 (B.3)에 모순되므로, 단조롭지 않게 감소하지 않는 0이 아닌 원소의 부분수열을 갖는 임의의 수열이 최적이지 않다는 것을 보여준다. 따라서 임의의 최적 공격 수열의 0이 아닌 원소의 모든 부분수열은 단조롭게 감소하지 않아야 한다.

$\square$

B.3 정리 4.15의 증명

공격 수열로 만든 최적 거리가 공격자가 사용할 수 있는 공격 용량과 공격이 실행되는 동안 공격 기간이 순단조 증가라는 것을 보인다. 이를 위해 먼저 단일 공격점이 없거나 재훈련 반복이 없는 한, 단일 재훈련 반복에서 모든 공격점를 사용하는 것이 최적이 아니라는 것을 보인다.

보조정리 B.2 $M > 1$과 $T > 1$에 대해 0이 아닌 단일 원소 τ만을 갖는 (즉, 모든 $t \neq \tau$에 대해 $\alpha_t > 0$이고 $\alpha_\tau = 0$를 만족하는) 임의의 공격 α는 최적이 아닌 수열이다.

---

2 (예를 들어 $\tau = 0$이면) $\mu_{\tau-1}^{(\boldsymbol{\alpha}^{opt})}$이 0일 수 있지만, 보조정리는 우리가 $\alpha_\tau^{opt} > \alpha_{\tau+1}^{opt} > 0$이라고 가정했으므로 적용할 수 있다. – 지은이

3 $\alpha_\tau^{opt} = 0$ 또는 $\alpha_{\tau+1}^{opt} = 0$이면 분자는 0이 되므로 두 수열의 거리는 같으며 이 결과는 정리 4.12와 일치한다는 점에 주의한다. – 지은이

증명 위에서 설명한 모든 수열은 식 (4.11)과 (4.12)에 의해 거리가 1이다. $\alpha_\tau = 1$ 인 경우, 우리는 $T > 1$과 $M > 1$에 대해 $\mathcal{A}^{(M,T)}$에 있으면서 거리가 $\frac{3}{2} > 1$인 대체 수열 $\alpha_1' = 1$과 $\alpha_2' = 1$를 구성한다. 따라서 이 대체 수열은 단일 원소가 1인 임의의 수열보다 길이가 길어서 최적 수열이 아니다.

마찬가지로 $\alpha_\tau > 1$인 경우 다시 공격 크기가 α와 같으며, $T > 1$과 $M > 1$에 대해 $\mathcal{A}^{(M,T)}$에 있으면서 지속 시간이 2인 $\alpha_1' = \alpha_\tau - 1$과 $\alpha_2' = 1$인 대체 수열 $\boldsymbol{\alpha}'$을 구성한다. 또한 대체 수열은 거리가 $1 + \frac{1}{\alpha_\tau} > 1$이다. 따라서 이 공간에서 대체 수열의 거리가 더 길다는 것을 보였으므로 0이 아닌 단일 원소를 갖는 이러한 임의의 수열은 최적이 아니다. □

이 보조정리는 아래 정리 4.15의 증명에 필요한 몇 가지 결과 중 하나다. 또한 유한 공격 크기가 M인 임의 수열에서 가장 큰 0이 아닌 원소가 있다고 가정한다. 이 가정은 모든 적분 수열에 대해 참이지만 아래에서 설명하는 연속값 수열^{continuously valued sequence}에 대해서는 참이 아니다. 이제 이 절의 주된 증명을 제시한다.

정리 4.15의 증명 첫 번째, 임의의 고정된 $N > 0$에 대해, $D_N^\star(M, \infty)$와 $D_N^\star(M, T)$가 $M \in \mathfrak{N}_0$에서 순단조 증가임을 보인다. 즉, $\forall M^{(1)} < M^{(2)} \in \mathfrak{N}_0$에 대해 $D_N^\star(M^{(1)}, \infty) < D_N^\star(M^{(2)}, \infty)$이고 임의의 고정된 $T \in \mathfrak{N}$에 대해 $D_N^\star(M^{(1)}, T) < D_N^\star(M^{(2)}, T)$라고 주장한다. $D_N^\star(\cdot, \infty)$에 관한 정의 4.10에 따라 $D(\boldsymbol{\alpha}^\star) = D_N^\star(M^{(1)}, \infty)$인 수열 $\boldsymbol{\alpha}^\star \in \mathcal{A}^{(M^{(1)}, \infty)}$가 존재한다. 그러나 우리는 $\boldsymbol{\alpha}^\star \in \mathcal{A}^{(M^{(2)}, \infty)}$도 가지고 있다. 즉, 공간 $\mathcal{A}^{(M^{(1)}, \infty)}$의 임의 최적 수열은 공간 $\mathcal{A}^{(M^{(2)}, \infty)}$에서도 최적이지만 전체 공격 용량의 최대 $M^{(1)} < M^{(2)}$를 사용한다. 또한 $\sum_t \alpha_t^\star \leq M^{(1)}$이고 모든 수열은 원소 $\alpha_t^\star \in \mathfrak{N}_0$로 구성되므로 0이 아닌 $\alpha_t^\star$의 마지막 첨수 $\tau \in \mathfrak{N}$가 존재해야 한다. 즉, 모든 $t > \tau$에 대해 $\alpha_t^\star = 0$이다. 이로부터 우리는 $\boldsymbol{\alpha}^\star$의 0이 아닌 마지막 원소에 초과 공격 용량을 추가한다는 점만 제외하고는 $\boldsymbol{\alpha}^\star$와 같은 대체 수열 $\boldsymbol{\alpha}'$를 구성한다. 즉, $m = M^{(2)} - M^{(1)} > 0$일 때 $\alpha_\tau' = \alpha_\tau^\star + m$이다. 이 두 수열의 거리 차는 간단히 두 수열의 0이 아닌 최종 기여도 차이이다. 즉,

$$D(\boldsymbol{\alpha}^{\star}) - D(\boldsymbol{\alpha}') = \delta_{\tau}(\boldsymbol{\alpha}^{\star}) - \delta_{\tau}(\boldsymbol{\alpha}')$$

$$= \frac{\alpha_{\tau}^{\star}}{M^{(1)} + N} - \frac{\alpha_{\tau}^{\star} + m}{M^{(2)} + N}$$

$$= \frac{\alpha_{\tau}^{\star} M^{(2)} + \alpha_{\tau}^{\star} N - \alpha_{\tau}^{\star} M^{(1)} - \alpha_{\tau}^{\star} N - m M^{(1)} - mN}{\left(M^{(1)} + N\right)\left(M^{(2)} + N\right)}$$

$$= \frac{\left(\alpha_{\tau}^{\star} - M^{(1)} - N\right) m}{\left(M^{(1)} + N\right)\left(M^{(2)} + N\right)}$$

이며, 여기서 $m > 0$과 $M^{(2)} > M^{(1)} \geq 0$이다. 이 분수의 모든 항은 항 $(\alpha_{\tau}^{\star} - M^{(1)} - N)$을 제외하고는 양이며, $\alpha_{\tau}^{\star} \leq M^{(1)}$과 $N \geq 1$이므로 $(\alpha_{\tau}^{\star} - M^{(1)} - N)$ 항은 음이다. 따라서 위의 차는 음이며, $D_N^{\star}\left(M^{(2)}, \infty\right) \geq D(\boldsymbol{\alpha}') > D(\boldsymbol{\alpha}^{\star}) = D_N^{\star}\left(M^{(1)}, \infty\right)$이다. 이 증명은 또한 임의의 고정된 $T \geq 1$에 대해서도 성립하므로 $D_N^{\star}\left(M^{(2)}, T\right) > D_N^{\star}\left(M^{(1)}, T\right)$이라는 것을 보여준다.

두 번째, $N = 0$인 경우 임의의 $T > 1$에 대해 $D_0^{\star}(\,\cdot\,, \infty)$와 $D_0^{\star}(\,\cdot\,, T)$의 순단조성strict monotonicity을 보인다. 임의의 $M \in \mathfrak{N}_0$에 대해 $D_0^{\star}(M, \infty) \geq 0$이고, $D_0^{\star}(M, \infty) = 0$과 $M = 0$는 필요충분조건이므로, 필요에 따라 임의의 $M > 0$에 대해 $D_0^{\star}(M, \infty) > D_0^{\star}(0, \infty)$이 된다. $M^{(2)} > M^{(1)} = 1$인 경우, $\mathcal{A}^{(1, \infty)}$(또는 $\mathcal{A}^{(1, T)}$)의 모든 수열은 $D_0^{\star}(1, \infty) = D_0^{\star}(1, T) = 1$이다. 또한 수열 $(1, 1)$은 모든 $M^{(2)} > 1$에 대해 $\mathcal{A}^{(M^{(2)}, \infty)}$에 있으며(임의의 $T > 1$에 대해서도 $\mathcal{A}^{(M^{(2)}, T)}$에 있다) 수열의 거리는 $1 + \frac{1}{2}$이므로 $D_0^{\star}(1, \infty)$를 초과한다. 따라서 다시 $D_0^{\star}\left(M^{(2)}, \infty\right) > D_0^{\star}(1, \infty)$이고 임의의 고정된 $T > 1$에 대해 $D_0^{\star}\left(M^{(2)}, T\right) > D_0^{\star}(1, T)$가 된다. 마지막으로 $M^{(2)} > M^{(1)} > 1$인 경우, 위에서 $N = 0$에 대해 사용한 것과 유사한 증명 방법을 사용한다. 다시 $D(\boldsymbol{\alpha}^{\star}) = D_0^{\star}\left(M^{(1)}, \infty\right)$를 만족하는 수열 $\boldsymbol{\alpha}^{\star} \in \mathcal{A}^{(M^{(1)}, \infty)}$이 존재하며, 우리는 $\boldsymbol{\alpha}^{\star}$의 0이 아닌 마지막 원소의 첨수 τ를 택한다. 다시 $\boldsymbol{\alpha}^{\star}$의 0이 아닌 마지막 원소에 초과 공격 용량을 추가한다는 점만 제외하고는 $\boldsymbol{\alpha}^{\star}$와 같은 대체 수열 $\boldsymbol{\alpha}'$를 구성한다. 즉, $m = M^{(2)} - M^{(1)} > 0$일 때 $\alpha_{\tau}' = \alpha_{\tau}^{\star} + m$이다. 위에서처럼 이 두 수열의 거리 차를 조사해보면 다음과 같이 표현할 수 있다.

$$D(\boldsymbol{\alpha}^{\star}) - D(\boldsymbol{\alpha}') = \frac{\left(\alpha_{\tau}^{\star} - M^{(1)}\right) m}{M^{(1)} \cdot M^{(2)}}$$

여기서 $M = 0$과 $M^{(2)} > M^{(1)} > 1$이다. 다시 이 분수의 모든 항은 $\left(\alpha_\tau^\star - M^{(1)}\right)$ 항을 제외하고는 양이다. 그러나 보조정리 B.2에 의해 $M^{(1)} > 1$에 대해 $\alpha_\tau^\star < M^{(1)}$가 아닌 한 $\boldsymbol{\alpha}^\star \in \mathcal{A}^{(M^{(1)}, \infty)}$는 최적일 수 없다. 따라서 위의 차는 음이며 $D\left(\boldsymbol{\alpha}'\right) > D\left(\boldsymbol{\alpha}^\star\right)$ $= D_0^\star\left(M^{(1)}, \infty\right)$이다. 이 증명의 구조 또한 임의의 고정된 지속 시간 $T > 1$에 대해 만족하므로 $D_0^\star\left(M^{(2)}, T\right) > D_0^\star\left(M^{(1)}, T\right)$이라는 것을 보여준다.

세 번째로 $T \in \{1, \ldots, M\}$에 관해 $D_N^\star\left(M, T\right)$이 순단조 증가임을 보인다. 즉, 임의의 고정된 $N \in \mathfrak{N}_0$과 $M \in \mathfrak{N}$, $\forall T_1 < T_2 \in \{1, \ldots, M\}$에 대해 $D_N^\star\left(M, T_1\right) < D_N^\star$ $\left(M, T_2\right)$임을 주장한다.

$T_1, T_2 \leq M$에 대해 $D_N^\star\left(M, T\right)$에 관한 정의 4.10에 따라 $D\left(\boldsymbol{\alpha}^\star\right) = D_N^\star\left(M, T_1\right)$인 수열 $\boldsymbol{\alpha}^\star \in \mathcal{A}^{(M, T_1)}$가 존재한다. 그러나 $T_2 > T_1$이므로 우리는 $\boldsymbol{\alpha}^\star \in \mathcal{A}^{(M, T_2)}$도 가지고 있다. 즉, 공간 $\mathcal{A}^{(M, T_1)}$의 임의 최적 수열은 공간 $\mathcal{A}^{(M, T_2)}$에서도 최적이지만 0인 후행 수열trailing sequence $\alpha_{T_1+1}^\star = \ldots = \alpha_{T_2}^\star = 0$도 가지고 있다. 그렇지 않으면 모든 $t > \tau$에 대해 $\alpha_t^\star > 0$와 $\alpha_t^\star = 0$인 어떤 마지막 첨수 $\tau < T_2$가 존재한다.

사실, 정리 4.14에 따라 $\boldsymbol{\alpha}^\star$의 0이 아닌 원소가 감소하지 않으므로 이 τ번째 원소는 1보다 커야 한다. 따라서 $\alpha_\tau^\star > 1$이거나 모든 이전 원소는 반드시 집합 $\{0, 1\}$에 있어야 한다. 그러나 $\tau < T_2 \leq M$이므로 이런 수열이 최대 $M - 1$개의 원소를 가질 수 있지만, 이 정리의 첫 번째 부분에서 이미 이런 수열은 최적이 아니라는 것을 보였다. 따라서 $\alpha_\tau^\star > 1$이다.

이 사실을 이용하면 $\boldsymbol{\alpha}^\star$의 τ번째 원소에서 $(\tau + 1)$번째 원소로 하나의 공격점을 이동시키는 대체 수열 $\boldsymbol{\alpha}' \in \mathcal{A}^{(M, T_2)}$를 다음과 같이 구성할 수 있다.

$$
\alpha_t' = \begin{cases} \alpha_t^\star, & t < \tau \text{인 경우} \\ \alpha_t^\star - 1, & t = \tau \text{인 경우} \\ 1, & t = \tau + 1 \text{인 경우} \\ \alpha_{t-1}^\star, & t > \tau + 1 \text{인 경우} \end{cases}
$$

설계에 따라 $\boldsymbol{\alpha}^\star$와 $\boldsymbol{\alpha}'$는 $(\tau, 1)$-차이 수열이므로 보조정리 B.1에 따라 $\mu_t^{\left(\alpha^{opt}\right)} = N + \sum_{\ell=1}^t \alpha_\ell^{opt}$인 거리 차를 다음과 같이 표현할 수 있다.

$$\Delta_{\alpha^\star, \alpha'} = \frac{\left(\mu_{\tau-1}^{(\alpha^\star)} + \alpha'_\tau\right) \cdot \alpha^\star_\tau \cdot \alpha^\star_{\tau+1} - \left(\mu_{\tau-1}^{(\alpha^\star)} + \alpha^\star_\tau\right) \cdot \alpha'_\tau \cdot \alpha'_{\tau+1}}{\left(\mu_{\tau-1}^{(\alpha^\star)} + \alpha^\star_\tau\right)\left(\mu_{\tau-1}^{(\alpha^\star)} + \alpha'_\tau\right)\left(\mu_{\tau-1}^{(\alpha^\star)} + \alpha^\star_\tau + \alpha^\star_{\tau+1}\right)}$$

$$= \frac{-1 \cdot \left(\mu_{\tau-1}^{(\alpha^\star)} + \alpha^\star_\tau\right) \cdot \left(\alpha^\star_\tau - 1\right)}{\left(\mu_{\tau-1}^{(\alpha^\star)} + \alpha^\star_\tau\right)\left(\mu_{\tau-1}^{(\alpha^\star)} + \alpha'_\tau\right)\left(\mu_{\tau-1}^{(\alpha^\star)} + \alpha^\star_\tau + \alpha^\star_{\tau+1}\right)}$$

이 차는 음이므로 $D(\alpha^\star) < D(\alpha')$이라고 할 수 있다. 이는 $\mathcal{A}^{(M,T_2)}$에서 $\alpha^\star$가 최적이라는 가정 (B.3)에 모순이다. 즉, $\mathcal{A}^{(M,T_2)}$에 거리가 $D_N^\star(M, T_1)$보다 긴 수열이 존재함을 보였다. 따라서 $D_N^\star(M, T)$는 $T \leq M$에 대해 순단조 증가이다.

마지막으로 $T \geq M$에 대해 $D_N^\star(M, T) = D_N^\star(M, \infty)$임을 보이기 위해 $\mathcal{A}^{(M,T)}$의 모든 수열은 반드시 적어도 $M - T$개의 0 원소를 가져야 한다. 정리 4.12에서 보인 것처럼 수열의 거리는 이런 0 원소의 배치에 불변이므로 일관성을 잃지 않고 우리는 0 원소를 끝에 배치할 수 있다. 따라서, $\mathcal{A}^{(M,T)}$의 모든 수열은 $\mathcal{A}^{(M,M)}$의 수열과 같은 거리이며 이 두 공간의 최적 거리는 같다. □

위의 논증은 이런 수열에서 0이 아닌 가장 큰 원소가 필요하지 않으므로 전체 질량이 M인 모든 양의 실수값 수열의 공간 $\mathcal{B}^{(M,\infty)}$에 대해서는 성립하지 않는다는 점에 주의해야 한다. 그러나 이런 공간에서 최적성은 잘 정의돼 있지 않다. 그러나 이 증명은 유한 공격 지속 시간 T가 0이 아닌 가장 큰 원소의 존재를 암시하므로 $\mathcal{B}^{(M,M)}$의 수열에 직접적으로 확장할 수 있다.

B.4 정리 4.16의 증명

이 정리의 증명도 앞 절의 증명과 비슷하다.

증명 임의의 최적 수열 $\alpha^\star \in \mathcal{A}^{(M,\infty)}$가 집합 $\{0, 1\}$의 원소만 가지고 있음을 보인다. 이는 $\mathcal{A}^{(0,\infty)}$의 유일한 수열 $\mathbf{0}$에 대해 자명하게 만족하므로 최적이다.

$M > 0$인 경우, $\alpha^\star_\tau > 1$인 τ가 존재하는 최적 수열 $\alpha^\star \in \mathcal{A}^{(M,\infty)}$가 존재한다고 가

정하는 귀류법을 사용해 증명한다. τ번째 원소 뒤에 0을 삽입하고 이후의 모든 원소가 다음 첨수로 이동되는 점(즉 $\alpha_\tau^{opt} > 1$와 $\alpha_{\tau+1}^{opt} = 0$)을 제외하고는 (거리함수와 관련해) $\boldsymbol{\alpha}^\star$와 같은 동치수열 $\boldsymbol{\alpha}^{opt}$을 대신 생각해 $\boldsymbol{\alpha}^\star$이 $\mathcal{A}^{(M,\infty)}$에서 최적 이동 거리라는 주장이 모순이라는 것을 보인다. 보조정리 4.11에서 보인 것처럼, 수열의 0 원소를 제거(또는 삽입)하는 것은 거리함수 $D(\cdot)$에 영향을 미치지 않는다. 따라서 수열 $\boldsymbol{\alpha}^\star$는 수열 $\boldsymbol{\alpha}^{opt}$와 거리가 같다.

우리는 $\boldsymbol{\alpha}^{opt}$의 거리를 초과하는 대체 수열이 있음을 보인다. 즉, $\boldsymbol{\alpha}^{opt}$는 최적이 아니다. 형식적으로 우리는 먼저 다음 식을 가정한다.

$$\forall \boldsymbol{\alpha} \in \mathcal{A}^{(M,\infty)} \quad D\left(\boldsymbol{\alpha}^{opt}\right) \geq D\left(\boldsymbol{\alpha}\right)\text{를 만족하는 } \exists \boldsymbol{\alpha}^{opt} \in \mathcal{A}^{(M,\infty)} \tag{B.5}$$

$$\alpha_\tau^{opt} > 1 \ \wedge \ \alpha_{\tau+1}^{opt} = 0\text{를 만족하는 } \exists \tau \in \mathfrak{N} \tag{B.6}$$

이제 우리는 α_τ^{opt}에서 $\alpha_{\tau+1}^{opt}$로 1단위만큼 이동시킨 대체 수열 $\boldsymbol{\alpha}' \in \mathcal{A}^{(M,\infty)}$

$$\alpha_t' = \begin{cases} \alpha_t^{opt}, & t < \tau \text{ 인 경우를 생각한다.} \\ \alpha_t^{opt} - 1, & t = \tau \text{ 인 경우} \\ 1, & t = \tau + 1 \text{인 경우} \\ \alpha_t^{opt}, & t > \tau + 1 \text{인 경우} \end{cases}$$

설계에 따라 $\boldsymbol{\alpha}^{opt}$와 $\boldsymbol{\alpha}'$는 $(\tau, 1)$-차이 수열이므로 보조정리 B.1을 적용하면 두 수열의 거리 차를 다음과 같이 표현할 수 있다.[4]

$$\Delta_{\boldsymbol{\alpha}^{opt},\boldsymbol{\alpha}'} = \frac{\left(\mu_{\tau-1}^{\left(\boldsymbol{\alpha}^{opt}\right)} + \alpha_\tau'\right) \cdot \alpha_\tau^{opt} \cdot \alpha_{\tau+1}^{opt} - \left(\mu_{\tau-1}^{\left(\boldsymbol{\alpha}^{opt}\right)} + \alpha_\tau^{opt}\right) \cdot \alpha_\tau' \cdot \alpha_{\tau+1}'}{\left(\mu_{\tau-1}^{\left(\boldsymbol{\alpha}^{opt}\right)} + \alpha_\tau^{opt}\right)\left(\mu_{\tau-1}^{\left(\boldsymbol{\alpha}^{opt}\right)} + \alpha_\tau'\right)\left(\mu_{\tau-1}^{\left(\boldsymbol{\alpha}^{opt}\right)} + \alpha_\tau^{opt} + \alpha_{\tau+1}^{opt}\right)}$$

$$= \frac{\left(\mu_{\tau-1}^{\left(\boldsymbol{\alpha}^{opt}\right)} + \alpha_\tau^{opt}\right) \cdot \left(1 - \alpha_\tau^{opt}\right)}{\left(\mu_{\tau-1}^{\left(\boldsymbol{\alpha}^{opt}\right)} + \alpha_\tau^{opt}\right)^2 \left(\mu_{\tau-1}^{\left(\boldsymbol{\alpha}^{opt}\right)} + \alpha_\tau^{opt} - 1\right)}$$

---

4 (예를 들어 $\tau = 0$이면) $\mu_{\tau-1}^{\left(\boldsymbol{\alpha}^{opt}\right)}$이 0일 수 있지만, 보조정리는 우리가 $\alpha_\tau^{opt} > 1$이라고 가정했으므로 적용할 수 있다. – 지은이

여기서 보조정리 B.1에 따라 $\mu_t^{(\boldsymbol{\alpha}^{opt})} = N + \sum_{\ell=1}^{t} \alpha_\ell^{opt}$ 이다.

위 표현식의 분모에서 $\alpha_\tau^{opt} > 1$ 와 $\mu_{\tau-1}^{(\boldsymbol{\alpha}^{opt})} \geq 0$ 이므로 엄격하게 양이다. 또한 가정 (B.6)으로부터 $\alpha_\tau^{opt} > 1$ 이므로 위 표현식의 분자는 음이다.[5] 따라서 $\Delta_{\boldsymbol{\alpha}^{opt}, \boldsymbol{\alpha}'} = D(\boldsymbol{\alpha}^{opt}) - D(\boldsymbol{\alpha}') < 0$ 이므로 $D(\boldsymbol{\alpha}^\star) = D(\boldsymbol{\alpha}^{opt}) < D(\boldsymbol{\alpha}')$ 이라고 결론을 내릴 수 있다. 이는 $\boldsymbol{\alpha}^\star$ 가 최적이라는 가정 (B.5)에 모순되므로 $\{0, 1\}$ 에 들어 있지 않은 원소를 갖는 임의의 수열은 최적이 아니라는 것을 보여준다. 그러므로 모든 최적 수열은 반드시 모든 t 에 대해 $\alpha_t^\star \in \{0, 1\}$ 이어야 한다. 또한 최적 수열 $\boldsymbol{\alpha}^\star \in \mathcal{A}^{(M, \infty)}$ 은 정리 4.15에 따라 $D_0^\star(M, \infty)$ 가 M 에서 순증가이므로 정확히 M 개의 1을 가져야 한다.

마지막으로 최적 이동 거리는 먼저 공격자가 초기 N 개 점을 포함해, 모든 $M + N$ 개 점를 제어할 수 있다고 가정함으로써 유도할 수 있다. 위에서 보인 것처럼 하나의 최적 수열은 $\mathbf{1}_{M+N}$ 이다. 이제 $\alpha_t = 1$ 와 $\mu_t = 1$ 을 식 (4.11)에 대입해 식 $D(\mathbf{1}_{M+N}) = \sum_t^{M+N} \frac{1}{t} = h_{M+N}$ 을 얻을 수 있다. 이제 우리는 처음 N 개 점 h_N 에서 기여contribution를 빼면 $D_N^\star(M, \infty)$ 에 대한 결과를 얻을 수 있다. □

B.5 정리 4.18의 증명

여기서 제시하는 마지막 증명은 4.4.1절에서 소개한 연속 공격 수열에 대한 완화를 사용해 제한된 지속 시간 T 의 최적 공격에 대한 것이다. 이 연속 영역에서 우리는 최적화 기술을 사용해 프로그램 (4.16)을 최적화한다.

(증명) 연속 수열 μ 와 관련해 식 (4.15)의 목적함수를 최적화하기 위해 먼저 이 함수가 실행 가능한 수열에 대해 제대로 작동하는지 확인한다. 모든 t 에 대해 μ_t 가 t 와 $\mu_0 = N > 0$ 에서 단조 감소하지 않으므로 $\mu_t > 0$ 이다. 따라서 이런 모든 수열은 양수값 벡터로 특징 지을 수 있다. 즉, $\mu \in (0, \infty)^T$ 이다. 이 영역에서 식 (4.15)의

---

5 현명한 독자는 이 분석이 $\alpha_\tau^{opt} \in \{0, 1\}$ 일 때 무엇을 의미하는지 궁금해할 수 있다. $\alpha_\tau^{opt} = 0$ 인 경우, 수열 $\boldsymbol{\alpha}'$ 는 음인 τ 번째 원소를 가지므로 $\mathcal{A}^{(M, \infty)}$ 에 있지 않다. $\alpha_\tau^{opt} = 1$ 인 경우, 위의 분자는 0이지만 분모도 0일 수 있으므로 보조정리 B.1을 항상 적용할 수 없다. 대신 대체 수열 $\boldsymbol{\alpha}'$ 는 수열에서 1의 위치를 0으로 단순히 교환하는 것으로 볼 수 있다. 따라서 정리 4.12를 적용하면 $\boldsymbol{\alpha}^{opt}$ 와 $\boldsymbol{\alpha}'$ 가 같은 거리를 가지며 모순이 발생하지 않는다는 것을 알 수 있다. – 지은이

목적함수는 1차 도함수와 같이 연속이다. 따라서 페레시니^{Peressini}와 설리번^{Sullivan}, 제리 얼$^{Jerry\ J.\ Uhl}$의 정리 1.2.3[196]에 따라 이 함수의 극값은 정상점$^{stationary\ point}$이거나 경계에 놓여 있다.

첫 번째, 최적이 경계에 존재할 가능성을 제거한다. 이 영역의 경계에 있는 모든 수열은 전체 질량 수열에서 두 개 이상의 연속적인 원소를 가져야 하며, 원래의 형식에서 같거나 오히려 $\beta_j = 0$인 원소가 있어야 한다. 정리 4.12에 따라 이런 경계 수열은 길이가 $T - 1$인 수열과 동치이다. 그러나 정리 4.15에 따라 함수 $D_0^\star(M, T)$는 $T \geq M$가 아닌 한 T에서 증가한다. 따라서 전체 질량 공식의 어떤 경계점도 최적 수열이 아니므로 모든 최적 수열은 목표의 임계점이 돼야 한다.

두 번째, 이 목적함수의 정상점을 찾기 위해 목적함수의 편도함수가 0이 되도록 수열을 풀어야 한다. 각 $\tau \in 1 \ldots T - 1$에 대해 τ번째 원소 μ_τ에 관한 편도함수는 다음 조건을 만들어낸다.

$$\frac{\partial}{\partial \mu_\tau}\left[T - \sum_{t=1}^{T} \frac{\mu_{t-1}}{\mu_t} \right] = 0 \quad \Rightarrow \quad \frac{\mu_{\tau-1}}{\mu_\tau^2} = \frac{1}{\mu_{\tau+1}}$$

이런 조건은 $\tau = 0$와 $\tau = T$에서는 만족되지 않지만, 이미 $\mu_0 = N$와 $\mu_T = M + N$이다. 또한 $\mu_t^\star \in \Re_+$이므로 우리는 대신 이 변수의 로그, 즉 $\ell\mu_t \triangleq \log(\mu_t)$를 생각할 수 있으며, 이 변수에 대한 모든 정상점은 반드시 다음 시스템 방정식을 만족해야 한다.

$$\begin{aligned} \ell\mu_0 &= \log(N) \\ 2 \cdot \ell\mu_t &= \ell\mu_{t-1} + \ell\mu_{t+1} \quad \forall\, t \in \{1 \ldots T - 1\} \\ \ell\mu_T &= \log(M + N) \end{aligned} \qquad (B.7)$$

두 번째 조건은 $t \geq 2$에 대해 점화 관계$^{recurrence\ relation}$ $\ell\mu_t = 2\ell\mu_{t-1} - \ell\mu_{t-2}$에 의해 동일하게 정의된다. 이 점화식은 특성다항식$^{characteristic\ polynomial}$ $\chi(r) = r^2 - 2r + 1$이다. $\chi(r) = 0$을 풀면 단일해 $r = 1$을 얻을 수 있으며, 여기서 $\ell\mu_t = \phi \cdot r^t + \psi \cdot t \cdot r^t = \phi + \psi \cdot t$를 만족하는 ϕ와 ψ가 존재해야 한다. 경계조건 $\ell\mu_0 = \log(N)$와 $\ell\mu_T = \log(M + N)$을 이용해 $\phi = \log(N)$와 $\psi = \frac{1}{T}\log\left(\frac{M+N}{N}\right)$를 구할 수 있다.

따라서 선형 점화 관계에 대한 유일한 해는 다음과 같다.

$$\ell \mu_t = \log(N) + \frac{t}{T} \log\left(\frac{M+N}{N}\right)$$

자연스럽게 이 해는 $\mu_0^\star = N$ 와 $\mu_T^\star = N + M$ 를 만족하고 감소하지 않는 수열 $\mu_t^\star = N\left(\frac{M+N}{N}\right)^{\left(\frac{t}{T}\right)}$ 에 해당한다. 또한 식 (B.7)의 로그 조건은 모든 양의 최적 수열에 대해 성립하지만 $T+1$개의 변수에 관해 $T+1$개의 연립방정식을 제시하므로 유일한 해를 갖는다. 따라서 $\boldsymbol{\mu}^\star$는 식 (4.16)의 프로그램을 최대화하는 유일한 양의 수열이다.

최적성을 확립하면, 최적 거리는 다음과 같다.

$$D_N^\star(M, T) = T - \sum_{t=1}^{T} \frac{N}{N} \left(\frac{M+N}{N}\right)^{\left(\frac{t-1}{T}\right)} \left(\frac{M+N}{N}\right)^{\left(\frac{-t}{T}\right)} = T\left(1 - \left(\frac{N}{M+N}\right)^{\frac{1}{T}}\right)$$

마지막으로 식 (4.7)의 전체 질량의 정의를 사용하면 $t \geq 1$에 대해 $\beta_t^\star = \mu_t^\star - \mu_{t-1}^\star = N\left(\frac{M+N}{N}\right)^{\frac{t-1}{T}}\left(\left(\frac{M+N}{N}\right)^{\frac{1}{T}} - 1\right)$ 이다. 이로써 증명을 끝마쳤다. □

부록 C

스팸베이즈 분석

여기서는 스팸베이즈를 대상으로 하는 공격 메시지의 영향을 분석한다. 이 분석은 5.3절에 제시한 공격의 동기가 된다.

C.1 스팸베이즈의 $I(\cdot)$ 메시지 점수

5.1.1절에서 설명한 것처럼 메시지의 스팸성을 추정하는 데 사용한 스팸베이즈 $I(\cdot)$ 함수는 메시지의 스팸성 점수 $S(\cdot)$와 1에서 스팸성 점수를 뺀 $H(\cdot)$의 평균이다. 이 두 점수는 모두 카이제곱$^{\text{chi-square}}$ 누적분포함수^{CDF} $\chi^2_{2n}(\cdot)$로 표현할 수 있다. 이 두 점수함수 모두 누적분포함수에 대한 인수^{argument}는 식 (5.3)과 같이 점수벡터의 로그와 식 (5.3)의 지표벡터$^{\text{indicator vector}}$ $\delta(\hat{\mathbf{x}})$의 내적이다. 이 항들은 $S(\cdot)$와 $H(\cdot)$를 $S(\hat{\mathbf{x}}) = 1 - \chi^2_{2n}(-2\log s_{\mathbf{q}}(\hat{\mathbf{x}}))$와 $H(\hat{\mathbf{x}}) = 1 - \chi^2_{2n}(-2\log h_{\mathbf{q}}(\hat{\mathbf{x}}))$로 다시 쓸 수 있도록 다시 정렬할 수 있다. 여기서 $s_{\mathbf{q}}(\cdot)$와 $h_{\mathbf{q}}(\cdot)$는 다음과 같이 정의된

$$s_{\mathbf{q}}(\hat{\mathbf{x}}) \triangleq \prod_i q_i^{\delta(\hat{\mathbf{x}})_i} \qquad (C.1)$$

$$h_{\mathbf{q}}(\hat{\mathbf{x}}) \triangleq \prod_i (1 - q_i)^{\delta(\hat{\mathbf{x}})_i} \qquad (C.2)$$

$\hat{\mathbf{x}}$에서 [0, 1] 위로의 사상인 스칼라 함수다. 다음 절에서 이 함수를 더 자세히 살펴보겠지만, 먼저 $\chi_k^2(\cdot)$의 속성에 대해 설명한다.

$\chi_k^2(\cdot)$ 누적분포함수는 감마함수를 사용해 정확하게 표현할 수 있다. 누적분포함수는 $x \in \Re_{0+}$와 $k \in \mathfrak{N}$에 대해 다음과 같이 간단히 표현할 수 있으며

$$\chi_k^2(x) = \frac{\gamma(k/2, x/2)}{\Gamma(k/2)}$$

여기서 하부 불완전 감마함수$^{\text{lower incomplete gamma function}}$는 $\gamma(k, y) = \int_0^y t^{k-1} e^{-t} dt$이며, 상부 불완전 감마함수$^{\text{upper incomplete gamma function}}$는 $\Gamma(k, y) = \int_y^\infty t^{k-1} e^{-t} dt$ 그리고 감마함수$^{\text{gamma function}}$는 $\Gamma(k) = \int_0^\infty t^{k-1} e^{-t} dt$이다. 이 정의에 따라 임의의 k와 y에 대해 감마함수는 $\Gamma(k) = \gamma(k, x) + \Gamma(k, x)$이다. 또한 $k \in \mathfrak{N}$에 대해 다음과 같음에 유의한다.

$$\Gamma(k, y) = (k-1)! \, e^{-y} \sum_{j=0}^{k-1} \frac{y^j}{j!} \qquad \Gamma(k) = (k-1)!$$

이 속성을 기반으로 $S(\cdot)$ 점수는 다음과 같이 다시 쓸 수 있다.

$$S(\hat{\mathbf{x}}) = \frac{\Gamma\left(n, -\log s_{\mathbf{q}}(\hat{\mathbf{x}})\right)}{\Gamma(n)} = s_{\mathbf{q}}(\hat{\mathbf{x}}) \sum_{j=0}^{n-1} \frac{\left(-\log s_{\mathbf{q}}(\hat{\mathbf{x}})\right)^j}{j!}$$

$$H(\hat{\mathbf{x}}) = \frac{\Gamma\left(n, -\log h_{\mathbf{q}}(\hat{\mathbf{x}})\right)}{\Gamma(n)} = h_{\mathbf{q}}(\hat{\mathbf{x}}) \sum_{j=0}^{n-1} \frac{\left(-\log h_{\mathbf{q}}(\hat{\mathbf{x}})\right)^j}{j!}$$

이 두 함수 모두 각각 $s_{\mathbf{q}}(\hat{\mathbf{x}})$와 $h_{\mathbf{q}}(\hat{\mathbf{x}})$에서 단조 감소하지 않는다는 것을 쉽게 알 수 있다. 이 함수를 ($s_{\mathbf{q}}(\hat{\mathbf{x}})$ 또는 $h_{\mathbf{q}}(\hat{\mathbf{x}})$로) 미분한 함수는 다음과 같으며

$$\frac{d}{dz}\left[z \sum_{j=0}^{n-1} \frac{(-\log z)^j}{j!}\right] = \frac{1}{(n-1)!}(-\log z)^{n-1}$$

$0 \leq z \leq 1$에 대해 음이 아니다.

C.2 스팸베이즈에 대한 최적 공격 구성

5.3.1절의 식 (5.7)에서 알 수 있듯이 5.2.1절에서 설명한 목표를 가진 공격자는 스팸베이즈의 성능에 최대로 (나쁜) 영향을 미치려고 한다. 이 절에서 공격자의 영향을 최적화하기 위해 스팸베이즈의 결정함수 $I(\cdot)$를 분석한다. 여기서 5.3.1절에서 제시한 공격이 $I(\cdot)$를 최대로 증가시키는 단일 공격 메시지를 설계하기 위한 (근사) 최적 전략이라는 것을 보인다.

5.3.1절에서 설명한 공격 시나리오에서, 공격자는 공격에 포함된 토큰의 $N^{(s)}$와 $N_j^{(s)}$를 증가시키는 일련의 공격 메시지를 보낸다. 공격자가 메시지당 영향을 최대화하기 위해 선택해야 하는 토큰을 이해하기 위해 토큰 개수 $N_j^{(s)}$가 증가함에 따라 $I(\cdot)$가 어떻게 변하는지 살펴본다. 이 분석은 다음 관찰을 기반으로 두 부분으로 나뉜다.

주의 C.1 고정된 개수의 공격 스팸 메시지가 주어지면, 모든 $k \neq j$에 대해 q_j는 k번째 토큰을 포함하는 메시지의 수와는 무관하다.

이 주의는 공격 스팸에 j번째 토큰을 포함하면 $n_j^{(s)}$와 n_j에는 영향을 미치지만 모든 $k \neq j$에 대해 $n_k^{(h)}$와 $N^{(s)}$, $N^{(h)}$, $n_k^{(s)}$, $n_k^{(h)}$, n_k에는 영향을 미치지 못한다는 사실에서 비롯된다(5.1.1절의 식 (5.1)과 (5.2) 참조).

고정된 개수의 공격 스팸 메시지로 구성된 공격 후에 각 q_j를 별도로 최대화해 입력 테스트 메시지 $\hat{\mathbf{x}}$의 점수 $I(\hat{\mathbf{x}})$를 최대화할 수 있다. 이는 사전 공격과 집중 공격을 유발한다. 직관적으로 공격자는 향후 메시지에 관해 갖고 있는 정보에 따라 $\hat{\mathbf{x}}$에 나타나는 (또는 거의 나타날 것만 같은) 토큰의 q_j를 최대로 증가시키려고 한다.

따라서 먼저 C.2.1절에서 $n_j^{(s)}$의 증가가 점수 q_j에 미치는 영향을 분석한다. 이어서 이를 바탕으로 C.2.2절에서 토큰 점수 q_i를 변경하는 $I(\hat{\mathbf{x}})$의 변화를 분석한다. 예상대로 스팸에서 j번째 토큰의 발생 횟수를 증가시키면 j번째 토큰을 가진 메시지가 스팸일 사후확률이 높아지므로 우리는 공격 메시지에 j번째 토큰을 포함하는 것이 일반적으로 (식별할 수 있는 비정상적인 경우를 제외하고는) 해당 토큰을 포함하지 않는 것보다 해당 점수 q_j가 높아지는 것을 보인다. 마찬가지로, q_j를 증가시키면 일반적으로 j번째 토큰을 포함하는 메시지의 전체 스팸 점수 $I(\cdot)$가 높아지는 것을 보인다. 이 결과를 바탕으로 우리는 5.3.1절에서 제시한 공격 전략을 세운다.

C.2.1 중독이 토큰 점수에 미치는 영향

이 절에서는 훈련 집합의 공격 메시지 결과로 토큰 스팸 점수가 어떻게 변하는지 설명한다. 직관적으로 공격 이메일에 j번째 토큰을 추가하면 j번째 점수 q_j가 높아져야 한다고 예상할 수 있다. 이는 실제로 식 (5.1)의 토큰 점수를 베이즈 규칙에 따라 계산한 경우다. 그러나 5.1절에서 언급한 것처럼, 식 (5.1)의 점수는 스팸과 정상의 사전분포가 같다는 추가적인 가정으로 베이즈 규칙을 적용해 계산할 수 있다. 결과적으로 스팸 점수 q_j는 공격 메일에 j번째 토큰이 포함될 때, 특히 가정이 위반될 때 낮아질 수 있는 상황이 존재한다. 이런 경우가 훈련 집합에 정상과 스팸의 개수에 특별한 불균형이 있을 때 발생함을 보인다.

5.3절에서처럼 공격 토큰의 단일 집합으로 구성된 공격 메시지를 가진 공격자를 생각한다. 즉, 각 토큰은 모든 공격 메시지에 포함되거나 포함되지 않는다. 이런 방식으로 공격자는 필터의 재훈련에 사용되는 k개의 공격 메시지 집합을 만들면 개수는

$$
\begin{aligned}
N^{(s)} &\mapsto N^{(s)} + k \\
N^{(h)} &\mapsto N^{(h)} \\
n_j^{(s)} &\mapsto \begin{cases} n_j^{(s)} + k, & a_j = 1\text{인 경우} \\ n_j^{(s)}, & \text{그 외의 경우} \end{cases} \\
n_j^{(h)} &\mapsto n_j^{(h)}
\end{aligned}
$$

이 된다. 이런 개수 변환을 사용해 j번째 토큰을 포함하고 있는 공격 스팸 메시지 **a**와 j번째 토큰을 포함하고 있지 않은 공격 스팸에 대한 훈련의 평활 스팸베이즈 점수 q_j 차이를 계산한다. j번째 토큰이 공격에 포함되면(즉, $a_j = 1$)이면 j번째 토큰에 대한 새로운 점수는 (식 (5.1)로부터) 다음과 같다.

$$P_j^{(s,k)} \triangleq \frac{N^{(h)} \left(n_j^{(s)} + k \right)}{N^{(h)} \left(n_j^{(s)} + k \right) + \left(N^{(s)} + k \right) n_j^{(h)}}$$

토큰이 공격에 포함되지 않으면(즉, $a_j = 0$이면), 새로운 토큰 점수는 다음과 같다.

$$P_j^{(s,0)} \triangleq \frac{N^{(h)} n_j^{(s)}}{N^{(h)} n_j^{(s)} + \left(N^{(s)} + k \right) n_j^{(h)}}$$

마찬가지로 j번째 토큰이 공격 메시지에 사용됐는지에 따라 공격 후 평활 스팸 점수를 나타내기 위해 $q_j^{(k)}$와 $q_j^{(0)}$을 사용한다. 이제 점수의 차를 다음과 같이 분석한다.

$$\Delta^{(k)} q_j \triangleq q_j^{(k)} - q_j^{(0)}$$

이 점수의 차가 항상 음이 아니라고 합리적으로 예상할 수 있지만 여기서 우리는 $\Delta^{(k)} q_j < 0$인 경우가 있음을 보인다. 이런 비정상적인 동작은 적절한 사전분포를 사용하기보다는 $N^{(h)} = N^{(s)}$이라는 스팸베이즈의 가정에 따른 직접적인 결과다. 사실 그림 5.1(b)의 일반적인 스팸 모델은 이런 불규칙성을 따르지 않는다는 것을 알수 있다. 아래에서 스팸베이즈의 가정이 $\Delta^{(k)} q_j < 0$인 상황으로 이어질 수 있지만이런 불규칙성은 훈련 데이터 집합에 정상 메시지보다 스팸 메시지가 월등히 많을때만 발생함을 보인다. $\Delta^{(k)} q_j$를 확장하고 항을 재배열하면 점수의 차는 다음과 같이 표현할 수 있다.

$$\Delta^{(k)} q_j = \frac{s \cdot k}{\left(s + n_j + k \right) \left(s + n_j \right)} \left(P_j^{(s,k)} - x \right)$$
$$+ \frac{k \cdot N^{(h)} \cdot n_j}{\left(s + n_j \right) \left(N^{(h)} \cdot n_j^{(s)} + \left(N^{(s)} + k \right) n_j^{(h)} \right)} P_j^{(h,k)}$$

여기서 $P_j^{(h,k)} = 1 - P_j^{(s,k)}$는 j번째 토큰의 변형된 정상 메시지의 점수다. 점수의 차는 다시 다음과 같이 표현할 수 있다.

$$\Delta^{(k)} q_j = \frac{k}{(s + n_j + k)(s + n_j)} \cdot \alpha_j$$

$$\alpha_j \triangleq s(1 - x)$$

$$+ P_j^{(h,k)} \cdot \frac{N^{(h)} \cdot n_j \left(n_j + k\right) + s \cdot N^{(h)} \cdot n_j^{(h)} - s \left(N^{(s)} + k\right) n_j^{(h)}}{N^{(h)} \cdot n_j^{(s)} + \left(N^{(s)} + k\right) n_j^{(h)}}$$

위의 표현식에서 첫 번째 인자 $\frac{k}{(s+n_j+k)(s+n_j)}$는 음이 아니므로 α_j만이 $\Delta^{(k)} q_j$를 음으로 만들 수 있다. 이로부터 $\Delta^{(k)} q_j$가 음이 되기 위해서는 $N^{(s)} + k$가 $N^{(s)}$더 커야 함을 쉽게 보일 수 있지만, 우리는 더 강한 조건을 제시한다. 일반적으로 $\Delta^{(k)} q_j$가 음이 되기 위해서는 공격 후 스팸의 수 $N^{(s)} + k$와 정상 메시지의 수 $N^{(k)}$ 간에 큰 차이가 있어야 함을 보인다. 이는 스팸베이즈가 $N^{(k)} = N^{(s)}$이라는 암묵적인 가정을 위반하는 효과를 반영한다.

α_j에 관한 표현식을 확장해 $\Delta^{(k)} q_j$가 음이 될 필요조건은 다음과 같다.

$$\frac{s \left(N^{(s)} + k\right) n_j^{(h)} x}{N^{(h)}} > \frac{s(1-x)\left(n_j^{(s)}+k\right)}{n_j^{(h)}\left(N^{(s)}+k\right)} \left[\left(N^{(s)} + k\right) n_j^{(h)} + N^{(h)} \cdot n_j^{(s)}\right]$$

$$+ \quad n_j \left(n_j + k\right) + s n_j^{(s)} (1 - x) + s \cdot n_j^{(h)}$$

($x \leq 1$이므로) $1 - x \geq 0$이며 $n_j = n_j^{(s)} + n_j^{(h)}$이므로 위 식의 우변은 $n_j^{(s)}$에서 순증가하지만 좌변은 $n_j^{(s)}$에서 일정하다. 따라서 $\Delta^{(k)} q_j$가 음이 되게 만드는 약한 조건은 $n_j^{(s)} = 0$일 때다. 즉, 공격 전에 모든 스팸에서 발견되지 않은 토큰은 $\Delta^{(k)} q_j < 0$일 가능성이 가장 크지만, 공격에 대한 스팸 사전분포에서 가장 많이 관찰된 토큰이 $\Delta^{(k)} q_j < 0$이 되기 위해서는 $N^{(h)}$와 $N^{(s)}$ 간의 차가 점점 더 커져야만 한다. 여기서 $n_j^{(s)} = 0$인 경우를 분석해, $s > 0$이고 $n_j^{(h)} > 0$인 이전 제약 사항을 사용해 $\Delta^{(k)} q_j$가 음이 될 가장 약한 조건을 찾는다. 이 조건은 토큰 점수를 낮추기 위해 공격에 대한 x의 다음 조건으로 간결하게 표현할 수 있다.[1]

---

1 $n_j^{(s)} > 0$인 경우, 조건은 더 강하지만 표현식은 더 복잡하다. – 지은이

$$x > \frac{N^{(h)} \left(n_j^{(h)} + s \right) \left(n_j^{(h)} + k \right)}{s \left(n_j^{(h)} \left(N^{(s)} + k \right) + k N^{(h)} \right)}$$

먼저, 우변은 항상 양이라는 점에 유의한다. 즉, $\Delta^{(k)} q_j$가 음이 되기 위한 x의 값에 자명하지 않은 한계점이 항상 존재한다. 또한 이 경계의 우변이 최소 1일 때, 매개변수 $x \in [0, 1]$이므로 음의 $\Delta^{(k)} q_j$가 되는 토큰은 없다. 예를 들어 이런 경우는 $n_j^{(h)} = 0$이거나 (앞에서 언급한 것처럼) $N^{(h)} \geq N^{(s)} + k$일 때 발생한다.

항을 재구성하면, 스팸 개수에 대한 경계는 다음과 같이 표현할 수 있다.

$$N^{(s)} + k > N^{(h)} \cdot \frac{\left(n_j^{(h)} \right)^2 + (s + k) \, n_j^{(h)} + s \, (1 - x) \, k}{s n_j^{(h)} x}$$

이 경계는 공격 후 스팸의 수 $N^{(s)} + k$가 $\Delta^{(k)} q_j > 0$인 토큰을 갖기 위해서는 정상 메시지의 전체 개수 $N^{(h)}$의 배수보다 커야 함을 보여준다. 이 배수에서 인자는 항상 1보다 크지만 j번째 토큰의 $n_j^{(h)}$에 따라 달라진다. 사실, 인자는 $n_j^{(h)}$에서 순증가한다. 따라서 가장 약한 경계는 $n_j^{(h)} = 1$일 때($n_j^{(h)} = 0$일 때 $\Delta^{(k)} q_j$가 항상 음이 아니라는 것을 명심하라) 발생한다. 스팸베이즈의 기본값인 $s = 1$과 $x = \frac{1}{2}$를 살펴봤을 때, ($n_j^{(h)} = 1$과 $n_j^{(s)} = 0$인 토큰에 대한) 가장 약한 경계는 다음과 같다.

$$N^{(s)} + k > N^{(h)} \cdot (4 + 3k)$$

따라서 공격 후 스팸의 수 $N^{(s)} + k$가 정상 메시지의 수 $N^{(h)}$보다 더 큰 경우, 공격 메시지에 토큰이 포함됐다면 포함되지 않은 경우보다 토큰 점수가 낮을 수 있다. 이는 스팸베이즈의 가정인 $N^{(s)} = N^{(h)}$의 직접적인 결과다. 이런 이상 현상은 $n_j^{(h)}$과 $n_j^{(s)}$의 초기값이 낮은 토큰에서 가장 쉽게 발생함을 보였다. 즉, 이상 현상은 데이터 집합에서 어쩌다 볼 수 있는 드문 것이다. 그러나 상당한 수의 공격 k개에 대해 이런 이상 현상이 발생하기 위해서는 $N^{(s)} + k$와 $N^{(s)}$ 간의 차이가 엄청나게 커야 한다. 기본 스팸베이즈 설정에 따라 단일 공격 메시지만 있는 정상 메일보다 최소 7배 많은 스팸이 있어야 한다. 더 많은 공격 메시지($k > 1$)에 관해 이 경계는 훨씬 더 크

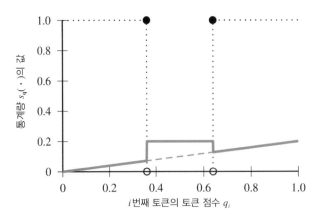

그림 C.1 단일 토큰 점수 q_i에 대한 집계 통계량 $s_q(\cdot)$의 그래프로 x축은 q_i이며, y축은 $s_q(\cdot)$이다. 여기서 우리는 $\tau_{\hat{x}} = 0.14$ 이고, i번째 토큰이 없는 $s_q(\hat{x} \setminus \{i\}) = 0.2$일 때의 시나리오를 생각한다. 검은 점선은 $\delta(\hat{x})_i$의 값이며, 회색 점선은 $q_i \prod_{j \neq i} q_j$의 값(즉, $\delta(\hat{x})$가 포함되지 않은 $s_q(\hat{x})$) 그리고 회색 실선은 q_i의 변화에 따른 $s_q(\hat{x})$의 값이다.

다. 따라서 스팸베이즈를 대상으로 하는 공격을 설계할 때, 우리는 여기서 설명한 극단적인 경우를 무시하고, j번째 토큰이 공격에 포함되면 $\Delta^{(k)}q_j$가 항상 증가한다고 가정한다. 또한 5.5절에서 제시한 실험 중 어느 것도 $\Delta^{(k)}q_j < 0$인 기준을 충족하지 못한다.

C.2.2 중독이 $I(\cdot)$에 미치는 영향

스팸베이즈를 대상으로 하는 공격의 효과를 이해하고, 최적 공격을 구성하는 핵심은 공격 스팸 메시지에 훈련 말뭉치를 주입할 때 스팸베이즈의 점수 $I(\hat{x})$를 높이는 조건을 특성화하는 것이다. 이를 위해 스팸베이즈가 토큰 점수를 집계하는 데 사용한 방법을 자세히 살펴본다.

식 (C.1)과 (C.2)의 통계량 $s_q(\hat{x})$와 $h_q(\hat{x})$는 각각 $\hat{x}$로 표현된 스팸성^{spaminess}과 정상성^{haminess}의 측도다. 둘 다 메시지의 각 토큰이 메시지 스팸성에 대한 평가를 제공한다고 가정한다. 즉, 점수 q_i는 i번째 토큰을 관찰해 얻은 스팸에 관한 증거다. 또한 독립성을 가정해 $s_q(\hat{x})$와 $h_q(\hat{x})$는 이 증거를 전체 메시지에 대한 스팸성의 측도로 집계한다. 모든 토큰의 점수가 $q_i = 1$이면, $s_{\mathbf{q}}(\hat{\mathbf{x}}) = 1$은 메일이 스팸일 가능성이 매우 크며 $1 - h_{\mathbf{q}}(\hat{\mathbf{x}}) = 1$이라는 것을 나타낸다. 마찬가지로 모든 토큰의 점수가 $q_i = 0$이면, 두 점수 모두 메시지가 정상이라는 것을 나타낸다.

또한 이 통계량은 (거의) 잘 작동한다. 대신 메시지 $\hat{\mathbf{x}}$에 있는 모든 토큰의 보통곱 ^ordianry product $\tilde{s}_{\mathbf{q}}(\hat{\mathbf{x}}) \triangleq \prod_{i:\hat{x}_i=1} q_i$을 생각한다면, 이 곱은 각 q_i에 대해 선형함수이며 단조 감소하지 않는다. 마찬가지로, 곱 $\tilde{h}_{\mathbf{q}}(\hat{\mathbf{x}}) \triangleq \prod_{i:\hat{x}_i=1}(1 - q_i)$도 각 q_i에 대해 선형이며 단조 감소하지 않는다. 따라서 임의의 점수 q_i를 높이면 첫 번째 곱은 감소하지 않으며, 두 번째 곱도 예상대로 감소하지 않는다.[2] 실제로 $\tilde{s}_{\mathbf{q}}(\hat{\mathbf{x}})$와 $\tilde{h}_{\mathbf{q}}(\hat{\mathbf{x}})$의 관점에서 점수 $I(\cdot)$와 $S(\cdot)$ 그리고 $H(\cdot)$를 (각각 $\tilde{I}(\cdot)$와 $\tilde{S}(\cdot)$ 그리고 $\tilde{H}(\cdot)$로) 다시 정의하면, 다음 보조정리는 $\tilde{I}(\cdot)$는 q_i에서 감소하지 않는다는 것을 보여준다.

보조정리 C.2 수정된 $\tilde{I}(\hat{\mathbf{x}})$ 점수는 (i로 첨수된) 모든 토큰에 대한 점수 q_i에서 감소하지 않는다.

증명 q_k에 대해 $\tilde{I}(\hat{\mathbf{x}})$의 도함수가 모든 k에 대해 음이 아니라는 것을 보인다.[3] 식 (5.3)의 $\tilde{s}_{\mathbf{q}}(\hat{\mathbf{x}})$ 항을 $\tilde{S}(\hat{\mathbf{x}}) = 1 - \chi^2_{2n}\left(-2\log\left(\tilde{s}_{\mathbf{q}}(\hat{\mathbf{x}})\right)\right)$로 다시 쓰면, 연쇄법칙^chain rule 을 다음과 같이 적용할 수 있다.

$$\frac{\partial}{\partial q_k}\tilde{S}(\hat{\mathbf{x}}) = \frac{d}{d\tilde{s}_{\mathbf{q}}(\hat{\mathbf{x}})}\left[1 - \chi^2_{2n}\left(-2\log\left(\tilde{s}_{\mathbf{q}}(\hat{\mathbf{x}})\right)\right)\right]\cdot\frac{\partial}{\partial q_k}\tilde{s}_{\mathbf{q}}(\hat{\mathbf{x}})$$

$$\frac{d}{d\tilde{s}_{\mathbf{q}}(\hat{\mathbf{x}})}\left[1 - \chi^2_{2n}\left(-2\log\left(\tilde{s}_{\mathbf{q}}(\hat{\mathbf{x}})\right)\right)\right] = \frac{1}{(n-1)!}\left(-\log\left(\tilde{s}_{\mathbf{q}}(\hat{\mathbf{x}})\right)\right)^{n-1}$$

$0 \le \tilde{s}_{\mathbf{q}}(\hat{\mathbf{x}}) \le 1$이므로 두 번째 도함수는 음이 아니다. 또한 q_k에 대한 $\tilde{s}_{\mathbf{q}}(\hat{\mathbf{x}})$의 편도함수는 간단히 $\frac{\partial}{\partial q_k}\tilde{s}_{\mathbf{q}}(\hat{\mathbf{x}}) = \prod_{i\neq k:\hat{x}_i=1} q_i \ge 0$이다. 따라서 모든 k에 대해 다음과 같다.

$$\frac{\partial}{\partial q_k}\tilde{S}(\hat{\mathbf{x}}) \ge 0$$

---

2 이 통계량은 다른 의미에서도 이상하게 동작한다. 즉, 추가 토큰을 추가하면 두 곱은 모두 항상 감소하며, 토큰을 제거하면 두 곱은 모두 항상 증가한다. 카이제곱 분포를 적용하면 이 영향이 바로잡힌다. – 지은이

3 $\tilde{I}(\hat{\mathbf{x}})$의 도함수는 $\tilde{I}(\hat{\mathbf{x}})$의 기울기를 나타내므로 도함수가 음이 아니라면 기울기가 음이 아니므로 감소하지 않는다는 것을 의미한다. – 옮긴이

유사한 미분으로 q_i를 $1 - q_i$로 대체하면 다음과 같다.

$$\frac{\partial}{\partial q_k} \tilde{H}(\hat{\mathbf{x}}) \leq 0$$

그러면 최종 결과는 다음과 같다.

$$\frac{\partial}{\partial q_k} \tilde{I}(\hat{\mathbf{x}}) = \frac{1}{2} \frac{\partial}{\partial q_k} \tilde{S}(\hat{\mathbf{x}}) - \frac{1}{2} \frac{\partial}{\partial q_k} \tilde{H}(\hat{\mathbf{x}}) \geq 0$$

□

그러나 단순곱과는 달리 함수 $\delta(\cdot)$가 토큰 점수를 없애기 때문에 통계량 $s_q(\cdot)$와 $h_q(\cdot)$는 이상한 행동을 보인다. 즉, $\delta(\cdot)$는 집합 $\mathbb{T}_{\hat{x}}$의 지시함수다. 이 집합의 멤버십은 $\frac{1}{2}$ 점수, 즉 값 $g_i \triangleq |q_i - \frac{1}{2}|$에 상관없이 동작하는 토큰 점수의 절대 거리로 결정된다. i번째 토큰은 ① $\hat{x}_i = 1$이고 ② $g_i \geq Q$(기본값 $Q = 0.1$에 의해 (0.4, 0.6) 구간의 모든 토큰이 제외된다) 그리고 ③ 남아 있는 토큰 중 g_i의 가장 큰 T(기본값 $T = 150$) 값을 가지면 $\mathbb{T}_{\hat{x}}$에 속한다.

우리의 목적을 위해 모든 메시지 $\hat{\mathbf{x}}$에 대해 토큰을 제외하기 위한 구간 $\frac{1}{2} - \tau_{\hat{x}}$, $\frac{1}{2} + \tau_{\hat{x}}$을 정의하는 어떤 값 $\tau_{\hat{x}} < \frac{1}{2}$가 존재한다. 즉, 다음과 같다.

$$\delta(\hat{\mathbf{x}})_i = \hat{x}_i \cdot \begin{cases} 0 & q_i \in \left(\frac{1}{2} - \tau_{\hat{x}}, \frac{1}{2} + \tau_{\hat{x}}\right)\text{인 경우} \\ 1 & \text{그 외의 경우} \end{cases}$$

확실히 $\hat{\mathbf{x}}$의 토큰에 대해 q_i가 증가함에 따라 $\delta(\hat{\mathbf{x}})_i$는 1에서 0으로 갔다가 다시 1로 되돌아간다. 이는 $s_q(\hat{\mathbf{x}})_i$가 q_i에 대해 두 개의 불연속성을 갖게 한다. 즉, q_i는 구간 $[0, \frac{1}{2} - \tau_{\hat{x}}]$와 $[\frac{1}{2} + \tau_{\hat{x}}, 1]$에서 선형적으로 증가하지만, 중간 구간 $(\frac{1}{2} - \tau_{\hat{x}}, \frac{1}{2} + \tau_{\hat{x}})$에서는 최대값으로 불연속적으로 뛴다. 이 행동을 그림 C.1에 나타냈다. 마찬가지로 $h_q(\hat{\mathbf{x}})$도 중간 구간 $(\frac{1}{2} - \tau_{\hat{x}}, \frac{1}{2} + \tau_{\hat{x}})$을 제외하고는 선형적으로 감소하며, 여기서도 최대값으로 뛴다. 따라서 $s_q(\hat{\mathbf{x}})$나 $h_q(\hat{\mathbf{x}})$하는 것도 구간 $[0, 1]$에서 단조 행동을 보이지 않는다.

$s_q(\hat{\mathbf{x}})$ 또는 $h_q(\hat{\mathbf{x}})$가 단조가 아니라는 점에서 q_i가 증가할 때 $I(\hat{\mathbf{x}})$가 어떻게 행

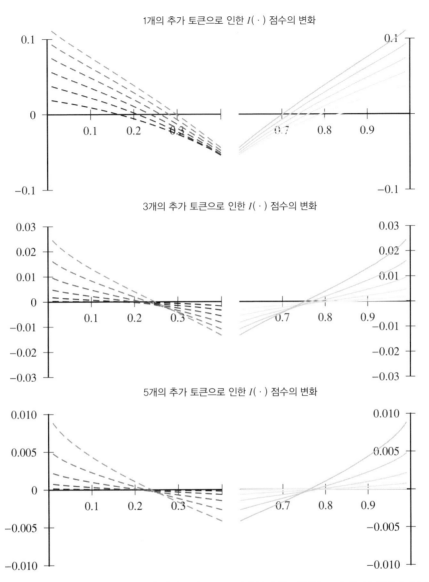

그림 C.2 i번째 토큰 점수 q_i가 증가함에 따라 q_i가 모든 토큰이 무시되는 영역 (0.4, 0.6)으로 들어가거나 나올 때 $\delta(\cdot)$ 함수가 $I(\cdot)$에 미치는 영향. 각 그림에서 x축은 제거되기 전의 q_i 값이며, y축은 제거로 인한 $I(\cdot)$의 변화다. 그림의 y축 축척이 위에서 아래로 줄어든다는 점에 유의한다. 맨 위의 그림에서 변경되는 토큰 외에 변경되지 않는 추가 토큰 점수가 1개 있으며, 가운데 그림에서는 변경되지 않는 추가 토큰 점수가 3개 있으며, 맨 아래 그림에서는 변경되지 않는 추가 토큰 점수가 5개 있다. 각 그림의 왼쪽 그림은 처음 $q_i \in (0, 0.4)$일 때 i번째 토큰을 제거하는 효과를 보여준다. 즉, 변경되지 않는 추가 토큰 점수는 0.02(어두운 검정 점선)이나 0.04, 0.06, 0.08, 0.10 또는 0.12(밝은 검정 점선)의 같은 값에 모두 고정된다. 각 그림의 오른쪽 그림은 처음 $q_i \in (0.4, 0.6)$일 때, i번째 토큰을 추가하는 효과를 보여준다. 즉, 변경되지 않는 추가 토큰 점수는 0.88(검은 회색)이나 0.90, 0.92, 0.94, 0.96 또는 0.98(밝은 회색)의 같은 값에 모두 고정된다.

동하는지 더 잘 알기 위해, 사례별로 그 행동을 분석한다. 이를 위해 3개의 구간 $[0, \frac{1}{2} - \tau_{\hat{x}}]$와 $(\frac{1}{2} - \tau_{\hat{x}}, \frac{1}{2} + \tau_{\hat{x}})$ 그리고 $[\frac{1}{2} + \tau_{\hat{x}}, 1]$를 각각 $\mathbb{A}$와 $\mathbb{B}$, $\mathbb{C}$로 참조한다. 분명히 q_i가 같은 구간 안에서만 증가한다면 $I(\hat{x})$도 증가한다. 이는 보조정리 C.2와 q_i가 구간 $\mathbb{B}$ 안에 있다면 $I(\hat{x})$는 변하지 않는 사실에서 비롯된다. 마찬가지로 q_i가 구간 $\mathbb{A}$에서 구간 $\mathbb{C}$로 증가한다면 $I(\hat{x})$도 증가한다. 이것도 보조정리 C.2에서 비롯된다. q_i가 구간 $\mathbb{A}$에서 $\mathbb{B}$로 이동하거나 q_i가 구간 $\mathbb{B}$에서 $\mathbb{C}$로 이동하는 경우, q_i가 증가할 때 $I(\hat{x})$가 유일하게 감소할 수 있지만, 이 경우 $I(\hat{x})$의 행동은 $\hat{x}$에 있는 다른 토큰 점수와 그림 C.2와 같이 점수가 올라가기 전의 값에 크게 좌우된다. 또한 $\hat{x}$가 구간 $(0.4, 0.6)$ 밖에서 150개 이상의 토큰을 갖고 있다면 q_i가 $\mathbb{B}$로 또는 밖으로의 증가는 두 번째 토큰 점수 q_j를 추가하거나 제거하는 것에 해당하기 때문에 실제로 $I(\hat{x})$는 절대 감소하지 않는다는 점에 주목할 필요가 있다. 이 경우의 영향은 $I(\hat{x})$가 항상 증가한다는 것이다.

5.3절에서 소개한 스팸베이즈를 대상으로 하는 공격은 일부 토큰 점수가 높아질 때 $I(\hat{x})$가 감소할 수 있다는 사실을 무시한다. 이런 의미에서 이와 같은 공격은 진짜로 최적이 아니다. 그러나 어떤 토큰 집합이 미래 메시지의 집합 $\{\hat{x}\}$에 대한 전체 $I(\cdot)$를 최적으로 높일 것인지 결정하는 것은 실제 공격자에게는 실행할 수 없는 것처럼 보이는 조합 문제^{combinatorial problem}이다. 대신 $\hat{x}$의 모든 토큰을 $I(\hat{x})$ 계산에 통합하는 문제의 완화된 버전에 대한 최적 공격을 생각한다. 또한 5.5절에서 일부 최적이지 않은 토큰이 공격 메시지에 포함돼 있음에도 이런 근사 기술이 스팸베이즈에 대해 매우 효과적이라는 것을 증명했다.

근사-최적 회피에 대한 전체 증명

부록 D에서는 8장의 정리를 증명한다. 첫째로 $K = \lceil \sqrt{L_\epsilon} \rceil$일 때, K-단계 다중선탐색의 질의 복잡도가 $\mathcal{O}\left(L_\epsilon + \sqrt{L_\epsilon}|\mathbb{W}|\right)$임을 보인다. 두 번째로 다른 비용함수의 세 가지 하계를 보인다. 각 하계에 대한 증명은 비슷하다. 우리는 비용 공에 기반한 분류기와 질의의 볼록 헐에 기반한 분류기를 사용해 다른 ϵ-$IMAC$을 가진 두 개의 대안 분류기를 구성한다. 이를 통해 필요한 최소 질의 수에 관한 결과를 보인다.

K-단계 다중선탐색 정리의 증명

K-단계 다중선탐색(알고리즘 8.3)의 최악의 경우를 분석하기 위해 질의 수를 최대화하려는 악성 분류기를 분석한다. 이 알고리즘은 공격자의 상태, 즉 공간의 차원 D와 공격자의 목표 L_ϵ, 비용함수 A, 비용함수의 경계 C_t^+와 C_t^- 등을 완벽하게 알고 있다. 이 증명에서 우리는 질의하는 사람을 공격자라고 한다.

(정리 8.5의 증명) 알고리즘 8.3의 각 반복에서 공격자는 $\mathbb{W}$에서 아직 제거되지 않은 어떤 방향 $\mathbf{e}$를 선택한다. $\mathbb{W}$의 모든 방향은 실행 가능하며(즉, ϵ-$IMAC$을 생성할 수 있으며) 악성 분류기는 정의에 따라 이 선택에 가능한 한 큰 비용을 치른다. 이 방향을

따라 이진탐색의 K 단계 동안, 어떤 방향 $\mathbf{e}$가 선택됐거나 악성 분류기가 어떻게 대응히든지 간에 $\mathbf{e}$를 따라 후보 승법 간격^{candidate multiplicative gap}(8.1.3절 참조)은 2^{-K}의 지수로 줄어든다. 즉, 다음과 같다.

$$\frac{B^-}{B^+} = \left(\frac{C^-}{C^+}\right)^{2^{-K}} \tag{D.1}$$

$$\log\left(G'_{t+1}\right) = \log\left(G_t\right) \cdot 2^{-K} \tag{D.2}$$

악의적인 분류기에 관한 주요 결정은 공격자가 $\mathbf{e}$ 외의 다른 방향을 질의하기 시작할 때 이뤄진다. 반복 t에서 악성 분류기는 두 가지 선택권을 갖는다.

반복 t에서 악성 분류기는 두 가지 선택권을 갖는다.

- 사례 1($t \in \mathbb{C}_1$): 남아 있는 모든 방향에 대해 "+"로 대응한다. 여기서 경계 후보 B^+와 B^-를 검증하므로 새로운 간격은 2^{-K}의 지수로 줄어든다. 그러나 탐색에서 어떤 방향도 제거되지 않는다.

- 사례 2($t \in \mathbb{C}_2$): "−"로 대응할 방향을 하나 이상 선택한다. 여기서 C^-의 값만 변하므로, 악성 분류기는 처음 K개의 질의에 대응하기 위해 선택할 수 있어 간격은 무시할 수 있는 정도의 양만큼만 줄어든다($\mathbf{e}$를 따라 처음 K개의 질의 동안 항상 "+"로 대응하므로 간격은 $(1 - 2^{-K})$의 지수로 줄어든다). 그러나 악성 분류기는 반드시 제거될 방향의 어떤 수 $E_t \geq 1$를 선택해야 한다.

보수적으로 사례 1인 경우에만 간격이 줄어든다고 가정하면 전체 질의 수는 악성 분류기를 적용하는 순서와 상관없이 두 경우 모두 유계이다. t번째 반복에서 악성 분류기는 사례 1($t \in \mathbb{C}_1$)이나 사례 2($t \in \mathbb{C}_2$)로 결정할 수 있다. 우리는 사례 1인 경우에만 간격이 줄어든다고 가정한다. 즉, $t \in \mathbb{C}_1$이면 $G_t = G_{t-1}^{2^{-K}}$이며, $t \in \mathbb{C}_2$이면 $G_t = G_{t-1}$가 되도록 $G_0 = C_0^- / C_0^+$를 정의한다. 이 가정은 알고리즘 성능의 상계를 산출하고 $\mathbb{C}_1$와 $\mathbb{C}_2$에 대한 질의 분석을 분리한다. 이로부터 알고리즘이 종료되기 전에 발생해야 하는 사례 1의 반복 횟수의 상계를 도출한다. 간단히 말해 사례 1 반복 중에 총 L_ϵ번의 이진탐색 단계가 진행돼야 하며, 모든 사례 1 반복은 정확히 K단계를 거친다. 더 공식적으로, 각 사례 1 반복은 2^{-K}의 지수로 간격이 줄어들며, 종료 조건은 $G_T \le 1 + \epsilon$이 된다. 우리의 알고리즘은 간격이 $G_T \le 1 + \epsilon$이 되면 즉시 종료되므로 반복 T는 반드시 사례 1의 반복과 $G_{T-1} > 1 + \epsilon$이어야 한다. 그렇지 않으면 알고리즘은 더 일찍 종료됐을 것이다. 이로부터 전체 반복 횟수는 반드시 다음을 만족해야 한다.

$$\log_2 (G_{T-1}) > \log_2 (1 + \epsilon)$$

$$\underbrace{\log_2 (G_0) \prod_{i \in C_1 \wedge i < T} 2^{-K}}_{\text{식 (D.2)에 의해}} > \log_2 (1 + \epsilon)$$

$$2^{-\sum_{i \in C_1 \wedge i < T} K} > \frac{\log_2 (1 + \epsilon)}{\log_2 (G_0)}$$

$$\sum_{i \in C_1 \wedge i < T} K > \underbrace{\log_2 \frac{\log_2 (G_0)}{\log_2 (1 + \epsilon)}}_{\text{식 (8.6)에 의해} = L_\epsilon}$$

$$(|\mathbb{C}_1| - 1)K < L_\epsilon$$

여기서 인자 $(|\mathbb{C}_1| - 1)$은 마지막 사례 1의 반복 T를 제외한 결과다. $G_T \le 1 + \epsilon$에 대해서도 비슷한 방식으로 식을 유도하면, $|\mathbb{C}_1| \cdot K \ge L_\epsilon$을 얻을 수 있으며, 두 조건을 모두 만족하는 유일한 정수는 다음과 같다.

$$|\mathbb{C}_1| = \left\lceil \frac{L_\epsilon}{K} \right\rceil \tag{D.3}$$

이제 모든 사례 1 반복에서 공격자는 정확히 $K + |\mathbb{W}_t| - 1$개의 질의를 만든다. 여기서 $\mathbb{W}_t$는 t번째 반복에서 남아 있는 실행 가능한 방향의 집합이다. $\mathbb{W}_t$는 악성 분류기가 제어하지만 $|\mathbb{W}_t| \le |\mathbb{W}|$로 유계이다. 이 식과 식 (D.3)의 관계를 이용하면 사례 1에서 사용한 질의 수 Q_1의 경계는 다음과 같다.

$$Q_1 = \sum_{t \in C_1} (K + |\mathbb{W}_t| - 1)$$

$$\le \sum_{t \in C_1} (K + |\mathbb{W}| - 1)$$

$$= \left\lceil \frac{L_\epsilon}{K} \right\rceil \cdot (K + |\mathbb{W}| - 1)$$

$$\leq \left(\frac{L_\epsilon}{K} + 1 \right) \cdot K + \left\lceil \frac{L_\epsilon}{K} \right\rceil \cdot (|\mathbb{W}| - 1)$$

$$= L_\epsilon + K + \left\lceil \frac{L_\epsilon}{K} \right\rceil \cdot (|\mathbb{W}| - 1)$$

사례 2 반복의 경우, 공격자는 정확히 $K + E_t$개의 질의를 만들며, 각 질의는 $E_t \geq 1$개의 방향을 제거한다. 따라서 $|\mathbb{W}_{t+1}| = |\mathbb{W}_t| - E_t$이다. 악성 분류기는 공격자가 얻는 질의를 최대로 제한하므로 모든 사례 2의 인스턴스에서 악성 분류기는 항상 $E_t = 1$를 만든다. 그런데도 사례 2는 적어도 한 방향을 제거해야 하므로 경계 $|\mathbb{C}_2| \leq |\mathbb{W}| - 1$가 적용된다. 또한 각 방향은 한 번 이상 제거될 수 없고, 최소한 방향은 남아 있어야 하므로 E_t의 선택에 상관없이 $\sum_{t \in \mathbb{C}_2} E_t \leq |\mathbb{W}|$이다. 다음을 보자.

$$Q_2 = \sum_{i \in \mathbb{C}_2} (K + E_t)$$

$$\leq |\mathbb{C}_2| \cdot K + |\mathbb{W}| - 1$$

$$\leq (|\mathbb{W}| - 1)(K + 1)$$

알고리즘 8.3에서 사용한 전체 질의 수는 다음과 같다.

$$Q = Q_1 + Q_2 \leq L_\epsilon + K + \left\lceil \frac{L_\epsilon}{K} \right\rceil \cdot (|\mathbb{W}| - 1) + (|\mathbb{W}| - 1)(K + 1)$$

$$= L_\epsilon + K + \left\lceil \frac{L_\epsilon}{K} \right\rceil \cdot |\mathbb{W}| - \left\lceil \frac{L_\epsilon}{K} \right\rceil + K \cdot |\mathbb{W}| - K + |\mathbb{W}| - 1$$

$$= L_\epsilon + \left\lceil \frac{L_\epsilon}{K} \right\rceil \cdot |\mathbb{W}| + K \cdot |\mathbb{W}| + |\mathbb{W}| - \left\lceil \frac{L_\epsilon}{K} \right\rceil - 1$$

$$\leq L_\epsilon + \left\lceil \frac{L_\epsilon}{K} \right\rceil \cdot |\mathbb{W}| + K \cdot |\mathbb{W}| + |\mathbb{W}|$$

$$= L_\epsilon + \left(\left\lceil \frac{L_\epsilon}{K} \right\rceil + K + 1 \right) |\mathbb{W}|$$

최종적으로 $K = \lceil \sqrt{L_\epsilon} \rceil$를 선택하면 위 식을 최소화할 수 있다. 이 K를 Q에 대입

하고 경계 $L_\epsilon/\lceil\sqrt{L_\epsilon}\rceil \leq \sqrt{L_\epsilon}$를 사용하면 다음과 같은 식을 얻을 수 있다.

$$Q \leq L_\epsilon + \left(2\lceil\sqrt{L_\epsilon}\rceil + 1\right)|\mathbb{W}|$$

그러므로 $Q = \mathcal{O}\left(L_\epsilon + \sqrt{L_\epsilon}|\mathbb{W}|\right)$이다. □

하계에 대한 증명

여기서는 승법과 가법 사례와 같은 논거를 사용해 8.2.1.2절의 하계 정리를 증명한다. 이 하계에 대해 D는 공간의 차원이고, $A : \Re^D \mapsto \Re_+$는 임의의 양의 볼록함수이며, $0 < C_0^+ < C_0^-$는 MAC에서의 초기 상계와 하계다. 또한 $\hat{\mathcal{F}}^{\text{convex,"+"}} \subseteq \mathcal{F}^{\text{convex,"+"}}$는 MAC에서 제약 사항과 일치하는 분류기의 집합이다. 즉, $f \in \hat{\mathcal{F}}^{\text{convex,"+"}}$에 대해 집합 $\mathcal{X}_f^+$는 볼록이고, $\mathbb{B}^{C_0^+}(A) \subseteq \mathcal{X}_f^+$ 그리고 $\mathbb{B}^{C_0^-}(A) \not\subseteq \mathcal{X}_f^+$이다. K-단계 다중선탐색과 같이 우리는 악성 분류기를 생각한다.

정리 8.6과 8.7의 증명 질의-기반 알고리즘이 분류기에 $N < D + 1$개의 멤버십 질의 $\mathbf{x}^{(1)}, \ldots, \mathbf{x}^{(N)} \in \Re^D$를 한다고 가정하자. 알고리즘이 ϵ-최적이 되려면, 이 질의는 모든 일관된 분류기의 모임^family of all consistent classifiers $\hat{\mathcal{F}}^{\text{convex,"+"}}$가 분류기의 ϵ-$IMAC$ 집합에서 공통점을 갖도록 제한해야 한다. 질의에 대한 응답이 식 (D.4)와 같이 정의한 분류기 f와 일치한다고 가정하자.

$$f(\mathbf{x}) = \begin{cases} +1, & A\left(\mathbf{x} - \mathbf{x}^A\right) < C_0^- \text{ 인 경우} \\ -1, & \text{그 외의 경우} \end{cases} \tag{D.4}$$

이 분류기의 경우 A가 볼록함수이므로 $\mathcal{X}_f^+$는 볼록이며, $C_0^+ < C_0^-$이므로 $\mathbb{B}^{C_0^+}(A) \subseteq \mathcal{X}_f^+$이고, $\mathcal{X}_f^+$가 열린 C_0^--공이므로 $\mathbb{B}^{C_0^-}(A) \not\subseteq \mathcal{X}_f^+$이지만 $\mathbb{B}^{C_0^-}(A)$는 닫힌 C_0^--공이다. 또한 $\mathcal{X}_f^+$는 열린 C_0^--공이므로, $A\left(\mathbf{x} - \mathbf{x}^A\right) < C_0^-$를 만족하는 $\mathbf{x} \in \mathcal{X}_f^-$는 존재하지 않는다($\nexists\, \mathbf{x} \in \mathcal{X}_f^-$). 따라서, $MAC(f, A) = C_0^-$이고, 임의의 ϵ-최적점 $\mathbf{x}' \in \epsilon$-$IMAC^{(*)}(f, A)$는 $C_0^- \leq A\left(\mathbf{x}' - \mathbf{x}^A\right) \leq (1 + \epsilon)C_0^-$를 만족해야 한다. 마찬가지로 임

의의 η-최적점은 $\mathbf{x}' \in \eta\text{-}IMAC^{(+)}(f, A)$는 $C_0^- \leq A\left(\mathbf{x}' - \mathbf{x}^A\right) \leq C_0^- + \eta$를 만족해야 한다.

$\mathbf{x}^{(1)}, \ldots, \mathbf{x}^{(N)}$에 대해 f와 똑같이 응답하지만 다른 양의 볼록 헐 $\mathcal{X}_g^+$를 갖는 대안 분류기 g를 생각해보자. 일관성을 잃지 않고 첫 번째 $M \leq N$개의 질의가 양이고 남아 있는 질의는 음이라고 가정하자. $\mathbb{G} = conv\left(\mathbf{x}^{(1)}, \ldots, \mathbf{x}^{(M)}\right)$라고 하자. 즉 양인 M개의 질의 볼록 헐이다. 이제 $\mathcal{X}_g^+$가 $\mathbb{G}$의 볼록 헐이고 A의 C_0^+-공이라고 하자. 즉, $A\colon \mathcal{X}_g^+ = conv\left(\mathbb{G} \cup \mathbb{B}^{C_0^+}(A)\right)$이다. $\mathbb{G}$가 모든 양의 질의를 포함하고 $C_0^+ < C_0^-$이므로 볼록 헐 $\mathcal{X}_g^+$는 정의에 따라 관찰된 응답 $\mathbb{B}^{C_0^+}(A) \not\subseteq \mathcal{X}_g^+$와 일치하며, 양의 질의가 모두 열린 C_0^--부분수준 집합^sublevel set 안에 있으므로 $\mathbb{B}^{C_0^-}(A) \not\subseteq \mathcal{X}_g^+$와도 일치한다. 또한 $M \leq N < D+1$이므로 $\mathbb{G}$는 $\mathfrak{R}^D$의 선형 진부분공간에 포함되며, 따라서 $\mathbb{G}$의 내부는 비어 있다. 즉, $int(\mathbb{G}) = \emptyset$이다. 따라서, $\mathcal{X}_g^+$의 경계에 있는 어떤 점이 $\mathbb{B}^{C_0^+}(A)$ 안에 항상 존재한다. 즉, $int(\mathbb{G}) = \emptyset$이므로 $\mathbb{B}^{C_0^+}(A) \not\subseteq int(\mathbb{G})$이다. 따라서 $\mathbb{B}^{C_0^+}(A)$의 볼록 헐의 경계와 $\mathbb{G}$에 있는 어떤 점이 $\mathbb{B}^{C_0^+}(A)$ 안에 적어도 한 개는 있어야 한다. 그러므로 $MAC(g, A) = \inf_{\mathbf{x} \in \mathcal{X}_g^-}\left[A\left(\mathbf{x} - \mathbf{x}^A\right)\right] = C_0^+$이다. 정확도가 $\epsilon < \frac{C_0^-}{C_0^+} - 1$이므로 임의의 $\mathbf{x} \in \epsilon\text{-}IMAC^{(*)}(g, A)$는 다음을 만족해야 한다.

$$A\left(\mathbf{x} - \mathbf{x}^A\right) \leq (1 + \epsilon)C_0^+ < \frac{C_0^-}{C_0^+}C_0^+ = C_0^-$$

하지만 임의의 $\mathbf{y} \in \epsilon\text{-}IMAC^{(*)}(f, A)$는 $A\left(\mathbf{y} - \mathbf{x}^A\right) \geq C_0^-$를 만족해야 한다. 따라서 $\epsilon\text{-}IMAC^{(*)}(f, A) \cap \epsilon\text{-}IMAC^{(*)}(g, A) = \emptyset$이며, 두 개의 볼록-유도 분류기 f와 g를 구성했는데, 두 분류기 모두 공통 $\epsilon\text{-}IMAC^{(*)}$가 없는 질의에 대한 응답과 일치한다. 마찬가지로 $\eta < C_0^- - C_0^+$이므로 모든 $\mathbf{x} \in \eta\text{-}IMAC^{(+)}(g, A)$는 다음을 만족해야 한다.

$$A\left(\mathbf{x} - \mathbf{x}^A\right) \leq \eta + C_0^+ < C_0^- - C_0^+ + C_0^+ = C_0^-$$

아울러 모든 $\mathbf{y} \in \eta\text{-}IMAC^{(+)}(f, A)$는 $A\left(\mathbf{y} - \mathbf{x}^A\right) \geq C_0^-$를 만족해야 한다. 따라서 $\eta\text{-}IMAC^{(+)}(f, A) \cap \eta\text{-}IMAC^{(+)}(g, A) = \emptyset$이므로 두 개의 볼록-유도 분류기 f와 g도

공통 η-$IMAC^{(+)}$를 갖지 않는다.

질의-기반 알고리즘이 $N < L_\epsilon^{(*)}$(또는 가법 사례의 경우 $N < L_\eta^{(+)}$)개의 멤버십 질의를 한다고 가정하자. 정의에 따라 C_0^-는 MAC의 초기 상계이며, C_0^+는 MAC의 초기 하계이고, $G_t^{(*)} = C_t^-/C_t^+$(가법 사례의 경우 $G_t^{(+)} = C_t^- - C_t^+$)는 반복 t에서 상계와 하계 간의 간격이다. 악성 분류기 f는 다음과 같이 응답한다(가법 최적성의 경우, 첫 번째 조건은 $A\left(\mathbf{x}^{(t)} - \mathbf{x}^A\right) \leq \frac{C_{t-1}^- + C_{t-1}^+}{2}$이다).

$$f\left(\mathbf{x}^{(t)}\right) = \begin{cases} +1, & A\left(\mathbf{x}^{(t)} - \mathbf{x}^A\right) \leq \sqrt{C_{t-1}^- \cdot C_{t-1}^+} \text{인 경우} \\ -1, & \text{그 외의 경우} \end{cases} \tag{D.4}$$

악성 분류기가 "+"로 응답하면 C_t^+는 $\sqrt{C_{t-1}^- \cdot C_{t-1}^+}$까지만 증가하므로 $G_t \geq \sqrt{G_{t-1}}$이다. 마찬가지로, 악성 분류기가 "−"로 응답하면, C_t^-는 $\sqrt{C_{t-1}^- \cdot C_{t-1}^+}$까지만 감소하므로 $G_t \geq \sqrt{G_{t-1}}$이다. 따라서, 이런 응답은 각 반복에서 $G_t \geq \sqrt{G_{t-1}}$(또는 가법 사례의 경우 $G_t \geq \frac{G_{t-1}}{2}$)를 보장하며, 알고리즘은 $G_N \leq 1 + \epsilon$일 때까지 종료될 수 없으므로 식 (8.6)에 따라 $N \geq L_\epsilon^{(*)}$(또는 가법 사례의 경우 식 (8.5)에 따라 $N \geq L_\eta^{(+)}$)이어야 한다. 그렇지 않으면 질의에 대한 응답과 일치하지만 공통 ϵ-$IMAC$을 갖지 않는 두 개의 볼록-유도 분류기가 여전히 존재해야 한다. 첫 번째 분류기의 양의 집합은 모든 양의 질의를 포함하는 가장 작은 비용-공인 반면, 두 번째 분류기의 양의 집합은 모든 양의 질의를 포함하지만, 음의 질의는 포함하지 않는 가장 큰 비용-공이다. 이들 분류기에 대한 MAC 값은 $N < L_\epsilon^{(*)}$인 경우 $(1 + \epsilon)$(또는 가법 사례의 경우 η) 이상의 차이가 나므로 분류기들은 공통 ϵ-$IMAC$을 갖지 않는다. $\qquad\square$

정리 8.12의 증명

정리 8.12의 증명을 위해 ($\mathbf{x}^A$를 중심으로 하는) 사분면orthants을 사용한다. 사분면은 2차원 사분면을 D차원으로 일반화한 것이다. D차원 공간에 2^D 사분면이 존재한다. 우리는 각 사분면을 표준 표현canonical representation으로 표현하는데, 이는 D개의 1 또는 −1로 된 벡터이다. 즉, $\mathbf{a} = (\pm 1, \pm 1, \ldots, \pm 1)$로 표현되는 사분면은 점 $\mathbf{x}^A + \mathbf{a}$

를 포함하며, 다음을 만족하는 모든 점 $\mathbf{x}$의 집합이다.

$$x_i \in \begin{cases} [0, +\infty], & a_i = +1 \text{ 인 경우} \\ [-\infty, 0], & a_i = -1 \text{ 인 경우} \end{cases}$$

이제 보조정리 A.2를 기반으로 정리 8.12를 증명한다.

(정리 8.12의 증명) 질의-기반 알고리즘이 분류기에 N개의 멤버십 질의 $\mathbf{x}^{(1)}, \ldots,$ $\mathbf{x}^{(N)} \in \Re^D$를 한다고 가정해보자. 알고리즘이 ϵ-최적이 되려면 이런 질의가 모임 $\hat{\mathcal{F}}^{\text{convex},\text{"+"}}$에 있는 모든 일관된 분류기가 $\epsilon\text{-}IMAC$ 집합의 공통점을 갖도록 제한해야 한다. 위에서 설명한 응답은 다음과 같이 정의한 분류기 f와 일치한다.

$$f(\mathbf{x}) = \begin{cases} +1, & A_p\left(\mathbf{x} - \mathbf{x}^A\right) < C_0^- \text{ 인 경우} \\ -1, & \text{그 외의 경우} \end{cases}$$

이 분류기에 대해 A_p가 $p \geq 1$에 대해 볼록함수이므로 $\mathcal{X}_f^+$가 볼록이며, $C_0^+ < C_0^-$ 이므로 $\mathbb{B}^{C_0^+}(A_p) \subseteq \mathcal{X}_f^-$이고, $\mathcal{X}_f^+$가 열린 C_0^--공이므로 $\mathbb{B}^{C_0^-}(A_p) \not\subseteq \mathcal{X}_f^+$이지만 $\mathbb{B}^{C_0^-}(A_p)$는 닫힌 C_0^--공이다. 또한 $\mathcal{X}_f^+$가 열린 C_0^--이므로 $A_p\left(\mathbf{x} - \mathbf{x}^A\right) < C_0^-$를 만족하는 $\mathbf{x} \in \mathcal{X}_f^-$는 존재하지 않는다($\nexists \mathbf{x} \in \mathcal{X}_f^-$). 따라서 $MAC\left(f, A_p\right) = C_0^-$이고, 모든 ϵ-최적점 $\mathbf{x}' \in \epsilon\text{-}IMAC^{(*)}\left(f, A_p\right)$는 $C_0^- \leq A_p\left(\mathbf{x}' - \mathbf{x}^A\right) \leq (1+\epsilon)C_0^-$를 만족해야 한다.

이제 $\mathbf{x}^{(1)}, \ldots, \mathbf{x}^{(N)}$에 대해 f와 똑같이 응답하지만 다른 양의 볼록 헐 $\mathcal{X}_g^+$를 갖는 대안 분류기 g를 생각해보자. 일관성을 잃지 않고 첫 번째 $M \leq N$개의 질의가 양이고 남아 있는 질의는 음이라고 가정하자. 모든 양의 질의 M개에 대한 사분면 볼록 헐을 생각해보자. 즉, 식 (D.6)과 같이 말이다.

$$\mathbb{G} = conv\left(orth\left(\mathbf{x}^{(1)}\right) \cap \mathcal{X}_f^+, orth\left(\mathbf{x}^{(2)}\right) \cap \mathcal{X}_f^+, \ldots, orth\left(\mathbf{x}^{(M)}\right) \cap \mathcal{X}_f^+\right) \quad \text{(D.6)}$$

여기서 $orth(\mathbf{x})$는 사분면으로 중심 $\mathbf{x}^A$에서 상대적인 거리 안에 $\mathbf{x}$가 있다(데이터 포인트는 하나 이상의 사분면 안에 있을 수 있지만, 데이터 포인트를 덮기 위해 데이터 포인트를 포함하는 사분면 하나를 선택하는 것만이 필요하다).

각 데이터 포인트의 사분면을 집합 $\mathcal{X}_f^+$와 교차시키고, 이 교차 영역의 볼록 헐을 취하면 $\mathbb{G}$는 볼록이며, $\mathbf{x}^A$를 포함하고, f의 모든 질의에 대한 응답과 일치하는 $\mathcal{X}_f^+$의 부분집합이다. 즉, 양의 질의 M개의 각각은 $\mathcal{X}_g^+$에 있으며, 모든 음의 질의는 $\mathcal{X}_g^-$에 있다. 또한 $\mathbb{G}$는 양의 질의 M개에 대한 볼록 헐의 포함집합^{superset}이다. 따라서 $\mathbb{G}$ 안에서 가장 큰 밀폐^{enclosed} ℓ_p-공의 상계는 $MAC(g, A_p)$이므로 이 ℓ_p 공의 크기로 경계를 갈음한다.

이제 각 사분면을 D차원의 초입방체 그래프의 꼭지점으로 표현한다. 어떤 한 쌍의 사분면 간의 해밍 거리는 사분면의 표준 표현에서 다른 좌표의 개수이며, 두 사분면이 그래프에서 인접한다는 것은 해밍 거리가 1이라는 것과 동치이다. 이 해밍 거리의 개념을 사용해 초입방체에 대한 $\mathbb{X}$의 K-K-덮개^{covering}를 찾는다. 식 (D.6)에서 $\mathbb{G}$를 구성하는 데 사용한 사분면이 양의 질의 M개를 덮으므로 덮개 사분면^{covering orthants}이라고 한다. 이런 덮개 사분면에 해당하는 꼭지점은 초입방체의 덮개를 형성한다. M개 덮개 사분면이 K개 덮개에는 충분하지만 $K-1$ 덮개에는 충분하지 않다고 가정하자. 그러면 $\mathbb{X}$의 K-덮개에 있는 모든 꼭지점에 대한 K 덮개에 있지 않은 꼭지점이 적어도 하나 존재해야 한다. 이 꼭지점은 표준 꼭지점의 최대 K개 좌표에서 모두 덮인 사분면과는 다른 공사분면^{empty orthant}에 해당한다. 일관성을 잃지 않고, 이 덮이지 않은 사분면이 $C_0^-\mathbf{1}$으로 크기가 변경된 1들의 모든 표준 꼭지점^{canonical vertexes}을 가지고 있다고 가정하자. 이제 법선벡터 $\mathbf{w} = \mathbf{1}$인 초평면과 판별함수 $s(\mathbf{x}) = \mathbf{x}^\top \mathbf{w} - d = \sum_{i=1}^{D} x_i - d$를 지정하는 이동 거리를 생각해보자.

$$d = \begin{cases} C_0^-(D-K)^{\frac{p-1}{p}} & 1 < p < \infty \text{인 경우} \\ C_0^-(D-K) & p = \infty \text{인 경우} \end{cases}$$

이 초평면의 경우 꼭지점 $C_0^-\mathbf{1}$은

$$\begin{aligned} s\left(C_0^-\mathbf{1}\right) &= C_0^- D - d \\ &= C_0^- D - \left(C_0^- D - K\right)^{\frac{p-1}{p}} \\ &> C_0^- D - \left(C_0^- D - K\right) \\ &> 0 \end{aligned}$$

또한 이 덮이지 않은 사분면에서 최대 K의 해밍 거리를 가진 모든 사분면 $\mathbf{a}$에 대해 사분면과 $\mathcal{X}_f^+$의 정의에 따라 모든 점 $\mathbf{x} \in orth\,(\mathbf{a}) \cap \mathcal{X}_f^+$로 다음과 같은 함수의 값 s를 계산할 수 있다.

$$s\,(\mathbf{x}) = \sum_{i=1}^{D} x_i - d$$
$$= \sum_{\{i \mid a_i = +1\}} \underbrace{x_i}_{\geq 0} + \sum_{\{i \mid a_i = -1\}} \underbrace{x_i}_{\leq 0} - d$$

두 번째 합의 모든 항이 양이 아니므로, 두 번째 합은 기껏해야 0이다. 따라서 첫 번째 합의 상계 $s\,(\mathbf{x})$를 최대화한다. ($\mathbf{x}$가 $\mathcal{X}_f^+$에 있기 위해 필요한 제약 사항 $\|\mathbf{x}\|_p < C_0^-$를 가진) 합 $\sum_{\{i \mid a_i = +1\}} x_i$은 기껏해야 $D - K$개의 항을 가지며, $p = \infty$인 경우 상계가 $C_0^-(D-K)^{\frac{p-1}{p}}$ 또는 $C_0^-(D-K)$인 첫 번째 합은 $x_i = C_0^-(D-K)^{-1/p}$ (또는 $p = \infty$에 대해 $x_i = C_0^-$)로 최대화할 수 있다. 즉, 이 값의 상계는 d이므로 $s\,(\mathbf{x}) \leq 0$이다. 따라서, 이 초평면은 크기를 변경한 꼭지점 $C_0^-\mathbf{1}$과 각 집합 $orth\,(\mathbf{a}) \cap \mathcal{X}_f^+$을 분리하는데, 여기서 $\mathbf{a}$는 $\mathbf{1}$로 표현된 양의 사분면에서 최소 K의 해밍 거리를 갖는 모든 사분면의 표준 표현이다. 이 초평면은 볼록 헐의 속성에 따라 크기를 변경한 꼭지점과 $\mathbb{G}$를 분리한다. 위에서 정의한 이동 거리 d는 0보다 크므로 보조정리 A.3을 적용하면 이 분리 초평면은 $\mathbb{G}$에서 덮인 가장 큰 ℓ_p-공의 비용을 $1 < p < \infty$에 대해 다음과 같이 한다.

$$MAC\,(g, A_p) \leq C_0^-(D-K)^{\frac{p-1}{p}} \cdot \|\mathbf{1}\|_{\frac{p}{p-1}}^{-1} = C_0^-\left(\frac{D-K}{D}\right)^{\frac{p-1}{p}}$$

$p = \infty$에 대해

$$MAC\,(g, A_p) \leq C_0^-(D-K) \cdot \|\mathbf{1}\|_1^{-1} = C_0^-\frac{D-K}{D}$$

로 위로 유계하게 만든다. 이 g의 MAC의 상계와 f의 MAC의 상계(즉, C_0^+)를 기반으로, 이 분류기 사이에 공통 ϵ-MAC이 존재한다면 다음을 만족해야만 한다.

$$(1 + \epsilon) \geq \begin{cases} \left(\frac{D}{D-K}\right)^{\frac{p-1}{p}}, & 1 < p < \infty \text{ 인 경우} \\ \frac{D}{D-K}, & p = \infty \end{cases}$$

원하는 정확도 $1 + \epsilon$를 얻는 데 필요한 K의 값을 풀면 다음과 같다.

$$K \leq \begin{cases} \frac{(1+\epsilon)^{\frac{p}{p-1}} - 1}{(1+\epsilon)^{\frac{p}{p-1}}} D, & 1 < p < \infty \text{ 인 경우} \\ \frac{\epsilon}{1+\epsilon} D, & p = \infty \text{ 인 경우} \end{cases}$$

이 값은 원하는 승법 정확도 ϵ를 얻는 데 필요한 $\mathbb{X}$의 K-덮개의 크기에 대한 경계가 된다.

$1 < p < \infty$인 경우, 보조정리 A.2는 원하는 정확도 $0 < \epsilon < 2^{\frac{p-1}{p}} - 1$를 얻기 위해 $\mathbb{X}$의 K-덮개에 있는 초입방체의 꼭지점 수는 다음과 같아야 한다.

$$M \geq \exp\left\{\ln(2) \cdot D\left(1 - H\left(1 - (1+\epsilon)^{\frac{p}{1-p}}\right)\right)\right\}$$

이 경우 보조정리에 필요한 조건을 만족한다. 따라서 이 정리를 임의의 $\epsilon < 2^{\frac{p-1}{p}} - 1$에 적용할 수 있다.

$$\delta = \frac{(1+\epsilon)^{\frac{p}{p-1}} - 1}{(1+\epsilon)^{\frac{p}{p-1}}} < \frac{1}{2}$$

예를 들어 $p = 2$인 경우, 임의의 $\epsilon < \sqrt{2} - 1$에 정리를 적용할 수 있다. 또한 임의의 $\delta < \frac{1}{2}$에 대해 $H(\delta) < 1$이므로

$$\alpha_{p,\epsilon} = \exp\left\{\ln(2)\left(1 - H\left(\frac{(1+\epsilon)^{\frac{p}{p-1}} - 1}{(1+\epsilon)^{\frac{p}{p-1}}}\right)\right)\right\} > 1$$

이며,

$$M \geq \alpha_{p,\epsilon}^D$$

이다.

마찬가지로 $p = \infty$인 경우, 보조정리 A.2를 적용하려면 임의의 원하는 정확도 $0 < \epsilon < 1$를 얻기 위해 $M \geq 2^{D(1-H(\frac{\epsilon}{1+\epsilon}))}$가 필요하다(보조정리가 요구하는 값은 $\epsilon/(1+\epsilon) < 1/2$이다). 다시 엔트로피의 속성에 따라 임의의 $0 < \epsilon < 1$과 $M \geq \alpha_{\infty,\epsilon}^{D}$에 대해 상수는 $\alpha_{\infty,\epsilon} = 2^{(1-H(\frac{\epsilon}{1+\epsilon}))} > 1$이다. □

정리 8.12가 요구하는 상수 $\alpha_{p,\epsilon}$와 $\alpha_{\infty,\epsilon}$는 엔트로피 함수 $(H(\delta) = -\delta \log_2(\delta) - (1-\delta)\log_2(1-\delta))$를 확장해 더 간결한 형식으로 표현할 수 있다는 점에 주목해야 한다. $1 < p < \infty$인 경우 상수는 다음과 같다.

$$\alpha_{p,\epsilon} = 2 \cdot \left(1 - (1+\epsilon)^{\frac{p}{1-p}}\right) \cdot \exp\left(\ln\left(\frac{-1}{1-(1+\epsilon)^{\frac{p}{p-1}}}\right) \cdot (1+\epsilon)^{\frac{p}{1-p}}\right) \tag{D.7}$$

이 공식에서 $\epsilon < 2^{\frac{p-1}{p}} - 1$인 경우 $\alpha_{p,\epsilon} > 1$인 것을 직접 확인하기는 어렵지만, 위의 증명에서 엔트로피 형식을 사용하면 이 경우가 사실이라는 것을 알 수 있다. 마찬가지로 $p = \infty$인 경우 상수의 더 간결한 공식은 다음과 같다.

$$\alpha_{\infty,\epsilon} = \frac{2}{1+\epsilon} \exp\left(\ln(\epsilon) \cdot \left(\frac{\epsilon}{1+\epsilon}\right)\right) \tag{D.8}$$

다시 위의 증명에서 보인 것처럼 $\epsilon < 1$인 경우 $\alpha_{\infty,\epsilon} > 1$이다.

정리 8.13의 증명

$\mathbb{X}$ 초구의 K-덮개에 대한 이전 결과를 토대로 증명을 진행한다. 이 증명은 섀넌의 논문[259]에 처음 등장한 와이너의 덮개수 결과[259]에 기반한다. 이 결과는 초구의 표면을 덮기 위해 필요한 구결의 최소 개수에 대한 경계를 제공한다.

> **정리 8.13의 증명**   질의-기반 알고리즘이 분류기에 $N < D + 1$개의 멤버십 질의 $\mathbf{x}^{(1)}$, ..., $\mathbf{x}^{(N)} \in \Re^{D}$를 한다고 가정하자. 알고리즘이 ϵ-최적이 되려면 이 질의는 모임 $\mathcal{F}^{\text{convex,"}+\text{"}}$의 일관된 분류기 모두가 $\epsilon\text{-}IMAC$ 집합 간에 공통점을 갖도록 제한해야 한다. 모든 응답이

$$f(\mathbf{x}) = \begin{cases} +1, & A_2\left(\mathbf{x} - \mathbf{x}^A\right) < C_0^- \\ -1, & \end{cases} \tag{D.9}$$

로 정의된 분류기 f와 일치한다고 가정하자. 이 분류기의 경우 A_2가 볼록함수이므로 $\mathcal{X}_f^+$는 볼록이며, $C_0^+ < C_0^-$이므로 $\mathbb{B}^{C_0^+}(A_2) \subseteq \mathcal{X}_f^+$ 이고, $\mathcal{X}_f^+$가 열린 C_0^--공이므로 $\mathbb{B}^{C_0^-}(A_2) \not\subseteq \mathcal{X}_f^+$이지만 $\mathbb{B}^{C_0^-}(A_2)$는 닫힌 C_0^--공이다. 또한 $\mathcal{X}_f^+$는 열린 C_0^--공이므로, $A_2\left(\mathbf{x} - \mathbf{x}^A\right) < C_0^-$를 만족하는 $\mathbf{x} \in \mathcal{X}_f^-$는 존재하지 않는다($\nexists\, \mathbf{x} \in \mathcal{X}_f^-$). 따라서 $MAC(f, A_2) = C_0^-$이고, 임의의 ϵ-최적점 $\mathbf{x}' \in \epsilon\text{-}IMAC^{(*)}(f, A_2)$는 $C_0^- \le A_2\left(\mathbf{x}' - \mathbf{x}^A\right) \le (1 + \epsilon)C_0^-$를 만족해야 한다.

이제 $\mathbf{x}^{(1)}, \dots, \mathbf{x}^{(N)}$에 대해 f와 똑같이 응답하지만 다른 양의 볼록 헐 $\mathcal{X}_g^+$를 갖는 대안 분류기 g를 생각해보자. 일관성을 잃지 않고 첫 번째 $M \le N$개의 질의가 양이고 남아 있는 질의는 음이라고 가정하자. $\mathbb{G} = conv\left(\mathbf{x}^{(1)}, \dots, \mathbf{x}^{(M)}\right)$라고 하자. 즉 양인 M개의 질의 볼록 헐이다. $\mathbf{x}^A \in \mathbb{G}$가 아니라면 악성 분류기는 증명 8.7과 8.6의 증명에서와 같이 집합 $\mathcal{X}_f^+$를 구성하고 $MAC(f, A_2) = C_0^+$을 얻을 수 있어 원하는 결과를 얻을 수 있으므로 $\mathbf{x}^A \in \mathbb{G}$라고 가정한다. 그렇지 않으면 $\mathbf{x}^A \in \mathbb{G}$일 때, 점 $\mathbf{z}^{(i)} = C_0^- \frac{\mathbf{x}^{(i)}}{A_2(\mathbf{x}^{(i)} - \mathbf{x}^A)}$(즉, 각 양의 질의를 ℓ_2-공 $\mathbb{B}^{C_0^-}(A_2)$ 표면으로의 사영)를 생각해보자. 각 양의 질의는 볼록성과 $\mathbf{x}^A \in \mathbb{G}$인 사실에 따라 $\mathbf{x}^A$와 $\mathbf{x}^A$의 사영 $\mathbf{z}^{(i)}$ 간의 선을 따라 놓여 있으므로, 집합 $\mathbb{G}$는 $conv\left(\mathbf{z}^{(1)}, \mathbf{z}^{(2)}, \dots, \mathbf{z}^{(M)}\right)$의 부분집합이며, 우리는 이 확대된 헐^{hull}을 $\hat{\mathbb{G}}$라고 한다. 이런 M개의 사영점 $\{\mathbf{z}^{(i)}\}_{i=1}^M$는 반각 $\phi_\epsilon^\star = \arccos\left(\frac{1}{1+\epsilon}\right)$ 뚜껑^{cap}의 위치로서 C_0^--초구의 $\mathbb{X}$의 K-덮개를 형성해야 한다. 그렇지 않다면 이 초구의 표면에 모든 $\mathbf{z}^{(i)}$ 점에서 적어도 각 $\phi_\epsilon^\star$인 어떤 점이 존재해야 하며, 이 덮이지 않은 점을 중심으로 한 결과 (뚜껑은 초구와 반공간의 교집합으로 정의되므로) $\phi_\epsilon^\star$-뚜껑은 $\hat{\mathbb{G}}$에 있지 않다. 또한 $\phi_\epsilon^\star$-뚜껑의 정의에 따라 최소 ℓ_2 비용 $C_0^- \cos \phi_\epsilon^\star$을 얻는다. 따라서 공격자가 C_0^--초구의 $\mathbb{X}$의 $\phi_\epsilon^\star$-K-덮개를 얻지 못하면 대체 분류기 g는 $MAC(g, A_2) < C_0^- \cos \phi_\epsilon^\star = \frac{C_0^-}{1+\epsilon}$를 만족해야 하며, 임의의 $\mathbf{x} \in \epsilon\text{-}IMAC^{(*)}(g, A_2)$는 다음을 만족해야 한다.

$$A_2\left(\mathbf{x} - \mathbf{x}^A\right) \le (1 + \epsilon)MAC < (1 + \epsilon)\frac{C_0^-}{1+\epsilon} = C_0^-$$

하지만 임의의 $\mathbf{y} \in \epsilon\text{-}IMAC^{(*)}(f, A)$는 $A(\mathbf{y} - \mathbf{x}^A) \geq C_0^-$를 가져야 한다. 따라서 이런 일관된 분류기의 $\epsilon\text{-}IMAC^{(*)}$ 집합에는 공통점이 존재하지 않으므로 공격자는 ϵ-승법 최적성을 보장할 수가 없다. 결국 ℓ_2 비용에 대한 ϵ-승법 최적성을 위해 $\mathbb{X}$의 $\phi_\epsilon^\star\text{-}K$-덮개가 필요하다. 또한 $\phi_\epsilon^\star$의 정의로부터 임의의 $\epsilon \in (0, \infty)$에 대해 $\phi^\star \in (0, \frac{\pi}{2})$이므로 보조정리 A.1을 모든 ϵ에 대해 적용할 수 있다. 보조정리 A.1에서 $\mathbb{X}$의 $\phi_\epsilon^\star\text{-}K$-덮개를 만족하기 위해서는 적어도 다음 수의 질의가 필요하다.

$$M \geq \left(\frac{1}{\sin \phi_\epsilon^\star}\right)^{D-2}$$

삼각항등식$^{\text{trigonometric identity}}$ $\sin(\arccos(x)) = \sqrt{1 - x^2}$ 을 사용해 $\phi_\epsilon^\star$에 대입하면 주어진 승법 정확도 ϵ에 필요한 질의 개수에 대한 경계를 다음과 같이 얻을 수 있다.

$$
\begin{aligned}
M &\geq \left(\frac{1}{\sin\left(\arccos\left(\frac{1}{1+\epsilon}\right)\right)}\right)^{D-2} \\
&\geq \left(\frac{(1+\epsilon)^2}{(1+\epsilon)^2 - 1}\right)^{\frac{D-2}{2}}
\end{aligned}
$$

$\square$

| 용어 사전 |

1종 SVM^{one-class support vector machine} 대신 $^{one-class\ support\ vector\ machine}$: 이상 탐지에 사용되는 SVM의 공식. SVM 참조

1회성 게임$^{one-shot\ game}$: 게임 이론에서 참여자가 한 번만 움직이는 모든 게임. 112쪽 참조

ACRE-학습가능한^{learnable}: 분류기 모임의 질의 복잡도를 정량화하기 위해 로우드와 믹이 제안한 원래의 프레임워크[157]. 근사-최적 회피 문제 참조. 98쪽 참조

DNN: 90, 96쪽, 용어 '심층 신경망' 참조

IDS: 71, 84, 85, 86, 91, 95, 101, 312쪽, 용어 '침입 탐지 시스템' 참조

OD 흐름 용량 이상$^{flow\ volume\ anomaly}$: 통신 네트워크에서 두 상호 접속 위치 간의 OD 흐름에서의 비정상적인 트래픽 패턴. 223쪽 참조

PCA 회피 문제$^{evasion\ problem}$: 6장에서 설명한 문제로 라키나와 크로벨라, 디오트가 제안한 것[139]처럼 공격자가 PCA 부분공간-기반 탐지기의 탐지를 회피하는 DoS 공격을 보내려고 시도하는 문제. 229, 230쪽 참조

RONI: 197, 209 – 213, 372쪽, 용어 '부정적인 영향 거부' 참조

SVM$^{support\ vector\ machine}$: 재생핵 힐베르트 공간^{RKHS}으로 알려진 고차원 공간에서 최대로 분리하는 초평면을 찾는 (비선형) 학습 알고리즘의 모임. 커널함수를 사용하면 데이터를 재생핵 힐베르트 공간에 명시적으로 사상하지 않고 해당 공간에서 내적을 계산할 수 있다. 83, 89, 94, 103, 108, 119, 267, 275쪽 참조

SVM: 108쪽, 용어 'SVM' 참조

VC-차원^{dimension}: VC 또는 밥닉^{Vapnik}-체르보넨키스^{Chervonenkis} 차원은 분류기 모임의

복잡도에 대한 측도로 분류기로 산산조각 낼 수 있는 가장 큰 데이터 포인트 집합의 크기^{cardinality}로 정의한다. 272, 275, 229, 318쪽 참조

$\mathbb{X}$의 K-덮개^{covering}: 집합 $\mathbb{X}$로 표현한 대상이 크기 ϵ인 공(즉, 집합 $\mathbb{B}_i$)의 합집합에 완전히 포함되도록 배열된 크기 ϵ인 공들의 집합, 즉 $\mathbb{X} \subseteq \bigcup_i \mathbb{B}_i$

> **덮개수**^{covering number}: 대상을 덮는 데 필요한 공의 최소 개수로 대상의 복잡도에 대한 측도. 318, 354쪽 참조

가설^{hypothesis}(f): 데이터공간 $\mathcal{X}$에서 응답공간 $\mathcal{Y}$로 사상하는 함수 f. 학습기의 작업은 가설공간에서 입력 변수를 기반으로 응답변수를 가장 잘 예측하는 가설을 선택하는 것이다. 54, 56, 59 - 64쪽, 용어 '분류기' 참조

가설공간^{hypothesis space}($\mathcal{F}$): 학습 모델이 지원하는 모든 가능한 가설 f의 집합. 이 공간은 주로 무한이지만 공간의 각 가설로 사상하는 매개변수 $\boldsymbol{\theta}$로 첨수된다. 59 - 63쪽 참조

가우스 분포^{Gaussian distribution}($\mathrm{N}(\boldsymbol{\mu}, \sigma)$): 중심 $\boldsymbol{\mu} \in \Re^D$와 척도 $\sigma \in \Re_+$를 매개변수로 하고 $\Re^D$에서 정의된 확률분포함수 $P(\mathbf{x}) = \frac{1}{\sqrt{2\pi}\sigma} \exp\left(-\frac{\|\mathbf{x}-\boldsymbol{\mu}\|_2^2}{2\sigma^2}\right)$. 60, 220, 251, 252, 362쪽 참조

강건한 통계학^{robust statistics}: 가정한 기본 통계 모델로부터 작은 편차에 복원력이 있는 통계 절차의 연구와 설계. 예를 들어 특이점. 108쪽 참조

개구리 삶기 중독 공격^{boiling frog poisoning attack}: 여러 번의 반복 훈련에 걸쳐 일시적으로 중독시키는 방법으로 시간이 지남에 따라 천천히 수온을 높여 개구리를 삶을 수 있다는 설화의 이름을 따서 지었다. 개구리 삶기 공격에서 공격자는 몇 가지 중독 일정에 따라 각 후속 훈련 단계에서 사용하는 중독된 데이터의 총량을 늘려 탐지기가 이 악성 데이터에 적응하게 돼 결국에는 많은 양의 중독을 적절히 식별하지 못한다. 232, 241, 251 - 257쪽 참조

경험적 위험^{empirical risk}($\tilde{R}_N(f)$): 데이터 집합 $\mathbb{D}$의 데이터에 관한 결정 절차 f의 평균 손실. 62, 110, 276, 294, 295쪽, 용어 '위험' 참조

고장 지점^{break point}(ϵ^*): 비공식적으로 공격자가 악성 데이터를 사용해 추정량을 임의로 변경하기 전에 추정기^{estimator}가 허용할 수 있는 악성 데이터의 가장 큰 부분이다. 절차에서 고장 지점은 절차의 강건성 측도이다. 109, 111, 234, 380쪽 참조

공격자^{attacker}: 3장에서 소개한 학습 게임에서 공격자는 학습기를 이기려고 하는 악성 참가자다. 62, 77 – 78쪽 참조

과적합^{overfitting}: 학습된 가설이 테스트 데이터를 일반화하지 못하는 현상. 즉, 같은 분포에서 추출한 새로운 데이터 항목을 잘못 예측한다. 일반적으로, 과적합은 모델이 훈련 데이터에 대해 너무나 많은 복잡도를 가지며 기본 관계가 아닌 무작위 변동을 포착하기 때문에 발생한다. 이 현상은 비정상성과는 다르다. 예를 들어 분포의 이동. 63쪽 참조

귀납적 편향^{inductive bias}: 관찰 집합의 일반화를 편향되게 만드는 귀납적 학습에 사용되는 (함축적인) 가정의 집합. 55, 60쪽 참조

귀납적 학습^{inductive learning}: 학습기가 훈련 예제의 패턴을 일반화하는 작업. 예를 들어 양의 데이터 포인트와 음의 데이터 포인트를 경험적으로 구별하는 특성의 선형결합을 찾는 것이다. 55쪽 참조

근사-등방성^{near-isotropic}: 식 (8.12)로 정의한 근사 반올림 집합이나 체^{body}. 342 – 347쪽 참조

근사 최적성^{approximate optimality}: 유효한 할당이 특정 최적화 문제에 대해 최적으로 만족시킬 수 있는 값에 가까운 값을 얻는 최적성의 개념. 근접성^{closeness}의 개념은 여러 가지 방법으로 정의할 수 있다.

  가법 간격^{additive gap}$(G^{(+)})$: 추정한 최적^{estimated optimum} $\hat{C}$와 전역 최적^{global optimum} C^* 간의 가법 차는 두 양의 차 $\hat{C} - C^*$로 측정한다. 전역 최적이 알려지지 않은 경우, 이 간격은 추정한 최적과 전역 최적의 하계와의 차를 의미한다. 321쪽 참조

  가법 최적성^{additive optimality}: 추정한 최적 $\hat{C}$를 전역 최적 C^*와의 차 $\hat{C} - C^*$를 사

용해 전역 최적과 비교하는 근사 최적성의 한 가지 방식. η-가법 최적성은 이 차가 η보다 작거나 같을 때 만족한다. 320–323, 328–329, 335, 346쪽 참조

승법 간격multiplicative gap(C^*): 추정한 최적 $\hat{C}$와 전역 최적 C^* 간의 승법 차는 두 량의 비 $\frac{\hat{C}}{C^*}$로 측정한다. 전역 최적이 알려지지 않은 경우, 이 간격은 추정한 최적과 전역 최적의 하계와의 비로 측정한다. 321, 330, 335, 339쪽 참조

승법 최적성multiplicative optimality: 추정한 최적 $\hat{C}$를 전역 최적 C^*와의 비 $\frac{\hat{C}}{C^*}$를 사용해 전역 최적과 비교하는 근사 최적성의 한 가지 방식. ϵ-승법 최적성은 이 차가 $1+\epsilon$보다 작거나 같을 때 만족한다. 320–323, 328, 329, 335, 350–354쪽 참조

근사-최적 회피 문제near-optimal evasion problem: 질의를 거의 하지 않는 탐측 공격으로 분류기의 사각지대를 찾는 공격자의 어려움을 측정하는 프레임워크. 분류기의 모임은 근사-최적 인스턴스를 찾는 효율적인 질의-기반 알고리즘이 없다면 회피하기 어렵다고 여겨진다. 8장 참조. 39, 88, 311, 318, 319쪽 참조

난독화obfuscation: 공격자(특히 스팸 발송자)가 불법 행위를 감추기 위해 사용하는 모든 방법. 34, 39, 84–87, 93, 186, 195쪽 참조

노름norm($\|\cdot\|$): 벡터공간 $\mathcal{X}$에서 영 벡터 $\mathbf{0}\in\mathcal{X}$에 대해서만 영인 음이 아닌 함수로 양의 동차함수이며 삼각부등식을 따른다. 393쪽 참조

다형성 혼합 공격polymorphic blending attack: 포글라와 리가 제안한 공격[88]으로 암호화 기술을 사용해 침입 인스턴스를 일반 인스터스와 구별할 수 없게 만드는 공격. 85쪽 참조

데이터data: 시스템의 상태에 관한 관찰의 집합. 54쪽, 용어 '데이터 집합' 참조

데이터 삭제data sanitization: 데이터로 훈련을 하기 전에 데이터 집합에서 비정상 데이터를 제거하는 과정. 49쪽 참조

데이터 수집data collection: 데이터 집합을 구성하는 시스템에 관한 관찰의 집합을 모으는 과정. 57, 92쪽 참조

데이터 집합^{dataset}($\mathbb{D}$): $\mathbb{D}$로 표시하는 첨수로 표시한 데이터 포인트의 집합. 57, 60 - 61, 63쪽 참조

데이터 포인트^{data point}($\mathbf{x}$): $\mathcal{X}$의 구성원인 데이터 집합의 원소. 57, 62, 64쪽 참조

라플라스 분포^{Laplace distribution}(Laplace($\boldsymbol{\mu}, \lambda$)): 중심이 $\boldsymbol{\mu} \in \Re^D$이고 척도가 $\lambda \in \Re_+$인 매개변수를 갖는 $\Re^D$에서 정의된 (다변량) 연속확률분포 $P(\mathbf{x}) = \frac{1}{2\lambda} \exp\left(-\frac{\|\mathbf{x}-\boldsymbol{\mu}\|_1}{\lambda}\right)$. 270, 285쪽 참조

라플라스 잡음^{Laplace noise}: 0을 중심으로 하는 라플라스 분포에서 뽑아 비임의 양^{nonrandom quantity}에 추가된 확률변수. 라플라스 잡음은 7장에서 프라이버시 속성을 비개인 학습기에 제공하는 라플라스 메커니즘에 광범위하게 사용된다. 270, 280, 291, 293, 307, 374쪽, 용어 '라플라스 분포' 참조

레이블^{label}: 예측기를 훈련하는 데 공동으로 사용하는 데이터 포인트 집합과 관련된 이 양^{quantity}의 분류 문제나 과거 예에서 예측하게 될 세계의 특별한 측면. 58, 61 - 65, 72, 73, 107, 112, 113, 119, 175, 177, 178, 181 - 187, 189, 190, 197, 213, 314, 362쪽 참조

레이블링한 데이터 집합^{labeled dataset}: 각 데이터 포인트에 연결된 레이블을 가진 데이터 집합. 58쪽 참조

머신러닝^{machine learning}: 과거의 경험과 관찰을 기반으로 알고리즘의 행동을 조정하는 알고리즘을 조사하는 과학 분야. 미첼이 언급한 것[173]처럼, "컴퓨터 프로그램은 작업 T의 어떤 클래스와 관련된 경험 E에서 배운다고 한다. 그리고 P로 측정한 작업 T에서의 작업 성능이 경험 E로 개선된다면 성능은 측도 P이다." 54쪽 참조

멤버십 질의^{membership query}: 오라클의 응답에 따라 정의된 어떤 집합에 대해 집합의 멤버십을 결정하기 위해 오라클에 보내는 질의. 315, 356, 375쪽 참조

모방 공격^{mimicry attack}: 공격자가 악성 활동을 정상적인 것처럼 보이려고 위장하는 공격. 85, 95, 105, 312쪽 참조

미탐지^{false negative}: 양의 인스턴스를 음으로 잘못한 예측으로 거짓 부정이라고도 한다. 64, 70, 71, 72, 76, 77, 101, 102, 189, 190, 196, 197, 217, 241, 247, 249쪽 참조

미탐지율^{false-negative rate}: 예측기가 미탐지로 예측하는 빈도수. 머신러닝과 통계학에서 오탐지율과 함께 예측기를 평가하기 위한 일반적인 성능 측도이다. 64, 102, 163, 175, 196, 217, 222, 241, 249, 256쪽, 용어 '미탐지' 참조

민코프스키 거리^{Minkowski metric}: 집합 내부의 점 $\mathbf{x}^{(c)}$에 관해 정의된 볼록집합 $\mathbb{C}$의 거리 계량. 326쪽 참조

바이러스 탐지 시스템^{virus detection system}: 잠재적인 컴퓨터 바이러스 식별 작업을 하는 탐지기. 71쪽 참조

반복 게임^{iterated game}: 게임 이론에서, 참가자가 게임 중 일련의 반복에서 이동을 선택하는 게임. 112, 128쪽 참조

방어자^{defender}: 3장에서 소개한 학습 게임에서 방어자는 공격자를 상대하는 학습 에이전트다. 학습 에이전트가 게임에서 보안 목표를 달성할 수 있다면, 학습 에이전트는 시큐어 학습을 한 것이다. 62, 77쪽 참조

배치 학습^{batch learning}: 학습 알고리즘이 가설 f를 선택하기 위해 모든 훈련 데이터를 배치 방식으로 조사하는 학습 과정. 62, 99쪽 참조

베타 분포^{beta distribution}: 두 매개변수 $\alpha \in \Re_+$와 $\beta \in \Re_+$에 따라 $(0, 1)$에서 정의되는 확률분포함수 $P(x) = \frac{x^{\alpha-1}(1-x)^{\beta-1}}{\mathrm{B}(\alpha,\beta)}$로 주어지는 연속확률분포. 182, 183쪽 참조

베타 함수^{beta function}$((\alpha, \beta))$: 두 매개변수 $\alpha > 0$와 $\beta > 0$에 대한 정적분^{definite integral} $\mathrm{B}(\alpha, \beta) = \int_0^1 t^{\alpha-1}(1-t)^{\beta-1}\, dt$으로 정의하는 2-매개변수 함수. 182쪽 참조

벡터공간^{vector space}: 스칼라로 더하거나 곱할 수 있는 대상(벡터)의 집합. 즉, 공간은 벡터 합과 스칼라 곱 연산에 닫혀 있으며, 결합법칙과 교환법칙, 분배법칙을 만족하며, 곱셈에 대한 항등원과 덧셈에 대한 역원도 가지고 있다. 392, 395쪽 참조

보안 수준^{degree of security}: 위협 모델을 기반으로 한 목표와 역량, 보상의 특정 집합을 가진 공격자를 대상으로 기대하는 보안 수준. 43쪽 참조

보안에 민감한 영역^{security-sensitive domain}: 악성 개체가 시스템의 정상적인 동작을 방해하려는 동기와 수단을 갖는 작업이나 문제의 영역. 적대적 학습의 맥락에서 공격자가 학습 알고리즘을 속이거나 회피하려는 문제가 있다. 28, 31, 68, 71쪽 참조

볼록 결합^{convex combination}: 계수가 $\alpha_i \geq 0$과 $\sum_i \alpha_i = 1$을 만족하는 벡터 $\{\mathbf{x}^{(i)}\}$의 일차결합 $\sum_i \alpha_i \cdot \mathbf{x}^{(i)}$. 135, 179, 393쪽 참조

볼록 최적화^{convex optimization}: 볼록집합에 대한 볼록함수를 최소화하는 절차. 160, 236, 278, 287, 303, 327, 357 – 356쪽 참조

볼록 헐^{convex hull}: 집합 $\mathbb{X}$를 포함하는 가장 작은 볼록집합, 또는 이와 동치로 $\mathbb{X}$를 포함하는 모든 볼록집합의 교집합, 또는 $\mathbb{X}$의 점으로 된 모든 볼록 결합의 집합. 유한집합 $\mathbb{X} = \{x^{(i)}\}$의 경우, 볼록 헐은 $\mathbb{C}_\mathbb{X} = \left\{ \sum_i \alpha_i x^{(i)} \mid \sum_i \alpha_i = 1 \wedge \forall i \; \alpha_i \geq 0 \right\}$이다. 330, 331, 349, 350, 351쪽 참조

볼록-유도 분류기^{convex-inducing classifier}: $\mathcal{X}_f^+$ 또는 $\mathcal{X}_f^-$가 볼록집합인 이진분류기 f. 39, 50, 310 – 314, 320, 324 – 327, 336, 348, 356, 357, 374, 375쪽 참조

볼록집합^{convex set}: 집합 $\mathbb{A}$의 모든 대상의 쌍 $a, b \in \mathbb{A}$에 대해 a와 b의 모든 볼록 결합이 다시 집합 $\mathbb{A}$에 속하면, 즉 모든 $\alpha \in [0, 1]$에 대해 $\alpha a + (1 - \alpha) b \in \mathbb{A}$일 때, 집합 $\mathbb{A}$를 볼록이라고 한다. 310, 311 – 312, 325 – 328, 332, 336, 340 – 348, 355, 357, 393, 395쪽 참조

볼록함수^{convex function}: 실수값 함수 $g : \mathbb{X} \to \mathfrak{R}$의 정의역 $\mathbb{X}$가 벡터공간의 볼록집합이고 임의의 $x^{(1)}, x^{(2)} \in \mathbb{X}$에 대해 함수가 임의의 $\alpha \in [0, 1]$에 대해 부등식

$$g\left(\alpha x^{(1)} + (1 - \alpha) x^{(2)}\right) \leq \alpha g\left(x^{(1)}\right) + (1 - \alpha) g\left(x^{(2)}\right)$$

을 만족하면 볼록함수이다. 277, 280 – 284, 287, 290 – 293, 299, 301, 325 – 329, 335, 340, 355, 395쪽 참조

부정적인 영향 거부^{reject on negative impact}: 인과적 공격에 대한 방어로 훈련 인스턴스로 분류기를 훈련할 때 각 훈련 인스턴스의 경험적 효과를 측정하고, 분류기의 정확도에 상당히 부정적인 영향을 미치는 모든 인스턴스를 식별해, 최종 분류기를 훈련하기 전에 훈련 집합 $\mathbb{D}^{(train)}$에서 공격 인스턴스를 제거한다. 106, 188, 197, 209, 210, 213, 372쪽 참조

분류^{classification}: 입력공간 $\mathcal{X}$의 입력 x가 주어졌을 때 학습기가 응답공간 $\mathcal{Y}$의 응답을 예측해야 하는 학습 문제. 분류 문제에서 학습된 가설을 분류기라고 한다. 응답이 부울이거나 {0, 1}인 경우를 이진 분류라고 한다. 57, 62쪽 참조

    이진 분류^{binary classification}: 응답공간 $\mathcal{Y}$가 두 개의 원소로 이뤄진 집합, 즉 $\mathcal{Y} = \{0, 1\}$ 또는 $\mathcal{Y} = \{"+", "-"\}$일 때의 분류 학습 문제. 62, 65쪽 참조

분류기^{classifier}(f): 데이터 포인트 $\mathbf{x} \in \mathcal{X}$를 기반으로 응답변수를 예측하는 함수 $f : \mathcal{X} \to \mathcal{Y}$. 분류에서 분류기는 레이블링한 데이터 집합 $\mathbb{D}^{(train)}$을 기반으로 하는 공간 $\mathcal{F}$, 예를 들어 경험적 위험 최소화 프레임워크에서 선택된다. 62쪽 참조. 가설도 참조

분포 강건성^{distributional robustness}: 통계적 모델로 가정한 분포의 편차에 대한 강건성 개념. 예를 들어 특이점. 220쪽 참조

불리한 평가분포^{unfavorable evaluation distribution}: 평가 단계에서 학습기가 올바르게 예측하는 능력을 무산시키기 위해 공격자가 도입한 분포. 분포 더미^{distributional drift}라고도 한다. 92쪽 참조

불법 행위 탐지^{malfeasance detection}: 불법 행위, 예를 들어 바이러스나 스팸, 침입, 또는 이상 탐지를 탐지하는 어떤 특수한 형식의 작업. 30-31쪽 참조

비용함수^{cost function}: 게임에서 참가자(공격자 또는 학습기)가 자신의 행동에 대해 발생하는 비용을 설명하는 함수. 이 책에서 학습기의 비용은 학습기의 예측에만 기반한 손실함수지만 공격자의 비용은 데이터에 종속돼 있을 수 있다. 72쪽 참조

사각지대^{blind spot}: 탐지기로 정확하게 탐지할 수 없는 악성 활동의 클래스. 즉, 오탐지다. 50, 309쪽 참조

사전 공격^{dictionary attack} : 공격 메시지에 오염된 토큰의 사전 전체가 포함된 스팸베이즈를 대상으로 하는 인과적 가용성 공격. 186, 188쪽 참조

사전분포^{prior distribution} : 모델의 매개변수에 관해 경험적 데이터를 얻기 전에 형성된 모델에 관한 정보나 가정을 반영하는 모델 매개변수의 분포. 60, 179 – 183, 185, 422 – 424쪽 참조

산포^{dispersion} : 확률변수의 길이 또는 분산의 개념으로 척도나 편차로도 알려져 있다. 산포의 일반적인 추정량으로는 표준편차와 중위절대편차가 있다. 220, 233, 235, 237쪽 참조

서비스 거부 공격^{denial-of-service(DoS) attack} : 시스템 내부에서 정상적인 활동을 방해하는 공격. 36, 49, 91, 103, 217, 224, 226 – 232, 234, 241 – 244, 256, 372 – 373쪽 참조

설명변수^{explanatory variable} : 관찰할 수 없는 응답변수를 예측하는 데 사용하는 관측량. 58쪽, 용어 '데이터 포인트' 참조

성능 측도^{performance measure} : 학습 에이전트가 한 예측이나 취한 행동을 평가하는 데 사용하는 함수. 62쪽, 손실함수 참조

시큐어 학습^{secure learning} : 학습 에이전트가 보안 목표를 달성하지 못하도록 방해하려는 공격자의 존재에도 보안 목표를 달성하려는 학습 에이전트의 능력. 7장 참조

심층 신경망^{deep neural network} : 연속적으로 연결된 은닉층을 사용해 학습 과정의 일부로 특성추출과 변환처럼 복잡한 작업을 함축적으로 수행하는 다층 신경망 모델. 90, 96쪽 참조

양의 동차함수^{positive homogeneous function} : 벡터공간 $\mathcal{X}$ 위에서 모든 $a \in \mathfrak{R}$와 $\mathbf{x} \in \mathcal{X}$에 대해 $p(a\mathbf{x}) = |a| p(\mathbf{x})$를 만족하는 임의의 함수 p. 331쪽 참조

양의 반정함수^{positive semi-definite function} : 공간 $\mathcal{X} \times \mathcal{X}$ 위에서 실수값 이변량함수 $k(\cdot, \cdot)$가 양의 반정함수인 것과 모든 $\mathbf{x} \in \mathcal{X}$에 대해 $k(\mathbf{x}, \mathbf{x}) \geq 0$인 것은 동치다. 용어

'커널함수' 참조

양의 클래스^{positive class}$(\mathcal{X}_f^+)$: 분류기 f가 양으로 분류하는 데이터 포인트의 집합($\mathcal{X}_f^+$으로 표기). 62, 315, 326, 327, 348, 356쪽 참조

얼랑 q-분포^{Erlang q-distribution}: 모양^{shape} $q \in \mathfrak{N}$와 비율 $\lambda \in \mathfrak{R}_+$의 매개변수로 하고 $[0, \infty)$에서 정의된 연속확률분포함수 $P(x) = \frac{x^{q-1}\exp(-x/\lambda)}{\lambda^q (q-1)!}$. 285, 293쪽 참조

영향함수^{influence function}$(\mathrm{IF}(z;\ H,\ F_z))$: 분포 F_z에서 점근적 추정기 H의 z에서의 무한소점 오염의 영향을 정량화하기 위해 강건한 통계학에서 널리 사용되는 함수. 3.5.4.3절, 109, 111, 380쪽 참조

예측^{prediction}: 관측 가능한 시스템 상태에 관한 정보와 과거 경험을 기반으로 시스템 상태에 관해 관찰되지 않은 양을 예측하는 작업. 60쪽 참조

오컴의 면도날^{Ockham's Razor}: 가장 간단한 가설이 올바른 가설일 것이라는 가정. 55쪽 참조

오탐지^{false positive}: 음의 인스턴스를 양으로 잘못한 예측으로 거짓 긍정이라고도 한다. 64, 71, 76, 77, 129, 189 – 193, 247, 249쪽 참조

오탐지율^{false-positive rate}: 예측기가 오탐지로 예측하는 빈도수. 머신러닝과 통계학에서 미탐지율과 함께 예측기를 평가하기 위한 일반적인 성능 측도이다. 64, 65, 171, 175, 181, 197, 212, 217, 241, 249, 256, 372쪽, 용어 '오탐지' 참조

온라인 학습^{online learning}: 훈련 데이터 집합에서 차례로 데이터 포인트를 받는 학습 과정. 종종 온라인 학습은 3.6절의 설명대로 순차적 예측과 재훈련으로 구성된다. 61, 112 – 116, 362, 381, 384쪽 참조

위험^{risk}$(R(P_z, f))$: 분포 P_z에서 추출한 데이터와 관련해 의사 결정 절차 f의 기대 손실. 62, 267, 276, 277, 281, 289, 294쪽 참조

위협 모델^{threat model}: 공격자의 보상과 능력, 한계에 대한 설명. 42, 70쪽 참조

음의 클래스^{negative class}$(\mathcal{X}_f^-)$: 분류기 f가 음으로 분류하는 데이터 포인트의 집합($\mathcal{X}_f^-$으로 표기). 62, 326, 327, 348, 355, 356, 357쪽 참조

응답공간^{response space}$(\mathcal{Y})$: 응답변수값의 공간. 즉 분류에서 응답공간은 범주의 유한 집합이며, 이진 분류에서 응답공간은 {"+", "−"}이다. 58, 62쪽 참조

응답변수^{response variable}: 관찰 가능한 설명변수를 기반으로 예측하게 될 관측되지 않은 양. 58쪽, 용어 '레이블' 참조

이동 불변^{shift invariant}: 공간이 일정량만큼 이동할 때 변하지 않는 속성. 323쪽 참조

이상 탐지^{anomaly detection}: 데이터 집합에서 이상 징후를 식별하는 작업. 28, 35, 49, 62, 65, 79, 86, 103, 125, 126, 127, 217 – 224, 232, 310, 372쪽 참조

입력공간^{input space}$(\mathcal{X})$: 모든 데이터 포인트의 공간. 58쪽, 용어 '데이터 포인트' 참조

잔차^{residual}: 모델로 설명할 수 없는 관측값의 오차. PCA와 같은 모델은 주어진 데이터 집합에 대한 잔차의 전체 크기에 따라 모델을 선택한다. 220, 233, 237 – 240, 243, 244, 252, 256쪽 참조

    잔차부분공간^{residual subspace}: 부분공간 추정에서 잔차부분공간(또는 비정규부부분공간^{abnormal subspace})은 관측한 데이터를 설명하는 모델이 사용하는 정규부분공간에 대한 직교여공간^{orthogonal complement}이다. 즉, 잔차부분공간에 있는 각 데이터 포인트의 오차 성분. 220, 225, 243쪽 참조

    잔차율^{residual rate}: 특정 OD 흐름을 따라 네트워크에 단일 단위 트래픽 용량을 추가해 발생하는 잔차의 변화와 크기를 측정하는 통계량. 그렇지 않으면 부분공간이 흐름의 벡터에 얼마나 가깝게 정렬하는지 측정하는 척도로 볼 수 있다. 243 – 245쪽 참조

적대적 학습^{adversarial learning}: 학습 에이전트가 잘 정의된 적대적 목표에 따라 학습기가 실패하기를 바라는 적대적 공격자에 직면하는 모든 학습 문제. 구체적으로 우리는 이 책에서 보안에 민감한 영역에서의 적대적 학습을 생각한다. 51, 109, 174쪽

참조

전문가^{expert}: 전문가 집합에서 얻은 조언을 기반으로 복합 예측기를 만드는 데 사용된 예측을 하거나 조언을 할 수 있는 에이전트. 109, 112 – 115, 215, 381, 385쪽 참조

정상성^{stationarity}: 일련의 관측값을 모두 같은 분포에서 추출하는 확률 과정. 또한 머신러닝에서는 종종 훈련 데이터와 평가 데이터가 모두 같은 분포에서 추출한 것으로 가정한다. 즉, 우리는 이를 정상성의 가정이라고 한다. 56, 57, 70, 92, 104, 110쪽 참조

정상 인스턴스^{normal instance}: 일반 이메일 메시지처럼 정상 (허용 가능한) 활동을 표현하는 데이터 포인트. 62쪽 참조

정칙화^{regularization}: 학습 문제에서 잘못된 문제를 풀거나 과적합을 방지하기 위해 추가 정보나 제약 조건을 제공하는 과정. 일반적으로 가설 복잡도에 벌을 주거나 사전분포를 사용한다. 정칙화 기술에는 평활도 제약 조건과 가설의 노름 $\|f\|$에 대한 경계 그리고 매개변수의 사전분포를 포함한다. 63쪽 참조

정탐지율^{true-positive rate}: 예측기가 양의 인스턴스를 올바르게 분류하는 빈도수. 예측기의 성능에 대한 일반적인 측도이며, 1에서 미탐지율을 뺀 값이다. 241쪽, 용어 '미탐지율' 참조

중위절대편차^{median absolute deviation}: 식 (6.5)로 정의한 산포에 따라 강건한 추정량으로 최대 50%의 가능한 고장 지점에 이르며, 산포에 대해 가장 강건한 M 추정기이다. 220쪽 참조

지시함수^{indicator function}: 인수가 참이면 1이고, 그렇지 않으면 0인 함수 $\mathbb{I}[\cdot]$. 391쪽 참조

질의^{query}: 오라클에 하는 질문. 즉, 적대적 학습 설정에서 학습 에이전트에 관한 은닉 정보를 추론하는 데 질의를 사용할 수 있다. 37, 39, 50, 83, 88, 97, 98, 310,

312, 317, 318, 321, 324, 327, 329, 331 – 336, 339, 341, 348, 351, 352, 356, 357, 361 – 365, 374, 375, 402쪽 참조

집합 지시함수^{set indicator function}: 집합 $\mathbb{X}$와 관련된 함수 $I_{\mathbb{X}}[\,\cdot\,]$로 모든 $x \in \mathbb{X}$에 1이고, 그렇지않으면 0인 함수. 391쪽 참조

쭉정이^{chaff}: 탐지기를 속이기 위해 데이터 출처에 추가되는 외부 잡음. 6장의 PCA-기반 네트워크 이상 탐지의 경우, 쭉정이는 PCA의 부분공간 추정 절차를 방해하기 위해 침해받은 마디점의 네트워크를 통해 전송되는 가짜 트래픽이다. 217, 221, 226쪽 참조

차등 프라이버시^{differential privacy}: 학습기가 공개적으로 예측을 공개함으로써 보존되는 훈련 데이터 집합의 프라이버시 수준에 대한 형식적이고 의미론적인 정보 이론적 측도. 50, 69, 117, 120 – 122, 268, 270 – 275, 280, 284, 286, 290, 292, 305, 306, 307쪽 참조

척도 불변^{scale invariant}: 공간이 상수 인자로 크기가 변경될 때 바뀌지 않는 속성. 323쪽 참조

첨수집합^{index set}: $\mathbb{I}$의 각 원소에서 $\mathbb{X}$의 고유한 원소로의 사상이 존재하도록 다른 집합 $\mathbb{X}$의 원소에 대한 지표로 사용하기 위한 집합 $\mathbb{I}$. 392쪽 참조

총오차 모델^{gross-error mode}$(\mathcal{P}_z(F_z))$: 알려진 분포 F_z와 분포 $H_z \in \mathcal{P}_z$에서 오염의 비 를 결합한 오염의 비 ϵ을 매개변수로 하는 분포 F_z에 관한 분포의 모임. 110, 111쪽 참조

총오차 민감도^{gross-error sensitivity}: 추정기에 관한 영향함수 크기의 상한 또는 가장 작은 상계. 이 값은 절차 또는 추정기의 정량적 측도로 사용된다. 111쪽 참조

최소 적대적 비용^{minimal adversarial cost}(MAC): 결정론적 분류기 f에 대한 음의 클래스 $\mathcal{X}_f^-$에서 인스턴스에 대해 얻을 수 있는 가장 작은 적대적 비용 A. 316쪽 참조

추천 단어 공격^{good word attack}: 위텔과 우[258]와 로우드와 믹[158]이 연구한 스팸 공

격으로 스팸 발송자는 스팸 필터를 회피하기 위해 스팸에 비스팸 메시지^{non-spam}message와 관련된 단어를 추가한다. 좀 더 일반적으로 공격자가 침입 인스턴스를 정상 인스턴스로 보이도록 특성을 추가하는 공격. 86, 87쪽 참조

측정measurement: 실제 대상의 공간에서 학습 알고리즘에 따라 표현되는 데이터로 사상시키는 대상. 54쪽 참조

측정 사상measurement map: 실제 대상의 관찰과 속성을 기반으로 측도를 만드는 과정에 대한 설명. 57쪽 참조

침입 방지 시스템intrusion prevention system: 침입을 탐지하고 탐지한 침입이 성공하지 못하도록 자동적으로 조치하는 시스템. 71쪽, 용어 '침입 탐지 시스템' 참조

침입 인스턴스intrusion instance: 불법 행위에 해당하는 데이터 포인트. 불법 행위 탐지의 목표는 정상 활동과 침입 사례를 적절하게 식별하고 침입 사례가 의도한 목표를 이루지 못하도록 예방하는 것이다. 62쪽 참조

침입 탐지 시스템intrusion detection system: 불법 침입을 나타내는 의심스러운 활동을 식별하도록 설계된 탐지기. 일반적으로 이런 시스템은 호스트-기반 탐지기나 네트워크 기반 탐지기다. 71쪽 참조

커널함수kernel function(k): 공간 $\mathcal{X} \times \mathcal{X}$에서 정의된 이변량 실수값 함수로 양의 반정함수^{semi-definite function}로 인한 어떤 힐베르트 공간에서의 내적을 함축적으로 표현한다. 125, 171, 277 – 281, 284, 290, 292, 294, 298, 299, 306, 307쪽 참조

    RBF 커널kernel: 숫자 값 데이터에 일반적으로 사용되는 커널함수. 여기서 방사기저 함수^{RBF, radical basis function} 커널은 $k\left(\mathbf{x}^{(i)}, \mathbf{x}^{(j)}\right) = \exp\left(-\frac{\|\mathbf{x}^{(i)} - \mathbf{x}^{(j)}\|_2^2}{2\sigma^2}\right)$로 정의되는데, $\sigma > 0$는 커널의 대역폭 매개변수다. 273, 284, 306쪽, 용어 '가우스 분포' 참조

탐측 공격probing attack: 취약점을 노출할 수 있는 시스템에 관한 은닉 정보를 식별하기 위해 질의를 사용하는 공격. 39, 70, 84, 92, 117, 322, 350, 359, 360, 383쪽, 용

어 '근사 최적 회피 문제' 참조

특성^{feature}: 데이터 포인트의 원소, 일반적으로 데이터 포인트가 표현하는 전체 대상의 특정 측정값. 57, 68, 70, 80, 93, 95, 102, 118, 188, 329, 337, 338, 360, 376, 377쪽 참조

특성 삭제 공격^{feature deletion attack}: 글로버슨과 로웨이스가 제안한 공격[91]으로, 공격자는 먼저 학습 에이전트가 침입 인스턴스를 공격과 무관한 특성과 연관을 짓게 만들고, 이후의 침입 인스턴스에서 가짜 특성을 제거해 탐지를 회피한다. 85, 94쪽 참조

특성 선택^{feature selection}: 데이터 수집의 두 번째 단계로, 데이터를 대안공간^{alternative space} $\hat{\mathcal{X}}$로 사상시켜 학습 작업을 위해 데이터와 가장 관련된 표현을 선택한다. 우리는 이 책에서 특성 선택과 측정 단계를 구분하지 않는다. 대신 이 두 단계를 하나의 단계로 생각해 $\hat{\mathcal{X}}$ 단계에서 $\mathcal{X}$를 사용한다. 59, 68, 70, 85, 93, 94, 376, 377, 378쪽 참조

특성 선택 사상^{feature selection map}(ϕ): 원래의 입력공간 $\mathcal{X}$에서 후속 학습 작업에 가장 관련된 특성의 두 번째 특성공간 $\hat{\mathcal{X}}$로 사상하는 특성 선택에 사용되는 (데이터-종속) 함수. 55, 59, 93, 130, 363, 378쪽 참조

학습기^{learner}: 작업을 제대로 수행하기 위해 과거 경험이나 사례를 기반으로 행동하거나 예측하는 에이전트 또는 알고리즘. 새로운 예를 제시할 때, 학습기는 그 성능의 측도에 따라 적응해야 한다. 58쪽 참조

학습 알고리즘^{learning algorithm}: 작업에 대한 과거의 경험과 그 실수^{mistake}를 평가하기 위한 성능 측도를 기반으로 하는 작업에 적응하는 모든 알고리즘. 61쪽 참조

행동^{action}: 학습 알고리즘의 맥락에서 학습기가 시스템이 예측한 상태를 기반으로 만든 응답이나 결정. 54, 64쪽 참조

확률적으로 근사하게 정확^{probably approximately correct}: 학습기의 목표가 높은 확률로 낮은

학습 오차를 갖는 가설을 선택하는 학습 프레임워크로 발리안트^{Valiant}가 소개했다 [245]. 45, 101, 106, 112, 120, 273, 275, 313쪽 참조

후회^{regret}: 복합 예측기^{composite predictor}의 손실과 복합 예측을 구성하기 위해 복합 학습기가 사용하는 전문가의 손실과의 차이. 112, 114쪽 참조

> **누적 후회**^{cumulative regret}($R^{(m)}$): 반복 게임의 K번째 라운드 과정에서 m번째 전문가에서 받은 전체 후회. 114쪽 참조

> **순간 후회**^{instantaneous regret}($r^{(k,m)}$): 복합 예측기와 게임의 k번째 라운드에서 m번째 전문가 사이의 손실 차. 113쪽 참조

> **최악의 경우 후회**^{worst-case regret}($R^{(*)}$): M개의 전문가 집합에 대한 최대 누적 후회. 114쪽 참조

후회 최소화 절차^{regret minimization procedure}: 학습기가 과거 성능을 기반으로 전문가 집합으로부터 조언을 동적으로 재계산해 결과적으로 복합 예측기가 작은 최악의 경우 후회를 갖도록 하는 학습 패러다임. 즉, 지나고 나서 보면 학습기는 거의 최고 전문가만큼 예측한다. 114쪽 참조

훈련^{training}: 가설공간 $\mathcal{F}$에서 가설 f를 선택하기 위해 훈련 데이터 집합 $\mathbb{D}^{(train)}$을 사용하는 과정. 61, 73, 75, 83, 90, 212, 218, 228 – 232쪽 참조

훈련 데이터 집합^{training dataset}($\mathbb{D}^{(train)}$): 분류기를 구성하거나 선택하기 위한 훈련 알고리즘이 사용하는 데이터 집합. 32, 49, 50, 54, 61, 63, 68 – 73, 75 – 76, 78, 82, 84, 92, 94, 99, 107 – 109, 112, 117, 119, 125, 128 – 131, 160, 176 – 180, 188 – 192, 196 – 198, 209, 218, 256, 267, 306, 377 – 378, 422, 426쪽, 데이터 집합 참조

훈련 알고리즘^{training algorithm}($H^{(N)}$): 훈련 데이터 집합의 성능 평가를 최적화하기 위해 분류기를 선택하는 알고리즘. 추정 절차나 학습 알고리즘이라고도 한다. 60, 61, 72, 314, 360, 378쪽 참조

힐베르트 공간^{Hilbert space}$(\mathcal{H})$: 내적으로 유도되는 측정 지표와 관련해 완전한 내적 공간. 즉, 모든 $\mathbf{x} \in \mathcal{H}$에 대한 측정 지표 $\|\mathbf{x}\|_{\mathcal{H}} \triangleq \sqrt{\langle \mathbf{x}, \mathbf{x} \rangle}$. 171, 277, 278, 294쪽 참조

재생핵 힐베르트 공간^{reproducing kernel Hilbert space}: 공간 $\mathcal{X}$에서의 실수값 함수의 힐베르트 공간 $\mathcal{H}$는 각 점 $\mathbf{x} \in \mathcal{H}$에 대해 모든 $f \in \mathcal{H}$에 대해 재생핵 속성 $\langle f, k(\cdot, \mathbf{x}) \rangle_{\mathcal{H}} = f(\mathbf{x})$을 갖는 점-평가 함수 $k(\cdot, \mathbf{x})$를 포함한다. 277-280, 289, 290, 291, 294, 295, 306, 307, 358쪽 참조

| 참고문헌 |

[1] Aldà, F. & Rubinstein, B. I. P. (2017), The Bernstein mechanism: Function release under differential privacy, in "Proceedings of the 31st AAAI Conference on Artificial Intelligence (AAAI'2017)." https://bit.ly/35WdlzF

[2] Alfeld, S., Zhu, X., & Barford, P. (2016), Data poisoning attacks against autoregressive models, in "Proceedings of the 30th AAAI Conference on Artificial Intelligence (AAAI'2016)," pp. 1452 – 1458. https://bit.ly/2DHm0db

[3] Alfeld, S., Zhu, X., & Barford, P. (2017), Explicit defense actions against test-set attacks, in "Proceedings of the 31st AAAI Conference on Artificial Intelligence (AAAI'2017)." https://bit.ly/2sG2UlB

[4] Alpcan, T., Rubinstein, B. I. P., & Leckie, C. (2016), Large-scale strategic games and adversarial machine learning, in "2016 IEEE 55th Conference on Decision and Control (CDC)," IEEE, pp. 4420 – 4426. https://bit.ly/2Ld2BVO

[5] Amsaleg, L., Bailey, J., Erfani, S., Furon, T., Houle, M. E., Radovanović, M., & Vinh, N. X. (2016), The vulnerability of learning to adversarial perturbation increases with intrinsic dimensionality, Technical Report NII-2016-005E, National Institute of Informatics, Japan. https://bit.ly/2PgS3X5

[6] Angluin, D. (1988), "Queries and concept learning," Machine Learning 2, 319 – 342. https://bit.ly/2RdxHAv

[7] Apa (n.d.), Apache SpamAssassin. https://bit.ly/33Jw4gu

[8] Bahl, P., Chandra, R., Greenberg, A., Kandula, S., Maltz, D. A., & Zhang, M. (2007), Towards highly reliable enterprise network services via inference of multi-level dependencies, in "Proceedings of the 2007 Conference on Applications, Technologies, Architectures, and Protocols for Computer Communications (SIGCOMM)," pp. 13 – 24. https://bit.ly/2PkofsD

[9] Balfanz, D. & Staddon, J., eds (2008), Proceedings of the 1st ACM Workshop on Security and Artificial Intelligence, AISec 2008. https://bit.ly/34JZs7x

[10] Balfanz, D. & Staddon, J., eds (2009), Proceedings of the 2nd ACM Workshop on Security and Artificial Intelligence, AISec 2009. https://bit.ly/37WVRVM

[11] Barak, B., Chaudhuri, K., Dwork, C., Kale, S., McSherry, F., & Talwar, K. (2007), Privacy, accuracy, and consistency too: A holistic solution to contingency

table release, in "Proceedings of the Twenty—Sixth ACM SIGMOD—SIGACT—SIGART Symposium on Principles of Database Systems," pp. 273 – 282. https://bit.ly/2Rb2oWZ

[12] Barbaro, M. & Zeller Jr., T. (2006), "A face is exposed for AOL searcher no. 4417749," New York Times. https://nyti.ms/2YclPAb

[13] Barreno, M. (2008), Evaluating the security of machine learning algorithms. PhD thesis, University of California, Berkeley. https://bit.ly/33KCls8

[14] Barreno, M., Nelson, B., Joseph, A. D., & Tygar, J. D. (2010), "The security of machine learning," Machine Learning 81(2), 121 – 148. https://bit.ly/35ZhrHc

[15] Barreno, M., Nelson, B., Sears, R., Joseph, A. D., & Tygar, J. D. (2006), Can machine learning be secure?, in "Proceedings of the ACM Symposium on Information, Computer and Communications Security (ASIACCS)," pp. 16 – 25.

[16] Barth, A., Rubinstein, B. I. P., Sundararajan, M., Mitchell, J. C., Song, D., & Bartlett, P. L. (2012), "A learning—based approach to reactive security," IEEE Transactions on Dependable and Secure Computing 9(4), 482 – 493. Special Issue on Learning, Games, and Security. https://bit.ly/2rLdeZc

[17] Bassily, R., Smith, A., & Thakurta, A. (2014), Private empirical risk minimization: Efficient algorithms and tight error bounds, in "2014 IEEE 55th Annual Symposium on Foundations of Computer Science (FOCS)," pp. 464 – 473. https://bit.ly/33JuYkE

[18] Beimel, A., Kasiviswanathan, S., & Nissim, K. (2010), Bounds on the sample complexity for private learning and private data release, in "Theory of Cryptography Conference," Vol. 5978 of Lecture Notes in Computer Science, Springer, pp. 437 – 454. https://bit.ly/37UtgAx

[19] Bennett, J., Lanning, S., et al. (2007), The Netflix prize, in "Proceedings of KDD Cup and Workshop," Vol. 2007, pp. 3 – 6. https://bit.ly/2DLjCSF

[20] Bertsimas, D. & Vempala, S. (2004), "Solving convex programs by random walks," Journal of the ACM 51(4), 540 – 556. https://bit.ly/2P6aFIZ

[21] Biggio, B., Corona, I., Maiorca, D., Nelson, B., Srndic, N., Laskov, P., Giacinto, G., & Roli, F. (2013), Evasion attacks against machine learning at test time, in "Machine Learning and Knowledge Discovery in Databases – European Conference, ECML PKDD 2013," pp. 387 – 402. https://bit.ly/2stTiKu

[22] Biggio, B., Fumera, G., & Roli, F. (2010), Multiple classifier systems under attack, in N. E. G. J. K. F. Roli, ed., "Proceedings of the 9th International Workshop on Multiple Classifier Systems (MCS)," Vol. 5997, Springer, pp. 74 – 83. https://bit.ly/2P2vJA3

[23] Biggio, B., Nelson, B., & Laskov, P. (2012), Poisoning attacks against support

vector machines, in "Proceedings of the 29th International Conference on Machine Learning (ICML−12)," pp. 1807 – 1814. https://bit.ly/34KI7LN

[24]   Biggio, B., Rieck, K., Ariu, D., Wressnegger, C., Corona, I., Giacinto, G., & Roli, F. (2014), Poisoning behavioral malware clustering, in "Proceedings of the 2014 Workshop on Artificial Intelligent and Security Workshop, AISec 2014," pp. 27 – 36. https://bit.ly/34JQ43Z

[25]   Billingsley, P. (1995), Probability and Measure, 3rd edn, Wiley. https://bit.ly/33Pobq0

[26]   Bishop, C. M. (2006), Pattern Recognition and Machine Learning, Springer−Verlag. https://bit.ly/35Rw8w2

[27]   Blocki, J., Christin, N., Datta, A., & Sinha, A. (2011), Regret minimizing audits: A learningtheoretic basis for privacy protection, in "Proceedings of the 24th IEEE Computer Security Foundations Symposium," pp. 312 – 327. https://bit.ly/2rQxoAK

[28]   Blum, A., Dwork, C., McSherry, F., & Nissim, K. (2005), Practical privacy: The SuLQ framework, in "Proceedings of the Twenty−Fourth ACM SIGMOD−SIGACT−SIGART Symposium on Principles of Database Systems," pp. 128 – 138. https://bit.ly/33LpIND

[29]   Blum, A., Ligett, K., & Roth, A. (2008), A learning theory approach to non−interactive database privacy, in "Proceedings of the Fortieth Annual ACM Symposium on Theory of Computing (STOC)," pp. 609 – 618. https://bit.ly/2LjIyoN

[30]   Bodík, P., Fox, A., Franklin, M. J., Jordan, M. I., & Patterson, D. A. (2010), Characterizing, modeling, and generating workload spikes for stateful services, in "Proceedings of the 1st ACM Symposium on Cloud Computing (SoCC)," pp. 241 – 252. https://bit.ly/2DENUGR

[31]   Bodík, P., Griffith, R., Sutton, C., Fox, A., Jordan, M. I., & Patterson, D. A. (2009), Statistical machine learning makes automatic control practical for internet datacenters, in "Proceedings of the Workshop on Hot Topics in Cloud Computing (HotCloud)," Association, pp. 12 – 17. https://bit.ly/2Yjsade

[32]   Bolton, R. J. & Hand, D. J. (2002), "Statistical fraud detection: A review," Journal of Statistical Science 17(3), 235 – 255. https://bit.ly/2DGTx7n

[33]   Bousquet, O. & Elisseeff, A. (2002), "Stability and generalization," Journal of Machine Learning Research 2(Mar), 499 – 526. https://bit.ly/2DIqJvb

[34]   Boyd, S. & Vandenberghe, L. (2004), Convex Optimization, Cambridge University Press. https://stanford.io/2Pbd7hh

[35]   Brauckhoff, D., Salamatian, K., & May, M. (2009), Applying PCA for traffic anomaly detection: Problems and solutions, in "Proceedings of the 28th IEEE

International Conference on Computer Communications (INFOCOM)," pp. 2866 – 2870. https://bit.ly/34L2NTR

[36] Brent, R. P. (1973), Algorithms for Minimization without Derivatives, Prentice-Hall. https://amzn.to/2OJQnGb

[37] Brückner, M. & Scheffer, T. (2009), Nash equilibria of static prediction games, in Y. Bengio, D. Schuurmans, J. Lafferty, C. K. I. Williams & A. Culotta, eds., "Advances in Neural Information Processing Systems (NIPS)," Vol. 22, MIT Press, pp. 171 – 179. https://bit.ly/2R9tEFl

[38] Burden, R. L. & Faires, J. D. (2000), Numerical Analysis, 7th edn, Brooks Cole. https://amzn.to/33KBmbA

[39] Burges, C. J. C. (1998), "A tutorial on support vector machines for pattern recognition," Data Mining and Knowledge Discovery 2(2), 121 – 167. https://bit.ly/2DMmmzb

[40] Cárdenas, A. A., Greenstadt, R., & Rubinstein, B. I. P., eds (2011), Proceedings of the 4th ACM Workshop on Security and Artificial Intelligence, AISec 2011 Chicago, October 21, 2011, ACM. https://bit.ly/33KtRl5

[41] Cárdenas, A. A., Nelson, B., & Rubinstein, B. I., eds (2012), Proceedings of the 5th ACM Workshop on Security and Artificial Intelligence, AISec 2012, Raleigh, North Carolina, October, 19, 2012, ACM. https://bit.ly/2Y9kBFS

[42] Cauwenberghs, G. & Poggio, T. (2000), "Incremental and decremental support vector machine learning," Advances in Neural Information Processing Systems 13, 409 – 415. https://bit.ly/2LfVCey

[43] Cesa-Bianchi, N. & Lugosi, G. (2006), Prediction, Learning, and Games, Cambridge University Press. https://bit.ly/2qhuG7d

[44] Chandrashekar, J., Orrin, S., Livadas, C., & Schooler, E.M. (2009), "The dark cloud: Understanding and defending against botnets and stealthy malware," Intel Technology Journal 13(2), 130 – 145. https://bit.ly/35WGWZW

[45] Chaudhuri, K. & Monteleoni, C. (2009), Privacy-preserving logistic regression, "Advances in Neural Information Processing Systems," 289 – 296. https://bit.ly/2DCTlWV

[46] Chaudhuri, K., Monteleoni, C., & Sarwate, A. D. (2011), "Differentially private empirical risk minimization," Journal of Machine Learning Research 12, 1069 – 1109. https://bit.ly/2Reuj8r

[47] Chen, T. M. & Robert, J.-M. (2004), The evolution of viruses and worms, in W. W. Chen, ed., Statistical Methods in Computer Security, CRC Press, pp. 265 – 282. https://bit.ly/2r8PVIH

[48] Cheng, Y.–C., Afanasyev, M., Verkaik, P., Benkö, P., Chiang, J., Snoeren, A. C., Savage, S., & Voelker, G. M. (2007), Automating cross–layer diagnosis of enterprise wireless networks, in "Proceedings of the Conference on Applications, Technologies, Architectures, and Protocols for Computer Communications (SIGCOMM)," pp. 25–36. https://bit.ly/2DIvOE0

[49] Christmann, A. & Steinwart, I. (2004), "On robustness properties of convex risk minimization methods for pattern recognition," Journal of Machine Learning Research 5, 1007–1034. https://bit.ly/2ONMDDT

[50] Chung, S. P. & Mok, A. K. (2006), Allergy attack against automatic signature generation, in D. Zamboni & C. Krügel, eds., "Proceedings of the 9th International Symposium on Recent Advances in Intrusion Detection (RAID)," Springer, pp. 61–80. https://bit.ly/2LhCmO0

[51] Chung, S. P. & Mok, A. K. (2007), Advanced allergy attacks: Does a corpus really help?, in C. Krügel, R. Lippmann & A. Clark, eds, "Proceedings of the 10th International Symposium on Recent Advances in Intrusion Detection (RAID)," Vol. 4637 of Lecture Notes in Computer Science, Springer, pp. 236–255. https://bit.ly/2R7usug

[52] Cormack, G. & Lynam, T. (2005), Spam corpus creation for TREC, in "Proceedings of the Conference on Email and Anti–Spam (CEAS)." https://bit.ly/37XZPgS

[53] Cormen, T. H., Leiserson, C. E., Rivest, R. L., & Stein, C. (2001), Introduction to Algorithms, 2nd edn, McGraw–Hill. https://bit.ly/35S83oS

[54] Cormode, G., Procopiuc, C., Srivastava, D., Shen, E., & Yu, T. (2012), Differentially private spatial decompositions, in "2012 IEEE 28th International Conference on Data Engineering (ICDE)," pp. 20–31. https://bit.ly/2YaOHJ7

[55] Cover, T. M. (1991), "Universal portfolios," Mathematical Finance 1(1), 1–29. https://stanford.io/33DB7iw

[56] Cristianini, N. & Shawe–Taylor, J. (2000), An Introduction to Support Vector Machines, Cambridge University Press. https://amzn.to/2RdAuJW

[57] Croux, C., Filzmoser, P., & Oliveira, M. R. (2007), "Algorithms for projection–pursuit robust principal component analysis," Chemometrics and Intelligent Laboratory Systems 87(2), 218–225. https://bit.ly/366kDBh

[58] Croux, C. & Ruiz–Gazen, A. (2005), "High breakdown estimators for principal components: The projection–pursuit approach revisited," Journal of Multivariate Analysis 95(1), 206–226. https://bit.ly/2LhSD5o

[59] Dalvi, N., Domingos, P., Mausam, Sanghai, S., & Verma, D. (2004), Adversarial classification, in "Proceedings of the 10th ACM International Conference on Knowledge Discovery and Data Mining (KDD)," pp. 99–108. https://bit.ly/2rJz67f

[60] Dasgupta, S., Kalai, A. T., & Monteleoni, C. (2009), "Analysis of perceptron-based active learning," Journal of Machine Learning Research 10, 281–299. https://bit.ly/2LeKsH6

[61] De, A. (2012), Lower bounds in differential privacy, in "Theory of Cryptography Conference," Springer, pp. 321–338. https://bit.ly/2Rh9g54

[62] Denning, D. E. & Denning, P. J. (1979), "Data security," ACM Computing Surveys 11, 227–249. https://bit.ly/34NrDCO

[63] Devlin, S. J., Gnanadesikan, R., & Kettenring, J. R. (1981), "Robust estimation of dispersion matrices and principal components," Journal of the American Statistical Association 76, 354–362. https://bit.ly/2LdlEzl

[64] Devroye, L., Györfi, L., & Lugosi, G. (1996), A Probabilistic Theory of Pattern Recognition, Springer Verlag. https://bit.ly/2P7IaKX

[65] Devroye, L. P. & Wagner, T. J. (1979), "Distribution-free performance bounds for potential function rules," IEEE Transactions on Information Theory 25(5), 601–604. https://bit.ly/33KzDTN

[66] Diffie, W. & Hellman, M. E. (1976), "New directions in cryptography," IEEE Transactions on Information Theory 22(6), 644–654. https://stanford.io/37ZbrjG

[67] Dimitrakakis, C., Gkoulalas-Divanis, A., Mitrokotsa, A., Verykios, V. S., & Saygin, Y., eds (2011), Privacy and Security Issues in Data Mining and Machine Learning – International ECML/PKDD Workshop, PSDML 2010, Barcelona, September 24, 2010. Revised Selected Papers, Springer. https://bit.ly/2DEZr8W

[68] Dimitrakakis, C., Laskov, P., Lowd, D., Rubinstein, B. I. P., & Shi, E., eds (2014), Proceedings of the 1st ICML Workshop on Learning, Security and Privacy, Beijing, China, June 25, 2014. https://bit.ly/2PbzaV4

[69] Dimitrakakis, C., Mitrokotsa, K., & Rubinstein, B. I. P., eds (2014), Proceedings of the 7th ACM Workshop on Artificial Intelligence and Security, AISec 2014, Scottsdale, AZ, November 7, 2014. https://bit.ly/2DHljAK

[70] Dimitrakakis, C., Mitrokotsa, K., & Sinha, A., eds. (2015), Proceedings of the 8th ACM Workshop on Artificial Intelligence and Security, AISec 2015, Denver, CO, October 16, 2015. https://bit.ly/2qZQgxv

[71] Dimitrakakis, C., Nelson, B., Mitrokotsa, A., & Rubinstein, B. I. P. (2014), Robust and private Bayesian inference, in "Proceedings of the 25th International Conference Algorithmic Learning Theory (ALT)," pp. 291–305. https://bit.ly/35WN1Wg

[72] Dinur, I. & Nissim, K. (2003), Revealing information while preserving privacy, in "Proceedings of the Twenty-Second ACM SIGMOD-SIGACT-SIGART Symposium on Principles of Database Systems," pp. 202–210. https://bit.ly/383V995

[73] Dredze, M., Gevaryahu, R., & Elias−Bachrach, A. (2007), Learning fast classifiers for image spam, in "Proceedings of the 4th Conference on Email and Anti−Spam (CEAS).". https://bit.ly/34DV75O

[74] Duchi, J. C., Jordan, M. I., & Wainwright, M. J. (2013), Local privacy and statistical minimax rates, in "2013 IEEE 54th Annual Symposium on Foundations of Computer Science (FOCS)," pp. 429 − 438. https://stanford.io/2P65l8F

[75] Dwork, C. (2006), Differential privacy, in "Proceedings of the 33rd International Conference on Automata, Languages and Programming," pp. 1 − 12. https://bit.ly/2LiYCXQ

[76] Dwork, C. (2010), "A firm foundation for private data analysis," Communications of the ACM 53 (6), 705 − 714. https://bit.ly/2rcU0LQ

[77] Dwork, C. & Lei, J. (2009), Differential privacy and robust statistics, in "Proceedings of the Forty−First Annual ACM Symposium on Theory of Computing (STOC)," pp. 371 − 380. https://bit.ly/2DEiVKT

[78] Dwork, C., McSherry, F., Nissim, K., & Smith, A. (2006), Calibrating noise to sensitivity in private data analysis, in "Theory of Cryptography Conference," pp. 265 − 284. https://bit.ly/2sHfdy3

[79] Dwork, C., McSherry, F., & Talwar, K. (2007), The price of privacy and the limits of LP decoding, in "Proceedings of the 39th Annual ACM Symposium on Theory of Computing (STOC)," pp. 85 − 94. https://bit.ly/2DCSh5l

[80] Dwork, C., Naor, M., Reingold, O., Rothblum, G. N., & Vadhan, S. (2009), On the complexity of differentially private data release: Efficient algorithms and hardness results, in "Proceedings of the Forty−First Annual ACM Symposium on Theory of Computing (STOC)," pp. 381 − 390. https://bit.ly/2rLokNH

[81] Dwork, C. & Roth, A. (2014), "The algorithmic foundations of differential privacy," Foundations and Trends in Theoretical Computer Science 9(3 − 4), 211 − 407. https://bit.ly/2P6yLDG

[82] Dwork, C. & Yekhanin, S. (2008), New efficient attacks on statistical disclosure control mechanisms, in "CRYPTO'08," pp. 469 − 480. https://bit.ly/33KGigo

[83] Erlich, Y. & Narayanan, A. (2014), "Routes for breaching and protecting genetic privacy," Nature Reviews Genetics 15, 409 − 421. https://bit.ly/361fUAO

[84] Eskin, E., Arnold, A., Prerau, M., Portnoy, L., & Stolfo, S. J. (2002), A geometric framework for unsupervised anomaly detection: Detecting intrusions in unlabeled data, in Data Mining for Security Applications, Kluwer. https://bit.ly/3641AHL

[85] Feldman, V. (2009), "On the power of membership queries in agnostic learning," Journal of Machine Learning Research 10, 163 − 182. https://bit.ly/2LjV5Zn

[86] Fisher, R. A. (1948), "Question 14: Combining independent tests of significance," American Statistician 2(5), 30–31. https://bit.ly/34LpEPi

[87] Flum, J. & Grohe, M. (2006), Parameterized Complexity Theory, Texts in Theoretical Computer Science, Springer-Verlag. https://amzn.to/2OIG19K

[88] Fogla, P. & Lee, W. (2006), Evading network anomaly detection systems: Formal reasoning and practical techniques, in "Proceedings of the 13th ACM Conference on Computer and Communications Security (CCS)," pp. 59–68. https://bit.ly/33Buhdn

[89] Forrest, S., Hofmeyr, S. A., Somayaji, A., & Longstaff, T. A. (1996), A sense of self for Unix processes, in "Proceedings of the IEEE Symposium on Security and Privacy (SP)," pp. 120–128. https://bit.ly/2ryyC3A

[90] Freeman, D., Mitrokotsa, K., & Sinha, A., eds (2016), Proceedings of the 9th ACM Workshop on Artificial Intelligence and Security, AISec 2016, Vienna, Austria, October 28, 2016. https://bit.ly/380ndub

[91] Globerson, A. & Roweis, S. (2006), Nightmare at test time: Robust learning by feature deletion, in "Proceedings of the 23rd International Conference on Machine Learning (ICML)," pp. 353–360. https://bit.ly/2P1umSd

[92] Goldman, S. A. & Kearns, M. J. (1995), "On the complexity of teaching," Journal of Computer and System Sciences 50(1), 20–31. https://bit.ly/2Ya1zir

[93] Goodfellow, I. J., Shlens, J., & Szegedy, C. (2015), Explaining and harnessing adversarial challenges, in "Proceedings of the International Conference on Learning Representations." https://bit.ly/2rG4h3b

[94] Goodfellow, I., Pouget-Abadie, J., Mirza, M., Xu, B.,Warde-Farley, D., Ozair, S., Courville, A., & Bengio, Y. (2014), Generative adversarial nets, in "Advances in Neural Information Processing Systems," pp. 2672–2680. https://bit.ly/34BnVfj

[95] Gottlieb, L.-A., Kontorovich, A., & Mossel, E. (2011), VC bounds on the cardinality of nearly orthogonal function classes, Technical Report arXiv:1007.4915v2 [math.CO], arXiv. https://bit.ly/2P9suH9

[96] Graham, P. (2002), "A plan for spam," https://bit.ly/381Ktb9

[97] Greenstadt, R., ed. (2010), Proceedings of the 3rd ACM Workshop on Security and Artificial Intelligence, AISec 2010, Chicago, October 8, 2010, ACM. https://bit.ly/2OLhvVo

[98] Großhans, M., Sawade, C., Brückner, M., & Scheffer, T. (2013), Bayesian games for adversarial regression problems, in "Proceedings of the 30th International Conference on Machine Learning, ICML 2013," pp. 55–63. https://bit.ly/2DBEQT3

[99] Gymrek, M., McGuire, A. L., Golan, D., Halperin, E., & Erlich, Y. (2013), "Identifying personal genomes by surname inference," Science 339(6117), 321–324.

https://bit.ly/2LhK1fe

[100] Hall, J. F. (2005), "Fun with stacking blocks," American Journal of Physics 73(12), 1107–1116. https://bit.ly/2RqdLKX

[101] Hall, R., Rinaldo, A., & Wasserman, L. (2013), "Differential privacy for functions and functional data," Journal of Machine Learning Research 14(1), 703–727. https://bit.ly/2P85acT

[102] Hampel, F. R., Ronchetti, E. M., Rousseeuw, P. J., & Stahel, W. A. (1986), Robust Statistics: The Approach Based on Influence Functions, John Wiley. https://amzn.to/2RheJsC

[103] Hardt, M., Ligett, K., & McSherry, F. (2012), A simple and practical algorithm for differentially private data release, in F. Pereira, C. J. C. Burges, L. Bottou, & K. Q. Weinberger, eds., "Advances in Neural Information Processing Systems 25 (NIPS)," pp. 2339–2347. https://bit.ly/2syVBMm

[104] Hardt, M. & Talwar, K. (2010), On the geometry of differential privacy, in "Proceedings of the Forty–Second Annual ACM Symposium on Theory of Computing (STOC)," pp. 705–714. https://bit.ly/2YdjRzF

[105] Hastie, T., Tibshirani, R., & Friedman, J. (2003), The Elements of Statistical Learning: Data Mining, Inference and Prediction, Springer. https://stanford.io/2YhWDIv

[106] He, X., Cormode, G., Machanavajjhala, A., Procopiuc, C. M., & Srivastava, D. (2015), "Dpt: differentially private trajectory synthesis using hierarchical reference systems," Proceedings of the VLDB Endowment 8(11), 1154–1165. https://bit.ly/34Lhl5V

[107] Helmbold, D. P., Singer, Y., Schapire, R. E., & Warmuth, M. K. (1998), "On–line portfolio selection using multiplicative updates," Mathematical Finance 8, 325–347. https://bit.ly/34NxKae

[108] Hofmeyr, S. A., Forrest, S., & Somayaji, A. (1998), "Intrusion detection using sequences of system calls," Journal of Computer Security 6(3), 151–180. https://bit.ly/34LsgN6

[109] Hohm, T., Egli, M., Gaehwiler, S., Bleuler, S., Feller, J., Frick, D., Huber, R., Karlsson, M., Lingenhag, R., Ruetimann, T., Sasse, T., Steiner, T., Stocker, J., & Zitzler, E. (2007), An evolutionary algorithm for the block stacking problem, in "8th International Conference Artificial Evolution (EA 2007)," Springer, pp. 112–123. https://bit.ly/2Rqfb8f

[110] Holz, T., Steiner, M., Dahl, F., Biersack, E., & Freiling, F. (2008), Measurements and mitigation of peer–to–peer–based botnets: A case study on storm worm, in "Proceedings of the 1st Usenix Workshop on Large–Scale Exploits and Emergent

Threats," LEET'08, pp. 1–9. https://bit.ly/380TtNQ

[111] Homer, N., Szelinger, S., Redman, M., Duggan, D., Tembe, W., Muehling, J., Pearson, J. V., Stephan, D. A., Nelson, S. F., & Craig, D. W. (2008), "Resolving individuals contributing trace amounts of DNA to highly complex mixtures using high−density SNP genotyping microarrays," PLoS Genetics 4(8). https://bit.ly/2Lk0fEu

[112] Hössjer, O. & Croux, C. (1995), "Generalizing univariate signed rank statistics for testing and estimating a multivariate location parameter," Journal of Nonparametric Statistics 4(3), 293–308. https://bit.ly/37XEW5n

[113] Huang, L., Nguyen, X., Garofalakis, M., Jordan, M. I., Joseph, A., & Taft, N. (2007), In−network PCA and anomaly detection, in B. Schölkopf, J. Platt & T. Hoffman, eds., "Advances in Neural Information Processing Systems 19 (NIPS)," MIT Press, pp. 617–624. https://bit.ly/33Hk4Mj

[114] Huber, P. J. (1981), Robust Statistics, Probability and Mathematical Statistics, John Wiley. https://amzn.to/33MjTPQ

[115] Jackson, J. E. & Mudholkar, G. S. (1979), "Control procedures for residuals associated with principal component analysis," Technometrics 21(3), 341–349. https://bit.ly/2LhU2sR

[116] Johnson, P. B. (1955), "Leaning tower of lire," American Journal of Physics 23(4), 240. https://bit.ly/33LKFIh

[117] Jones, D. R. (2001), "A taxonomy of global optimization methods based on response surfaces," Journal of Global Optimization 21(4), 345–383. https://bit.ly/2r01y4R

[118] Jones, D. R., Perttunen, C. D., & Stuckman, B. E. (1993), "Lipschitzian optimization without the Lipschitz constant," Journal of Optimization Theory and Application 79(1), 157–181. https://bit.ly/34M8ukD

[119] Joseph, A. D., Laskov, P., Roli, F., Tygar, J. D., & Nelson, B. (2013), "Machine Learning Methods for Computer Security (Dagstuhl Perspectives Workshop 12371)," Dagstuhl Manifestos 3(1), 1–30. https://bit.ly/2rRnEGq

[120] Jurafsky, D. & Martin, J. H. (2008), Speech and Language Processing: An Introduction to Natural Language Processing, Computational Linguistics and Speech Recognition, 2nd edn, Prentice−Hall. https://stanford.io/34MH5ii

[121] Kalai, A. & Vempala, S. (2002), "Efficient algorithms for universal portfolios," Journal of Machine Learning Research 3, 423–440. https://bit.ly/3845m5p

[122] Kandula, S., Chandra, R., & Katabi, D. (2008), What's going on? Learning communication rules in edge networks, in "Proceedings of the Conference on Applications, Technologies, Architectures, and Protocols for Computer

Communications (SIGCOMM)," pp. 87 – 98. https://bit.ly/3625QaH

[123]   Kantarcioglu, M., Xi, B., & Clifton, C. (2009), Classifier evaluation and attribute selection against active adversaries, Technical Report 09–01, Purdue University. https://bit.ly/2Y3vEAq

[124]   Kantchelian, A., Ma, J., Huang, L., Afroz, S., Joseph, A. D., & Tygar, J. D. (2012), Robust detection of comment spam using entropy rate, in "Proceedings of the 5th ACMWorkshop on Security and Artificial Intelligence (AISec 2012)," pp. 59 – 70. https://bit.ly/2OJOvgH

[125]   Kasiviswanathan, S. P., Lee, H. K., Nissim, K., Raskhodnikova, S., & Smith, A. (2008), What can we learn privately?, in "Proceedings of the 49th Annual IEEE Symposium on Foundations of Computer Science (FOCS)," pp. 531 – 540. https://bit.ly/35VqoS2

[126]   Kearns, M. & Li, M. (1993), "Learning in the presence of malicious errors," SIAM Journal on Computing 22(4), 807 – 837. https://bit.ly/2L8zpPS

[127]   Kearns, M. & Ron, D. (1999), "Algorithmic stability and sanity–check bounds for leave–one–out cross–validation," Neural Computation 11, 1427 – 1453. https://bit.ly/2LjsnHZ

[128]   Kerckhoffs, A. (1883), "La cryptographie militaire," Journal des Sciences Militaires 9, 5 – 83. https://bit.ly/33IRLNQ

[129]   Kim, H.–A. & Karp, B. (2004), Autograph: Toward automated, distributed worm signature detection, in "USENIX Security Symposium". https://bit.ly/2RgWh3i

[130]   Kimeldorf, G. & Wahba, G. (1971), "Some results on Tchebycheffian spline functions," Journal of Mathematical Analysis and Applications 33(1), 82 – 95. https://bit.ly/2OODWZT

[131]   Klíma, R., Lisy, V., & Kiekintveld, C. (2015), Combining online learning and equilibrium computation in security games, in "International Conference on Decision and Game Theory for Security," Springer, pp. 130 – 149. https://bit.ly/34OYmHE

[132]   Klimt, B. & Yang, Y. (2004), Introducing the Enron corpus, in "Proceedings of the Conference on Email and Anti–Spam (CEAS)". https://bit.ly/2rRnTBt

[133]   Kloft, M. & Laskov, P. (2010), Online anomaly detection under adversarial impact, in "Proceedings of the 13th International Conference on Artificial Intelligence and Statistics (AISTATS)," pp. 406 – 412. https://bit.ly/34N7Rar

[134]   Kloft, M. & Laskov, P. (2012), "Security analysis of online centroid anomaly detection," Journal of Machine Learning Research 13, 3681 – 3724. https://bit.ly/2LmO75L

[135]   Kolda, T. G., Lewis, R. M., & Torczon, V. (2003), "Optimization by direct search:

New perspectives on some classical and modern methods," SIAM Review 45(3), 385 – 482. https://bit.ly/386uRD9

[136] Korolova, A. (2011), "Privacy violations using microtargeted ads: A case study," Journal of Privacy and Confidentiality 3(1). https://stanford.io/386phAI

[137] Kutin, S. & Niyogi, P. (2002), Almost-everywhere algorithmic stability and generalization error, Technical report TR-2002-03, Computer Science Dept., University of Chicago. https://bit.ly/2qnGq8g

[138] Lakhina, A., Crovella, M., & Diot, C. (2004a), Characterization of network-wide anomalies in traffic flows, in A. Lombardo & J. F. Kurose, eds., "Proceedings of the 4th ACM SIGCOMM Conference on Internet Measurement (IMC)," pp. 201 – 206. https://bit.ly/2r6RHKn

[139] Lakhina, A., Crovella, M., & Diot, C. (2004b), Diagnosing network-wide traffic anomalies, in R. Yavatkar, E. W. Zegura & J. Rexford, eds., "Proceedings of the Conference on Applications, Technologies, Architectures, and Protocols for Computer Communications (SIGCOMM)," pp. 219 – 230. https://bit.ly/33K0ChY

[140] Lakhina, A., Crovella, M., & Diot, C. (2005a), Detecting distributed attacks using networkwide flow traffic, in "Proceedings of the FloCon 2005 Analysis Workshop". https://bit.ly/33IqdrV

[141] Lakhina, A., Crovella, M., & Diot, C. (2005b), Mining anomalies using traffic feature distributions, in "Proceedings of the Conference on Applications, Technologies, Architectures, and Protocols for Computer Communications (SIGCOMM)," pp. 217 – 228. https://bit.ly/2qeudmd

[142] Laskov, P. & Kloft, M. (2009), A framework for quantitative security analysis of machine learning, in "Proceedings of the 2nd ACM Workshop on Security and Artificial Intelligence (AISec)," pp. 1 – 4. https://bit.ly/2re9NKp

[143] Laskov, P. & Lippmann, R. (2010), "Machine learning in adversarial environments," Machine Learning 81(2), 115 – 119. https://bit.ly/2sJOMb1

[144] Lazarevic, A., Ertöz, L., Kumar, V., Ozgur, A., & Srivastava, J. (2003), A comparative study of anomaly detection schemes in network intrusion detection, in D. Barbará & C. Kamath, eds., "Proceedings of the SIAM International Conference on Data Mining," pp. 25 – 36. https://bit.ly/3601fFJ

[145] LeCun, Y., Bengio, Y., & Hinton, G. (2015), "Deep learning," Nature 521(7553), 436 – 444. https://bit.ly/2Yemtxa

[146] Li, B. & Vorobeychik, Y. (2014), Feature cross-substitution in adversarial classification, in "Advances in Neural Information Processing Systems," pp. 2087 – 2095. https://bit.ly/2P8AjwG

[147] Li, B., Wang, Y., Singh, A., & Vorobeychik, Y. (2016), Data poisoning attacks on factorization–based collaborative filtering, in "Advances in Neural Information Processing Systems," pp. 1885 – 1893. https://bit.ly/37W2GH8

[148] Li, C., Hay, M., Miklau, G., & Wang, Y. (2014), "A data–and workload–aware algorithm for range queries under differential privacy," Proceedings of the VLDB Endowment 7(5), 341 – 352. https://bit.ly/2rOCBcD

[149] Li, G. & Chen, Z. (1985), "Projection–pursuit approach to robust dispersion matrices and principal components: Primary theory and Monte Carlo," Journal of the American Statistical Association 80(391), 759 – 766. https://bit.ly/2DJkLdF

[150] Li, N., Li, T., & Venkatasubramanian, S. (2007), t–Closeness: Privacy beyond k–anonymity and ℓ–diversity, in "IEEE 23rd International Conference on Data Engineering (ICED)," pp. 106 – 115. https://bit.ly/2RgevSE

[151] Li, X., Bian, F., Crovella, M., Diot, C., Govindan, R., Iannaccone, G., & Lakhina, A. (2006), Detection and identification of network anomalies using sketch subspaces, in J. M. Almeida, V. A. F. Almeida, & P. Barford, eds., "Proceedings of the 6th ACM SIGCOMM Conference on Internet Measurement (IMC)," pp. 147 – 152. https://bit.ly/2sDOrqc

[152] Littlestone, N. & Warmuth, M. K. (1994), "The weighted majority algorithm," Information and Computation 108(2), 212 – 261. https://bit.ly/2rPMVku

[153] Liu, C. & Stamm, S. (2007), Fighting unicode–obfuscated spam, in "Proceedings of the Anti– Phishing Working Groups 2nd Annual eCrime Researchers Summit," pp. 45 – 59. https://bit.ly/2RaOHra

[154] Liu, Y., Chen, X., Liu, C., & Song, D. (2017), Delving into transferable adversarial examples and black–box attacks, in "Proceedings of the International Conference on Learning Representations". https://bit.ly/2OG3GaK

[155] Lovász, L. & Vempala, S. (2003), Simulated annealing in convex bodies and an $O^*(n^4)$ volume algorithm, in "Proceedings of the 44th Annual IEEE Symposium on Foundations of Computer Science (FOCS)," pp. 650 – 659. https://bit.ly/2LmISmz

[156] Lovász, L. & Vempala, S. (2004), Hit–and–run from a corner, in "Proceedings of the 36th Annual ACM Symposium on Theory of Computing (STOC)," pp. 310 – 314. https://b.gatech.edu/362bNEt

[157] Lowd, D. & Meek, C. (2005a), Adversarial learning, in "Proceedings of the 11th ACM International Conference on Knowledge Discovery and Data Mining (SIGKDD)," pp. 641 – 647. https://bit.ly/33Byi1e

[158] Lowd, D. & Meek, C. (2005b), Good word attacks on statistical spam filters, in "Proceedings of the 2nd Conference on Email and Anti–Spam (CEAS)". https://bit.ly/34DSX6t

[159] Machanavajjhala, A., Kifer, D., Abowd, J., Gehrke, J., & Vilhuber, L. (2008), Privacy: Theory meets practice on the map, in "Proceedings of the 2008 IEEE 24th International Conference on Data Engineering," IEEE Computer Society, pp. 277 – 286. https://bit.ly/3650n2R

[160] Machanavajjhala, A., Kifer, D., Gehrke, J., & Venkitasubramaniam, M. (2007), "ℓ-Diversity: Privacy beyond k-anonymity," ACM Transactions on KDD 1(1). https://bit.ly/2PciTzf

[161] Mahoney, M. V. & Chan, P. K. (2002), Learning nonstationary models of normal network traffic for detecting novel attacks, in "Proceedings of the 8th ACM International Conference on Knowledge Discovery and Data Mining (KDD)," pp. 376 – 385. https://bit.ly/36b42wb

[162] Mahoney, M. V. & Chan, P. K. (2003), An analysis of the 1999 DARPA/Lincoln Laboratory evaluation data for network anomaly detection, in G. Vigna, E. Jonsson, & C. Krügel, eds., "Proceedings of the 6th International Symposium on Recent Advances in Intrusion Detection (RAID)," Vol. 2820 of Lecture Notes in Computer Science, Springer, pp. 220 – 237. https://bit.ly/35QW0rT

[163] Maronna, R. (2005), "Principal components and orthogonal regression based on robust scales," Technometrics 47(3), 264 – 273. https://bit.ly/2rNUlVn

[164] Maronna, R. A., Martin, D. R., & Yohai, V. J. (2006), Robust Statistics: Theory and Methods, John Wiley. https://amzn.to/37X4hMO

[165] Martinez, D. R., Streilein, W. W., Carter, K. M., & Sinha, A., eds (2016), Proceedings of the AAAI Workshop on Artificial Intelligence for Cyber Security, AICS 2016, Phoenix, AZ, February 12, 2016. https://bit.ly/2DGta1q

[166] McSherry, F. & Mironov, I. (2009), Differentially private recommender systems: Building privacy into the net, in "Proceedings of the 15th ACM International Conference on Knowledge Discovery and Data Mining (KDD)," pp. 627 – 636. https://bit.ly/2YiUdcO

[167] McSherry, F. & Talwar, K. (2007), Mechanism design via differential privacy, in "Proceedings of the 48th Annual IEEE Symposium on Foundations of Computer Science (FOCS)," pp. 94 – 103. https://bit.ly/2LinAqo

[168] Mei, S. & Zhu, X. (2015a), The security of latent Dirichlet allocation, in "Proceedings of the Eighteenth International Conference on Artificial Intelligence and Statistics (AISTATS)," pp. 681 – 689. https://bit.ly/2LvtMeP

[169] Mei, S. & Zhu, X. (2015b), Using machine teaching to identify optimal training-set attacks on machine learners, in "Proceedings of the Twenty-Ninth AAAI Conference on Artificial Intelligence (AAAI)," AAAI Press, pp. 2871 – 2877. https://bit.ly/2r6VNCf

[170] Meyer, T. A. & Whateley, B. (2004), SpamBayes: Effective open-source, Bayesian based, email classification system, in "Proceedings of the Conference on Email and Anti-Spam (CEAS)". https://bit.ly/2YbxJKG

[171] Microsoft (2009), "H1n1 swine flu response center." https://h1n1.cloudapp.net; Date accessed: March 3, 2011.

[172] Miller, B., Kantchelian, A., Afroz, S., Bachwani, R., Dauber, E., Huang, L., Tschantz, M. C., Joseph, A. D., & Tygar, J. D. (2014), Adversarial active learning, in "Proceedings of the 2014 Workshop on Artificial Intelligent and Security Workshop," ACM, pp. 3 - 14. https://bit.ly/361FPZ4

[173] Mitchell, T. (1997), Machine Learning, McGraw Hill. https://amzn.to/2RjOEZY

[174] Mitchell, T. M. (2006), The discipline of machine learning, Technical Report CMU-ML-06-108, Carnegie Mellon University. https://bit.ly/33HzVKY

[175] Moore, D., Shannon, C., Brown, D. J., Voelker, G. M., & Savage, S. (2006), "Inferring internet denial-of-service activity," ACM Transactions on Computer Systems (TOCS) 24(2), 115 - 139. https://bit.ly/2Y4fqHb

[176] Mukkamala, S., Janoski, G., & Sung, A. (2002), Intrusion detection using neural networks and support vector machines, in "Proceedings of the International Joint Conference on Neural Networks (IJCNN)," Vol. 2, pp. 1702 - 1707. https://bit.ly/2rSoyCG

[177] Mutz, D., Valeur, F., Vigna, G., & Kruegel, C. (2006), "Anomalous system call detection," ACM Transactions on Information and System Security (TISSEC) 9(1), 61 - 93. https://bit.ly/2RheA8D

[178] Narayanan, A., Shi, E., & Rubinstein, B. I. P. (2011), Link prediction by de-anonymization: How we won the kaggle social network challenge, in "Proceedings of the 2011 International Joint Conference on Neural Networks (IJCNN)," IEEE, pp. 1825 - 1834. https://bit.ly/2OQ0tFT

[179] Narayanan, A. & Shmatikov, V. (2008), Robust de-anonymization of large sparse datasets, in "Proceedings of the 2008 IEEE Symposium on Security and Privacy," SP '08, IEEE Computer Society, pp. 111 - 125. https://bit.ly/2DFsoSq

[180] Narayanan, A. & Shmatikov, V. (2009), De-anonymizing social networks, in "30th IEEE Symposium on Security and Privacy," pp. 173 - 187. https://bit.ly/2sGMf1b

[181] Nelder, J. A. & Mead, R. (1965), "A simplex method for function minimization," Computer Journal 7(4), 308 - 313. https://bit.ly/2Li4K2j

[182] Nelson, B. (2005), Designing, Implementing, and Analyzing a System for Virus Detection, Master's thesis, University of California, Berkeley. https://bit.ly/2rc8hZo

[183] Nelson, B., Barreno, M., Chi, F. J., Joseph, A. D., Rubinstein, B. I. P., Saini, U.,

Sutton, C., Tygar, J. D., & Xia, K. (2008), Exploiting machine learning to subvert your spam filter, in "Proceedings of the 1st USENIX Workshop on Large-Scale Exploits and Emergent Threats (LEET)," USENIX Association, pp. 1-9. https://bit.ly/2ODlIug

[184] Nelson, B., Barreno, M., Chi, F. J., Joseph, A. D., Rubinstein, B. I. P., Saini, U., Sutton, C., Tygar, J. D., & Xia, K. (2009), Misleading learners: Co-opting your spam filter, in J. J. P. Tsai & P. S. Yu, eds., Machine Learning in Cyber Trust: Security, Privacy, Reliability, Springer, pp. 17-51. https://bit.ly/2LmAK5s

[185] Nelson, B., Dimitrakakis, C., & Shi, E., eds (2013), Proceedings of the 6th ACM Workshop on Artificial Intelligence and Security, AISec, ACM. https://bit.ly/2sDSoLy

[186] Nelson, B. & Joseph, A. D. (2006), Bounding an attack's complexity for a simple learning model, in "Proceedings of the 1st Workshop on Tackling Computer Systems Problems with Machine Learning Techniques (SysML)". https://bit.ly/35Zrn3G

[187] Nelson, B., Rubinstein, B. I. P., Huang, L., Joseph, A. D., Lau, S., Lee, S., Rao, S., Tran, A., & Tygar, J. D. (2010), Near-optimal evasion of convex-inducing classifiers, in "Proceedings of the 13th International Conference on Artificial Intelligence and Statistics (AISTATS)," pp. 549-556. https://bit.ly/2DzF114

[188] Nelson, B., Rubinstein, B. I. P., Huang, L., Joseph, A. D., Lee, S. J., Rao, S., & Tygar, J. D., (2012), "Query strategies for evading convex-inducing classifiers," Journal of Machine Learning Research 13(May), 1293-1332. https://bit.ly/2P8OSAs

[189] Nelson, B., Rubinstein, B. I. P., Huang, L., Joseph, A. D., & Tygar, J. D. (2010), Classifier evasion: Models and open problems (position paper), in "Proceedings of ECML/PKDD Workshop on Privacy and Security issues in Data Mining and Machine Learning (PSDML)," pp. 92-98. https://bit.ly/2Roo4iB

[190] Newsome, J., Karp, B., & Song, D. (2005), Polygraph: Automatically generating signatures for polymorphic worms, in "Proceedings of the IEEE Symposium on Security and Privacy (SP)," IEEE Computer Society, pp. 226-241. https://bit.ly/34Ioioz

[191] Newsome, J., Karp, B., & Song, D. (2006), Paragraph: Thwarting signature learning by training maliciously, in D. Zamboni & C. Krügel, eds., "Proceedings of the 9th International Symposium on Recent Advances in Intrusion Detection (RAID)," Vol. 4219 of Lecture Notes in Computer Science, Springer, pp. 81-105. https://bit.ly/2OCqQyR

[192] Papernot, N., McDaniel, P., Goodfellow, I., Jha, S., Celik, Z. B., & Swami, A. (2016), "Practical black-box attacks against deep learning systems using adversarial examples," arXiv preprint arXiv:1602.02697. https://bit.ly/33QolNv

[193] Papernot, N., McDaniel, P., Goodfellow, I., Jha, S., Celik, Z. B., & Swami, A. (2017), Practical black-box attacks against deep learning systems using adversarial examples in "Proceedings of the 2017 ACM Asia Conference on Computer and Communications Security (ASIACCS)," ACM, pp. 506 – 519. https://bit.ly/2OEf6f0

[194] Paxson, V. (1999), "Bro: A system for detecting network intruders in real-time," Computer Networks 31(23), 2435 – 2463. https://bit.ly/2LkpyXa

[195] Pearson, K. (1901), "On lines and planes of closest fit to systems of points in space," Philosophical Magazine 2(6), 559 – 572. https://bit.ly/34NqSt7

[196] Peressini, A. L., Sullivan, F. E., & Jerry J. Uhl, J. (1988), The Mathematics of Nonlinear Programming, Springer-Verlag. https://amzn.to/2P9d1XH

[197] Plamondon, R. & Srihari, S. N., (2000), "On-line and off-line handwriting recognition: A comprehensive survey," IEEE Transactions on Pattern Analysis and Machine Intelligence 22(1), 63 – 84. https://bit.ly/2LAimqb

[198] Rademacher, L. & Goyal, N. (2009), Learning convex bodies is hard, in "Proceedings of the 22nd Annual Conference on Learning Theory (COLT)," pp. 303 – 308. https://bit.ly/2LmNPf9

[199] Rahimi, A. & Recht, B. (2008), Random features for large-scale kernel machines, in "Advances in Neural Information Processing Systems 20 (NIPS)," pp. 1177 – 1184. https://bit.ly/2LlZURR

[200] Ramachandran, A., Feamster, N., & Vempala, S. (2007), Filtering spam with behavioral blacklisting, in "Proceedings of the 14th ACM Conference on Computer and Communications Security (CCS)," pp. 342 – 351. https://bit.ly/2DKT9Vo

[201] Rieck, K. & Laskov, P. (2006), Detecting unknown network attacks using language models, in R. Büschkes & P. Laskov, eds., "Detection of Intrusions and Malware & Vulnerability Assessment, Third International Conference (DIMVA)," Vol. 4064 of Lecture Notes in Computer Science, Springer, pp. 74 – 90. https://bit.ly/2rbDMCP

[202] Rieck, K. & Laskov, P. (2007), "Language models for detection of unknown attacks in network traffic," Journal in Computer Virology 2(4), 243 – 256. https://bit.ly/2Rg1WXl

[203] Rieck, K., Trinius, P., Willems, C., & Holz, T. (2011), "Automatic analysis of malware behavior using machine learning," Journal of Computer Security 19(4), 639 – 668. https://bit.ly/33MFW9h

[204] Ringberg, H., Soule, A., Rexford, J., & Diot, C. (2007), Sensitivity of PCA for traffic anomaly detection, in L. Golubchik, M. H. Ammar, & M. Harchol-Balter, eds., "Proceedings of the ACM SIGMETRICS International Conference on Measurement and Modeling of Computer Systems (SIGMETRICS)," pp. 109 – 120. https://bit.ly/2P9As2Z

[205] Rivest, R. L., Shamir, A., & Adleman, L. (1978), "A method for obtaining digital signatures and public-key cryptosystems," Communications of the ACM 21(2), 120 – 126. https://bit.ly/34PJkSa

[206] Robinson, G. (2003), "A statistical approach to the spam problem," Linux Journal, p. 3. https://bit.ly/34Szn6g

[207] Rubinstein, B. I. P. (2010), Secure Learning and Learning for Security: Research in the Intersection, PhD thesis, University of California, Berkeley. https://bit.ly/2R8Io7o

[208] Rubinstein, B. I. P., Bartlett, P. L., Huang, L., & Taft, N. (2009), "Learning in a large function space: Privacy-preserving mechanisms for SVM learning," CoRR abs/0911.5708. https://bit.ly/2P1HeYE

[209] Rubinstein, B. I. P., Bartlett, P. L., Huang, L., & Taft, N. (2012), "Learning in a large function space: Privacy-preserving mechanisms for SVM learning," Journal of Privacy and Confidentiality 4(1), 65 – 100. Special Issue on Statistical and Learning-Theoretic Challenges in Data Privacy. https://bit.ly/381MKD4

[210] Rubinstein, B. I. P., Nelson, B., Huang, L., Joseph, A. D., Lau, S., Rao, S., Taft, N., & Tygar, J. D. (2009a), ANTIDOTE: Understanding and defending against poisoning of anomaly detectors, in A. Feldmann & L. Mathy, eds., "Proceedings of the 9th ACM SIGCOMM Conference on Internet Measurement (IMC)," pp. 1 – 14. https://bit.ly/2Yb4CXZ

[211] Rubinstein, B. I. P., Nelson, B., Huang, L., Joseph, A. D., Lau, S., Rao, S., Taft, N., & Tygar, J. D. (2009b), "Stealthy poisoning attacks on PCA-based anomaly detectors," SIGMETRICS Performance Evaluation Review 37(2), 73 – 74. https://bit.ly/2DLNGh6

[212] Rubinstein, B. I. P., Nelson, B., Huang, L., Joseph, A. D., Lau, S., Taft, N., & Tygar, J. D. (2008), Compromising PCA-based anomaly detectors for network-wide traffic, Technical Report UCB/EECS-2008-73, EECS Department, University of California, Berkeley. https://bit.ly/2P8TgiW

[213] Rudin, W. (1994), Fourier Analysis on Groups, reprint edn, Wiley-Interscience. https://bit.ly/360W3l6

[214] Russu, P., Demontis, A., Biggio, B., Fumera, G.,&Roli, F. (2016), Secure kernel machines against evasion attacks, in "Proceedings of the 2016 ACM Workshop on Artificial Intelligence and Security, (AISec)," pp. 59 – 69. https://bit.ly/2rXWeyE

[215] Sahami, M., Dumais, S., Heckerman, D., & Horvitz, E. (1998), A Bayesian approach to filtering junk E-mail, in "Learning for Text Categorization: Papers from the 1998 Workshop," AAAI Technical Report WS-98-05, Madison, Wisconsin. https://bit.ly/34PEUdY

[216] Saini, U. (2008), Machine Learning in the Presence of an Adversary: Attacking and Defending the SpamBayes Spam Filter, Master's thesis, University of California at Berkeley. https://bit.ly/2rPy3Tb

[217] Schohn, G. & Cohn, D. (2000), Less is more: Active learning with support vector machines, in "Proceedings of the 17th International Conference on Machine Learning (ICML)," pp. 839 – 846. https://bit.ly/2PeHyTU

[218] Schölkopf, B. & Smola, A. J. (2001), Learning with Kernels: Support Vector Machines, Regularization, Optimization, and Beyond, MIT Press. https://bit.ly/33JcNvC

[219] Sculley, D., Otey, M. E., Pohl, M., Spitznagel, B., Hainsworth, J., & Zhou, Y. (2011), Detecting adversarial advertisements in the wild, in "Proceedings of the 17th ACM SIGKDD International Conference on Knowledge Discovery and Data Mining (KDD)," pp. 274 – 282. https://bit.ly/2RkVWNk

[220] Sculley, D.,Wachman, G. M., & Brodley, C. E. (2006), Spam filtering using inexact string matching in explicit feature space with on−line linear classifiers, in E. M. Voorhees & L. P. Buckland, eds., "Proceedings of the 15th Text REtrieval Conference (TREC)," Special Publication 500 – 272, National Institute of Standards and Technology (NIST). https://bit.ly/2r3Ghaf

[221] Segal, R., Crawford, J., Kephart, J., & Leiba, B. (2004), SpamGuru: An enterprise antispam filtering system, in "Conference on Email and Anti−Spam (CEAS)". https://bit.ly/34NByrL

[222] Settles, B. (2009), Active Learning Literature Survey, Computer Sciences Technical Report 1648, University of Wisconsin – Madison. https://bit.ly/2DKXqIz

[223] Shalev−Shwartz, S. & Srebro, N. (2008), SVM optimization: Inverse dependence on training set size, in "25th International Conference on Machine Learning (ICML)," pp. 928 – 935. https://bit.ly/2sMdjw

[224] Shannon, C. E. (1949), "Communication theory of secrecy systems," Bell System Technical Journal 28, 656 – 715. https://bit.ly/2rW6k36

[225] Shannon, C. E. (1959), "Probability of error for optimal codes in a Gaussian channel," Bell System Technical Journal 38(3), 611 – 656. https://bit.ly/2ONQ515

[226] Shaoul, C. & Westbury, C. (2007), "A USENET corpus (2005 – 2007)." Accessed October 2007 at https://bit.ly/36324h7. A more expansive version is available at The Westbury Lab USENET Corpus, https://amzn.to/2sKsExe

[227] Shawe−Taylor, J. & Cristianini, N. (2004), Kernel Methods for Pattern Analysis, Cambridge University Press. https://bit.ly/2RwGrls

[228] Smith, A. (2011), Privacy−preserving statistical estimation with optimal convergence

rates, in "Proceedings of the Forty−Third Annual ACM Symposium on Theory of Computing (STOC)," pp. 813 – 822. https://bit.ly/2PaN0r6

[229] Smith, R. L. (1996), The hit−and−run sampler: A globally reaching Markov chain sampler for generating arbitrary multivariate distributions, in "Proceedings of the 28th Conference on Winter Simulation (WSC)," pp. 260 – 264. https://bit.ly/2rW91BK

[230] Somayaji, A. & Forrest, S. (2000), Automated response using system−call delays, in "Proceedings of the Conference on USENIX Security Symposium (SSYM)," pp. 185 – 197. https://bit.ly/33Ge3iY

[231] Sommer, R. & Paxson, V. (2010), Outside the closed world: On using machine learning for network intrusion detection, in "Proceedings of the 2010 IEEE Symposium on Security and Privacy," pp. 305 – 316. https://bit.ly/37ZffBl

[232] Soule, A., Salamatian, K., & Taft, N. (2005), Combining filtering and statistical methods for anomaly detection, in "Proceedings of the 5th Conference on Internet Measurement (IMC)," USENIX Association, pp. 331 – 344. https://bit.ly/2LnhXam

[233] Srndic, N. & Laskov, P. (2014), Practical evasion of a learning−based classifier: A case study, in "2014 IEEE Symposium on Security and Privacy, SP 2014," pp. 197 – 211. https://bit.ly/2LsrQUn

[234] Stevens, D. & Lowd, D. (2013), On the hardness of evading combinations of linear classifiers, in "Proceedings of the 2013 ACM Workshop on Artificial Intelligence and Security (AISec'13)," pp. 77 – 86. https://bit.ly/2P7kbLW

[235] Stolfo, S. J., Hershkop, S., Wang, K., Nimeskern, O., & Hu, C.−W. (2003), A behavior−based approach to securing email systems, in Mathematical Methods, Models and Architectures for Computer Networks Security, Springer−Verlag, pp. 57 – 81. https://bit.ly/2PhyLAy

[236] Stolfo, S. J., Li, W., Hershkop, S., Wang, K., Hu, C., & Nimeskern, O. (2006), Behavior−based modeling and its application to Email analysis, in "ACM Transactions on Internet Technology (TOIT)," pp. 187 – 211. https://bit.ly/38apHX9

[237] Sweeney, L. (2002), "k−anonymity: A model for protecting privacy," International Journal of Uncertainty, Fuzziness and Knowledge−Based Systems 10(5), 557 – 570. https://bit.ly/34QZcDP

[238] Tan, K. M. C., Killourhy, K. S., & Maxion, R. A. (2002), Undermining an anomaly−based intrusion detection system using common exploits, in A.Wespi, G. Vigna, &L. Deri, eds., "Proceedings of the 5th International Symposium on Recent Advances in Intrusion Detection (RAID)," Vol. 2516 of Lecture Notes in Computer Science, Springer, pp. 54 – 73. https://bit.ly/2Y4LCtR

[239] Tan, K. M. C., McHugh, J., & Killourhy, K. S. (2003), Hiding intrusions: From the abnormal to the normal and beyond, in "Revised Papers from the 5th

InternationalWorkshop on Information Hiding (IH)," Springer–Verlag, pp. 1 – 17. https://bit.ly/37QelHz

[240] Torkamani, M. & Lowd, D. (2013), Convex adversarial collective classification, in "Proceedings of the 30th International Conference on Machine Learning ICML," pp. 642 – 650. https://bit.ly/2r22cPf

[241] Torkamani, M. A. & Lowd, D. (2014), On robustness and regularization of structural support vector machines, in "Proceedings of the 31st International Conference on Machine Learning (ICML–14)," pp. 577 – 585. https://bit.ly/2LhFMQT

[242] Tramèr, F., Zhang, F., Juels, A., Reiter, M. K., & Ristenpart, T. (2016), Stealing machine learning models via prediction apis, in "Proceedings of the 25th USENIX Security Symposium," pp. 601 – 618. https://unc.live/2LbKJe3

[243] Tukey, J. W. (1960), "A survey of sampling from contaminated distributions," Contributions to Probability and Statistics pp. 448 – 485.

[244] Turing, A. M. (1950), "Computing machinery and intelligence," Mind 59(236), 433 – 460. https://bit.ly/2DLileI

[245] Valiant, L. G. (1984), "A theory of the learnable," Communications of the ACM 27(11), 1134 – 1142. https://bit.ly/2OFpSBP

[246] Valiant, L. G. (1985), Learning disjunctions of conjunctions, in "Proceedings of the International Joint Conference on Artificial Intelligence (IJCAI)," pp. 560 – 566. https://bit.ly/381IP9k

[247] Vapnik, V. N. (1995), The Nature of Statistical Learning Theory, Springer–Verlag. https://amzn.to/2PdKBf5

[248] Venkataraman, S., Blum, A., & Song, D. (2008), Limits of learning–based signature generation with adversaries, in "Proceedings of the Network and Distributed System Security Symposium (NDSS)," https://bit.ly/2RbuJMQ.

[249] Wagner, D. (2004), Resilient aggregation in sensor networks, in "Proceedings of the Workshop on Security of Ad Hoc and Sensor Networks (SASN)," pp. 78 – 87. https://bit.ly/2Ygr5Tc

[250] Wagner, D. & Soto, P. (2002), Mimicry attacks on host–based intrusion detection systems, in "Proceedings of the 9th ACM Conference on Computer and Communications Security (CCS)," pp. 255 – 264. https://bit.ly/2OImlmt

[251] Wang, K., Parekh, J. J., & Stolfo, S. J. (2006), Anagram: A content anomaly detector resistant to mimicry attack, in D. Zamboni & C. Krügel, eds., "Proceedings of the 9th International Symposium on Recent Advances in Intrusion Detection (RAID)," Vol. 4219 of Lecture Notes in Computer Science, Springer, pp. 226 – 248. https://bit.ly/33Lef0I

[252] Wang, K. & Stolfo, S. J. (2004), Anomalous payload−based network intrusion detection, in E. Jonsson, A. Valdes, & M. Almgren, eds., "Proceedings of the 7th International Conference on Recent Advances in Intrusion Detection (RAID)," Vol. 3224 of Lecture Notes in Computer Science, Springer, pp. 203−222. https://bit.ly/2rSGNIk

[253] Wang, Y.−X., Fienberg, S. E., & Smola, A. J. (2015), Privacy for free: Posterior sampling and stochastic gradient Monte Carlo, in "ICML," pp. 2493–2502. https://bit.ly/2rcmENa

[254] Wang, Y.−X., Lei, J., & Fienberg, S. E. (2016), "Learning with differential privacy: Stability, learnability and the sufficiency and necessity of ERM principle," Journal of Machine Learning Research 17(183), 1–40. https://bit.ly/2Lm5Vhu

[255] Wang, Z., Fan, K., Zhang, J., & Wang, L. (2013), Efficient algorithm for privately releasing smooth queries, in "Advances in Neural Information Processing Systems," pp. 782–790. https://bit.ly/2rdhQXZ

[256] Wang, Z., Josephson,W. K., Lv, Q., Charikar, M.,&Li, K. (2007), Filtering image spam with nearduplicate detection, in "Proceedings of the 4th Conference on Email and Anti−Spam (CEAS)". https://bit.ly/2P7epu1

[257] Warrender, C., Forrest, S., & Pearlmutter, B. (1999), Detecting intrusions using system calls: Alternative data models, in "Proceedings of the IEEE Symposium on Security and Privacy (SP)," IEEE Computer Society, pp. 133–145. https://bit.ly/2XUO7ii

[258] Wittel, G. L. & Wu, S. F. (2004), On attacking statistical spam filters, in "Proceedings of the 1st Conference on Email and Anti−Spam (CEAS)". https://bit.ly/2Y1ATR8

[259] Wyner, A. D. (1965), "Capabilities of bounded discrepancy decoding," Bell System Technical Journal 44, 1061–1122. https://bit.ly/2LkAmV2

[260] Xiao, H., Biggio, B., Brown, G., Fumera, G., Eckert, C., & Roli, F. (2015), Is feature selection secure against training data poisoning?, in "Proceedings of the 32nd International Conference on Machine Learning, ICML 2015," pp. 1689–1698. https://bit.ly/34Ljy1s

[261] Xu, H., Caramanis, C., & Mannor, S. (2009), "Robustness and regularization of support vector machines," Journal of Machine Learning Research 10(Jul), 1485–1510. https://bit.ly/33N4hfb

[262] Xu, W., Bodík, P., & Patterson, D. A. (2004), A flexible architecture for statistical learning and data mining from system log streams, in "Proceedings of Workshop on Temporal Data Mining: Algorithms, Theory and Applications at the 4th IEEE International Conference on Data Mining (ICDM)". https://bit.ly/2r4pq7p

[263] Zhang, F., Chan, P. P. K., Biggio, B., Yeung, D. S., & Roli, F. (2016), "Adversarial

feature selection against evasion attacks," IEEE Transactions of Cybernetics 46(3), 766 – 777. https://bit.ly/2qVuc79

[264] Zhang, J., Zhang, Z., Xiao, X., Yang, Y., & Winslett, M. (2012), "Functional mechanism: Regression analysis under differential privacy," Proceedings of the VLDB Endowment 5(11), 1364 – 1375. https://bit.ly/2sIsiqN

[265] Zhang, Y., Ge, Z., Greenberg, A., & Roughan, M. (2005), Network anomography, in "Proceedings of the 5th ACM SIGCOMM Conference on Internet Measurement (IMC)," USENIX Association, Berkeley, CA, USA, pp. 317 – 330. https://bit.ly/2PaPBkJ

[266] Zhang, Z., Rubinstein, B. I. P., & Dimitrakakis, C. (2016), On the differential privacy of Bayesian inference, in "Proceedings of the 30th AAAI Conference on Artificial Intelligence (AAAI'2016)," pp. 51 – 60. https://bit.ly/2RjcEMR

[267] Zhao, W.-Y., Chellappa, R., Phillips, P. J., & Rosenfeld, A. (2003), "Face recognition: A literature survey," ACM Computing Surveys 35(4), 399 – 458. https://bit.ly/2Pbeuwx

| 찾아보기 |

적대적 머신러닝

머신러닝 알고리즘으로 하는 시스템 보안 공격과 방어

발   행 | 2020년 6월 30일

지은이 | 앤서니 조셉 · 블레인 넬슨 · 벤자민 루빈슈타인 · J. D. 타이가
옮긴이 | 김 우 석 · 장 기 식 · 김 대 엽

펴낸이 | 권 성 준
편집장 | 황 영 주
편   집 | 조 유 나
디자인 | 박 주 란

에이콘출판주식회사
서울특별시 양천구 국회대로 287 (목동)
전화 02-2653-7600, 팩스 02-2653-0433
www.acornpub.co.kr / editor@acornpub.co.kr

한국어판 © 에이콘출판주식회사, 2020, Printed in Korea.
ISBN 979-11-6175-420-8
http://www.acornpub.co.kr/book/adversarial-ml

이 도서의 국립중앙도서관 출판시도서목록(CIP)은 서지정보유통지원시스템 홈페이지(http://seoji.nl.go.kr)와
국가자료공동목록시스템(http://www.nl.go.kr/kolisnet)에서 이용하실 수 있습니다.(CIP제어번호: CIP2020024941)

책값은 뒤표지에 있습니다.